東洋古典國譯叢書 2

懸 吐 完 譯

孟子集註

개정증보판

◉ 成 百 曉 譯註

傳統文化硏究會

譯註者 略歷

忠南 禮山 出生
家庭에서 父親 月山公으로부터 漢文 修學
月谷 黃璟淵, 瑞巖 金熙鎭 先生 師事
民族文化推進會 國譯研修院 修了
高麗大學校 教育大學院 漢文教育科 修了
한국고전번역원 부설 고전번역교육원 名譽漢學教授(現)
傳統文化研究會 副會長(現) 해동경사연구소 소장(現)
古典國譯賞 受賞

論文 및 譯書

〈艮齋의 性理說小考〉〈燕岩의 學問思想研究〉
四書集註 ≪詩經集傳≫ ≪書經集傳≫ ≪周易傳義≫
≪古文眞寶≫ ≪牛溪集≫ 등 數十種 國譯
≪宣祖實錄≫ ≪宋子大全≫ ≪茶山集≫ ≪退溪集≫ 등 共譯

國譯委員

譯註　成百曉
潤文　姜大杰 朴宰永 朴勝珠
校正　李圭鎬
出版　權永順

東洋古典國譯叢書 刊行辭

어느 서구의 동양학자는 '儒教르네상스'라는 觀點을 취하면서 "나는 유교는 舊社會의 원리 그 자체이므로 死滅하였다고 생각하고 있다. 復活은 있을 수 없다고 생각한다. 그러나 그 精神만은 살아 있는데 그것은 죽은 유교의 靈安室에 보존되고 있다. 이 영안실이란, 이미지를 포함하고 있는 미디어인 '漢字의 體系'라고 생각한다."라고 말하고 있다.

서구사회의 개인주의 사상이 지금 인간을 산산히 조각내어 사회를 崩壞에로까지 몰아넣고 있다고 하는 危機意識을 강하게 품고 있고, 따라서 유교의 정신을 共同體主義나 儀禮主義(禮)라는 反個人主義의 觀點에서 파악하려 하고 있는 것으로 알려지고 있는 이 학자는 또한 이렇게도 말한다. "유교가 결정적으로 死滅하여 버렸기 때문에 近代化와 모순되지 않으면서 새로운 思惟樣式 속에 그 정신을 再投資할 수 있다. 유럽에서도 기독교가 쇠약해졌지만 福音主義의 정신이 남아 있는 것과 같다."라고 하고 있다.

'영안실에서 뽑아낸 에스프리의 재투자'라는 생각에 문제점이 없는 것도 아니다. 儒教는 과연 죽었는가? 儒教資本主義다 儒教社會主義 또는 심지어 儒教共産主義다 라는 造語가 과연 죽은 뒤의 정신의 再投資 속에서 생긴 말인가. 아니면 완전히 사멸하지 않았기 때문에 이같은 말들이 생겨날 수 있도록 영향력을 행사한 것인가? 유교가 근대화와 모순되지 않기 위해서는 일단 결정적 死滅의 경로를 통과하여야만 한다는 한 길〔一途〕밖에 없는 것인가? 유교사상의 새로운 體系構成을 통해 死滅없이, 산 채로 정신의 재투자는 불가능한 것인가? 산 채로의 투자는, 그러나 民主는 무슨 민주인가, 오로지 동양적 專制만이 倫理秩序 維持의 유일한 길이 아니냐고 하면서 시대착오적 착각에서 헤어나지 못하는 保守의 잔당들이 꼬리표처럼 붙어다녀 영영 이것을 털어낼 수가 없기 때문에 불가능하다는 것인가? 무가치한 瓦礫은 버리고 珠玉만을 걸러 취해 새롭게 再構成할 수는 없는 것인가?

그러나 어느 길을 택하던 '儒教르네상스'의 觀點을 취하고 있는 학자의 수는 늘고 있고 유교를 비롯한 동양의 전통문화에 대한 새로운 관심도는 날로 높아져가고 있다.

그런데 현대에 살아 숨쉬고 있는 것으로 생각하든 영안실 안에서 잠자고 있는 것으로 생각하든 漢字의 文字體系로 이루어진 東洋古典은 그것의 讀解를 專業으로 하는 전문학자를 제외한 모든 사람에게는 國譯書 없이는 접근하기가 쉽지 않다. 또한 우리의 전통문화의 究明에 있어서는, 그것이 韓國經濟史가 되든 法制史가 되든, 혹은 精神史, 知性史, 音樂史, 繪畫史, 服飾史, 交通史, 戰爭史 등등이 되든, 그 모든 연구를 위한 一次資料가 漢文으로 되어 있는데다, 유교의 고전인 四書·五經을 모두 마땅히 알고 있으려니 하는 暗默의 前提 아래 그 成句를 출전을 밝히지 않은 채 인용해 쓰고 있는 例가 허다하여, 四書·五經을 중심으로 한 동양고전은 그 어느 분야의 전공자를 막론하고 필독의 것이 되지 않을 수 없다. 誤譯 없는 동양고전 국역서의 출현을 기다리는 마음은 이에 더욱 절실하다 하겠다.

번역에 있어서는 현대어로의 완전한 번역이 國譯의 최종 목표가 됨은 말할 것도 없으나 誤譯 없는 逐字譯의 실력이 없이는 불가능하다. 멀리 신라 때의 薛聰이나 麗末鮮初의 權陽村에 의한 經書의 口訣을 거쳐 조선조 세종대왕의 한글 창제이후의 국역서(諺解本)의 蓄積은 참으로 완전한 번역을 위한 귀중한 참고자료가 아닐 수 없다. 先儒들의 훌륭한 先行業績의 토대 위에 비로소 최상의 현대어 번역은 가능해진다.

우리 전통문화연구회에서는 정성들인 번역서의 출간을 기다리는 輿望에 부응하기 위해 誤譯 없는 번역에 力點을 두어 斯界의 실력자로 번역진을 구성, 공부하는 사람들의 머리맡에 사전처럼 두고 볼 수 있는 번역서의 간행을 기획하여 이제 그 「東洋古典國譯叢書」의 두 번째로 斯界의 重鎭인 國防部戰史編纂委員會 責任編纂委員 成百曉氏가 첫 번째의 ≪論語集註≫의 경험까지 살려 또다시 心血을 기울여 懸吐完譯한 ≪孟子集註≫를 세상에 내어 놓기에 이르렀다.

오랜 역사 위에 축적된 先儒들의 先行業績과 현대어 사이에 튼튼한 架橋가 구축되리라 스스로 자부하여 본다. 江湖諸賢의 鞭撻이 있기를 바란다.

1991年 3月　日

社團法人 傳統文化研究會

會長 安 炳 周

이 책에 대하여

本書는 ≪孟子≫ 14篇과 朱子(朱熹)의 章句集註를 原文에 懸吐하고 國譯한 것이다.

孟子는 戰國時代의 代表的 思想家로서 孔子의 學問思想을 계승하여 仁義를 제창하고 王道政治를 행할 것을 강조한 인물로, 후대에서는 亞聖이라 칭호하여 孔子와 함께 推尊되고 있음은 너무도 잘 알려진 事實이다.

≪孟子≫는 司馬遷의 ≪史記≫에서 밝혔듯이 孟子 자신이 그의 門徒들과 함께 著述한 것으로 되어 있다. 본서는 원래 7편으로 엮어져 있었으나, 後漢末에 趙岐가 章句를 만들면서 各篇을 上·下로 나누어 14편이 된 것인데, 이러한 體制가 지금까지 그대로 내려오고 있다.

≪孟子≫는 前漢 文帝 때에 ≪論語≫·≪孝經≫·≪爾雅≫와 함께 學官에 세워져 四博士의 하나가 되었다. 그 후 武帝 때 四博士가 五經博士로 대체되면서 諸子書의 하나로 격하되었으나, 宋 神宗 때에는 經으로 높여졌다. 이어서 程·朱에 의하여 四書의 하나로 表章되면서 ≪論語≫와 함께 儒家經典의 代表로 인식되었다. 따라서 이 ≪孟子≫가 淸代의 ≪十三經注疏≫에도 들었음은 너무도 당연한 일이라 할 것이다.

≪孟子≫의 註釋書로는 趙岐의 ≪孟子章句≫ 14편이 가장 오래된 것이다. 물론 이외에도 ≪孟子≫의 解釋書가 없었던 것은 아니다. ≪呂氏春秋≫에 실려 있는 高誘의 序에는 高誘 자신이 孟子章句를 訂正한 일이 있음을 밝히고 있으며, ≪後漢書≫〈儒林傳〉에는 "程曾이 孟子章句를 지었다." 하였고, ≪隋書≫〈經籍志〉에는 後漢의 鄭玄과 劉熙가 각각 ≪孟子≫ 7편을 注解한 것으로 되어 있다. 그러나 이상의 諸本들은 모두 散佚되어 지금에는 전하지 않는다.

現存하는 註釋書로는 朱子의 集註, 그리고 趙岐의 注에 의거하여 이루어졌다는 宋代 孫奭의 疏가 ≪十三經注疏≫에 들어있다. 그러나 孫氏의 疏는 僞作이라는 說이 있으며, 淸代의 焦循이 지은 ≪孟子正義≫ 역시 세상에 전해지고 있다. 그러나 이 중에서도 역시 朱子의 集註가 가장 정확하고 알기 쉬운 註釋書로 알려져 있다. 朱子가 평생의 정력을 바쳐 수많은 學說의 異同을 折衷하여 四書集註를 만들었음은 周知의 사실이거니와, 특히 우리나라에서는 朝鮮時代에 程朱學을 信奉한 나머지 永樂大全을 內閣에서 刊行 頒布함으로써 士子들은 오로지 주자의 集註만을 읽어왔다. 이 때문에 우리 先賢들의 思想을 바르게 파악하려면 주자의 集註에 입각한 解釋이 절대로 필요한 것이다.

本人은 다년간 古典講讀을 지도해 오면서 初學者들의 自習에 편리한 四書譯刊의 必要性을 절감하고, 二以會 회원들과 ≪論語集註≫의 譯刊作業에 이어서 나머지 四書集註의 完譯을 위하여 꾸준히 작업을 계속하여 왔다. 그 결과, 지난 해에 ≪論語集註≫를 출간하게 되었던 바 同好人들의 좋은 호응과 함께 四書完譯을 재촉하는 요청이 끊이지 않았다. 이에 감히 옛 상자에 있던 原稿를 다시 修正하고 정리하여 세상에 펴내게 된 것이다.

본서의 懸吐에는 다행히도 艮齋 田愚先生이 손수 懸吐한 手澤本이 있어서 參考가 되었으며, 經義解釋에도 상당한 도움을 받았다. 다만 體制의 통일성과 句讀의 基本法則을 최대한 살리려는 의도하에 一部 修正한 곳이 없지 않으며, 또한 최근에 입수된 楊伯峻의 ≪孟子譯註≫를 참고했음을 밝혀둔다.

菲才淺學한 所致로 잘못 해석하여 經典에 누를 끼친 경우도 없지 않으리라고 생각한다. 이점 先輩諸賢의 숨김없는 叱正을 기다려 더욱 原義에 충실한 譯註書가 되도록 努力을 계속할 것을 다짐하면서 古典을 講讀하고 自習하는 분들께 基礎的인 길잡이로서 다소나마 도움이 된다면 더 이상 바랄 것이 없겠다.

끝으로 東洋古典國譯叢書의 간행을 추진하시는 傳統文化硏究會 安炳周會長님의 큰 뜻이 성취되기를 간절히 바라며, 손수 誤謬를 지적하고 校正을 보아주신 李鍾德學兄과 원고정리를 위해 애써준 金鎰均君, 교정을 맡아준 朴勝珠孃, 朴慶淑孃, 元載益君, 韓恩珍孃 등의 勞苦에 깊이 감사를 드린다.

辛未年 新春에 成百曉는 冽上의 觀一軒에서 삼가 쓰다.

四書集註 개정증보판을 내면서

그동안 별러왔던 개정증보판을 이제야 내게 되었다. 四書集註 가운데 ≪論語集註≫는 원래 原稿 作成에 문제가 있었고, 또 本人이 飜譯에 從事한 지 日淺할 뿐더러 첫 번째로 번역에 착수한 까닭에 체계가 잡히지 않아 통일성이 부족하였는데, 이번 개정증보판에서는 이러한 것들이 다소 바로 잡혔을 것으로 기대한다. 또한 先輩와 讀者들의 지적에 따라 經文의 懸吐를 상당수 官本諺解대로 還元하였다. 토씨가 다르면 經文을 암송하는데 지장을 준다는 지적 때문이다. 그리고 譯註를 상당수 補完하였는 바, 朴壺山(朴文鎬)의 四書詳說을 주로 參考하였다. 또한 集註에서 明道 程顥와 伊川 程頤를 구분하지 않고 모두 程子曰로 표기한 것과 尹氏와 謝氏 등 姓氏만 밝히고 人名을 밝히지 않은 것을 臺灣 學生書局에서 간행한 ≪朱子四書集註典據考≫에 의거하여 괄호 안에 이름을 밝혀주었는데 程子曰은 四書詳說도 함께 參考하였다. 그러나 未詳인 것은 (?)표를 하였다. 물론 誤謬가 없지 않을 것이나 이렇게 일일이 人名을 밝혀준 것은 本人이 어려서 集註를 읽을 적에 이 분들이 과연 누구인지 궁금하였던 경험이 있었기 때문이다.

本 四書集註의 懸吐 기준을 밝히면 다음과 같다.

1. 주격 조사인 'ㅣ'는 諺解에서 앞 음절이 母音으로 끝났을 경우에 다는 토씨인데, 本書에서는 일체 사용하지 않았다. 그 이유는 橫書로 된 책에 이를 표시할 경우 주격 조사임이 제대로 드러나지 못할 뿐더러 글자와 글자 사이를 가로막는 듯한 인상을 주기 때문이다. 'ㄹ새' 등의 토씨 역시 '일새'로 통일하였다.
1. 연속을 나타내는 '이요'와 의문사의 뒤에 붙는 '리오' 또는 '오'는 원래 諺解에는 모두 '오'로 되어 있으나 혼동될 우려가 있으므로, 의문사 뒤에는 그대로 '오'를 사용하였고 연속을 나타내는 경우에는 '이요' 또는 '요'를 사용하였다.
1. 官本諺解에는 주어 다음에 '이' 토를 자주 붙여 쉼표 역할을 하였으나 이 또한 상

당수 삭제하였다. 단 蘧伯玉, 叔孫武叔 등 두 字 이상이고 앞 음절이 자음으로 끝난 경우에는 그대로 표기하여 聲讀에 편리하게 하였다.

1. 官本諺解에는 則을 접속사로 쓴 경우 현토하지 않고 대부분 그대로 연결하였으나 본서에서는 句讀의 원칙을 따라 則 앞에 '이면' '이어든' 등의 토씨를 달았다.
1. 官本諺解에는 助詞中 '而'는 연결하고 '以'는 뗀 경우가 많으나 中國本은 이와 반대로 '以'는 연결하고 '而'를 뗀 경우가 많은데, 본서에서는 두 가지를 折衷하였다.
1. '然後'는 中國本에는 '然後' 앞에서 句를 떼었으나 官本諺解에는 이렇게 하지 않고 '然後에'로 현토하여 앞 句와 연결하였는 바, 이 경우에는 대체로 官本諺解를 따랐다.
1. 官本諺解와 栗谷諺解에는 여러 王을 모두 높여 '하신대' '하시니'로 존칭하였으나 모두 '한대' '하니'로 통일하였다. 옛날 君主主義시대에는 王을 모두 임금님으로 존칭하였으나 지금은 그렇게 하지 않기 때문이다. 단 堯·舜·禹·湯·文·武 등의 聖君에게는 그대로 존칭을 사용하였다.
1. 官本諺解에는 문장을 '…하며 …하며 …하고'로 묶은 경우가 많으나 본서에서는 '…하고 …하고 …하며'로 묶어 現代 語法에 맞게 하였다.

속담에 10년이면 江山도 변한다고 하였는데, 본인이 처음 ≪論語集註≫를 譯註한 지도 어언 15개 星霜이 지났다. 멋모르고 經書飜譯을 시작한 이래 誤譯도 있었지만 自習에 도움을 준다는 讀者들의 激勵도 적지 않았다. 처음 생각에는 한 십년 지나면 漢文實力이 크게 向上되고 學問的 成果도 어느 정도 기대할 수 있을 것이라고 自負했었다. 그러나 막상 개정증보판을 내려고 보니, 그새 15년의 세월이 흘러 還甲의 나이가 되었건만 별반 進展이 없어 自愧의 마음을 금할 수 없다. 또한 朱子의 集註를 따르다 보니, 異說을 다 受容할 수가 없었다. 이 점 讀者들에게 양해를 구하며 先輩 諸賢과 讀者들의 정성어린 鞭撻과 指摘을 眞心으로 기대하는 바이다. 끝으로 懸吐를 修正해 준 李相奎學兄과 全作業을 도맡아 준 朴勝珠研究員의 勞苦를 치하하며, 또한 ≪孟子≫의 校正을 맡아준 姜大杰·朴宰永 君과 ≪論語≫·≪中庸≫·≪大學≫의 校正을 맡아준 河雲夏·이라나 두 분에게도 깊은 感謝의 말씀 드린다.

西曆 2005年 乙酉 3月 日에 成百曉는 觀一軒에서 쓰다.

凡 例

1. 本書는 東洋古典國譯叢書의 한 책이다.
2. 本書는 內閣本(成大 大東文化硏究院 影印本, 1965)을 國譯底本으로 하고, 中國 中華書局의 ≪四書章句集注≫와 日本의 漢文大系本 및 壺山 朴文鎬의 ≪孟子集註詳說≫과 臺灣 學生書局의 ≪朱子四書集註典據考≫ 등을 참고하였다.
3. 原文 이해의 도움을 위하여 懸吐하였다.
   本文은 官本諺解의 吐를 위주로 하고 栗谷의 四書諺解를 참고하였으며, 集註는 艮齋(田愚)의 吐를 참고하였는 바, 필요에 따라 調整하였다.
4. 번역은 原義에 충실하게 하여 原典講讀에 도움이 되도록 하였다.
5. 譯註는 중요한 出典이나 이해하기 어려운 문맥과 內閣本의 誤脫字를 對象으로 하였고, 原文의 難解字는 字義를 下段에 실었다.
6. 原文中 本文과 集註는 活字의 大小로 구분하고 번역문도 이에 따랐다.
7. 各篇의 章數는 아라비아 숫자로 표시하였다.
8. 本書의 이해를 돕고자 孟子年譜와 戰國七雄圖를 부록하였다.
9. 本文의 誤字, 假借字 등은 다음 부호를 사용하였다.
   誤字의 例 : 士憎〔增〕玆多口
   假借字의 例 : 合從(縱)連衡(橫)
10. 本書의 使用 부호는 다음과 같다.
   " " : 引用을 표시 ' ' : 재인용, 강조를 표시
   ≪ ≫ : 書名 〈 〉 : 篇章節명, 작품명, 보충
   〔 〕 : 原文 倂記, 원문의 誤字에 대한 正字
   ( ) : 한자의 음, 통용자, 간단한 주석, 원문의 假借字나 俗字에 대한 正字

集註引用姓氏 略解

趙氏　後漢 名岐 字邠卿 著書孟子章句
丁氏　唐　 名公著 字平子 著書孟子音
蘇氏　北宋 眉山人 名軾 字子瞻 號東坡
尹氏　北宋 河南人 名焞 字彦明 著書論語解・門人答問
王氏　北宋 臨川人 名安石 字介甫 著書周官新義
孔氏　北宋 名文仲 字經父
李氏　北宋 昭武人 名郁 字光祖 著書論孟遺稿
呂侍講 北宋 名希哲 著書呂氏雜記
呂氏　北宋 藍田人 名大臨 字與叔
周子　北宋 名敦頤 字茂叔 著書太極圖說・通書
林氏　北宋 名之奇 字少穎 號拙齋 著書尙書集解・春秋周禮講義・論語注・孟子講義
范氏　北宋 成都人 名祖禹 字淳夫 著書唐鑑
張子　北宋 長安人 名載 字子厚
程子　北宋 洛陽人 程顥(字伯淳 號明道)
　　　　　　　　　 程頤(字正叔 號伊川)
游氏　北宋 建安人 名酢 字定夫 著書易說・論語孟子雜解
楊氏　北宋 將樂人 名時 字中立 號龜山 著書二程粹言
潘興嗣 北宋 字延之
謝氏　北宋 名良佐 字顯道 上蔡先生
張氏　宋　 名琥*
徐氏　宋　 名度 字敦立**
鄒氏　南宋 名浩 字志完

豐氏 南宋 名稷 字相之
陳氏 南宋 福州人 名暘 字晉之
趙氏 南宋 名順孫 字和仲 著書四書纂疏・近思錄精義
何叔京 南宋 名鎬 字叔京
吳氏 南宋 建安人 名棫 字才老 著書書裨傳・論語指掌
張敬夫 南宋 廣陵人 名栻 字敬夫 號南軒 著書論語解・癸巳孟子說
胡氏 南宋 名安國 字康侯 著書春秋傳
范浚 南宋 字茂明
王勉 南宋 建安人
李子 南宋 名侗 字愿中 延平先生

大全(永樂大全) : 集註 아래에 실려있는 小字 雙行의 小註를 가리킨 것으로, 諸家들의 말을 인용하였으나 간단한 해석은 누구의 말인지 밝히지 않은 것이 많다. 또한 人物이 정확하지 않으며 同名異人이 있어 異說이 있는 경우를 아래에 소개하겠다.

* 張氏 : 壺山은 "이름은 九成이고 字는 子韶이며 錢塘사람으로 ≪孟子傳≫ 20卷을 지었다." 하였고, ≪四書集註典據考≫에는 胡炳文의 ≪四書集編≫에 張琥라고 기록되어 있음을 들어 集註의 張氏는 張琥를 가리킨 듯하나 자세하지 않다고 하였다.

** 徐度는 ≪孟子集註≫에 모두 12번 보이는데, 同名異人이 있는 것으로 보인다. ≪四書集註典據考≫에 "趙順孫의 ≪孟子纂疏≫에는 '睢陽 사람이다.' 하였고, 胡炳文의 ≪四書通≫에는 '字가 安節이니, 唐나라 睢陽 사람이다.' 하였고, 大全에는 '字가 孝節이다.' 하였다. 살펴보건대 宋나라의 徐度는 睢陽 사람으로 字가 敦立인데, 南渡한 뒤에 벼슬이 吏部侍郎에 이르렀다. ≪宋史 藝文志≫에는 '徐度가 ≪國紀≫ 65권과 ≪却掃編≫ 13권을 지었다.'고 기록되어 있으나 현재 보이지 않는다. 또 ≪陳書≫와 ≪南史≫에는 모두 '徐度는 字가 孝節이니, 安陸 사람이다.' 하였는 바, 누구인지 분명히 알 수 없다. 우선 宋나라 사람으로 字가 敦立인 자를 표기한다." 하였다. 日本의 明德出版社에서 나온 ≪四書集註≫에는 字가 孝節로 표기되어 있다.

目　次

序 說

史記列傳曰 孟軻는 騶人也니 受業子思之門人하다 - 趙氏曰 孟子는 魯公族孟孫之後라 漢書註에 云 字子車라하고 一說에 字子輿라하니라 騶는 亦作鄒하니 本邾國也라 子思는 孔子之孫이니 名伋이라 索隱에 云 王劭以人爲衍字라하고 而趙氏註及孔叢子等書에 亦皆云 孟子親受業於子思라하니 未知是否라 -

≪史記≫〈孟子列傳〉에 다음과 같이 기록되어 있다.

"孟軻는 騶땅 사람이니, 子思의 門人에게 受業하였다. - 趙氏가 말하였다. '孟子는 魯나라 公族인 孟孫氏의 후손이다.' ≪漢書≫ 註에 이르기를 '字는 子車이다.' 하였는데, 一說에는 '字가 子輿이다.' 하였다. 騶字는 또한 鄒字로 되어 있으니, 본래 邾나라이다. 子思는 孔子의 손자로 이름이 伋이다. ≪史記索隱≫에 이르기를 '王劭가 人을 衍字라 했다.' 하였으며, 趙氏(趙岐)의 註와 ≪孔叢子≫ 등에 또한 모두 이르기를 '孟子가 子思에게 친히 受業했다.' 하였으니, 옳은 지 알 수 없다. -

道旣通에 游事齊宣王호되 宣王이 不能用하고 適梁호되 梁惠王이 不果所言하니 則見以爲迂遠而濶於事情[1)]이라 - 趙氏曰 孟子通五經하고 尤長於詩書라 程子曰 孟子曰 可以仕則仕하고 可以止則止하고 可以久則久하고 可以速則速은 孔子니 聖之時者也라하시니 故로 知易者莫如孟子라 又曰 王者之迹이 熄而詩亡하고 詩亡然後에 春秋作이라하시고 又曰 春秋에 無義戰이라하시고 又曰 春秋는 天子之事라하시니 故로 知春秋者 莫如孟子니라 尹氏曰 以此而言이면 則趙氏謂孟子

軻:수레 가 騶:땅이름 추(鄒同) 游:놀 유, 갈 유 適:갈 적 果: 결행할 과 迂:멀 우, 우회할 우 濶:넓을 활

長於詩書而已라하니 豈知孟子者哉리오 按史記컨대 梁惠王之三十五年乙酉에 孟子始至梁하고 其後二十三年當齊湣王之十年丁未에 齊人이 伐燕이어늘 而孟子在齊라 故로 古史謂 孟子先事齊宣王하고 後에 乃見梁惠王, 襄王, 齊湣王이라하니라 獨孟子以伐燕爲宣王時事는 與史記, 荀子等書로 皆不合하고 而通鑑에 以伐燕之歲로 爲宣王十九年하니 則是孟子先游梁而後에 至齊見宣王矣라 然이나 考異亦無他據하니 又未知孰是也라 -

道를 이미 통달하자, 齊나라에 가서 宣王을 섬겼으나 宣王이 쓰지 못하였고, 梁나라에 갔으나 梁惠王도 말한 바를 행하지 못하였으니, 迂遠하여 事情(현실)과 거리가 멀다는 여김을 받았다. - 趙氏(趙岐)가 말하였다. '孟子는 五經을 통하였고 특히 詩書에 뛰어났다.' 程子가 말씀하였다. '孟子가 말씀하기를 「벼슬할 만하면 벼슬하고 그만둘 만하면 그만두고 오래 있을 만하면 오래 있고 속히 떠날 만하면 속히 떠나신 것은 孔子이니, 聖人의 時中인 자이시다.」 하였다. 그러므로 ≪周易≫을 안 자는 孟子만한 분이 없다. 孟子가 또 말씀하기를 「王者의 자취가 종식됨에 ≪詩≫가 망하였고 ≪詩≫가 망한 뒤에 ≪春秋≫가 지어졌다.」 하였고, 또 말씀하기를 「≪春秋≫에는 의로운 전쟁이 없다.」 하였고, 또 말씀하기를 「≪春秋≫는 天子의 일이다.」 하였다. 그러므로 ≪春秋≫를 안 자는 孟子만한 분이 없다.' 尹氏가 말하였다. '이것을 가지고 말하면 趙氏가 孟子는 詩書에 뛰어날 뿐이라고 말하였으니, 어찌 孟子를 안 자이겠는가.' ≪史記≫를 살펴보면 '梁나라 惠王 35년 을유에 孟子가 처음 梁나라에 이르렀고, 그후 23년인 齊나라 湣王 10년 정미에 齊나라 사람들이 燕나라를 정벌하였는데, 孟子가 齊나라에 있었다.' 하였다. 그러므로 古史에는 '孟子가 먼저 齊나라 宣王을 섬긴 뒤에 마침내 梁나라 惠王, 襄王과 齊나라 湣王을 만나보았다.' 하였다. 다만 ≪孟子≫에 燕나라를 정벌한 것을 宣王 때의 일이라 한 것은 ≪史記≫와 ≪荀子≫ 등 여러 책과 부합하지 않으며, ≪通鑑≫에는 燕나라를 정벌한 해를 宣王 19년이라고 하였으니, 그렇다면 이는 孟子가 먼저 梁나라에 갔고 뒤에 齊나라에 이르러 宣王을 만난 것이다. 그러나 ≪考異≫에 또한 다른 근거가 없으니, 또 어느 것이 옳은지 알 수 없다. -

譯註 1. 見以爲迂遠而闊於事情 : '당시 제후왕들이 孟子를 보고서 迂遠하여 事情과 멀다고 여겼다.'라고 보는 견해도 있으나 壺山 朴文鎬는 見을 받다, 입다의 뜻으로 해석하였다.

當是之時하여 秦用商鞅하고 楚魏用吳起하고 齊用孫子田忌하여 天下方務於合從(縱)連衡(橫)[1]하여 以攻伐爲賢이어늘 而孟軻乃述唐虞三代之德하시니 是以로 所如者不合일새 退而與萬章之徒로 序詩書하고 述仲尼之意하여 作孟子七篇하시니라 - 趙氏曰 凡二百六十一章에 三萬四千六百八十五字라 韓子曰 孟軻之書는 非軻自著라 軻旣沒에 其徒萬章公孫丑 相與記軻所言焉耳라 愚按 二說不同하니 史記近是라 -

이 때를 당하여 秦나라에서는 商鞅을 등용하고, 楚나라와 魏나라에서는 吳起를 등용하고, 齊나라에서는 孫子(孫臏)와 田忌를 등용해서 天下가 막 合縱과 連橫을 힘써 공격과 정벌을 훌륭한 것으로 여기고 있었는데, 孟軻는 도리어 唐虞(堯舜)와 三代의 德을 말씀하였다. 이 때문에 가는 곳마다 뜻이 합하지 못하자, 물러나 萬章 등의 門徒들과 더불어 ≪詩經≫과 ≪書經≫을 서술하고, 仲尼의 뜻을 기술하여 ≪孟子≫ 7篇을 지으셨다." - 趙氏가 말하였다. '모두 2백 61章에 3만 4천 6백 85字이다.' 韓子(韓愈)가 말하였다. '孟軻의 책은 孟軻가 스스로 지은 것이 아니라 孟軻가 죽은 다음 그 門徒인 萬章과 公孫丑가, 孟軻가 일찍이 말씀한 것을 서로 기록한 것이다.' 하였다. 내(朱子)가 살펴보건대 두 가지 說이 같지 않은 바, ≪史記≫가 옳을 듯하다. -

譯註 1. 合從連衡 : 從은 縱과 같고 衡은 橫과 같은 바, 合從은 당시 中國의 楚·燕·齊·韓·魏·趙 등 동쪽과 남쪽에 위치한 6개국이 연합하여 서쪽에 있는 秦에 대항함을 이르며, 連衡은 이들 6개국이 秦을 섬김을 이른다.

韓子曰 堯는 以是傳之舜하시고 舜은 以是傳之禹하시고 禹는 以是傳之湯하시고 湯은 以是傳之文武周公하시고 文武周公은 傳之孔

鞅:고삐 앙 忌:꺼릴 기 從:세로 종(縱同) 衡:가로 횡(橫同) 唐:나라 당 虞:나라 우 如:갈 여 尼:산이름 니

子하시고 孔子는 傳之孟軻러시니 軻之死에 不得其傳焉하니 荀與揚也는 擇焉而不精하고 語焉而不詳하니라 - 程子曰 韓子此語는 非是蹈襲前人이요 又非鑿空撰得出이니 必有所見이라 若無所見이면 不知言所傳者何事라 -

韓子(韓愈)가 말하였다. "堯임금은 이것을 舜임금에게 전하시고, 舜임금은 이것을 禹王에게 전하시고, 禹王은 이것을 湯王에게 전하시고, 湯王은 이것을 文王·武王과 周公에게 전하시고, 文王·武王과 周公은 이것을 孔子에게 전하시고, 孔子는 孟軻에게 전하셨는데, 孟軻가 죽자 그 전함을 얻지 못하였다. 荀子(荀況)와 揚子(揚雄)는 선택은 하였으나 精하지 못하였고, 말은 하였으나 상세하지 못하였다." - 程子가 말씀하였다. "韓子의 이 말씀은 예전 사람의 말을 踏襲한 것이 아니고 또 쓸데없이 억지로 빈 말을 지어낸 것이 아니니, 반드시 본 바가 있었을 것이다. 만약 본 바가 없다면 傳한 바라고 말한 것이 무슨 일인지 알 수 없다. -

○ 又曰 孟氏는 醇乎醇者也요 荀與揚은 大醇而小疵니라 - 程子曰 韓子論孟子는 甚善하니 非見得孟子意면 亦道不到라 其論荀揚則非也니 荀子는 極偏駁하니 只一句性惡에 大本已失이요 揚子는 雖少過나 然亦不識性이니 更說甚道리오 -

또 말하였다. "孟子는 순수하고 순수한 자이고, 荀子와 揚子는 크게는 순수하나 약간의 瑕疵(병폐)가 있다." - 程子가 말씀하였다. "韓子가 孟子를 논한 것이 매우 좋다. 孟子의 뜻을 見得하지 못하였다면 또한 이렇게 말씀하지 못하였을 것이다. 그러나 荀子와 揚子를 논한 것은 잘못되었다. 荀子는 지극히 편벽되고 잡박하니 다만 性惡이라는 한 句에 큰 근본이 이미 상실되었고, 揚子는 비록 과실이 적으나 또한 性을 알지 못하였으니, 다시 무엇을 말할 것이 있겠는가. -

○ 又曰 孔子之道 大而能博하니 門弟子不能徧觀而盡識也라

荀:성 순 揚:날릴 양 醇:순수할 순 疵:병 자 徧:두루미칠 변(편)

故로 學焉에 而皆得其性之所近이러니 其後離散하여 分處諸侯之國할새 又各以其所能으로 授弟子하니 源遠而末益分이라 惟孟軻師子思而子思之學이 出於曾子하니 自孔子沒로 獨孟軻氏之傳이 得其宗이라 故로 求觀聖人之道者는 必自孟子始니라 - 程子曰 孔子言參也魯라하시니 然이나 顔子沒後에 終得聖人之道者는 曾子也라 觀其啓手足時之言하면 可以見矣니 所傳者는 子思孟子 皆其學也니라 -

또 말하였다. "孔子의 道가 크고도 넓으니, 門下의 弟子들이 두루 보고 다 알지 못하였다. 그러므로 배움에 모두 그 성질(소질)에 가까운 바를 얻었는데, 그후 離散하여 諸侯의 나라에 나누어 거처하면서 또 각각 자신이 능한 것을 弟子들에게 전수해 주니, 根源이 멀어짐에 끝이 더욱 나누어졌다. 오직 孟軻는 子思를 師事하았는데, 子思의 學問은 曾子에게서 나왔으니, 孔子가 별세한 뒤로부터 유독 孟軻氏의 전함이 그 宗統을 얻었다. 그러므로 聖人(孔子)의 道를 관찰하고자 하는 자는 반드시 ≪孟子≫로부터 시작하여야 한다." - 程子가 말씀하였다. "孔子께서 '參은 노둔하다.'고 말씀하셨다. 그러나 顔子가 별세한 뒤에 마침내 聖人의 道를 얻은 것은 曾子이다. 별세할 적에 弟子들로 하여금 이불을 걷어 자신의 손과 발을 보게 한 말씀을 보면 이것을 알 수 있다. 전한 것은 子思와 孟子가 모두 그 학문이다. -

○ 又曰 揚子雲曰 古者에 楊墨塞(색)路어늘 孟子辭而闢之廓如也라하니 夫楊墨行이면 正道廢하나니 孟子雖賢聖이나 不得位하여 空言無施하니 雖切何補리오 然이나 賴其言하여 而今之學者 尙知宗孔氏, 崇仁義, 貴王賤霸而已요 其大經大法은 皆亡滅而不救

侯:제후 후, 임금 후 授:줄 수 曾:일찍 증 沒:죽을 몰 塞:막을 색 闢:물리칠 벽 廓:넓힐 곽 賴:힘입을 뢰 霸:으뜸 패

하고 壞爛而不收하니 所謂存十一於千百[1]이니 安在其能廓如也리오 然이나 向無孟氏면 則皆服左衽而言侏離[2]矣리라 故로 愈嘗推尊孟氏하여 以爲功不在禹下者는 爲此也니라

또 말하였다. "揚子雲(揚雄)이 말하기를 '옛날에 楊朱·墨翟이 正道를 막았는데, 孟子께서 말씀하여 물리쳐서 훤하게 열어놓았다.' 하였다. 楊朱·墨翟의 道가 행해지면 正道가 폐해진다. 孟子가 비록 賢聖이었으나 지위를 얻지 못해서 빈 말 뿐이고 시행함이 없었으니, 비록 간절한들 무슨 보탬이 있었겠는가. 그러나 그 말씀을 힘입어서 지금의 배우는 자들이 아직도 孔氏를 宗主로 삼고 仁義를 높이며, 王道를 귀하게 여기고 霸道를 천히 여길 줄을 알고 있다. 〈그러나〉 이 뿐이요, 그 大經大法은 모두 없어져 구원하지 못하고 파괴되어 수습하지 못하였으니, 이른바 千과 百에 十과 一이 남아 있다는 것이니, '훤하게 열어놓았다.'는 것이 어디에 있는가. 그러나 지난번에 孟氏가 없었더라면 우리들은 다 왼쪽으로 옷깃을 하는〔左衽〕 오랑캐 옷을 입고 오랑캐 말을 하였을 것이다. 그러므로 내 일찍이 孟子를 추존하여 공로가 禹王의 아래에 있지 않다고 말한 것은 이 때문이다."

譯註 1. 存十一於千百 : 千 중에 十이 남아 있고 百 중에 一이 남아 있음을 뜻한다.
2. 言侏離 : 侏離는 말뜻이 통하지 않는 오랑캐의 언어를 가리킨다.

或問於程子曰 孟子를 還可謂聖人否잇가 程子曰 未敢便道他是聖人이라 然이나 學已到至〔聖〕處니라 - 愚按 至字는 恐當作聖字라 -

○ 程子又曰 孟子有功於聖門을 不可勝言이라 仲尼는 只說一箇仁字어시늘 孟子는 開口便說仁義하시고 仲尼는 只說一箇志어

壞:무너질 괴 爛:문드러질 란 安:어찌 안 向:지난번 향 衽:옷깃 임 侏:난장이 주 禹:하우씨 우 程:노정 정 還:다시 환 道:말할 도 便:문득 변, 곧 변

시늘 孟子는 便說許多養氣出來하시니 只此二字 其功이 甚多니라

○ 又曰 孟子有大功於世는 以其言性善也니라

○ 又曰 孟子性善養氣之論은 皆前聖所未發이니라

○ 又曰 學者全要識時니 若不識時면 不足以言學이라 顔子陋巷自樂은 以有孔子在焉이라 若孟子之時엔 世旣無人하니 安可不以道自任이리오

或者가 程子(伊川)에게 묻기를 "孟子 또한 聖人이라고 이를 수 있습니까?" 하자, 程子가 말씀하였다. "감히 그 분이 곧 聖人이라고 말할 수는 없으나 학문이 이미 聖人의 경지에 이르셨다." - 내(朱子)가 살펴보건대 至字는 마땅히 聖字가 되어야 할 듯하다. -

○ 程子(伊川)가 또 말씀하였다. "孟子가 聖門에 공로가 있음을 이루 다 말할 수 없다. 仲尼는 다만 하나의 仁字만을 말씀하셨는데 孟子는 입을 여시면 곧 仁義를 말씀하였으며, 仲尼는 다만 하나의 志를 말씀하셨는데 孟子는 곧 허다한 養氣를 말씀하셨으니, 다만 이 〈義와 氣〉 두 글자가 그 공로가 매우 크다."

○ 〈程子(?)가〉 또 말씀하였다. "孟子가 세상에 큰 공로가 있는 것은 性善을 말씀하였기 때문이다."

○ 〈程子(?)가〉 또 말씀하였다. "孟子의 性善과 養氣에 대한 의논은 모두 이전의 聖人들이 미처 發明하지 못하신 것이다."

○ 〈程子(?)가〉 또 말씀하였다. "배우는 자들은 온전히 때를 알아야 하니, 만일 때를 알지 못한다면 학문을 말할 수 없다. 顔子가 누추한 골목에서 스스로 즐긴 것은 孔子가 계셨기 때문이다. 孟子 때로 말하면 세상에 이미 그러한 사람이 없었으니, 어찌 道로써 自任하지 않을 수 있었

要:하고자할 요 陋:누추할 루 巷:골목길 항 安:어찌 안

겠는가?"

又曰 孟子는 有些英氣하시니 才(纔)有英氣면 便有圭角이니 英氣甚害事니라 如顔子便渾厚不同하시니 顔子는 去聖人只毫髮間이요 孟子는 大賢이니 亞聖之次也니라 或曰 英氣見(현)於甚(삼)處잇가 曰 但以孔子之言比之면 便可見이라 且如氷與水精이 非不光이로되 比之玉하면 自是有溫潤含蓄氣象이요 無許多光耀也니라

〈程子(伊川)가〉 또 말씀하였다. "孟子는 英氣가 있었으니, 조금이라도 英氣가 있으면 곧 圭角이 있으니, 英氣는 매우 일에 해롭다. 顔子는 渾厚하여 이와 같지 않으니 顔子는 聖人(孔子)과의 거리가 다만 털끝 만한 사이였고, 孟子는 大賢이니 亞聖의 다음이시다."

혹자가 묻기를 "英氣가 어느 곳에 나타납니까?" 하니, 대답하였다. "다만 孔子의 말씀을 가지고 비교하면 곧 볼 수 있다. 또 예컨대 얼음과 水精이 빛나지 않는 것은 아니지만 이것을 玉에 비교하면 玉은 자연히 따뜻하고 윤택하고 함축한 氣象이 있고 허다한 빛이 없는 것과 같다."

楊氏曰 孟子一書는 只是要正人心이니 敎人存心養性하여 收其放心이라 至論仁義禮智하여는 則以惻隱羞惡辭讓是非之心으로 爲之端하시고 論邪說之害하여는 則曰生於其心하여 害於其政이라하시고 論事君하여는 則曰格君心之非니 一正君而國定이라하여 千變萬化[1] 只說從心上來라 人能正心이면 則事無足爲者矣라 大

些:작을 사 才:겨우 재(纔同) 圭:모서리 규 角:모서리 각 渾:온전할 혼 毫:터럭 호 亞:버금 아 甚:무엇 삼, 심할 심 潤:윤택할 윤 含:머금을 함 蓄:쌓을 축 耀:빛날 요 放:놓을 방 惻:슬플 측 隱:불쌍할 은 羞:부끄러울 수 惡:미워할 오 端:단서 단 格:바로잡을 격 非:그를 비, 나쁠 비

學之修身, 齊家, 治國, 平天下는 其本이 只是正心誠意而已니 心得其正然後에 知性之善이라 故로 孟子遇人에 便道性善이어시늘 歐陽永叔은 却言 聖人之敎人에 性非所先이라하니 可謂誤矣로다 人性上엔 不可添一物이니 堯舜所以爲萬世法은 亦是率性而已니 所謂率性은 循天理 是也라 外邊에 用計用數면 假饒立得功業이라도 只是人欲之私니 與聖賢作處[2)]로 天地懸隔이니라

楊氏(楊時)가 말하였다. "≪孟子≫ 한 책은 다만 人心을 바로잡고자 하였으니, 사람으로 하여금 마음을 보존하고 性을 길러 그 放心을 거두려고 하였다. 仁·義·禮·智를 논함에 있어서는 惻隱·羞惡·辭讓·是非의 마음으로써 그 端緖를 삼았고, 부정한 학설의 폐해를 논함에 있어서는 '그 마음에 생겨나 그 政事에 해를 끼친다.' 하였고, 君主를 섬김을 논함에 있어서는 '君主의 마음의 그릇됨을 바로잡아야 하니, 한 번 君主의 마음을 바로잡으면 나라가 정해진다.' 하여, 천만 가지 변화를 다만 마음으로부터 말씀하였다. 사람이 마음이 바르다면 일은 족히 할 것이 없다. ≪大學≫의 修身·齊家·治國·平天下는 그 근본이 다만 마음을 바루고 뜻을 성실히 하는 것일 뿐이니, 마음이 그 바름을 얻은 뒤에야 性의 善함을 알 수 있다. 그러므로 孟子가 사람을 만나면 곧 性善을 말씀하신 것이다. 그런데 歐陽永叔(歐陽脩)은 '聖人이 사람을 가르침에 性은 먼저 한 것이 아니다.'라고 말하였으니, 이것은 잘못되었다고 이를 만하다. 人性의 위에는 한 가지 일도 더할 수가 없으니, 堯·舜이 萬世의 法이 되심도 또한 이 本性을 따랐을 뿐이다. 이른바 本性을 따른다는 것은 天理를 따르는 것이 이것이다. 이외에 計策을 쓰고 術數를 쓰면 假饒(假使) 功業을 세운다 하

齊:가지런할 제 道:말할 도 歐:성 구 添:더할 첨 率:따를 솔 循:따를 순 假:가령 가 饒:설령 요 懸:매달 현 隔:막힐 격

더라도 이것은 다만 人慾의 私일 뿐이니, 聖賢이 하시는 것과는 天地처럼 현격한 차이가 있는 것이다.”

譯註 1. 千變萬化 : 천만 가지 變化로 곧 聖人의 千言萬語(천만 가지 말씀)를 가리킨 것이다.

2. 聖賢作處 : 作處는 壺山은 作用하는 곳으로 해석하였는 바, 作用은 곧 作爲로 '聖賢이 일하는 것'을 말한 것이다.

梁惠王章句 上

凡七章이라

모두 7章이다.

1. 孟子見梁惠王하신대

孟子께서 梁惠王을 뵈시니,

梁惠王은 魏侯罃(앵)也니 都大梁하고 僭稱王하고 諡曰惠라 史記惠王三十五年에 卑禮厚幣하여 以招賢者할새 而孟軻至梁이라하니라

梁惠王은 魏나라 侯인 罃이다. 大梁에 도읍하였고 王을 僭稱(참람하게 칭함)하였으며, 시호를 惠라 하였다. ≪史記≫ 〈魏世家〉에 "惠王 35年에 禮를 낮추고(자신을 겸손히 하고) 폐백을 厚히 하여 賢者를 초청하자, 孟軻가 梁땅에 이르렀다." 하였다.

王曰 叟不遠千里而來하시니 亦將有以利吾國乎[1]잇가

王이 말씀하였다. "老人께서 千里를 멀리 여기지 않고 오셨으니, 또한 장차 내 나라를 이롭게 함이 있겠습니까?"

譯註 1. 亦將有以利吾國乎 : 초청된 자들이 이미 모두 富國强兵을 말하였으므로 '老人께서도'의 뜻으로 '亦'을 놓은 것이다.

叟는 長老之稱이라 王所謂利는 蓋富國彊兵之類라

叟는 長老의 칭호이다. 王이 말씀한 利는 나라를 부유하게 하고 군대를 강하게 하는 따위이다.

侯:제후 후 罃:병 앵 僭:참람할 참 諡:시호 시 幣:비단 폐 軻:수레 가 叟:늙은이 수

孟子對曰 王은 何必曰利잇고 亦有仁義而已矣니이다

孟子께서 대답하셨다. "王은 하필 利를 말씀하십니까? 또한 仁義가 있을 뿐입니다.

仁者는 心之德이요 愛之理며 義者는 心之制요 事之宜也라 此二句는 乃一章之大指니 下文에 乃詳言之하시니 後多放(倣)此하니라

仁이란 마음의 德이요 사랑의 원리이며, 義란 마음의 제재요 일의 마땅함이다. 이 두 句는 바로 이 한 章의 大指인데, 아랫글에 마침내 상세히 말씀하였으니, 뒤에도 이와 같은 것이 많다.

王曰何以利吾國고하시면 大夫曰何以利吾家오하며 士庶人曰何以利吾身고하여 上下交征利면 而國이 危矣리이다 萬乘之國에 弑其君者는 必千乘之家요 千乘之國에 弑其君者는 必百乘之家니 萬取千焉하며 千取百焉이 不爲不多矣언마는 苟爲後義而先利면 不奪하여는 不饜이니이다

王께서 어떻게 하면 내 나라를 이롭게 할까 하시면 大夫들은 어떻게 하면 내 집안을 이롭게 할까 하며, 士·庶人들은 어떻게 하면 내 몸을 이롭게 할까 하여, 윗사람과 아랫사람이 서로 利를 취한다면 나라가 위태로울 것입니다. 萬乘의 나라에 그 君主를 시해하는 자는 반드시 千乘을 가진 公卿의 집안이요, 千乘의 나라에 그 군주를 시해하는 자는 반드시 百乘을 가진 大夫의 집안이니, 萬乘에 千乘을 취하며 千乘에 百乘을 취함이 많지 않은 것은 아니지만 만일 義를 뒤에 하고 利를 먼저 한다면 〈모두〉 빼앗지 않으면 만족해 하지 않습니다.

此는 言 求利之害하여 以明上文何必曰利之意也라 征은 取也니 上取乎下하고 下取乎

彊:강할 강(强通) 交:서로 교 征:취할 정 乘:수레 승 弑:시해할 시 苟:만일 구 奪:빼앗을 탈 饜:만족할 염

上이라 故로 曰交征이라 國危는 謂將有弑奪之禍라 乘은 車數也[1]라 萬乘之國者는 天子畿內地方千里에 出車萬乘이요 千乘之家者는 天子之公卿采地方百里[2]에 出車千乘也라 千乘之國은 諸侯之國이요 百乘之家는 諸侯之大夫也라 弑는 下殺(시)上也라 饜은 足也라 言 臣之於君에 每十分而取其一分하니 亦已多矣로되 若又以義爲後而以利爲先이면 則不弑其君而盡奪之하여는 其心에 未肯以爲足也니라

이것은 利를 구하는 害를 말씀하여 윗글에 '하필 利를 말씀하십니까.'라고 한 뜻을 밝힌 것이다. 征은 取함이니, 윗사람은 아랫사람에게서 취하고 아랫사람은 윗사람에게서 취한다. 그러므로 交征이라고 말한 것이다. 國危란 장차 君主를 시해하고 찬탈하는 화가 있음을 이른다. 乘은 수레의 數이다. 萬乘의 나라란 天子의 畿內에 땅이 方千里여서 수레 萬乘이 나올 수 있는 것이요, 千乘의 집안이란 天子의 公卿으로 采地가 方百里여서 수레 千乘이 나올 수 있는 것이다. 千乘의 나라란 諸侯의 나라이고 百乘의 집안이란 諸侯의 大夫이다. 弑는 아랫사람이 윗사람을 죽이는 것이다. 饜은 만족함이다. 신하가 군주에 대하여 매양 10分에 그 1分을 취했으니, 이것도 이미 많으나 만일 또 義를 뒤로 하고 利를 우선으로 삼는다면, 군주를 시해하여 다 빼앗지 않고서는 그 마음에 즐겨 만족해 하지 않음을 말씀한 것이다.

譯註 1. 乘 車數也 : 수레는 전쟁에 쓰는 兵車를 가리키는 바, 병거 한 대에는 甲士가 3명, 步兵이 72명, 輜重車에 딸린 병사(취사병)가 25명, 軍馬 4필이 따른다.

2. 天子畿內地方千里……天子之公卿采地方百里 : 方千里, 方百里의 '方'은 대개 '사방'으로 해석한다. 따라서 方千里(1,000×1,000=백만)에서 萬乘이 나오면 方百里(100×100=일만)에서는 百乘이 나와야 하는데, 千乘이 나온다고 하였으므로 계산이 맞지 않는다. 한편 朱子는 ≪詩經≫ 〈魯頌 閟宮〉에서 "千乘의 땅은 (사방) 316里가 조금 넘는다."라고 주석을 내어 ≪孟子≫의 주석과 또 맞지 않는다. 이러한 괴리는 ≪禮記≫ 등을 참고하여도 명확히 해결되지 않으므로, 우선 그대로 둔다.

未有仁而遺其親者也며 未有義而後其君者也니이다

仁하고서 그 어버이를 버리는 자는 있지 않으며, 義롭고서 그 군주를 뒤에 하는 자는 있지 않습니다.

畿:경기 기, 지경 기 采:식읍 채 殺:시해할 시(弑同) 肯:즐길 긍 遺:버릴 유

此는 言 仁義未嘗不利하여 以明上文亦有仁義而已之意也라 遺는 猶棄也요 後는 不急也라 言 仁者는 必愛其親하고 義者는 必急其君이라 故로 人君이 躬行仁義而無求利之心이면 則其下化之하여 自親戴於己也니라

이것은 仁義가 일찍이 이롭지 않은 것이 아님을 말씀하여 윗글에 '또한 仁義가 있을 뿐입니다.'라고 한 뜻을 밝힌 것이다. 遺는 棄와 같고, 後는 급하게 여기지 않음이다. 仁한 자는 반드시 그 어버이를 사랑하고, 義로운 자는 반드시 그 군주를 우선으로 한다. 그러므로 人君이 몸소 仁義를 행하고 利를 구하는 마음이 없으면 그 아랫사람들이 교화되어 스스로 자신(君主)을 친애하고 떠받듦을 말씀한 것이다.

王은 亦曰仁義而已矣시니 何必曰利잇고

王께서는 또한 仁義를 말씀하실 따름이니, 하필 利를 말씀하십니까?"

重言之하여 以結上文兩節之意하시니라

○ 此章은 言 仁義는 根於人心之固有하니 天理之公也요 利心은 生於物我之相形[1]하니 人欲之私也라 循天理면 則不求利而自無不利하고 徇人欲이면 則求利未得而害已隨之하나니 所謂毫釐之差 千里之繆[2]라 此는 孟子之書 所以造端託始[3]之深意니 學者所宜精察而明辨也니라

○ 太史公[4]曰 余讀孟子書라가 至梁惠王問何以利吾國하여는 未嘗不廢書而歎也라 曰嗟乎라 利는 誠亂之始也니 夫子罕言利는 常防其源也라 故로 曰 放於利而行이면 多怨[5]이라하시니 自天子로 以至於庶人히 好利之弊 何以異哉리오 程子曰 君子未嘗不欲利언마는 但專以利爲心이면 則有害요 惟仁義則不求利而未嘗不利也라 當是之時하여 天下之人이 惟利是求하고 而不復知有仁義라 故로 孟子言仁義而不言利하시니 所以拔本塞源而救其弊시니 此는 聖賢之心也시니라

거듭 말씀하여 윗글 두 節의 뜻을 맺으신 것이다.

○ 이 章은 仁義는 人心의 固有한 것에서 근원하였으니 天理의 公이요, 利心은 남과

躬:몸 궁 戴:떠받들 대 形:나타날 형 循:따를 순 徇:따를 순 毫:터럭 호 釐:털끝 리 繆:그릇될 류(무) 託:의탁할 탁, 붙일 탁 余:나 여 誠:진실로 성 罕:드물 한 放:의지할 방 拔:뽑을 발 塞:막을 색 救:바로잡을 구 弊:폐단 폐

내가 서로 나타남에서 생겼으니 人欲의 私이다. 天理를 따르면 利를 구하지 않아도 저절로 이롭지 않음이 없고, 人欲을 따르면 利를 구하여도 얻지 못하고 害가 이미 따름을 말씀하였으니, 이른바 '毫釐(털끝만함)의 차이가 千里나 어긋난다.'는 것이다. 이것은 ≪孟子≫책이 단서를 짓고 시작을 의탁한 바의 깊은 뜻이니, 배우는 자가 마땅히 정하게 살피고 밝게 분별하여야 할 것이다.

○ 太史公이 말하였다. "내가 ≪孟子≫책을 읽다가 梁惠王이 '어떻게 하면 내 나라를 이롭게 하겠습니까?' 하는 물음에 이르러서는 일찍이 읽던 책을 덮고 탄식하지 않은 적이 없었다. 아, 利는 진실로 亂의 시초이다. 夫子께서 利를 드물게 말씀하신 것은 항상 그 亂의 근원을 막으려 하신 것이다. 그러므로 말씀하시기를 '利에 따라 행동하면 원망이 많다.' 하셨으니, 天子로부터 庶人에 이르기까지 利를 좋아하는 폐단이 어찌 다르겠는가."

程子(伊川)가 말씀하였다. "君子가 일찍이 이롭고자 하지 않는 것은 아니나 다만 오로지 利로써 마음을 삼으면 害가 있고, 仁義는 利를 구하지 않아도 일찍이 이롭지 않음이 없는 것이다. 이 때를 당하여 天下 사람들이 오직 利만을 추구하고 다시 仁義가 있음을 알지 못하였다. 그러므로 孟子께서 仁義를 말씀하시고 利를 말씀하지 않았으니, 이것은 〈亂의〉 뿌리를 뽑고 근원을 막아서 그 폐단을 바로잡으신 것이니, 聖賢의 마음이시다."

譯註 1. 物我之相形 : 物은 남(他人)을 이르며 形은 나타나는 것으로, 곧 남과 내가 서로 드러남을 말한 것이다.

2. 毫釐之差 千里之繆 : 毫釐는 극소수의 單位로 누에가 실을 토한 것을 忽이라 하고 10忽을 絲라 하고 10絲를 毫라 하고 10毫를 釐라 하고 10釐를 分이라 한다. 이것은 처음의 작은 잘못이 결과적으로 엄청난 차이를 초래한다는 뜻으로 처음에 잘해야 함을 강조한 말이다. ≪禮記≫ 〈經解〉에 "君子는 처음을 삼가니, 毫釐와 같은 차이가 千里나 어긋난다.〔君子愼始 差若毫釐 繆以千里〕"고 하였다.

3. 造端託始 : 造端은 단서(시작)를 만듦을 이르고 託始는 開始와 같은 말로 모두 시작을 열어놓았다는 뜻인 바, 오늘날의 첫페이지를 장식했다는 말과 같다.

4. 太史公 : 太史는 史官을 지칭한 것으로 司馬遷의 존칭이다. 이 내용은 司馬遷이 지은 ≪史記≫의 〈孟子列傳 贊〉에 보인다.

5. 放於利而行多怨 : ≪論語≫ 〈里仁〉 12章에 보이는 孔子의 말씀으로, 放은 依(따름)의 뜻이다.

2. 孟子見梁惠王하신대 王이 立於沼上이러니 顧鴻雁麋鹿曰 賢者도 亦樂(락)此乎잇가

孟子께서 梁惠王을 뵈올 적에, 王이 못가에 있었는데, 鴻雁과 麋鹿을 돌아보고 말씀하였다. "賢者도 또한 이것을 즐거워합니까?"

沼는 池也라 鴻은 雁之大者요 麋는 鹿之大者라

沼는 못이다. 鴻은 기러기 중에 큰 것이요, 麋는 사슴 중에 큰 것이다.

孟子對曰 賢者而後에 樂此니 不賢者는 雖有此나 不樂也니이다

孟子께서 대답하셨다. "賢者인 뒤에야 이것을 즐거워할 수 있으니, 어질지 못한 자는 비록 이것을 가지고 있더라도 즐거워하지 못합니다.

此는 一章之大指라

이것은 한 章의 大指이다.

詩云 經始靈臺하여 經之營之[1)]하시니 庶民攻之라 不日成之로다 經始勿亟(극)하시나 庶民子來로다 王在靈囿하시니 麀鹿攸伏이로다 麀鹿濯濯이어늘 白鳥鶴鶴이로다 王在靈沼하시니 於(오)牣魚躍이라하니 文王이 以民力爲臺爲沼하시나 而民이 歡樂之하여 謂其臺曰靈臺라하고 謂其沼曰靈沼라하여 樂其有麋鹿魚鼈하니 古之人이 與民偕樂이라 故로 能樂也니이다

≪詩經≫에 이르기를 '靈臺를 처음으로 經營하여 이것을 헤아리고 도모하시니, 庶民들이 와서 일하는지라 하루가 못되어 완성되었도다. 經始하기를 급히

鴻:기러기 홍 麋:고라니 미 經:헤아릴 경 臺:집 대 攻:다스릴 공 亟:빠를 극 囿:동산 유 麀:암사슴 우 攸:바(장소) 유 濯:살찐모양 탁 於:감탄할 오 牣:가득할 인 鼈:자라 별

하지 말라고 하셨으나 庶民들은 아들이 아버지 일에 달려오듯이 하는도다. 王이 靈囿에 계시니, 사슴들이 그 곳에 가만히 엎드려 있도다. 사슴들은 濯濯하거늘 백조는 鶴鶴하도다. 王이 靈沼에 계시니, 아! 〈연못에〉 가득히 물고기들이 뛰논다.' 하였으니, 文王이 백성의 힘을 이용하여 臺를 만들고 沼를 만들었으나, 백성들이 그것을 즐거워하여 그 臺를 이르기를 靈臺라 하고, 그 沼를 이르기를 靈沼라 하여, 그(文王)가 麋鹿과 고기와 자라를 소유함을 좋아하였으니, 옛사람들은 백성과 더불어 함께 즐겼습니다. 이 때문에 능히 즐길 수 있었던 것입니다.

譯註 1. 經之營之 : 經은 처음 계획하는 것이고 營은 여기에 필요한 財政과 物資를 마련함을 이른다.

此는 引詩而釋之하여 以明賢者而後樂此之意라 詩는 大雅靈臺之篇이라 經은 量度(탁)也라 靈臺는 文王臺名也라 營은 謀爲也라 攻은 治也라 不日은 不終日也라 亟은 速也니 言文王戒以勿亟也라 子來는 如子來趨父事也라 靈囿, 靈沼는 臺下有囿하고 囿中有沼也라 麀는 牝鹿也라 伏은 安其所하여 不驚動也라 濯濯은 肥澤貌요 鶴鶴은 潔白貌라 於는 歎美辭라 牣은 滿也라 孟子言 文王이 雖用民力이나 而民이 反歡樂之하여 旣加以美名하고 而又樂其所有하니 蓋由文王能愛其民이라 故로 民樂其樂하여 而文王亦得以享其樂也니라

이것은 ≪詩經≫을 인용하고 이를 해석하여 '賢者인 뒤에야 이것을 즐거워할 수 있다.'는 뜻을 밝힌 것이다. 詩는 〈大雅 靈臺篇〉이다. 經은 헤아림이다. 靈臺는 文王의 臺 이름이다. 營은 도모함이다. 攻은 다스림이다. 不日은 하루를 마치지 않음이다. 亟은 速함이니, 文王이 빨리 하지 말라고 경계함을 말한 것이다. 子來는 자식이 와서 아버지의 일에 달려오듯이 하는 것이다. 靈囿와 靈沼는 臺아래에 동산이 있고, 동산 가운데 연못이 있었던 것이다. 麀는 암사슴이다. 伏은 그 곳에 편안히 있어서 놀라고 움직이지 않음이다. 濯濯은 살찌고 윤택한 모양이요, 鶴鶴은 깨끗하고 흰 모양이다. 於는 탄미하는 말이다. 牣은 가득함이다. 孟子께서 文王이 비록 백성의 힘을 이용하였으나 백성들이 도리어 이것을 즐거워하여 이미 아름다운 명칭을 가해 주고, 또 그(文王)가 소유함을 즐거워하였으니, 이는 文王이 백성을 사랑하였기 때문에 백성들이 그(文王)의 즐거

偕:함께 해 度:헤아릴 딕, 법도 도 趨:달릴 추 牝:암컷 빈

위함을 좋아하여 文王 또한 그 즐거움을 누릴 수 있었음을 말씀한 것이다.

湯誓曰 時日은 **害**(갈)**喪**고 **予及女**(汝)로 **偕亡**이라하니 **民欲與之偕亡**이면 **雖有臺池鳥獸**나 **豈能獨樂哉**리잇고

〈湯誓〉에 이르기를 '이 해(태양)는 언제나 없어질고. 내 너와 더불어 함께 망하겠다(없어지겠다).' 하였으니, 백성들이 그와 더불어 함께 망하고자 한다면 비록 臺池와 鳥獸를 가지고 있은들 어찌 홀로 즐거워할 수 있겠습니까?"

此는 引書而釋之하여 以明不賢者雖有此不樂之意也라 湯誓는 商書篇名이라 時는 是也라 日은 指夏桀이라 害은 何也라 桀嘗自言 吾有天下는 如天之有日하니 日亡이라야 吾乃亡耳라하니 民怨其虐이라 故로 因其自言하여 而目之曰 此日이 何時亡乎아 若亡則我寧與之俱亡이라하니 蓋欲其亡之甚也라 孟子引此하여 以明君獨樂而不恤其民이면 則民怨之하여 而不能保其樂也니라

이것은 ≪書經≫을 인용하고 이를 해석하여 '어질지 못한 자는 비록 이것을 가지고 있더라도 즐거워하지 못한다.'는 뜻을 밝힌 것이다. 〈湯誓〉는 商書의 篇名이다. 時는 이것이다. 日은 夏桀을 가리킨다. 害은 어찌이다. 桀王이 일찍이 스스로 말하기를 "내가 天下를 소유함은 하늘에 해가 있는 것과 같으니, 해가 없어져야 내 그제서야 망한다." 하였다. 백성들이 그의 虐政을 원망하였다. 이 때문에 그가 스스로 말한 것을 인해서 桀王을 지목하기를 "이 해는 언제나 없어지려는가. 만일 없어진다면 내 차라리 그와 더불어 함께 없어지겠다." 하였으니, 이것은 그가 망하기를 바람이 심한 것이다. 孟子는 이것을 인용하여 君主가 홀로 즐기고 백성을 구휼하지 않으면 백성들이 그를 원망하여 그 즐거움을 보전할 수 없음을 밝힌 것이다.

3. 梁惠王曰 寡人之於國也에 **盡心焉耳矣**로니 **河內凶**이어든 **則移其民於河東**하고 **移其粟於河內**하며 **河東凶**이어든 **亦然**하노니 **察鄰國之政**컨대 **無如寡人之用心者**로되 **鄰國之民**이 **不加少**하며 **寡人**

時:이 시(是同) 害:어찌 갈 喪:망할 상 及:더불 급 目:지목할 목 寧:차라리 녕 恤:구휼할 휼 寡:적을 과 粟:곡식 속 鄰:이웃 린

之民이 **不加多**는 **何也**잇고

梁惠王이 말씀하였다. "寡人은 나라에 대하여 마음을 다하고 있습니다. 河內지방이 흉년들거든 그 백성을 河東지방으로 이주시키고 그 곡식을 河內지방으로 옮겨가며, 河東지방이 흉년들거든 또한 그렇게 하고 있습니다. 이웃 나라의 정사를 살펴보건대 寡人처럼 마음을 쓰는 자가 없는데도 이웃 나라의 백성들이 더 적어지지 않으며, 寡人의 백성들이 더 많아지지 않음은 어째서입니까?"

寡人은 諸侯自稱이니 言寡德之人也라 河內, 河東은 皆魏地라 凶은 歲不熟也라 移民以就食하고 移粟以給其老稚之不能移者라

寡人은 諸侯의 자칭이니, 德이 적은 사람이라고 말한 것이다. 河內와 河東은 다 魏나라 땅이다. 凶은 年事(그 해의 농사)가 곡식이 제대로 성숙하지 못함이다. 백성을 옮겨서 나아가 먹게 하고, 곡식을 옮겨서 늙은이와 어린이로서 옮길 수 없는 자에게 준 것이다.

孟子對曰 王이 **好戰**하시니 **請以戰喩**하리이다 **塡然鼓之**하여 **兵刃既接**이어든 **棄甲曳兵而走**호되 **或百步而後止**하며 **或五十步而後止**하여 **以五十步**로 **笑百步**면 **則何如**하니잇고 **曰 不可**하니 **直不百步耳**언정 **是亦走也**니이다 **曰 王如知此**시면 **則無望民之多於鄰國也**하소서

孟子께서 대답하셨다. "王께서 전투를 좋아하시니, 청컨대 전투를 가지고 비유하겠습니다. 둥둥 북을 쳐서 병기와 칼날이 이미 맞붙었거든 갑옷을 버리고 병기를 끌고 敗走하되 혹은 100步를 도망한 뒤에 멈추며 혹은 50步를 도망한 뒤에 멈추고서 〈자신은〉 50步를 도망갔다 하여 100步를 도망간 자를 비웃으면 어떻습니까?" 王이 말씀하였다. "不可하니, 다만 100步를 패주하지 않았을 뿐이지 이 또한 패주한 것입니다." 孟子께서 말씀하셨다. "王께서 만일 이것을 아신다면 백성들이 이웃 나라보다 많아지기를 바라지 마소서.

熟:성숙할 숙 給:줄 급 稚 :어릴 치 喩:비유할 유 塡:북소리 전 鼓:북 고, 북칠 고
刃:칼날 인 曳:끌 예 直:다만 직

塡은 鼓音也니 兵은 以鼓進하고 以金退라 直은 猶但也라 言此하여 以譬鄰國不恤其民하고 惠王能行小惠나 然이나 皆不能行王道以養其民하니 不可以此而笑彼也라 楊氏曰 移民, 移粟은 荒政之所不廢也라 然이나 不能行先王之道하고 而徒以是爲盡心焉이면 則末矣[1)]니라

塡은 북소리이니, 군대는 북소리에 따라 전진하고 쇳소리에 따라 후퇴한다. 直은 但(다만)과 같다. 이것을 말씀하여 이웃 나라는 그 백성을 구휼하지 않고 惠王은 작은 은혜를 행하나 모두 王道를 행하여 백성을 기르지 못하니, 이것을 가지고 저것을 비웃을 수 없음을 비유한 것이다.

楊氏(楊時)가 말하였다. "백성을 옮기고 곡식을 옮김은 흉년든 정사에 폐할 수 없는 것이다. 그러나 先王의 道를 행하지 못하고서 다만 이것을 가지고 마음을 다했다고 한다면 잘못이다."

譯註 1. 則末矣 : 末은 나무의 枝葉으로 근본이 아님을 이른다.

不違農時면 穀不可勝食也며 數(촉)罟를 不入洿池면 魚鼈을 不可勝食也며 斧斤을 以時入山林이면 材木을 不可勝用也니 穀與魚鼈을 不可勝食하며 材木을 不可勝用이면 是는 使民養生喪死에 無憾也니 養生喪死에 無憾이 王道之始也니이다

농사철을 어기지(놓치지) 않게 하면 곡식을 이루 다 먹을 수 없으며, 촘촘한 그물을 웅덩이와 연못에 넣지 않으면 물고기와 자라를 이루 다 먹을 수 없으며, 도끼와 자귀를 때에 따라 山林에 들어가게 하면 재목을 이루 다 쓸 수 없을 것입니다. 곡식과 물고기와 자라를 이루 다 먹을 수 없으며 재목을 이루 다 쓸 수 없으면 이는 백성으로 하여금 산 이를 봉양하고 죽은 이를 葬送함에 유감이 없게 하는 것이니, 산 이를 봉양하고 죽은 이를 葬送함에 유감이 없게 하는 것이 王道의 시작입니다.

譬:비유할 비　荒:흉년들 황　徒:다만 도, 한갓 도　數:빽빽할 촉　罟:그물 고　洿:웅덩이 오　斧:도끼 부　斤:자귀 근　憾:한할 감

農時는 謂春耕, 夏耘, 秋收之時니 凡有興作에 不違此時하고 至冬乃役之也라 不可勝食은 言多也라 數은 密也요 罟는 網也라 洿는 窊下之地니 水所聚也라 古者에 網罟를 必用四寸之目하여 魚不滿尺이면 市不得粥(육)하고 人不得食이라 山林川澤을 與民共之호되 而有厲禁하여 草木零落然後에 斧斤入焉하니 此皆爲治之初에 法制未備하여 且因天地自然之利而撙節愛養之事也라 然이나 飮食宮室은 所以養生이요 祭祀棺槨은 所以送死니 皆民所急而不可無者어늘 今皆有以資之면 則人無所恨矣라 王道는 以得民心爲本이라 故로 以此爲王道之始하니라

農時는 봄에 밭 갈고 여름에 김매고 가을에 수확하는 때를 이르니, 모든 〈土木工事를〉 일으킴에 이때를 놓치지 않게 하고 겨울에 이르러서야 부역을 시키는 것이다. 不可勝食은 많음을 말한다. 數은 촘촘함이요, 罟는 그물이다. 洿는 웅덩이와 낮은 곳이니, 물이 모이는 곳이다. 옛날에 그물을 반드시 네 치의 눈을 써서 물고기가 한 자에 차지 못하면 시장에 팔 수 없고 사람들이 먹을 수 없었다. 그리하여 山林과 川澤을 백성과 함께 이용하되 엄격한 금지가 있어서 草木의 잎이 떨어진 뒤에야 도끼와 지귀를 가지고 山林에 들어가게 하였다. 이것은 모두 정치하는 초기에 法制가 아직 未備하므로 우선 天地自然의 이로움을 인하여 撙節(절제)하고 愛養하는 일이다. 그러나 飮食과 宮室은 산 이를 봉양하는 것이요, 祭祀와 棺槨은 죽은 이를 장송하는 것이니, 모두 백성들에게 시급한 바여서 없을 수 없는 것인데, 지금 모두 이것을 이용할 수 있다면 사람들이 恨할 바가 없는 것이다. 王道는 民心을 얻는 것을 근본으로 여긴다. 그러므로 이것으로써 王道의 시작을 삼은 것이다.

五畝之宅[1)]에 樹之以桑이면 五十者可以衣帛矣며 雞豚狗彘之畜(휵)을 無失其時면 七十者可以食肉矣며 百畝之田을 勿奪其時면 數口之家 可以無飢矣며 謹庠序之敎하여 申之以孝悌之義면 頒(班)白者不負戴於道路矣리니 七十者衣帛食肉하며 黎民이 不飢

耘:김맬 운 網:그물 망 窊:우묵할 와 粥:팔 육(鬻同) 厲:엄할 려 零:떨어질 령 撙:절제할 준 棺:널 관 槨:널 곽 畝:밭이랑 묘(무) 樹:심을 수 帛:흰비단 백 彘:큰돼지 체 畜:기를 휵(축) 庠:학교이름 상 申:거듭할 신 頒:머리반쯤셀 반 戴:머리에일 대 黎:검을 려

不寒이요 然而不王者未之有也니이다

5畝의 집 주변에 뽕나무를 심게 한다면 50세 된 자가 비단옷을 입을 수 있으며, 닭과 돼지와 개와 큰 돼지의 기름을 새끼 칠 때를 잃지 않게 한다면 70세 된 자가 고기를 먹을 수 있으며, 100畝의 토지에 농사철을 빼앗지 않는다면 몇 식구의 집안이 굶주림이 없을 수 있으며, 庠序의 가르침을 삼가서 孝悌의 의리로써 거듭한다면 〈머리가〉 頒白이 된 자가 도로에서 짐을 지거나 이지 않을 것입니다. 70세 된 자가 비단옷을 입고 고기를 먹으며, 黎民(젊은 백성)들이 굶주리지 않고 춥지 않고서 왕 노릇 하지 못하는 자는 있지 않습니다.

譯註 1. 五畝之宅 : 畝는 시대에 따라 약간 다르다. 《漢語大詞典》에는 "周나라 제도는 6척(혹은 6척 4촌, 혹은 8척이라고도 함)을 1보라 하고 100보를 1묘라 하였으며, 秦나라와 漢나라는 5척을 1보라 하고 240보를 1묘라 하였다. 唐나라는 너비 1보에 길이 240보를 1묘라 하였으며, 淸나라는 5方尺을 1보라 하고 240보를 1묘라 하였다. 1묘는 지금의 6.6667公畝이다." 하였다. 公畝는 100평방미터를 가리킨다. 寒洲 李震相은 擬陳時弊仍進畝忠錄疏에서 "옛날에 周尺 6척을 1보라 하고, 너비 1보에 길이 100보를 1묘라 하며, 100묘를 1頃이라 하였으니, 1頃의 토지는 지금의 논 40두락이며 4頃에서 군사 1명을 내었다." 하였다.

五畝之宅은 一夫所受니 二畝半은 在田하고 二畝半은 在邑이라 田中에 不得有木이니 恐妨五穀이라 故로 於墻下植桑하여 以供蠶事라 五十始衰하여 非帛不煖하니 未五十者는 不得衣也라 畜은 養也라 時는 謂孕字之時니 如孟春犧牲毋用牝[1]之類也라 七十엔 非肉不飽하니 未七十者는 不得食也라 百畝之田은 亦一夫所受니 至此면 則經界正하고 井地均[2]하여 無不受田之家矣라 庠序는 皆學名也라 申은 重也니 丁寧反覆之意라 善事父母爲孝요 善事兄長爲悌라 頒은 與班(斑)同하니 老人頭半白黑者也라 負는 任在背요 戴는 任在首라 夫民이 衣食不足이면 則不暇治禮義요 而飽煖無教면 則又近於禽獸라 故로 旣富而教以孝悌면 則人知愛親敬長而代其勞하여 不使之負戴於道路矣라 衣帛食肉을 但言七十은 擧重以見(현)輕也라 黎는 黑也라 黎民은 黑髮之人이니 猶秦言黔首也라 少壯之人은 雖不得衣帛食肉이나 然이나 亦不至於飢寒也라 此는 言 盡

王:임금노릇할 왕 墻:담 장 蠶:누에 잠 孕:애밸 잉 字:새끼 자 犧:짐승 희 牲:짐승 생 牝:암컷 빈 斑:아롱질 반 任:짐 임 黔:검을 검

法制品節之詳하고 極財(裁)成輔相之道하여 以左右民[3)]이니 是는 王道之成也니라

5畝의 집은 한 家長이 받는 것이니 2畝 半은 농지에 있고 2畝 半은 읍내에 있다. 농지(밭) 가운데는 나무가 있을 수 없으니, 이는 五穀에 해로울까 두려워해서이다. 그러므로 담장 아래에 뽕나무를 심어서 누에치는 일에 공급하는 것이다. 50세가 되면 비로소 쇠하여 비단옷이 아니면 따뜻하지 못하니, 아직 50세가 되지 못한 자는 입을 수 없는 것이다. 畜은 기름이다. 時는 새끼를 배는 때를 이르니, 孟春에 犧牲은 암컷을 쓰지 말라는 것과 같은 따위이다. 70세에는 고기가 아니면 배부르지 못하니, 아직 70세가 되지 못한 자는 먹을 수 없는 것이다. 100畝의 토지는 또한 한 家長이 받는 것이니, 이에 이르면 經界가 바루어지고 井地가 균등해져서 토지를 받지 않은 집이 없는 것이다. 庠과 序는 모두 學校의 이름이다. 申은 거듭함이니, 丁寧하고 반복하는 뜻이다. 父母를 잘 섬김을 孝라 하고, 兄과 어른을 잘 섬김을 悌라 한다. 頒은 斑과 같으니, 老人으로 머리가 반쯤 희고 검은 자이다. 負는 짐이 등에 있는 것이요, 戴는 짐이 머리에 있는 것이다. 백성은 衣食이 부족하면 禮義를 다스릴 겨를이 없고, 또 배불리 먹고 따뜻이 입기만 하고 가르침이 없으면 또 금수에 가까워진다. 그러므로 이미 富裕하게 하고 孝悌를 가르치면 사람들이 어버이를 사랑하고 어른을 공경할 줄 알아, 그의 수고로움을 대신해서 老人으로 하여금 道路에서 짐을 지거나 이지 않게 하는 것이다. 비단옷을 입고 고기를 먹음을 다만 70세만 말한 것은 重한 것을 들어서 輕한 것을 나타낸 것이다. 黎는 검음이다. 黎民은 모발이 검은 사람이니, 秦나라 때에 黔首라는 말과 같다. 少壯의 사람들은 비록 비단옷을 입고 고기를 먹을 수 없으나 또한 굶주림과 추위에는 이르지 않는 것이다. 이것은 法制와 品節의 상세함을 다하고 財成輔相의 道를 지극히 해서 백성을 도와줌을 말하니, 이는 王道의 完成이다.

譯註 1. 孟春犧牲毋用牝 : 孟春은 지금 陰曆의 正月인 바, 이 내용은 ≪禮記≫ 〈月令〉에 보인다.

2. 經界正 井地均 : 經은 구획하여 다스림을 이르며 井地는 井田으로 아래 〈滕文公上〉 3章에 자세히 보인다.

3. 極財成輔相之道 以左右民 : 財는 裁와 통하며 相은 돕다의 뜻으로, 財成은 지나침을 억제하는 것이고 輔相은 부족함을 돕는 것이며, 左右는 백성을 가르치고 도와주는 것이다. 이 내용은 ≪周易≫ 〈泰卦 象傳〉의 "하늘과 땅이 사귐이 泰이니, 군주가 이것을 보고서 天地의 道를 財成하며 天地의 마땅함을 輔相하여 백성을 左右한다.〔天地交泰 后以 財成天地之道 輔相天地之宜 以左右民〕"라는 말에서 나온 것이다.

狗彘食人食而不知檢하며 **塗有餓莩而不知發**하고 **人死**어든 **則曰 非我也**라 **歲也**라하나니 **是何異於刺**(척)**人而殺之曰 非我也**라 **兵也**리오 **王無罪歲**하시면 **斯天下之民**이 **至焉**하리이다

개와 돼지가 사람이 먹을 것(양식)을 먹되 단속할 줄 모르며, 길에 굶어 죽은 시체가 있어도 창고를 열 줄 모르고, 사람들이 굶어 죽으면 말하기를 '내가 그렇게 한 것이 아니요 年事 때문이다.' 하니, 이 어찌 사람을 찔러 죽이고 말하기를 '내가 그렇게 한 것이 아니요 병기 때문이다.'라고 말하는 것과 다르겠습니까? 王께서 年事에 죄를 돌리지 않으시면 天下의 백성들이 〈魏나라로〉 올 것입니다."

檢은 制也라 莩는 餓死人也라 發은 發倉廩以賑貸也라 歲는 謂歲之豐凶也라 惠王이 不能制民之産하고 又使狗彘로 得以食人之食하니 則與先王制度品節[1]之意로 異矣라 至於民飢而死로되 猶不知發하니 則其所移는 特民間之粟而已어늘 乃以民不加多로 歸罪於歲凶하니 是는 知刃之殺人이요 而不知操刃者之殺人也라 不罪歲면 則必能自反而益修其政하여 天下之民이 至焉하리니 則不但多於鄰國而已니라

○ 程子曰 孟子之論王道 不過如此하시니 可謂實矣로다 又曰 孔子之時에 周室雖微나 天下猶知尊周之爲義라 故로 春秋엔 以尊周爲本하고 至孟子時하여는 七國[2]爭雄하여 天下不復知有周하고 而生民之塗炭이 已極하니 當是時하여 諸侯能行王道면 則可以王矣니 此는 孟子所以勸齊梁之君也라 蓋王者는 天下之義主也니 聖賢亦何心哉시리오 視天命之改與未改[3]耳시니라

檢은 제재함이다. 莩는 굶어죽은 사람이다. 發은 倉廩을 열어서 구휼하고 대여해 주는 것이다. 歲는 年事의 豐凶을 이른다. 惠王은 백성의 재산을 제정해 주지 못하고, 또 개와 돼지로 하여금 사람의 먹을 것을 먹게 하였으니, 先王이 制度하고 品節한 뜻과는 다른 것이다. 백성들이 굶주려 죽음에 이르되 오히려 창고를 열 줄 몰랐으니, 그렇다면 그 옮겨간 것은 다만 民間의 곡식일 뿐이다. 그런데 마침내 백성들이 더 많아지지 않음

檢:단속할 검 塗:길 도(途同) 餓:굶주릴 아 莩:굶어죽은시체 표 刺:찌를 자(척) 兵:병기 병 廩:창고 름 賑:구휼할 진 貸:꾸어줄 대 特:다만 특 塗:진흙 도 炭:숯 탄

을 가지고 年事에 죄를 돌리니, 이는 칼날이 사람을 죽인 것만 알고, 칼날을 잡은 자가 사람을 죽인 것은 모르는 것이다. 年事에 죄를 돌리지 않는다면 반드시 스스로 돌이켜 더욱 그 정사를 닦아서 天下의 백성이 올 것이니, 이렇게 된다면 비단 이웃 나라보다 많을 뿐만이 아닐 것이다.

○ 程子(伊川)가 말씀하였다. "孟子께서 王道를 논하심이 이와 같음에 지나지 않았으니, 진실하다고 이를 만하다."

또 말씀하였다. "孔子 때엔 周나라 王室이 비록 미약하였으나 天下가 아직은 周나라를 높임이 大義가 됨을 알고 있었다. 그러므로 ≪春秋≫에는 周나라를 높임을 근본으로 삼았고, 孟子 때에 이르러서는 七國이 패권을 다투어 天下가 다시는 周나라가 있음을 알지 못하였고 生民이 도탄에 빠짐이 이미 지극하였으니, 이 때를 당하여 諸侯들이 능히 王道를 행한다면 왕 노릇 할 수 있을 것이다. 이는 孟子께서 齊나라와 梁나라의 군주에게 권고하신 이유이다. 王者는 天下의 의로운 君主이니, 聖賢이 또한 무슨 마음이셨겠는가? 天命이 옮겨갔는가, 옮겨가지 않았는가를 보셨을 뿐이다."

譯註 1. 制度品節 : 制度는 井田法 등을 이르며 品節은 품격에 따라 제한하는 것으로 작은 물고기는 잡지 않으며 70세가 된 자만 고기를 먹는 따위를 이른다.
2. 七國 : 戰國時代의 强大國인 秦·楚·燕·齊·韓·魏·趙의 7개국을 가리킨다.
3. 視天命之改與未改 : 改는 바뀌는 것으로 天命이 바뀌면 비록 天子國의 군주라도 天子가 아닌 것이며, 天命이 아직 바뀌지 않았으면 비록 미약하더라도 天子인 것이다.

4. 梁惠王曰 寡人이 願安承敎하노이다

梁惠王이 말씀하였다. "寡人이 마음을 편안히 하여 가르침을 받들기 원합니다."

承上章하여 言願安意以受敎라

윗장을 이어서 마음을 편안히 하여 가르침을 받기를 원한다고 말한 것이다.

孟子對曰 殺人以梃與刃이 有以異乎잇가 曰 無以異也니이다

孟子께서 대답하셨다. "사람을 죽임에 몽둥이와 칼날을 사용하는 것이 차이가

梃:몽둥이 정 刃:칼날 인 杖:몽둥이 장

있습니까?" 王이 "차이가 없습니다."라고 말씀하였다.

梃은 杖也라

梃은 몽둥이이다.

以刃與政이 有以異乎잇가 曰 無以異也니이다

孟子께서 "칼날과 정사를 가지고 사람을 죽이는 것이 차이가 있습니까?"라고 물으시자, 王이 "차이가 없습니다."라고 말씀하였다.

孟子又問에 而王答也라

孟子가 다시 물으심에 王이 답한 것이다.

曰 庖有肥肉하며 廐有肥馬요 民有飢色하며 野有餓莩면 此는 率獸而食人也니이다

孟子께서 말씀하셨다. "〈임금의〉 푸줏간에는 살진 고기가 있고 마구간에는 살찐 말이 있으면서 백성들은 굶주린 기색이 있고 들에 굶어 죽은 시체가 있다면 이것은 짐승을 몰아서 사람을 잡아먹게 한 것입니다.

厚斂於民[1]하여 以養禽獸하여 而使民飢以死면 則無異於驅獸以食人矣라

人民들에게 세금을 많이 거두어 禽獸를 길러서 백성으로 하여금 굶주려 죽게 한다면 짐승을 몰아서 사람을 잡아먹게 함과 다름이 없는 것이다.

譯註 1. 厚斂於民 : 內閣本에는 厚歛於人으로 되어 있는 것을, 元本을 따라 바로잡았는 바, 斂은 內閣本에 모두 歛으로 잘못되어 있다.

獸相食을 且人이 惡(오)之하나니 爲民父母라 行政호되 不免於率獸而食人이면 惡(오)在其爲民父母也리잇고

庖:푸줏간 포 廐:마구간 구 率:거느릴 솔 斂:거둘 렴 惡:싫어할 오, 어찌 오

짐승끼리 서로 잡아먹는 것도 사람들이 미워하는데, 백성의 父母가 되어 정사를 행하되 짐승을 몰아 사람을 잡아 먹게 함을 면치 못한다면 백성의 父母된 것이 어디에 있습니까?

君者는 民之父母也라 惡在는 猶言何在也라

人君이란 백성의 父母인 것이다. 惡在는 何在란 말과 같다.

仲尼曰 始作俑者 其無後乎인저하시니 爲其象人而用之也시니 如之何其使斯民飢而死也리잇고

仲尼께서 말씀하시기를 '처음으로 俑을 만든 자는 그 後孫이 없을 것이다.' 하셨으니, 이는 사람을 형상하여 장례에 사용하였기 때문입니다. 어찌하여 이 백성으로 하여금 굶주려 죽게 한단 말입니까?"

俑은 從葬木偶人也라 古之葬者 束草爲人하여 以爲從衛하고 謂之芻靈하니 略似人形而已러니 中古에 易之以俑하니 則有面目機發하여 而太似人矣라 故로 孔子惡其不仁하사 而言其必無後也라 孟子言 此作俑者는 但用象人以葬이로되 孔子猶惡之하시니 況實使民飢而死乎아

○ 李氏曰 爲人君者 固未嘗有率獸食人之心이라 然이나 徇一己之欲하여 而不恤其民이면 則其流必至於此라 故로 以爲民父母로 告之하시니 夫父母之於子에 爲之就利避害하여 未嘗頃刻而忘于懷하나니 何至視之不如犬馬乎아

俑은 장례에 쓰는 나무로 만든 허수아비 사람이다. 옛날 장사지내는 자들은 풀단을 묶어 사람을 만들어서 상여를 호위하게 하고는 芻靈이라 일렀으니, 대략 人形과 같을 뿐이었다. 그러다가 中古에 俑으로 바꾸니, 얼굴과 눈, 機發(움직임)이 있어서 너무도 사람과 유사하였다. 그러므로 孔子께서 그 不仁함을 미워하사 〈이것을 처음 만든 자는〉 반드시 後孫이 없을 것이라고 말씀하신 것이다. 孟子께서 말씀하기를 "이 俑을 만든 자는 다만 사람을 형상하여 장례에 썼을 뿐인데도 孔子께서 오히려 미워하셨으니, 하물며 실제 백성으로 하여금 굶주려 죽게 한단 말입니까?" 하셨다.

尼:산이름 니 俑:허수아비 용 象:형상할 상 偶:허수아비 우 芻:꼴 추 太:너무 태

○ 李氏(李郁)가 말하였다. "人君된 자가 진실로 일찍이 짐승을 몰아서 사람을 잡아먹게 하려는 마음이 있는 것은 아니다. 그러나 一身의 욕심만을 따라 백성을 구휼하지 않는다면 그 흐름의 폐단이 반드시 여기에 이를 것이다. 그러므로 백성의 父母가 되었다고 말씀하신 것이다. 父母가 자식에 대해서는 그를 위하여 이로운 데로 나아가게 하고 해로움을 피하게 하여 일찍이 頃刻(잠시)이라도 마음속에 잊지 않으니, 어찌 자식 보기를 개나 말만도 못함에 이르겠는가."

5. 梁惠王曰 晉國이 天下莫强焉은 叟之所知也라 及寡人之身하여 東敗於齊에 長子死焉하고 西喪地於秦七百里하고 南辱於楚하니 寡人이 恥之하여 願比死者하여 一洒之하노니 如之何則可니잇고

梁惠王이 말씀하였다. "우리 晉나라가 天下에 막강함은 老人께서도 아시는 바입니다. 〈그러나〉 寡人의 몸에 이르러 동쪽으로 齊나라에게 패전함에 長子가 전사하였고, 서쪽으로는 秦나라에게 땅을 700里를 잃었고, 남쪽으로는 楚나라에게 모욕을 당하였습니다. 寡人이 이것을 부끄러워하여 전사한 자를 위해서 한번 설욕하기를 원하오니, 어떻게 하면 되겠습니까?"

魏는 本晉大夫魏斯가 與韓氏趙氏로 共分晉地하여 號曰三晉이라 故로 惠王이 猶自謂晉國이라 惠王三十年에 齊擊魏하여 破其軍하고 虜太子申하며 十七年에 秦取魏少梁하고 後에 魏又數(삭)獻地於秦하며 又與楚將昭陽戰敗하여 亡其七邑하니라 比는 猶爲也니 言欲爲死者하여 雪其恥也라

魏나라는 본래 晉나라 大夫인 魏斯가 韓氏·趙氏와 더불어 함께 晉나라 땅을 나누고서 號를 三晉이라 하였다. 그러므로 惠王이 아직도 자기 나라를 晉나라라고 말한 것이다. 惠王 30년에 齊나라가 魏나라를 공격하여 魏나라 군대를 격파하고 太子 申을 사로잡았으며, 17년에 秦나라가 魏나라의 少梁 땅을 탈취하였고, 그후 魏나라는 또 여러 번 秦나라에게 땅을 바쳤으며, 또 楚나라 장수 昭陽과 싸워 패전하여 7개 邑을 잃었다. 比는 爲와 같으니, 죽은 자를 위하여 그 수치를 설욕하고자 함을 말한 것이다.

喪:잃을 상 比:위할 비 洒:씻을 세(洗同) 虜:사로잡을 로 數:자주 삭 雪:씻을 설

孟子對曰 地方百里而可以王이니이다

孟子께서 대답하셨다. "땅이 方百里만 되어도 왕 노릇 할 수 있습니다.

百里는 小國也라 然이나 能行仁政이면 則天下之民이 歸之矣라

百里는 작은 나라이다. 그러나 仁政을 행한다면 天下의 백성이 돌아오는 것이다.

王如施仁政於民하사 **省**(생)**刑罰**[1)]하시며 **薄稅斂**하시면 **深耕易**(이)**耨**하고 **壯者以暇日**로 **修其孝悌忠信**하여 **入以事其父兄**하며 **出以事其長上**하리니 **可使制梃**하여 **以撻秦楚之堅甲利兵矣**리이다

왕께서 만일 仁政을 백성에게 베푸사 형벌을 줄이시며 세금 거둠을 적게 하신다면, 백성들이 깊이 밭 갈고 잘 김매고 장성한 자들이 한가한 날로써(여가를 이용하여) 孝悌와 忠信을 닦아서 들어가서는 父兄을 섬기며 나가서는 長上을 섬길 것이니, 이들로 하여금 몽둥이를 만들어 秦나라와 楚나라의 견고한 갑옷과 예리한 병기를 매질하게 할 수 있을 것입니다.

譯註 1. 省刑罰 : 艮齋(田愚)는 省字의 音을 '성'으로 보아 형벌을 살펴 신중히 하는 뜻으로 해석하였으나, 諺解本에는 音이 '생'으로 표기되어 있고 中國本(≪四書章句集注≫)에도 減의 뜻으로 설명하였으므로 '형벌을 줄이다'로 해석하였음을 밝혀둔다. 原文의 反切에 '所梗反'으로 되어 있으며 아래 春省耕에는 '悉井反'으로 표시하고 '省은 視也라' 하였다. ≪廣韻≫에는 音을 성으로 읽을 때에는 '息井切'로, 생으로 읽을 때에는 '所景切'로 표시하여 反切音으로는 서로 크게 다르지 않은 것으로 보인다.

省刑罰, 薄稅斂此二者는 仁政之大目也라 易는 治也요 耨는 耘也라 盡己之謂忠이요 以實之謂信이라 君行仁政이면 則民得盡力於農畝하고 而又有暇日以修禮義[1)]라 是以로 尊君親上하여 而樂於效死也라

형벌을 줄이고 세금 거둠을 적게 하는 이 두 가지는 仁政의 큰 조목이다. 易는 다스

省:덜 생, 살필 성 薄:적을 박 易:다스릴 이 耨:김맬 누 撻:종아리칠 달 利:날카로울 리 耘:김맬 운 效:바칠 효

림이요 耨는 김맴이다. 자기 마음을 다함을 忠이라 이르고, 성실히 함을 信이라 이른다. 君主가 仁政을 행하면 백성들이 농사일에 힘을 다할 수 있고, 또 한가한 날로써 禮義를 닦을 수 있다. 이 때문에 君主를 높이고 윗사람을 친애해서 죽음(목숨)을 바치기를 즐거워하는 것이다.

譯註 1. 以修禮義 : 內閣本에는 以修禮教로 되어있다.

彼奪其民時하여 使不得耕耨하여 以養其父母하면 父母凍餓하며 兄弟妻子離散하리니

저들이 백성들의 농사철을 빼앗아 백성들로 하여금 밭 갈고 김매어서 그 父母를 봉양하지 못하게 하면, 父母가 얼고 굶주리며 兄弟와 妻子가 離散될 것이니,

彼는 謂敵國也라

彼는 敵國을 이른다.

彼陷溺其民이어든 王이 往而征之하시면 夫誰與王敵이리잇고

저들이 그 백성을 함정에 빠뜨리고 도탄에 빠뜨리거든 王께서 가서 바로잡으신다면 누가 王과 대적하겠습니까?

陷은 陷於阱이요 溺은 溺於水니 暴虐之意라 征은 正也라 以彼暴虐其民으로 而率吾尊君親上之民하여 往正其罪하면 彼民이 方怨其上하여 而樂歸於我하리니 則誰與我爲敵哉리오

陷은 함정에 빠짐이요 溺은 물에 빠짐이니, 포학히 하는 뜻이다. 征은 바로잡는 것이다. 저들이 그 백성을 포학히 하므로 나의 君主를 높이고 윗사람을 친애하는 백성을 거느리고 가서 그 죄를 바로잡는다면, 저 백성들은 그 윗사람을 원망하고 있어서 기꺼이 나에게 돌아올 것이니, 그렇다면 누가 나와 더불어 대적하겠는가.

故로 曰 仁者는 無敵이라하니 王請勿疑하소서

凍:얼 동 陷:함정에빠질 함 溺:물에빠질 닉 征:바로잡을 정 阱:함정 정

그러므로 '仁者는 대적할 사람이 없다.' 한 것이니, 王은 청컨대 의심하지 마소서."

仁者無敵은 蓋古語也라 百里可王은 以此而已니 恐王疑其迂闊이라 故로 勉使勿疑也라 ○ 孔氏曰 惠王之志는 在於報怨하고 孟子之論은 在於救民하니 所謂惟天吏則可以伐之[1]니 蓋孟子之本意시니라

仁者無敵은 옛 말씀인 듯하다. 百里를 가지고 왕 노릇 할 수 있는 것은 이 때문일 뿐이니, 王이 迂闊하다고 의심할까 두려워하였다. 그러므로 의심하지 말라고 권면한 것이다.

○ 孔氏(孔文仲)가 말하였다. "惠王의 뜻은 원한을 보복함에 있었고, 孟子의 의논은 백성을 구제함에 있었으니, 이른바 '오직 天吏이면 정벌할 수 있다.'는 것이니, 이것이 孟子의 本意이시다."

譯註 1. 惟天吏則可以伐之 : 天吏는 王者가 하늘의 뜻을 받들어 죄가 있는 자를 토벌하고 덕이 있는 자를 높여주는 것으로, 이 내용은 뒤의 〈公孫丑 下〉 8章에 "爲天吏則可以伐之"라고 보인다.

6. 孟子見梁襄王하시고

孟子께서 梁襄王을 만나보시고,

襄王은 惠王子니 名赫이라

襄王은 惠王의 아들이니, 이름이 赫이다.

出語人曰 望之不似人君이요 就之而不見所畏焉이러니 卒然問曰 天下惡乎定고하여늘 吾對曰 定于一이라호라

나와서 사람들에게 말씀하였다. "바라보아도 人君 같지 않고, 그 앞으로 나아가도 두려워할 만한 바를 발견할 수 없었는데, 갑자기 묻기를 '天下가 어디에 정해지겠습니까?' 하거늘, 내 대답하기를 '한 곳에 정해질 것입니다.' 하였노라.

迂:밀 우 闊:넓을 활 襄:멍에 양 赫:빛날 혁 卒:갑자기 졸(猝同)

語는 告也라 不似人君. 不見所畏는 言其無威儀也라 卒然은 急遽之貌라 蓋容貌辭氣는 乃德之符니 其外如此면 則其中之所存者를 可知라 王問 列國分爭하니 天下當何所定고한대 孟子對以必合于一然後定也시니라

語는 말함이다. 人君 같지 않고 두려워할 만한 바를 발견할 수 없다는 것은 威儀가 없음을 말한 것이다. 卒然은 急遽한 모양이다. 容貌와 辭氣는 바로 德의 상징이니, 그 외모가 이와 같다면 그 가슴속에 보전한 것을 알 수 있다. 왕이 "列國이 나누어져 다투고 있으니, 天下가 마땅히 어느 곳에 정해지겠습니까?" 하고 묻자, 孟子께서 "반드시 한 곳에 합해진 뒤에 정해질 것입니다." 하고 대답하신 것이다.

孰能一之오하여늘

'누가 능히 통일시키겠습니까?' 하고 묻거늘

王問也라

왕이 물은 것이다.

對曰 不嗜殺人者 能一之라호라

'사람 죽이기를 좋아하지 않는 자가 능히 통일할 수 있습니다.' 하고 대답하였노라.

嗜는 甘也라

嗜는 달게 여기는 것이다.

孰能與之오하여늘

'누가 그에게 돌아가겠습니까?' 하고 묻거늘

王復問也라 與는 猶歸也라

왕이 다시 물은 것이다. 與는 歸와 같다.

遽:급할 거　符:상징 부　列:벌릴 렬　嗜:즐길 기

對曰 天下莫不與也니 **王**은 **知夫苗乎**잇가 **七八月之間**에 **旱則苗槁矣**라가 **天**이 **油然作雲**하여 **沛然下雨**면 **則苗浡然興之矣**나니 **其如是**면 **孰能禦之**리오 **今夫天下之人牧**이 **未有不嗜殺人者也**니 **如有不嗜殺人者**면 **則天下之民**이 **皆引領而望之矣**리니 **誠如是也**면 **民歸之 由(猶)水之就下**하리니 **沛然**을 **誰能禦之**리오호라

대답하기를 '天下가 돌아가지 않는 이가 없을 것이니, 王은 벼싹을 아십니까? 7, 8월 사이에 날씨가 가물면 벼싹이 마르다가 하늘이 油然히 구름을 일으켜 沛然히(쏴하고) 비를 내리면 벼싹이 浡然히(우쭉) 일어나나니, 이와 같으면 누가 이것을 막겠습니까? 지금 天下의 人牧(人君)이 사람 죽이기를 좋아하지 않는 자가 있지 않으니, 만일 사람 죽이기를 좋아하지 않는 자가 있으면 天下의 백성들이 모두 목을 늘이고 바라볼 것입니다. 진실로 이와 같다면 백성들이 그에게 돌아감은 물이 아래로 내려가는 것과 같을 것이니, 沛然함을 누가 막겠습니까?' 하였노라."

周七八月은 夏五六月也[1)]라 油然은 雲盛貌요 沛然은 雨盛貌요 浡然은 興起貌라 禦는 禁止也라 人牧은 謂牧民之君也라 領은 頸也라 蓋好生惡(오)死는 人心所同이라 故로 人君이 不嗜殺人이면 則天下悅而歸之니라

○ 蘇氏曰 孟子之言이 非苟爲大而已라 然이나 不深原其意而詳究其實이면 未有不以爲迂者矣라 予觀孟子以來로 自漢高祖及光武及唐太宗及我太祖皇帝히 能一天下者四君이 皆以不嗜殺人致之요 其餘는 殺人愈多而天下愈亂하며 秦晉及隋는 力能合之나 而好殺不已라 故로 或合而復分하고 或遂以亡國하니 孟子之言이 豈偶然而已哉[2)]시리오

周나라의 7, 8월은 夏나라의 5, 6월이다. 油然은 구름이 성한 모양이요, 沛然은 비가 성한 모양이요, 浡然은 興起하는 모양이다. 禦는 금지함이다. 人牧은 백성을 기르는

苗:벼싹 묘　旱:가물 한　槁:마를 고　油:구름일 유　沛:물쏟아질 패　浡:일어날 발(勃同)
禦:막을 어　牧:기를 목　領:목 령　頸:목 경　致:이룰 치　愈:더욱 유　偶:우연 우

君主를 이른다. 領은 목이다. 삶을 좋아하고 죽음을 싫어함은 人心의 똑같은 바이다. 그러므로 人君이 사람 죽이기를 좋아하지 않으면 天下가 기뻐하여 그에게 돌아가는 것이다.

○ 蘇氏(蘇轍)가 말하였다. "孟子의 말씀은 구차히 큰소리만 칠 뿐이 아니었다. 그러나 그 뜻을 깊이 근원하고 그 실제를 상세히 연구하지 않으면 迂闊하다고 여기지 않을 자가 있지 않을 것이다. 내가 보건대 孟子 이래로 漢高祖로부터 光武帝와 唐太宗과 우리 太祖皇帝(宋太祖)에 이르기까지 天下를 통일한 자가 네 君主인데, 이들은 모두 사람 죽이기를 좋아하지 않음으로써 이룩하였고, 그 나머지는 사람 죽이기를 더욱 많이 함에 天下가 더욱 혼란하였으며, 秦나라와 晉나라 및 隋나라는 힘은 능히 통합하였으나 죽이기를 좋아하기를 그치지 않았다. 그러므로 혹은 합하였다가 다시 나누어지고, 혹은 마침내 나라를 멸망시켰으니, 孟子의 말씀이 어찌 우연일 뿐이겠는가?"

譯註 1. 周七八月 夏五六月也 : 夏나라는 寅月을 正月로 한 반면 周나라는 子月을 正月로 하여 두 달이 앞서가므로 말한 것이다. 子月은 지금 음력으로 동짓달에 해당된다. 子月은 초저녁에 北斗星의 자루가 북방(子方)을 가리키는 달로, 十二支는 바로 이 열두 달을 기준한 것이다.

2. 豈偶然而已哉 : 偶然은 별의미가 없음을 이른다.

7. 齊宣王이 問曰 齊桓晉文之事를 可得聞乎잇가

齊宣王이 물었다. "齊桓公과 晉文公의 일을 얻어 들을 수 있겠습니까?"

齊宣王은 姓田氏요 名辟彊이니 諸侯僭稱王也라 齊桓公, 晉文公은 皆霸諸侯者라

齊宣王은 姓이 田氏이고 이름이 辟彊이니, 諸侯로서 王을 僭稱하였다. 齊桓公과 晉文公은 모두 諸侯의 霸者이다.

孟子對曰 仲尼之徒 無道桓文之事者라 是以로 後世에 無傳焉하여 臣이 未之聞也로니 無以則王乎인저

孟子께서 대답하셨다. "仲尼의 門徒들은 齊桓公과 晉文公의 일을 말한 자가 없습니다. 이 때문에 후세에 전해진 것이 없어 臣이 아직 듣지 못하였습니다.

辟:열 벽 霸:으뜸 패 道:말할 도 以:그칠 이

그만두지 말고 기어이 말하라 하신다면 王道를 말하겠습니다."

道는 言也라 董子曰 仲尼之門에 五尺童子 羞稱五伯(패)는 爲其先詐力而後仁義也라 하니 亦此意也라 以는 已通用이니 無已는 必欲言之而不止也라 王은 謂王天下之道라

道는 말함이다. 董子(董仲舒)가 말하기를 "仲尼의 門下에는 五尺童子들도 五伯를 칭하기를 부끄러워한 것은 그 속임수와 무력을 앞세우고 仁義를 뒤로 하였기 때문이다." 하였는데, 또한 이 뜻이다. 以는 已와 통용하니, 無已는 반드시 그것을 말하고자 하여 그만두지 않는 것이다. 王은 天下에 왕 노릇하는 道를 말한다.

曰 德이 何如면 則可以王矣리잇고 曰 保民而王이면 莫之能禦也리이다

王이 "德이 어떠하면 왕 노릇 할 수 있습니까?" 하고 묻자, 孟子께서 "백성을 보호하고 왕 노릇하면 이것을 막을 자가 없을 것입니다." 하고 말씀하셨다.

保는 愛護也라

保는 愛護함이다.

曰 若寡人者도 可以保民乎哉잇가 曰 可하니이다 曰 何由로 知吾의 可也잇고 曰 臣聞之胡齕하니 曰 王坐於堂上이어시늘 有牽牛而過堂下者러니 王見之하시고 曰 牛何之오 對曰 將以釁鍾이니이다 王曰 舍之하라 吾不忍其觳觫若無罪而就死地[1]하노라 對曰 然則廢釁鍾與잇가 曰 何可廢也리오 以羊易之라하니 不識케이다 有諸잇가

王이 말씀하였다. "寡人과 같은 자도 백성을 보호할 수 있습니까?" 孟子께서 말씀하셨다. "가능합니다." "무슨 이유로 나의 가능함을 아십니까?" "臣이 다음과 같은 내용을 胡齕에게 들었습니다. '王께서 堂上에 앉아 계시는데, 소를 끌

董:성 동 伯:으뜸 패(霸同) 胡:오랑캐 호 齕:깨물 흘 牽:끌 견 釁:틈 흔 舍:놓아줄 사 忍:차마할 인 觳:두려울 곡 觫:두려울 속

고 堂下로 지나가는 자가 있었습니다. 王께서 이를 보시고 「소가 어디로 가는가?」 하고 물으시자, 대답하기를 「장차 鍾의 틈을 바르는 데 쓰려고 해서입니다.」 하였습니다. 王께서 「놓아주어라. 내가 그 두려워 벌벌 떨며 죄없이 死地에 나아감을 차마 볼 수 없다.」 하시자, 대답하기를 「그렇다면 釁鍾을 폐지하오리까?」 하니, 왕께서 「어찌 폐지할 수 있겠는가? 羊으로써 바꾸어 쓰라.」 하셨다.' 알지 못하겠습니다. 이러한 일이 있었습니까?"

譯註 1. 吾不忍其觳觫若無罪而就死地 : 諺解에는 '觳觫히 無罪한 것이 死地에 就하는 듯함을'로 해석하였으나, 月川 趙穆은 若을 然으로 보아 '觳觫히'에 포함된 것으로 보았으며 退溪 또한 이에 찬동하였으므로 月川의 해석을 따랐음을 밝혀 둔다.

胡齕은 齊臣也라 釁鍾[1]은 新鑄鍾成이면 而殺牲取血하여 以塗其釁郄(隙)也라 觳觫은 恐懼貌라 孟子述所聞胡齕之語而問王하사되 不知果有此事否아하시니라

胡齕은 齊나라 신하이다. 釁鍾은 새로 종을 주조하여 완성되면 짐승을 잡아 피를 내어서 그 틈을 바르는 것이다. 觳觫은 恐懼하는 모양이다. 孟子께서 胡齕에게 들은 바의 말씀을 서술하고, 王께 물으시기를 '과연 이러한 일이 있었는지 알지 못하겠다.'고 하신 것이다.

譯註 1. 釁鍾 : 새로 종을 주조하여 완성되면 짐승을 잡아 피를 내어서 그 틈을 바르는 것으로, 예전에는 종뿐만 아니라 어떤 기물이든 완성이 되면 피를 칠하였다. ≪禮記≫ 〈月令〉에 "孟冬의 달에는 太史에게 명하여 점칠 때 사용하는 거북과 蓍草에 피를 바른다.〔孟冬之月 命太史 釁龜筴〕" 하였는데, 陳澔의 ≪禮記集說≫에 馮氏의 說을 인용하여 해설하기를 "옛날에는 器物이 완성되면 피를 칠하였으니, 이는 상서롭지 못한 것을 물리치기 위한 것이다.〔古者 器成而釁以血 所以攘卻不祥也〕" 하였다.

曰 有之하니이다 曰 是心이 足以王矣리이다 百姓은 皆以王爲愛也어니와 臣은 固知王之不忍也하노이다

王이 말씀하였다. "그러한 일이 있었습니다." 孟子께서 말씀하셨다. "이 마음이 족히 왕 노릇 하실 수 있습니다. 백성들은 모두 王더러 재물을 아꼈다고 하거니와 臣은 진실로 王의 차마 못하심을 알고 있습니다."

鑄:쇠녹일 주　塗:바를 도　郄:틈 극(隙同)　愛:아낄 애

王見牛之觳觫而不忍殺은 卽所謂惻隱之心仁之端也니 擴而充之면 則可以保四海矣라 故로 孟子指而言之하사 欲王察識於此而擴充之也시니라 愛는 猶吝也라

王이 소의 觳觫함을 보고 차마 죽이지 못한 것은 곧 이른바 '惻隱之心은 仁의 단서'라는 것이니, 이것을 擴充한다면(넓혀 채운다면) 四海를 보전할 수 있다. 그러므로 孟子께서 가리켜 말씀하시어 王이 이에 대해 살펴 알아서 이것을 확충하고자 하신 것이다. 愛는 吝(아낌)과 같다.

王曰 然하다 誠有百姓者로다마는 齊國이 雖褊小나 吾何愛一牛리오 卽不忍其觳觫若無罪而就死地라 故로 以羊易之也하니이다

王이 말씀하였다. "그렇습니다. 진실로 백성들이 비난하는 자가 있겠습니다마는 齊나라가 비록 좁고 작으나 내 어찌 한 마리 소를 아끼겠습니까? 다만 그 觳觫하여 죄없이 死地에 나아감을 차마 볼 수 없었습니다. 그러므로 羊으로써 바꾸게 한 것입니다."

言 以羊易牛는 其迹似吝하여 實有如百姓所譏者라 然이나 我之心은 不如是也라

羊을 가지고 소와 바꿈은 그 자취가 재물을 아낀 듯하여 실제로 백성들이 비난하는 바와 같은 것이 있겠으나 나의 마음은 이와 같지 않다고 말씀한 것이다.

曰 王은 無異於百姓之以王爲愛也하소서 以小易大어니 彼惡(오)知之리잇고 王若隱其無罪而就死地면 則牛羊을 何擇焉이리잇고 王笑曰 是誠何心哉런고 我非愛其財而易之以羊也언마는 宜乎百姓之謂我愛也로다

孟子께서 말씀하셨다. "王은 백성들이 王더러 재물을 아꼈다고 말함을 괴이하게 여기지 마소서. 작은 양을 가지고 큰 소와 바꾸었으니, 저들이 어찌 이것을

惻:슬플 측　隱:측은할 은　擴:넓힐 확　吝:아낄 린　誠:진실로 성　褊:좁을 편　卽:다만 즉　譏:기롱할 기　異:괴이할 이

알겠습니까? 왕께서 만일 그 죄없이 死地로 나아감을 측은히 여기셨다면 소와 양을 어찌 구별하셨습니까?" 王이 웃으며 말씀하였다. "이 진실로 무슨 마음이었던가? 내 재물을 아껴서 양으로써 바꾸게 한 것은 아니건마는 당연히 백성들이 나더러 재물을 아꼈다고 이르겠구나."

異는 怪也라 隱은 痛也라 擇은 猶分也라 言牛羊이 皆無罪而死어늘 何所分別而以羊易牛乎아 孟子故設此難하여 欲王反求而得其本心이러시니 王不能然이라 故로 卒無以自解於百姓之言也라

異는 괴이함이다. 隱은 애통해 함이다. 擇은 分(분별)과 같다. 소와 양이 모두 죄없이 죽는데, 어느 것을 분별하여 양으로써 소와 바꿨느냐고 말한 것이다. 孟子가 고의로 이러한 힐난(질문)을 가설하여 왕이 돌이켜 찾아서 그 本心을 얻게 하고자 하셨는데, 왕이 그렇게 하지 못하였다. 그러므로 마침내 백성들의 비난하는 말을 스스로 해명할 수 없었던 것이다.

曰 無傷也라 是乃仁術也니 見牛코 未見羊也일새니이다 君子之於禽獸也에 見其生하고 不忍見其死하며 聞其聲하고 不忍食其肉하나니 是以로 君子遠庖廚也니이다

孟子께서 말씀하셨다. "나쁠 것이 없습니다. 이것이 바로 仁을 하는 方法이니, 소는 보았고 양은 아직 보지 못하였기 때문입니다. 君子는 禽獸에 대해서 산 것을 보고 차마 그 죽는 것을 보지 못하며, 〈죽으면서 애처롭게 울부짖는〉 소리를 듣고는 차마 그 고기를 먹지 못합니다. 이 때문에 君子는 푸줏간을 멀리하는 것입니다."

無傷은 言雖有百姓之言이나 不爲害也라 術은 謂法之巧者라 蓋殺牛는 旣所不忍이요 釁鍾은 又不可廢니 於此에 無以處之면 則此心雖發이나 而終不得施矣라 然이나 見牛則此心已發而不可遏이요 未見羊則其理未形而無所妨이라 故로 以羊易牛면 則二者得以兩全而無害니 此所以爲仁之術也라 聲은 謂將死而哀鳴也라 蓋人之於禽獸에

故:짐짓 고 傷:해로울 상 術:방법 술 庖:푸줏간 포 廚:부엌 주 遏:막을 알

同生而異類라 故로 用之以禮하고 而不忍之心이 施於見聞之所及이니 其所以必遠庖廚者는 亦以預養是心而廣爲仁之術也니라

無傷은 비록 백성들의 비난하는 말이 있으나 해가 되지 않음을 말한 것이다. 術은 法의 공교로움을 이른다. 소를 죽임은 이미 차마 하지 못할 바요 釁鍾 또한 폐지할 수 없으니, 이에 대해서 대처할 수 없으면 이 惻隱之心이 비록 發하였으나 끝내 시행할 수 없는 것이다. 그러나 소를 보았으면 이 마음이 이미 發하여 막을 수 없고, 羊은 아직 보지 않았으면 그 이치가 드러나지 않아서 해로운 바가 없다. 그러므로 양으로써 소를 바꾸게 하면 이 두 가지가 모두 온전하여 방해가 없게 되니, 이것이 仁을 하는 방법인 것이다. 聲은 짐승이 장차 죽으면서 슬피 울부짖는 소리이다. 사람이 禽獸에 대해서 똑같이 살면서 종류가 다르다. 그러므로 쓰기를 禮로써 하고, 차마 못하는 마음이 보고 들음이 미치는 바에 베풀어지니, 반드시 푸줏간을 멀리하는 까닭은 또한 미리 이 마음을 길러서 仁을 하는 방법을 넓히려고 해서이다.

王說(열)曰 詩云 他人有心을 予忖度(탁)之라하니 夫子之謂也로소이다 夫我乃行之하고 反而求之호되 不得吾心이러니 夫子言之하시니 於我心에 有戚戚焉하여이다 此心之所以合於王者는 何也잇고

王이 기뻐하며 말씀하였다. "≪詩經≫에 이르기를 '他人이 가지고 있는 마음을 내가 헤아린다.' 하였으니, 夫子를 두고 말한 것입니다. 내가 마침내 행하고 돌이켜 찾았으나 내 마음을 알지 못하였는데, 夫子께서 말씀해 주시니, 내 마음에 戚戚함이 있습니다. 이 마음이 王道에 부합되는 까닭은 무엇입니까?"

詩는 小雅巧言之篇이라 戚戚은 心動貌라 王因孟子之言하여 而前日之心이 復萌하여 乃知此心不從外得이라 然이나 猶未知所以反其本而推之也라

詩는 〈小雅 巧言篇〉이다. 戚戚은 마음이 감동하는 모양이다. 王이 孟子의 말씀으로 인하여 전날의 마음이 다시 싹터서 마침내 이 마음이 밖으로부터 얻어지지 않음을 알았다. 그러나 아직도 그 근본을 돌이켜 미룰 줄은 알지 못하였다.

預:미리 예 說:기쁠 열 忖:헤아릴 촌 戚:가슴뭉클할 척 雅:바를 아 萌:싹틀 맹

曰 有復(복)於王者曰 吾力足以擧百鈞이로되 而不足以擧一羽하며 明足以察秋毫之末이로되 而不見輿薪이라하면 則王은 許之乎잇가 曰 否라 今에 恩足以及禽獸로되 而功不至於百姓者는 獨何與잇고 然則一羽之不擧는 爲不用力焉이며 輿薪之不見은 爲不用明焉이며 百姓之不見保는 爲不用恩焉이니 故로 王之不王은 不爲也언정 非不能也니이다

孟子께서 말씀하셨다. "王에게 아뢰는 자가 말하기를 '내 힘이 충분히 百鈞을 들 수 있으나 깃털 하나를 들 수 없으며, 눈의 시력이 秋毫의 끝을 살필 수 있으나 수레에 실은 나무 섶을 볼 수 없다.'고 한다면 王은 이것을 인정하시겠습니까?" 王이 말씀하였다. "아닙니다." 〈孟子께서 말씀하셨다.〉 "지금 은혜가 족히 禽獸에게 미치되 功效가 백성에게 이르지 않음은 유독 어째서입니까? 그렇다면 한 깃털을 들지 못함은 힘을 쓰지 않기 때문이며, 수레에 실은 나무 섶을 보지 못함은 시력을 쓰지 않기 때문이며, 백성들이 보호를 받지 못함은 은혜를 쓰지 않기 때문입니다. 그러므로 王께서 왕 노릇 하지 못함은 하지 않는 것일지언정 불가능한 것이 아닙니다."

復은 白也라 鈞은 三十斤이니 百鈞은 至重難擧也라 羽는 鳥羽니 一羽는 至輕易擧也라 秋毫之末은 毛至秋而末銳하니 小而難見也요 輿薪은 以車載薪이니 大而易見也라 許는 猶可也라 今恩以下는 又孟子之言也라 蓋天地之性에 人爲貴라 故로 人之與人은 又爲同類而相親이라 是以로 惻隱之發은 則於民切而於物緩하고 推廣仁術은 則仁民易而愛物難이어늘 今王此心이 能及物矣면 則其保民而王은 非不能也요 但自不肯爲耳니라

復은 아룀이다. 鈞은 30斤이니, 百鈞은 지극히 무거워 들기가 어렵다. 羽는 새의 깃털이니, 한 깃털은 지극히 가벼워 들기가 쉽다. 秋毫의 끝은 터럭이 가을에 이르면 끝

復:아뢸 복 鈞:무게 균 薪:나무섶 신 許:허여할 허 白:아뢸 백 銳:날카로울 예

이 예리하니 작아서 보기가 어렵고, 輿薪은 수레에 섶을 실은 것이니, 커서 보기가 쉽다. 許는 可(認定)와 같다. '今恩' 이하는 다시 孟子의 말씀이다. 天地의 性에 사람이 가장 귀함이 된다. 그러므로 사람과 사람은 또 同類가 되어서 서로 친하다. 이 때문에 惻隱之心이 發함은 백성(사람)에게는 간절하고 물건에게는 느슨하며, 仁을 하는 방법을 미루어 넓힘은 백성을 사랑하기는 쉽고 물건을 사랑하기는 어려운 것이다. 그런데 지금 王의 이 마음(惻隱之心)이 능히 물건에 미쳤다면 백성을 보호하고 왕 노릇함은 불가능한 것이 아니요, 다만 스스로 즐겨 하지 않을 뿐인 것이다.

曰 不爲者와 **與不能者之形**이 **何以異**잇고 **曰 挾太山**하여 **以超北海**를 **語人曰我不能**이라하면 **是**는 **誠不能也**어니와 **爲長者折枝**를 **語人曰我不能**이라하면 **是**는 **不爲也**언정 **非不能也**니 **故**로 **王之不王**은 **非挾太山以超北海之類也**라 **王之不王**은 **是折枝之類也**니이다

王이 말씀하였다. "하지 않는 자와 불가능한 자의 형상이 어떻게 다릅니까?" 孟子께서 말씀하셨다. "太山을 옆에 끼고 北海를 뛰어넘는 것을 사람들에게 말하기를 '내 불가능하다.'고 한다면 이것은 진실로 불가능한 것이거니와, 長者를 위하여 나뭇가지를 꺾는 것을 사람들에게 말하기를 '내 불가능하다.'고 한다면 이것은 하지 않는 것일지언정 불가능한 것은 아닙니다. 그러므로 王께서 왕 노릇 하지 못하심은 太山을 옆에 끼고 北海를 뛰어넘는 것과 같은 종류가 아니라, 王께서 왕 노릇 하지 못하심은 바로 나뭇가지를 꺾는 것과 같은 종류입니다.

形은 狀也라 挾은 以腋持物也라 超는 躍而過也라 爲長者折枝[1]는 以長者之命으로 折草木之枝니 言不難也라 是心固有하여 不待外求니 擴而充之는 在我而已니 何難之有리오

形은 형상이다. 挾은 겨드랑이에 물건을 가지는 것이다. 超는 뛰어서 지나가는 것이다. 長者를 위해서 나뭇가지를 꺾는다는 것은 長者의 명령에 따라 草木의 가지를 꺾는 것이니, 어렵지 않음을 말한다. 이 惻隱之心이 고유하여 밖에 구함을 기다리지 않으니, 이것을 확충함은 나에게 달려있을 뿐이다. 무슨 어려움이 있겠는가.

挾:낄 협 超:뛰어넘을 초 折:꺾을 절 腋:겨드랑이 액 躍:뛸 약

譯註 1. 折枝 : 朱子는 나뭇가지를 꺾는 것으로 해석하였으나 趙岐의 註에는 枝를 肢로 보아 四肢를 굽혀 안마하는 것으로 풀이하였는 바, 이는 孟子가 出生한 지방의 方言이라 한다.

老吾老하여 以及人之老하며 幼吾幼하여 以及人之幼면 天下를 可運於掌이니 詩云 刑于寡妻하여 至于兄弟하여 以御于家邦이라하니 言擧斯心하여 加諸彼而已라 故로 推恩이면 足以保四海요 不推恩이면 無以保妻子니 古之人이 所以大過人者는 無他焉이라 善推其所爲而已矣라 今에 恩足以及禽獸로되 而功不至於百姓者는 獨何與니잇고

내 노인을 노인으로 섬겨서 남의 노인에게까지 미치며, 내 어린이를 어린이로 사랑해서 남의 어린이에게까지 미친다면 天下를 손바닥에 놓고 움직일 수 있습니다. ≪詩經≫에 이르기를 '寡妻에게 모범이 되어서 兄弟에 이르러 집과 나라를 다스린다.' 하였으니, 이 마음을 들어서 저기에 加할 뿐임을 말한 것입니다. 그러므로 은혜를 미루면 족히 四海를 보호할 수 있고, 은혜를 미루지 않으면 妻子도 보호할 수 없는 것입니다. 옛사람이 일반인보다 크게 뛰어난 까닭은 딴 것이 없으니, 그 하는 바를 잘 미루었을 뿐입니다. 지금에 은혜가 족히 禽獸에게 미쳤으나 功效가 백성들에게 이르지 않음은 유독 어째서입니까?

老는 以老事之也니 吾老는 謂我之父兄이요 人之老는 謂人之父兄이라 幼는 以幼畜(휵)之也니 吾幼는 謂我之子弟요 人之幼는 謂人之子弟라 運於掌은 言易也라 詩는 大雅思齊之篇이라 刑은 法也라 寡妻는 寡德之妻니 謙辭也라 御는 治也라 不能推恩이면 則衆叛親離라 故로 無以保妻子라 蓋骨肉之親은 本同一氣하니 又非但若人之同類而已라 故로 古人이 必由親親推之然後에 及於仁民하고 又推其餘然後에 及於愛物하니 皆由近以及遠하고 自易以及難이어늘 今王反之하니 則必有故矣라 故로 復推本而再問之하시니라

刑:법 형 御:다스릴 어 過:뛰어날 과 善:잘할 선 齊:가지런할 제 叛:배반할 반

老는 늙은이를 섬기는 禮로써 섬기는 것이니, 吾老는 나의 父兄을 이르고 人之老는 남의 父兄을 이른다. 幼는 어린이로써 기르는 것이니, 吾幼는 나의 子弟를 이르고 人之幼는 남의 子弟를 이른다. 運於掌은 쉬움을 말한다. 詩는 〈大雅 思齊篇〉이다. 刑은 法이다. 寡妻는 寡德한 이의 아내이니, 謙辭이다. 御는 다스림이다. 은혜를 미루지 못하면 민중이 배반하고 친척이 이산된다. 그러므로 妻子를 보호할 수 없는 것이다. 骨肉의 친척은 본래 한 氣를 함께 하였으니, 또한 단지 사람의 同類와 같을 뿐만이 아니다. 그러므로 옛사람은 반드시 親親으로 말미암아 미루어나간 뒤에 仁民에 미치고 또 그 나머지를 미룬 뒤에 愛物에 미치니, 모두 가까움으로부터 멂에 미치고 쉬움으로부터 어려움에 미친 것이다. 그런데 지금 王은 이것을 뒤집어 하였으니, 그렇다면 반드시 이유가 있을 것이다. 그러므로 다시 근본을 미루어서 재차 물으신 것이다.

權然後에 知輕重하며 度(도)然後에 知長短이니 物皆然이어니와 心爲甚하니 王請度(탁)之하소서

저울질을 한 뒤에 輕重을 알며, 재어본 뒤에 長短을 알 수 있습니다. 사물이 다 그러하거니와 그 중에도 마음이 유독 심하니, 王은 청컨대 이것을 헤아리소서.

權은 稱錘也[1]요 度(도)는 丈尺也라 度(탁)之는 謂稱量之也라 言 物之輕重長短은 人所難齊라 必以權度度(탁)之而後可見이니 若心之應物은 則其輕重長短之難齊하여 而不可不度(탁)以本然之權度가 又有甚於物者라 今王이 恩及禽獸而功不至於百姓하니 是는 其愛物之心이 重且長하고 而仁民之心이 輕且短하여 失其當然之序而不自知也라 故로 上文에 既發其端하시고 而於此에 請王度(탁)之也하시니라

權은 저울의 추요, 度는 길과 자이다. 度之는 저울질하고 헤아림을 이른다. 물건의 輕重과 長短은 사람들이 똑같이 하기가 어려운 바이니, 반드시 저울과 자를 가지고 헤아린 뒤에야 〈輕重과 長短을〉 볼 수 있는 것이다. 마음이 사물에 응함으로 말하면 그 輕重과 長短을 가지런히 하기가 어려워서 本然의 權度로써 헤아리지 않을 수 없는 것이 또 물건보다도 심함이 있는 것이다. 지금 王은 은혜가 禽獸에게 미쳤으나 功效가 백성에게 이르지 않았으니, 이는 물건을 사랑하는 마음이 무겁고 또 길며 백성을 사랑하

權:저울 권　度:자 도, 잴 도, 헤아릴 탁　稱:저울 칭, 저울질할 칭　錘:저울추 추

는 마음이 가볍고 또 짧아서, 그 당연한 순서를 잃었으면서도 스스로 알지 못한 것이다. 그러므로 윗글에서는 이미 그 端緖를 發하셨고, 여기에서는 王이 헤아리기를 청하신 것이다.

譯註 1. 權 稱錘也 : 稱錘는 저울의 추를 가리키나 뒤의 丈尺에 맞추어 저울과 저울추로 해석하기도 한다.

抑王은 興甲兵하며 危士臣하여 構怨於諸侯然後에 快於心與잇가

王은 甲兵을 일으키며 군사와 신하들을 위태롭게 해서 諸侯들과 원한을 맺은 뒤에야 마음이 쾌하시겠습니까?"

抑은 發語辭라 士는 戰士也라 構는 結也라 孟子以王愛民之心이 所以輕且短者는 必其以是三者爲快也라 然이나 三事는 實非人心之所快니 有甚於殺觳觫之牛者라 故로 指以問王하여 欲其以此而度之也하시니라

抑은 발어사이다. 士는 戰士이다. 構는 맺음이다. 孟子는 王이 백성을 사랑하는 마음이 가볍고 또 짧은 까닭은 반드시 이 세 가지로써 쾌함을 삼기 때문일 것이라고 여겼다. 그러나 세 가지 일은 실로 사람의 마음에 쾌하게 여길 바가 아니니, 이것은 觳觫하는 소를 죽이는 것보다도 심함이 있다. 그러므로 이것을 지적하여 王에게 물어서 이로써 헤아리게 하고자 하신 것이다.

王曰 否라 吾何快於是리오 將以求吾所大欲也로이다

王이 말씀하였다. "아닙니다. 내 어찌 이것을 쾌하게 여기겠습니까? 장차 나의 크게 하고자 하는 바를 구하려고 해서입니다."

不快於此者는 心之正也요 而必爲此者는 欲誘之也니 欲之所誘者 獨在於是라 是以로 其心이 尙明於他而獨暗於此하니 此其愛民之心이 所以輕短而功不至於百姓也니라

이것을 쾌하게 여기지 않음은 마음의 올바름이요, 반드시 이것을 하려고 함은 욕심이 유인한 것이다. 욕심의 유인하는 바가 유독 여기에 있었다. 이 때문에 그 마음이 오

抑:꺾을 억 構:맺을 구 誘:유혹할 유

히려 다른 곳에는 밝으나 홀로 여기에는 어두운 것이니, 이것이 백성을 사랑하는 마음이 가볍고 짧아서 功效가 백성들에게 이르지 않는 까닭인 것이다.

曰 王之所大欲을 **可得聞與**잇가 **王笑而不言**하신대 **曰 爲肥甘**이 **不足於口與**며 **輕煖**이 **不足於體與**잇가 **抑爲采色**이 **不足視於目與**며 **聲音**이 **不足聽於耳與**며 **便嬖不足使令於前與**잇가 **王之諸臣**이 **皆足以供之**하나니 **而王**은 **豈爲是哉**시리잇고 **曰 否**라 **吾不爲是也**로이다 **曰 然則王之所大欲**을 **可知已**니 **欲**辟(闢)**土地**하며 **朝秦楚**하여 莅**中國而撫四夷也**로소이다 **以若所爲**로 **求若所欲**이면 **猶緣木而求魚也**니이다

孟子께서 말씀하셨다. "王께서 크게 하고자 하시는 바를 얻어 들을 수 있겠습니까?" 王이 웃으면서 말씀하지 않자, 孟子께서 말씀하셨다. "살지고 단 음식이 입에 부족하며, 가볍고 따뜻한 옷이 몸에 부족함을 위해서입니까? 아니면 采色이 눈으로 보기에 부족하며, 아름다운 음악이 귀로 듣기에 부족하며, 親熟하고 총애하는 사람들이 앞에서 使令함에 부족함을 위해서입니까? 王의 여러 신하들이 모두 충분히 이것을 공급하니, 王이 어찌 이것을 위해서이겠습니까?" 王이 말씀하였다. "아닙니다. 나는 이것을 위해서가 아닙니다." 孟子께서 말씀하셨다. "그렇다면 왕이 크게 하고자 하시는 바를 알 수 있겠습니다. 토지를 개척하며 秦나라와 楚나라에게 조회를 받아 中國에 임하여 사방의 오랑캐들을 어루만지고자 하시는 것입니다. 이와 같은 소행으로써 이와 같은 소원을 구하신다면 나무에 올라가서 물고기를 구하는 것과 같습니다."

便嬖는 近習嬖幸之人也라 已는 語助辭라 辟은 開廣也라 朝는 致其來朝也라 秦楚는 皆大國이라 莅는 臨也라 若은 如此也라 所爲는 指興兵結怨之事라 緣木求魚는 言必不可得이라

采:채색 채 便:익숙할 편 嬖:총애할 폐 辟:개척할 벽 莅:임할 리 撫:어루만질 무 猶:같을 유 緣:오를 연 致:부를 치

便嬖는 가까이 모셔 익숙하고 총애하는 사람이다. 已는 어조사이다. 辟은 열어 넓힘이다. 朝는 와서 조회하게 하는 것이다. 秦과 楚는 모두 강대국이다. 莅는 임함이다. 若은 이와 같음이다. 所爲는 군대를 일으키고 원망을 맺는 일을 가리킨다. 나무에 올라가 물고기를 구함은 반드시 얻을 수 없음을 말한 것이다.

王曰 若是其甚與잇가 **曰 殆有甚焉**하니 **緣木求魚**는 **雖不得魚**나 **無後災**어니와 **以若所爲**로 **求若所欲**이면 **盡心力而爲之**라도 **後必有災**하리이다 **曰 可得聞與**잇가 **曰 鄒人**이 **與楚人戰**이면 **則王**은 **以爲孰勝**이니잇고 **曰 楚人**이 **勝**하리이다 **曰 然則小固不可以敵大**며 **寡固不可以敵衆**이며 **弱固不可以敵强**이니 **海內之地 方千里者九**에 **齊集有其一**하니 **以一服八**이 **何以異於鄒敵楚哉**리잇고 **蓋亦反其本矣**니이다

王이 말씀하였다. "이와 같이 심합니까?" 孟子께서 말씀하셨다. "이보다도 더 심함이 있으니, 나무에 올라가 물고기를 구함은 비록 물고기를 얻지 못하더라도 뒤에 재앙은 없거니와 이와 같은 소행으로 이와 같은 소원을 구한다면 마음과 힘을 다하여 하더라도 뒤에 반드시 재앙이 있을 것입니다." 王이 "얻어들을 수 있겠습니까?" 하고 묻자, 孟子께서 말씀하셨다. "鄒나라 사람이 楚나라 사람과 싸운다면 王은 누가 이기리라고 여기십니까?" "楚나라 사람이 이길 것입니다." "그렇다면 작은 나라는 진실로 큰 나라를 대적할 수 없으며, 적은 사람은 진실로 많은 사람을 대적할 수 없으며, 약한 자는 진실로 강한 자를 대적할 수 없는 것입니다. 海內의 땅이 方千里 되는 것이 아홉인데, 齊나라가 전체를 모음에 그 하나를 소유하였으니, 하나를 가지고 여덟을 복종시키는 것이 어찌 鄒나라가 楚나라를 대적함과 다르겠습니까? 또한 그 근본을 돌이켜야 합니다.

殆, 蓋는 皆發語辭라 鄒는 小國이요 楚는 大國이라 齊集有其一은 言集合齊地면 其方千里니 是는 有天下九分之一也라 以一服八은 必不能勝이니 所謂後災也라 反本은 說見(현)下文하니라

殆:자못 태 災:재앙 재 鄒:나라이름 추 反:돌이킬 반

殆와 蓋는 모두 發語辭이다. 鄒는 작은 나라이고 楚는 큰 나라이다. 齊集有其一은 齊나라 땅을 집합하면 그 方이 천리이니, 이는 천하의 9분의 1을 소유함을 말한다. 하나를 가지고 여덟을 복종시킴은 반드시 이길 수 없으니, 이것이 이른바 뒤의 재앙이라는 것이다. 反本은 설명이 다음 글에 보인다.

今王이 **發政施仁**하사 **使天下仕者**로 **皆欲立於王之朝**하며 **耕者**로 **皆欲耕於王之野**하며 **商賈**(고)로 **皆欲藏於王之市**하며 **行旅**로 **皆欲出於王之途**하시면 **天下之欲疾其君者 皆欲赴愬於王**하리니 **其如是**면 **孰能禦之**리잇고

지금 王께서 훌륭한 정치를 펴고 仁을 베푸시어 천하에 벼슬하는 자들로 하여금 모두 왕의 조정에서 벼슬하고자 하게 하며, 경작하는 자들로 하여금 모두 왕의 들에서 경작하고자 하게 하며, 장사꾼들로 하여금 모두 왕의 시장에 물건을 저장하고자 하게 하며, 여행하는 자들로 하여금 모두 왕의 길에 나아가고자 하게 한다면, 천하에 그 君主를 미워하는 자들이 모두 왕에게 달려와 하소연하고자 할 것이니, 이와 같으면 누가 이것을 막겠습니까."

行貨曰商이요 居貨曰賈라 發政施仁은 所以王天下之本也라 近者悅하고 遠者來[1]하면 則大小彊弱은 非所論矣라 蓋力求所欲이면 則所欲者를 反不可得이요 能反其本이면 則所欲者不求而至니 與首章意同[2]하니라

재물을 가지고 다니면서 파는 것을 商이라 하고, 재물을 쌓아놓고 파는 것을 賈라 한다. 發政施仁은 天下에 왕 노릇 하는 바의 근본이다. 가까이 있는 자가 기뻐하고 멀리 있는 자가 온다면 大小와 强弱은 논할 바가 아니다. 힘써 자신의 하고자 하는 바를 구한다면 하고자 하는 바를 도리어 얻지 못하고, 그 근본을 돌이킨다면 하고자 하는 바가 구하지 않아도 올 것이니, 首章의 뜻과 같다.

譯註 1. 近者悅 遠者來 : 이 내용은 ≪論語≫ 〈子路〉 16章에 보인다.
2. 與首章意同 : 首章은 本篇의 첫 장으로, 利益을 구하면 도리어 이익을 얻지 못하

商:장사 상 賈:장사 고 赴:달려갈 부 愬:하소연할 소 居:쌓아놓을 거

고 仁義를 힘써 행하면 이익을 추구하지 않아도 저절로 이로움을 얻게 됨을 말하였으므로 뜻이 같다고 한 것이다.

王曰 吾惛하여 **不能進於是矣**로니 **願夫子**는 **輔吾志**하여 **明以教我**하소서 **我雖不敏**이나 **請嘗試之**호리이다 **曰 無恒産而有恒心者**는 **惟士爲能**이어니와 **若民則無恒産**이면 **因無恒心**이니 **苟無恒心**이면 **放辟(僻)邪侈**를 **無不爲已**니 **及陷於罪然後**에 **從而刑之**면 **是**는 **罔民也**라 **焉有仁人在位**하여 **罔民**을 **而可爲也**리오

王이 말씀하였다. "나는 어두워서 여기에 나아갈 수 없으니, 원컨대 夫子께서는 나의 뜻을 도와서 밝게 나를 가르쳐 주소서. 내 비록 不敏하나 한번 시험해 보겠습니다." 孟子께서 말씀하셨다. "떳떳한 生業이 없으면서도 떳떳한 마음을 가지고 있는 것은 오직 선비만이 능할 수 있고, 백성으로 말하면 떳떳이 살 수 있는 生業이 없으면 인하여 떳떳한 마음이 없어지는 것입니다. 만일 떳떳한 마음이 없어진다면 放辟함과 邪侈함을 하지 않음이 없을 것이니, 그리하여 罪에 빠짐에 이른 뒤에 따라서 이들을 형벌한다면 이것은 백성을 그물질하는 것입니다. 어찌 仁人이 지위에 있으면서 백성을 그물질하는 짓을 할 수 있겠습니까.

恒은 常也요 産은 生業也니 恒産은 可常生之業也요 恒心은 人所常有之善心也라 士嘗學問하여 知義理라 故로 雖無恒産이라도 而有常心이어니와 民則不能然矣라 罔은 猶羅罔이니 欺其不見而取之也라

恒은 떳떳함이요, 産은 生業이다. 恒産은 떳떳이 살 수 있는 生業이요, 恒心은 사람이 떳떳이 가지고 있는 善心이다. 선비는 일찍이 學問을 해서 義理를 안다. 그러므로 비록 떳떳이 살 수 있는 生業이 없더라도 떳떳한 마음을 가지고 있거니와 백성인즉 그렇지 못한 것이다. 罔은 羅罔(그물)과 같으니, 그 보지 못함을 속여서 취하는 것이다.

是故로 **明君**이 **制民之産**호되 **必使仰足以事父母**하며 **俯足以畜**(휵)

惛:어두울 혼 嘗:일찍이 상, 한번 상 恒:떳떳할 항 放:방탕할 방 辟:간사할 벽 侈:클 치, 사치할 치 罔:그물 망 焉:어찌 언 羅:그물 라 俯:구부릴 부, 아래 부

妻子하여 樂歲에 終身飽하고 凶年에 免於死亡하나니 然後에 驅而之善이라 故로 民之從之也輕하니이다

그러므로 현명한 군주는 백성의 生業을 제정해 주되 반드시 위로는 족히(충분히) 父母를 섬길 수 있으며 아래로는 족히 妻子를 기를 수 있어서, 풍년에는 종신토록(일 년 내내) 배부르고 흉년에는 死亡을 면하게 하나니, 그런 뒤에야 백성들을 몰아서 善에 가게 합니다. 그러므로 백성들이 명령을 따르기가 쉬운 것입니다.

輕은 猶易也라 此는 言民有常產而有常心也라

輕은 易(쉬움)와 같다. 이것은 백성들이 떳떳한 生業이 있어서 떳떳한 마음을 가지고 있음을 말씀한 것이다.

今也에 制民之產호되 仰不足以事父母하며 俯不足以畜妻子하여 樂歲에 終身苦하고 凶年에 不免於死亡하나니 此惟救死而恐不贍이어니 奚暇에 治禮義哉리오

지금에는 백성의 生業을 제정해 주되 위로는 족히 父母를 섬길 수 없으며 아래로는 족히 妻子를 기를 수 없어서, 풍년에는 일 년 내내 고생하고 흉년에는 死亡을 면치 못합니다. 이것은 오직 죽음을 구제하기에도 부족할까 두려우니, 어느 겨를에 禮義를 다스리겠습니까?

贍은 足也라 此는 所謂無常產而無常心者也라

贍은 족함이다. 이것은 이른바 떳떳한 生業이 없어서 떳떳한 마음이 없다는 것이다.

王欲行之시면 則盍反其本矣니잇고

王이 이것을 행하고자 하신다면 어찌 그 근본을 돌이키지 않습니까?

驅:몰 구 贍:넉넉할 섬 奚:어찌 해 盍:어찌아니 합

盍은 何不也라 使民有常產者는 又發政施仁之本也니 說見下文하니라

盍은 어찌 아니이다. 백성으로 하여금 떳떳한 生業이 있게 하는 것은 또 훌륭한 정사를 펴고 仁을 베푸는 근본이니, 설명이 아랫글에 보인다.

五畝之宅에 樹之以桑이면 五十者可以衣帛矣며 鷄豚狗彘之畜(휵)을 無失其時면 七十者可以食肉矣며 百畝之田을 勿奪其時면 八口之家 可以無飢矣며 謹庠序之敎하여 申之以孝悌之義면 頒白者不負戴於道路矣리니 老者衣帛食肉하며 黎民이 不飢不寒이요 然而不王者 未之有也니이다

5畝의 집 주변에 뽕나무를 심게 한다면 50세 된 자가 비단옷을 입을 수 있으며, 닭과 돼지와 개와 큰 돼지를 기름에 새끼 칠 때를 잃지 않게 한다면 70세 된 자가 고기를 먹을 수 있으며, 100畝의 토지에 농사철을 빼앗지 않는다면 여덟 식구의 집안이 굶주림이 없을 수 있으며, 庠序의 가르침을 삼가서 孝悌의 義理로써 거듭한다면 머리가 頒白이 된 자가 道路에서 짐을 지거나 이지 않을 것이니, 늙은 자가 비단옷을 입고 고기를 먹으며 黎民이 굶주리지 않고 춥지 않게 하고, 이렇게 하고서도 왕 노릇 하지 못하는 자는 있지 않습니다."

此는 言 制民之產之法也라 趙氏曰 八口之家는 次上農夫[1]也라 此는 王政之本이요 常生之道라 故로 孟子爲齊梁之君하여 各陳之也시니라 楊氏曰 爲天下者는 擧斯心하여 加諸彼而已라 然이나 雖有仁心仁聞이라도 而民不被其澤者는 不行先王之道故也라 故로 以制民之產으로 告之하시니라

○ 此章은 言 人君이 當黜霸功하고 行王道요 而王道之要는 不過推其不忍之心하여 以行不忍之政而已라 齊王이 非無此心이로되 而奪於功利之私하여 不能擴充以行仁政이라 雖以孟子反覆曉告하사 精切如此로되 而蔽固已深하여 終不能悟하니 是可歎也로다

이것은 백성의 生業을 제정해 주는 법을 말씀한 것이다.

黜:내칠 출 曉:깨달을 효 切:간절할 절 蔽:가릴 폐 悟:깨달을 오

趙氏(趙岐)가 말하였다. "여덟 식구의 집안은 다음 上農夫이다. 이것은 王政의 根本이요, 떳떳이 살 수 있는 방법이다. 그러므로 孟子께서 齊나라와 梁나라의 군주를 위해서 각각 말씀한 것이다."

楊氏(楊時)가 말하였다. "天下를 다스리는 자는 이 마음을 들어서 저기에 加할 뿐이다. 그러나 비록 어진 마음과 어진 소문이 있더라도 백성들이 그 혜택을 입지 못하는 것은 先王의 道(制度)를 행하지 않기 때문이다. 그러므로 백성의 生業을 제정해 줌으로써 말씀하신 것이다."

○ 이 章은 人君이 마땅히 霸功을 내치고 王道를 행해야 할 것이요, 王道의 요점은 不忍한 마음을 미루어서 不忍한 정사를 행함에 불과할 뿐임을 말씀하였다. 齊宣王은 이러한 마음이 없는 것은 아니었으나 功利의 私慾에 빼앗겨서 확충하여 仁政을 행하지 못하였다. 비록 孟子께서 반복하여 깨우쳐 주셔서 정미하고 간절함이 이와 같으셨으나 가리움이 진실로 이미 깊어서 끝내 깨닫지 못하였으니, 탄식할 만한 일이다.

譯註 1. 次上農夫 : 한 집안에 식구가 아홉인 것을 上農夫라 하기 때문에 여덟 식구를 다음의 上農夫라 한 것이다. 古代에는 농사일이 모두 사람의 손을 필요로 하였으므로, 식구가 많으면 노동력이 풍부해서 肥培管理를 잘하기 때문에 식구가 많은 집안을 上農夫라 하였다.

梁惠王章句 下

凡十六章이라

모두 16章이다.

1. 莊暴(포)見孟子曰 暴見(현)於王하니 王이 語暴以好樂이어시늘 暴未有以對也하니 曰 好樂이 何如하니잇고 孟子曰 王之好樂이 甚이면 則齊國은 其庶幾乎인저

莊暴가 孟子를 뵙고 말하였다. "暴가 王을 뵈오니, 王께서 저에게 音樂을 좋아한다고 말씀하셨으나 저는 여기에 대답하지 못하였습니다. 음악을 좋아하는 것이 어떻습니까?" 孟子께서 말씀하셨다. "王께서 음악을 좋아하심이 심하면 齊나라는 거의 다스려질 것입니다."

莊暴는 齊臣也라 庶幾는 近辭也니 言近於治라

莊暴는 齊나라 신하이다. 庶幾는 가깝다는 말이니, 다스려짐에 가까움을 말한 것이다.

他日에 見於王曰 王이 嘗語莊子以好樂이라하니 有諸잇가 王이 變乎色曰 寡人이 非能好先王之樂也라 直好世俗之樂耳로소이다

他日에 孟子께서 王을 뵙고 말씀하셨다. "王께서 일찍이 莊子(莊暴)에게 음악을 좋아한다고 말씀하였다 하오니, 그러한 일이 있습니까?" 王이 얼굴빛을 변하고 말씀하였다. "寡人은 先王의 음악을 좋아하는 것이 아니라 다만 世俗의 음악을 좋아할 뿐입니다."

庶:거의 서　幾:거의 기　治:다스려질 치　直:다만 직

變色者는 慚其好之不正也라

얼굴빛을 변한 것은 그 좋아함이 올바르지 못함을 부끄러워한 것이다.

曰 王之好樂이 甚이면 則齊其庶幾乎인저 今之樂이 由(猶)古之樂也니이다

孟子께서 말씀하셨다. "王께서 음악을 좋아하심이 심하면 齊나라는 거의 다스려질 것입니다. 지금 음악이 옛 음악과 같습니다."

今樂은 世俗之樂이요 古樂은 先王之樂이라

지금 음악은 世俗의 음악이요, 옛 음악은 先王의 음악이다.

曰 可得聞與잇가 曰獨樂樂[1)]과 與人樂樂이 孰樂이니잇고 曰 不若與人이니이다 曰 與少樂樂과 與衆樂樂이 孰樂이니잇고 曰 不若與衆이니이다

王이 말씀하였다. "얻어 들을 수 있겠습니까?" 孟子께서 말씀하셨다. "홀로 음악을 즐김과 다른 사람과 음악을 즐김이 어느 것이 더 즐겁습니까?" "남과 함께 하는 것만 못합니다." "적은 사람과 음악을 즐김과 많은 사람과 음악을 즐김이 어느 것이 더 즐겁습니까?" "많은 사람과 함께 하는 것만 못합니다."

譯註 1. 樂樂 : 集註에는 '악락'으로 音이 표시되어 있으나 文法에 맞게 '락악'으로 읽어야 한다는 주장이 있음을 밝혀둔다.

獨樂이 不若與人이요 與少樂이 不若與衆은 亦人之常情也라

홀로 즐김이 남과 함께 하는 것만 못하고, 적은 사람과 즐김이 많은 사람과 함께 하는 것만 못함은 또한 사람의 떳떳한 情이다.

臣이 請爲王言樂호리이다

慚:부끄러울 참 由:같을 유(猶同) 樂:음악 악, 즐거울 락

〈孟子께서 말씀하셨다.〉 "臣이 청컨대 王을 위하여 음악을 말씀드리겠습니다.

此以下는 皆孟子之言也라

이 이하는 모두 孟子의 말씀이다.

今王이 **鼓樂於此**어시든 **百姓**이 **聞王**의 **鍾鼓之聲**과 **管籥之音**하고 **擧疾首蹙頞而相告曰 吾王之好鼓樂**이여 **夫何使我**로 **至於此極也**하여 **父子不相見**하며 **兄弟妻子離散**[1]고하며 **今王**이 **田獵於此**어시든 **百姓**이 **聞王**의 **車馬之音**하며 **見羽旄之美**하고 **擧疾首蹙頞而相告曰 吾王之好田獵**이여 **夫何使我**로 **至於此極也**하여 **父子不相見**하며 **兄弟妻子離散**고하면 **此**는 **無他**라 **不與民同樂也**니이다

지금 王이 이 곳에서 음악을 타시면 백성들이 王의 종소리, 북소리와 피리소리, 젓대소리를 듣고는 모두 머리를 아파하고 이마를 찌푸리며 서로 말하기를 '우리 王께서 음악을 타시기 좋아하심이여! 어찌 우리들로 하여금 이 곤궁함에 이르게 해서 父子間이 서로 만나보지 못하며 兄弟妻子가 離散되게 하는가.' 하며, 지금 王이 이 곳에서 사냥을 하시면 백성들이 王의 수레소리, 말소리를 들으며 깃과 들소꼬리로 만든 깃발의 아름다움을 보고는 모두 머리를 아파하고 이마를 찌푸리며 서로 말하기를 '우리 王께서 사냥을 좋아하심이여! 어찌 우리들로 하여금 이 곤궁함에 이르게 해서 父子間이 서로 만나보지 못하며 兄弟妻子가 서로 離散되게 하는가.' 한다면, 이것은 다름이 아니라 임금께서 백성과 더불어 함께 즐기시지 않기 때문입니다.

譯註 1. 夫何使我……兄弟妻子離散 : 諺解에는 '至於此極也오하야……離散하며'로 懸吐하였으나 中國本(≪四書章句集注≫) 등을 참고하여 修正하였다. 다음 단락에 '何以能鼓樂也오하며' 하고 '今王'이 바로 뒤를 이은 것을 보더라도 諺解가 잘못되었음을 알 수 있다.

鼓:연주할 고, 북 고 管:피리 관 籥:피리 약 擧:모두 거 蹙:찌푸릴 축 頞:이마 알 田:사냥 전 獵:사냥 렵 旄:깃발 모

鍾鼓管籥은 皆樂器也라 擧는 皆也라 疾首는 頭痛也라 蹙은 聚也요 頞은 額也니 人憂戚則蹙其額이라 極은 窮也라 羽旄는 旌屬이라 不與民同樂은 謂獨樂其身하고 而不恤其民하여 使之窮困也라

鍾・鼓와 管・籥은 모두 樂器이다. 擧는 모두이다. 疾首는 머리가 아픔이다. 蹙은 모임이요 頞은 이마이니, 사람이 근심하면 이마를 찌푸리게 된다. 極은 곤궁함이다. 羽旄는 깃발의 등속이다. 백성과 더불어 함께 즐거워하지 않는다는 것은 홀로 그 자신만 즐기고 백성을 구휼하지 않아서 곤궁하게 함을 이른다.

今王이 鼓樂於此어시든 百姓이 聞王의 鍾鼓之聲과 管籥之音하고 擧欣欣然有喜色而相告曰 吾王이 庶幾無疾病與아 何以能鼓樂也오하며 今王이 田獵於此어시든 百姓이 聞王의 車馬之音하며 見羽旄之美하고 擧欣欣然有喜色而相告曰 吾王이 庶幾無疾病與아 何以能田獵也오하면 此는 無他라 與民同樂也니이다

지금 王이 이 곳에서 음악을 타시면 백성들이 王의 종소리, 북소리와 피리소리, 젓대소리를 듣고는 모두 欣然히 기뻐하는 기색이 있으면서 서로 말하기를 '우리 王께서 행여 疾病이 없으신가. 어떻게 음악을 타시는가.' 하며, 지금 王이 이 곳에서 사냥을 하시면 백성들이 王의 수레소리, 말소리를 들으며 깃발의 아름다움을 보고는 모두 欣然히 기뻐하는 기색이 있으면서 서로 말하기를 '우리 王이 행여 疾病이 없으신가. 어떻게 사냥을 하시는가.' 한다면, 이것은 다름이 아니라 백성과 더불어 함께 즐거워하시기 때문입니다.

與民同樂者는 推好樂之心하여 以行仁政하여 使民各得其所也라

백성과 더불어 함께 즐거워한다는 것은 음악을 좋아하는 마음을 미루어 仁政을 행하여 백성들로 하여금 각기 그 살 곳을 얻게 하는 것이다.

聚:모을 취 額:이마 액 旌:깃발 정 欣:기쁠 흔

今王이 與百姓同樂하시면 則王矣시리이다

지금 왕께서 백성과 더불어 함께 즐거워하신다면 왕 노릇 하실 것입니다."

好樂而能與百姓同之면 則天下之民이 歸之矣리니 所謂齊其庶幾者如此니라

○ 范氏曰 戰國之時에 民窮財盡은 人君이 獨以南面之樂[1)]으로 自奉其身이니 孟子切於救民이라 故로 因齊王之好樂하여 開導其善心하여 深勸其與民同樂하여 而謂今樂猶古樂이라하시니 其實은 今樂, 古樂이 何可同也리오 但與民同樂之意는 則無古今之異耳라 若必欲以禮樂治天下인댄 當如孔子之言하여 必用韶舞하고 必放鄭聲[2)]이니 蓋孔子之言은 爲邦之正道요 孟子之言은 救時之急務니 所以不同이니라

○ 楊氏曰 樂은 以和爲主하니 使人聞鍾鼓管絃之音하고 而疾首蹙頞이면 則雖奏以咸英韶濩[3)]라도 無補於治也라 故로 孟子告齊王以此하사 姑正其本而已시니라

음악을 좋아하면서 백성과 더불어 함께 한다면 天下의 백성들이 〈齊나라로〉 돌아올 것이니, 이른바 齊나라가 거의 다스려진다는 것은 이와 같은 것이다.

○ 范氏(范祖禹)가 말하였다. "戰國時代에 백성들이 곤궁하고 재물이 다한 것은 人君이 홀로 南面의 즐거움으로써 스스로 자기 몸만을 받들어서이니, 孟子는 백성을 구제함에 간절하였다. 그러므로 齊宣王의 음악을 좋아함을 인하여 그 善한 마음을 開導해서 백성과 더불어 함께 즐길 것을 깊이 권하여 지금 음악이 옛 음악과 같다고 말씀하셨으니, 그 실제는 지금 음악과 옛 음악이 어찌 같을 수 있겠는가. 다만 백성과 더불어 함께 즐거워하는 뜻은 古今의 차이가 없을 뿐이다. 만일 반드시 禮樂을 가지고 天下를 다스리고자 한다면 마땅히 孔子의 말씀과 같이 하여 반드시 韶舞를 쓰고 반드시 鄭나라의 음악을 추방해야 할 것이다. 孔子의 말씀은 나라를 다스리는 正道요, 孟子의 말씀은 당시를 구제하는 急先務이니, 이 때문에 같지 않은 것이다."

○ 楊氏(楊時)가 말하였다. "음악은 和함을 위주하니, 사람들로 하여금 鍾鼓와 管絃의 음악을 듣고는 머리를 아파하고 이마를 찌푸리게 한다면 비록 咸·英·韶·濩를 연주한다 하더라도 政治에 보탬이 없을 것이다. 그러므로 孟子께서 齊宣王에게 이것으로써 말씀하시어 우선 그 근본을 바로잡으셨을 뿐이다."

韶: 풍류이름 소　放: 쫓을 방　濩: 풍류이름 호　姑: 우선 고

譯註 1. 南面之樂 : 南面은 南向으로 君王이 정사를 보는 자리를 이르는 바, 곧 군왕이 누리는 즐거움을 뜻한다.

2. 當如孔子之言……必放鄭聲 : 韶舞는 舜임금의 음악인데 가장 좋은 음악으로 알려져 있으며, 鄭聲은 鄭나라의 음악인데 鄭나라에는 淫風이 유행하여 詩와 음악이 모두 음탕하였다. 이 내용은 ≪論語≫〈衛靈公〉10章에 "樂則韶舞 放鄭聲"이라고 보인다.

3. 咸英韶濩 : 咸은 咸池로 黃帝의 음악이고 英은 五英으로 帝嚳의 음악이며, 韶는 舜임금의 음악이고 濩는 湯王의 음악인데, 모두 훌륭한 正樂이라 한다.

2. 齊宣王이 問曰 文王之囿 方七十里라하니 有諸잇가 孟子對曰 於傳에 有之하니이다

齊宣王이 물었다. "文王의 동산이 넓이가 70里라 하니, 그러한 일이 있습니까?" 孟子께서 대답하셨다. "傳(옛 책)에 그러한 것이 있습니다."

囿者는 蕃育鳥獸之所라 古者에 四時之田을 皆於農隙에 以講武事라 然이나 不欲馳騖於稼穡場圃之中이라 故로 度(탁)閒曠之地하여 以爲囿라 然이나 文王七十里之囿는 其亦三分天下有其二之後也與인저 傳은 謂古書라

囿는 새와 짐승을 번식시키고 기르는 곳이다. 옛날에 四時의 田獵(사냥)을 모두 농한기에 해서 武藝의 일을 익혔다. 그러나 곡식을 심는 〈농토와 채소를 가꾸는〉 場圃의 가운데에서 말을 달리고자 하지 않았다. 그러므로 한가롭고 빈 땅을 헤아려 동산을 만든 것이다. 그러나 文王의 70里가 되는 동산은 그 또한 天下를 삼분함에 그 둘을 소유한 뒤였을 것이다. 傳은 옛 책을 이른다.

曰 若是其大乎잇가 曰 民이 猶以爲小也니이다 曰 寡人之囿는 方四十里로되 民이 猶以爲大는 何也잇고 曰 文王之囿 方七十里에 芻蕘者往焉하며 雉兎者往焉하여 與民同之하시니 民以爲小 不亦宜乎잇가

囿:동산 유 蕃:번성할 번 隙:틈 극 騖:달릴 무 稼:심을 가 穡:거둘 색 圃:동산 포
度:헤아릴 탁 曠:빌 광 芻:꼴 추 蕘:나무할 요 雉:꿩 치

王이 말씀하였다. "이와 같이 큽니까?" 孟子께서 말씀하셨다. "백성들이 오히려 작다고 여겼습니다." "寡人의 동산은 넓이가 40里로되 백성들이 오히려 크다고 여김은 어째서입니까?" "文王의 동산은 넓이가 70里에 꼴 베고 나무하는 자들이 그리로 가며, 꿩을 잡고 토끼를 잡는 자들이 그리로 가서 백성과 더불어 함께 하셨으니, 백성들이 작다고 여김이 당연하지 않습니까?

芻는 草也요 蕘는 薪也라

芻는 풀이요, 蕘는 땔나무이다.

臣이 始至於境하여 問國之大禁然後에 敢入하니 臣聞郊關之內에 有囿方四十里에 殺其麋鹿者를 如殺人之罪라하니 則是方四十里로 爲阱於國中이니 民以爲大 不亦宜乎잇가

臣이 처음 국경에 이르러 齊나라에서 크게 금하는 것을 물은 뒤에야 감히 들어왔습니다. 臣이 그때 들으니, 郊關의 안에 동산이 方40里인데, 동산에 있는 사슴을 죽이는 자를 殺人의 罪와 같이 다스린다 하였습니다. 이는 方40里로 나라 가운데에 함정을 만든 것이니, 백성들이 크다고 여김이 당연하지 않습니까?"

禮에 入國而問禁[1]이라 國外百里爲郊요 郊外有關이라 阱은 坎地以陷獸者니 言陷民於死也라

禮에 "나라에 들어갈 때에는 금하는 것을 묻는다." 하였다. 國都(서울) 밖 100里를 郊라 하고, 郊 밖에 關門이 있다. 阱은 땅을 파서 짐승을 빠지게 하는 것이니, 백성을 죽음에 빠뜨림을 말한다.

譯註 1. 入國而問禁 : ≪禮記≫ 〈曲禮 上〉에 "入竟(境)而問禁 入國而問俗 入門而問諱"라고 보인다.

3. 齊宣王이 問曰 交鄰國이 有道乎잇가 孟子對曰 有하니 惟仁者라

郊:성밖 교 麋:고라니 미 阱 :함정 정 坎:구덩이 감

야 **爲能以大事小**하나니 **是故**로 **湯**이 **事葛**하시고 **文王**이 **事昆夷**하시니이다 **惟智者**라야 **爲能以小事大**하나니 **故**로 **大(太)王**이 **事獯鬻**(훈육)하시고 **句踐**이 **事吳**하니이다

齊宣王이 물었다. "이웃 나라와 사귐에 道(방법)가 있습니까?" 孟子께서 대답하셨다. "있습니다. 오직 仁者만이 大國을 가지고 小國을 섬길 수 있습니다. 그러므로 湯王이 葛나라를 섬기시고, 文王이 昆夷를 섬기신 것입니다. 오직 智者만이 小國을 가지고 大國을 섬길 수 있습니다. 그러므로 太王이 獯鬻을 섬기시고, 句踐이 吳나라를 섬긴 것입니다.

仁人之心은 寬洪惻怛하여 而無較計大小彊弱之私라 故로 小國이 雖或不恭이나 而吾所以字之之心이 自不能已요 智者는 明義理하고 識時勢라 故로 大國이 雖見侵陵[1]이나 而吾所以事之之禮를 尤不敢廢라 湯事는 見(현)後篇하고 文王事는 見詩大雅하고 大王事는 見後章하니 所謂狄人은 卽獯鬻也라 句踐은 越王名이니 事見國語, 史記하니라

仁人의 마음은 너그럽고 크며 惻怛(仁慈)해서 大小와 强弱을 計較(따지고 비교함)하는 사사로움이 없다. 그러므로 小國이 비록 혹 不恭하더라도 내가 그들을 사랑하는 마음이 스스로 그만둘 수 없는 것이다. 지혜로운 자는 義理에 밝고 時勢를 안다. 그러므로 大國이 비록 침략과 능멸을 가한다 하더라도 내가 그를 섬기는 禮를 더더욱 폐할 수 없는 것이다. 湯王의 일은 뒷편(滕文公 下)에 보이고, 文王의 일은 ≪詩經≫ 〈大雅〉에 보이고, 太王에 대한 일은 뒷장에 보이니, 뒷장의 이른바 '狄人'이 바로 獯鬻이다. 句踐은 越王의 이름이니, 이 사실은 ≪國語≫와 ≪史記≫에 보인다.

譯註 1. 雖見侵陵 : 見은 원래 被動으로 입다의 뜻이나 여기서는 加하다의 뜻으로 해석하였다. 見은 자신의 입장에서는 '보다', '입다'가 되며, 상대방의 입장에서는 '입히다', '加하다'의 뜻이 된다.

以大事小者는 **樂天者也**요 **以小事大者**는 **畏天者也**니 **樂天者**는 **保天下**하고 **畏天者**는 **保其國**이니이다

昆: 맏 곤 獯:오랑캐 훈 鬻:팔 육 怛:슬플 달 較:비교할 교 字:사랑할 자 已:그칠 이
見:당할 견 雅:바를 아 狄:북쪽오랑캐 적 越:나라 월

大國을 가지고 小國을 섬기는 자는 天理를 즐거워하는 자요, 小國을 가지고 大國을 섬기는 자는 天理를 두려워하는 자이니, 天理를 즐거워하는 자는 온 천하를 보전하고, 天理를 두려워하는 자는 자기 나라를 보전합니다.

天者는 理而已矣니 大之字小와 小之事大가 皆理之當然也라 自然合理故로 曰樂天이요 不敢違理故로 曰畏天이라 包含徧覆(변부)하여 無不周徧은 保天下之氣象也요 制節謹度하여 不敢縱逸은 保一國之規模也라

天은 理일 뿐이니, 大國이 小國을 사랑함과 小國이 大國을 섬김은 모두 理의 당연함이다. 자연스럽게 理에 합하므로 樂天이라 말하고, 감히 理를 어기지 못하므로 畏天이라 말한 것이다. 널리 포함하고 두루 덮어주어(감싸주어) 두루 미치지 않음이 없음은 天下를 보전하는 氣象이요, 禮節을 따르고 法度를 삼가서 감히 放縱하고 安逸하지 못함은 一國을 보전하는 規模이다.

詩云 畏天之威하여 于時保之라하니이다

≪詩經≫에 이르기를 '하늘의 위엄을 두려워하여 이에 보전한다.' 하였습니다."

詩는 周頌我將之篇이라 時는 是也라

詩는 〈周頌 我將篇〉이다. 時는 이것이다.

王曰 大哉라 言矣여 寡人이 有疾하니 寡人은 好勇하노이다

王이 말씀하였다. "훌륭합니다, 〈선생님의〉 말씀이여. 寡人이 병통이 있으니, 寡人은 勇을 좋아합니다."

言 以好勇故로 不能事大而恤小也라

勇을 좋아하기 때문에 大國을 섬기고 小國을 구휼하지 못함을 말한 것이다.

對曰 王請無好小勇하소서 夫撫劍疾視曰 彼惡(오)敢當我哉리오하

含:머금을 함 徧:두루 변(편) 覆:덮어줄 부 周:두루 주 縱:방종할 종 逸:편안할 일
時:이 시(是同) 撫:어루만질 무 疾:원망할 질

나니 **此**는 **匹夫之勇**이라 **敵一人者也**니 **王請大之**하소서

孟子께서 대답하셨다. "王은 청컨대 작은 勇을 좋아하지 마소서. 칼을 어루만지고 상대방을 노려보며 말하기를 '네가 어찌 감히 나를 당하겠는가.' 하나니, 이것은 匹夫의 勇으로서 한 사람을 상대하는 것이니, 王은 청컨대 勇을 크게 하소서.

疾視는 **怒目而視也**라 **小勇**은 **血氣所爲**요 **大勇**은 **義理所發**이라

疾視는 눈을 부릅뜨고 보는 것이다. 小勇은 血氣가 하는 것이요, 大勇은 義理에서 나오는 것이다.

詩云 王赫斯怒하사 **爰整其旅**하여 **以遏徂莒**(조려)하여 **以篤周祜**하여 **以對于天下**라하니 **此**는 **文王之勇也**니 **文王**이 **一怒而安天下之民**하시니이다

≪詩經≫에 이르기를 '王께서 赫然히 怒하사 이에 그 군대를 정돈하여 침략하러 가는 무리들을 막아서 周나라의 福을 돈독히 하여 天下에 보답하였다.' 하였으니, 이것은 文王의 勇이니, 文王이 한번 노하시어 天下의 백성을 편안히 하셨습니다.

詩는 **大雅皇矣篇**이라 **赫**은 **赫然怒貌**라 **爰**은 **於也**라 **旅**는 **衆也**라 **遏**은 **詩作按**하니 **止也**라 **徂**는 **往也**요 **莒**는 **詩作旅**하니 **徂旅**는 **謂密人侵阮徂共**[1]**之衆也**라 **篤**은 **厚也**라 **祜**는 **福也**라 **對**는 **答也**니 **以答天下仰望之心也**라 **此**는 **文王之大勇也**라

詩는 〈大雅 皇矣篇〉이다. 赫은 赫然히 노한 모양이다. 爰은 이에이다. 旅는 무리(군대)이다. 遏은 ≪詩經≫에는 按으로 되어 있으니, 저지한다는 뜻이다. 徂는 감이요 莒는 ≪詩經≫에는 旅로 되어 있으니, 徂旅는 密땅 사람이 阮나라를 침략하기 위해서 共땅으로 가는 무리를 이른다. 篤은 두터움이다. 祜는 福이다. 對는 보답이니, 天下의 仰

赫:노할 혁 爰:이에 원 旅:군대 려, 무리 려 遏:막을 알 徂:갈 조 莒:무리 려(旅同)
篤:두터울 독 祜:복 호 按:막을 안 阮:땅이름 완(원)

望하는 마음에 보답하는 것이다. 이것은 文王의 大勇이다.

譯註 1. 侵阮徂共 : 阮은 國名이고 共은 地名인 바, 〈大雅 皇矣〉에 "密人不恭 敢距大邦 侵阮徂共 王赫斯怒 爰整其旅 以按徂旅 以篤于周祜 以對于天下"라고 보인다.

書曰 天降下民하사 **作之君, 作之師**하심은 **惟曰其助上帝**라 **寵之四方**이시니 **有罪, 無罪**에 **惟我在**어니 **天下曷敢有越厥志**리오하니 **一人**이 **衡(橫)行於天下**어늘 **武王**이 **恥之**하시니 **此**는 **武王之勇也**니 **而武王亦一怒而安天下之民**하시니이다

≪書經≫에 이르기를 '하늘이 下民을 내리사 그 君主를 삼아주고 스승을 삼아 줌은 上帝를 돕기 때문에 그를 사방에 특별히 총애해서이다. 죄가 있든 죄가 없든 내가 있으니, 天下에 어찌 감히 그 마음을 지나치게 하는 자가 있겠는가.' 하였습니다. 한 사람(紂王)이 天下에 橫行하거늘 武王이 이것을 부끄러워하셨으니, 이것은 武王의 勇이니, 武王이 또한 한번 노하여 天下의 백성을 편안히 하셨습니다.

書는 周書泰誓之篇也라 然이나 所引이 與今書文小異하니 今且依此解之하노라 寵之四方은 寵異之於四方也라 有罪者를 我得而誅之하고 無罪者를 我得而安之니 我旣在此면 則天下何敢有過越其心志而作亂者乎아 衡行은 謂作亂也라 孟子釋書意如此하시고 而言武王亦大勇也하시니라

書는 〈周書 泰誓篇〉이다. 그러나 여기에 인용한 것은 지금 ≪書經≫의 글과는 약간 다르니, 지금 우선 이에 의거하여 해석하겠다. 寵之四方은 그를 사방의 여러 나라 중에 총애하고 특이하게 대우하는 것이다. 죄가 있는 자를 내가 誅罰할 수 있고 죄가 없는 자를 내가 편안히 할 수 있으니, 내가 이미 여기에 있은즉 天下에 어찌 감히 그 心志를 지나치게 해서 亂을 일으킬 자가 있겠는가. 衡行은 亂을 일으킴을 말한다. 孟子께서 ≪書經≫의 뜻을 해석하기를 이와 같이 하시고, 武王 또한 大勇이라고 말씀한 것이다.

寵:총애할 총　越:지나칠 월　厥:그 궐　衡:가로 횡(橫同)

今王이 亦一怒而安天下之民하시면 民이 惟恐王之不好勇也하리이다

지금 王께서 또한 한번 노하시어 天下의 백성을 편안히 하신다면 백성들은 행여 王께서 勇을 좋아하지 않을까 두려워할 것입니다."

王若能如文武之爲면 則天下之民이 望其一怒以除暴亂하여 而拯己於水火之中하여 惟恐王之不好勇耳니라

○ 此章은 言人君이 能懲小忿이면 則能恤小事大하여 以交鄰國이요 能養大勇이면 則能除暴救民하여 以安天下니라 張敬夫曰 小勇者는 血氣之怒也요 大勇者는 理義之怒也니 血氣之怒는 不可有요 理義之怒는 不可無니 知此면 則可以見性情之正이요 而識天理人欲之分矣리라

王이 만일 文王·武王이 하신 것과 같이 하신다면 天下의 백성들은 王이 한번 노하여 포악한 자와 난을 일으키는 자를 제거하여 자신들을 水火(塗炭)의 가운데에서 구제해 주기를 바라서, 행여 王이 勇을 좋아하지 않을까 두려워할 것이다.

○ 이 章은 人君이 능히 작은 忿을 징계하면 小國을 구휼하고 大國을 섬겨서 이웃 나라와 사귈 수 있고, 큰 勇을 기르면 능히 포악한 자를 제거하고 백성을 구제해서 天下를 편안히 함을 말씀한 것이다.

張敬夫(張栻)가 말하였다. "小勇이란 血氣의 노여움이고 大勇이란 義理의 노여움이니, 血氣의 노여움은 있어서는 안되고 義理의 노여움은 없어서는 안된다. 이것을 알면 性情의 올바름을 보고, 天理와 人慾의 분별을 알 수 있을 것이다."

4. 齊宣王이 見孟子於雪宮이러니 王曰 賢者도 亦有此樂乎잇가 孟子對曰 有하니 人不得이면 則非其上矣니이다

齊宣王이 孟子를 雪宮에서 뵈었는데, 王이 말씀하였다. "賢者도 또한 이러한 즐거움이 있습니까?" 孟子께서 대답하셨다. "있습니다. 사람들이 이것을 얻지 못하면 그 윗사람을 비난합니다.

拯:구원할 증 懲:징계할 징 忿:성낼 분

雪宮은 離宮名이라 言 人君이 能與民同樂이면 則人皆有此樂이요 不然이면 則下之不得此樂者必有非其君上之心이니 明人君當與民同樂하여 不可使人有不得者요 非但當與賢者共之而已也니라

雪宮은 離宮(行宮)의 이름이다. 人君이 백성과 더불어 함께 즐거워하면 사람들이 모두 이러한 즐거움을 가질 것이요, 그렇지 못하면 아래에서 이러한 즐거움을 얻지 못한 자들이 반드시 그 君上을 비난하는 마음을 가짐을 말씀한 것이다. 人君은 마땅히 백성과 함께 즐거워하여 백성으로 하여금 얻지 못한 자가 있게 해서는 안될 것이요, 비단 마땅히 賢者와 함께 해야 할 뿐만이 아님을 밝힌 것이다.

不得而非其上者도 非也며 爲民上而不與民同樂者도 亦非也니이다

〈즐거움을〉 얻지 못했다 하여 그 윗사람을 비난하는 자(백성)도 잘못이요, 백성의 윗사람이 되어 백성과 함께 즐거워하지 않는 자(君上)도 또한 잘못입니다.

下不安分과 上不恤民이 皆非理也라

아랫사람이 분수를 편안히 여기지 않음과 윗사람이 백성을 구휼하지 않음은 모두 道理가 아니다.

樂民之樂者는 民亦樂其樂하고 憂民之憂者는 民亦憂其憂하나니 樂以天下하며 憂以天下하고 然而不王者 未之有也니이다

백성의 즐거움을 즐거워하는 자는 백성들 또한 그 君主의 즐거움을 즐거워하고, 백성의 근심을 근심하는 자는 백성들 또한 그 君主의 근심을 근심합니다. 즐거워하기를 온 천하로써 하며 근심하기를 온 천하로써 하고, 이렇게 하고도 왕 노릇 하지 못하는 자는 있지 않습니다.

樂民之樂而民樂其樂이면 則樂以天下矣요 憂民之憂而民憂其憂면 則憂以天下矣라

백성의 즐거움을 즐거워해서 백성들이 그 君主의 즐거움을 즐거워한다면 즐거워하기를 천하로써 하는 것이요, 백성의 근심을 근심해서 백성들이 그 君主의 근심을 근심한다면 근심하기를 천하로써 하는 것이다.

昔者에 **齊景公**이 **問於晏子曰 吾欲觀於轉附朝儛**하여 **遵海而南**하여 **放于琅邪**(야)하노니 **吾何修而可以比於先王觀也**오

옛날에 齊景公이 晏子에게 묻기를 '내 轉附山과 朝儛山을 구경하고서 바닷가를 따라 남쪽으로 가서 琅邪에 이르고자 하노니, 내 어떻게 닦아야 先王의 觀光에 견줄 수 있겠는가?' 하였습니다.

晏子는 齊臣이니 名嬰이라 轉附, 朝儛는 皆山名也라 遵은 循也요 放은 至也라 琅邪는 齊東南境上邑名이라 觀은 遊也라

晏子는 齊나라 신하이니, 이름이 嬰이다. 轉附와 朝儛는 모두 山 이름이다. 遵은 따름이요, 放은 이름이다. 琅邪는 齊나라 東南쪽 국경 가에 있는 고을 이름이다. 觀은 유람이다.

晏子對曰 善哉라 **問也**여 **天子適諸侯曰巡狩**니 **巡狩者**는 **巡所守也**요 **諸侯朝於天子曰述職**이니 **述職者**는 **述所職也**니 **無非事者**요 **春省耕而補不足**하며 **秋省斂而助不給**하나니 **夏諺曰 吾王**이 **不遊**면 **吾何以休**며 **吾王**이 **不豫**면 **吾何以助**리오 **一遊一豫 爲諸侯度**[1)]라하니이다

晏子가 다음과 같이 대답하였습니다. '좋습니다, 질문이여. 天子가 諸侯國에 가는 것을 巡狩라 하니 巡狩란 지키는 境內를 巡行한다는 뜻이요, 諸侯가 天子國에 조회 가는 것을 述職이라 하니 述職이란 자기가 맡은 바를 편다는 뜻이니, 〈巡狩와 述職이 모두〉 일(정사)이 아님이 없습니다. 그리고 봄에는 나가서 경작하는 상태를 살펴보아 부족한 것을 보충해 주며, 가을에는 수확하는 상태를 살펴보아 부족한 것을 도와줍니다. 夏나라 속담에 이르기를 「우리 임금님이 유람하지 않으면 우리들이 어떻게 쉬며, 우리 임금님이 즐기지 않으면 우리들이 어떻게 도움을 받겠는가. 한 번 유람하고 한 번 즐김이 諸侯들의 법도가 된다.」

晏:늦을 안　觀:구경할 관　儛:춤출 무　遵:따를 준　琅:옥소리 랑　邪:땅이름 야(琊同)
適:갈 적　巡:순행할 순　狩:순행할 수　述:펼 술　給:넉넉할 급　諺:속담 언　豫:즐길 예

하였습니다.

譯註 1. 夏諺曰……爲諸侯度 : 朱子는 끝까지를 夏諺으로 보아 이렇게 설명하였으나, '吾王不遊 吾何以休 吾王不豫 吾何以助' 까지만 夏諺으로 보고, 그 다음은 晏子의 말로 보는 것이 타당함을 밝혀둔다.

述은 陳也라 省은 視也라 斂은 收穫也라 給은 亦足也라 夏諺은 夏時之俗語也라 豫는 樂也라 巡所守는 巡行諸侯所守之土也요 述所職은 陳其所受之職也니 皆無有無事而空行者요 而又春秋循行郊野하여 察民之所不足而補助之라 故로 夏諺에 以爲 王者一遊一豫 皆有恩惠以及民하여 而諸侯皆取法焉하여 不敢無事慢遊以病其民也라하니라

述은 베풂(폄)이다. 省은 살펴봄이다. 斂은 수확이다. 給은 또한 족함이다. 夏諺은 夏나라 때의 속담이다. 豫는 즐거워함이다. 巡所守는 諸侯들이 지키고 있는 바의 토지를 巡行하는 것이요, 述所職은 天子에게서 받은 바의 직책을 펴는 것이니, 모두 일없이 헛되이 다님이 없는 것이다. 또 봄·가을로 郊野를 循行해서 백성들의 부족한 바를 살펴보아 보조해 준다. 그러므로 夏나라 속담에 이르기를 "王者가 한 번 유람하고 한 번 즐기는 것이 모두 은혜가 백성에게 미침이 있어, 諸侯들이 모두 법을 취해서 감히 일없이 태만히 유람함으로써 그 백성들을 해롭게 하지 못한다." 하였다.

今也엔 不然하여 師行而糧食하여 飢者弗食하며 勞者弗息하여 睊睊胥讒하여 民乃作慝이어늘 方命虐民하여 飮食若流하여 流連荒亡하여 爲諸侯憂하나니이다

지금에는 그렇지 아니하여 군대를 데리고 다니면서 양식을 먹어 굶주린 자가 먹지 못하며 수고로운 자가 쉬지 못해서 눈을 흘겨보며 서로 비방하여 백성들이 마침내 원망을 하는데도, 王命을 거역하고 백성을 학대해서 술 마시고 음식 먹는 것을 마치 물 흐르듯이 하여 流連하고 荒亡해서 諸侯들의 걱정거리가 되고 있습니다.

今은 謂晏子時也라 師는 衆也니 二千五百人이 爲師니 春秋傳曰 君行師從[1)]이라하니라

睊:흘겨볼 견 胥:서로 서 讒:참소할 참 慝:간사할 특 方:거역할 방

糧은 謂糗糒之屬이라 睊睊은 側目貌라 胥는 相也라 讒은 謗也라 慝은 怨惡(오)也니 言民不勝其勞하여 而起怨謗也라 方은 逆也요 命은 王命也라 若流는 如水之流 無窮極也라 流連荒亡은 解見下文하니라 諸侯는 謂附庸之國, 縣邑之長[2]이라

今은 晏子 당시를 이른다. 師는 군대이다. 2,500명을 師라 하니, ≪春秋左傳≫에 이르기를 "君主가 出行하면 師가 따라다닌다." 하였다. 糧은 糗糒의 등속을 이른다. 睊睊은 反目(側目)하는 모양이다. 胥는 서로이다. 讒은 비방이다. 慝은 원망하고 미워함이니, 백성들이 그 수고로움을 이기지 못하여 원망과 비방을 일으킴을 말한다. 方은 거역함이요, 命은 王命이다. 若流는 물의 흐름이 다함이 없음과 같은 것이다. 流·連·荒·亡은 해석이 다음 글에 보인다. 諸侯는 附庸의 나라와 縣邑의 長을 이른다.

譯註 1. 君行師從 : ≪春秋左傳≫ 定公 4年條에 "君行師從 卿行旅從"이라고 보이는 바, 師는 2,500명의 군대이고 旅는 500명의 군대이다.

2. 附庸之國, 縣邑之長 : 附庸은 方50리가 못되는 작은 나라를 이른다. 壺山은 "齊나라는 본래 方伯의 나라이니, 작은 제후국은 方伯의 나라에 있어 또한 부용국으로 보는 것이다." 하였다.

從流下而忘反을 謂之流요 從流上而忘反을 謂之連이요 從獸無厭을 謂之荒이요 樂酒無厭을 謂之亡이니

〈뱃놀이에〉 물길을 따라 아래로 내려가서 돌아옴을 잊음을 流라 이르고, 물길을 거슬러 위로 올라가서 돌아옴을 잊음을 連이라 이르고, 짐승을 쫓아 만족함이 없음을 荒이라 이르고, 술을 즐겨 만족함이 없음을 亡이라 이릅니다.

此는 釋上文之義也라 從流下는 謂放舟隨水而下요 從流上은 謂挽舟逆水而上이라 從獸는 田獵也라 荒은 廢也라 樂酒는 以飮酒爲樂也라 亡은 猶失也니 言廢時失事[1]也라

이는 윗글의 뜻을 해석한 것이다. 從流下는 배를 놓아 물길을 따라 아래로 내려감을 이르고, 從流上은 배를 挽回하여 물길을 거슬러 올라감을 이른다. 從獸는 田獵(사냥)이다. 荒은 폐함이다. 樂酒는 술을 마시는 것으로써 樂을 삼는 것이다. 亡은 失과 같으니, 때를 폐하고 일을 잃음을 말한다.

糗:미숫가루 구 糒:말린밥 비 側:흘겨볼 측 謗:비방할 방 厭:만족할 염 挽:당길 만

譯註 1. 廢時失事 : 시기를 놓치고 할 일을 제때 하지 못하는 것으로, 荒과 亡을 합하여 해석한 것이다.

先王은 **無流連之樂**과 **荒亡之行**하시니 **惟君所行也**니이다

先王은 流連의 즐거움과 荒亡한 행실이 없으셨으니, 오직 君主께서 행하실 바입니다.'

言先王之法, 今時之弊 二者 惟在君所行耳라

先王의 法과 지금의 폐단 이 두 가지가 오직 君主의 행할 바에 달려있음을 말씀한 것이다.

景公이 **說**(열)하여 **大戒於國**하고 **出舍於郊**하여 **於是**에 **始興發**하여 **補不足**하고 **召大(太)師**하여 **曰 爲我**하여 **作君臣相說之樂**하라하니 **蓋徵招**(치소)**角招是也**라 **其詩曰 畜君何尤**리오하니 **畜君者**는 **好君也**니이다

景公이 기뻐하여 국중에 크게 명령을 내리고 郊外로 나가 머물면서 이에 비로소 창고를 열어 부족한 백성들을 보조해 주고, 太師를 불러 말하기를 '나를 위하여 君臣이 서로 좋아하는 音樂을 지으라.' 하였으니, 지금의 徵招와 角招가 이것입니다. 이 詩에 이르기를 '君主의 욕심을 저지함이 무슨 잘못이랴.' 하였으니, 君主의 욕심을 저지한 것은 君主를 사랑한 것입니다."

戒는 告命也라 出舍는 自責以省民也라 興發은 發倉廩也라 大師는 樂官也라 君臣은 己與晏子也라 樂有五聲하니 三曰角이니 爲民[1]이요 四曰徵니 爲事라 招는 舜樂也라 其詩는 徵招角招之詩也라 尤는 過也라 言 晏子能畜止其君之欲하니 宜爲君之所尤나 然이나 其心則何過哉리오 孟子釋之하사 以爲臣能畜止其君之欲은 乃是愛其君者也라하시니라 ○ 尹氏曰 君之與民이 貴賤雖不同이나 然이나 其心은 未始有異也라 孟子之言이 可

徵:소리 치 招:풍류이름 소(韶同) 畜:그칠 축 尤:허물 우 廩:창고 름

謂深切矣어늘 齊王이 不能推而用之하니 惜哉로다

戒는 告命하는 것이다. 出舍는 自責하여 백성을 살핀 것이다. 興發은 倉廩을 여는 것이다. 太師는 樂官이다. 君臣은 자신과 晏子이다. 음악은 五聲이 있는 바, 세 번째를 角이라 하니 백성이 되고, 네 번째를 徵라 하니 일이 된다. 招(韶)는 舜임금의 음악이다. 其詩는 徵招와 角招의 詩이다. 尤는 허물이다. '晏子가 그 君主의 욕심을 저지하였으니, 마땅히 君主의 허물하는 바가 될 것이다. 그러나 그 마음이 무슨 허물이 있겠는가.'라고 말한 것이다. 孟子께서 이것을 해석하여 臣下가 그 君主의 욕심을 저지함은 바로 그 君主를 사랑한 것이라고 말씀하신 것이다.

○ 尹氏(尹焞)가 말하였다. "君主와 백성은 貴賤이 비록 같지 않으나 그 마음은 일찍이 다름이 있지 않다. 孟子의 말씀이 깊고 간절하다고 이를 만한데, 齊宣王이 능히 미루어 쓰지 못하였으니, 애석하다."

譯註 1. 三曰角爲民 : 五聲 중에 첫 번째인 宮은 君이 되고, 두 번째인 商은 臣이 되고, 세 번째인 角은 民이 되고, 네 번째인 徵는 事가 되고, 다섯 번째인 羽는 物이 된다.

5. 齊宣王이 問曰 人皆謂我毁明堂이라하나니 毁諸잇가 已乎잇가

齊宣王이 물었다. "사람들이 모두 나더러 明堂을 부수라 하니, 부수어야 합니까? 그만두어야 합니까?"

趙氏曰 明堂은 泰山明堂이니 周天子東巡守朝諸侯之處라하니 漢時遺址尙在하니라 人欲毁之者는 蓋以天子不復巡守하고 諸侯又不當居之也라 王問 當毁之乎아 且止乎아

趙氏(趙岐)가 말하기를 "明堂은 泰山에 있는 明堂이니, 周나라 天子가 동쪽 지방을 巡守하면서 諸侯들에게 조회 받던 곳이다." 하였으니, 漢나라 때까지도 遺址가 남아있었다. 사람들이 이것을 부수려고 한 것은 天子가 다시 巡守하지 않고, 諸侯가 또 거처할 수 없기 때문이었다. 王이 "마땅히 부수어야 합니까? 아니면 그만두어야 합니까?" 하고 물은 것이다.

孟子對曰 夫明堂者는 王者之堂也니 王欲行王政이면 則勿毁之

惜:아낄 석　毁:부술 훼　已:그만둘 이　址:터 지　巡:순행할 순

矣소서

孟子께서 대답하셨다. "明堂은 王者의 堂이니, 王께서 王政을 행하고자 하신다면 부수지 마소서."

明堂은 王者所居以出政令之所也라 能行王政이면 則亦可以王矣니 何必毁哉리오

明堂은 王者가 거처하면서 政令을 내던 곳이다. 王政을 행한다면 또한 왕 노릇 할 수 있으니, 어찌 반드시 부술 것이 있겠는가.

王曰 王政을 可得聞與잇가 對曰 昔者文王之治岐也에 耕者를 九一하며 仕者를 世祿하며 關市를 譏而不征하며 澤梁을 無禁하며 罪人을 不孥하시니 老而無妻曰鰥이요 老而無夫曰寡요 老而無子曰獨이요 幼而無父曰孤니 此四者는 天下之窮民而無告者어늘 文王이 發政施仁하사되 必先斯四者하시니 詩云 哿矣富人이어니와 哀此煢獨이라하니이다

王이 말씀하였다. "王政을 얻어 들을 수 있겠습니까?" 孟子께서 대답하셨다. "옛적에 文王이 岐周를 다스릴 적에 경작하는 자들에게는 9분의 1의 세금을 받았으며, 벼슬하는 자들에게는 대대로 祿을 주었으며, 關門과 市場을 譏察하기만 하고 세금을 징수하지 않았으며, 澤梁을 금하지 않았으며, 죄인을 처벌하되 妻子에게까지 미치지 않게 하였습니다. 늙었으면서 아내가 없는 것을 鰥(홀아비)이라 하고, 늙었으면서 남편이 없는 것을 寡(과부)라 하고, 늙었으면서 자식이 없는 것을 獨(무의탁자)이라 하고, 어리면서 父母가 없는 것을 孤(고아)라 하니, 이 네 가지는 天下의 곤궁한 백성으로서 하소연할 곳이 없는 자들입니다. 文王은 善政을 펴고 仁을 베푸시되 반드시 이 네 사람들을 먼저 하셨습니다. ≪詩經≫에 이르기를 '富者들은 괜찮커니와 이 곤궁한 이가 가엾다.' 하였습니다."

岐:산이름 기 譏:살필 기 征:세금낼 정 梁:돌다리 량 孥:처자식 노 鰥:홀아비 환 寡:과부 과 哿:가할 가(可同) 煢:외로울 경, 곤궁할 경

岐는 周之舊國也라 九一者는 井田之制也라 方一里爲一井이니 其田九百畝라 中畫井字하여 界爲九區하여 一區之中에 爲田百畝하여 中百畝는 爲公田하고 外八百畝는 爲私田하여 八家各受私田百畝하고 而同養公田하니 是九分而稅其一也라 世祿者는 先王之世에 仕者之子孫을 皆敎之하여 敎之而成材면 則官之하고 如不足用이어든 亦使之不失其祿하니 蓋其先世嘗有功德於民이라 故로 報之如此하니 忠厚之至也라 關은 謂道路之關이요 市는 謂都邑之市라 譏는 察也요 征은 稅也니 關市之吏가 察異服異言之人하고 而不征商賈之稅也라 澤은 謂瀦水요 梁은 謂魚梁이니 與民同利하여 不設禁也라 孥는 妻子也니 惡惡(오악)이 止其身이요 不及妻子也라 先王養民之政은 導其妻子하여 使之養其老而恤其幼하나니 不幸而有鰥寡孤獨之人하여 無父母妻子之養이면 則尤宜憐恤이라 故로 必以爲先也라 詩는 小雅正月之篇이라 哿는 可也라 煢은 困悴貌라

岐는 周나라의 옛 國都이다. 九一이란 井田의 제도이다. 方 1里가 1井이 되니, 그 토지는 900畝이다. 가운데에 井字를 그어서 아홉 개의 구역으로 경계를 만들어 한 구역 가운데에 토지 100畝를 만들어서, 가운데 100畝는 公田으로 삼고 바깥에 있는 800畝는 私田으로 삼아 여덟 집이 각기 私田 100畝를 받고 함께 公田을 가꾸니, 이것은 9분에 그 하나를 세금으로 내는 것이다. 世祿이란 先王의 세대에 벼슬한 자의 子孫을 모두 가르쳐서, 가르쳐 훌륭한 인재를 이루면 벼슬을 시키고 만일 등용할 수 없으면 또한 이들로 하여금 그 祿을 잃지 않게 하였으니, 이는 그 先代가 일찍이 백성들에게 功德이 있었기 때문에 보답하기를 이와 같이 한 것이니, 忠厚함이 지극한 것이다. 關은 도로의 關門이요, 市는 都邑의 市場이다. 譏는 譏察이요 征은 세금을 징수하는 것이니, 관문과 시장의 관리들이 이상한 복장과 이상한 말을 하는 사람들을 기찰하기만 하고 商賈의 세금을 징수하지 않는 것이다. 澤은 瀦水(저수지)를 이르고 梁은 魚梁(고기 잡는 곳)을 이르니, 백성과 이익을 함께 하고 금함을 설치하지 않는 것이다. 孥는 妻子이니, 惡을 미워함은 그 자신에게만 그치고 妻子에게는 미치지 않은 것이다. 先王이 백성을 기르는 정사는 그 妻子를 인도해서 늙은이를 봉양하고 어린이를 구휼하게 하였는데, 불행히도 鰥寡孤獨의 사람이 있어서 父母와 妻子의 봉양이 없으면 더욱 마땅히 가엾게 여기고 구휼해야 한다. 그러므로 반드시 이들로써 우선을 삼은 것이다. 詩는 〈小雅 正月篇〉이다. 哿는 可함(괜찮음)이다. 煢은 곤하고 파리한 모양이다.

畫:그을 획(劃同) 瀦:웅덩이 저 尤:더욱 우 憐:불쌍할 련 悴:곤할 췌

王曰 善哉라 言乎여 曰 王如善之시면 則何爲不行이시니잇고 王曰 寡人이 有疾하니 寡人은 好貨하노이다 對曰 昔者에 公劉好貨하더시니 詩云 乃積乃倉이어늘 乃裹餱糧을 于槖于囊이요 思戢用光하여 弓矢斯張하여 干戈戚揚으로 爰方啓行이라하니 故로 居者有積倉하며 行者有裹糧也然後에야 可以爰方啓行이니 王如好貨어시든 與百姓同之하시면 於王에 何有[1)]리잇고

王이 말씀하였다. "좋습니다, 선생님의 말씀이여." 孟子께서 말씀하셨다. "王이 만일 좋게 여기신다면 어찌하여 행하지 않습니까?" 王이 말씀하였다. "寡人은 병통이 있으니, 寡人은 재물을 좋아합니다." 孟子께서 대답하셨다. "옛적에 公劉가 재물을 좋아하였습니다. ≪詩經≫에 이르기를 '露積을 쌓고 창고에 쌓거늘 마른 양식을 싸되 전대에다 넣고 자루에다 넣고서 백성을 편안히 하여 이로써 국가를 빛낼 것을 생각하여 활과 화살을 펴놓으며(준비하며) 창과 방패와 도끼를 가지고 이에 비로소 길을 떠났다.' 하였습니다. 그러므로 집에서 거하는 자들은 노적과 창고가 있으며 길을 떠나는 자들은 싼 양식이 있은 뒤에야 이에 비로소 길을 떠날 수 있는 것입니다. 王께서 만일 재물을 좋아하시거든 백성과 더불어 함께 하신다면 왕 노릇 하심에 무슨 어려움이 있겠습니까."

譯註 1. 何有 : 何難之有(무슨 어려움이 있겠는가)의 줄임말이다.

王自以爲好貨라 故로 取民無制하여 而不能行此王政이라하니라 公劉는 后稷之曾孫也라 詩는 大雅公劉之篇이라 積은 露積也요 餱는 乾糧也라 無底曰槖이요 有底曰囊이니 皆所以盛餱糧也라 戢은 安集也니 言思安集其民人하여 以光大其國家也라 戚은 斧也요 揚은 鉞也라 爰은 於也라 啓行은 言往遷于豳也라 何有는 言不難也라 孟子言 公劉之民이 富足如此하니 是는 公劉好貨而能推己之心하여 以及民也라 今王이 好貨어시든 亦能如此면 則其於王天下也에 何難之有리오하시니라

積:노적 적 裹:쌀 과 餱:말린밥 후 槖:전대 탁 囊:주머니 낭 戢:모을 집 戚:도끼 척 揚:도끼 양 爰:이에 원 稷:농관 직 盛:담을 성 斧:도끼 부 鉞:도끼 월 豳:땅이름 빈(邠同)

王이 스스로 말씀하기를 "재물을 좋아하기 때문에 백성에게 취함이 제한이 없어서 이 王政을 행할 수 없다."고 한 것이다. 公劉는 后稷의 曾孫이다. 詩는 〈大雅 公劉篇〉이다. 積은 노적이요, 餱는 마른 양식이다. 밑이 없는 것을 橐(전대)이라 하고 밑이 있는 것을 囊(자루)이라 하니, 두 가지는 모두 餱糧을 담는 것이다. 戢은 安集(편안히 모여 삶)하는 것이니, 백성을 安集하여 국가를 빛내고 크게 할 것을 생각함을 말한다. 戚은 날이 아래로 굽은 도끼요, 揚은 날이 위로 솟은 도끼이다. 爰은 이에이다. 啓行은 가서 豳땅으로 도읍을 옮김을 말한다. 何有는 어렵지 않음을 말한다. 孟子께서 말씀하시기를 "公劉의 백성이 부유하고 풍족함이 이와 같았으니, 이는 公劉가 재물을 좋아하되 자기 마음을 미루어서 백성에게 미쳤기 때문입니다. 이제 王이 재물을 좋아하시거든 또한 이와 같이 하신다면 천하에 왕 노릇 함에 무슨 어려움이 있겠습니까."라고 하신 것이다.

王曰 寡人이 **有疾**하니 **寡人**은 **好色**하노이다 **對曰 昔者**에 **大(太)王**이 **好色**하사 **愛厥妃**하더시니 **詩云 古公亶父**(단보) **來朝走馬**하사 **率西水滸**하여 **至于岐下**하여 **爰及姜女**로 **聿來胥宇**라하니 **當是時也**하여 **內無怨女**하며 **外無曠夫**하니 **王如好色**이어시든 **與百姓同之**하시면 **於王**에 **何有**리잇고

王이 말씀하였다. "寡人은 병통이 있으니, 寡人은 女色을 좋아합니다." 孟子께서 대답하셨다. "옛적에 太王이 色을 좋아하시어 그 后妃를 사랑하였습니다. ≪詩經≫에 이르기를 '古公亶父(太王)가 아침에 말을 달려와서 서쪽 물가를 따라 岐山 아래에 이르러 이에 姜女와 더불어 와서 집터를 보았다.' 하였으니, 이 때를 당하여 안에는 원망하는 여자가 없었으며 밖에는 홀아비가 없었으니, 王께서 만일 色을 좋아하시거든 백성과 더불어 함께 하신다면 왕 노릇 하심에 무슨 어려움이 있겠습니까."

王又言此者는 好色이면 則心志蠱惑하고 用度奢侈하여 而不能行王政也라 大王은 公

亶:믿을 단 父:남자이름 보(甫同) 率:따를 솔 滸:물가 호 聿:드디어 율 胥:볼 서 曠:빌 광 蠱:좀먹을 고

劉九世孫이라 詩는 大雅緜之篇也라 古公은 大王之本號니 後乃追尊爲大王也라 亶父는 大王名也라 來朝走馬는 避狄人之難也라 率은 循也라 滸는 水厓(涯)也라 岐下는 岐山之下也라 姜女는 大王之妃也라 胥는 相也요 宇는 居也라 曠은 空也니 無怨曠者는 是大王好色而能推己之心하여 以及民也라

○ 楊氏曰 孟子與人君言에 皆所以擴充其善心하여 而格其非心이요 不止就事論事하시니 若使爲人臣者 論事를 每如此면 豈不能堯舜其君乎아 愚謂 此篇은 自首章至此히 大意皆同하니 蓋鍾鼓, 苑囿, 遊觀之樂과 與夫好勇, 好貨, 好色之心은 皆天理之所有요 而人情之所不能無者라 然이나 天理人欲이 同行異情하니 循理而公於天下者는 聖賢之所以盡其性也요 縱欲而私於一已者는 衆人之所以滅其天也라 二者之間이 不能以髮이로되 而其是非得失之歸는 相去遠矣라 故로 孟子因時君之問하사 而剖析於幾微之際하시니 皆所以遏人欲而存天理라 其法似疏而實密하고 其事似易而實難하니 學者以身體之면 則有以識其非曲學阿世[1]之言이요 而知所以克己復禮之端矣리라

王이 또 이것을 말씀한 것은 色을 좋아하면 心志가 蠱惑(고혹)되고 用度가 사치해져서 王政을 행할 수 없기 때문이다. 太王은 公劉의 九世孫이다. 詩는 〈大雅 緜篇〉이다. 古公은 太王의 본래 칭호이니, 뒤에 마침내 追尊하여 太王이라 한 것이다. 亶父는 太王의 이름이다. 來朝走馬는 狄人의 亂을 피한 것이다. 率은 따름이다. 滸는 물가이다. 岐下는 岐山 아래이다. 姜女는 太王의 后妃이다. 胥는 봄이요, 宇는 집터이다. 曠은 빔이니, 원망하는 여자와 홀아비가 없었던 것은, 이것은 太王이 色을 좋아하되 자기 마음을 미루어서 백성에게 미쳤기 때문이다.

○ 楊氏(楊時)가 말하였다. "孟子께서 人君과 더불어 말씀함에 모두 그 착한 마음을 확충하고 나쁜 마음을 바로잡으려 하셨고, 일에 나아가 일을 논함에 그치지 않았으니, 만일 신하된 자가 일을 논하기를 매양 이와 같이 한다면 어찌 그 君主를 堯舜으로 만들지 못하겠는가."

내(朱子)가 생각하건대 이 篇은 首章으로부터 여기까지 大意가 모두 같으니, 鍾鼓와 苑囿와 遊觀의 즐거움과 勇을 좋아하고 재물을 좋아하고 色을 좋아하는 마음은 모두 天理에 있는 바이고 人情에 없을 수 없는 것이다. 그러나 天理와 人欲은 행동은 같으나 實情은 다르니, 天理를 따라서 天下에 公的으로 하는 것은 聖賢이 本性을 다하는 것이

緜:이을 면　厓:물가 애(涯通)　格:바로잡을 격　剖:쪼갤 부　析:분석할 석　疏:성글 소

요, 人欲에 방종해서 한 몸에만 사사롭게 하는 것은 衆人들이 天理를 멸하는 것이다. 이 두 가지의 간격은 털끝만한 차이도 못되나 그 是非와 得失의 귀결은 거리가 매우 멀다. 그러므로 孟子께서 당시 君主의 질문으로 인하여 이것을 幾微의 즈음에서 분석하셨으니, 모두 人欲을 막고 天理를 보전하는 것이었다. 그 法이 엉성한 듯하나 실제는 치밀하고 그 일이 쉬운 듯하나 실제는 어려우니, 배우는 자가 몸으로써 체행한다면 曲學阿世한 말씀이 아님을 알 것이요, 克己復禮하는 단서임을 알게 될 것이다.

譯註 1. 曲學阿世 : 부정한 학설로 세속에 영합함을 이른다.

6. 孟子謂齊宣王曰 王之臣이 有託其妻子於其友而之楚遊者 比其反也하여 則凍餒其妻子어든 則如之何잇고 王曰 棄之니이다

孟子께서 齊宣王에게 말씀하셨다. "王의 신하 중에 그 妻子를 친구에게 맡기고 楚나라에 가서 놀던 자가 있었는데, 돌아옴에 미쳐서 친구가 그 妻子를 얼고 굶주리게 하였다면 어떻게 하시겠습니까?" 王이 말씀하였다. "끊어버리겠습니다."

託은 寄也라 比는 及也라 棄는 絶也라

託은 寄託함(맡김)이다. 比는 미침이다. 棄는 끊는(절교하는) 것이다.

曰 士師不能治士어든 則如之何잇고 王曰 已之니이다

孟子께서 말씀하셨다. "士師가 士를 다스리지 못하면 어떻게 하시겠습니까?" 王이 말씀하였다. "그만두게 하겠습니다."

士師는 獄官也니 其屬이 有鄕士遂士之官[1]하여 士師皆當治之라 已는 罷去也라

士師는 獄官이니, 그 官屬에 鄕士와 遂士의 관원이 있어서 士師가 이들을 모두 다스려야 한다. 已는 파면하여 떠나게 하는 것이다.

譯註 1. 鄕士遂士之官 : 士師는 옛날 刑法을 맡은 장관으로 그 밑에 鄕士와 遂士가 있었는 바, 周代에는 王城에서 50리 이상 떨어져 있는 지역을 鄕이라 하여 六鄕으로 나누고, 100里 이상 떨어져 있는 지역을 遂라 하여 六遂로 나누어 여기에 鄕士

阿:아첨할 아　餒:굶주릴 뇌　遂:행정구역단위 수　罷:그만둘 파

와 遂士를 두었다.

曰 四境之內不治어든 則如之何잇고 王이 顧左右而言他하시다

孟子께서 말씀하셨다. "四境의 안이 다스려지지 않으면 어찌 하여야 합니까?" 이에 王이 좌우를 돌아보고 다른 것을 말씀하였다.

孟子將問此而先設上二事하여 以發之러시니 及此而王不能答也라 其憚於自責하고 恥於下問이 如此하니 不足與有爲를 可知矣로다

○ 趙氏曰 言 君臣上下가 各勤其任하고 無墮(휴)其職이라야 乃安其身이니라

孟子께서 장차 이것을 물으려고 먼저 위의 두 가지 일을 가설하여 말씀하셨는데, 이에 이르러 王이 대답하지 못한 것이다. 그 자책하기를 꺼리고 아랫사람에게 묻기를 부끄러워함이 이와 같았으니, 그와 더불어 훌륭한 일을 할 수 없음을 알 수 있다.

○ 趙氏(趙岐)가 말하였다. "君臣과 上下가 각기 그 임무를 부지런히 하고 맡은 직책을 실추시키지 말아야 몸을 편안히 할 수 있음을 말씀한 것이다."

7. 孟子見齊宣王曰 所謂故國者는 非謂有喬木之謂也라 有世臣之謂也니 王無親臣矣로소이다 昔者所進을 今日에 不知其亡也온여

孟子께서 齊宣王을 뵙고 말씀하셨다. "이른바 故國이란 것은 喬木이 있음을 말함이 아니요 世臣이 있음을 말한 것입니다. 그런데 王은 친한 신하도 없으십니다. 前日에 등용한 사람 중에 오늘 도망한 자가 있는 것을 모르고 계십니다."

世臣은 累世勳舊之臣이니 與國同休戚者也요 親臣은 君所親信之臣이니 與君同休戚者也라 此는 言 喬木世臣은 皆故國所宜有나 然이나 所以爲故國者는 則在此而不在彼也라 昨日所進用之人이 今日有亡去而不知者면 則無親臣矣니 況世臣乎아

世臣은 累代 勳舊의 신하이니 국가와 더불어 좋고 나쁨을 함께 하는 자요, 親臣은 君主가 친애하고 신임하는 바의 신하이니 군주와 더불어 좋고 나쁨을 함께 하는 자이다. 이것은 "喬木과 世臣은 모두 故國에 마땅히 있어야 할 것이나 故國이 되는 이유는 이

墮:무너뜨릴 휴(隳同)　喬:높을 교　勳:공 훈　休:아름다울 휴　戚:슬플 척

世臣에 있고 저 喬木에 있지 않다. 어제 등용한 사람이 오늘 도망한 자가 있는데도 알지 못한다면 이것은 친한 신하도 없는 것이니, 하물며 世臣에 있어서랴."라고 말씀한 것이다.

王曰 吾何以識其不才而舍之리잇고

王이 말씀하였다. "내 어떻게 그의 재주가 없음을 알아서 버린단 말입니까?"

王意以爲 此亡去者 皆不才之人이어늘 我初不知而誤用之라 故로 今不以其去爲意耳라 因問何以先識其不才而舍之邪아하니라

王의 뜻은 생각하기를 '도망한 자들은 모두 재주가 없는 사람인데, 내가 애당초 이들을 알지 못하고 잘못 등용하였다.'고 여겼다. 그러므로 지금 그들이 떠나간 것을 개의치 않은 것이다. 인하여 묻기를 "어떻게 하면 미리 그의 재주가 없음을 알아서 버린단 말입니까?" 한 것이다.

曰 國君이 進賢호되 如不得已니 將使卑踰尊하며 疏踰戚이니 可不愼與잇가

孟子께서 말씀하셨다. "나라의 君主는 어진이를 등용하되 부득이한 것처럼 해야 합니다. 장차 지위가 낮은 자로 하여금 높은 이를 넘게 하며 소원한 자로 하여금 친한 이를 넘게 하는 것이니, 신중히 하지 않을 수 있겠습니까.

如不得已는 言謹之至也라 蓋尊尊, 親親은 禮之常也라 然이나 或尊者親者未必賢이면 則必進疏遠之賢而用之니 是는 使卑者踰尊하고 疏者踰戚이니 非禮之常이라 故로 不可不謹也니라

부득이한 것처럼 한다는 것은 삼가기를 지극히 함을 말한다. 높은 이를 높이고 친한 이를 친히 함은 禮의 떳떳함이다. 그러나 혹 높은 자와 친한 자가 반드시 어질지 못하면 반드시 소원한 어진이를 등용하여 써야 하니, 이는 낮은 자로 하여금 높은 이를 넘게 하고 소원한 자로 하여금 친한 이를 넘게 하는 것이니, 禮의 떳떳함이 아니다. 그러

舍:버릴 사 踰:넘을 유 戚:친척 척

므로 삼가지 않을 수 없는 것이다.

左右皆曰賢이라도 **未可也**하며 **諸大夫皆曰賢**이라도 **未可也**하고 **國人皆曰賢然後**에 **察之**하여 **見賢焉然後**에 **用之**하며 **左右皆曰不可**라도 **勿聽**하며 **諸大夫皆曰不可**라도 **勿聽**하고 **國人皆曰不可然後**에 **察之**하여 **見不可焉然後**에 **去之**하며

左右의 신하들이 모두 〈그를〉 어질다고 말하더라도 허락하지 말며 여러 大夫들이 모두 어질다고 말하더라도 허락하지 말고, 國人이 모두 어질다고 말한 뒤에 살펴보아서 어짊을 발견한 뒤에 등용하며, 左右의 신하들이 모두 〈그를〉 不可하다고 말하더라도 듣지 말며 여러 大夫들이 모두 不可하다고 말하더라도 듣지 말고, 國人이 모두 不可하다고 말한 뒤에 살펴보아서 不可한 점을 발견한 뒤에 버려야 합니다.

左右는 近臣이니 其言이 固未可信이요 諸大夫之言은 宜可信矣라 然이나 猶恐其蔽於私也요 至於國人하여는 則其論이 公矣라 然이나 猶必察之者는 蓋人有同俗而爲衆所悅者하고 亦有特立而爲俗所憎者라 故로 必自察之하여 而親見其賢否之實然後에 從而用舍之면 則於賢者에 知之深하고 任之重이요 而不才者不得以幸進矣니 所謂進賢如不得已者 如此니라

左右는 가까운 신하이니 그 말이 진실로 믿을 수 없고, 여러 大夫들의 말은 마땅히 믿을 만하나 아직도 그 私에 가리울까 두려운 것이요, 國人에 이르러서는 그 議論이 公正하나 아직도 반드시 살피는 것은 사람 중에 세속과 함께 하여 사람들에게 기쁨을 받는 자도 있고 또한 독특하게 서서 세속에 미움을 받는 자도 있다. 그러므로 반드시 스스로 살펴보아 그 賢否의 실제를 친히 본 뒤에 따라서 등용하고 버린다면, 어진 자에 대해서 앎이 깊고 맡기는 것이 중하고 재주가 없는 자들이 요행으로 등용될 수 없을 것이니, 이른바 어진이를 등용하되 부득이한 것처럼 한다는 것은 이와 같은 것이다.

左右皆曰可殺이라도 **勿聽**하며 **諸大夫皆曰可殺**이라도 **勿聽**하고 **國人皆曰可殺然後**에 **察之**하여 **見可殺焉然後**에 **殺之**니 **故**로 **曰國人**

殺之也라하니이다

左右의 신하들이 모두 〈그를〉 죽일 만하다고 말하더라도 듣지 말며, 여러 大夫들이 모두 죽일 만하다고 말하더라도 듣지 말고, 國人이 모두 죽일 만하다고 말한 뒤에 살펴보아서 죽일 만한 점을 발견한 뒤에 죽여야 합니다. 그러므로 國人이 죽였다고 말하는 것입니다.

此는 言非獨以此進退人才라 至於用刑에도 亦以此道니 蓋所謂天命天討[1)]니 皆非人君之所得私也니라

이것은 비단 이 방법을 가지고 인재를 등용하고 물리칠 뿐만 아니라, 刑을 씀에 있어서도 또한 이 방법을 써야 함을 말씀한 것이다. 이는 이른바 하늘이 〈벼슬을〉 명해 주고 하늘이 〈죄를〉 토벌한다는 것이니, 모두 군주가 사사로이 할 수 있는 것이 아니다.

譯註 1. 天命天討 : ≪書經≫ 〈皐陶謨〉에 "하늘이 덕이 있는 자에게 관작을 명하되 다섯 가지 복식으로 드러내며, 하늘이 죄가 있는 자를 토벌하되 다섯 가지 형벌을 사용한다.〔天命有德 五服五章哉 天討有罪 五刑五用哉〕" 하였다.

如此然後에 可以爲民父母니이다

이와 같이 한 뒤에야 백성의 父母라 할 수 있습니다."

傳曰 民之所好를 好之하고 民之所惡(오)를 惡之 此之謂民之父母라하니라

傳(大學)에 이르기를 "백성의 좋아하는 바를 좋아하고 백성의 미워하는 바를 미워함을 이를 일러 백성의 父母라 한다." 하였다.

8. 齊宣王이 問曰 湯이 放桀하시고 武王이 伐紂라하니 有諸잇가 孟子對曰 於傳에 有之하니이다

齊宣王이 물었다. "湯王이 桀王을 留置하고 武王이 紂王을 정벌하였다 하니, 그러한 일이 있습니까?" 孟子께서 대답하셨다. "傳(옛 책)에 있습니다."

獨:다만 독 放:留置할 방 桀:횃대 걸 紂:고삐 주

放은 置也라 書云 成湯이 放桀于南巢라하니라

放은 留置함이다. ≪書經≫ 〈仲虺之誥〉에 "成湯이 桀王을 南巢에 유치했다." 하였다.

曰 臣弑其君이 可乎잇가

王이 말씀하였다. "신하가 그 군주를 시해함이 可합니까?"

桀紂는 天子요 湯武는 諸侯라

桀·紂는 天子였고, 湯·武는 諸侯였다.

曰 賊仁者를 謂之賊이요 賊義者를 謂之殘이요 殘賊之人을 謂之一夫니 聞誅一夫紂矣요 未聞弑君也니이다

孟子께서 말씀하셨다. "仁을 해치는 자를 賊이라 이르고 義를 해치는 자를 殘이라 이르고 殘賊한 사람을 一夫라 이르니, 一夫인 紂를 베었다는 말은 들었고 君主를 시해하였다는 말은 듣지 못하였습니다."

賊은 害也요 殘은 傷也라 害仁者는 凶暴淫虐하여 滅絶天理라 故로 謂之賊이요 害義者는 顚倒錯亂하여 傷敗彝倫이라 故로 謂之殘이라 一夫는 言衆叛親離하여 不復以爲君也라 書曰 獨夫紂라하니 蓋四海歸之면 則爲天子요 天下叛之면 則爲獨夫니 所以深警齊王하여 垂戒後世也시니라

○ 王勉曰 斯言也는 惟在下者有湯武之仁하고 而在上者有桀紂之暴면 則可커니와 不然이면 是未免於簒弑之罪也니라

賊은 해침이요 殘은 상함이다. 仁을 해치는 자는 凶暴하고 淫虐해서 天理를 끊어버리므로 賊이라 이르고, 義를 해치는 자는 顚倒하고 錯亂해서 떳떳한 人倫을 상하고 패하므로 殘이라 이른다. 一夫는 民衆이 배반하고 親戚들이 이반해서 다시는 군주로 여기지 않음을 말한다. ≪書經≫ 〈泰誓〉에 '獨夫紂'라 하였으니, 四海가 돌아오면 天子가

巢:둥지 소 賊:해칠 적 殘:해칠 잔 顚:엎어질 전 倒:쓰러질 도 錯:어그러질 착 彝:떳떳할 이 簒:빼앗을 찬

되고 天下가 배반하면 獨夫가 되는 것이니, 齊王을 깊이 경계해서 후세에 경계를 남기신 것이다.

○ 王勉이 말하였다. "이 말씀은 오직 아랫자리에 있는 자가 湯·武의 仁이 있고 윗자리에 있는 자가 桀·紂의 포악함이 있으면 可하거니와 그렇지 않으면 이는 簒弑의 죄를 면치 못한다."

9. 孟子見齊宣王曰 爲巨室인댄 則必使工師로 求大木하시리니 工師得大木이면 則王喜하여 以爲能勝其任也라하시고 匠人이 斲而小之면 則王怒하여 以爲不勝其任矣라하시리니 夫人이 幼而學之는 壯而欲行之니 王曰 姑舍女(汝)所學하고 而從我라하시면 則何如하니잇고

孟子께서 齊宣王을 보고 말씀하셨다. "큰 궁궐을 지으시려면 반드시 工師(도목수)로 하여금 큰 나무를 구하게 하실 것이니, 工師가 큰 나무를 얻으면 王은 기뻐하여 〈이만한 나무면〉 그 임무를 감당할 수 있다고 여기시고, 匠人들이 깎아서 작게 만들면 王은 노하여 〈이 작은 나무로는〉 그 임무를 감당할 수 없다고 여기실 것입니다. 사람이 어려서 배움은 장성해서 그것을 행하고자 함이니, 王께서 우선 네가 배운 것을 버리고 나를 따르라 하신다면 어떻겠습니까?

巨室은 大宮也라 工師는 匠人之長이요 匠人은 衆工人也라 姑는 且也라 言賢人所學者大어늘 而王欲小之也라

巨室은 큰 궁궐이다. 工師는 匠人의 우두머리요, 匠人은 여러 工人들이다. 姑는 우선이다. 賢人이 배운 것이 큰데 王이 이것을 작게 하고자 함을 말씀한 것이다.

今有璞玉於此하면 雖萬鎰이라도 必使玉人彫琢之하시리니 至於治國家하여는 則曰 姑舍女所學하고 而從我라하시면 則何以異於教玉人彫琢玉哉[1)]잇고

匠:목수 장 斲:깎을 착 姑:우선 고 舍:버릴 사 且:우선 차 璞:옥덩어리 박 鎰:스물네 냥 일 彫:새길 조 琢:쪼을 탁 教:하여금 교, 가르칠 교

지금 여기에 璞玉이 있으면 비록 萬鎰이라도 반드시 玉人(玉工)으로 하여금 彫琢하게 하실 것이니, 국가를 다스림에 있어서는 우선 네가 배운 것을 버리고 나를 따르라 하신다면, 玉人으로 하여금 玉을 彫琢하게 하는 것과는 왜 다르게 하십니까?"

譯註 1. 何以異於教玉人彫琢玉哉 : 何以異는 '어찌하여 다르게 하는가.'와 '무엇이 다르겠는가.'로 해석할 수 있으며, 教 또한 '가르치다'와 '하여금'으로 해석할 수 있다. 官本諺解와 栗谷諺解에는 '玉人에게 玉을 彫琢하는 방법을 가르치는 것과 무엇이 다르겠느냐'는 뜻으로 해석하여, 玉을 다룰 줄 모르는 王이 玉工에게 이래라 저래라 하고 훈수하는 것과 다를 것이 없다는 내용으로 보았는 바, 이는 〈梁惠王 上〉 3章에 "何異於刺人而殺之曰 非我也 兵也"와 文法이 同一하여 一理가 있으나 艮齋의 해석 및 中國本(≪四書章句集注≫)을 참고하여 위와 같이 수정하였다.

璞은 玉之在石中者라 鎰은 二十兩[1]也라 玉人은 玉工也라 不敢自治而付之能者는 愛之甚也라 治國家는 則徇私欲而不任賢하니 是는 愛國家不如愛玉也니라

○ 范氏曰 古之賢者는 常患人君不能行其所學하고 而世之庸君은 亦常患賢者不能從其所好라 是以로 君臣相遇를 自古以爲難하니 孔孟이 終身而不遇는 蓋以此耳시니라

璞은 玉이 돌 가운데 있는 것(돌 속에 들어 있는 玉)이다. 鎰은 20兩이다. 玉人은 玉工이다. 감히 스스로 다스리지 못하고 유능한 자에게 맡김은 사랑하기를 심히 하는 것이다. 국가를 다스림은 사욕을 따르고 어진이에게 맡기지 않으니, 이는 국가를 사랑함이 玉을 사랑함만 못한 것이다.

○ 范氏(范祖禹)가 말하였다. "옛날의 賢者들은 항상 人君이 자신의 배운 바를 행하지 못할까 걱정하였고, 세상의 庸君들은 항상 賢者가 자신의 좋아하는 바를 따르지 못할까 걱정하였다. 이 때문에 〈어진〉 君臣이 서로 만나는 것을 예로부터 어렵게 여겼으니, 孔子와 孟子가 종신토록 〈어진 군주를〉 만나지 못함은 이 때문이셨다."

譯註 1. 鎰二十兩 : 集註 역시 趙岐의 註를 따라 20兩으로 설명하였으나 24兩이 정설이며, 萬鎰은 그 값어치가 黃金 萬鎰임을 뜻한다.

10. 齊人이 伐燕勝之어늘

付:맡길 부　徇:따를 순　庸:어리석을 용　燕:나라 연

齊나라 사람이 燕나라를 쳐서 승리하였다.

按史記에 燕王噲(쾌)讓國於其相子之에 而國大亂이어늘 齊因伐之한대 燕士卒不戰하고 城門不閉하여 遂大勝燕하니라

≪史記≫를 살펴보면 燕王 噲가 정승인 子之에게 나라를 양보하자, 燕나라가 크게 혼란하였다. 齊나라가 이 틈을 타 정벌하자, 燕나라 士卒들은 싸우지도 않고 城門을 닫지도 않았다. 그래서 마침내 燕나라를 크게 이겼다.

宣王이 問曰 或謂寡人勿取라하며 或謂寡人取之라하나니 以萬乘之國으로 伐萬乘之國호되 五旬而擧之하니 人力으론 不至於此니 不取하면 必有天殃이니 取之何如하니잇고

宣王이 물었다. "혹자는 寡人더러 취하지 말라 하고, 혹자는 寡人더러 취하라 합니다. 萬乘의 나라(齊)를 가지고 萬乘의 나라(燕)를 정벌하되 50일 만에 완전히 함락하였으니, 人力으로는 이에 이르지 못합니다. 취하지 않는다면 반드시 하늘의 재앙이 있을 것이니, 취함이 어떠합니까?"

以伐燕爲宣王事는 與史記諸書不同하니 已見序說하니라

燕나라를 정벌한 것을 宣王의 일이라 한 것은 ≪史記≫ 등 여러 책과 같지 않으니, 이미 序說에 보인다.

孟子對曰 取之而燕民悅이어든 則取之하소서 古之人이 有行之者하니 武王이 是也니이다 取之而燕民不悅이어든 則勿取하소서 古之人이 有行之者하니 文王이 是也니이다

孟子께서 대답하셨다. "취해서 燕나라 백성들이 기뻐하거든 취하소서. 옛 사람 중에 이것을 행하신 분이 있으니, 武王이 바로 그 분입니다. 취해서 燕나라 백성들이 기뻐하지 않거든 취하지 마소서. 옛 사람 중에 이것을 행하신 분이 있

噲:목구멍 쾌 相:정승 상 旬:열흘 순 殃:재앙 앙

으니, 文王이 바로 그 분입니다.

商紂之世에 文王이 三分天下에 有其二로되 以服事商이러시니 至武王十三年하여 乃伐紂而有天下하시니라 張子曰 此事는 間不容髮이니 一日之間에 天命未絶이면 則是君臣이요 當日命絶이면 則爲獨夫라 然이나 命之絶否를 何以知之오 人情而已라 諸侯不期而會者八百[1]이니 武王이 安得而止之哉시리오

商紂의 세대에 文王이 天下를 3분함에 그 둘을 소유하셨는데도 복종하여 商나라를 섬기셨는데, 武王 13년에 이르러서야 비로소 紂王을 정벌하여 天下를 소유하였다.

張子가 말씀하였다. "이 일은 사이에 털끝 하나도 용납할 수 없으니, 하루동안이라도 天命이 끊기지 않았으면 君臣間이요, 당일에 天命이 끊기면 獨夫가 되는 것이다. 그러나 命의 끊기고 끊기지 않음을 무엇으로 아는가? 사람의 마음일 뿐이다. 諸侯들이 〈정벌하기를〉 기약하지 않았는데도 모인 자가 8백이나 되었으니, 武王이 어떻게 〈정벌을〉 중지할 수 있었겠는가."

譯註 1. 諸侯不期而會者八百 : ≪史記≫ 〈周本紀〉에 "諸侯들이 날짜를 기약하지 않고 孟津에 모인 자가 8백이었는데, 이들이 모두 紂王을 정벌하여야 한다고 異口同聲으로 말했다." 하였다.

以萬乘之國으로 伐萬乘之國이어늘 簞食(사)壺漿으로 以迎王師는 豈有他哉리오 避水火也니 如水益深하며 如火益熱이면 亦運而已矣니이다

萬乘의 나라를 가지고 萬乘의 나라를 정벌하였는데, 대바구니에 밥을 담고 병에 장물을 담아서 王의 군대를 환영함은 어찌 딴 이유가 있겠습니까. 水火를 피하기 위해서일 것이니, 만일 물이 더욱 깊어지며 불이 더욱 뜨거워진다면 또한 딴 곳으로 轉向할 뿐입니다."

簞은 竹器요 食는 飯也라 運은 轉也라 言 齊若更爲暴虐이면 則民將轉而望救於他人矣라

商:나라 상 安:어찌 안 簞:대그릇 단 壺:병 호 漿:장물 장 更:다시 갱

○ 趙氏曰 征伐之道는 當順民心이니 民心悅이면 則天意得矣니라

簞은 대나무 그릇이요, 食는 밥이다. 運은 轉向함이다. 齊나라가 만일 다시 포악한 짓을 한다면 백성들이 장차 전향해서 타인에게 구원을 바랄 것임을 말씀한 것이다.

○ 趙氏(趙岐)가 말하였다. "정벌하는 방법은 마땅히 民心에 순응해야 하니, 民心이 기뻐하면 하늘의 뜻에 맞는 것이다."

11. 齊人이 伐燕取之한대 諸侯將謀救燕이러니 宣王曰 諸侯多謀伐寡人者하니 何以待之잇고 孟子對曰 臣聞 七十里로 爲政於天下者는 湯이 是也니 未聞以千里畏人者也니이다

齊나라 사람이 燕나라를 정벌하여 취하자, 제후들이 장차 燕나라를 구원할 것을 도모하였다. 宣王이 말씀하였다. "제후들이 寡人을 정벌할 것을 도모하는 자가 많으니, 어떻게 이들을 대해야 합니까?" 孟子께서 대답하셨다. "臣이 들으니, 70里로 천하에 정사를 한 자는 湯王이 이 경우이니, 千里를 가지고 남을 두려워했다는 자는 듣지 못하였습니다.

千里畏人은 指齊王也라

千里를 가지고 남을 두려워한다는 것은 齊王을 가리킨 것이다.

書曰 湯이 一征을 自葛始하신대 天下信之하여 東面而征에 西夷怨하며 南面而征에 北狄怨하여 曰 奚爲後我오하여 民이 望之호되 若大旱之望雲霓也하여 歸市者不止하며 耕者不變이어늘 誅其君而弔其民하신대 若時雨降이라 民이 大悅하니 書曰 徯我后하다소니 后來하시니 其蘇라하니이다

≪書經≫에 이르기를 '湯王이 첫 번째 정벌을 葛나라로부터 시작하시자, 天下가 믿어서 동쪽을 향하여 정벌함에 서쪽 오랑캐가 원망하며, 남쪽을 향하여 정

待:대할 대 面:향할 면 霓:무지개 예 弔:위로할 조 徯:기다릴 혜 蘇:소생할 소

벌함에 북쪽 오랑캐가 원망하여 말하기를 『어찌하여 우리 나라를 뒤에 정벌하는가.』 하여, 백성들이 湯王이 정벌해 주기를 바라되 마치 큰 가뭄에 구름과 무지개를 바라듯이 하여 시장으로 돌아가는 자가 멈추지 않으며 밭가는 자가 변동하지 않거늘 포악한 군주를 誅罰하고 백성들을 위문하시니, 단비가 내린 듯이 백성들이 크게 기뻐했다.' 하였습니다. ≪書經≫에 이르기를 '우리 임금님을 기다리노니, 임금님이 오시니 소생하게 되겠지.' 하였습니다.

兩引書는 皆商書仲虺之誥文也니 與今書文으로 亦小異라 一征은 初征也라 天下信之는 信其志在救民이요 不爲暴也라 奚爲後我는 言湯何爲不先來征我之國也라 霓는 虹也니 雲合則雨하고 虹見(현)則止라 變은 動也라 徯는 待也라 后는 君也라 蘇는 復生也라 他國之民이 皆以湯爲我君而待其來하여 使己得蘇息也라 此는 言湯之所以七十里而爲政於天下也니라

두 번 인용한 ≪書經≫은 모두 〈商書 仲虺之誥〉에 있는 글이니, 지금 ≪書經≫의 글과는 또한 약간 다르다. 一征은 첫 번째 정벌이다. 천하가 믿었다는 것은 그 뜻이 백성을 구제함에 있고 포악한 짓을 하지 않을 것을 믿은 것이다. 奚爲後我는 湯王이 어찌하여 먼저 와서 우리나라를 정벌하지 않는가 라고 말한 것이다. 霓는 무지개이니, 구름이 모이면 비가 내리고 무지개가 나타나면 멈춘다. 變은 변동함이다. 徯는 기다림이다. 后는 군주이다. 蘇는 다시 살아남이다. 他國의 백성들이 모두 湯王을 우리 군주라 하고, 그가 오기를 기다려서 자신들로 하여금 소생할 수 있게 하기를 바란 것이다. 이것은 湯王이 70里를 가지고 천하에 정사하게 된 이유를 말씀한 것이다.

今에 燕虐其民이어늘 王이 往而征之하시니 民以爲將拯己於水火之中也라하여 簞食壺漿으로 以迎王師어늘 若殺其父兄하며 係累其子弟하며 毁其宗廟하며 遷其重器하면 如之何其可也리오 天下固畏齊之彊也니 今又倍地而不行仁政이면 是는 動天下之兵也니이다

지금 燕나라가 그 백성에게 포학하게 하거늘 王께서 가서 정벌하시니, 燕나라

虺:뱀 훼 誥:가르칠 고 虹:무지개 홍 係:묶을 계 累:묶을 루

백성들은 장차 자신들을 水火(塗炭)의 가운데에서 구원해 줄 것이라고 여겨, 대바구니에 밥을 담고 병에 장물을 담아서 王의 군대를 환영한 것입니다. 그런데 만일 그 父兄을 죽이고 子弟들을 구속하며 宗廟를 부수고 중요한 기물들을 옮겨간다면 어찌 可하겠습니까. 천하가 진실로 齊나라의 강함을 꺼리고 있는데, 지금 또다시 땅을 배로 확장하고 仁政을 행하지 않는다면 이것은 천하의 군대를 움직이게 하는 것입니다.

拯은 救也라 係累는 縶縛也라 重器는 寶器也라 畏는 忌也라 倍地는 幷燕而增一倍之地也라 齊之取燕을 若能如湯之征葛이면 則燕人悅之하여 而齊可爲政於天下矣어늘 今乃不行仁政하고 而肆爲殘虐하니 則無以慰燕民之望而服諸侯之心이라 是以로 不免乎以千里而畏人也라

拯은 구원함이다. 係累는 묶는 것이다. 重器는 寶器이다. 畏는 꺼리는 것이다. 倍地는 燕나라를 겸병해서 한 倍의 땅을 더 증가한 것이다. 齊나라가 燕나라를 취하기를 만일 湯王이 葛나라를 정벌한 것과 같이 하였더라면, 燕나라 사람들이 기뻐해서 齊나라가 천하에 정사를 할 수 있었을 것이다. 그런데 지금 마침내 仁政을 행하지 않고 함부로 잔학한 짓을 하였으니, 이렇다면 燕나라 백성들의 소망을 위안하고 제후들의 마음을 복종시킬 수가 없다. 이 때문에 千里를 가지고 남을 두려워함을 면치 못하는 것이다.

王速出令하사 反其旄倪하시며 止其重器하시고 謀於燕衆하여 置君而後에 去之면 則猶可及止也리이다

王께서 속히 명령을 내리시어 노약자들을 돌려보내시며 중요한 기물들을 〈수송해오던 것을〉 중지하시고 燕나라 민중들과 상의해서 군주를 세워준 뒤에 떠나오신다면 오히려 〈전란이 일어나기 전에〉 중지시킬 수 있을 것입니다."

反은 還也라 旄는 老人也요 倪는 小兒也니 謂所虜略之老小也라 猶는 尙也라 及止는 及其未發而止之也라

○ 范氏曰 孟子事齊梁之君에 論道德則必稱堯舜하시고 論征伐則必稱湯武하시니 蓋

縶:묶을 칩 縛:묶을 박 肆:방자할 사 旄:늙은이 모(耄同) 倪:어린이 예 虜:사로잡을 로

治民을 不法堯舜이면 則是爲暴요 行師를 不法湯武면 則是爲亂이니 豈可謂吾君不能而舍(捨)所學以徇之哉아

反은 반환이다. 旄는 노인이요 倪는 소아이니, 노략질한 바의 노인과 소아를 이른다. 猶는 오히려이다. 及止는 전란이 발발하기 전에 미쳐 중지하는 것이다.

○ 范氏(范祖禹)가 말하였다. "孟子께서 齊나라와 梁나라의 군주를 섬기실 적에 道德을 논하면 반드시 堯·舜을 칭하였고 征伐을 논하면 반드시 湯·武를 칭하셨으니, 백성을 다스림을 堯·舜을 본받지 않는다면 이것은 포악한 정사가 되고 군대를 출동함을 湯·武를 본받지 않는다면 이것은 亂이 되니, 어찌 우리 君主는 불가능하다 하여 자신의 배운 바를 버리고 군주를 따르겠는가."

12. 鄒與魯鬨이러니 穆公이 問曰 吾有司死者 三十三人이로되 而民은 莫之死也하니 誅之則不可勝誅요 不誅則疾視其長上之死而不救하니 如之何則可也잇고

鄒나라가 魯나라와 함께 싸우더니, 〈鄒나라〉 穆公이 물었다. "내 有司로서 죽은 자가 33명이나 되지만 백성들은 죽은 자가 없으니 이들을 베려 한다면 이루 다 벨 수 없고, 베지 않는다면 長上들이 죽는 것을 疾視하면서 구원하지 않았으니 어찌하면 좋겠습니까?"

鬨은 鬪聲也라 穆公은 鄒君也라 不可勝誅는 言人衆하여 不可盡誅也라 長上은 謂有司也라 民怨其上이라 故로 疾視其死而不救也라

鬨은 싸우는 소리이다. 穆公은 鄒나라 군주이다. 不可勝誅는 사람이 많아서 다 벨 수 없음을 말한다. 長上은 有司를 이른다. 백성들이 그 長上을 원망하였다. 그러므로 그 죽는 것을 疾視하여 구원하지 않은 것이다.

孟子對曰 凶年饑歲에 君之民이 老弱은 轉乎溝壑하고 壯者는 散而之四方者 幾千人矣요 而君之倉廩實하며 府庫充이어늘 有司莫以

鬨:싸울 홍 疾:미워할 질 衆:많을 중 溝:도랑 구 壑:골짜기 학

告하니 **是**는 **上慢而殘下也**라 **曾子曰 戒之戒之**하라 **出乎爾者 反乎爾者也**라하시니 **夫民**이 **今而後**에 **得反之也**로소니 **君無尤焉**하소서

孟子께서 대답하셨다. "凶年과 기근이 든 해에 군주의 백성들이 노약자들은 전전하다가 죽어서 시신이 溝壑에 뒹굴고, 장성한 자들은 흩어져서 사방으로 간 자가 몇 천 명이나 됩니다. 그런데도 군주의 倉廩은 곡식이 꽉 차 있으며 府庫에는 재화가 충만하거늘 有司 중에 이것을 아뢴 자가 없었으니, 이것은 윗사람들이 태만해서 아랫사람을 殘害한 것입니다. 曾子께서 말씀하기를 '경계하고 경계하라. 네게서 나온 것이 네게로 돌아간다.' 하셨으니, 백성들이 지금에서야 되갚음을 한 것이니, 君主께서는 허물하지 마소서.

轉은 飢餓輾轉而死也라 充은 滿也라 上은 謂君及有司也라 尤는 過也라

轉은 굶주려 전전하다가 죽는 것이다. 充은 충만함이다. 上은 임금과 有司를 이른다. 尤는 허물함이다.

君行仁政하시면 **斯民**이 **親其上**하여 **死其長矣**리이다

君主께서 仁政을 행하시면 이 백성들이 그 윗사람을 친애해서 어른(官長)을 위해 죽을 것입니다."

君不仁而求富라 是以로 有司知重斂而不知恤民이라 故로 君行仁政이면 則有司皆愛其民하여 而民亦愛之矣리라

○ 范氏曰 書曰 民惟邦本이니 本固邦寧이라하니 有倉廩府庫는 所以爲民也니 豐年則斂之하고 凶年則散之하여 恤其飢寒하고 救其疾苦라 是以로 民親愛其上하여 有危難則赴救之를 如子弟之衛父兄하고 手足之捍頭目也라 穆公이 不能反己하고 猶欲歸罪於民하니 豈不誤哉아

君主가 仁하지 못하여 부유하기를 구하였다. 이 때문에 有司가 무겁게 세금을 거둘 줄만 알고 백성을 구휼할 줄을 알지 못하였다. 그러므로 君主가 仁政을 행하면 有司들

尤:허물 우 輾:구를 전 赴:달려갈 부 捍:막을 한

이 모두 그 백성을 사랑해서 백성들 또한 有司를 사랑할 것이다.

○ 范氏(范祖禹)가 말하였다. "≪書經≫ 〈五子之歌〉에 이르기를 '백성은 나라의 뿌리이니, 뿌리가 튼튼해야 나라가 편안하다.' 하였다. 倉廩과 府庫를 둔 것은 백성을 위해서이니, 풍년에는 거둬들이고 흉년에는 흩어주어서 굶주리고 추운 사람을 구휼하며 병들고 고생하는 자들을 구제하였다. 이 때문에 백성들이 그 윗사람을 친애하여 위태로움과 난리가 있으면 달려가 구원하기를 子弟들이 父兄을 보위하듯이 하고 手足이 頭目을 막듯이 하는 것이다. 穆公은 자신에게 돌이켜 찾지 못하고 오히려 백성에게 죄를 돌리고자 하였으니, 어찌 잘못이 아니겠는가."

13. 滕文公이 問曰 滕은 小國也라 間於齊楚하니 事齊乎잇가 事楚乎잇가

滕文公이 물었다. "滕나라는 작은 나라로 齊나라와 楚나라 사이에 끼어 있으니, 齊나라를 섬겨야 합니까? 楚나라를 섬겨야 합니까?"

滕은 國名이라

滕은 나라 이름이다.

孟子對曰 是謀는 非吾所能及也로소이다 無已則有一焉하니 鑿斯池也하며 築斯城也하여 與民守之하여 效死而民弗去면 則是可爲也니이다

孟子께서 대답하셨다. "이 계책은 내가 미칠 수 있는 바가 아닙니다. 그러나 기어이 말하라고 하신다면 한 가지 방법이 있으니, 못(해자)을 깊이 파며 성을 높이 쌓아 백성과 더불어 지켜서 백성들이 죽음(목숨)을 바치고 떠나가지 않는다면 이것은 해볼 만한 일입니다."

無已는 見前篇하니라 一은 謂一說也라 效는 猶致也라 國君은 死社稷이라 故로 致死守國이요 至於民亦爲之死守而不去면 則非有以深得其心者면 不能也니라

滕:나라이름 등 鑿:팔 착 效:바칠 효 致:바칠 치

○ 此章은 言有國者 當守義而愛民이요 不可僥倖而苟免이니라

無已는 前篇(梁惠王 上)에 보인다. 一은 一說을 이른다. 效는 致(바침)와 같다. 國君은 社稷을 위해서 죽는다. 그러므로 목숨을 바쳐 나라를 지키는 것이요, 백성들 또한 그를 위해서 死守하고 떠나지 않는 데 이른다면 〈해볼 만하니〉 이는 그 마음을 깊이 얻는 자가 아니면 불가능하다.

○ 이 章은 국가를 소유한 자는 마땅히 義를 지켜 백성을 사랑할 것이요, 요행을 바라 구차히 면하려고 해서는 안됨을 말씀한 것이다.

14. 滕文公이 問曰 齊人이 將築薛하니 吾甚恐하노니 如之何則可잇고

滕文公이 물었다. "齊나라 사람이 장차 薛땅에 축성을 하려고 하니, 내 매우 두려우니, 어찌하면 좋습니까?"

薛은 國名이니 近滕이러니 齊取其地而城之라 故로 文公이 以其偪己而恐也니라

薛은 國名이니, 滕나라와 가까웠는데 齊나라가 그 땅을 점령하고 성을 쌓았다. 그러므로 文公이 자기 나라를 핍박한다고 여겨 두려워한 것이다.

孟子對曰 昔者에 大(太)王이 居邠하실새 狄人이 侵之어늘 去하시고 之岐山之下하사 居焉하시니 非擇而取之라 不得已也시니이다

孟子께서 대답하셨다. "옛적에 太王이 邠땅에 거주하실 적에 狄人이 침략하자 그 곳을 떠나시고 岐山의 아래에 가서 거주하시니, 이 곳을 가려서 취한 것이 아니라 부득이해서였습니다.

邠은 地名이라 言 大王이 非以岐下爲善하여 擇取而居之也니 詳見下章하니라

邠은 地名이다. 太王이 岐山 아래를 좋게 여겨 선택하여 취해서 거주한 것이 아님을 말씀한 것이니, 아랫장에 자세히 보인다.

苟爲善이면 後世子孫이 必有王者矣리니 君子創業垂統하여 爲可

僥:바랄 요 倖:요행 행 薛:나라이름 설 邠:땅이름 빈 岐:산이름 기 創:창건할 창

繼也라 **若夫成功則天也**니 **君如彼**에 **何哉**리오 **彊爲善而已矣**니이다

만일 善行을 한다면 후세의 자손 중에 반드시 왕 노릇 하는 자가 있을 것입니다. 君子는 基業을 창건하고 전통을 드리워서 계속할 수 있게 할 뿐입니다. 成功으로 말하면 天運이니, 君主께서 저들에게 어찌하시겠습니까? 善을 행하기를 힘쓸 뿐입니다."

創은 造也라 統은 緖也라 言 能爲善이면 則如大王雖失其地나 而其後世遂有天下하니 乃天理也라 然이나 君子造基業於前하고 而垂統緖於後하되 但能不失其正하여 令後世可繼續而行耳라 若夫成功則豈可必乎아 彼齊也를 君之力이 旣無如之何면 則但彊於爲善하여 使其可繼而俟命於天耳니라

○ 此章은 言 人君이 但當竭力於其所當爲요 不可徼幸於其所難必이니라

創은 창조이다. 統은 실마리(전통)이다. '능히 善行을 하면 太王과 같이 비록 그 땅을 잃더라도 후세에 마침내 天下를 소유할 것이니, 이것이 바로 天理이다. 그러나 君子는 基業을 앞에서 만들고 傳統을 뒤에 드리우되 다만 그 올바름을 잃지 아니하여 후세로 하여금 계속하여 행하게 할 뿐이다. 成功으로 말하면 어찌 기필할 수 있겠는가. 저 齊나라를 군주의 힘이 이미 어떻게 할 수 없다면 다만 善을 행하기를 힘써서 계속하게 하고 하늘에 運命을 기다릴 뿐이다.'라고 말씀한 것이다.

○ 이 章은 人君은 마땅히 당연히 해야 할 일에 힘을 다할 것이요, 기필하기 어려운 바에 요행을 바라서는 안됨을 말씀한 것이다.

15. 滕文公이 **問曰** 滕은 **小國也**라 **竭力以事大國**이라도 **則不得免焉**이로소니 **如之何則可**잇고 **孟子對曰 昔者**에 **大(太)王**이 **居邠**하실새 **狄人**이 **侵之**어늘 **事之以皮幣**라도 **不得免焉**하며 **事之以犬馬**라도 **不得免焉**하며 **事之以珠玉**이라도 **不得免焉**하여 **乃屬**(촉)**其耆老而告之曰 狄人之所欲者**는 **吾土地也**라 **吾聞之也**호니 **君子**는 **不以其所以養人者**로 **害人**이라하니 **二三子**는 **何患乎無君**이리오 **我將去之**

俟:기다릴 사　徼:바랄 요　幣:비단 폐　屬:모을 촉　耆:늙은이 기

호리라하시고 去邠하시고 踰梁山하사 邑于岐山之下하여 居焉하신대 邠人曰 仁人也라 不可失也라하고 從之者如歸市하니이다

滕文公이 물었다. "우리 滕나라는 작은 나라라 힘을 다하여 大國을 섬기더라도 화를 면할 수 없으니, 어찌하면 좋습니까?" 孟子께서 대답하셨다. "옛적에 太王이 邠땅에 거주하실 적에 狄人이 침략하자, 그들을 皮幣로써 섬겨도 화를 면치 못하였고, 개와 말로써 섬겨도 화를 면치 못하였고, 珠玉으로써 섬겨도 화를 면치 못하였습니다. 이에 耆老들을 모아놓고 말씀하기를 '狄人들이 원하는 것은 우리의 토지이다. 내가 들으니 君子는 사람을 기르는 토지를 가지고 사람을 해치지 않는다 하니, 여러분들은 어찌 군주가 없음을 걱정하겠는가. 내 장차 이 곳을 떠나겠다.' 하고는 邠땅을 버리고 梁山을 넘어서 岐山 아래에 도읍 터를 만들어 거주하시자, 邠땅 사람들이 말하기를 '仁人이다. 놓쳐서는 안 된다.' 하고 따르는 자가 시장에 돌아가듯 하였습니다.

皮는 謂虎豹麋鹿之皮也라 幣는 帛也라 屬은 會集也라 土地는 本生物以養人이어늘 今爭地而殺人이면 是는 以其所以養人者로 害人也라 邑은 作邑也라 歸市는 人衆而爭先也라

皮는 虎豹와 麋鹿의 가죽을 이른다. 幣는 비단이다. 屬은 모음이다. 토지는 본래 물건을 생산하여 사람을 기르는 것인데, 지금 토지를 다투어 사람을 죽인다면 이것은 사람을 기르는 것을 가지고 사람을 해치는 것이다. 邑은 邑을 만드는 것이다. 歸市는 사람이 많아서 앞을 다투는 것이다.

或曰 世守也라 非身之所能爲也니 效死勿去라하나니

혹자는 말하기를 '대대로 지켜오는 것이라 자신이 마음대로 할 수 있는 것이 아니니, 목숨을 바치고 떠나지 말라.'고 하나니,

又言 或謂土地는 乃先人所受而世守之者라 非己所能專이니 但當致死守之요 不可舍去라하니 此는 國君死社稷之常法이니 傳所謂國滅君死之正[1]也가 正謂此也니라

踰:넘을 유 豹:표범 표 麋:고라니 미 效:바칠 효 專:마음대로할 전

또 말씀하시기를 "혹자는 '토지는 바로 先人이 받아서 대대로 지켜오는 것이어서 자신이 마음대로 할 수 있는 것이 아니니, 다만 목숨을 바쳐 지킬 것이요 버리고 떠나서는 안 된다.'고 말한다." 하셨다. 이는 國君이 社稷을 위해 죽는 떳떳한 법이니, 傳(옛 책)에 이른바 國家가 멸망하면 君主가 죽는 올바른 법이라는 것은 바로 이것을 이른다.

譯註 1. 傳所謂國滅君死之正 : 이 내용은 ≪春秋公羊傳≫ 襄公 6年條에 보인다.

君請擇於斯二者하소서

君主께서는 이 두 가지 중에서 선택하소서."

能如大王則避之요 不能則謹守常法이니 蓋遷國以圖存者는 權也요 守正而俟死者는 義也니 審己量力하여 擇而處之가 可也니라

○ 楊氏曰 孟子之於文公에 始告之以效死而已하시니 禮之正也요 至其甚恐하여는 則以大王之事告之하시니 非得已也라 然이나 無大王之德而去면 則民或不從하여 而遂至於亡하리니 則又不若效死之爲愈라 故로 又請擇於斯二者하시니라 又曰 孟子所論을 自世俗觀之면 則可謂無謀矣라 然이나 理之可爲者는 不過如此하니 舍此則必爲儀秦之爲矣리라 凡事求可, 功求成하여 取必於智謀之末하고 而不循天理之正者는 非聖賢之道也니라

능히 太王과 같이 할 수 있으면 피할 것이요, 그렇지 못하면 떳떳한 법을 삼가 지킬 것이니, 나라를 옮겨 보전하기를 도모하는 것은 權道요, 正道를 지키면서 죽음을 기다리는 것은 義이다. 자신을 헤아리고 능력을 헤아려서 선택하여 처하는 것이 可하다.

○ 楊氏(楊時)가 말하였다. "孟子께서 文公에게 처음에는 죽음을 바칠 뿐임을 말씀하셨으니 이것은 禮의 올바름이요, 매우 두려워함에 이르러서는 太王의 일을 말씀하셨으니 이것은 부득이해서였다. 그러나 太王의 德이 없으면서 떠나간다면 백성들이 혹 따라오지 않아서 마침내 멸망에 이를 것이니, 그렇다면 또 죽음을 바침이 나은 것만 못하다. 그러므로 또 이 두 가지 중에서 선택하라고 청하신 것이다."

또 말하였다. "孟子께서 논하신 것을 세속의 입장에서 본다면 無謀하다고 이를 만하다. 그러나 이치로써 할 수 있는 것은 이와 같음에 지나지 않으니, 이것을 버린다면 반

權:저울질할 권, 권도 권　俟:기다릴 사　愈:나을 유　循:따를 순

드시 蘇秦・張儀의 행위를 할 것이다. 무릇 일은 가능함을 구하고 功은 이룸을 구하여, 智謀의 지엽적인 것에서 기필함을 취하고 天理의 올바름을 따르지 않는 것은 聖賢의 道가 아니다."

16. 魯平公이 將出할새 嬖人臧倉者請曰 他日에 君出이면 則必命有司所之러시니 今에 乘輿已駕矣로되 有司未知所之하니 敢請하노이다 公曰 將見孟子호리라 曰 何哉잇고 君所爲輕身하여 以先於匹夫者는 以爲賢乎잇가 禮義는 由賢者出이어늘 而孟子之後喪이 踰前喪하니 君無見焉하소서 公曰 諾다

魯平公이 장차 외출하려 할 적에 嬖人인 臧倉이란 자가 청하였다. "他日에는 君主께서 외출하시게 되면 반드시 有司에게 갈 곳을 명령하시더니, 지금에는 乘輿가 이미 말을 멍에하였으나 有司가 갈 곳을 알지 못하니, 감히 청하옵니다." 公이 말하였다. "장차 孟子를 보려고 하노라." 臧倉이 말하였다. "어째서입니까? 군주께서 몸을 가벼이 하여 匹夫에게 먼저 禮를 베푸는 까닭은 그가 어질다고 여겨서입니까? 禮義는 賢者로 말미암아 나오거늘 孟子의 뒷초상이 앞초상보다 더하였으니, 군주께서는 그를 만나보지 마소서." 公이 말하였다. "그렇겠다."

乘輿는 君車也라 駕는 駕馬也라 孟子前喪父하고 後喪母하시니라 踰는 過也니 言其厚母薄父也라 諾은 應辭也라

乘輿는 군주의 수레이다. 駕는 말을 멍에하는 것이다. 孟子는 앞에 아버지를 잃고 뒤에 어머니를 잃었다. 踰는 지남(더함)이니, 어머니에게 후하게 하고 아버지에게 박하게 함을 말한 것이다. 諾은 응하는 말이다.

樂正子入見(현)曰 君이 奚爲不見孟軻也잇고 曰 或이 告寡人曰 孟子之後喪이 踰前喪이라할새 是以로 不往見也호라 曰 何哉잇고 君

嬖:총애할 폐 臧:어질 장 駕:말멍에할 가 匹:짝 필 踰:지날 유 諾:허락할 낙 奚:어찌 해

所謂踰者는 **前以士**요 **後以大夫**며 **前以三鼎而後以五鼎與**잇가 **曰 否**라 **謂棺槨衣衾之美也**니라 **曰 非所謂踰也**라 **貧富不同也**니이다

樂正子가 들어가 平公을 뵙고 말하였다. "君主께서는 어찌하여 孟軻를 만나보지 않으셨습니까?" 公이 말하였다. "혹자가 寡人에게 말하기를 '孟子의 뒷초상이 앞초상보다 더하였다.' 하므로 이 때문에 가서 보지 않았노라." "무엇입니까? 君主께서 이른바 더하다는 것은 앞에는 士의 禮로써 하고 뒤에는 大夫의 禮로써 하며, 앞에는 三鼎을 쓰고 뒤에는 五鼎을 쓴 것을 말씀하십니까?" "아니다. 棺槨과 衣衾의 아름다움을 말한 것이다." "아닙니다. 이것은 이른바 더하다는 것이 아니라 貧富가 같지 않기 때문입니다."

樂正子는 孟子弟子也니 仕於魯하니라 三鼎은 士祭禮요 五鼎은 大夫祭禮라

樂正子는 孟子의 弟子이니, 魯나라에서 벼슬하였다. 三鼎은 士의 祭禮요, 五鼎은 大夫의 祭禮이다.

樂正子見(현)**孟子曰 克**이 **告於君**하니 **君**이 **爲來見也**러시니 **嬖人有臧倉者沮君**이라 **君**이 **是以不果來也**하시니이다 **曰 行或使之**며 **止或尼**(닐)**之**나 **行止**는 **非人所能也**라 **吾之不遇魯侯**는 **天也**니 **臧氏之子 焉能使予**로 **不遇哉**리오

樂正子가 孟子를 뵙고 말하였다. "제가 군주께 아뢰니, 군주께서 와서 뵈려고 하셨는데, 嬖人에 臧倉이라는 자가 군주를 저지하였습니다. 군주께서 이 때문에 끝내 오지 않으신 것입니다." 孟子께서 말씀하셨다. "길을 감은 누가 혹 시켜서이며 멈춤은 혹 저지해서이다. 그러나 가고 그침은 사람이 시킬 수 있는 것이 아니다. 내가 魯나라 임금을 만나지 못함은 天運이니, 臧氏의 아들이 어찌 나로 하여금 만나지 못하게 할 수 있겠는가."

克은 樂正子名이라 沮, 尼은 皆止之之意也라 言 人之行이 必有人使之者하며 其止必

鼎:솥 정 棺:널 관 槨:널 곽 衾:이불 금 沮:막을 저 尼:막을 닐(柅通)

有人尼之者라 然이나 其所以行, 所以止는 則固有天命이니 而非此人所能使요 亦非此人所能尼也라 然則我之不遇 豈臧倉之所能爲哉아

○ 此章은 言 聖賢之出處는 關時運之盛衰하니 乃天命之所爲요 非人力之可及이니라

克은 樂正子의 이름이다. 沮와 尼은 모두 그치게 하는 뜻이다. '사람이 길을 감은 반드시 그렇게 시키는 사람이 있으며, 그 멈춤은 반드시 그치게 하는 사람이 있다. 그러나 그 가게 되는 所以와 멈추게 되는 所以는 진실로 天命에 달려 있는 것이니, 이 사람이 시킬 수 있는 바가 아니요 또한 이 사람이 그치게 할 수 있는 바가 아니다. 그렇다면 내가 魯나라 임금을 만나지 못함이 어찌 臧倉이 능히 할 수 있는 바이겠는가.'라고 말씀한 것이다.

○ 이 章은 聖賢의 出處는 시운의 盛衰에 관계되니, 바로 天命이 하는 것이요 人力으로 미칠 수 있는 것이 아님을 말씀한 것이다.

公孫丑章句 上

凡九章이라

모두 9章이다.

1. 公孫丑(추)問曰 夫子當路於齊하시면 管仲晏子之功을 可復許乎잇가

公孫丑가 물었다. "夫子께서 〈만일〉 齊나라에서 要路를 담당하신다면 管仲과 晏子의 공적을 다시 기대할 수 있겠습니까?"

公孫丑는 孟子弟子니 齊人也라 當路는 居要地也라 管仲은 齊大夫니 名夷吾니 相桓公하여 霸諸侯하니라 許는 猶期也라 孟子未嘗得政하시니 丑蓋設辭以問也[1]라

公孫丑는 孟子의 弟子이니, 齊나라 사람이다. 當路는 要地(要職)에 거하는 것이다. 管仲은 齊나라 大夫로 이름이 夷吾이니, 桓公을 도와서 諸侯의 霸者가 되게 하였다. 許는 期(기대함)와 같다. 孟子께서 일찍이 정권을 얻은 적이 없으니, 公孫丑가 假設하여 물은 것이다.

譯註 1. 孟子未嘗得政 丑蓋設辭以問也 : '夫子當路於齊하시니'로 吐를 달 경우에는 이미 要路에 거한 것이 되기 때문에 말한 것이다.

孟子曰 子誠齊人也로다 知管仲晏子而已矣온여

孟子께서 말씀하셨다. "그대는 진실로 齊나라 사람이로다. 管仲과 晏子를 알 뿐이로구나.

丑:맺을 추 當:맡을 당 管:대롱 관 許:기약할 허 期:기약할 기

齊人은 但知其國有二子而已요 不復知有聖賢之事라

齊나라 사람은 단지 그 나라에 두 사람이 있음을 알 뿐이요, 다시 聖賢의 일이 있음을 알지 못하였다.

或이 問乎曾西曰 吾子與子路孰賢고 曾西蹴然曰 吾先子之所畏也니라 曰然則吾子與管仲孰賢고 曾西艴然不悅曰 爾何曾比予於管仲고 管仲得君이 如彼其專也며 行乎國政이 如彼其久也로되 功烈이 如彼其卑也하니 爾何曾比予於是오하니라

或者가 曾西에게 묻기를 '그대가 子路와 더불어 누가 더 어진가(나은가)?' 하니, 曾西가 불안해하면서 말하기를 '子路는 우리 先子(先親)께서 존경하신 바이다.' 하였다. '그렇다면 그대는 管仲과 더불어 누가 더 어진가?' 하니, 曾西가 艴然(변색)하며 기뻐하지 않고 말하기를 '네 어찌 곧 나를 管仲에게 비하는가. 管仲은 군주의 신임을 얻음이 저와 같이 오로지 하였으며 국정을 시행함이 저와 같이 오래하였는데도 功烈이 저와 같이 낮으니, 네 어찌 곧 나를 이 사람에게 비하는가.' 하였다.

孟子引曾西與或人問答如此하시니라 曾西는 曾子之孫[1]이라 蹴은 不安貌라 先子는 曾子也라 艴은 怒色也라 曾之言은 則也라 烈은 猶光也라 桓公이 獨任管仲四十餘年하니 是專且久也라 管仲이 不知王道而行霸術이라 故로 言功烈之卑也라 楊氏曰 孔子言子路之才曰 千乘之國에 可使治其賦也[2]라하시니 使其見(현)於施爲라도 如是而已니 其於九(糾)合諸侯하여 一匡天下[3]에는 固有所不逮也라 然則曾西推尊子路如此하고 而羞比管仲者는 何哉오 譬之御者컨대 子路則範我馳驅而不獲者也요 管仲之功은 詭遇而獲禽[4]耳라 曾西는 仲尼之徒也라 故로 不道管仲之事하니라

孟子께서 曾西와 혹자의 문답을 인용하기를 이와 같이 하셨다. 曾西는 曾子의 孫子이다. 蹴은 불안해하는 모양이다. 先子는 曾子이다. 艴은 성내는 빛이다. 曾이란 말은

蹴:삼갈 축 艴:발끈할 불(勃通) 烈:빛날 렬 九:규합할 규(糾同) 逮:미칠 체 御:말몰어 驅:말몰 구 獲:잡을 획 詭:속일 궤 禽:새 금, 짐승 금 道:말할 도

則(곧)의 뜻이다. 烈은 光과 같다. 桓公이 홀로 管仲에게 맡기기를 40여 년 동안 하였으니, 이것은 오로지 하고 또 오래한 것이다. 管仲이 王道를 알지 못하고 霸術을 행하였다. 그러므로 功烈이 낮다고 말씀한 것이다.

楊氏(楊時)가 말하였다. "孔子께서 子路의 재주를 말씀하시기를 '千乘의 나라에 그로 하여금 賦(兵)를 다스리게 할 만하다.' 하셨으니, 가령 그가 〈재능을〉 시행함에 나타낸다 하더라도 이와 같을 뿐이니, 諸侯들을 규합하여 한번 天下를 바로잡음에는 진실로 미치지 못하는 바가 있는 것이다. 그렇다면 曾西가 子路를 추존하기를 이와 같이 하고, 管仲에게 비하기를 부끄럽게 여김은 어째서인가? 이것을 말 모는 자에게 비교하면 子路는 자신의 말 모는 것을 법도대로 해서 짐승을 잡지 못한 것이요, 管仲의 공로는 부정한 방법으로 만나게 해서 짐승을 잡았을 뿐이다. 曾西는 仲尼의 무리였다. 그러므로 管仲의 일을 말하지 않은 것이다."

譯註 1. 曾西 曾子之孫 : 본문에 曾子를 先子(先親)라고 칭한 것을 보면 曾西는 曾子의 孫子가 아니고 그 아들임이 분명하다.
2. 千乘之國 可使治其賦也 : 賦는 토지에 대한 세금으로 兵을 이른다. 옛날 토지의 세금에 따라 군사를 내었기 때문에 이렇게 말한 것으로, 이 내용은 ≪論語≫ 〈公冶長〉 7章에 보인다.
3. 九(糾)合諸侯 一匡天下 : 九合은 糾合과 같은 말로, 이것은 孔子께서 管仲의 공을 칭찬하신 말씀인 바, ≪論語≫ 〈憲問〉 17章과 18章에 각각 보인다.
4. 譬之御者……詭遇而獲禽 : 여기에 비유한 내용은 뒤의 〈滕文公 下〉 1章에 보이는 바, 王良의 말이다.

曰 管仲은 曾西之所不爲也어늘 而子爲我願之乎아

管仲은 曾西도 하지 않은 것인데, 그대가 나를 위해서 원한단 말인가."

曰은 孟子言也라 願은 望也라

曰은 孟子의 말씀이다. 願은 바라는 것이다.

曰 管仲은 以其君霸하고 晏子는 以其君顯하니 管仲晏子도 猶不足爲與잇가

公孫丑가 말하였다. "管仲은 그 군주를 〈天下에〉 霸者가 되게 하였고 晏子는 그 군주를 이름이 드러나게 하였으니, 管仲과 晏子도 오히려 해봄직 하지 않습니까?"

顯은 顯名也라

顯은 이름을 드러냄이다.

曰 以齊로 王이 由(猶)反手也니라

孟子께서 말씀하셨다. "齊나라를 가지고 왕 노릇 함은 손을 뒤집는 것과 같이 쉬운 것이다."

反手는 言易也라

反手는 쉬움을 말한다.

曰 若是則弟子之惑이 滋甚케이다 且以文王之德으로 百年而後崩하사되 猶未洽於天下어시늘 武王周公이 繼之然後에 大行하니 今言王若易然하시니 則文王은 不足法與잇가

公孫丑가 말하였다. "그렇다면 弟子의 의혹이 더욱 심해집니다. 또 文王의 덕으로 백년 뒤에 崩하셨는데도 아직 天下에 敎化가 무젖지 못하여, 武王과 周公이 계속한 뒤에야 크게 행해졌습니다. 그런데 지금 왕 노릇 하는 것을 쉬운 것처럼 말씀하시니, 그렇다면 文王은 족히 법받을 만한 것이 못됩니까?"

滋는 益也라 文王이 九十七而崩하시니 言百年은 擧成數也라 文王은 三分天下에 才(纔)有其二러시니 武王이 克商하여 乃有天下하시고 周公이 相成王하여 制禮作樂然後에 敎化大行하니라

滋는 더함이다. 文王이 97歲에 崩하셨는데, 백 년이라 말한 것은 완성된 수를 들어 말한 것이다. 文王은 天下를 3분함에 겨우 그 둘을 소유하셨는데, 武王이 商나라를 이

反:뒤집을 반 惑:의혹할 혹 滋:더욱 자 崩:죽을 붕 洽:무젖을 흡 才:겨우 재(纔同)

겨 마침내 天下를 소유하였고 周公이 成王을 도와 禮를 짓고 音樂을 만든 뒤에야 교화가 크게 행해졌다.

曰 文王을 **何可當也**리오 **由湯**으로 **至於武丁**히 **賢聖之君**이 **六七**이 **作**하여 **天下歸殷**이 **久矣**니 **久則難變也**라 **武丁**이 **朝諸侯, 有天下**호되 **猶運之掌也**하시니 **紂之去武丁**이 **未久也**라 **其故家遺俗**과 **流風善政**이 **猶有存者**하며 **又有微子, 微仲, 王子比干, 箕子, 膠鬲**이 **皆賢人也**니 **相與輔相之**라 **故**로 **久而後**에 **失之也**하니 **尺地**도 **莫非其有也**며 **一民**도 **莫非其臣也**어늘 **然而文王**이 **猶方百里起**하시니 **是以難也**니라

孟子께서 말씀하셨다. "文王을 어찌 당할 수 있겠는가. 湯王으로부터 武丁에 이르기까지 어질고 성스러운 군주가 6, 7명이 나와서 천하가 殷나라에 돌아간 지가 오래되었으니, 오래면 변하기 어렵다. 武丁이 諸侯들에게 조회 받고 天下를 소유하되 마치 이것을 손바닥에 놓고 움직이듯이 하였으니, 紂王은 武丁과의 거리가 오래지 않다. 그 故家와 남은 풍속과 流風과 善政이 아직도 남은 것이 있었으며, 또 微子·微仲과 王子 比干과 箕子·膠鬲이 있었는데, 이들은 다 賢人이었다. 이들이 서로 더불어 그를 보좌하였으므로 오랜 뒤에야 나라를 잃었으니, 한 자 되는 땅도 그의 소유 아님이 없었으며 한 사람의 백성도 그의 신하 아닌 이가 없었다. 그런데도 文王이 方百里를 가지고 일어나셨으니, 이 때문에 어려웠던 것이다.

當은 猶敵也라 商은 自成湯으로 至於武丁히 中間에 太甲, 太戊, 祖乙, 盤庚이 皆賢聖之君이라 作은 起也라 自武丁至紂히 凡七世라 故家는 舊臣之家也라

當은 敵(맞섬)과 같다. 商나라는 成湯으로부터 武丁에 이르기까지 중간에 太甲·太戊·祖乙·盤庚이 모두 어질고 성스러운 군주였다. 作은 일어남이다. 武丁으로부터 紂

朝:조회받을 조 掌:손바닥 장 箕:키 기 膠:아교 교 鬲:오지병 격 盤:소반 반

王에 이르기까지는 모두 7世이다. 故家는 舊臣의 집안이다.

齊人이 **有言曰 雖有知(智)慧**나 **不如乘勢**며 **雖有**鎡基나 **不如待時**라하니 **今時則易然也**니라

齊나라 사람의 말에 이르기를 '비록 지혜가 있으나 勢를 타는 것만 못하며, 비록 농기구가 있으나 때를 기다리는 것만 못하다.' 하였으니, 지금 때는 그렇게 하기가 쉽다.

鎡基는 田器也라 時는 謂耕種之時라

鎡基는 농기구이다. 時는 밭을 갈고 씨를 뿌리는 때를 이른다.

夏后殷周之盛에 **地未有過千里者也**하니 **而齊有其地矣**며 **鷄鳴狗吠 相聞而達乎四境**하니 **而齊有其民矣**니 **地不改**辟**矣**며 **民不改聚矣**라도 **行仁政而王**이면 **莫之能禦也**리라

夏后와 殷・周의 전성기에 땅이 千里를 넘은 자가 있지 않았는데 齊나라가 그만한 땅을 소유하고 있으며, 닭 울음과 개 짖는 소리가 서로 들려서 〈國都로부터〉 四境에 도달하니 齊나라가 그만한 백성을 가지고 있으니, 땅을 더 개척하지 않으며 백성을 더 모으지 않더라도 仁政을 행하고서 왕 노릇 한다면 이것을 막을 자가 없을 것이다.

此는 言其勢之易也라 三代盛時에 王畿不過千里어늘 今齊已有之하니 異於文王之百里요 又鷄犬之聲이 相聞하여 自國都로 以至於四境하니 言居民稠密也라

이것은 그 勢의 쉬움을 말한 것이다. 三代의 전성기에 王畿가 千里를 넘지 않았는데 지금 齊나라가 이미 이것을 가지고 있으니 文王의 百里와는 다르며, 또 닭 울음과 개 짖는 소리가 서로 들려서 國都로부터 四境에 이르니 거주하는 백성들이 조밀함을 말한 것이다.

慧:슬기로울 혜　鎡:호미 자　吠:짖을 폐　辟:열 벽　稠:조밀할 조(주)　密:빽빽할 밀

且王者之不作이 **未有疏於此時者也**하며 **民之憔悴於虐政**이 **未有甚於此時者也**하니 **飢者**에 **易爲食**이며 **渴者**에 **易爲飮**[1]이니라

또 王者가 나오지 않음이 지금보다 더 성근 적이 있지 않으며, 백성들이 虐政에 시달림이 지금보다 더 심한 적이 있지 않았으니, 굶주린 자에게 밥 되기가 쉽고 목마른 자에게 음료 되기가 쉬운 것이다.

譯註 1. 飢者易爲食 渴者易爲飮 : 中國本(≪四書章句集注≫)에 '굶주린 자는 먹기가 쉽고 목마른 자는 마시기가 쉽다.'로 해석한 경우가 있으며, 集註 역시 이를 분명히 말하지 않았으나 우리나라 諺解本에는 모두 '飢者에 易爲食이며 渴者에 易爲飮'으로 吐가 달려 있어, 뒤의 〈盡心 上〉 24章의 "바다를 구경한 자에게는 큰 물이 되기 어렵고, 聖人의 문하에 논 자에게는 훌륭한 말이 되기 어렵다.〔觀於海者 難爲水 遊於聖人之門者 難爲言〕"는 것과 文法이 같으며, 〈離婁 上〉 7章의 "仁者 앞에서는 많은 무리가 되기 어렵다.〔仁不可爲衆〕"는 것과 그 註에 인용한 "형 되기가 어렵고 아우 되기가 어렵다.〔難爲兄 難爲弟〕"는 것 역시 爲字를 '되다'로 풀이하고 있음을 감안하여 위와 같이 해석하였다.

此는 言其時之易也라 自文武至此 七百餘年이니 異於商之賢聖繼作이요 民苦虐政之甚하니 異於紂之猶有善政이라 易爲飮食은 言飢渴之甚에 不待甘美也라

이것은 그 때의 쉬움을 말한 것이다. 文王·武王으로부터 이에 이르기까지 7백여 년이니 商나라의 어질고 성스러운 군주가 이어서 나온 것과는 다르며, 백성들이 虐政을 괴롭게 여김이 심하니 紂王 때에 오히려 善政이 있었던 것과는 다르다. 밥과 음료 되기가 쉽다는 것은 기갈이 심해서 달고 아름다움을 기다리지 않음을 말한 것이다.

孔子曰 德之流行이 **速於置郵而傳命**이라하시니

孔子께서 말씀하시기를 '德의 유행이 파발마로 命을 전달하는 것보다 빠르다.' 하셨으니,

置는 驛也요 郵는 馹也니 所以傳命也라 孟子引孔子之言이 如此하시니라

憔:파리할 초 悴:마를 췌 渴:목마를 갈 置:역마 치 郵:역마 우 驛:역마 역 馹:역마 일

置는 驛이요 郵는 역마이니, 命을 전달하는 것이다. 孟子께서 孔子의 말씀을 인용한 것이 이와 같다.

當今之時하여 **萬乘之國**이 **行仁政**이면 **民之悅之 猶解倒懸也**리니 **故**로 **事半古之人**이요 **功必倍之**는 **惟此時爲然**하니라

지금의 때를 당하여 萬乘의 나라가 仁政을 행한다면 백성들의 기뻐함이 거꾸로 매달린 것을 풀어준 것과 같을 것이다. 그러므로 일은 옛사람의 반만 하고 효과는 반드시 옛사람의 배가 되는 것은 오직 지금만이 그러할 것이다."

倒懸은 諭困苦也라 所施之事 半於古人而功倍於古人은 由時勢易而德行速也니라

倒懸은 곤궁하고 괴로움을 비유한 것이다. 시행하는 바의 일은 옛사람의 반만 하고 효과는 옛사람의 배가 되는 것은, 때와 勢가 쉬워서 德의 流行이 빠르기 때문이다.

2. **公孫丑問曰 夫子加齊之卿相**하사 **得行道焉**하시면 **雖由此霸王**이라도 **不異矣**리니 **如此則動心**이릿가 **否乎**잇가 **孟子曰 否**라 **我**는 **四十**에 **不動心**[1]호라

公孫丑가 물었다. "夫子께서 齊나라 卿相의 지위에 오르시어 道를 행할 수 있게 되신다면 비록 이로 말미암아 霸者와 王者가 되더라도 이상할 것이 없겠습니다. 이와 같다면 마음이 동요되시겠습니까? 않으시겠습니까?" 孟子께서 말씀하셨다. "아니다. 나는 40歲에 不動心(마음을 동요하지 않음)을 하였노라."

譯註 1. 四十 不動心 : 官本諺解에는 '四十이라 不動心'으로 되어 있어 마치 40세가 되면 누구나 不動心할 수 있는 것처럼 보이므로 栗谷本을 따라 수정하였다.

此는 承上章하여 又設問 孟子若得位而行道면 則雖由此而成霸王之業이라도 亦不足怪어니와 任大責重이 如此면 亦有所恐懼疑惑而動其心乎아하니라 四十은 彊仕[1]니 君子道明德立之時라 孔子四十而不惑도 亦不動心之謂니라

倒:거꾸로 도　懸:매달 현　諭:비유할 유　彊:굳셀 강(强通)

이것은 윗장을 이어 가설하여 묻기를 "孟子께서 만일 지위를 얻어 道를 행하시게 된다면 비록 이로 말미암아 霸者와 王者의 業을 이룩하더라도 또한 족히 괴이할 것이 없거니와 임무가 크고 책임이 중함이 이와 같다면 또한 恐懼하고 疑惑하는 바가 있어서 그 마음을 동요하시겠습니까?"라고 한 것이다. 40은 강하여 벼슬할 때이니, 君子가 道가 밝아지고 德이 확립되는 때이다. 孔子께서 40歲에 의혹하지 않으신 것도 不動心을 이르신 것이다.

譯註 1. 四十彊仕 : ≪禮記≫ 〈曲禮 上〉에 "사람이 태어나 10년이 되면 어리니 배운다. 20세를 弱이라 하니 冠禮를 하고, 30세를 壯이라 하니 아내를 두며, 40세를 彊이라 하니 벼슬을 한다.〔人生十年曰幼學 二十曰弱冠 三十曰壯有室 四十曰彊而仕〕"라고 보이는 바, 체력이 강하여 막 벼슬길에 오름을 뜻한다.

曰 若是則夫子過孟賁이 遠矣로소이다 曰 是不難하니 告子도 先我不動心하니라

公孫丑가 말하였다. "이와 같다면 夫子께서는 孟賁보다 크게 뛰어나십니다." 孟子께서 말씀하셨다. "이것은 어렵지 않으니, 告子도 나보다 먼저 마음을 동요하지 않았다."

孟賁은 勇士라 告子는 名不害[1]라 孟賁血氣之勇을 丑蓋借之하여 以贊孟子不動心之難이라 孟子言 告子未爲知道로되 乃能先我不動心하니 則此未足爲難也라

孟賁은 勇士이다. 告子는 이름이 不害이다. 孟賁의 血氣의 勇을 公孫丑가 이것을 빌어서 孟子의 不動心의 어려움을 칭찬한 것이다. 孟子께서 "告子가 道를 알지 못하였는데도 마침내 나보다 먼저 不動心을 하였으니, 이것은 족히 어려울 것이 없다."고 말씀하신 것이다.

譯註 1. 告子 名不害 : 趙岐는 〈告子 上〉의 註에서 "儒墨의 道를 겸하여 배우고 일찍이 孟子에게 수학한 자이다." 하였다.

曰 不動心이 有道乎잇가 曰 有하니라

過:뛰어날 과　賁:클 분　借:빌릴 차　贊:칭찬할 찬

公孫丑가 말하였다. "不動心이 방법이 있습니까?" 孟子께서 말씀하셨다. "있다.

程子曰 心有主면 則能不動矣니라

程子(伊川)가 말씀하였다. "마음에 주장이 있으면 동요되지 않을 수 있는 것이다."

北宮黝之養勇也는 **不膚撓**하며 **不目逃**하여 **思以一毫挫於人**이어든 **若撻之於市朝**하여 **不受於褐寬博**하며 **亦不受於萬乘之君**하여 **視刺**(척)**萬乘之君**호되 **若刺褐夫**하여 **無嚴諸侯**하여 **惡聲**이 **至**어든 **必反之**하니라

北宮黝의 勇을 기름은 피부가 찔려도 움츠리지 않으며 눈동자가 찔려도 피하지 않아서, 생각하기를 털끝만큼이라도 남에게 挫折(侮辱)을 당하면 마치 市朝에서 종아리를 맞는 것처럼 모욕으로 여겨, 褐寬博에게도 〈모욕을〉 받지 않으며 또한 萬乘의 군주에게도 〈모욕을〉 받지 않아, 萬乘의 군주를 찌르는 것 보기를 마치 褐夫를 찔러 죽이는 것처럼 생각하여, 무서운 諸侯가 없어서 험담하는 소리가 이르면 반드시 보복하였다.

北宮은 姓이요 黝는 名이라 膚撓는 肌膚被刺而撓屈也요 目逃는 目被刺而轉睛逃避也라 挫는 猶辱也라 褐은 毛布요 寬博은 寬大之衣니 賤者之服也라 不受者는 不受其挫也라 刺은 殺也라 嚴은 畏憚也니 言無可畏憚之諸侯也라 黝는 蓋刺客之流니 以必勝爲主而不動心者也라

北宮은 姓이요, 黝는 이름이다. 膚撓는 肌膚가 찔림을 당하여 흔들리고 움츠러드는 것이요, 目逃는 눈이 찔림을 당하여 눈동자를 굴려 도피하는 것이다. 挫는 辱(치욕, 모욕)과 같다. 褐은 毛布요 寬博은 헐렁하고 큰 옷이니, 천한 자의 의복이다. 받지 않는다는 것은 그 모욕을 받지 않는 것이다. 刺은 찔러 죽임이다. 嚴은 두려워하고 꺼리는 것이니, 두려워하고 꺼릴 만한 諸侯가 없음을 말한다. 北宮黝는 아마도 刺客의 부류이니, 반드시 이김을 주장으로 삼아서 마음을 동요하지 않은 자일 것이다.

黝:검을 유 膚:살갗 부 撓:흔들 요 挫:꺾일 좌 撻:종아리칠 달 褐:털옷 갈 寬:넓을 관 刺:찌를 자(척) 肌:살 기 睛:눈동자 정 憚:꺼릴 탄 流:무리 류

孟施舍之所養勇也는 **曰 視不勝**호되 **猶勝也**로니 **量敵而後進**하며 **慮勝而後會**하면 **是**는 **畏三軍者也**니 **舍豈能爲必勝哉**리오 **能無懼而已矣**라하니라

孟施舍의 勇을 기름은 '이기지 못함을 보되 이기는 것과 같이 여기노니, 적을 헤아린 뒤에 전진하며 승리를 생각한 뒤에 교전한다면 이것은 적의 三軍을 두려워하는 자이다. 내 어찌 필승을 할 수 있겠는가. 두려움이 없을 뿐이다.' 하였다.

孟은 姓이요 施는 發語聲이요 舍는 名[1]也라 會는 合戰也라 舍自言 其戰雖不勝이나 亦無所懼니 若量敵慮勝而後進戰이면 則是無勇而畏三軍矣라하니라 舍는 蓋力戰之士니 以無懼爲主而不動心者也라

孟은 姓이요 施는 發語聲이요 舍는 이름이다. 會는 모여 싸우는 것이다. 孟施舍가 스스로 말하기를 "싸움에 비록 승리하지 못하더라도 또한 두려워하는 바가 없어야 하니, 만일 적을 헤아리고 승리할 것을 생각한 뒤에 나가서 싸운다면 이것은 勇이 없어서 적의 三軍을 두려워하는 것이다." 하였다. 孟施舍는 아마도 力戰의 용사이니, 두려움이 없음을 주장으로 삼아서 마음을 동요하지 않은 자일 것이다.

譯註 1. 孟姓 施發語聲 舍名 : 孟施舍는 이름이 孟舍인데, 중간에 施가 들어간 것은 발음상 된소리를 나타낸 것으로, 뒤의 〈離婁 下〉 24章에 보이는 庾公之斯, 尹公之他의 之와 같다. 이들 역시 이름이 庾斯와 尹他인데, 이들을 높여 公이라 하고 그 아래에 된소리를 나타내기 위하여 之를 넣은 것이다.

孟施舍는 **似曾子**하고 **北宮黝**는 **似子夏**하니 **夫二子之勇**이 **未知其孰賢**이어니와 **然而孟施舍**는 **守約也**니라

孟施舍는 曾子와 유사하고 北宮黝는 子夏와 유사하니, 이 두 사람의 勇은 그 누가 나은지 알지 못하겠거니와 그러나 孟施舍는 지킴이 요약하다.

黝는 務敵人하고 舍는 專守己하며 子夏는 篤信聖人하고 曾子는 反求諸己라 故로 二子

慮:생각할 려 賢:나을 현 約:요약할 약 倫:무리 륜 勝:나을 승 襄:멍에 양

之與曾子子夏[1]는 雖非等倫이나 然이나 論其氣象하면 則各有所似라 賢은 猶勝也라 約은 要也라 言 論二子之勇하면 則未知誰勝이어니와 論其所守하면 則舍比於黝에 爲得其要也니라

北宮黝는 남을 대적하기를 힘쓰고 孟施舍는 자신을 지키기를 오로지 하였으며, 子夏는 聖人(孔子)을 독실히 믿었고 曾子는 자기 몸에 돌이켜서 찾았다. 그러므로 이 두 사람이 曾子와 子夏와 더불어는 비록 동등한 무리가 아니나 그 기상을 논하면 각기 유사한 바가 있는 것이다. 賢은 勝(나음)과 같다. 約은 요약이다. 두 사람의 勇을 논한다면 누가 나은지 알지 못하겠으나 그 지키는 바를 논한다면 孟施舍가 北宮黝에 비하여 그 요약을 얻음이 됨을 말씀한 것이다.

譯註 1. 二子之與曾子子夏 : 兩者의 관계를 나타낼 때 사용하는 문투로 君之於民, 子之於父와 같은 경우이다.

昔者에 曾子謂子襄曰 子好勇乎아 吾嘗聞大勇於夫子矣로니 自反而不縮이면 雖褐寬博이라도 吾不惴焉[1]이리오 自反而縮이면 雖千萬人이라도 吾往矣라하시니라

옛적에 曾子가 子襄에게 이르기를 '그대는 勇을 좋아하는가? 내 일찍이 大勇을 夫子에게 들었으니, 스스로 돌이켜서 정직하지 못하면 비록 褐寬博이라도 내 두려워하지 않겠는가. 〈그러나〉 스스로 돌이켜서 정직하다면 비록 천만 명이 있더라도 내가 가서 당당히 대적하겠다.' 하셨다.

譯註 1. 吾不惴焉 : 諺解에는 '吾不惴焉이어니와'로 吐를 달아 '내가 상대방을 두렵게 할 수 없거니와'로 해석하였으며, 集註 역시 '惴 恐懼之也'로 해석하여 근거가 있는 듯하다. 그러나 艮齋는 '吾不惴焉이리오'로 吐를 수정하였으며, 中國本(≪四書章句集注≫) 역시 대부분 '내가 그를 두려워하지 않을 수 있겠는가.'로 해석하였으므로 위와 같이 수정하였다.

此는 言曾子之勇也라 子襄은 曾子弟子也라 夫子는 孔子也라 縮은 直也니 檀弓曰 古者에 冠縮縫이러니 今也衡(橫)縫이라하고 又曰 棺束은 縮二衡三이라하니라 惴는 恐懼之

反:돌이킬 반 縮:곧을 축 惴:두려워할 췌 縫:꿰맬 봉 衡:가로 횡(橫同) 棺:널 관

也라 往은 往而敵之也라

이것은 曾子의 勇을 말씀한 것이다. 子襄은 曾子의 弟子이다. 夫子는 孔子이다. 縮은 곧음이니, ≪禮記≫ 〈檀弓〉에 이르기를 "옛적에는 冠을 곧게 꿰매더니, 지금은 가로로 꿰맨다." 하였고, 또 이르기를 "棺의 묶음은 곧은 것이 둘이요 가로가 셋이다." 하였다. 惴는 두려워함이다. 往은 가서 대적함이다.

孟施舍之守는 氣라 又不如曾子之守約也니라

孟施舍의 지킴은 氣이니, 또 曾子의 지킴이 요약함만 못하다."

言 孟施舍雖似曾子나 然이나 其所守 乃一身之氣니 又不如曾子之反身循理하여 所守尤得其要也라 孟子之不動心은 其原이 蓋出於此하니 下文에 詳之하시니라

孟施舍가 비록 曾子와 유사하나 그가 지킨 것은 바로 한 몸의 氣이니, 또 曾子가 자기 몸에 돌이켜 理를 따라서 지킨 바가 더욱 그 요약함을 얻음만 못함을 말씀한 것이다. 孟子의 不動心은 그 근원이 여기에서 나왔으니, 아랫글에 상세히 말씀하였다.

曰 敢問夫子之不動心과 與告子之不動心을 可得聞與잇가 告子曰 不得於言이어든 勿求於心하며 不得於心이어든 勿求於氣라하니 不得於心이어든 勿求於氣는 可커니와 不得於言이어든 勿求於心은 不可하니 夫志는 氣之帥(수)也요 氣는 體之充也니 夫志至焉이요 氣次焉이라 故로 曰 持其志오도 無暴其氣라하니라

公孫丑가 말하였다. "감히 묻겠습니다. 夫子의 不動心과 告子의 不動心을 얻어 들을 수 있겠습니까?" 〈孟子께서 말씀하셨다.〉 "告子가 말하기를 '말에 이해되지 못하거든 마음에 알려고 구하지 말며, 마음에 〈편안함을〉 얻지 못하거든 기운에 도움을 구하지 말라.' 하였으니, 마음에 〈편안함을〉 얻지 못하거든 기운에 도움을 구하지 말라는 것은 可하거니와, 말에 이해되지 못하거든 마음에 알

帥:장수 수　充:가득할 충　持:잡을 지　暴:포악할 포

려고 구하지 말라는 것은 不可하다. 意志는 氣의 將帥요 氣는 몸에 꽉 차 있는 것이니, 意志가 최고요 氣가 그 다음이다. 그러므로 말하기를 '그 意志를 잘 잡고도 또 그 氣를 포악히 하지 말라.'고 한 것이다."

此一節은 公孫丑之問에 孟子誦告子之言하시고 又斷以己意而告之也라 告子謂 於言에 有所不達이면 則當舍置其言이요 而不必反求其理於心이며 於心에 有所不安이면 則當力制其心이요 而不必更求其助於氣라하니 此所以固守其心而不動之速也라 孟子旣誦其言而斷之曰 彼謂不得於心而勿求諸氣者는 急於本而緩其末이니 猶之可也어니와 謂不得於言而不求諸心은 則旣失於外而遂遺其內니 其不可也 必矣라 然이나 凡曰可者는 亦僅可而有所未盡之辭耳라 若論其極이면 則志固心之所之而爲氣之將帥라 然이나 氣亦人之所以充滿於身而爲志之卒徒者也라 故로 志固爲至極而氣卽次之니 人固當敬守其志나 然이나 亦不可不致養其氣라 蓋其內外本末이 交相培養이니 此則孟子之心이 所以未嘗必其不動而自然不動之大略也니라

이 一節은 公孫丑가 물음에 孟子께서 告子의 말을 외우시고, 또 자신의 뜻으로 판단하여 말씀하신 것이다. 告子가 이르기를 "말에 있어 통달하지 못하는 바가 있으면 마땅히 그 말을 버려둘 것이요 굳이 그 이치를 마음속에 돌이켜 찾을 것이 없으며, 마음에 불안한 바가 있으면 마땅히 힘껏 그 마음을 제재할 것이요 굳이 다시 기운에 도움을 구할 것이 없다." 하였으니, 이 때문에 그 마음을 굳게 지켜서 동요하지 않기를 속히 한 것이다. 孟子께서 이미 그의 말을 외우고 단정하시기를 "저가 '마음에 〈편안함을〉 얻지 못하거든 기운에 도움을 구하지 말라.'고 한 것은 근본을 시급히 하고 지엽을 느슨히 한 것이니 오히려 可하거니와, '말에 이해되지 못하거든 마음에 알기를 구하지 말라.'고 한 것은 이미 밖에 잃고 마침내 그 안을 버렸으니 그 不可함이 틀림없다." 하신 것이다. 그러나 무릇 可란 말은 또한 겨우 可해서 미진한 바가 있는 말이다. 만일 그 지극함을 논한다면 意志는 진실로 마음의 가는 바여서 氣의 장수가 된다. 그러나 氣는 또한 사람의 몸에 꽉 차 있어서 意志의 卒徒가 되는 것이다. 그러므로 意志는 진실로 지극함이 되고 氣는 곧 그 다음이 되니, 사람이 진실로 마땅히 그 意志를 공경히 지켜야 하나 또한 그 氣를 기름을 다하지 않으면 안 되는 것이다. 이는 內와 外, 本과 末이 서로서로 배양되는 것이니, 이는 孟子의 마음이 일찍이 不動心하기를 기필하지 않으셨으나

舍:버릴 사(捨同) 誦:외울 송 緩:늦을 완 遺:버릴 유 僅:겨우 근 培:북돋을 배

자연히 동요되지 않으신 바의 대략이다.

既曰 志至焉이요 氣次焉이라하시고 又曰 持其志오도 無暴其氣者는 何也잇고 曰 志壹則動氣하고 氣壹則動志也니 今夫蹶者趨者 是氣也而反動其心이니라

〈公孫丑가 말하였다.〉 "이미 意志가 최고요 氣가 그 다음이라 하셨고, 또 그 意志를 잘 잡고도 그 氣를 포악히 하지 말라고 하심은 무슨 말씀입니까?" 孟子께서 말씀하셨다. "意志가 한결같으면 氣를 동하고 氣가 한결같으면 意志를 동하니, 지금 넘어지는 자와 달리는 자는 이것이 氣이나 도리어 그 마음을 동요하게 된다."

公孫丑見孟子言志至而氣次라 故로 問 如此則專持其志可矣어늘 又言無暴其氣는 何也오하니라 壹은 專一也라 蹶은 顚躓也요 趨는 走也라 孟子言 志之所向이 專一이면 則氣固從之라 然이나 氣之所在專一이면 則志亦反爲之動이니 如人이 顚躓趨走면 則氣專在是而反動其心焉이니 所以既持其志而又必無暴其氣也라하시니라 程子曰 志動氣者는 什九요 氣動志者는 什一이니라

公孫丑는 孟子께서 意志가 최고이고 氣가 그 다음이라고 말씀하심을 보았다. 그러므로 묻기를 "이와 같다면 오로지 그 意志만 잡으면 可하거늘 또 그 氣를 포악히 하지 말라고 말씀하심은 어째서입니까?" 한 것이다. 壹은 專一함이다. 蹶은 넘어짐이요, 趨는 달림이다. 孟子께서 말씀하시기를 "意志의 향하는 바가 專一하면 氣가 진실로 그 뜻을 따르나 氣의 있는 바가 專一하면 意志가 또한 도리어 동요되는 것이니, 마치 사람이 넘어지고 달려가면 氣가 오로지 여기에 있어 도리어 그 마음을 동요함과 같은 것이다. 이 때문에 이미 그 意志를 잡고도 또 반드시 그 氣를 포악히 하지 말아야 하는 것이다." 하셨다.

程子(明道)가 말씀하였다. "意志가 氣를 동하는 것은 열에 아홉이요, 氣가 意志를 동하는 것은 열에 하나이다."

壹:전일할 일 蹶:넘어질 궐 趨:달릴 추 顚:넘어질 전 躓:넘어질 지 什:열 십

敢問夫子는 惡(오)乎長이시니잇고 曰 我는 知言하며 我는 善養吾浩然之氣[1]하노라

〈公孫丑가 말하였다.〉 "감히 묻겠습니다. 夫子께서는 어디에 장점이 계십니까?" 孟子께서 말씀하셨다. "나는 말을 알며, 나는 나의 浩然之氣를 잘 기르노라."

譯註 1. 我知言 我善養吾浩然之氣 : 이는 孟子가 告子와 다른 점을 밝힌 것이다. 告子는 말에 이해되지 못함이 있으면 그 말을 버려두고 마음에 알려고 노력하지 않았으나 孟子는 말의 옳고 그름을 알았으며, 告子는 마음에 불안한 바가 있으면 그 마음을 그대로 억제하고 기운에 도움을 구하지 않았으나 孟子는 浩然之氣를 잘 길러 용기를 배양함으로써 義理를 과감하게 행하신 것이다. 후세에는 이 내용을 知言·養氣로 축약하여 知言은 眞理를 아는 知工夫로, 養氣는 心身을 수행하는 行工夫로 분류하였다. 그리하여 ≪大學≫의 格物·致知와 誠意·正心·修身, ≪中庸≫의 擇善과 固執, 明善과 誠身, ≪論語≫의 博文과 約禮, ≪書經≫의 惟精과 惟一 등과 함께 知·行을 對擧하는 용어로 사용하였다.

公孫丑復問 孟子之不動心이 所以異於告子如此者는 有何所長而能然고하니 而孟子又詳告之以其故也시니라 知言者는 盡心知性[1]하여 於凡天下之言에 無不有以究極其理而識其是非得失之所以然也라 浩然은 盛大流行之貌라 氣는 卽所謂體之充者니 本自浩然이로되 失養故로 餒니 惟孟子爲善養之하여 以復其初也라 蓋惟知言이면 則有以明夫道義하여 而於天下之事에 無所疑요 養氣면 則有以配夫道義하여 而於天下之事에 無所懼하니 此其所以當大任而不動心也라 告子之學은 與此正相反하니 其不動心은 殆亦冥然無覺하고 悍然不顧而已爾니라

公孫丑가 다시 "孟子의 不動心이 告子와 다름이 이와 같은 것은 어느 것에 所長이 있어서 그렇습니까?" 하고 묻자, 孟子께서 또 그 이유를 상세히 말씀해 주신 것이다. 知言은 마음을 다하여 性을 알아서 모든 天下의 말에 그 이치를 궁구하고 지극히 하여, 그 是非得失의 所以然을 알지 못함이 없는 것이다. 浩然은 성대히 유행하는 모양이다. 氣는 바로 이른바 '몸에 꽉 차 있다.'는 것이니, 본래 스스로 浩然하나 기름을 잃었기

浩:클 호 極:다할 극 餒:굶주릴 뇌 配:배합할 배 冥:어두울 명 悍:사나울 한

때문에 굶주리게(不足하게) 된다. 오직 孟子께서 이것(浩然之氣)을 잘 길러 그 本初의 상태를 회복하신 것이다. 말을 알면 道義에 밝아서 天下의 일에 의심스러운 바가 없고, 氣를 기르면 道義에 배합되어서 天下의 일에 두려운 바가 없으니, 이 때문에 큰 책임을 담당하여도 不動心하는 것이다. 告子의 學問은 이와 정반대였으니, 그의 不動心은 거의 또한 어두워서 깨달음이 없으며 사나워서(고집스러워서) 돌아보지 않았을 뿐이다.

譯註 1. 盡心知性 : 뒤에 〈盡心 上〉 1章에 "盡其心者 知其性也 知其性則知天矣"라고 보이는데, 朱子는 盡心은 知至, 知性은 物格으로 설명하였다.

敢問 何謂浩然之氣니잇고 曰 難言也니라

〈公孫丑가 말하였다.〉 "감히 묻겠습니다. 무엇을 浩然之氣라 합니까?" 孟子께서 말씀하셨다. "말하기 어렵다.

孟子先言知言이어시늘 而丑先問養氣者는 承上文方論志氣而言也라 難言者는 蓋其心所獨得하여 而無形聲之驗하니 有未易(이)以言語形容者라 故로 程子曰 觀此一言이면 則孟子之實有是氣를 可知矣라하시니라

孟子께서 먼저 知言을 말씀하셨는데, 公孫丑가 먼저 養氣를 물은 것은 윗글에서 막 志·氣를 논함을 이어서 말했기 때문이다. 말하기 어렵다는 것은 그 마음에 홀로 터득한 바여서 형상과 소리의 징험이 없으니, 언어로써 형용하기가 쉽지 않은 것이 있다. 그러므로 程子(伊川)가 말씀하기를 "이 한 마디 말씀을 보면 孟子께서 실제로 이 浩然之氣를 가지고 계셨음을 알 수 있다." 한 것이다.

其爲氣也 至大至剛하니 以直養而無害면 則塞于天地之間이니라

그 氣됨이 지극히 크고 지극히 강하니, 정직함으로써 기르고 해침이 없으면 〈이 浩然之氣가〉 天地의 사이에 꽉차게 된다.

至大는 初無限量이요 至剛은 不可屈撓라 蓋天地之正氣而人得以生者니 其體段이 本如是也라 惟其自反而縮이면 則得其所養이요 而又無所作爲以害之면 則其本體不虧而充塞無間矣리라 程子曰 天人이 一也라 更不分別이니 浩然之氣는 乃吾氣也라 養而

驗:징험할 험 塞:가득할 색 虧:이지러질 휴

無害면 則塞于天地하고 一爲私意所蔽면 則欿然而餒하여 知其小也니라 謝氏曰 浩然之氣는 須於心得其正時에 識取[1]니라 又曰 浩然은 是無虧欠時니라

지극히 크다는 것은 애당초 한량이 없는 것이요, 지극히 강하다는 것은 굽히고 흔들릴 수 없는 것이다. 이는 天地의 正氣로서 사람이 얻어 태어난 것이니, 그 體段(特性)이 본래 이와 같다. 오직 스스로 돌이켜 보아 정직하면 기르는 바를 얻고, 또 작위하여 이것을 해침이 없으면 그 본체가 이지러지지 않아서 충만하여 간격이 없을 것이다.

程子(伊川)가 말씀하였다. "하늘과 인간이 똑같다. 다시 분별이 없으니, 浩然之氣는 바로 나의 氣이다. 이것을 잘 기르고 해침이 없으면 天地에 충만하고, 한 번이라도 私意에 가리운 바가 되면 쑥 꺼져 굶주려서 부족함을 느끼게 될 것이다."

謝氏(謝良佐)가 말하였다. "浩然之氣는 모름지기 마음이 그 바름을 얻었을 때에 알 수 있는 것이다."

또 말하였다. "浩然은 이지러지거나 부족한 때가 없는 것이다."

譯註 1. 識取 : 取는 得과 마찬가지로 동사 뒤에 붙는 助詞인 바, 기록하는 것을 錄取, 듣는 것을 聽取라 한다. 得 역시 아는 것을 知得 또는 識得, 깨닫는 것을 覺得이라 한다.

其爲氣也 配義與道하니 無是면 餒也니라

그 氣됨이 義와 道에 배합되니, 이것(義와 道)이 없으면 〈浩然之氣가〉 굶주리게 된다.

配者는 合而有助之意라 義者는 人心之裁制요 道者는 天理之自然이라 餒는 飢乏而氣不充體也라 言 人能養成此氣면 則其氣合乎道義而爲之助하여 使其行之勇決하여 無所疑憚이요 若無此氣면 則其一時所爲가 雖未必不出於道義나 然이나 其體有所不充이면 則亦不免於疑懼하여 而不足以有爲矣니라

配는 배합되어서 도움이 있다는 뜻이다. 義는 人心의 裁制요, 道는 天理의 自然이다. 餒는 굶주리고 결핍되어 氣가 몸에 충만하지 못한 것이다. 사람이 능히 이 浩然之氣를 양성하면 그 氣가 道義에 배합되어 도움이 되어서 道義를 행하기를 용맹스럽고 결단성

蔽:가릴 폐 欿:부족할 감 欠:부족할 흠 裁:옷마를 재 飢:굶주릴 기 乏:다할 핍 憚:꺼릴 탄

있게 하여 의심하고 꺼리는 바가 없고, 만일 이 浩然之氣가 없으면 한 때에 하는 바가 비록 반드시 道義에서 나오지 않는 것은 아니나, 그 體가 충만되지 못한 바가 있으면 또한 의구심을 면치 못해서 족히 훌륭한 일을 할 수 없음을 말씀한 것이다.

是集義所生者라 **非義襲而取之也**니 **行有不慊於心**이면 **則餒矣**라 **我故**로 **曰 告子未嘗知義**라하노니 **以其外之也**일새니라

이 浩然之氣는 義理를 많이 축적하여 생겨나는 것이다. 義가 하루아침에 갑자기 엄습하여 취해지는 것이 아니니, 행하고서 마음에 부족하게 여기는 바가 있으면 〈浩然之氣가〉 굶주리게 된다. 내 그러므로 '告子는 일찍이 義를 알지 못했다.'고 말한 것이니, 이는 義를 밖이라고 하기 때문이다.

集義는 猶言積善이니 蓋欲事事皆合於義也라 襲은 掩取也니 如齊侯襲莒之襲이라 言氣雖可以配乎道義나 而其養之之始에 乃由事皆合義하여 自反常直이라 是以로 無所愧怍하여 而此氣自然發生於中이요 非由只行一事 偶合於義하여 便可掩襲於外而得之也라 慊은 快也며 足也라 言 所行이 一有不合於義而自反不直이면 則不足於心하여 而其體有所不充矣니 然則義豈在外哉리오 告子는 不知此理하고 乃曰仁內義外라하여 而不復以義爲事하니 則必不能集義以生浩然之氣矣라 上文不得於言勿求於心은 卽外義之意니 詳見(현)告子上篇하니라

集義는 積善이란 말과 같으니, 일마다 모두 義에 합하고자 하는 것이다. 襲은 엄습하여(덮쳐서) 취하는 것이니, 〈≪春秋左傳≫ 襄公 23年條에〉 "齊나라 임금이 莒나라를 엄습했다."는 襲字와 같다. 氣가 비록 道義에 배합되나 浩然之氣를 기르는 처음에는 마침내 일마다 모두 義에 합하여 스스로 돌이켜봄에 항상 정직함에서 말미암는다. 이 때문에 마음에 부끄러운 바가 없어서 이 浩然之氣가 심중에서 자연히 발생되는 것이요, 다만 한 가지 일을 행한 것이 우연히 義에 합함으로 말미암아 곧 밖에서 엄습하여 얻어지는 것이 아니다. 慊은 쾌함이며 족함이다. 행하는 바가 한 번이라도 義에 합하지 못해서 스스로 돌이켜 봄에 정직하지 못함이 있으면 마음에 부족해서 그 體가 충만되지 못한 바가 있는 것이니, 그렇다면 義가 어찌 밖에 있는 것이겠는가. 告子는 이러한 이

襲:엄습할 습 慊:만족할 겸 掩:가릴 엄 莒:나라이름 거 愧:부끄러울 괴 怍:부끄러울 작

치를 알지 못하고서 마침내 말하기를 "仁은 내면에 있고 義는 외면에 있다." 하여 다시는 義를 일삼지 않았으니, 그렇다면 반드시 의로운 일을 축적하여 浩然之氣를 내지 못하였을 것이다. 윗글에 '말에 이해되지 못하거든 마음에 알기를 구하지 말라.'는 것은 바로 義를 밖으로 여긴 뜻이니, 이 내용은 〈告子 上篇〉에 자세히 보인다.

必有事焉而勿正하여 **心勿忘**하며 **勿助長也**하여 **無若宋人然**이어다 **宋人**이 **有閔其苗之不長而揠之者**러니 **芒芒然歸**하여 **謂其人曰 今日**에 **病矣**로라 **予助苗長矣**로라하여늘 **其子趨而往視之**하니 **苗則槁矣**러라 **天下之不助苗長者寡矣**[1)]니 **以爲無益而舍之者**는 **不耘苗者也**요 **助之長者**는 **揠苗者也**니 **非徒無益**이라 **而又害之**니라

반드시 浩然之氣를 기름에 종사하되 효과를 미리 기대하지 말아서 마음에 잊지도 말며, 억지로 助長하지도 말아서 宋나라 사람과 같이 하지 말지어다. 宋나라 사람 중에 벼싹이 자라지 못함을 안타깝게 여겨 뽑아놓은 자가 있었다. 그는 아무 것도 모르고 돌아와서 집안 사람들에게 말하기를 '오늘 〈내가 매우〉 피곤하다. 내가 벼싹이 자라도록 도왔다.' 하므로 그 아들이 달려가서 보았더니, 벼싹이 말라 있었다. 天下에 벼싹이 자라도록 억지로 助長하지 않는 자가 적으니, 유익함이 없다 해서 버려두는 자는 〈비유하면〉 벼싹을 김매지 않는 자요, 억지로 助長하는 자는 〈비유하면〉 벼싹을 뽑아놓는 자이니, 이는 비단 유익함이 없을 뿐만 아니라 도리어 해치는 것이다."

譯註 1. 天下之不助苗長者寡矣 : 실제로 宋나라 사람처럼 벼싹을 뽑아 놓아 억지로 자라게 하는 자는 드물다. 다만 여기서는 浩然之氣를 기르다가 효과가 나지 않으면 人爲的으로 助長하는 자가 많음을 비유하여 말했을 뿐이다.

必有事焉而勿正은 趙氏, 程子는 以七字爲句하고 近世에 或幷下文心字讀之者亦通이라 必有事焉은 有所事也니 如有事於顓臾[1)]之有事라 正은 預期也니 春秋傳曰 戰不正勝[2)]이 是也라 如作正心이라도 義亦同하니 此與大學之所謂正心者로 語意自不同也

正:미리기대할 정 閔:근심할 민 苗:벼싹 묘 揠:뽑을 알 芒:아득할 망(茫同) 病:피곤할 병 耘:김맬 운 徒:한갓 도 顓:어리석을 전 臾:잠깐 유

라 此는 言養氣者必以集義爲事요 而勿預期其效하며 其或未充이면 則但當勿忘其所有事요 而不可作爲以助其長이니 乃集義養氣之節度也라 閔은 憂也라 揠은 拔也라 芒芒은 無知之貌라 其人은 家人也라 病은 疲倦也라 舍之而不耘者는 忘其所有事요 揠而助之長者는 正之不得而妄有作爲者也라 然이나 不耘則失養而已요 揠則反以害之니 無是二者면 則氣得其養而無所害矣리라 如告子不能集義而欲彊制其心이면 則必不能免於正助之病이니 其於所謂浩然者에 蓋不惟不善養이라 而又反害之矣니라

必有事焉而勿正을 趙氏(趙岐)와 程子(明道)는 일곱 字로써 구절을 삼았고, 근세에 혹 아랫글의 心字까지 아울러 읽는 자도 있으니, 또한 통한다. 必有事焉은 종사하는 바가 있는 것이니, 有事於顓臾라는 有事와 같다. 正은 미리 기약(기대)함이니, ≪春秋公羊傳≫에 "싸움은 승리를 미리 기약할 수 없다."는 것이 이것이다. 만일 正心으로 쓴다 하더라도 뜻이 또한 같으니, 이것은 ≪大學≫의 이른바 '正心'이란 것과는 말뜻이 자연히 같지 않다. 이것은 浩然之氣를 기르는 자가 반드시 의로운 일을 많이 축적함으로써 일을 삼고 미리 효과를 기대하지 말아야 하며, 혹시라도 충만되지 못하면 다만 마땅히 종사함이 있음을 잊지 말 것이요 억지로 작위하여 자라도록 돕지 말아야 함을 말한 것이니, 이것이 바로 의로운 일을 많이 축적하여 浩然之氣를 기르는 節度이다.

閔은 근심함이다. 揠은 뽑아놓는 것이다. 芒芒(茫茫)은 無知한 모양이다. 其人은 집안 사람이다. 病은 피곤함이다. 버려두고 김매지 않는 자는 종사함이 있는 것을 잊는 것이요, 뽑아서 조장하는 자는 효과를 미리 기대하다가 얻지 못함에 함부로 작위하는 자이다. 그러나 김매지 않으면 기름을 잃을 뿐이지만 뽑아 놓는다면 도리어 해치게 되니, 이 두 가지가 없으면 氣가 그 기름을 얻어서 해치는 바가 없을 것이다. 告子와 같이 義理를 축적하지도 못하고서 억지로 그 마음을 제재하고자 한다면 반드시 正助(미리 기대하거나 억지로 조장)하는 병통을 면치 못할 것이니, 이른바 浩然之氣란 것에 대해서 잘 기르지 못할 뿐만 아니라 또 도리어 해치는 것이다.

譯註 1. 有事於顓臾 : 顓臾는 國名으로, '顓臾에 일함이 있다'는 것은 顓臾를 정벌할 일이 있음을 뜻하는 바, 이 내용은 ≪論語≫〈季氏〉1章에 보인다.

2. 春秋傳曰 戰不正勝 : ≪春秋公羊傳≫ 僖公 26年條에 보인다. ≪春秋穀梁傳≫의 同年條에는 '戰不必勝'이라고 보이는 바, 이 역시 전쟁은 싸워보아야 勝敗를 알 수 있지 승리를 미리 기약할 수 없다는 뜻이다.

預:미리 예 拔:뽑을 발 疲:지칠 피 倦:피곤할 권 彊:억지로 강

何謂知言이니잇고 **曰 詖辭**에 **知其所蔽**하며 **淫辭**에 **知其所陷**하며 **邪辭**에 **知其所離**하며 **遁辭**에 **知其所窮**이니 **生於其心**하여 **害於其政**하며 **發於其政**하여 **害於其事**하나니 **聖人**이 **復起**사도 **必從吾言矣**시리라

〈公孫丑가 말하였다.〉 "무엇을 知言이라 합니까?" 孟子께서 말씀하셨다. "편벽된 말에 그 가리운 바를 알며, 방탕한 말에 빠져 있는 바를 알며, 간사(부정)한 말에 괴리된 바를 알며, 도피하는 말에 〈논리가〉 궁함을 알 수 있으니, 마음에서 생겨나 정사에 해를 끼치며 정사에 발로되어 일에 해를 끼치나니, 聖人이 다시 나오셔도 반드시 내 말을 따르실 것이다."

此는 公孫丑復問而孟子答之也라 詖는 偏陂也요 淫은 放蕩也요 邪는 邪僻也요 遁은 逃避也라 四者相因하니 言之病也라 蔽는 遮隔也요 陷은 沈溺也요 離는 叛去也요 窮은 困屈也라 四者亦相因하니 則心之失也라 人之有言이 皆出於心하니 其心이 明乎正理而無蔽然後에 其言이 平正通達而無病이니 苟爲不然이면 則必有是四者之病矣라 卽其言之病而知其心之失하고 又知其害於政事之決然而不可易者如此하니 非心通於道而無疑於天下之理면 其孰能之리오 彼告子者는 不得於言이어든 而不肯求之於心하여 至爲義外之說하니 則自不免於四者之病이니 其何以知天下之言而無所疑哉리오 程子曰 心通乎道然後에 能辨是非니 如持權衡하여 以較輕重이니 孟子所謂知言이 是也니라 又曰 孟子知言은 正如人在堂上이라야 方能辨堂下人曲直이니 若猶未免雜於堂下衆人之中이면 則不能辨決矣리라

이는 公孫丑가 다시 물음에 孟子께서 대답하신 것이다. 詖는 편벽됨이요, 淫은 방탕함이요, 邪는 사벽함이요, 遁은 도피함이다. 이 네 가지는 서로 이어지니, 말의 병통이다. 蔽는 가리고 막힘이요, 陷은 沈溺이요, 離는 배반이요, 窮은 困屈이다. 이 네 가지 또한 서로 이어지니, 이것은 마음의 잘못이다. 사람의 말은 모두 마음에서 나오니, 마음이 正理에 밝아서 가리움이 없은 뒤에야 말이 공평하고 올바르고 통달하여 병통이 없으니, 만일 그렇지 못하면 반드시 이 네 가지의 병통이 있게 된다. 말의 병통을 가지

詖:편벽될 피　淫:방탕할 음　邪:간사할 사　遁:도망할 둔　窮:곤궁할 궁　偏:치우칠 편
陂:편벽될 피　放:방탕할 방　蕩:방탕할 탕　僻:간사할 벽　遮:가릴 차　隔:막을 격

고 마음의 잘못을 알며, 또 정사에 해됨이 결정적이어서 바꿀 수 없음을 앎이 이와 같았으니, 마음이 道를 통달하여 天下의 이치에 의심함이 없는 자가 아니면 그 누가 이에 능하겠는가. 저 告子는 말에 이해되지 못하거든 이것을 마음에 찾기를 즐겨하지 않아서 심지어는 義가 외면에 있다는 말을 하기까지 하였으니, 그렇다면 스스로 이 네 가지의 병통을 면치 못한 것이니, 어떻게 天下의 말을 알아 의심하는 바가 없겠는가.

程子(伊川)가 말씀하였다. "마음이 道를 통달한 뒤에야 능히 是非를 분별할 수 있으니, 마치 저울대를 잡고 輕重을 비교할 수 있는 것과 같다. 孟子의 이른바 知言이란 바로 이것이다."

〈程子(明道)가〉 또 말씀하였다. "孟子의 知言은 바로 사람이 堂上에 있어야 바야흐로 堂下 사람의 曲直을 구별할 수 있는 것과 같으니, 만일 자신이 아직도 堂下의 여러 사람 속에 섞여 있음을 면치 못한다면 曲直을 분별할 수 없는 것과 같다."

宰我, 子貢은 **善爲說辭**하고 **冉牛, 閔子, 顔淵**은 **善言德行**이러니 **孔子兼之**하사되 **曰 我於辭命則不能也**로라하시니 **然則夫子**는 **旣聖矣乎**신저

〈公孫丑가 말하였다.〉 "宰我와 子貢은 說辭를 잘 하였고 冉牛·閔子·顔淵은 德行을 잘 말씀하였는데, 孔子께서는 이것을 겸하셨으되 말씀하시기를 '나는 辭命에 있어서는 능하지 못하다.' 하셨으니, 그렇다면 夫子께서는 이미 聖人이시겠습니다."

此一節은 林氏以爲皆公孫丑之問이라하니 是也라 說辭는 言語也요 德行은 得於心而見(현)於行事者也라 三子善言德行者는 身有之故로 言之親切而有味也라 公孫丑言數子各有所長而孔子兼之라 然이나 猶自謂不能於辭命이어시늘 今孟子 乃自謂我能知言하고 又善養氣라하시니 則是兼言語德行而有之니 然則豈不旣聖矣乎아하니라 此夫子는 指孟子也라

○ 程子曰 孔子自謂不能於辭命者는 欲使學者務本而已시니라

이 一節은 林氏(林之奇)가 이르기를 "모두 公孫丑의 질문이다." 하였으니, 그 말이

沈:빠질 침 溺:빠질 닉 權:저울 권 衡:저울대 형 較:비교할 교 冉:성 염

옳다. 說辭는 言語요, 德行은 마음에 얻어서 행사에 나타나는 것이다. 세 분들이 德行을 잘 말씀한 것은 자신들이 德行을 가지고 있었기 때문에 이것을 말함에 친절해서 맛이 있었던 것이다. 公孫丑가 말하기를 "몇 분들은 각기 所長이 있었고, 孔子는 이것을 겸하셨으나 오히려 스스로 辭命에는 능하지 못하다고 말씀하셨는데, 지금 孟子께서는 스스로 '나는 능히 知言을 하고, 나는 또 養氣를 잘 한다.'고 말씀하셨으니, 이것은 言語와 德行을 겸하여 소유하신 것입니다. 그렇다면 어찌 이미 聖人이 아니겠습니까." 한 것이다. 여기의 夫子는 孟子를 가리킨다.

○ 程子(明道)가 말씀하였다. "孔子께서 스스로 辭命에는 능하지 못하다고 말씀한 것은 배우는 자들로 하여금 근본(行實)을 힘쓰게 하고자 하셨을 뿐이다."

曰 惡(오)라 **是何言也**오 **昔者**에 **子貢**이 **問於孔子曰 夫子**는 **聖矣乎**신저 **孔子曰 聖則吾不能**이어니와 **我**는 **學不厭而敎不倦也**로라 **子貢曰 學不厭**은 **智也**요 **敎不倦**은 **仁也**니 **仁且智**하시니 **夫子**는 **旣聖矣**신저하니 **夫聖**은 **孔子**도 **不居**하시니 **是何言也**오

孟子께서 말씀하셨다. "아, 이 웬 말이냐. 옛적에 子貢이 孔子께 묻기를 '夫子는 聖人이십니다.' 하자, 孔子께서 '聖人은 내 능하지 못하거니와 나는 배우기를 싫어하지 않고 가르치기를 게을리 하지 않노라.' 하시니, 子貢이 말하기를 '배우기를 싫어하지 않음은 智요 가르치기를 게을리 하지 않음은 仁이니, 仁하고 또 智하시니 夫子는 이미 聖人이십니다.' 하였다. 聖人은 孔子께서도 자처하지 않으셨으니, 이 웬 말이냐."

惡는 驚歎辭也라 昔者以下는 孟子不敢當丑之言하여 而引孔子子貢問答之辭以告之也라 此夫子는 指孔子也라 學不厭者는 智之所以自明이요 敎不倦者는 仁之所以及物[1)]이라 再言是何言也하여 以深拒之하시니라

惡는 놀라고 탄식하는 말이다. 昔者 이하는 孟子께서 감히 公孫丑의 말을 감당하지 못해서 孔子와 子貢이 문답하신 말씀을 인용하여 고해준 것이다. 여기의 夫子는 孔子를 가리킨다. 배우기를 싫어하지 않음은 智로서 스스로 밝히는 것이요, 가르치기를 게

惡:탄식할 오 厭:싫어할 염 倦:게으를 권 驚:놀랄 경 物:남 물

을리 하지 않음은 仁으로서 남에게 미치는 것이다. '이 웬 말이냐.'고 두 번 말씀하여 깊이 거절하신 것이다.

譯註 1. 智之所以自明……仁之所以及物 : 스스로 밝히는 바의 智이고…… 남에게 미치는 바의 仁이란 뜻인데, 주어인 智와 仁을 앞에 놓은 것이다.

昔者에 竊聞之호니 子夏, 子游, 子張은 皆有聖人之一體하고 冉牛, 閔子, 顏淵은 則具體而微라하니 敢問所安하노이다

〈公孫丑가 말하였다.〉 "옛적에 제가 들으니, '子夏·子游·子張은 모두 聖人의 일부분을 가지고 있었고, 冉牛·閔子·顏淵은 전체를 갖추고 있었으나 미약하다.' 하였습니다. 감히 선생님께서 편안히 자처하시는 바를 묻겠습니다."

此一節은 林氏亦以爲皆公孫丑之問이라하니 是也라 一體는 猶一肢也라 具體而微는 謂有其全體로되 但未廣大耳[1]라 安은 處也라 公孫丑復問 孟子旣不敢比孔子면 則於此數子에 欲何所處也오하니라

이 一節은 林氏(林之奇)가 또 이르기를 '모두 公孫丑의 질문'이라 하였으니, 그 말이 옳다. 一體는 一肢와 같다. 具體而微는 그(孔子)의 전체를 소유하였으나 다만 廣大하지 못함을 말한 것이다. 安은 편안히 처하는 것이다. 公孫丑가 다시 묻기를 "孟子께서 이미 감히 孔子에게 비하지 못하신다면 이 몇 분들에 대해 어느 곳에 자처하시고자 합니까?" 한 것이다.

譯註 1. 但未廣大耳 : 內閣本에는 '大'자가 빠져 있다.

曰 姑舍是하라

孟子께서 말씀하셨다. "우선 이들을 버려두라."

孟子言且置是者는 不欲以數子所至者로 自處也시니라

孟子께서 말씀하시기를 '우선 이들을 버려두라.'고 하신 것은 이 몇 분들이 이른 경지를 가지고 자처하고자 하지 않으신 것이다.

竊:사사로울 절 具:갖출 구 肢:사지 지 姑:우선 고 且:우선 차

曰 伯夷, 伊尹은 **何如**하니잇고 **曰 不同道**하니 **非其君不事**하며 **非其民不使**하여 **治則進**하고 **亂則退**는 **伯夷也**요 **何事非君**이며 **何使非民**이리오하여 **治亦進**하며 **亂亦進**은 **伊尹也**요 **可以仕則仕**하며 **可以止則止**하며 **可以久則久**하며 **可以速則速**은 **孔子也**시니 **皆古聖人也**라 **吾未能有行焉**이어니와 **乃所願則學孔子也**로라

公孫丑가 말하였다. "伯夷와 伊尹은 어떻습니까?" 孟子께서 말씀하셨다. "道가 같지 않으니, 섬길 만한 군주가 아니면 섬기지 않으며 부릴 만한 백성이 아니면 부리지 않아서 세상이 다스려지면 나아가고 어지러워지면 물러감은 伯夷였고, 어느 분을 섬긴들 내 군주가 아니며 어느 사람을 부린들 내 백성이 아니겠는가 하여 다스려져도 나아가고 혼란해도 나아감은 伊尹이었고, 벼슬할 만하면 벼슬하고 그만둘 만하면 그만두며 오래 머무를 만하면 오래 머물고 빨리 떠날 만하면 빨리 떠나심은 孔子이시니, 모두 옛 聖人이시다. 내 행함이 있지 못하거니와 내가 원하는 것은 孔子를 배우는 것이다."

伯夷는 孤竹君之長子니 兄弟遜國하고 避紂隱居라가 聞文王之德而歸之러니 及武王伐紂에 去而餓死하니라 伊尹은 有莘之處士니 湯聘而用之하여 使之就桀한대 桀不能用이어늘 復歸於湯하여 如是者五라가 乃相湯而伐桀也하니라 三聖人事는 詳見(현)此篇之末及萬章下篇하니라

伯夷는 孤竹國 군주의 長子이니, 형제가 나라를 양보하고 紂王을 피하여 숨어 살다가 文王의 德을 듣고 文王에게 귀의했었는데, 武王이 紂王을 정벌하자 周나라를 떠나 굶어 죽었다. 伊尹은 有莘(國名)의 處士이니, 湯王이 초빙하여 등용해서 桀王에게 나아가게 하였으나 桀王이 등용하지 못하자 다시 湯王에게 돌아와 이와 같이 하기를 다섯 번 하다가 마침내 湯王을 도와 桀王을 정벌하였다. 이들 세 聖人의 일은 이 편의 끝과 〈萬章 下篇〉에 자세히 보인다.

遜:양보할 손 餓:굶주릴 아 莘:나라이름 신 聘:맞이할 빙 相:도울 상

伯夷, 伊尹이 **於孔子**에 **若是班乎**잇가 **曰 否**라 **自有生民以來**로 **未有孔子也**시니라

〈公孫丑가 말하였다.〉 "伯夷와 伊尹이 孔子에 대해서 이와 같이 동등합니까?" 孟子께서 말씀하셨다. "아니다. 生民이 있은 이래로 孔子 같은 분이 계시지 않다."

班은 齊等之貌라 公孫丑問而孟子答之以不同也하시니라

班은 등급이 똑같은 모양이다. 公孫丑가 물음에 孟子께서 같지 않다고 답하신 것이다.

曰 然則有同與잇가 **曰 有**하니 **得百里之地而君之**면 **皆能以朝諸侯有天下**어니와 **行一不義**하며 **殺一不辜而得天下**는 **皆不爲也**리니 **是則同**하니라

公孫丑가 말하였다. "그렇다면 같은 점이 있습니까?" 孟子께서 말씀하셨다. "있으니, 百里되는 땅을 얻어서 人君 노릇을 하면 모두 諸侯들에게 조회 받고 天下를 소유할 수 있거니와, 한 가지 일이라도 不義를 행하며 한 사람이라도 죄 없는 이를 죽이고 天下를 얻음은 모두 하시지 않을 것이니, 이것은 같다."

有는 言有同也라 以百里而王天下는 德之盛也요 行一不義, 殺一不辜而得天下를 有所不爲는 心之正也라 聖人之所以爲聖人은 其根本節目之大者 惟在於此하니 於此不同이면 則亦不足以爲聖人矣[1)]니라

有는 같음이 있음을 말한다. 百里를 가지고 天下에 王 노릇함은 德의 성함이요, 한 가지 일이라도 의롭지 않은 일을 행하며 한 사람이라도 죄 없는 이를 죽이고서 天下를 얻음을 하지 않는 바가 있음은 마음의 올바름이다. 聖人이 聖人이 되신 이유는 그 根本과 節目의 큰 것이 오직 여기에 있으니, 여기에 같지 않다면 또한 족히 聖人이라 할 수 없는 것이다.

班:같을 반 等:등급 등 朝:조회받을 조 辜:죄 고

譯註 1. 亦不足以爲聖人矣 : 內閣本에는 '以'자가 빠져 있다.

曰 敢問其所以異하노이다 曰 宰我, 子貢, 有若은 智足以知聖人이니 汙(와)不至阿其所好니라

公孫丑가 말하였다. "감히 그 다른 점을 묻겠습니다." 孟子께서 말씀하셨다. "宰我와 子貢과 有若은 지혜가 충분히 聖人을 알 만하니, 이들이 가령 〈지혜가〉 낮다 하더라도 좋아하는 사람에게 아첨하는 데에는 이르지 않았을 것이다.

汙는 下也라 三子智足以知夫子之道하니 假使汙下라도 必不阿私所好而空譽之니 明其言之可信也시니라

汙는 낮음이다. 세 사람의 지혜가 충분히 夫子의 道를 알 만하니, 가령 〈지혜가〉 낮더라도 반드시 자기가 좋아하는 사람에게 아첨하여 헛되이 칭찬하지는 않았을 것이다. 이는 그 말이 믿을 만함을 밝히신 것이다.

宰我曰 以予觀於夫子컨대 賢於堯舜이 遠矣샷다

宰我가 말하기를 '나로서 夫子를 관찰하건대 堯舜보다 나음이 크시다.' 하였다.

程子曰 語聖則不異하고 事功則有異하니 夫子賢於堯舜은 語事功也라 蓋堯舜은 治天下하시고 夫子는 又推其道하사 以垂教萬世하시니 堯舜之道 非得孔子면 則後世亦何所據哉리오

程子(伊川)가 말씀하였다. "聖人인 것을 말하면 다르지 않고 事功은 다름이 있으니, 夫子가 堯舜보다 나음은 事功을 말한 것이다. 堯舜은 天下를 다스리셨고 夫子는 또 그 道를 미루어 萬世에 가르침을 남기셨으니, 堯舜의 道가 孔子를 얻지 않았다면 후세에서 또한 무엇을 근거로 삼았겠는가."

子貢曰 見其禮而知其政하며 聞其樂而知其德이니 由百世之後하여 等百世之王컨대 莫之能違也니 自生民以來로 未有夫子也시니라

汙:낮을 와(오) 阿:아첨할 아 假:가령 가 空:헛될 공 等:차등할 등 違:피할 위

子貢이 말하기를 '禮를 보면 그 나라의 政事를 알 수 있고 音樂을 들으면 그 君主의 德을 알 수 있으니, 百世의 뒤에서 百世의 王들을 차등해 보건대 이것을 도피할 자가 없으니, 生民이 있은 이래로 夫子 같은 분은 계시지 않았다.' 하였다.

言 大凡見人之禮면 則可以知其政이요 聞人之樂이면 則可以知其德이라 是以로 我從百世之後하여 差等百世之王컨대 無有能遁其情者니 而見其皆莫若夫子之盛也니라

大凡 사람(君主)의 禮를 보면 그 政事를 알 수 있고 사람의 音樂을 들으면 그 德을 알 수 있다. 이 때문에 내가 百世의 뒤에서 百世의 王들을 차등해 보건대 그 實情을 도피할 자가 없으니, 그 모두 夫子와 같이 성한 이가 없음을 볼 수 있다고 말씀한 것이다.

有若曰 豈惟民哉리오 麒麟之於走獸와 鳳凰之於飛鳥와 泰山之於丘垤과 河海之於行潦에 類也며 聖人之於民에 亦類也시니 出於其類하며 拔乎其萃나 自生民以來로 未有盛於孔子也시니라

有若이 말하기를 '어찌 다만 백성(사람) 뿐이겠는가. 기린이 달리는 짐승에 있어서와 봉황새가 나는 새에 있어서와 태산이 언덕과 개미둑에 있어서와 河海가 길바닥에 고인 장마물에 있어서와 똑같으며, 聖人이 일반백성에 있어서도 이와 같은 것이다. 그 종류 중에서 빼어나며 그 모인 것 중에서 높이 솟아났으나 生民이 있은 이래로 孔子보다 더 훌륭한 분은 계시지 않다.' 하였다."

麒麟은 毛蟲之長이요 鳳凰은 羽蟲之長이라 垤은 蟻封也라 行潦는 道上無源之水也라 出은 高出也요 拔은 特起也라 萃는 聚也라 言 自古聖人이 固皆異於衆人이나 然이나 未有如孔子之尤盛者也니라

○ 程子曰 孟子此章은 擴前聖所未發하시니 學者所宜潛心而玩索也니라

麒麟은 毛蟲(털이 있는 짐승)의 으뜸이요 鳳凰은 羽蟲(깃이 있는 짐승)의 으뜸이다. 垤은 개미둑이다. 行潦는 길 위의 근원이 없는 물이다. 出은 높이 솟아남이요, 拔은 특별히 일어남이다. 萃는 모음이다. 예로부터 聖人은 진실로 모두 衆人보다 특이하다. 그

遁:도망할 둔 麒:기린 기 麟:기린 린 鳳:봉황새 봉 凰:봉황새 황 垤:개미둑 질 潦:장마물 로(료) 萃:모을 췌 蟻:개미 의 封:둑 봉 擴:넓힐 확 玩:구경할 완 索:찾을 색

러나 孔子와 같이 더욱 훌륭한 분은 있지 않음을 말씀한 것이다.

○ 程子(?)가 말씀하였다. "≪孟子≫의 이 章은 前聖들이 미처 發明하지 않은 것을 확충하였으니, 배우는 자들이 마땅히 마음을 잠겨 玩索하여야 할 것이다."

3. 孟子曰 以力假仁者는 霸니 霸必有大國이요 以德行仁者는 王이니 王不待大라 湯以七十里하시고 文王以百里하시니라

孟子께서 말씀하셨다. "힘으로써 仁의 행위를 빌린 자는 霸者이니 霸者는 반드시 大國을 소유하여야 하고, 德으로써 仁을 행한 자는 王者이니 王者는 大國을 필요로 하지 않는다. 湯王은 70里를 가지고 하셨고, 文王은 百里를 가지고 하셨다.

力은 謂土地甲兵之力이라 假仁者는 本無是心而借其事하여 以爲功者也라 霸는 若齊桓, 晉文이 是也라 以德行仁이면 則自吾之得於心者推之하여 無適而非仁也라

力은 土地와 甲兵의 힘을 이른다. 仁을 빌린다는 것은 본래 仁한 마음이 없으면서 그 일을 빌려 功으로 삼은 것이다. 霸는 齊桓公과 晉文公 같은 이가 이들이다. 德으로써 仁을 행하면 내가 마음에 얻은 것을 가지고 미루어 나가서 가는 곳마다 仁이 아님이 없을 것이다.

以力服人[1)]者는 非心服也라 力不贍也요 以德服人者는 中心悅而誠服也니 如七十子之服孔子[2)]也라 詩云 自西自東하며 自南自北이 無思不服이라하니 此之謂也니라

힘으로써 남을 복종시키는 자는 〈상대방이〉 진심으로 복종하는 것이 아니라 힘이 부족해서요, 德으로써 남을 복종시키는 자는 〈상대방이〉 中心으로 기뻐하여 진실로 복종함이니, 70弟子가 孔子에게 심복함과 같은 것이다. ≪詩經≫에 이르기를 '서쪽에서 동쪽에서 남쪽에서 북쪽에서 복종하지 않는 이가 없다.' 하였으니 이것을 말한 것이다."

適:갈 적 服:복종할 복 贍:넉넉할 섬 誠:진실로 성 自:부터 자

譯註 1. 以力服人 : 內閣本에는 '人'자가 '仁'으로 잘못되어 있다.
2. 七十子之服孔子 : 七十子는 70명의 弟子로, ≪史記≫ 〈孔子世家〉에 "孔子의 門下에 몸소 六藝를 통달한 자가 72명이었다." 하였는데, 바로 이들을 가리킨 것이다.

贍은 足也라 詩는 大雅文王有聲之篇이라 王霸之心이 誠僞不同이라 故로 人所以應之者 其不同이 亦如此하니라

○ 鄒氏曰 以力服人者는 有意於服人而人不敢不服이요 以德服人者는 無意於服人而人不能不服이니 從古以來로 論王霸者多矣로되 未有若此章之深切而著明者也니라

贍은 족함이다. 詩는 〈大雅 文王有聲篇〉이다. 王者와 霸者의 마음은 진실되고 거짓됨이 같지 않다. 그러므로 사람들이 이에 호응하는 것도 그 같지 않음이 이와 같은 것이다.

○ 鄒氏(鄒浩)가 말하였다. "힘으로써 사람을 복종시키는 자는 사람을 복종시킴에 뜻을 두어서 사람들이 감히 복종하지 않을 수 없는 것이요, 德으로써 사람을 복종시키는 자는 사람을 복종시킴에 뜻이 없으나 사람들이 복종하지 않을 수 없는 것이다. 예로부터 이래로 王道와 霸道를 논한 자가 많으나 이 章과 같이 깊고 간절하면서 드러나 분명한 것은 있지 않다."

4. 孟子曰 仁則榮하고 不仁則辱하나니 今에 惡(오)辱而居不仁이 是猶惡濕而居下也니라

孟子께서 말씀하셨다. "仁하면 영화롭고 仁하지 않으면 치욕을 받나니, 지금에 치욕을 싫어하면서도 不仁에 처함은, 이는 마치 습한 것을 싫어하면서 낮은 곳에 처함과 같은 것이다.

好榮, 惡辱은 人之常情이라 然이나 徒惡之而不去其得之之道면 不能免也니라

영화를 좋아하고 치욕을 싫어함은 사람의 떳떳한 情이다. 그러나 다만 이것(치욕)을 싫어하기만 하고 이것을 얻는 방법을 버리지 않는다면 면할 수 없다.

如惡之인댄 莫如貴德而尊士니 賢者在位하며 能者在職하여 國家

僞:거짓 위 猶:같을 유 濕:젖을 습 徒:한갓 도

閒暇어든 **及是時**하여 **明其政刑**이면 **雖大國**이라도 **必畏之矣**리라

만일 치욕을 싫어할진댄 德을 귀하게 여기고 선비를 높이는 것만 못하니, 賢者가 지위에 있으며 재능이 있는 자가 직책에 있어서 국가가 한가하거든 이 때에 미쳐 그 정사와 형벌을 밝힌다면 비록 강대국이라도 반드시 그를 두려워할 것이다.

此는 因其惡辱之情하여 而進之以彊仁之事也라 貴德은 猶尙德也라 士는 則指其人而言之라 賢은 有德者니 使之在位면 則足以正君而善俗이요 能은 有才者니 使之在職이면 則足以修政而立事라 國家閒暇는 可以有爲之時也니 詳味及字하면 則惟日不足[1]之意를 可見矣니라

이것은 치욕을 싫어하는 마음을 인하여 仁을 힘쓰는 일로써 나아가게 한 것이다. 貴德은 德을 숭상함과 같다. 士는 德이 있는 사람을 가리켜 말한 것이다. 賢은 德이 있는 자이니, 그로 하여금 지위에 있게 하면 족히 군주를 바로잡고 풍속을 좋게 할 수 있고, 能은 재주가 있는 자이니, 그로 하여금 직책에 있게 하면 족히 정사를 닦아서 일(업적)을 세울 수 있다. 국가가 한가함은 훌륭한 일을 할 수 있는 때이니, 及字를 자세히 음미해 보면 날마다 부족하게 여기는 뜻을 볼 수 있다.

譯註 1. 惟日不足 : 날마다 하여도 부족하게 여김을 이르는 바, ≪書經≫ 〈泰誓〉에 "吉한 사람은 善行을 하되 날마다 부족하게 여기는데, 凶한 사람은 不善을 하되 또한 날마다 부족하게 여긴다.〔吉人 爲善 惟日不足 凶人 爲不善 亦惟日不足〕"라고 보인다.

詩云 迨天之未陰雨하여 **徹彼桑土**(두)하여 **綢繆牖戶**면 **今此下民**이 **或敢侮予**아하여늘 **孔子曰 爲此詩者 其知道乎**인저 **能治其國家**면 **誰敢侮之**리오하시니라

≪詩經≫에 이르기를 '하늘이 陰雨하지 않을 때에 미쳐서 저 뽕나무 뿌리를 거두어다가 창문을 칭칭 감는다면 지금 이 아래에 있는 사람들이 혹시라도 감히

閒:한가할 한 暇:한가할 가 彊:힘쓸 강 迨:미칠 태 徹:거둘 철 土:뿌리 두 綢:얽을 주 繆:얽을 무 牖:창문 유 侮:업신여길 모

나를 업신여기겠는가.' 하였다. 孔子께서 말씀하시기를 '이 詩를 지은 자는 道를 알 것이다. 자기 국가를 잘 다스린다면 누가 감히 업신여기겠는가.' 하였다.

詩는 豳風鴟鴞之篇이니 周公之所作也라 迨는 及也라 徹은 取也라 桑土는 桑根之皮也라 綢繆는 纏綿補葺也라 牖戶는 巢之通氣出入處也라 予는 鳥自謂也라 言 我之備患이 詳密如此면 今此在下之人이 或敢有侮予者乎아 周公이 以鳥之爲巢如此로 比君之爲國이 亦當思患而預防之어시늘 孔子讀而贊之하사 以爲知道也라하시니라

詩는 〈豳風 鴟鴞篇〉이니, 周公이 지은 것이다. 迨는 미침이다. 徹은 취함이다. 桑土는 뽕나무 뿌리의 껍질이다. 綢繆는 칭칭 감아 집을 완전하게 만드는 것이다. 牖戶는 둥지에 공기가 통하고 새가 출입하는 곳이다. 予는 새가 자신을 말한 것이다. "내가 禍를 대비함에 자세하고 치밀함이 이와 같다면 지금 이 아래에 있는 사람들이 혹시라도 감히 나를 업신여길 자가 있겠는가."라고 말한 것이다. 周公은 새가 둥지를 만들기를 이와 같이 함을 가지고 군주가 나라를 다스림에 또한 마땅히 禍를 생각하여 미리 방비하여야 함을 비유하신 것이다. 孔子는 이 詩를 읽고 칭찬하시어 道를 안다고 말씀하셨다.

今에 國家閒暇어든 及是時하여 般樂怠敖하나니 是는 自求禍也니라

지금 국가가 한가하거든 이 때에 미쳐 즐기고 태만하며 오만한 짓을 하니, 이것은 스스로 禍를 구하는 것이다.

言其縱欲偸安을 亦惟日不足也라

욕심을 부리고 구차히 편안하기를 또한 날마다 부족하게 여김을 말씀한 것이다.

禍福이 無不自己求之者니라

禍와 福이 자기로부터 구하지 않는 것이 없다.

結上文之意하니라

윗글의 뜻을 맺은 것이다.

豳:땅이름 빈 鴟:솔개 치 鴞:올빼미 효 纏:묶을 전 綿:얽을 면 葺:지붕이을 집 巢:둥지 소 般:즐길 반 敖:오만할 오 偸:구차할 투

詩云 永言配命이 **自求多福**이라하며 **太甲曰 天作孼**은 **猶可違**어니와 **自作孼**은 **不可活**이라하니 **此之謂也**니라

≪詩經≫에 이르기를 '길이 天命에 배합할 것을 생각함이 스스로 많은 복을 구하는 것이다.' 하였으며, ≪書經≫ 〈太甲〉에 이르기를 '하늘이 지은 재앙은 오히려 피할 수 있으나 스스로 지은 재앙은 살 길이 없다.' 하였으니, 이것을 말한 것이다."

詩는 大雅文王之篇이라 永은 長也요 言은 猶念也요 配는 合也요 命은 天命也니 此는 言福之自己求者라 太甲은 商書篇名이라 孼은 禍也요 違는 避也요 活은 生也니 書作逭하니 逭은 猶緩也니 此는 言禍之自己求者라

詩는 〈大雅 文王篇〉이다. 永은 긺이요 言은 念과 같고 配는 합함이요 命은 天命이니, 이것은 福을 자기로부터 구함을 말한 것이다. 太甲은 〈商書〉의 篇名이다. 孼은 禍요 違는 피함이요 活은 삶이니, ≪書經≫에는 逭字로 되어 있으니, 逭은 緩(늦춤)과 같으니, 이것은 禍를 자기로부터 구함을 말한 것이다.

5. **孟子曰 尊賢使能**하여 **俊傑**이 **在位**면 **則天下之士 皆悅而願立於其朝矣**리라

孟子께서 말씀하셨다. "賢者를 높이고 재능이 있는 자를 부려서 俊傑들이 지위에 있으면 천하의 선비가 모두 기뻐하여 그 조정에서 벼슬하기를 원할 것이다.

俊傑은 才德之異於衆者라

俊傑은 재주와 德이 보통 사람보다 특이한 자이다.

市에 **廛而不征**하며 **法而不廛**이면 **則天下之商**이 **皆悅而願藏於其市矣**리라

孼:재앙 얼 逭:도망할 환 緩:늦을 완 傑:호걸 걸 廛:자리 전 征:세금낼 정

시장의 집에 자릿세만 받고 〈貨物에 대한〉 세금을 징수하지 않으며, 법대로 처리하기만 하고 자릿세도 받지 않으면 천하의 장사꾼들이 모두 기뻐하여 그 시장에 화물을 보관하기를 원할 것이다.

廛은 市宅也[1]라 張子曰 或賦其市地之廛而不征其貨하고 或治以市官之法而不賦其廛하니 蓋逐末者多면 則廛而抑之요 少則不必廛也니라

廛은 시장의 집이다.

張子(橫渠)가 말씀하였다. "혹은 그 市地의 자리에 세금만 거두고 화물에 대한 세금은 징수하지 않으며, 혹은 市官의 법으로써 〈분쟁을〉 다스리기만 하고 자릿세도 받지 않는 것이니, 末業(商工業)을 따르는 자가 많으면 자릿세를 받아서 이를 억제하고 적으면 굳이 자릿세를 받지 않는 것이다."

譯註 1. 廛 市宅也 : 趙岐의 註와 集註에 모두 廛을 시장의 집으로 해석하였다. 그러나 여기의 廛은 魚物廛 등의 가게로 보이며, 뒤의 '廛無夫里之布'의 廛은 도시의 일반 주택으로 보는 것이 타당할 듯하다. 아래 〈滕文公 上〉에 許行이 "한 廛을 받아 백성이 되기를 원합니다.〔願受一廛而爲氓〕"라고 한 것도 시장의 일반 주택을 가리킨 것이다. 壺山은 이에 대하여 "市宅에는 里宅도 포함되어 있으니, 모두 이른바 五畝之宅이라는 것이다. 그러므로 아랫편 許行의 註에 오직 백성들이 사는 것으로 訓했다." 하였다. 이는 곧 市宅이 시장의 가게일 수도 있고 일반 마을의 집일 수도 있음을 말한 것이다.

關에 譏而不征이면 則天下之旅 皆悅而願出於其路矣리라

關門에 譏察하기만 하고 세금을 징수하지 않으면 천하의 여행자들이 모두 기뻐하여 그 길로 나가기를 원할 것이다.

解見(현)前篇하니라

해석이 前篇(梁惠王 下)에 보인다.

耕者를 助而不稅면 則天下之農이 皆悅而願耕於其野矣리라

賦:세금 부　逐:쫓을 축　抑:누를 억　譏:살필 기

농사짓는 자들을 〈公田을〉 도와서 경작하게만 하고 세금을 내지 않게 하면 천하의 농부들이 모두 기뻐하여 그 들에서 경작하기를 원할 것이다.

但使出力하여 以助耕公田하고 而不稅其私田也라

다만 〈농민들로〉 하여금 노동력을 내어 公田을 도와 경작하게만 하고 私田에 세금을 내지 않게 하는 것이다.

廛에 無夫里之布면 則天下之民이 皆悅而願爲之氓矣리라

廛에 夫와 里에서 내는 베를 없애면 천하의 백성들이 모두 기뻐하여 그의 백성이 되기를 원할 것이다.

周禮에 宅不毛者는 有里布하고 民無職事者는 出夫家之征이라하니 鄭氏謂 宅不種桑麻者를 罰之하여 使出一里二十五家之布하고 民無常業者를 罰之하여 使出一夫百畝之稅와 一家力役之征也라하니라 今戰國時엔 一切取之하여 市宅之民이 已賦其廛하고 又令出此夫里之布하니 非先王之法也라 氓은 民也라

≪周禮≫에 "집이 불모인 자는 里布가 있고 백성 중에 職事가 없는 자는 夫家의 세금을 낸다." 하였는데, 鄭氏(鄭玄)가 해석하기를 "집에 뽕나무와 삼을 심지 않는 자를 罰하여 1里 25家의 베를 내게 하고, 백성 중에 일정한 생업이 없는 자를 罰하여 1夫에 대한 百畝의 세와 1家에 대한 力役의 세금을 내게 한다." 하였다. 지금 戰國時代에는 일체 이것을 취하여, 市宅에 있는 백성들이 이미 그 자릿세를 내고 또 이 夫·里의 세금을 내게 하였으니, 先王의 법이 아니다. 氓은 백성이다.

信能行此五者면 則鄰國之民이 仰之若父母矣리니 率其子弟하여 攻其父母[1]는 自生民以來로 未有能濟者也니 如此則無敵於天下하리니 無敵於天下者는 天吏也니 然而不王者 未之有也니라

진실로 이 다섯 가지를 잘 시행한다면 이웃나라 백성들이 그를 우러러보기를 父母처럼 할 것이니, 그 子弟를 거느리고서 그 父母를 공격함은 生民이 있은 이

氓:백성 맹 毛:풀없을 모 種:심을 종 信:진실로 신 率:거느릴 솔 濟:이룰 제 敵:대적할 적

래로 능히 成事한 자가 있지 않으니, 이와 같으면 천하에 대적할 자가 없을 것이다. 천하에 대적할 자가 없으면 天吏이니, 이렇게 하고서도 왕 노릇하지 못한 자는 있지 않다."

譯註 1. 率其子弟 攻其父母 : 두 '其'자는 彼·此의 구분이 있는 바, '率其子弟'의 其는 甲을 가리키며, '攻其父母'의 其는 乙을 가리킨다. 예를 들어 甲이라는 나라가 있고 乙이라는 나라가 있는데, 甲은 仁政을 행하여 자기 나라는 물론이요 乙의 백성들도 모두 자기 부모처럼 우러르는 반면 乙은 仁政을 행하지 아니하여 백성들로부터 원한을 산다고 하자. 이와 같다면 乙의 백성들은 이미 甲의 백성이 된 것이다. 그러므로 乙의 군주가 비록 자기 나라 백성들을 거느리고 甲의 군주를 공격한다 하더라도 乙의 백성들이 甲의 군주를 제대로 공격할 리가 만무하다. 이 때문에 뒤에 '성공하는 자가 있지 않다'고 말한 것이다.

呂氏曰 奉行天命을 謂之天吏니 廢興存亡을 惟天所命하여 不敢不從이니 若湯武是也라 ○ 此章은 言能行王政이면 則寇戎爲父子요 不行王政이면 則赤子爲仇讐니라

呂氏(呂大臨)가 말하였다. "天命을 받들어 행함을 天吏라 이르니, 폐하고 흥하며 보존시키고 멸망시킴을 오직 하늘의 명령대로 하여 감히 따르지 않을 수 없는 것이니, 湯王과 武王 같은 분들이 이것이다."

○ 이 章은 군주가 王政을 잘 행하면 오랑캐와 적이 父子間이 되고, 王政을 행하지 않으면 赤子(人民)가 怨讐가 됨을 말씀한 것이다.

6. 孟子曰 人皆有不忍人之心하니라

孟子께서 말씀하셨다. "사람들은 모두 사람을 차마 해치지 못하는 마음(仁心)을 가지고 있다.

天地以生物爲心하니 而所生之物이 因各得夫天地生物之心하여 以爲心이라 所以人皆有不忍人之心也니라

天地는 萬物을 냄으로써 마음을 삼으니, 태어난 물건들이 각기 天地의 生物之心을 얻음으로 인하여, 이것으로 마음을 삼았다. 이 때문에 사람들이 모두 사람을 차마 해치지 못하는 마음을 가지고 있는 것이다.

寇:도적 구 戎:오랑캐 융 仇:원수 구 讐:원수 수 忍:차마할 인

先王이 **有不忍人之心**하사 **斯有不忍人之政矣**[1)]시니 **以不忍人之心**으로 **行不忍人之政**이면 **治天下**는 **可運之掌上**이니라

先王이 사람을 차마 해치지 못하는 마음을 두어 사람을 차마 해치지 못하는 정사(仁政)를 시행하셨으니, 사람을 차마 해치지 못하는 마음으로 사람을 차마 해치지 못하는 정사를 행한다면, 천하를 다스림은 손바닥 위에 놓고 움직일 수 있을 것이다.

譯註 1. 有不忍人之心 斯有不忍人之政矣 : 不忍人之心은 仁心이고 不忍人之政은 仁政인데, 막연히 仁이라고만 말하면 절실하지 않으므로 '사람을 차마 해치지 못하는 마음'이라 하고, 또 '사람을 차마 해치지 못하는 정사'라 한 것이다.

言 衆人은 雖有不忍人之心이나 然이나 物欲害之하여 存焉者寡라 故로 不能察識而推之政事之間이요 惟聖人은 全體此心하여 隨感而應이라 故로 其所行이 無非不忍人之政也라

衆人들은 비록 사람을 차마 해치지 못하는 마음을 가지고 있으나 物慾이 해쳐서 보존한 자가 적으므로 이것을 살피고 알아서 정사의 사이에 미루어 나가지 못하고, 오직 聖人은 온전히 이 마음을 체행하여 감동함에 따라 응하므로 그 행하는 바가 사람을 차마 해치지 못하는 정사 아님이 없는 것이다.

所以謂人皆有不忍人之心者는 **今人**이 **乍見孺子將入於井**하고 **皆有怵惕惻隱之心**하나니 **非所以內(納)交於孺子之父母也**며 **非所以要譽於鄕黨朋友也**며 **非惡**(오)**其聲而然也**니라

사람들이 모두 사람을 차마 해치지 못하는 마음을 가지고 있다고 말하는 까닭은, 지금에 사람들이 갑자기 어린아이가 장차 우물로 들어가려는 것을 보고는 모두 깜짝 놀라고 측은해 하는 마음을 가지니, 이는 어린아이의 父母와 교분을 맺으려고 해서도 아니며, 鄕黨과 朋友들에게 〈인자하다는〉 명예를 구해서도 아

乍:갑자기 사 孺:어릴 유 怵:두려워할 출 惕:두려워할 척 內:들일 납(納同) 要:구할 요

니며, 〈잔인하다는〉 악명을 싫어해서 그러한 것도 아니다.

乍는 猶忽也라 怵惕은 驚動貌라 惻은 傷之切也요 隱은 痛之深也니 此卽所謂不忍人之心也라 內은 結이요 要는 求요 聲은 名也라 言 乍見之時에 便有此心이 隨見而發이요 非由此三者而然也라 程子曰 滿腔子 是惻隱之心이니라 謝氏曰 人須是識其眞心이니 方乍見孺子入井之時에 其心怵惕이 乃眞心也라 非思而得이요 非勉而中이니 天理之自然也라 內交, 要譽, 惡其聲而然이면 卽人欲之私矣니라

乍는 忽(갑자기)과 같다. 怵惕은 놀라 움직이는 모양이다. 惻은 서글퍼하기를 간절히 함이요 隱은 아파하기를 깊이 함이니, 이것이 곧 이른바 '사람을 차마 해치지 못하는 마음'이란 것이다. 內은 맺음이요, 要는 구함이요, 聲은 이름이다. 갑자기 그것을 보았을 때에 곧 이 마음이 봄에 따라 나오는 것이요, 이 세 가지로 말미암아 그러한 것이 아님을 말씀한 것이다.

程子(明道)가 말씀하였다. "腔子(몸)에 가득한 것이 이 惻隱之心이다."

謝氏(謝良佐)가 말하였다. "사람은 모름지기 眞心을 알아야 하니, 갑자기 어린아이가 우물로 빠져 들어가는 것을 보았을 때에 그 마음이 깜짝 놀라는 것이 바로 眞心이다. 이것은 생각하여 아는 것도 아니며 힘써서 맞는 것도 아니니, 天理의 自然함이다. 교분을 맺기 위해서 하고 명예를 구하기 위해서 하고 잔인하다는 惡名을 싫어해서 그렇게 한다면 이것은 바로 人慾의 私인 것이다."

由是觀之컨댄 無惻隱之心이면 非人也며 無羞惡(오)之心이면 非人也며 無辭讓之心이면 非人也며 無是非之心이면 非人也니라

이로 말미암아 본다면 惻隱之心(측은해 하는 마음)이 없으면 사람이 아니며, 羞惡之心(부끄러워하고 미워하는 마음)이 없으면 사람이 아니며, 辭讓之心(사양하는 마음)이 없으면 사람이 아니며, 是非之心(옳고 그름을 따지는 마음)이 없으면 사람이 아니다.

羞는 恥己之不善也요 惡는 憎人之不善也라 辭는 解使去己也요 讓은 推(퇴)以與人也라 是는 知其善而以爲是也요 非는 知其惡而以爲非也라 人之所以爲心이 不外乎是

忽:갑자기 홀 腔:창자 강 推:밀칠 퇴 與:줄 여 外:벗어날 외

四者라 故로 因論惻隱而悉數之하여 言 人若無此면 則不得謂之人이라하시니 所以明其必有也시니라

羞는 자신의 不善을 부끄러워함이요, 惡는 남의 不善을 미워하는 것이다. 辭는 풀어서 자기에게서 떠나가게 하는 것이요, 讓은 밀어서 남에게 주는 것이다. 是는 그 善함을 알아서 옳게 여김이요, 非는 그 惡함을 알아서 그르게 여기는 것이다. 사람이 마음을 삼는 것이 이 네 가지에서 벗어나지 않는다. 그러므로 惻隱之心을 논함으로 인하여 이것을 모두 세어서, 사람이 만일 이것이 없으면 사람이라 이를 수 없다고 말씀하였으니, 사람이 반드시 가지고 있음을 밝히신 것이다.

惻隱之心은 仁之端也요 羞惡之心은 義之端也요 辭讓之心은 禮之端也요 是非之心은 知(智)之端也니라

惻隱之心은 仁의 단서요, 羞惡之心은 義의 단서요, 辭讓之心은 禮의 단서요, 是非之心은 智의 단서이다.

惻隱, 羞惡, 辭讓, 是非는 情也요 仁, 義, 禮, 知(智)는 性也요 心은 統性情者也라 端은 緖也라 因其情之發하여 而性之本然을 可得而見이니 猶有物在中而緖見(현)於外也니라

惻隱・羞惡・辭讓・是非는 情이요, 仁・義・禮・智는 性이요, 心은 性과 情을 통합한 것이다. 端은 실마리이다. 情이 발함으로 인하여 性의 本然함을 볼 수 있으니, 마치 물건이 가운데에 있으면 실마리가 밖에 나타남과 같은 것이다.

人之有是四端也 猶其有四體也니 有是四端而自謂不能者는 自賊者也요 謂其君不能者는 賊其君者也니라

사람이 이 四端을 가지고 있음은 四體를 가지고 있는 것과 같으니, 이 四端을 가지고 있으면서도 스스로 仁義를 행할 수 없다고 말하는 자는 자신을 해치는 자요, 자기 군주가 仁義를 행할 수 없다고 말하는 자는 군주를 해치는 자이다.

四體는 四肢니 人之所必有者也라 自謂不能者는 物欲蔽之耳니라

悉:다 실 數:셀 수 端:단서 단, 끝 단 統:통합할 통 緖:실마리 서 賊:해칠 적

四體는 四肢이니, 사람이 반드시 가지고 있는 것이다. 스스로 仁義를 행할 수 없다고 말하는 자는 物慾이 가렸을 뿐이다.

凡有四端於我者를 **知皆擴而充之矣**면 **若火之始然(燃)**하며 **泉之始達**이니 **苟能充之**면 **足以保四海**요 **苟不充之**면 **不足以事父母**니라

무릇 四端이 나에게 있는 것을 모두 넓혀 채울 줄을 알면 마치 불이 처음 타오르며 샘물이 처음 나오는 것과 같을 것이니, 만일 능히 이것을 채운다면 충분히 四海를 보호할 수 있고, 만일 채우지 못한다면 父母도 섬길 수 없을 것이다."

擴은 推廣之意요 充은 滿也라 四端在我하여 隨處發見(현)하니 知皆卽此推廣而充滿其本然之量이면 則其日新又新이 將有不能自已者矣리니 能由此而遂充之면 則四海雖遠이나 亦吾度內[1]라 無難保者요 不能充之면 則雖事之至近이나 而不能矣리라

○ 此章所論人之性情과 心之體用이 本然全具而各有條理如此하니 學者於此에 反求默識而擴充之면 則天之所以與我者를 可以無不盡矣리라

○ 程子曰 人皆有是心이로되 惟君子爲能擴而充之하나니 不能然者는 皆自棄也라 然이나 其充與不充은 亦在我而已矣니라 又曰 四端에 不言信者는 既有誠心爲四端이면 則信在其中矣니라 愚按 四端之信은 猶五行之土하여 無定位하고 無成名하고 無專氣[2]로되 而水火金木이 無不待是以生者라 故로 土於四行에 無不在하고 於四時則寄王(旺)焉[3]하니 其理亦猶是也니라

擴은 미루어 넓히는 뜻이요, 充은 가득함이다. 四端이 나에게 있어 곳에 따라 발현되니, 이것을 알아서 모두 이에 나아가 미루어 넓혀서 그 本然의 量을 가득 채운다면 날로 새롭게 하고 또 새롭게 함이 장차 스스로 그만두지 못하게 될 것이다. 이로 말미암아 마침내 채운다면 四海가 비록 머나 또한 나의 범위 안이어서 보전하기 어려움이 없을 것이요, 채우지 못한다면 비록 일의 지극히 가까운 것이라 하더라도 능히 하지 못할 것이다.

○ 이 章에서 논한 바, 사람의 性·情과 마음의 體·用은 本然이 완전히 갖추어져 있으면서 각기 條理가 있음이 이와 같으니, 배우는 자가 이에 대하여 돌이켜 찾고 묵묵히

然:불탈 연(燃同) 默:잠잠할 묵 按:살필 안 寄:붙일 기 王:왕성할 왕(旺通)

알아서 이것을 확충한다면 하늘이 나에게 주신 것(本性)을 다하지 않음이 없을 것이다.

○ 程子(伊川)가 말씀하였다. "사람들이 모두 이 마음(仁心)을 가지고 있으나 오직 君子만이 넓혀서 채울 수 있으니, 이렇게 하지 못하는 자는 모두 自棄하는 것이다. 그러나 채우고 채우지 못함은 또한 자신에게 달려있을 뿐이다."

또 말씀하였다. "四端에 信을 말하지 않은 것은 이미 誠心으로 四端을 하면 信이 그 가운데에 있기 때문이다."

내(朱子)가 살펴보건대, 四端의 信은 五行의 土와 같아서 일정한 위치가 없고 이루는 이름(명칭)이 없고 專一한 기운이 없으나 水·火·金·木이 이것(土)을 필요로 하여 생겨나지 않는 것이 없다. 그러므로 土가 四行에 있어서는 있지 않은 데가 없고 四時에 있어서는 붙어서 왕성하니, 그 이치가 또한 이와 같다.

譯註 1. 亦吾度內 : 度內는 度外와 상대되는 말로, 四海가 모두 나의 범위 안에 있음을 이른다.

2. 無定位 無成名 無專氣 : 定位는 정해진 방위로 木은 東方, 火는 南方, 金은 西方, 水는 北方이다. 成名은 명확한 주석이 없으나 壺山의 生長收藏이라는 주석에 따라 '이루는 이름'으로 해석하였다. 生長收藏은 春生·夏長·秋收·冬藏으로, 木인 봄에는 만물을 낳고 火인 여름에는 자라게 하고 金인 가을에는 수확하고 水인 겨울에는 갈무리함을 이른다. 專氣는 專一한 기운으로 봄은 木氣, 여름은 火氣, 가을은 金氣, 겨울은 水氣가 왕성하다. 그러나 土는 그렇지 않으므로 말한 것이다.

3. 於四時則寄王焉 : 王은 旺과 통하는 바, 陰陽五行說에 있어 봄은 木, 여름은 火, 가을은 金, 겨울은 水에 소속되며, 음력으로 4季月 즉 3·6·9·12월은 土氣가 왕성한 계절로 흙비가 내린다 하여 土王用事가 매월 책력에 明示되어 있다. 또한 天干 중에 甲乙은 木, 丙丁은 火, 戊己는 土, 庚辛은 金, 壬癸는 水인데, 이 중 한 가운데인 土는 여름 6월에 왕성하다.

7. 孟子曰 矢人이 豈不仁於函人哉리오마는 矢人은 惟恐不傷人하고 函人은 惟恐傷人하나니 巫匠도 亦然하니 故로 術不可不愼也니라

孟子께서 말씀하셨다. "화살 만드는 사람이 어찌 갑옷 만드는 사람보다 仁하지 못하겠는가마는 화살 만드는 사람은 행여 사람을 상하지 못할까 두려워하고 갑옷 만드는 사람은 행여 사람을 상할까 두려워하나니, 무당과 관 만드는 목수

函:갑옷 함 巫:무당 무 匠:목수 장 術:재주 술

도 또한 그러하다. 그러므로 기술을 〈선택함에〉 삼가지 않으면 안 되는 것이다.

函은 甲也라 惻隱之心을 人皆有之하니 是矢人之心이 本非不如函人之仁也라 巫者는 爲人祈祝하여 利人之生하고 匠者는 作爲棺槨하여 利人之死니라

函은 갑옷이다. 惻隱之心을 사람마다 모두 가지고 있으니, 이것은 화살 만드는 사람의 마음이 본래 갑옷 만드는 사람의 仁함만 못한 것이 아니다. 무당은 사람들을 위해 기원하여 사람이 사는 것을 이롭게 여기고, 목수는 棺槨을 만들어 사람이 죽는 것을 이롭게 여긴다.

孔子曰 里仁이 爲美하니 擇不處仁이면 焉得智리오하시니 夫仁은 天之尊爵也며 人之安宅也어늘 莫之禦而不仁하니 是는 不智也니라

孔子께서 말씀하시기를 '마을에 仁厚한 풍속이 있는 것이 아름다우니, 사람이 自處할 곳을 가리되 仁에 처하지 않는다면 어떻게 지혜로울 수 있겠는가.' 하셨으니, 仁은 하늘의 높은 벼슬이요 사람의 편안한 집이다. 그러나 이것을 막는 이가 없는데도 仁하지 못하니, 이는 지혜롭지 못한 것이다.

里有仁厚之俗者를 猶以爲美하니 人擇所以自處호되 而不於仁이면 安得爲智乎리오 此는 孔子之言也라 仁義禮智는 皆天所與之良貴로되 而仁者는 天地生物之心으로 得之最先而兼統四者하니 所謂元者善之長也라 故로 曰尊爵이라 在人이면 則爲本心全體之德하여 有天理自然之安이요 無人欲陷溺之危하니 人當常在其中而不可須臾離者也라 故로 曰安宅이라 此는 又孟子釋孔子之意하사 以爲仁道之大如此어늘 而自不爲之하니 豈非不智之甚乎리오하시니라

"마을에 仁厚한 풍속이 있는 것을 오히려 아름답게 여기니, 사람이 자처할 바를 가리되 仁에 하지 않는다면 어떻게 지혜로울 수 있겠는가." 하셨으니, 이것은 孔子의 말씀이다. 仁·義·禮·智는 모두 하늘이 주신 바의 良貴인데, 仁은 天地가 萬物을 내는 마음으로서 얻기를 가장 먼저 하였고 네 가지(仁·義·禮·智)를 겸하여 통솔하니, 〈≪周易≫ 〈乾卦 文言傳〉에〉 이른바 '元은 善의 으뜸'이란 것이다. 그러므로 尊爵

棺:널 관 槨:널 곽 良:진실로 량 陷:빠질 함 溺:빠질 닉 須:잠깐 수 臾:잠깐 유

이라 말한 것이다. 사람에 있어서는 本心의 全體의 德이 되어, 天理自然의 편안함이 있고 人慾에 빠지는 위태로움이 없으니, 사람들이 마땅히 항상 그 가운데에 있어야 하고 잠시라도 떠나서는 안될 것이다. 그러므로 安宅이라 말한 것이다. 이것은 또 孟子께서 孔子의 뜻을 해석하여 이르시기를 "仁道의 위대함이 이와 같은데도 스스로 하지 않으니, 어찌 지혜롭지 못함이 심한 것이 아니겠는가."라고 하신 것이다.

不仁不智라 無禮無義면 人役也니 人役而恥爲役은 由(猶)弓人而恥爲弓하며 矢人而恥爲矢也니라

仁하지 못하여 지혜롭지 못하다. 그리하여 禮가 없고 義가 없으면 사람의 사역(노예)이니, 사람의 사역이 되어 사역하는 것을 부끄러워하는 것은 마치 활 만드는 사람이 활 만드는 것을 부끄러워하며 화살 만드는 사람이 화살 만드는 것을 부끄러워함과 같은 것이다.

以不仁故로 不智요 不智故로 不知禮義之所在라

不仁하기 때문에 지혜롭지 못하고, 지혜롭지 못하기 때문에 禮·義의 소재를 알지 못하는 것이다.

如恥之인댄 莫如爲仁이니라

만일 이것(사역)을 부끄러워할진댄 仁을 행하는 것만 못하다.

此亦因人愧恥之心而引之[1)]하여 使志於仁也라 不言智禮義者는 仁該全體하니 能爲仁이면 則三者在其中矣니라

이 또한 사람들이 부끄러워하는 마음을 인하여 유도하여 仁에 뜻하게 하신 것이다. 智·禮·義를 말하지 않은 것은, 仁은 전체를 포함하니 능히 仁을 행한다면 세 가지가 그 가운데에 있기 때문이다.

譯註 1. 此亦因人愧恥之心而引之 : 앞의 4章에 "만일 치욕을 싫어할진댄 德을 귀하게 여기고 선비를 높이는 것만 못하다.〔如惡之 莫如貴德而尊士〕"라는 말을 이어

役:사역할 역　愧:부끄러울 괴　該:겸할 해

서 말한 것이다.

仁者는 如射하니 射者는 正己而後發하여 發而不中이라도 不怨勝己者요 反求諸己而已矣니라

仁한 자는 활쏘기와 같으니, 활을 쏘는 자는 자신을 바로잡은 뒤에야 발사하여 발사한 것이 맞지 않더라도 자신을 이긴 자를 원망하지 않고 자신에게서 돌이켜 찾을 뿐이다."

爲仁由己니 而由人乎哉아

仁을 행함은 자신에게 달려있으니, 남에게 달려있겠는가.

8. 孟子曰 子路는 人이 告之以有過則喜하니라

孟子께서 말씀하셨다. "子路는 사람들이 그에게 허물이 있음을 말해주면 기뻐하였다.

喜其得聞而改之하니 其勇於自修如此하니라 周子曰 仲由는 喜聞過라 令名이 無窮焉하더니 今人은 有過에 不喜人規하여 如諱疾而忌醫하여 寧滅其身而無悟也하니 噫라 程子曰 子路는 人告之以有過則喜하니 亦可爲百世之師矣로다

얻어 들어서 고침을 기뻐한 것이니, 스스로 닦음에 용감함이 이와 같았다.

周子(濂溪)가 말씀하였다. "仲由는 허물을 듣기 좋아하였다. 그래서 훌륭한 명예가 무궁하였는데, 지금 사람들은 허물이 있으면 남이 바로잡아 줌을 기뻐하지 않아서 마치 병을 숨기고 의원을 꺼려서 차라리 그 몸을 멸망시키면서도 깨달음이 없는 것과 같으니, 아 슬프다."

程子(明道)가 말씀하였다. "子路는 사람들이 그에게 허물이 있음을 말해주면 기뻐하였으니, 또한 百世의 스승이라 할 만하다."

令:좋을 령 規:바르게할 규 諱:숨길 휘 忌:꺼릴 기 寧:차라리 녕 悟:깨달을 오 噫:슬플 희 昌:착하게말할 창 係:매일 계

禹는 聞善言則拜러시다

禹王은 善言을 들으면 절하셨다.

書曰 禹拜昌言이라하니 蓋不待有過하고 而能屈己以受天下之善也라

≪書經≫ 〈大禹謨〉에 이르기를 "禹王이 昌言(善言)에 절하였다." 하였으니, 허물이 있음을 기다리지 않고 자신을 굽혀서 천하의 善言을 받아들인 것이다.

大舜은 有大焉하시니 善與人同하사 舍(捨)己從人하시며 樂取於人하여 以爲善이러시다

大舜은 이보다도 더 위대함이 있었으니, 善을 남과 함께 하사 자신을 버리고 남을 따르시며 남에게서 취하여 善을 함을 좋아하셨다.

言 舜之所爲는 又有大於禹與子路者라 善與人同은 公天下之善而不爲私也라 己未善이면 則無所係吝而舍以從人하시고 人有善이면 則不待勉强而取之於己하시니 此善與人同之目也니라

舜임금이 하신 바는 禹王과 子路보다 더 위대함이 있음을 말씀한 것이다. 善을 남과 함께 하였다는 것은 天下의 善을 公的으로 하여 사사롭게 여기지 않은 것이다. 자신이 善하지 못하면 얽매이고 인색해 하는 바가 없이 버리고 남을 따르며, 남에게 善이 있으면 억지로 힘씀을 기다리지 않고 자신에게 취하였으니, 이것은 善을 남과 함께 하신 조목이다.

自耕稼陶漁로 以至爲帝히 無非取於人者러시다

밭 갈고 곡식을 심으며 질그릇 굽고 고기 잡을 때로부터 황제가 됨에 이르기까지 남에게서 취한 것 아님이 없으셨다.

舜之側微에 耕于歷山하시고 陶于河濱하시고 漁于雷澤하시니라

稼:심을 가　陶:질그릇구울 도　漁:고기잡을 어　側:미천할 측　微:미천할 미　濱:물가 빈

舜임금이 미천했을 때에 歷山에서 밭을 갈고 河濱에서 질그릇을 굽고 雷澤에서 고기를 잡으셨다.

取諸人以爲善이 是與人爲善者也라 故로 君子는 莫大乎與人爲善이니라

남에게서 취하여 善을 행함은, 이것은 남이 善을 하도록 도와주는 것이다. 그러므로 君子는 남이 善을 하도록 도와주는 것보다 더 훌륭함이 없는 것이다.”

與는 猶許也, 助也라 取彼之善而爲之於我면 則彼益勸於爲善矣니 是는 我助其爲善也라 能使天下之人으로 皆勸於爲善이면 君子之善이 孰大於此리오

○ 此章은 言聖賢樂善之誠이 初無彼此之間이라 故로 其在人者有以裕於己요 在己者有以及於人이니라

與는 許(허여)와 같으며, 助(돕다)와 같다. 저 사람의 善을 취하여 내 몸에 행한다면 저 사람이 善을 함에 더욱 권면할 것이니, 이것은 〈그가〉 善行을 하도록 내가 도와주는 것이다. 천하 사람으로 하여금 모두 善行을 함에 권면하게 한다면 君子의 善이 무엇이 이보다 크겠는가.

○ 이 章은 聖賢이 善을 좋아하는 정성이 애당초 彼此의 간격이 없다. 그러므로 남에게 있는 것을 자신에게 넉넉히 할 수 있고, 자신에게 있는 것을 남에게 미칠 수 있음을 말씀한 것이다.

9. 孟子曰 伯夷는 非其君不事하며 非其友不友하며 不立於惡人之朝하며 不與惡人言하더니 立於惡人之朝와 與惡人言[1)]을 如以朝衣朝冠으로 坐於塗炭하며 推惡惡(오악)之心하여 思與鄕人立에 其冠不正이어든 望望然去之하여 若將浼焉하니 是故로 諸侯雖有善其辭命而至者라도 不受也하니 不受也者는 是亦不屑就已니라

與:도울 여 裕:넉넉할 유 塗:진흙 도 炭:숯불 탄 浼:더럽힐 매 屑:깨끗할 설

孟子께서 말씀하셨다. "伯夷는 섬길 만한 군주가 아니면 섬기지 않으며, 벗할 만한 사람이 아니면 벗하지 않으며, 악한 사람의 조정에 서지 않으며, 악한 사람과 더불어 말씀하지 않더니, 악한 사람의 조정에 서는 것과 악한 사람과 더불어 말하는 것을 마치 朝衣(朝服)와 朝冠을 입고 진흙과 숯구덩이에 앉은 듯이 여겼으며, 악을 미워하는 마음을 미루어서 생각하기를 鄕人과 함께 서있을 때에 그(鄕人) 冠이 바르지 않으면 望望然히 떠나가 마치 장차 자신을 더럽힐 듯이 여겼다. 이 때문에 諸侯들 중에 비록 그 辭命을 잘하여 찾아오는 자가 있더라도 받아주지 않았으니, 받아주지 않은 것은 이 또한 나아감을 좋게 여기지 않은 것이다.

譯註 1. 不立於惡人之朝……與惡人言 : 官本諺解에는 '不立於惡人之朝하야 不與惡人言하더니 立於惡人之朝하야 與惡人言호대'로 懸吐하고 '악한 사람의 조정에 서서 惡人과 말하지 않았다.'로 해석하여 이어진 내용으로 보았으나 栗谷本을 따라 '하며'로 현토하고 별개의 내용으로 풀이하였다.

塗는 泥也라 鄕人은 鄕里之常人也라 望望은 去而不顧之貌라 浼는 汚也라 屑은 趙氏曰 潔也라하고 說文曰 動作切切也라하니 不屑就는 言不以就之爲潔而切切於是也라 已는 語助辭라

塗는 진흙이다. 鄕人은 鄕里의 常人이다. 望望은 떠나가고 뒤돌아보지 않는 모양이다. 浼는 더럽힘이다. 屑은 趙氏(趙岐)는 "깨끗함이다." 하였고, ≪說文解字≫에는 "동작을 切切(汲汲)히 하는 것이다." 하였으니, 不屑就는 나아감을 깨끗하게 여겨 이에 급급해 하지 않음을 말한 것이다. 已는 어조사이다.

柳下惠는 不羞汚君하며 不卑小官하여 進不隱賢하여 必以其道하며 遺佚而不怨하며 阨窮而不憫하더니 故로 曰 爾爲爾요 我爲我니 雖袒裼裸裎於我側인들 爾焉能浼我哉리오하니 故로 由由然與之偕而不自失焉하여 援而止之而止하니 援而止之而止者는 是亦不屑去已니라

柳下惠는 더러운 군주를 섬김을 부끄러워하지 않으며 작은 벼슬을 낮게 여기

泥:진흙 니 佚:빠뜨릴 일 阨:곤궁할 액 憫:근심할 민 袒:벗을 단 裼:벗을 석 裸:벗을 라 裎:벗을 정 側:곁 측 焉:어찌 언 由:넉넉할 유(悠同) 偕:함께 해 援:당길 원

지 않아, 나감에 어짊을 숨기지 않아 반드시 그 도리를 다하였으며, 벼슬길에서 버림받아도 원망하지 않고 곤액을 당하여도 근심하지 않았다. 그러므로 그는 말하기를 '너는 너이고 나는 나이니, 네가 비록 내 곁에서 옷을 걷고 몸을 드러낸들 네가 어찌 나를 더럽힐 수 있겠는가.' 하였다. 그러므로 由由(悠悠)하게 그와 더불어 함께 있으면서도 스스로 올바름을 잃지 않아 떠나려고 하다가도 잡아당겨 멈추게 하면 멈추었으니, 잡아당겨 멈추게 하면 멈춘 것은 이 또한 떠나감을 좋게 여기지 않은 것이다."

柳下惠는 魯大夫展禽이니 居柳下而諡惠也라 不隱賢은 不枉道也라 遺佚은 放棄也라 阨은 困也라 憫은 憂也라 爾爲爾로 至焉能浼我哉는 惠之言也라 袒裼은 露臂也요 裸裎은 露身也라 由由는 自得之貌라 偕는 並處也라 不自失은 不失其正也라 援而止之而止者는 言欲去而可留也라

柳下惠는 魯나라 大夫 展禽이니, 柳下에 거주하였고 시호를 惠라 하였다. 어짊을 숨기지 않았다는 것은 道를 굽히지 않은 것이다. 遺佚은 추방하여 버림받는 것이다. 阨은 곤함이다. 憫은 근심함이다. 爾爲爾로부터 焉能浼我哉까지는 柳下惠의 말이다. 袒裼은 팔을 노출시킴이요, 裸裎은 몸을 노출시킴이다. 由由는 자득한 모양이다. 偕는 함께 거처함이다. 不自失은 올바름을 잃지 않는 것이다. 잡아당겨 멈추게 하면 멈추었다는 것은 가고자 하다가도 만류할 수 있음을 말한 것이다.

孟子曰 伯夷는 隘하고 柳下惠는 不恭하니 隘與不恭은 君子不由也니라

孟子께서 말씀하셨다. "伯夷는 좁고 柳下惠는 不恭하니, 좁음과 不恭함은 君子가 행하지 않는다."

隘는 狹窄也요 不恭은 簡慢也라 夷惠之行이 固皆造乎至極之地나 然이나 旣有所偏이면 則不能無弊라 故로 不可由也니라

隘는 狹窄함이요, 不恭은 간략하고 거만함이다. 伯夷와 柳下惠의 행실이 진실로 모두 지극한 경지에 이르렀으나 이미 편벽된 바가 있으면 폐단이 없지 못하다. 그러므로 행할 수 없는 것이다.

展:펼 전 露:드러낼 로 臂:팔뚝 비 隘:좁을 애 狹:좁을 협 窄:좁을 착 造:나아갈 조

公孫丑章句 下

凡十四章이라 自第二章以下는 記孟子出處行實이 爲詳하니라

모두 14章이다. 第2章으로부터 이하는 孟子의 出處에 대한 행실을 기록함이 상세하다.

1. 孟子曰 天時不如地利요 地利不如人和니라

孟子께서 말씀하셨다. "天時가 地利만 못하고, 地利가 人和만 못하다.

天時는 謂時日支干孤虛王(旺)相之屬[1]也요 地利는 險阻城池之固[2]也요 人和는 得民心之和也라

天時는 時日의 支干(干支)에 대한 孤虛와 旺相 같은 등속을 이르고, 地利는 지형의 險阻함과 城池의 견고함이고, 人和는 民心의 和함을 얻음이다.

譯註 1. 時日支干孤虛王相之屬 : 時는 四時이고 日은 날짜이며, 支는 十二支이고 干은 十干이다. 陰陽五行說에 입각하여 孤虛는 철이나 日辰에 도와줌이 없음을 이르며, 王은 旺과 같은 바 旺相은 기운이 왕성하고 딴 기운이 도와줌이 있음을 이른다.

2. 險阻城池之固 : 險阻는 일반적으로 지형의 험함을 이르나 여기서는 산이 험한 것을 險, 江河가 막혀 있는 것을 阻라 하였으며, 城은 土城이나 山城이고 池는 垓子를 이른다.

三里之城과 七里之郭을 環而攻之而不勝하나니 夫環而攻之에 必有得天時者矣언마는 然而不勝者는 是天時不如地利也니라

3里 되는 城과 7里 되는 郭(外城)을 포위 공격해도 이기지 못하는 경우가 있

支:地支 지　干:天干 간　阻:막힐 조　郭:성 곽　環:포위할 환

으니, 포위 공격하면 반드시 天時를 얻을 때가 있으련마는 그런데도 이기지 못함은, 이는 天時가 地利만 못한 것이다.

三里, 七里는 城郭之小者라 郭은 外城이라 環은 圍也라 言 四面攻圍하여 曠日持久에 必有値天時之善者라

3里와 7里는 城郭의 작은 것이다. 郭은 外城이다. 環은 포위함이다. 사면으로 포위 공격하여 여러 날 동안 持久戰을 하면 반드시 天時가 좋은 때를 만날 경우도 있음을 말한 것이다.

城非不高也며 池非不深也며 兵革이 非不堅利也며 米粟이 非不多也로되 委而去之하나니 是地利不如人和也니라

城이 높지 않은 것이 아니며, 못이 깊지 않은 것이 아니며, 병기와 갑옷이 견고하고 예리하지 않은 것이 아니며, 쌀과 곡식이 많지 않은 것이 아니지만 이것을 버리고 떠나가니, 이는 地利가 人和만 못한 것이다.

革은 甲也라 粟은 穀也라 委는 棄也라 言 不得民心이면 民不爲守也라

革은 갑옷이다. 粟은 곡식이다. 委는 버림이다. 民心을 얻지 못하면 백성들이 위하여 지켜주지 않음을 말씀한 것이다.

故로 曰 域民호되 不以封疆之界하며 固國호되 不以山谿之險하며 威天下호되 不以兵革之利니 得道者는 多助하고 失道者는 寡助라 寡助之至에는 親戚이 畔之하고 多助之至에는 天下順之니라

그러므로 옛말에 이르기를 '백성을 한계짓되 국경의 경계로써 하지 않으며, 국가를 견고히 하되 山과 江의 險固함으로써 하지 않으며, 天下를 두렵게 하되 兵革의 예리함으로써 하지 않는다.' 한 것이다. 道를 얻은 자는 도와주는 이가

曠:빌 광, 오랠 광 値:만날 치 革:갑옷 혁 粟:곡식 속 委:버릴 위 域:지경 역 疆:지경 강 谿:시내 계 畔:배반할 반

많고, 道를 잃은 자는 도와주는 이가 적다. 도와주는 이가 적음의 지극함에는 친척이 배반하고, 도와주는 이가 많음의 지극함에는 천하가 순종하는 것이다.

域은 界限也라

域은 한계이다.

以天下之所順으로 攻親戚之所畔이라 故로 君子有不戰이언정 戰必勝矣니라

천하가 순종하는 바로써 친척이 배반하는 바를 공격한다. 그러므로 君子가 싸우지 않음이 있을지언정 싸우면 반드시 승리하는 것이다."

言 不戰則已어니와 戰則必勝이니라
○ 尹氏曰 言得天下者는 凡以得民心而已니라

싸우지 않으면 그만이거니와 싸우면 반드시 승리함을 말씀한 것이다.
○ 尹氏(尹焞)가 말하였다. "천하를 얻는 자는 모두 民心을 얻음으로써일 뿐임을 말씀한 것이다."

2. 孟子將朝王이러시니 王이 使人來曰 寡人이 如就見者也[1]러니 有寒疾이라 不可以風일새 朝將視朝하리니 不識케이다 可使寡人得見乎잇가 對曰 不幸而有疾이라 不能造朝로소이다

孟子께서 장차 王에게 조회하려고 하셨는데, 王이 사람을 보내와 말씀하셨다. "寡人이 나아가 뵈려고 하였는데, 寒疾(감기)이 있어서 바람을 쐴 수 없습니다. 아침에 장차 조회를 볼 것이니, 알지 못하겠습니다. 寡人으로 하여금 장차 뵈올 수 있게 하올런지요?" 孟子께서 대답하셨다. "불행히도 병이 있어서 조회에 나갈 수 없습니다."

譯註 1. 如就見者也 : 諺解에는 '如'를 '듯'으로 해석하였으나 字典에 '宜也, 當也'의 뜻이 있어 '마땅히'의 뜻으로 풀이하였다.

王은 齊王也라 孟子本將朝王이러시니 王不知하고 而託疾以召孟子라 故로 孟子亦以疾辭也하시니라

王은 齊王이다. 孟子께서 본래 장차 王에게 조회하려고 하셨는데, 王이 이것을 모르고 病을 칭탁하여 孟子를 불렀다. 그러므로 孟子 또한 病으로써 사양하신 것이다.

明日에 出弔於東郭氏러시니 公孫丑曰 昔者에 辭以病하시고 今日弔 或者不可乎인저 曰 昔者疾이 今日愈어니 如之何不弔리오

다음 날 밖으로 나가 東郭氏에게 조문하려 하시니, 公孫丑가 말하였다. "어제 病으로 사양하시고 오늘 조문함이 어쩌면 不可할 듯합니다." 孟子께서 말씀하셨다. "어제 病이 오늘 나았으니, 어찌 조문하지 않겠는가?"

東郭氏는 齊大夫家也라 昔者는 昨日也라 或者는 疑辭라 辭疾而出弔는 與孔子不見孺悲하시고 取瑟而歌[1]로 同意하니라

東郭氏는 齊나라 大夫의 집안이다. 昔은 어제이다. 或은 의문사이다. 병으로 사양하고 나아가 조문하신 것은 孔子께서 孺悲를 만나보지 않으시고 비파를 취하여 노래한 것과 같은 뜻이다.

譯註 1. 孔子不見孺悲 取瑟而歌 : 이 사실은 ≪論語≫ 〈陽貨〉 20章에 보이는 바, 孔子는 잘못을 저지른 孺悲가 찾아와 뵙기를 청하자, 신병이 있어 만날 수 없다고 사절하신 다음, 명령을 전달하는 자가 이 말을 전달하기 위하여 문을 나가자, 비파를 타서 孺悲로 하여금 이것을 듣게 하여 자신이 그를 사절한 것은 신병 때문이 아니요 딴 뜻이 있음을 나타내셨다. 孟子 역시 병으로 사양하고 東郭氏에게 조문을 가서 자신이 조회하지 않음은 신병 때문이 아니요 齊王이 賓師인 자신을 함부로 불렀기 때문임을 알게 하신 것이다.

王이 使人問疾하시고 醫來어늘 孟仲子對曰 昔者에 有王命이어시늘 有采薪之憂라 不能造朝러시니 今病小愈어시늘 趨造於朝하더시니 我는 不識케이다 能至否乎아하고 使數人으로 要於路[1]曰 請必無歸而

造:나아갈 조 託:가탁할 탁 愈:병나을 유 孺:어릴 유 瑟:비파 슬 采:캘 채 薪:나무섶 신

造於朝하소서

王이 사람을 시켜 病을 물으시고 의원이 오자, 孟仲子가 대답하기를 "어제 王命이 계셨으나 采薪의 우환이 있어 조회에 나가지 못하시더니, 오늘 病이 조금 나으셨으므로 조정에 달려 나가셨습니다. 제가 알지 못하겠습니다. 능히 도착하셨는지요?" 하고는 몇 사람으로 하여금 길목에서 지키고 있다가 "반드시 돌아오시지 말고 조정에 나아가소서." 하고 아뢰게 하였다.

譯註 1. 要於路 : 要는 邀와 통하는 바, 길목에서 지키고 있다가 맞이함을 이른다. 뒤의 〈萬章 上〉 8章의 '將要而殺之'도 같은 뜻이다.

孟仲子는 趙氏以爲孟子之從昆弟로 學於孟子者也라하니라 采薪之憂는 言病不能采薪이니 謙辭也라 仲子權辭以對[1]하고 又使人要孟子하여 令勿歸而造朝하여 以實己言하니라

孟仲子는 趙氏(趙岐)가 이르기를 "孟子의 從兄弟로서 孟子에게 공부한 자이다." 하였다. 采薪의 우환이란 병들어 땔나무를 할 수 없음을 말한 것이니, 謙辭이다. 仲子가 權辭(둘러대는 말)로써 대답하고, 또 사람으로 하여금 길목에서 지키고 있다가 孟子를 맞이하여, 孟子로 하여금 돌아오시지 말고 조정에 나아가시어 자신의 말을 실증하게 한 것이다.

譯註 1. 權辭以對: 權辭는 바른대로 말하지 않고 말을 둘러대는 것으로 權變, 權道의 뜻이다.

不得已而之景丑(추)氏하여 **宿焉**이러시니 **景子曰 內則父子**요 **外則君臣**이 **人之大倫也**니 **父子**는 **主恩**하고 **君臣**은 **主敬**하니 **丑見王之敬子也**요 **未見所以敬王也**니이다 **曰 惡(오)**라 **是何言也**오 **齊人**이 **無以仁義與王言者**는 **豈以仁義爲不美也**리오 **其心曰 是何足與言仁義也云爾**면 **則不敬**이 **莫大乎是**하니 **我**는 **非堯舜之道**어든 **不敢以陳於王前**하노니 **故**로 **齊人**이 **莫如我敬王也**니라

要:맞이할 요(邀通) 昆:맏 곤 權:권도 권 惡:놀랄 오 陳:아뢸 진

〈孟子께서〉 부득이 景丑氏에게 가서 유숙하셨는데, 景子가 말하였다. "안에는 父子間이요 밖에는 君臣間이 인간의 큰 윤리입니다. 父子間에는 은혜를 주장하고 君臣間에는 敬을 주장하니, 저는 王께서 선생을 공경함은 보았고 선생께서 王을 공경하시는 것은 보지 못하였습니다." 孟子께서 말씀하셨다. "아, 이 웬 말인가. 齊나라 사람 중에 仁義를 가지고 王과 더불어 말하는 이가 없는 것은 어찌 仁義를 아름답지 않다고 여겨서이겠는가. 그 마음에 '이 어찌 족히 더불어 仁義를 말할 수 있겠는가.'라고 여겨서일 것이니, 그렇다면 不敬함이 이보다 더 큼이 없는 것이다. 나는 堯舜의 道가 아니면 감히 王의 앞에서 말씀드리지 않노니, 그러므로 齊나라 사람들은 내가 王을 공경하는 것처럼 하는 이가 없는 것이다."

景丑氏는 齊大夫家也라 景子는 景丑也라 惡는 歎辭也라 景丑所言은 敬之小者也요 孟子所言은 敬之大者也라

景丑氏는 齊나라 大夫의 집안이다. 景子는 景丑이다. 惡는 탄식하는 말이다. 景丑가 말한 것은 敬의 작은 것이요, 孟子께서 말씀하신 것은 敬의 큰 것이다.

景子曰 否라 非此之謂也라 禮曰 父召어시든 無諾하며 君命召어시든 不俟駕라하니 固將朝也라가 聞王命而遂不果하시니 宜與夫禮[1)]로 若不相似然하이다

景子가 말하였다. "아닙니다. 이것을 말하는 것이 아닙니다. 禮에 이르기를 '아버지가 부르시면 느리게 대답하지 않으며, 君主가 命하여 부르시면 말을 멍에하기를 기다리지 않는다.' 하였으니, 진실로 장차 조회하시려다가 王命을 듣고서 마침내 결행하지 않으셨으니, 이 禮와 서로 같지 않은 듯합니다."

譯註 1. 宜與夫禮 : 宜는 '마땅히'보다는 疑와 같은 뜻으로 해석하여 '의심컨대'로 보는 것이 더 합당할 듯하다. 集註에도 '似與此禮之意 不同'이라 하여 疑似의 뜻으로 해석하였다. 夫는 其와 같은 뜻이다.

禮曰 父命呼어시든 唯而不諾이라하고 又曰 君命召어시든 在官不俟屨하고 在外不俟車[1)]

諾:느리게대답할 낙 俟:기다릴 사 駕:말멍에할 가 唯:빨리대답할 유 屨:신 구

라하니라 言 孟子本欲朝王이라가 而聞命中止하시니 似與此禮之意로 不同也라

禮에 이르기를 "아버지가 命하여 부르시거든 빨리 대답하고 느리게 대답하지 않는다." 하였고, 또 이르기를 "君主가 命하여 부르시거든 관청에 있을 때에는 신 신기를 기다리지 않고, 밖에 있을 때에는 수레에 멍에하기를 기다리지 않는다." 하였다. 孟子께서 본래 王에게 조회하려고 하시다가 왕명을 듣고 중지하였으니, 이 禮의 뜻과 같지 않은 듯하다고 말한 것이다.

譯註 1. 禮曰……在外不俟車 : 禮는 ≪儀禮≫ 또는 ≪禮記≫를 가리킨 것으로, 이 내용은 ≪禮記≫ 〈玉藻〉에 보인다.

曰 豈謂是與리오 曾子曰 晉楚之富는 不可及也나 彼以其富어든 我以吾仁이요 彼以其爵이어든 我以吾義니 吾何慊乎哉리오하시니 夫豈不義를 而曾子言之시리오 是或一道也니라 天下에 有達尊이 三이니 爵一, 齒一, 德一이니 朝廷엔 莫如爵이요 鄕黨엔 莫如齒요 輔世長民[1]엔 莫如德이니 惡(오)得有其一하여 以慢其二哉리오

孟子께서 말씀하셨다. "어찌 이것을 말한 것이겠는가. 曾子가 말씀하기를 '晉나라와 楚나라의 富함은 내 따를 수 없거니와, 저들이 그 富를 가지고 나를 대하면 나는 내 仁을 가지고 대하며, 저들이 그 官爵을 가지고 나를 대하면 나는 내 義를 가지고 대할 것이니, 내 어찌 부족할 것이 있겠는가.' 하셨으니, 이 어찌 不義인 것을 曾子가 말씀하였겠는가. 이것도 혹 한 방법일 것이다. 천하에 達尊이 세 가지가 있으니, 官爵이 하나요 年齒가 하나요 德이 하나이다. 조정에는 官爵만한 것이 없고 鄕黨에는 年齒만한 것이 없고 세상을 돕고 백성을 자라게 하는 데는 德만한 것이 없으니, 어찌 그 한 가지를 소유하고서 둘을 가진 사람을 慢忽히 할 수 있겠는가.

譯註 1. 輔世長民 : 長民은 백성을 잘 보호하여 長育(生育)함을 이른다.

慊은 恨也며 少也라 或作嗛하니 字書에 以爲口銜物也라하니 然則慊은 亦但爲心有所

慊:부족할 겸, 만족할 겸　齒:연치 치　少:부족할 소　嗛:머금을 겸　銜:머금을 함

銜之義니 其爲快爲足, 爲恨爲少는 則因其事而所銜有不同耳라 孟子言 我之意는 非如景子之所言者라하시고 因引曾子之言而云하시되 夫此豈是不義를 而曾子肯以爲言이시리오 是或別有一種道理也라하시니라 達은 通也라 蓋通天下之所尊이 有此三者하니 曾子之說은 蓋以德言之也라 今齊王은 但有爵耳니 安得以此慢於齒德乎아

慊은 恨함이며 부족하게 여김이다. 혹은 嗛으로 쓰니, 字書(字典)에 "입에 물건을 머금은 것이다." 하였다. 그렇다면 慊 또한 단지 마음에 머금은 바의 뜻이니, 快함도 되고 만족함도 되며 恨함도 되고 부족하게 여김도 되는 것은 그 일에 따라 머금은 바가 같지 않음이 있는 것이다. 孟子께서 말씀하시기를 "나의 뜻은 景子가 말한 바와 같은 것이 아니다." 하시고는, 이어 曾子의 말씀을 인용하고 말씀하시기를 "이 어찌 不義인 것을 曾子께서 즐겨 말씀하셨겠는가. 이것도 혹 별도로 一種의 도리가 있는 것이다." 하였다. 達은 通함이다. 온 천하에 공통으로 높이는 것이 이 세 가지가 있으니, 曾子의 말씀은 德을 가지고 말씀한 것이다. 지금 齊王은 단지 관작이 있을 뿐이니, 어찌 이것을 가지고 연치와 德을 가진 이에게 慢忽히 할 수 있겠는가.

故로 將大有爲之君은 必有所不召之臣이라 欲有謀焉이면 則就之하나니 其尊德樂道 不如是면 不足與有爲也니라

그러므로 장차 크게 훌륭한 일을 할 수 있는 군주는 반드시 함부로 부르지 않는 신하가 있다. 그리하여 謀議(相議)하고자 하는 일이 있으면 찾아갔으니, 德을 높이고 道를 즐거워함이 이와 같지 않으면 더불어 훌륭한 일을 할 수 없는 것이다.

大有爲之君은 大有作爲非常之君也라 程子曰 古之人이 所以必待人君致敬盡禮而後에 往者는 非欲自爲尊大也라 爲是故耳니라

大有爲之君은 크게 作爲함이 있는 非常한 군주이다.

程子(?)가 말씀하였다. "옛 사람이 반드시 人君이 敬을 지극히 하고 禮를 다하기를 기다린 뒤에 간 까닭은 스스로 높이고 위대하고자 해서가 아니요, 이 때문이었다."

故로 湯之於伊尹에 學焉而後臣之라 故로 不勞而王하시고 桓公之

於管仲에 **學焉而後臣之**라 **故**로 **不勞而**霸하니라

그러므로 湯王은 伊尹에게 배운 뒤에 그를 신하로 삼으셨다. 이 때문에 수고롭지 않고 왕 노릇을 하셨고, 桓公은 管仲에게 배운 뒤에 그를 신하로 삼았다. 이 때문에 수고롭지 않고 霸者가 된 것이다.

先從受學은 師之也요 後以爲臣은 任之也라

먼저 따라서 受學함은 스승으로 삼은 것이요, 뒤에 신하로 삼음은 임무를 맡긴 것이다.

今天下地醜德齊하여 **莫能相尙**은 **無他**라 **好臣其所教而不好臣其所受教**니라

지금 천하가 토지(영토)가 비슷하고 德(정치상황)도 비슷해서 서로 뛰어나지 못함은 딴 것이 없다. 자기가 가르칠 수 있는 사람을 신하로 삼기를 좋아하고, 자기가 가르침을 받을 수 있는 사람을 신하로 삼기를 좋아하지 않기 때문이다.

醜는 類也라 尙은 過也라 所教는 謂聽從於己하며 可役使者也요 所受教는 謂己之所從學者也라

醜는 같음이다. 尙은 뛰어남이다. 所教는 자기 말을 듣고 따라서 使役시킬 수 있는 사람을 이르고, 所受教는 자기가 따라서 배울 수 있는 사람을 이른다.

湯之於伊尹과 **桓公之於管仲**에 **則不敢召**하니 **管仲**도 **且猶不可召**하니 **而況不爲管仲者乎**아

湯王이 伊尹에 있어서와 桓公이 管仲에 있어서 감히 부르지 못하였다. 管仲도 오히려 부를 수 없었으니, 하물며 管仲을 하지 않는 자(나)에 있어서랴."

不爲管仲은 孟子自謂也라 范氏曰 孟子之於齊에 處賓師之位하여 非當仕有官職者라

醜:같을 추 尙:뛰어날 상 類:같을 류 過:뛰어날 과 當:맡을 당

故로 其言이 如此하시니라

○ 此章은 見賓師는 不以趨走承順爲恭하고 而以責難陳善爲敬하며 人君은 不以崇高富貴爲重하고 而以貴德尊士爲賢이면 則上下交而德業成矣니라

管仲을 하지 않는다는 것은 孟子께서 자신을 이르신 것이다.

范氏(范祖禹)가 말하였다. "孟子께서는 齊나라에서 賓師의 지위에 처하여 벼슬을 담당해서 관직을 가지고 있는 자가 아니었다. 그러므로 그 말씀이 이와 같으셨다."

○ 이 章은, 賓師는 급히 달려가서 군주의 명령을 받들어 순종함을 공손함으로 여기지 않고 어려운 것으로 責하고 善한 말씀을 開陳함을 敬으로 여기며, 人君은 숭고하고 부귀함을 중함으로 여기지 않고 德을 귀히 여기고 선비를 높임을 어짊으로 여긴다면, 上下가 사귀어져서 德業이 이루어짐을 볼 수 있다.

3. 陳臻이 問曰 前日於齊에 王이 餽兼金一百而不受하시고 於宋에 餽七十鎰而受하시고 於薛에 餽五十鎰而受하시니 前日之不受是면 則今日之受非也요 今日之受是면 則前日之不受非也니 夫子必居一於此矣시리이다

陳臻이 물었다. "前日에 齊나라에서 王이 兼金 100鎰을 주시자 받지 않으셨고, 宋나라에서 70鎰을 주시자 받으셨고, 薛나라에서 50鎰을 주시자 받으셨으니, 前日에 받지 않은 것이 옳다면 오늘날 받은 것이 잘못일 것이요, 오늘날 받은 것이 옳다면 前日에 받지 않은 것이 잘못일 것이니, 夫子께서는 반드시 이 중 하나에 處(해당)하실 것입니다."

陳臻은 孟子弟子라 兼金은 好金也니 其價兼倍於常者라 一百은 百鎰也라

陳臻은 孟子의 弟子이다. 兼金은 좋은 金이니, 그 값이 보통 것보다 兼倍(갑절)가 되는 것이다. 一百은 100鎰이다.

孟子曰 皆是也니라

趨:달릴 추 臻:이를 진 餽:줄 궤 薛:나라이름 설 鎰:스물네냥 일 好:좋을 호

孟子께서 말씀하셨다. "다 옳다.

皆適於義也라

모두 義에 맞는 것이다.

當在宋也하여는 **予將有遠行**이러니 **行者**는 **必以**贐이라 **辭曰** 餽贐이어니 **予何爲不受**리오

宋나라에 있을 때에는 내가 장차 遠行이 있게 되었는데, 원행하는 자에게는 반드시 노자를 주는 것이다. 말하기를 '노자를 드립니다.' 하였으니, 내 어찌 받지 않을 수 있겠는가.

贐은 送行者之禮也라

贐은 여행자를 전송하는 禮이다.

當在薛也하여는 **予有戒心**이러니 **辭曰 聞戒故**로 **爲兵餽之**어니 **予何爲不受**리오

薛나라에 있을 때에는 내가 경계하는 마음을 품고 있었는데, 말하기를 '〈선생님이〉 경계하고 계시다는 말씀을 들었기 때문에 兵을 위하여 드립니다.' 하였으니, 내 어찌 받지 않을 수 있겠는가.

時人이 有欲害孟子者어늘 孟子設兵以戒備之러시니 薛君이 以金餽孟子하여 爲兵備하고 辭曰 聞子之有戒心也라하니라

當時 사람 중에 孟子를 해치고자 하는 자가 있자, 孟子께서 兵을 설치하여 경계하고 대비하였는데, 薛나라 군주가 孟子에게 金을 주어 兵備를 하게 하고 말하기를 "선생님께서 경계하는 마음을 품고 계시다는 말을 들었기 때문에 드리는 것입니다." 하였다.

若於齊則未有處也하니 **無處而餽之**면 **是貨之也**니 **焉有君子而可**

適:맞을 적　贐:노자 신　貨:뇌물 화　焉:어찌 언

以貨取乎리오

齊나라에 있어서는 해당됨이 있지 않았다. 해당됨이 없이 준다면 이는 재물로 매수하는 것이니, 어찌 君子로서 재물에 籠絡(농락) 당할 자가 있겠는가."

無遠行戒心之事하니 是未有所處也라 取는 猶致也[1]라
○ 尹氏曰 言君子之辭受取予를 唯當於理而已니라

遠行하거나 경계하는 마음을 둔 일이 없으니, 이것은 해당되는 바가 있지 않은 것이다. 取는 致와 같다.

○ 尹氏(尹焞)가 말하였다. "君子는 사양하고 받음과 취하고 줌을 오직 義理에 마땅하게 할 뿐임을 말씀한 것이다."

譯註 1. 取 猶致也 : 致는 誘致, 招致의 뜻으로 곧 상대방에게 籠絡 당함을 이른다. 籠은 새장이고 絡은 발목을 묶어놓는 것으로 상대방에게 유인 당하여 새장에 갇혀있는 새나 발목이 묶여있는 짐승처럼 자유롭게 행동하지 못함을 이른다.

4. 孟子之平陸하사 謂其大夫曰 子之持戟之士가 一日而三失伍면 則去之아 否乎아 曰 不待三이니이다

孟子께서 平陸에 가서 그 大夫(邑宰)에게 이르시기를 "그대의 창을 잡은 戰士가 하루에 세 번 대오를 이탈한다면 버리겠는가? 그대로 두겠는가?" 하시자, "세 번을 기다리지 않겠습니다." 하고 대답하였다.

平陸은 齊下邑[1]也라 大夫는 邑宰也라 戟은 有枝兵也라 士는 戰士也라 伍는 行列也라 去之는 殺之也라

平陸은 齊나라의 下邑이다. 大夫는 邑宰이다. 戟은 가지가 있는 兵器이다. 士는 戰士이다. 伍는 行列이다. 去之는 그를 죽이는 것이다.

譯註 1. 下邑 : 邑을 칭하는 말로, 國都를 높여 上이라 하기 때문에 邑을 낮추어 下邑이라 칭한다.

籠:새장 롱　絡:얽을 락　致:부를 치　予:줄 여　戟:창 극　伍:항오 오

然則子之失伍也亦多矣로다 **凶年饑歲**에 **子之民**이 **老羸**는 **轉於溝壑**하고 **壯者**는 **散而之四方者 幾千人矣**오 **曰 此**는 **非距心之所得爲也**니이다

〈孟子께서 말씀하셨다.〉 "그렇다면 그대가 대오를 이탈함이 또한 많다. 凶年에 그대의 백성 중에 노약자들은 전전하다가 죽어 시신이 구렁에 뒹굴고, 장성한 자들은 흩어져 사방으로 가는 자가 몇천 명이나 되는가?" 그가 대답하기를 "이것은 제가 할 수 있는 바가 아닙니다." 하였다.

子之失伍는 言其失職이 猶士之失伍也라 距心은 大夫名이라 對言此乃王之失政使然[1]이니 非我所得專爲也라하니라

그대가 대오를 이탈했다는 것은 그 직책을 잃음이 戰士가 대오를 이탈함과 같음을 말씀한 것이다. 距心은 大夫의 이름이다. 〈그가〉 대답하기를 "이것은 바로 王의 失政이 그렇게 만든 것이니, 제가 마음대로 할 수 있는 바가 아닙니다."라고 한 것이다.

譯註 1. 此乃王之失政使然 : 內閣本에는 '失政'이 '大政'으로 잘못되어 있다.

曰 今有受人之牛羊而爲之牧之者면 **則必爲之求牧與芻矣**리니 **求牧與芻而不得**이면 **則反諸其人乎**아 **抑亦立而視其死與**아 **曰 此則距心之罪也**로소이다

孟子께서 말씀하셨다. "이제 남의 소와 양을 받아서 그를 위하여 길러주는 자가 있으면 반드시 그를 위하여 목장과 꼴을 구할 것이니, 목장과 꼴을 구하다가 얻지 못하면 그 주인에게 되돌려 주어야 하겠는가? 아니면 또한 그 죽는 것을 서서 보고만 있어야 하겠는가?" 그가 말하기를 "이는 저의 잘못입니다." 하였다.

牧之는 養之也라 牧은 牧地也요 芻는 草也라 孟子言 若不得自專이면 何不致其事而去오하시니라

饑:흉년 기 羸:파리할 리 溝:도랑 구 壑:구렁 학 距:막을 거 牧:기를 목 芻:꼴 추

牧之는 그것(牛羊)을 기름이다. 牧은 牧地이고, 芻는 풀이다. 孟子께서 만일 스스로 마음대로 할 수 없다면 어찌하여 그 일을 내놓고 떠나가지 않느냐고 말씀하신 것이다.

他日에 **見**(현)**於王曰 王之爲都者**를 **臣知五人焉**이로니 **知其罪者**는 **惟孔距心**이러이다하시고 **爲王誦之**하신대 **王曰 此則寡人之罪也**로소이다

他日에 孟子께서 王을 뵙고 말씀하시기를 "王의 도읍을 다스리는 자를 臣이 다섯 사람을 알고 있는데, 그 罪를 알고 있는 자는 오직 孔距心 뿐입니다." 하시고 王을 위하여 그 말씀을 외우시자, 王이 말씀하기를 "이것은 寡人의 罪(책임)입니다." 하였다.

爲都는 治邑也라 邑有先君之廟曰都라 孔은 大夫姓也라 爲王誦其語는 欲以風曉王也[1)]라
○ 陳氏曰 孟子一言而齊之君臣이 擧知其罪하니 固足以興邦矣로되 然而齊卒不得爲善國者는 豈非說而不繹, 從而不改[2)]故邪(耶)아

爲都는 邑을 다스림이다. 邑에 先君의 사당이 있는 곳을 都라 한다. 孔은 大夫의 姓이다. 王을 위하여 그 말씀을 외운 것은 왕을 풍자하여 깨우치려고 하신 것이다.

○ 陳氏(陳暘)가 말하였다. "孟子께서 한 번 말씀함에 齊나라의 군주와 신하가 모두 그 罪를 알았으니, 진실로 충분히 나라를 일으킬 수 있었다. 그러나 齊나라가 마침내 善國이 되지 못했던 것은 어찌 기뻐하기만 하고 演繹하지 않으며, 따르기만 하고 고치지 않았기 때문이 아니겠는가."

譯註 1. 欲以風曉王也 : 風曉는 諷曉와 같은 바, 어떤 일을 직설적으로 말하지 않고 다른 일을 빌어 넌지시 말해서 깨우쳐 줌을 이른다. 內閣本에는 '所以風曉王也'로 되어 있다.

2. 說而不繹 從而不改 : ≪論語≫ 〈子罕〉 23章에 보이는 말로, 완곡하게 타이르는 말을 좋아하기만 하고 그의 깊은 뜻을 演繹하지 않으며, 법도에 맞는 바른 말을 겉으로 시인하기만 하고 자신의 잘못을 고치지 않음을 이른다.

爲:다스릴 위 誦:외울 송 廟:사당 묘 風:풍자할 풍(諷同) 擧:모두 거 繹:찾을 역

5. 孟子謂蚳鼃(지와)曰 子之辭靈丘而請士師 似也는 爲其可以言也니 今旣數月矣로되 未可以言與아

孟子께서 蚳鼃에게 이르시기를 "그대가 靈丘의 邑宰를 사양하고 士師가 되기를 청한 것이 그럴 듯함은 〈士師가〉 말을 할 수 있기 때문이다. 그런데 이제 이미 몇 개월이 지났는데 아직도 말할 수 없단 말인가?"

蚳鼃는 齊大夫也라 靈丘는 齊下邑이라 似也는 言所爲近似有理라 可以言은 謂士師近王하여 得以諫刑罰之不中者라

蚳鼃는 齊나라 大夫이다. 靈丘는 齊나라 下邑이다. 似也는 〈그가〉 한 바가 이치가 있음에 近似함을 말한 것이다. 可以言은 士師가 王을 가까이 모셔서 형벌이 〈道에〉 맞지 않음을 간할 수 있음을 말한 것이다.

蚳鼃諫於王而不用이어늘 致爲臣而去한대

蚳鼃가 王에게 간했으나 쓰여지지 않자, 신하됨을 내놓고 떠나갔다.

致는 猶還也라

致는 還(되돌려줌)과 같다.

齊人曰 所以爲蚳鼃則善矣어니와 所以自爲則吾不知也로라

齊나라 사람들이 말하였다. "蚳鼃를 위해서 한 것은 좋으나 孟子 자신이 하는 것은 내 이해할 수 없다."

譏孟子道不行而不能去也라

孟子가 道가 행해지지 않는데도 떠나가지 못함을 비난한 것이다.

公都子以告한대

蚳:개미알 지 鼃:개구리 와 致:내놓을 치 譏:기롱할 기

公都子가 이것을 아뢰자,

公都子는 孟子弟子也라

公都子는 孟子의 弟子이다.

曰 吾聞之也호니 有官守者不得其職則去하고 有言責者不得其言則去라하니 我無官守하며 我無言責也하니 則吾進退 豈不綽綽然有餘裕哉리오

孟子께서 말씀하셨다. "내가 들으니, '官守(맡은 직책)가 있는 자가 그 직책을 수행할 수 없으면 떠나고, 言責을 지고 있는 자가 그 말을 할 수 없으면 떠난다.' 하였으니, 나는 官守가 없으며 나는 言責이 없으니, 그렇다면 나의 進退가 어찌 綽綽하게 여유가 있지 않겠는가."

官守는 以官爲守者요 言責은 以言爲責者라 綽綽은 寬貌요 裕는 寬意也라 孟子居賓師之位하여 未嘗受祿이라 故로 其進退之際에 寬裕如此하시니라 尹氏曰 進退久速을 當於理而已니라

官守는 관직을 맡음으로 삼는 것이요, 言責은 말하는 것을 책임으로 삼는 것이다. 綽綽은 너그러운 모양이요, 裕는 너그러운 뜻이다. 孟子께서는 賓師의 지위에 처하여 일찍이 祿을 받지 않으셨다. 그러므로 그 進退의 즈음에 너그럽고 여유가 있음이 이와 같으셨던 것이다.

尹氏(尹焞)가 말하였다. "나아가고 물러감과 오래 머물고 빨리 떠남을 義理에 마땅하게 할 뿐이다."

6. 孟子爲卿於齊하사 出弔於滕하실새 王이 使蓋(합)大夫王驩으로 爲輔行이러시니 王驩이 朝暮見(현)이어늘 反齊滕之路토록 未嘗與之言行事也하시다

守:맡을 수 綽:넉넉할 작 裕:넉넉할 유 滕:등나라 등 蓋:땅이름 합 驩:기쁠 환

孟子께서 齊나라에서 卿이 되시어 滕나라에 가서 조문하실 적에 王이 蓋땅의 大夫인 王驩으로 하여금 輔行(副使)이 되게 하였다. 그리하여 王驩이 아침 저녁으로 뵈었는데, 孟子께서는 齊나라와 滕나라의 길을 왕복하도록 일찍이 그와 더불어 使行의 일을 말씀하지 않으셨다.

蓋은 齊下邑也라 王驩은 王嬖臣也라 輔行은 副使也라 反은 往而還也라 行事는 使事也라.

蓋은 齊나라 下邑이다. 王驩은 王의 총애하는 신하이다. 輔行은 副使이다. 反은 갔다가 돌아옴이다. 行事는 使行의 일이다.

公孫丑曰 齊卿之位 不爲小矣며 齊滕之路 不爲近矣로되 反之而未嘗與言行事는 何也잇고 曰 夫旣或治之어니 予何言哉리오

公孫丑가 말하였다. "齊卿의 지위가 작지 않으며 齊나라와 滕나라의 길이 가깝지 않은데, 往復하도록 일찍이 그와 더불어 使行의 일을 말씀하지 않음은 어째서입니까?" 孟子께서 말씀하셨다. "이미 혹자가 그것을 다스렸으니, 내 어찌 말할 것이 있겠는가."

王驩이 蓋攝卿以行[1)]이라 故로 曰齊卿이라 夫旣或治之는 言有司已治之矣라 孟子之待小人에 不惡而嚴[2)]이 如此하시니라

王驩이 아마도 卿을 대리하여 간 듯하다, 그러므로 齊卿이라고 말한 것이다. 이미 혹자가 다스렸다는 것은 有司가 이미 다스렸음을 말한 것이다. 孟子께서 小人을 대함에 나쁘게 하지 않으면서도 엄격함이 이와 같으셨다.

譯註 1. 攝卿以行 : 攝은 임시로 代行함을 이른다. 王驩은 蓋땅의 大夫인데 임시로 卿이 되어 사신감을 이른다.

2. 不惡而嚴 : ≪周易≫ 〈遯卦 象傳〉에 "君子以 遠小人 不惡而嚴"이라고 보이는 바, 程伊川은 '小人에게 험악한 말을 하지 않으면서도 엄격함'으로 해석하였으나, 張橫渠는 '惡'을 '오'로 보아 '미워하지 않으면서도 엄함'으로 해석하였다.

7. 孟子自齊葬於魯하시고 反於齊하실새 止於嬴(영)이러시니 充虞請

反:돌아올 반 嬖:총애할 폐 攝:대리할 섭 嬴:땅이름 영 虞:나라 우

曰 前日에 **不知虞之不肖**하사 **使虞敦匠事**어시늘 **嚴**하여 **虞不敢請**하니 **今願竊有請也**하오니 **木若以美然**하더이다

孟子께서 齊나라로부터 魯나라에 〈가서〉 장례를 지내시고 齊나라로 돌아오실 적에 嬴땅에 머무셨다. 充虞가 청하기를 "지난날에 저의 불초함을 알지 못하시어 저로 하여금 목수 일을 맡게 하셨는데, 하도 급하여 제가 감히 묻지 못했습니다. 지금에 삼가 묻기를 원하오니, 棺木이 너무 아름다운 듯하였습니다." 하였다.

孟子仕於齊에 喪母하시고 歸葬於魯하시니라 嬴은 齊南邑이라 充虞는 孟子弟子니 嘗董治作棺之事者也라 嚴은 急也라 木은 棺木也라 以는 已通하니 以美는 太美也라

孟子께서 齊나라에서 벼슬하실 적에 어머니를 여의시고 魯나라로 돌아가 장례하셨다. 嬴은 齊나라 남쪽에 있는 고을이다. 充虞는 孟子의 弟子이니, 일찍이 棺 만드는 일을 감독하여 다스린 자이다. 嚴은 급함이다. 木은 棺木이다. 以는 已와 통하니, 以美는 너무 아름다운 것이다.

曰 古者에 **棺槨**이 **無度**하더니 **中古**에 **棺**이 **七寸**이요 **槨**을 **稱之**하여 **自天子達於庶人**하니 **非直爲觀美也**라 **然後**에 **盡於人心**이니라

孟子께서 말씀하셨다. "옛적에는 棺槨이 일정한 한도가 없었는데, 中古에 棺은 七寸이고 槨도 이에 걸맞게 하여 天子로부터 庶人에까지 이르렀으니, 이것은 다만 보기에 아름답게 하기 위해서가 아니라 이렇게 한 뒤에야 사람의 마음에 다한 것이기 때문이었다.

度는 厚薄尺寸也라 中古는 周公制禮時也라 槨稱之는 與棺相稱也라 欲其堅厚久遠이요 非特爲人觀視之美而已니라

度는 厚薄의 尺寸(치수)이다. 中古는 周公이 禮를 만들 당시이다. 槨稱之는 棺과 서로 걸맞는 것이다. 견고하고 두꺼워 久遠(長久)하게 하고자 한 것이요, 비단 남들이 보

敦:맡을 돈 以:너무 이 董:감독할 동 稱:걸맞을 칭 直:다만 직 特:다만 특

기에 아름답게 하기 위해서일 뿐만이 아니다.

不得이란(이면) 不可以爲悅이며 無財란(면) 不可以爲悅이니 得之爲有財하여는 古之人이 皆用之하니 吾何爲獨不然이리오

〈法制에〉 할 수 없으면 마음에 기쁠(흡족할) 수 없으며, 財力이 없으면 마음에 기쁠 수 없다. 〈法制에〉 할 수 있고 또 재력이 있으면 옛 사람들이 모두 썼으니, 내 어찌하여 홀로 그렇게 하지 않겠는가.

不得은 謂法制所不當得이라 得之爲有財는 言得之而又爲有財也라 或曰 爲는 當作而라

不得은 法制에 할 수 없는 것을 이른다. 得之爲有財는 〈法制에〉 할 수 있고 또 재력이 있는 것이다. 或者는 이르기를 "爲字는 마땅히 而字가 되어야 한다."고 한다.

且比化者하여 無使土親膚면 於人心에 獨無恔乎아

또 죽은 자를 위하여 흙으로 하여금 〈시신의〉 살갗에 가까이 닿지 않게 한다면 사람의 마음에 홀로 만족하지 않겠는가.

比는 猶爲也라 化者는 死者也라 恔는 快也라 言 爲死者하여 不使土親近其肌膚면 於人子之心에 豈不快然無所恨乎아

比는 爲(위함)와 같다. 化者는 죽은 자이다. 恔는 쾌함이다. "죽은 자를 위하여 흙으로 하여금 시신의 살갗에 가까이 닿지 않게 한다면 자식된 마음에 어찌 쾌하여 恨되는 바가 없지 않겠는가."라고 말씀한 것이다.

吾聞之也호니 君子는 不以天下儉其親이니라

내가 들으니 '君子는 천하 때문에 그 어버이에게 검소하게 하지 않는다.'고 하였다."

比:위할 비　化:죽을 화　膚:살갗 부　恔:만족할 교　肌:살갗 기　儉:검소할 검

送終之禮에 所當得爲而不自盡이면 是는 爲天下愛惜此物하여 而薄於吾親也라

죽은 이를 葬送하는 禮에 마땅히 할 수 있는데도 스스로 다하지 않는다면 이것은 천하를 위해서(때문에) 이 물건을 아껴 내 어버이에게 박하게 하는 것이다.

8. 沈同이 **以其私問曰 燕可伐與**잇가 **孟子曰 可**하니라 **子噲**(쾌)도 **不得與人燕**이며 **子之**도 **不得受燕於子噲**니 **有仕於此**어든 **而子悅之**하여 **不告於王而私與之吾子之祿爵**이어든 **夫士也 亦無王命而私受之於子**면 **則可乎**아 **何以異於是**리오

沈同이 私的(개인적)으로 묻기를 "燕나라를 정벌할 수 있습니까?" 하자, 孟子께서 말씀하셨다. "可하다. 子噲도 燕나라를 남에게 줄 수 없으며, 子之도 燕나라를 子噲에게 받을 수 없는 것이다. 여기에 벼슬하는 자가 있는데, 자네가 그를 좋아하여 王에게 아뢰지 않고 그대의 爵祿을 그에게 사사로이 주거든 그 선비 또한 王命이 없이 사사로이 그대에게서 받는다면 可하겠는가? 어찌 이와 다르겠는가."

沈同은 齊臣이라 以私問은 非王命也라 子噲, 子之는 事見(현)前篇하니라 諸侯는 土地人民을 受之天子하고 傳之先君하니 私以與人이면 則與者受者皆有罪也라 仕는 爲官也요 士는 卽從仕之人也라

沈同은 齊나라 신하이다. 사적으로 물었다는 것은 王命이 아닌 것이다. 子噲와 子之에 대한 일은 前篇(梁惠王 下)에 보인다. 諸侯는 토지와 인민을 天子에게서 받았으며 先君에게서 물려받았으니, 만일 사사로이 남에게 준다면 주는 자와 받는 자가 모두 죄가 있는 것이다. 仕는 벼슬하는 것이요, 士는 바로 벼슬에 종사하는 사람이다.

齊人이 **伐燕**이어늘 **或問曰 勸齊伐燕**이라하니 **有諸**잇가 **曰 未也**라 **沈同**이 **問燕可伐與**아하여늘 **吾應之曰 可**라하니 **彼然而伐之也**로다 **彼**

愛:아낄 애 惜:아낄 석 沈:성 심 噲:목구멍 쾌 傳:물려줄 전

如曰 孰可以伐之오하면 則將應之曰 爲天吏則可以伐之라하리라 今에 有殺人者어든 或問之曰 人可殺與아하면 則將應之曰 可라하리니 彼如曰 孰可以殺之오하면 則將應之曰 爲士師則可以殺之라하리라 今에 以燕伐燕이어니 何爲勸之哉리오

齊나라 사람이 燕나라를 정벌하자, 或者가 묻기를 "齊나라를 권하여 燕나라를 치게 하셨다 하니, 그런 일이 있었습니까?" 하자, 孟子께서 말씀하셨다. "아니다. 沈同이 '燕나라를 정벌할 수 있습니까?' 하고 묻기에 내가 대답하기를 '可하다' 하였더니, 저 사람이 〈내 말을〉 옳게 여겨 정벌한 것이다. 저 사람이 만일 '누가 정벌할 수 있겠습니까?' 하고 물었더라면 〈나는〉 장차 대답하기를 '天吏가 되면 정벌할 수 있다.' 하였을 것이다. 지금에 사람을 죽인 자가 있는데, 或者가 '그 사람을 죽일 수 있습니까?' 하고 물으면 〈나는〉 장차 대답하기를 '可하다.' 할 것이다. 저 사람이 만일 '누가 그를 죽일 수 있겠습니까?' 하고 물으면 〈나는〉 장차 대답하기를 '士師가 되면 죽일 수 있다.' 할 것이다. 지금에 燕나라로써 燕나라를 정벌하였으니, 내 어찌하여 권하였겠는가."

天吏는 解見上篇하니라 言 齊無道與燕無異하니 如以燕伐燕也라 史記에 亦謂孟子勸齊伐燕이라하니 蓋傳聞此說之誤니라

○ 楊氏曰 燕固可伐矣라 故로 孟子曰 可라하시니 使齊王이 能誅其君, 弔其民이면 何不可之有리오 乃殺其父兄하고 虜其子弟而後에 燕人畔之어늘 乃以是로 歸咎孟子之言이면 則誤矣니라

天吏는 해석이 上篇(公孫丑 上)에 보인다. 齊나라의 無道함이 燕나라와 다름이 없으니, 이는 燕나라로써 燕나라를 정벌함과 같음을 말한 것이다. ≪史記≫에도 "孟子가 齊나라를 권하여 燕나라를 정벌하게 했다." 하였으니, 이 말을 傳聞한 오류일 것이다.

○ 楊氏(楊時)가 말하였다. "燕나라는 진실로 정벌할 만하였다. 그러므로 孟子께서 '可하다.'고 하신 것이니, 만일 齊王이 그 군주를 주벌하고 그 백성을 위로하였더라면 어찌 不可할 것이 있겠는가. 마침내 그 父兄을 죽이고 그 子弟들을 포로로 잡은 뒤에 燕나라

誅:벨 주　虜:사로잡을 로　畔:배반할 반　咎:허물 구

사람들이 배반하였는데, 이것을 가지고 孟子의 말씀에 허물을 돌린다면 잘못이다."

9. 燕人이 畔이어늘 王曰 吾甚慚於孟子하노라

燕나라 사람들이 배반하자, 王이 말씀하였다. "나는 매우 孟子에게 부끄럽노라."

齊破燕後二年에 燕人이 共立太子平爲王하니라

齊나라가 燕나라를 격파한 지 2년 만에 燕나라 사람들이 함께 太子 平을 세워 王으로 삼았다.

陳賈曰 王無患焉하소서 王이 自以爲與周公孰仁且智니잇고 王曰 惡(오)라 是何言也오 曰 周公이 使管叔監殷이어시늘 管叔이 以殷畔하니 知而使之면 是不仁也요 不知而使之면 是不智也니 仁智는 周公도 未之盡也시니 而況於王乎잇가 賈請見而解之하리이다

陳賈가 말하였다. "王은 염려하지 마소서. 왕께서 스스로 생각하시기에 周公과 더불어 누가 더 仁하고 또 지혜롭다고 여기십니까?" 王이 말씀하였다. "아, 이 웬 말인가." 陳賈가 말하였다. "周公이 管叔으로 하여금 殷나라를 감독하게 하였는데 管叔이 殷나라를 가지고 배반하였으니, 〈周公이〉 이것을 알고 시켰다면 이는 不仁함이요 알지 못하고 시켰다면 이는 不智함이니, 仁과 智는 周公도 다하지 못하셨으니, 하물며 王에게 있어서이겠습니까. 제(賈)가 孟子를 뵙고 해명해 드리겠습니다."

陳賈는 齊大夫也라 管叔은 名鮮이니 武王弟요 周公兄也라 武王이 勝商殺紂하시고 立紂子武庚하고 而使管叔으로 與弟蔡叔霍叔으로 監其國이러니 武王崩하고 成王幼하여 周公攝政한대 管叔이 與武庚畔이어늘 周公이 討而誅之하시니라

陳賈는 齊나라 大夫이다. 管叔은 이름이 鮮이니, 武王의 아우이고 周公의 형이다. 武

慚:부끄러울 참 賈:성 가 庚:서방 경 蔡:나라이름 채 霍:성 곽

王이 商나라를 이기고 紂王을 죽이시고는 紂王의 아들 武庚을 세운 다음, 管叔으로 하여금 아우인 蔡叔·霍叔과 함께 그 나라를 감독하게 했었는데, 武王이 죽고 成王이 어려 周公이 섭정하자 管叔이 武庚과 함께 배반하니, 周公이 토벌하여 죽이셨다.

見孟子하고 問曰 周公은 何人也잇고 曰 古聖人也시니라 曰 使管叔監殷이어시늘 管叔이 以殷畔也라하니 有諸잇가 曰 然하다 曰 周公이 知其將畔而使之與잇가 曰 不知也시니라 然則聖人도 且有過與잇가 曰 周公은 弟也요 管叔은 兄也니 周公之過 不亦宜乎아

陳賈가 孟子를 뵙고 묻기를 "周公은 어떤 사람입니까?" 하자, 孟子께서 "옛 聖人이시다." 하고 대답하셨다. "管叔으로 하여금 殷나라를 감독하게 하였는데, 管叔이 殷나라를 가지고 배반했다 하니, 그러한 일이 있었습니까?" "그렇다." "周公은 〈管叔이〉 장차 배반할 것을 알면서 시키셨습니까?" "알지 못하셨다." "그렇다면 聖人도 허물이 있는 것입니까?" "周公은 아우요 管叔은 형이니, 周公의 허물이 당연하지 않은가.

言 周公은 乃管叔之弟요 管叔은 乃周公之兄이니 然則周公이 不知管叔之將畔而使之하시니 其過有所不免矣라 或曰 周公之處管叔이 不如舜之處象[1]은 何也오 游氏曰 象之惡은 已著하고 而其志不過富貴而已라 故로 舜得以是而全之어니와 若管叔之惡則未著하고 而其志其才 皆非象比也니 周公이 詎忍逆探其兄之惡而棄之邪아 周公愛兄이 宜無不盡者하니 管叔之事는 聖人之不幸也라 舜은 誠信而喜象하시고 周公은 誠信而任管叔하시니 此는 天理人倫之至니 其用心이 一也니라

周公은 바로 管叔의 아우이고 管叔은 바로 周公의 형이니, 그렇다면 周公은 管叔이 장차 배반할 것을 알지 못하고 시키신 것이니, 그 허물을 면할 수 없는 바가 있음을 말씀한 것이다.

或者가 말하기를 "周公이 管叔을 대처함이 舜임금이 象을 대처함과 같지 않음은 어째서입니까?" 하자, 游氏(游酢)가 말하였다. "象의 惡은 이미 드러났고 그 뜻이 일신의

游:헤엄칠 유 詎:어찌 거 忍:차마할 인 逆:미리 역 探:더듬을 탐

富貴에 불과할 뿐이었다. 그러므로 舜임금이 이로써 그를 온전히 할 수 있었지만 管叔의 악으로 말하면 아직 드러나지 않았고 그 뜻과 그 재주가 모두 象에 비할 바가 아니었으니, 周公이 어찌 차마 그 형의 악함을 미리 헤아려 버릴 수 있었겠는가. 周公이 형을 사랑함은 다하지 않음이 없어야 하니, 管叔의 일은 聖人의 불행이다. 舜임금은 진실로 믿고서 象을 기뻐하셨고, 周公은 진실로 믿고서 管叔에게 맡기셨다. 이는 天理와 人倫의 지극함이니, 그 마음 쓰심이 똑같은 것이다."

譯註 1. 不如舜之處象 : 象은 舜임금의 이복동생으로 부모와 함께 날마다 舜임금을 죽일 것을 도모하였으나 舜임금이 천자가 되시어 그를 처벌하지 않고 나라를 봉해 주었는 바, 이 내용은 뒤의 〈萬章 上〉에 자세히 보인다.

且古之君子는 **過則改之**러니 **今之君子**는 **過則順之**로다 **古之君子**는 **其過也 如日月之食**이라 **民皆見之**하고 **及其更**(경)**也**하여는 **民皆仰之**러니 **今之君子**는 **豈徒順之**리오 **又從而爲之辭**로다

또 옛날의 君子(군주와 대신)들은 허물이 있으면 고쳤는데, 지금의 君子들은 허물이 있으면 그것을 이루는구나. 옛날의 君子들은 그 허물이 日蝕·月蝕과 같아서 백성들이 다 그것을 보았고 허물을 고침에 미쳐서는 백성들이 다 우러러보았는데, 지금의 君子들은 어찌 다만 이룰 뿐이겠는가. 또 따라서 변명을 하는구나."

順은 猶遂也라 更은 改也라 辭는 辯也라 更之면 則無損於明이라 故로 民仰之하고 順而爲之辭면 則其過愈深矣니 責賈不能勉其君以遷善改過하고 而敎之以遂非文過也시니라
○ 林氏曰 齊王이 慚於孟子하니 蓋羞惡之心이 有不能自已者니 使其臣有能因是心而將順之면 則義不可勝用矣어늘 而陳賈는 鄙夫라 方且爲之曲爲辯說하여 而沮其遷善改過之心하고 長其飾非拒諫之惡이라 故로 孟子深責之하시니라 然이나 此書記事散出하여 而無先後之次라 故로 其說을 必參考而後通이니 若以第二篇十章, 十一章으로 置之前章之後, 此章之前이면 則孟子之意 不待論說而自明矣리라

順은 遂(이룸)와 같다. 更은 고침이다. 辭는 변명함이다. 허물을 고치면 밝음에 減損

更:고칠 경 遂:이룰 수 愈:더욱 유 將:받들 장 鄙:더러울 비 沮:막을 저

됨이 없으므로 백성들이 우러러보는 것이요, 허물을 이루고 변명하면 그 허물이 더욱 깊어지는 것이다. 陳賈가 군주에게 遷善改過로써 권면하지 못하고, 허물을 문식하여 非行을 이루는 것으로써 가르침을 꾸짖으신 것이다.

○ 林氏(林之奇)가 말하였다. "齊王이 孟子에게 부끄러워하였으니, 이는 羞惡之心이 스스로 그만둘 수 없음이 있어서였다. 만약 그 신하 중에 이 마음을 인하여 받들어 순히 하는 자가 있었다면 義를 이루 다 쓸 수 없었을 것이다. 그러나 陳賈는 비루한 사람이어서 장차 군주를 위하여 바르지 못하게 辯說을 늘어놓아 遷善改過하는 마음을 저지하고 非行을 문식하여 諫言을 막는 악을 조장하였다. 그러므로 孟子께서 깊이 꾸짖으신 것이다. 그러나 이 글의 記事가 흩어져 나와서 先後의 순서가 없기 때문에 그 말을 반드시 참고한 뒤에야 통할 수 있으니, 만일 제2편(梁惠王 下)의 10章, 11章을 앞 章의 뒤와 이 章의 앞에 놓는다면 孟子의 뜻이 논설을 기다리지 않아도 自明해질 것이다."

10. 孟子致爲臣而歸하실새

孟子께서 신하됨을 내놓고 떠나가실 적에

孟子久於齊而道不行이라 故로 去也시니라

孟子께서 齊나라에 오래 계셨으나 道가 행해지지 않으므로 떠나가신 것이다.

王이 就見孟子曰 前日에 願見而不可得이라가 得侍하여는 同朝甚喜러니 今又棄寡人而歸하시니 不識케이다 可以繼此而得見乎잇가 對曰 不敢請耳언정 固所願也니이다

王이 孟子를 찾아보고 말씀하였다. "지난날에 뵙기를 원했으나 될 수 없었는데, 모시게 되어서는 조정에 함께 있는 사람들이 매우 기뻐했습니다. 그런데 이제 또다시 寡人을 버리고 돌아가시니, 알지 못하겠습니다. 이 뒤로 계속하여 선생님을 뵐 수 있겠습니까?" 孟子께서 대답하셨다. "감히 청하지는 못할지언정 진실로 원하는 바입니다."

他日에 王이 謂時子曰 我欲中國而授孟子室하고 養弟子以萬鍾하

여 **使諸大夫國人**으로 **皆有所矜式**하노니 **子盍爲我言之**오

他日에 王이 時子에게 말씀하였다. "내 國中(도성)에다가 孟子에게 집을 지어 주고 弟子들을 萬鍾祿으로 길러 여러 大夫들과 국민들로 하여금 모두 공경하고 법받는 바가 있게 하려고 하니, 자네는 어찌 나를 위하여 말하지 않는가."

時子는 齊臣也라 中國은 當國之中也라 萬鍾은 穀祿之數也라 鍾은 量名이니 受六斛四斗라 矜은 敬也요 式은 法也라 盍은 何不也라

時子는 齊나라 신하이다. 中國은 나라의 한 가운데(도성)에 해당하는 곳이다. 萬鍾은 녹봉의 數이다. 鍾은 量의 이름이니, 6斛 4斗가 들어간다. 矜은 공경함이요, 式은 법받음이다. 盍은 何不(어찌 아니)이다.

時子因陳子而以告孟子어늘 **陳子以時子之言**으로 **告孟子**한대

時子가 陳子를 통하여 孟子께 아뢰게 하자, 陳子가 時子의 말을 孟子께 아뢰었다.

陳子는 卽陳臻也라

陳子는 바로 陳臻이다.

孟子曰 然하다 **夫時子惡**(오)**知其不可也**리오 **如使予欲富**인댄 **辭十萬而受萬**이 **是爲欲富乎**아

孟子께서 말씀하셨다. "그러하다. 저 時子가 어찌 그 不可함을 알겠는가. 가령 내가 부자가 되고 싶었다면 十萬鍾을 사양하고 萬鍾을 받는 것이 이것이 부자가 되고자 하는 것이겠는가.

孟子旣以道不行而去면 則其義不可以復留어늘 而時子不知하니 則又有難顯言者라 故로 但言 設使我欲富인댄 則我前日爲卿에 嘗辭十萬之祿하니 今乃受此萬鍾之饋면 是我雖欲富나 亦不爲此也라하시니라

鍾:量이름 종　矜:공경할 긍　盍:어찌아니 합　斛:휘(열말) 곡　顯:나타날 현

孟子께서 이미 道가 행해지지 않기 때문에 떠나셨다면 그 義가 다시 머무를 수 없는데 時子가 이것을 알지 못하니, 또 드러내놓고 말하기 어려운 점이 있었다. 그러므로 다만 말씀하시기를 "가령(設使) 내가 부자가 되고자 하였다면 내가 지난날 卿이 되었을 때에 일찍이 十萬鍾의 祿을 사양하였으니, 이제 도리어 이 萬鍾을 주는 것을 받는다면 이는 내가 비록 부자가 되고자 한다 하더라도 이러한 짓은 하지 않는다."고 하신 것이다.

季孫曰 異哉라 子叔疑여 使己爲政호되 不用則亦已矣어늘 又使其子弟爲卿하니 人亦孰不欲富貴리오마는 而獨於富貴之中에 有私龍(壟)斷[1]焉이라하니라

季孫氏가 말하기를 '괴이하다, 子叔疑여. 자기로 하여금 정사를 하게 하였으나 쓰여지지 않으면 그만두어야 할 터인데, 또 그 자제로 卿을 삼게 하였으니, 사람들이 누구인들 富貴하고자 하지 않겠는가마는 홀로 富貴의 가운데에도 壟斷을 독점하는 이가 있다.' 하였다.

譯註 1. 有私龍斷 : 私는 私有物로 여겨 독차지함을 이르며, 壟斷은 시장 주위에 구릉이 끊긴 곳으로 이곳에 올라가면 사방이 잘 보여 값싼 물건을 많이 취할 수 있기 때문에 독차지하는 것이다.

此는 孟子引季孫之語也라 季孫, 子叔疑는 不知何時人이라 龍斷은 岡壟之斷而高也니 義見(현)下文하니라 蓋子叔疑者 嘗不用而使其子弟爲卿한대 季孫이 譏其旣不得於此하고 而又欲求得於彼하니 如下文賤丈夫登龍斷者之所爲也라 孟子引此하사 以明道旣不行이요 復受其祿이면 則無以異此矣시니라

이것은 孟子께서 季孫氏의 말을 인용한 것이다. 季孫과 子叔疑는 어느 때 사람인지 알지 못한다. 壟斷은 岡壟(언덕)이 딱 끊겨 높은 곳이니, 뜻이 아랫글에 보인다. 子叔疑란 자가 일찍이 쓰여지지 않자 그 자제로 卿을 삼게 하니, 季孫氏가 이미 여기에서 얻지 못하고 또 저기에서 얻고자 하니 마치 아랫글에 壟斷에 올라간 賤丈夫(졸장부)의 소행과 같다고 기롱한 것이다. 孟子께서 이 글을 인용하여, 道가 이미 행해지지 않는데

異:괴이할 이　龍:언덕 롱(壟同)　岡:언덕 강　譏:기롱할 기

다시 그 祿을 받는다면 이와 다를 것이 없음을 밝히신 것이다.

古之爲市者 以其所有로 **易其所無者**어든 **有司者治之耳**러니 **有賤丈夫焉**하니 **必求龍斷而登之**하여 **以左右望而罔市利**어늘 **人皆以爲賤**이라 **故**로 **從而征之**하니 **征商**이 **自此賤丈夫始矣**니라

옛날에 시장에서 교역하는 자들이 자기가 가지고 있는 물건을 가지고 없는 물건과 바꾸면 有司(시장을 맡은 관리)가 〈세금을 거두지 않고 분쟁을〉 다스릴 뿐이었다. 그런데 賤丈夫 한 사람이 있어 반드시 壟斷을 찾아 올라가서 좌우로 바라보면서 시장의 이익을 망라하자, 사람들이 모두 천하게 여겼다. 그러므로 따라서 그에게 세금을 징수하였으니, 장사꾼에게 세금을 징수한 것은 이 賤丈夫로부터 비롯되었다."

孟子釋龍斷之說이 如此하시니라 治之는 謂治其爭訟이라 左右望者는 欲得此而又取彼也라 罔은 謂罔羅取之也라 從而征之는 謂人惡(오)其專利라 故로 就征其稅하니 後世緣此하여 遂征商人也라

○ 程子曰 齊王所以處孟子者 未爲不可요 孟子亦非不肯爲國人矜式者언마는 但齊王이 實非欲尊孟子요 乃欲以利誘之라 故로 孟子拒而不受하시니라

孟子께서 壟斷의 말씀을 해석하기를 이와 같이 하신 것이다. 治之는 분쟁을 다스림을 이른다. 左右望은 이것을 얻고 또 저것을 얻고자 하는 것이다. 罔은 망라하여 취함을 이른다. 따라서 그에게 세금을 징수했다는 것은, 사람들이 그가 이익을 독점함을 미워하였으므로 나아가서 그에게 세금을 내게 하였으니, 후세에 이로 인하여 마침내 상인들에게 세금을 징수하게 되었음을 이른다.

○ 程子(伊川)가 말씀하였다. "齊王이 孟子에게 대처한 것이 不可하지 않았고, 孟子께서도 國人들에게 존경받고 법받음이 되기를 즐겨하지 않으신 것이 아니었다. 다만 齊王이 실제로 孟子를 높이려고 한 것이 아니요, 마침내 이익으로써 유인하고자 하였다. 그러므로 孟子께서 거절하고 받지 않으신 것이다."

罔:그물 망　征:세금낼 정　訟:송사할 송　緣:인할 연　肯:즐길 긍

11. 孟子去齊하실새 宿於晝러시니

孟子께서 齊나라를 떠나실 적에 晝땅에 유숙하셨는데,

晝는 齊西南近邑也라

晝는 齊나라 서남쪽에 있는 서울과 가까운 邑이다.

有欲爲王留行者 坐而言이어늘 **不應**하시고 **隱几而臥**하신대

王을 위하여 〈孟子의〉 발걸음(떠나감)을 만류하고자 하는 자가 있어 앉아서 말하였으나 〈孟子께서〉 응하지 않으시고 几(안석)에 기대어 누우셨다.

隱은 憑也라 客坐而言이어늘 孟子不應而臥也라

隱은 기댐이다. 客이 앉아서 말하는데, 孟子께서 응하지 않고 누우신 것이다.

客이 **不悅曰 弟子齊**(재)**宿而後**에 **敢言**이어늘 **夫子臥而不聽**하시니 **請勿復敢見矣**로이다 **曰 坐**하라 **我明語子**호리라 **昔者**에 **魯繆**(목)**公**이 **無人乎子思之側**이면 **則不能安子思**[1]하고 **泄柳, 申詳**이 **無人乎繆公之側**이면 **則不能安其身**이러니라

客이 기뻐하지 않으며 말하였다. "제(弟子)가 齊宿(오랫동안 공경함)한 뒤에 감히 말씀드렸는데 夫子께서 누우시고 듣지 않으시니, 다시는 감히 뵙지 말아야겠습니다." 孟子께서 말씀하셨다. "앉아라. 내 그대에게 분명하게 말해 주겠다. 옛날에 魯繆公은 子思의 곁에 〈자기의 誠意를 전달할〉 사람이 없으면 〈子思께서 떠나가실까 염려하여〉 子思를 편안하게 여기지 못하였고, 泄柳와 申詳은 繆公의 곁에 보좌할 만한 사람이 없으면 그 몸을 편안하게 여기지 못하였다.

譯註 1. 不能安子思 : 뜻이 확실하지 않으나 集註의 내용으로 보아 子思가 안심하고 머무는 것으로 보아야 할 것이다.

隱:기댈 은 几:안석 궤 臥:누울 와 憑:기댈 빙 齊:공경할 재 繆:나쁜시호 목(穆通)

齊宿은 齊戒越宿也라 繆公이 尊禮子思하여 常使人候伺하여 道達誠意於其側이라야 乃能安而留之也라 泄柳는 魯人이요 申詳은 子張之子也니 繆公尊之 不如子思나 然이나 二子義不苟容하여 非有賢者在其君之左右하여 維持調護之면 則亦不能安其身矣니라

齊宿은 재계하고 하룻밤을 지냄이다. 繆公이 子思를 존경하고 예우하여 항상 사람으로 하여금 모시고 보살피게 해서 자신의 성의를 그 곁에 전달하여야 子思께서 안심하고 머무실 것으로 여긴 것이다. 泄柳는 魯나라 사람이요 申詳은 子張의 아들이니, 繆公이 이들을 높인 것이 子思만 못하였으나 이들 두 사람은 의리상 구차히 용납하지 않았다. 그리하여 賢者가 군주의 좌우에 있으면서 유지하고 調護해 주는 이가 없으면 또한 그 몸을 편안하게 여기지 못한 것이다.

子爲長者慮而不及子思하니 子絶長者乎아 長者絶子乎아

그대가 長者를 위하여 생각하되 子思에게 미치지 못하니, 자네가 長者를 끊은 것인가? 長者가 자네를 끊은 것인가?"

長者는 孟子自稱也라 言 齊王이 不使子來어늘 而子自欲爲王留我하니 是는 所以爲我謀者 不及繆公留子思之事하여 而先絶我也라 我之臥而不應이 豈爲先絶子乎아

長者는 孟子께서 자신을 칭하신 것이다. "齊王이 그대로 하여금 오게 하지 않았는데 그대가 스스로 王을 위하여 나를 만류하고자 하니, 이것은 나를 위하여 도모함이 繆公이 子思를 머물게 한 일에 미치지 못하여 먼저 나를 끊은 것이다. 내가 눕고 응하지 않는 것이 어찌 먼저 그대를 끊음이 되겠는가."라고 말씀한 것이다.

12. 孟子去齊하실새 尹士語人曰 不識王之不可以爲湯武면 則是不明也요 識其不可요 然且至면 則是干澤也니 千里而見王하여 不遇故로 去호되 三宿而後에 出晝하니 是何濡滯也오 士則玆不悅하노라

孟子께서 齊나라를 떠나가실 적에 尹士가 사람들에게 말하였다. "王이 湯·武 같은 聖君이 될 수 없음을 모르고 왔다면 이것은 지혜가 밝지 못한 것이요, 불

側:곁 측 泄:샐 설 越:넘을 월 候:살필 후 伺:살필 사 濡:지체할 유 滯:머무를 체

가능함을 알면서도 왔다면 이것은 은택을 요구한 것이다. 千里 먼길을 와서 王을 만나 뜻이 맞지 않으므로 떠나가되 사흘을 유숙한 뒤에 晝땅을 나갔으니, 어찌 이리도 오랫동안 체류한단 말인가. 나(士)는 이것을 기뻐하지 않노라."

尹士는 齊人也라 干은 求也라 澤은 恩澤也라 濡滯는 遲留也라

尹士는 齊나라 사람이다. 干은 요구함이다. 澤은 恩澤이다. 濡滯는 오랫동안 체류함이다.

高子以告한대

高子가 이 말을 아뢰자,

高子는 亦齊人이니 孟子弟子也라

高子 또한 齊나라 사람이니, 孟子의 弟子이다.

曰 夫尹士惡(오)知予哉리오 千里而見王은 是予所欲也니 不遇故로 去가 豈予所欲哉리오 予不得已也로라

孟子께서 말씀하셨다. "尹士가 어찌 나를 알겠는가. 千里 먼길을 와서 王을 만나봄은 내가 하고자 한 것이니, 뜻이 맞지 않으므로 떠나감이 어찌 나의 원하는 바이겠는가. 내 부득이해서였다.

見王은 欲以行道也니 今道不行이라 故로 不得已而去요 非本欲如此也라

王을 만나봄은 道를 행하고자 해서였는데, 이제 道가 행해지지 않으므로 부득이해서 떠나가는 것이요 본래 이와 같고자 함이 아니었다.

予三宿而出晝호되 於予心에 猶以爲速하노니 王庶幾改之니 王如改諸시면 則必反予시리라

내 사흘을 유숙한 뒤에 晝땅을 출발하였으나 내 마음에 오히려 빠르다고 여겼다. 나는 王이 행여 고치시기를 바라노니, 王이 만일 고치신다면 반드시 나의

발길을 돌리게 하셨을 것이다.

所改는 必指一事而言이라 然이나 今不可考矣라

고친다는 것은 반드시 한 일을 가리켜서 말씀한 것이다. 그러나 이제 상고할 수가 없다.

夫出晝而王不予追也하실새 予然後에 浩然有歸志호니 予雖然이나 豈舍王哉리오 王由(猶)足用爲善[1]하시리니 王如用予시면 則豈徒齊民安이리오 天下之民이 擧安하리니 王庶幾改之를 予日望之하노라

晝땅을 나가는데도 王이 나를 〈만류하기 위하여〉 쫓아오지 않으시기에 내가 그런 뒤에야 浩然히 돌아갈 뜻을 두었다. 내 그러나 어찌 왕을 버리겠는가. 王은 그래도 충분히 善을 행할 수 있을 것이니, 王이 만일 나를 등용하신다면 어찌 다만 齊나라 백성만 편안할 뿐이겠는가. 천하의 백성이 모두 편안할 것이니, 王이 행여 고치시기를 나는 날마다 바라노라.

譯註 1. 王由足用爲善 : 由는 猶와 통용되는 바, 〈梁惠王 上〉 6章의 '由水之就下'와 같다. 다만 위에서는 '같다'의 뜻이었는데, 여기서는 '오히려'로 사용하였다. 足用은 足以와 같다.

浩然은 如水之流 不可止也라 楊氏曰 齊王은 天資朴實하여 如好勇, 好貨, 好色, 好世俗之樂을 皆以直告而不隱於孟子라 故로 足以爲善이니 若乃其心不然이요 而謬爲大言以欺人이면 是人은 終不可與入堯舜之道矣니 何善之能爲리오

浩然은 물의 흐름이 그칠 수 없음과 같은 것이다.

楊氏(楊時)가 말하였다. "齊王은 타고난 자질이 질박하고 성실하여, 용맹을 좋아하고 재물을 좋아하고 색을 좋아하고 세속의 음악을 좋아함과 같은 것을 모두 솔직히 아뢰고 孟子에게 숨기지 않았다. 그러므로 충분히 善을 행할 수 있는 것이니, 만일 그 마음은 그렇지 않으면서 거짓으로 큰소리를 쳐서 사람을 속인다면 이러한 사람은 끝내 堯舜의 道에 들어갈 수 없으니, 어찌 善을 행할 수 있겠는가."

由:오히려 유(猶同) 擧:모두 거 朴:질박할 박 謬:거짓 류

予豈若是小丈夫然哉라 **諫於其君而不受則怒**하여 悻悻**然見**(현) **於其面**하여 **去則窮日之力而後**에 **宿哉**리오

내 어찌 이 小丈夫와 같이 君主에게 간하다가 받아주지 않으면 노하여 悻悻하게 그 얼굴빛에 〈노기를〉 나타내어, 떠나면 하루종일 갈 수 있는 힘을 다한 뒤에 留宿하는 것처럼 하겠는가."

悻悻은 怒意也라 窮은 盡也라

悻悻은 노하는 뜻이다. 窮은 다함이다.

尹士聞之하고 **曰 士**는 **誠小人也**로다

尹士가 이 말을 듣고 말하였다. "나(士)는 진실로 小人이다."

此章은 見聖賢[1]行道濟時汲汲之本心과 愛君澤民惓惓之餘意니라 李氏曰 於此에 見君子憂則違之[2]之情이요 而荷蕢者所以爲果[3]也니라

이 章은 聖賢이 道를 행하고 세상을 구제하려는 급급한 본심과 군주를 사랑하고 백성에게 은택을 입히려는 惓惓(연연)해 하는 남은 뜻을 볼 수 있다.

李氏(李郁)가 말하였다. "여기에서 君子가 근심스러우면 떠나가는 실정을 볼 수 있고, 荷蕢한 자가 과단함이 되는 所以이다."

譯註 1. 見聖賢 : 一本에는 '見'자가 '言'으로 되어 있다.

2. 憂則違之 : ≪周易≫ 〈乾卦 文言傳〉에 "樂則行之 憂則違之"라고 보이는 바, 이는 세상이 좋아지면 나와서 벼슬하여 道를 행하고 세상이 나빠져 근심스러운 때가 되면 물러가 은둔함을 뜻한다.

3. 荷蕢者所以爲果 : 荷蕢는 삼태기를 메는 것으로 荷蕢丈人을 가리키며, 果는 과단성 있게 세상을 잊고 포기하는 것이다. 孔子가 경쇠를 치자 삼태기를 메고 가던 한 老人이 孔子의 문앞을 지나다가 그 경쇠소리를 듣고는 세상을 잊지 못한다고 비난하였다. 孔子는 이 말을 듣고 '세상을 잊는데 과단하다.' 하시고 비판하셨는 바, ≪論語≫ 〈憲問〉 42章에 자세히 보인다.

悻:성낼 행 窮:다할 궁 汲:급급할 급 惓:연연할 권 違:떠날 위 荷:멜 하 蕢:삼태기 궤

13. 孟子去齊하실새 充虞路問曰 夫子若有不豫色然하시니이다 前日에 虞聞諸夫子호니 曰 君子는 不怨天하며 不尤人이라하시니이다

孟子께서 齊나라를 떠나실 적에 充虞가 도중에서 물었다. "夫子께서 기쁘지 않은 기색이 계신 듯합니다. 지난날 제가 夫子께 듣자오니, '君子는 하늘을 원망하지 않으며 사람을 허물하지 않는다.' 하셨습니다."

路問은 於路中問也라 豫는 悅也라 尤는 過也라 此二句는 實孔子之言이니 蓋孟子嘗稱之以教人耳시니라

路問은 路中에서 물은 것이다. 豫는 기뻐함이다. 尤는 허물함이다. 이 두 句는 실로 孔子의 말씀이니, 孟子께서 일찍이 稱(말씀)하여 사람을 가르치신 듯하다.

曰 彼一時며 此一時也니라

孟子께서 말씀하셨다. "저 한 때이며 이 한 때이다.(그 때는 그 때이고 지금은 지금이다)

彼는 前日이요 此는 今日이라

彼는 지난 날이요, 此는 今日이다.

五百年에 必有王者興하나니 其間에 必有名世者니라

5백 년에 반드시 王者가 나오니, 그 사이에 반드시 세상에 유명한 자가 있다.

自堯舜至湯과 自湯至文武히 皆五百餘年而聖人出하니라 名世는 謂其人德業聞望이 可名於一世者 爲之輔佐니 若皐陶, 稷, 契(설), 伊尹, 萊朱, 太公望, 散宜生之屬이라

堯舜으로부터 湯王에 이르기까지와 湯王으로부터 文王·武王에 이르기까지 모두 5백여 년만에 聖人이 나왔다. 名世는 그 사람의 덕업과 명성이 한 세대에 이름날 만한 자가 그(王者)를 보좌함을 이르니, 皐陶와 稷과 契, 伊尹과 萊朱, 太公望과 散宜生 같

果:과단할 과 豫:기쁠 예 尤:허물 우 皐:언덕 고 陶:즐길 요 稷:피 직 契:이름 설

은 등속이다.

由周而來로 七百有餘歲矣니 以其數則過矣요 以其時考之則可矣니라

周나라로부터 이래로 7백여 년이 되었으니, 年數를 가지고 보면 지났고 시기로 살펴보면 지금이 可하다.

周는 謂文武之間이라 數는 謂五百年之期라 時는 謂亂極思治하여 可以有爲之日이라 於是而不得一有所爲하니 此孟子所以不能無不豫也시니라

周는 文王・武王의 사이를 이른다. 數는 5백 년의 시기를 이른다. 時는 亂이 지극하면 다스려질 것을 생각하여 일을 할 수 있는 때를 이른다. 이러한 때에 한번 일을 함이 있지 못하니, 이것이 孟子께서 기쁘지 않은 기색이 없지 못하신 까닭이다.

夫天이 未欲平治天下也시니 如欲平治天下인댄 當今之世하여 舍我요 其誰也리오 吾何爲不豫哉리오

하늘이 천하를 平治하고자 하지 않는 것이니, 만일 천하를 平治하고자 하신다면 지금 세상을 당하여 나를 버리고(나 말고) 그 누가 하겠는가. 내 어찌하여 기뻐하지 않겠는가."

言 當此之時하여 而使我不遇於齊하니 是天未欲平治天下也라 然이나 天意는 未可知요 而其具又在我하니 我何爲不豫哉리오 然則孟子雖若有不豫然者나 而實未嘗不豫也시니 蓋聖賢憂世之志[1]와 樂天之誠이 有並行而不悖者를 於此見矣니라

'이 때를 당하여 나로 하여금 齊나라에서 뜻이 합하지 못하게 하니, 이것은 하늘이 천하를 平治하고자 하지 않으시는 것이다. 그러나 하늘의 뜻은 알 수 없고 그 도구가 또 나에게 있으니, 내 어찌하여 기뻐하지 않겠는가.'라고 말씀한 것이다. 그렇다면 孟子께서 비록 기쁘지 않은 기색이 있으신 듯하였으나 실제는 기뻐하지 않으신 것이 아니다. 聖賢의 세상을 걱정하는 마음과 天理를 즐거워하는 정성이 병행되고 모순되지

萊:쑥 래　舍:버릴 사(捨同)　具:도구 구　悖:어그러질 패

않음을 여기에서 볼 수 있다.

譯註 1. 聖賢憂世之志 : 內閣本에는 '聖賢'이 '聖人'으로 되어 있다.

14. 孟子去齊居休러시니 公孫丑問曰 仕而不受祿이 古之道乎잇가

孟子께서 齊나라를 떠나 休땅에 머무셨는데, 公孫丑가 물었다. "벼슬하면서 녹봉을 받지 않는 것이 옛 道입니까?"

休는 地名이라

休는 地名이다.

曰 非也라 於崇에 吾得見王하고 退而有去志하니 不欲變이라 故로 不受也로라

孟子께서 말씀하셨다. "아니다. 崇땅에서 내 王을 만나 뵙고 물러나와 떠날 마음을 두었으니, 이 마음을 변하고자 하지 않았으므로 녹봉을 받지 않은 것이다.

崇은 亦地名이라 孟子始見齊王에 必有所不合이라 故로 有去志하시니라 變은 謂變其去志라

崇 또한 地名이다. 孟子께서 처음 齊王을 만나 뵈었을 때에 반드시 합하지 않음이 있었을 것이다. 그러므로 떠날 마음을 두신 것이다. 變은 떠날 마음을 변함을 이른다.

繼而有師命이라 不可以請이언정 久於齊는 非我志也니라

뒤이어 군대의 출동명령이 있었다. 〈그리하여 떠나감을〉 청할 수 없었을지언정 齊나라에 오랫동안 머무름은 나의 뜻이 아니었다."

師命은 師旅之命也라 國旣被兵하여 難請去也라

○ 孔氏曰 仕而受祿은 禮也요 不受齊祿은 義也니 義之所在엔 禮有時而變이어늘 公

崇:높일 숭　師:군대 사　旅:군대 려

孫丑欲以一端裁之하니 不亦誤乎아

師命은 師旅를 출동하는 명령이다. 나라가 이미 兵亂을 입어 떠나감을 청하기 어려우셨던 것이다.

○ 孔氏(孔文仲)가 말하였다. "벼슬하면서 녹봉을 받는 것은 禮요 齊나라의 녹봉을 받지 않는 것은 義이니, 義가 있는 곳에는 禮가 때로 변할 수 있는 것이다. 그런데 公孫丑는 한 가지로써 재단하려 하였으니, 잘못이 아니겠는가."

滕文公章句 上

凡五章이라

모두 5章이다.

1. 滕文公이 爲世子에 將之楚할새 過宋而見孟子한대

滕文公이 世子였을 때에 장차 楚나라로 가려하여 宋나라를 지나다가 孟子를 만나 뵈었다.

世子는 太子也라

世子는 太子이다.

孟子道性善하사되 言必稱堯舜이러시다

孟子께서 性의 善함을 말씀하시되 말씀마다 반드시 堯舜을 칭하셨다.

道는 言也라 性者는 人所稟於天以生之理也니 渾然至善하여 未嘗有惡이라 人與堯舜이 初無少異로되 但衆人은 汨於私欲而失之하고 堯舜則無私欲之蔽而能充其性爾라 故로 孟子與世子言에 每道性善하시고 而必稱堯舜以實之하시니 欲其知仁義不假外求요 聖人可學而至하여 而不懈於用力也라 門人이 不能悉記其辭하고 而撮其大旨如此하니라 程子曰 性卽理也니 天下之理 原其所自하면 未有不善이니 喜怒哀樂未發에 何嘗不善이리오 發而中節이면 卽無往而不善이요 發不中節然後에 爲不善이라 故로 凡言善惡에 皆先善而後惡하고 言吉凶에 皆先吉而後凶하고 言是非에 皆先是而後非니라

滕:나라이름 등 道:말할 도 稟:받을 품 渾:온전할 혼 汨:빠질 골 蔽:가릴 폐 懈:게으를 해 悉:다 실 撮:뽑을 촬 自:부터 자 中:맞을 중

道는 말함이다. 性은 사람이 하늘에서 받고 태어난 理이니, 혼연히(완전히) 지극히 善하여 일찍이 惡함이 있지 않다. 그리하여 衆人(일반인)과 堯舜이 처음에는 조금도 다름이 없었으나 다만 衆人들은 私慾에 빠져 이것을 잃었고 堯舜은 사욕에 가리움이 없어 그 本性을 채웠을 뿐이다. 그러므로 孟子께서 世子와 더불어 말씀할 때에 매양 性의 善함을 말씀하면서 반드시 堯舜을 칭하여 실증하신 것이니, 仁義는 밖에서 구함을 기다리지 않고 聖人은 배워서 이를 수 있음을 알아서 힘을 씀에 게을리 하지 않게 하고자 하신 것이다. 門人들이 그 말씀을 다 기록하지 못하고, 그 大旨(大意)를 뽑기를 이와 같이 한 것이다.

程子(伊川)가 말씀하였다. "性은 바로 理이다. 천하의 理가 그 나온 바를 근원해 보면 善하지 않음이 있지 않으니, 喜怒哀樂이 發하지 않았을 때에 어찌 일찍이 善하지 않겠는가. 〈喜怒哀樂이〉 發하여 節度에 맞으면 가는 곳마다 善하지 않음이 없는 것이요, 發하여 節度에 맞지 않은 뒤에야 善하지 않음이 된다. 그러므로 무릇 善惡을 말할 때에 다 善을 먼저 하고 惡을 뒤에 하며, 吉凶을 말할 때에 다 吉을 먼저 하고 凶을 뒤에 하며, 是非를 말할 때에 다 是를 먼저 하고 非를 뒤에 하는 것이다."

世子自楚反하여 復見孟子한대 孟子曰 世子는 疑吾言乎잇가 夫道는 一而已矣니이다

世子가 楚나라에서 돌아와 다시 孟子를 뵙자, 孟子께서 말씀하셨다. "世子는 내 말을 의심하십니까? 道는 하나일 뿐입니다.

時人이 不知性之本善하여 而以聖賢爲不可企及이라 故로 世子於孟子之言에 不能無疑하여 而復來求見하니 蓋恐別有卑近易行之說也라 孟子知之라 故로 但告之如此하여 以明古今聖愚本同一性하니 前言已盡하여 無復有他說也시니라

당시 사람들이 性이 본래 善함을 알지 못하여 聖賢을 바라서 미칠 수 없다고 여겼다. 그러므로 世子가 孟子의 말씀에 대하여 의심이 없지 못하여 다시 와서 만나기를 요구한 것이니, 별도로 卑近하여 행하기 쉬운 말씀이 있을까 해서였다. 孟子께서 이것을 아셨으므로 다만 말씀해 주시기를 이와 같이 하여 古今과 聖愚가 본래 똑같은 한 性이니,

---

反:돌아올 반　企:바랄 기

지난번 말이 이미 다하여 다시 다른 말이 없음을 밝히신 것이다.

成覵이 **謂齊景公曰 彼丈夫也**며 **我丈夫也**니 **吾何畏彼哉**리오하며 **顔淵曰 舜何人也**며 **予何人也**오 **有爲者亦若是**라하며 **公明儀曰 文王**은 **我師也**라하시니 **周公**이 **豈欺我哉**시리오하니이다

成覵이 齊景公에게 이르기를 '저(聖賢)도 丈夫이며 나도 丈夫이니, 내 어찌 저 聖賢을 두려워하겠는가.' 하였으며, 顔淵이 말씀하기를 '舜임금은 어떠한 분이며 나는 어떠한 사람인가. 훌륭한 일을 하는 자는 또한 이 舜임금과 같다.' 하였으며, 公明儀가 말하기를 '〈周公이〉「文王은 나의 스승이다.」 하셨으니, 周公이 어찌 나를 속였겠는가.' 하였습니다.

成覵은 人姓名이라 彼는 謂聖賢也라 有爲者亦若是는 言人能有爲면 則皆如舜也라 公明은 姓이요 儀는 名이니 魯賢人也라 文王我師也는 蓋周公之言이니 公明儀亦以文王爲必可師라 故로 誦周公之言而歎其不我欺也라 孟子旣告世子以道無二致하고 而復引此三言以明之하시니 欲世子篤信力行하여 以師聖賢이요 不當復求他說也시니라

成覵은 사람의 姓名이다. 彼는 聖賢을 이른다. 有爲者亦若是는 사람이 훌륭한 일을 함이 있으면 모두 舜임금과 같음을 말한 것이다. 公明은 姓이요 儀는 이름이니, 魯나라의 賢人이다. 文王我師也는 아마도 周公의 말씀인 듯하니, 公明儀 또한 반드시 文王을 스승 삼아야 한다고 생각하였으므로 周公의 말씀을 외고 나를 속이지 않았다고 감탄한 것이다. 孟子께서 이미 世子에게 道가 두 가지가 없음을 말씀하였고 다시 세 말씀을 인용하여 밝히셨으니, 世子가 독실히 믿고 힘써 행해서 聖賢을 스승 삼을 것이요, 다시 다른 말을 구하지 않게 하고자 하신 것이다.

今滕을 **絶長補短**이면 **將五十里也**나 **猶可以爲善國**이니 **書曰 若藥**이 **不瞑眩**이면 **厥疾**이 **不瘳**라하니이다

覵:엿볼 간 儀:거동 의 誦:외울 송 補:기울 보 瞑:어지러울 명 眩:어지러울 현 厥:그 궐 瘳:병나을 추

이제 滕나라를 긴 곳을 잘라 짧은 곳을 보충하면 거의 50리가 되지만 오히려 善한 나라가 될 수 있습니다. ≪書經≫에 이르기를 '만일 藥이 독하여 정신이 어지럽지 않으면 그 病이 낫지 않는다.' 하였습니다."

絶은 猶截也라 書는 商書說(열)命篇이라 瞑眩은 憒亂이라 言 滕國雖小나 猶足爲治니 但恐安於卑近하여 不能自克이면 則不足以去惡而爲善也라

○ 愚按 孟子之言性善이 始見於此하고 而詳具於告子之篇이라 然이나 默識而旁通之면 則七篇之中에 無非此理니 其所以擴前聖之未發而有功於聖人之門이니 程子之言[1]이 信矣로다

絶은 截과 같다. 書는 〈商書 說命篇〉이다. 瞑眩은 어지러움이다. 滕나라가 비록 작으나 오히려 다스려질 수 있으니, 다만 卑近함에 안주하여 스스로 극복하지 못하면 惡을 제거하고 善을 행하지 못할까 두려운 것이다.

○ 내가 살펴보건대, 孟子께서 性善을 말씀하신 것이 여기에 처음으로 보이고 〈告子篇〉에 자세히 갖추어져 있다. 그러나 묵묵히 알고 사방으로 통달해 보면 ≪孟子≫ 7篇 중에 이 이치 아닌 것이 없다. 이전의 聖人들이 미처 發明하지 못한 것을 확충하여 聖人의 문하에 功이 있으니, 程子의 말씀이 참으로 옳다.

譯註 1. 程子之言 : 〈序說〉에 보이는 "孟子有功於聖門 不可勝言"과 "孟子有大功於世 以其言性善" 및 "孟子性善養氣之論 皆前聖所未發" 등을 가리킨 것으로 明道와 伊川의 말씀이 섞여 있다.

2. 滕定公이 薨이어늘 世子謂然友曰 昔者에 孟子嘗與我言於宋이어시늘 於心에 終不忘이러니 今也에 不幸하여 至於大故호니 吾欲使子로 問於孟子然後에 行事하노라

滕나라 定公이 죽자, 世子가 然友에게 말하였다. "지난번에 孟子께서 일찍이 나와 宋나라에서 말씀하셨는 바 내 마음에 끝내 잊지 못하였는데, 이제 불행하여 大故를 당하였으니 내 자네로 하여금 孟子에게 물은 뒤에 장례하는 일을 행하고자 하노라."

截:끊을 절 憒:어지러울 궤 默:잠잠할 묵 旁:곁 방 擴:넓힐 확 薨:죽을 훙

定公은 文公父也라 然友는 世子之傅也라 大故는 大喪也라 事는 謂喪禮라

定公은 文公의 아버지이다. 然友는 世子의 師傅이다. 大故는 大喪이다. 事는 喪禮를 이른다.

然友之鄒하여 問於孟子한대 孟子曰 不亦善乎아 親喪은 固所自盡也니 曾子曰 生事之以禮하며 死葬之以禮하며 祭之以禮면 可謂孝矣라하시니 諸侯之禮는 吾未之學也어니와 雖然이나 吾嘗聞之矣로니 三年之喪에 齊(자)疏之服과 飦粥之食은 自天子達於庶人하여 三代共之하니라

然友가 鄒땅에 가서 孟子에게 묻자, 孟子께서 말씀하셨다. "좋지 않은가. 親喪은 진실로 스스로 다해야 하는 것이다. 曾子께서 말씀하시기를 '살아서는 섬기기를 禮로써 하며, 죽어서는 장례하기를 禮로써 하며 제사하기를 禮로써 하면 孝라고 이를 수 있다.' 하셨으니, 諸侯의 禮는 내가 아직 배우지 않았거니와 그러나 내 일찍이 들었으니, 3년상에 齊疏의 상복을 입으며 미음과 죽을 먹음은 天子로부터 庶人에 이르기까지 三代가 공통이었다."

當時諸侯 莫能行古喪禮어늘 而文公이 獨能以此爲問이라 故로 孟子善之하시니라 又言父母之喪은 固人子之心에 所自盡者니 蓋悲哀之情과 痛疾之意 非自外至니 宜乎文公於此에 有所不能自已也라 但所引曾子之言은 本孔子告樊遲者니 豈曾子嘗誦之하여 以告其門人歟[1]아 三年之喪者는 子生三年然後에 免於父母之懷라 故로 父母之喪을 必以三年也[2]라 齊는 衣下縫也니 不緝曰斬衰(최)요 緝之曰齊衰라 疏는 麤也니 麤布也라 飦은 糜也라 喪禮에 三日에 始食粥하고 既葬에 乃疏食(사)하니 此古今貴賤通行之禮也라

당시 諸侯 중에 옛 喪禮를 행하는 자가 없었는데, 文公이 홀로 이것을 질문하였으므

傅:스승 부 齊:상복아랫단할 자 飦:미음 전 粥:죽 죽 達:이를 달 樊:울타리 번 懷:품회 縫:꿰맬 봉 緝:꿰맬 집 衰:상복 최 麤:거칠 추 糜:미음 미

로 孟子께서 좋게 여기신 것이다. 또 父母의 喪은 진실로 자식의 마음에 스스로 다해야 할 바라고 말씀하신 것이다. 슬퍼하는 情과 아파하는 마음이 밖으로부터 온 것이 아니니, 文公이 마땅히 여기에 대하여 스스로 그만둘 수 없는 슬픈 情이 있는 것이다. 다만 여기에 인용한 曾子의 말씀은 본래 孔子께서 樊遲에게 말씀해 주신 것이니, 아마도 曾子가 일찍이 외워서 그 문인들에게 말씀하신 듯하다. 3年喪을 하는 것은 자식이 태어난 지 3년이 지난 뒤에 父母의 품을 면하므로 父母의 喪을 반드시 3년으로 하는 것이다. 齊는 옷의 아랫단을 꿰맨 것이니, 꿰매지 않은 것을 斬衰라 하고 꿰맨 것을 齊衰라 한다. 疏는 거침이니, 거친 삼베이다. 飦은 미음이다. 喪禮에 〈부모가 죽은 지〉 3일이 되어야 비로소 죽을 먹고, 장례를 지내고서야 거친 밥을 먹으니, 이는 古今과 貴賤이 통행하는 禮이다.

譯註 1. 豈曾子嘗誦之 以告其門人歟 : 豈는 '아마도'로 해석하기도 하고, 豈不·豈非의 생략으로 보아 '어찌 曾子가 일찍이 외워서 그 門人들에게 告하신 것이 아니겠는가'로 해석하기도 한다.
2. 三年之喪者……必以三年也 : 이 내용은 ≪論語≫ 〈陽貨〉 21章에 보인다.

然友反命하여 定爲三年之喪한대 父兄百官이 皆不欲曰 吾宗國魯先君도 莫之行하시고 吾先君도 亦莫之行也하시니 至於子之身而反之不可하니이다 且志曰 喪祭는 從先祖라하니 曰吾有所受之也니이다

然友가 復命(反命)하여 3年喪을 하기로 정하자, 父兄과 百官이 모두 하고자 하지 않으면서 말하기를 "우리의 종주국인 魯나라 先君께서도 이것을 행하지 않으셨고 우리 先君께서도 또한 행하지 않으셨으니, 그대의 몸에 이르러 이것을 뒤집는 것은 불가합니다. 또 옛 기록에 이르기를 '喪禮와 祭禮는 선조를 따른다.' 하였으니, 이것은 우리들이 전수받은 바가 있기 때문입니다." 하였다.

父兄은 同姓老臣也라 滕與魯는 俱文王之後而魯祖周公이 爲長하니 兄弟宗之라 故로 滕謂魯爲宗國也라 然이나 謂二國不行三年之喪者는 乃其後世之失이요 非周公之法本然也라 志는 記也라 引志之言而釋其意하여 以爲所以如此者는 蓋爲上世以來로 有所傳受하니 雖或不同이나 不可改也라 然이나 志所言은 本謂先王之世 舊俗所傳禮文小異하여 而可以通行者耳요 不謂後世失禮之甚者也라

父兄은 同姓의 늙은 신하이다. 滕나라와 魯나라는 모두 文王의 후손인데 魯나라의 시조인 周公이 맏이가 되니, 형제간에 그를 종주로 삼았다. 이 때문에 滕나라가 魯나라를 일러 종주국이라 한 것이다. 그러나 두 나라가 3년상을 행하지 않았다고 말한 것은 바로 후세의 잘못이요, 周公의 법이 본래 그러한 것은 아니다. 志는 기록한 책이다. 기록한 책의 말을 인용하고 그 뜻을 해석하여 '이와 같이 하는 까닭은 上世(先代) 이래로 전수받은 바가 있어서이니, 비록 혹 똑같지 않더라도 고칠 수 없다.'고 한 것이다. 그러나 기록에 말한 것은 본래 先王 세대의 옛 풍속에 전하는 것으로 禮文이 조금 달라서 通用할 수 있는 것을 말했을 뿐이요, 後世에 失禮하기를 심히 한 것을 말한 것은 아니다.

謂然友曰 吾他日에 **未嘗學問**이요 **好馳馬試劍**하더니 **今也**에 **父兄百官**이 **不我足也**하니 **恐其不能盡於大事**하노니 **子爲我問孟子**하라 **然友復之鄒**하여 **問孟子**한대 **孟子曰 然**하다 **不可以他求者也**라 **孔子曰 君薨**커시든 **聽於冢宰**하나니 **歠粥**하고 **面深墨**하여 **卽位而哭**이어든 **百官有司 莫敢不哀**는 **先之也**라 **上有好者**면 **下必有甚焉者矣**니 **君子之德**은 **風也**요 **小人之德**은 **草也**니 **草尙之風**이면 **必偃**이라하시니 **是在世子**하니라

世子가 然友에게 이르기를 "내 지난날에 일찍이 학문을 하지 않았고 말달리기와 칼쓰기를 좋아하였는데, 지금에 父兄과 百官들이 나를 만족하게 여기지 않으니, 大事에 禮를 다하지 못할까 염려스러우니 자네는 나를 위하여 孟子에게 다시 물어보라." 하였다. 然友가 다시 鄒땅에 가서 孟子에게 묻자, 孟子께서 말씀하셨다. "그러하겠다. 다른 것을 가지고 찾을 것이 없다. 孔子께서 말씀하시기를 '임금이 죽으면 〈世子는 모든 정사를 冢宰에게 위임하여 百官들이〉 冢宰에게 명령을 듣는다. 〈世子가〉 죽을 먹고 얼굴이 짙은 흑색이 되어 자리에 나아가 곡을 하면 百官과 有司들이 감히 슬퍼하지 않는 이가 없는 것은 윗사람이 솔선

馳:달릴 치 然:옳게여길 연 冢:우두머리 총 宰:재상 재 歠:마실 철 墨:먹 묵 卽:나아갈 즉 尙:더할 상 偃:누울 언

하기 때문이다. 위에서 〈무엇을〉 좋아함이 있으면 아래에는 반드시 그보다 더 심함이 있는 것이다. 君子(爲政者)의 德은 비유하면 바람이요 小人(백성)의 德은 풀이니, 풀 위에 바람이 가해지면 반드시 그리로 쏠린다.' 하셨으니, 이것은 世子에게 달려 있는 것이다."

不我足은 謂不以我滿足其意也라 然者는 然其不我足之言이라 不可他求者는 言當責之於己라 冢宰는 六卿之長也라 歠은 飮也라 深墨은 甚黑色也라 卽은 就也라 尙은 加也니 論語에 作上하니 古字에 通也라 偃은 伏也라 孟子言 但在世子自盡其哀而已라하시니라

不我足은 나를 그들의 뜻에 만족스럽게 여기지 않음을 이른다. 然은 나를 만족스럽게 여기지 않는다는 말을 옳게 여긴 것이다. 다른 것을 가지고 찾을 것이 없다는 것은 마땅히 자신에게 책해야 함을 말한 것이다. 冢宰는 六卿의 우두머리이다. 歠은 마심이다. 深墨은 짙은 흑색이다. 卽은 나아감이다. 尙은 加함이니, ≪論語≫ 〈顔淵〉에는 上으로 되어 있으니, 古字에 통용되었다. 偃은 엎드림이다. 孟子께서는 단지 世子가 스스로 슬픔을 다함에 달려있을 뿐이라고 말씀하신 것이다.

然友反命한대 世子曰 然하다 是誠在我라하고 五月居廬하여 未有命戒어늘 百官族人이 可謂曰知라하며 及至葬하여 四方이 來觀之하더니 顔色之戚과 哭泣之哀에 弔者大悅하더라

然友가 복명하자, 世子가 말하기를 "그렇다. 이것은 진실로 나에게 달려 있다." 하고, 5개월 동안 廬幕에 거처하여 명령과 敎戒함이 있지 않았다. 이에 百官과 宗族들이 다 말하기를 "禮를 안다." 하였으며, 장례 때에 이르러 사방에서 와서 구경하였는데, 얼굴빛의 슬퍼함과 울기를 애처롭게 함에 조문하는 자들이 크게 기뻐하였다.

諸侯는 五月而葬하니 未葬엔 居倚廬於中門之外라 居喪不言이라 故로 未有命令敎戒也라 可謂曰知는 疑有闕誤하니 或曰 皆謂世子之知禮也라하니라
○ 林氏曰 孟子之時에 喪禮旣壞나 然이나 三年之喪에 惻隱之心과 痛疾之意는 出於

廬:여막 려 葬:장사지낼 장 戚:슬플 척 泣:울 읍 倚:기댈 의, 의지할 의 闕:빠질 궐

人心之所固有者라 初未嘗亡(무)也언마는 惟其溺於流俗之弊하여 是以로 喪其良心而不自知耳라 文公이 見孟子而聞性善堯舜之說하니 則固有以啓發其良心矣라 是以로 至此而哀痛之誠心이 發焉이러니 及其父兄百官이 皆不欲行하여는 則亦反躬自責하여 悼其前行之不足以取信하고 而不敢有非其父兄百官之心하니 雖其資質이 有過人者나 而學問之力을 亦不可誣也[1]라 及其斷然行之하여 而遠近見聞이 無不悅服하니 則以人心之所同然者로 自我發之하여 而彼之心悅誠服이 亦有所不期然而然者하니 人性之善이 豈不信哉리오

제후는 5개월 만에 장례하니, 장례하지 않았을 때에는 中門의 밖에 있는 倚廬(임시로 만든 여막)에 거처한다. 居喪 중에는 말하지 않으므로 명령과 教戒(가르침과 훈계)를 내리지 않는 것이다. 可謂曰知는 의심컨대 闕文이나 誤字가 있는 듯하니, 혹자는 "모두들 世子가 禮를 안다고 말하였다." 한다.

○ 林氏(林之奇)가 말하였다. "孟子 때에 喪禮가 이미 무너졌으나 3年喪에 측은해하는 마음과 아파하는 뜻은 人心의 고유한 것에서 나와 애당초 일찍이 없지 않았다. 다만 그 流俗의 폐단에 빠져 있기 때문에 그 良心을 상실하여 스스로 알지 못했을 뿐이다. 文公이 孟子를 뵙고 性善과 堯舜의 말씀을 들으니, 진실로 그 良心을 啓發함이 있었다. 이 때문에 이에 이르러 애통해 하는 誠心이 발로됨이 있었는데, 父兄과 百官이 모두 〈3年喪을〉 행하고자 하지 않음에 이르러서는 또한 자신에게 되돌려 자책해서 지난날의 행동이 족히 남에게 신임을 받을 수 없음을 슬퍼하고 감히 父兄과 百官을 비난하는 마음을 갖지 않았으니, 비록 자질이 남보다 뛰어남이 있었으나 학문의 功力을 또한 속일 수 없었다. 단연코 이것을 행함에 이르러는 遠近의 보고 듣는 자들이 기뻐하고 복종하지 않음이 없었으니, 이는 人心의 똑같이 옳게 여기는 것을 나로부터 發하여 저들이 마음으로 기뻐하고 진심으로 복종함이 또한 그러하기를 기약하지 않아도 그렇게 된 것이다. 人性의 善함이 어찌 진실이 아니겠는가."

譯註 1. 學問之力 亦不可誣也 : 世子가 지난번 孟子로부터 性善과 道가 하나라는 말씀을 들어 학문한 효험이 여실히 나타남을 말한 것이다.

3. 滕文公이 問爲國한대

溺:빠질 닉 悼:슬플 도 誣:속일 무 服:복종할 복 爲:다스릴 위

滕文公이 나라를 다스림을 묻자,

文公이 以禮聘孟子라 故로 孟子至滕에 而文公問之라

文公이 禮로써 孟子를 초빙하였다. 그러므로 孟子께서 滕나라에 이르심에 文公이 물은 것이다.

孟子曰 民事는 不可緩也니 詩云 晝爾于茅요 宵爾索綯(삭도)하여 亟(극)其乘屋이오사 其始播百穀이라하니이다

孟子께서 말씀하셨다. "農事는 느슨히 할 수가 없으니, ≪詩經≫에 이르기를 '낮이면 가서 띠(풀)를 베어 오고 밤이면 새끼를 꼬아서 빨리 그 지붕에 올라가 지붕을 이어야 〈다음 해에〉 비로소 百穀을 파종할 수 있다.' 하였습니다.

民事는 謂農事라 詩는 豳風七月之篇이라 于는 往取也라 綯는 絞也라 亟은 急也라 乘은 升也라 播는 布也라 言農事至重하니 人君이 不可以爲緩而忽之라 故로 引詩言治屋之急이 如此者는 蓋以來春에 將復始播百穀而不暇爲此也라

民事는 농사를 이른다. 詩는 〈豳風 七月篇〉이다. 于는 가서 취함이다. 綯는 꼬는 것이다. 亟은 급함이다. 乘은 오름이다. 播는 폄이다. 농사가 지극히 소중하니, 人君이 느슨히 하여 輕忽히 할 수 없다. 그러므로 ≪詩經≫에 "지붕을 다스리기를 급히 함이 이와 같은 까닭은 내년 봄에 장차 다시 百穀을 파종하기 시작해서 이것을 할 겨를이 없기 때문이다."라고 말한 것을 인용하신 것이다.

民之爲道也 有恒産者는 有恒心이요 無恒産者는 無恒心이니 苟無恒心이면 放辟邪侈를 無不爲已니 及陷乎罪然後에 從而刑之면 是는 罔民也니 焉有仁人在位하여 罔民을 而可爲也리오

백성들이 살아가는 방법은 떳떳한 재산이 있는 자는 떳떳한 마음을 갖고, 떳

聘:맞이할 빙 緩:늦출 완 于:가서취할 우 茅:띠풀 모 宵:밤 소 索:새끼줄 삭 綯:새끼꼴 도 亟:빠를 극 播:뿌릴 파 豳:땅이름 빈(邠同) 絞:새끼꼴 교 忽:소홀할 홀 暇:겨를가 辟:간사할 벽 侈:사치할 치 罔:속일 망, 그물 망

떳한 재산이 없는 자는 떳떳한 마음이 없는 것이니, 만일 떳떳한 마음이 없으면 放辟함과 邪侈함을 하지 않음이 없을 것입니다. 죄에 빠진 뒤에 따라서 그들을 형벌한다면 이는 백성을 그물질하는 것이니, 仁人이 지위에 있고서 백성을 그물질하는 일을 함이 어디에 있겠습니까.

音義並見(현)前篇[1)]하니라

音과 뜻이 모두 前篇(梁惠王 上)에 보인다.

譯註 1. 音義並見前篇 : 內閣本에는 別行하지 않고 아랫글과 이어져 있는 것을 바로잡았다.

是故로 賢君이 必恭儉하여 禮下하며 取於民이 有制니이다

이러므로 賢君은 반드시 공손하고 검소하여 아랫사람을 예우하며, 백성들에게 취함이 제한(절제)이 있는 것입니다.

恭則能以禮接下하고 儉則能取民以制라

공손하면 능히 禮로써 아랫사람을 접하고, 검소하면 능히 백성들에게서 취함을 제한으로써 한다.

陽虎曰 爲富면 不仁矣요 爲仁이면 不富矣라하니이다

陽虎가 말하기를 '富者가 되려면 仁하지 못하고, 仁을 하려면 富者가 못된다.' 하였습니다.

陽虎는 陽貨니 魯季氏家臣也라 天理人欲이 不容並立이라 虎之言此는 恐爲仁之害於富也요 孟子引之는 恐爲富之害於仁也니 君子小人이 每相反而已矣니라

陽虎는 陽貨이니, 魯나라 季氏의 家臣이다. 天理와 人欲이 並立함을 용납하지 않는다. 陽虎가 이것을 말한 것은 仁을 함이 富에 해될까 두려워한 것이요, 孟子께서 이것을 인용하신 것은 富를 함이 仁에 해될까 두려워하신 것이니, 君子와 小人은 매양 相反될 뿐이다.

儉:검소할 검　后:임금 후　貢:바칠 공　徹:통할 철　藉:빌릴 자

夏后氏는 **五十而貢**하고 **殷人**은 **七十而助**하고 **周人**은 **百畝而徹**하니 **其實**은 **皆什一也**니 **徹者**는 **徹也**요 **助者**는 **藉也**니이다

夏后氏는 50畝에 貢法을 썼고 殷나라 사람은 70畝에 助法을 썼고 周나라 사람은 100畝에 徹法을 썼으니, 그 실제는 모두 10분의 1이니 徹은 통한다는 뜻이요 助는 빌린다는 뜻입니다.

此以下는 乃言制民常產과 與其取之之制也라 夏時에 一夫受田五十畝하고 而每夫計其五畝之入以爲貢이러니 商人이 始爲井田之制하여 以六百三十畝之地로 畫爲九區하니 區七十畝라 中爲公田이요 其外는 八家各授一區하여 但借其力하여 以助耕公田하고 而不復稅其私田이라 周時엔 一夫受田百畝하되 鄕遂엔 用貢法[1)]하여 十夫有溝[2)]하고 都鄙엔 用助法하여 八家同井하여 耕則通力而作하고 收則計畝而分이라 故로 謂之徹이라 其實皆什一者는 貢法은 固以十分之一로 爲常數하고 惟助法은 乃是九一이나 而商制는 不可攷요 周制則公田百畝에 中以二十畝로 爲廬舍하여 一夫所耕公田이 實計十畝니 通私田百畝하면 爲十一分而取其一이니 蓋又輕於十一矣라 竊料 商制亦當似此하여 而以十四畝로 爲廬舍하여 一夫實耕公田七畝리니 是亦不過十一也라 徹은 通也며 均也요 藉는 借也라

이 이하는 마침내 백성들에게 떳떳한 재산을 제정해줌과 그 취하는 제도를 말씀한 것이다. 夏나라 때에는 한 家長이 토지 50畝를 받고 家長마다 5畝의 수입을 계산하여 바치게 했었는데, 商나라 사람이 처음으로 井田의 제도를 만들어, 630畝의 토지를 가지고 구획하여 아홉 구역으로 만들었으니, 한 구역이 70畝였다. 한가운데는 公田이 되고 그 바깥은 여덟 집에 각기 한 구역을 주어, 단지 그 힘을 빌어서 公田을 도와 경작하게 하고 다시 그 私田에 세를 내지 않게 하였다. 周나라 때에는 한 家長이 토지 100畝를 받는데, 鄕遂에는 貢法을 써서 10夫에 溝가 있었고, 都鄙에는 助法을 써서 여덟 집이 井을 함께 하여 경작하게 되면 노동력을 통하여 일하고 수확하게 되면 이랑 수를 계산하여 분배하였다. 그러므로 徹이라고 이른 것이다. 그 실제는 모두 10分의 1이라는 것은 貢法은 진실로 10분의 1을 떳떳한 수로 삼았고, 오직 助法은 바로 9분의 1 세

畫:그을 획 遂:행정구역단위 수 溝:도랑 구 鄙:시골 비 攷:상고할 고 竊:사사로울 절

법이나 商나라 제도는 상고할 수 없으며, 周나라 제도는 公田 100畝에 가운데 20畝를 여막으로 만들어서 一夫가 경작하는 公田이 실로 계산하면 10畝이다. 私田 100畝를 통틀어 계산하면 11分의 1을 취함이 되니, 이는 또 10분의 1보다 가벼운 것이다. 내가 생각하건대, 商나라 제도 역시 마땅히 이와 같아서 14畝를 여막으로 삼아 一夫가 실제로 公田 7畝를 경작했을 것이니, 〈그렇다면〉 이 역시 10분의 1에 불과하다. 徹은 통한다는 뜻이며 고르게 한다는 뜻이요, 藉는 빌린다는 뜻이다.

譯註 1. 鄕遂用貢法 : 周代에 王城에서 50리 이상 떨어져 있는 지역을 鄕이라 하여 六鄕으로 나누고, 100里 이상 떨어져 있는 지역을 遂라 하여 六遂로 나누었다.

2. 十夫有溝 : 100畝를 1夫라 하는 바, ≪周禮≫ 〈地官 遂人〉에 "10夫에 溝가 있고 溝 위에 畛(밭두렁)이 있으며, 100夫에 洫이 있고 洫 위에 涂(작은 길)가 있다." 하였다.

龍子曰 治地는 **莫善於助**요 **莫不善於貢**[1)]이라하니 **貢者**는 **校數歲之中**하여 **以爲常**하나니 **樂歲**엔 **粒米狼戾**하여 **多取之而不爲虐**이라도 **則寡取之**하고 **凶年**엔 **糞其田而不足**이라도 **則必取盈焉**하나니 **爲民父母**하여 **使民**盻盻**然將終歲勤動**하여 **不得以養其父母**하고 **又稱貸而益之**하여 **使老稚**로 **轉乎溝壑**이면 **惡**(오)**在其爲民父母也**리오

龍子가 말하기를 '토지를 다스림은 助法보다 좋은 것이 없고 貢法보다 나쁜 것이 없다.' 하였으니, 貢은 몇 년의 중간치를 비교하여 일정한 수를 내게 하는 것이다. 樂歲(豐年)에는 곡식이 狼藉하여 많이 취하여도 포악함이 되지 않더라도 적게 취하고, 흉년에는 그 토지에 肥培하기에도 부족하거늘 반드시 〈일정액을〉 채움을 취하니, 백성의 부모가 되어서 백성으로 하여금 한스럽게 보아 장차 일년내내 부지런히 노동하여 그 부모를 봉양할 수 없게 하고, 또 빚을 내어 보태어서 〈세금을 내게 하여〉 늙은이와 어린아이로 하여금 溝壑에서 전전하게 한다면 백성의 부모된 것이 어디에 있겠는가.

譯註 1. 龍子曰……莫不善於貢 : 官本諺解는 龍子의 말을 '爲民父母也'까지로 보았고, 栗谷諺解는 '以爲常'까지로 보았으나 壺山의 說을 따라 여기에서 끝난 것으로 보았다.

校:비교할 교 粒:낟알 립 狼:어지러울 랑 戾:어그러질 려 糞:북돋을 분 盻:눈흘겨볼 혜

龍子는 古賢人이라 狼戾는 猶狼藉니 言多也라 糞은 壅也라 盈은 滿也라 盻는 恨視也라 勤動은 勞苦也라 稱은 擧也요 貸는 借也니 取物於人하고 而出息以償之也라 益之는 以足取盈之數也라 稚는 幼子也라

龍子는 옛 賢人이다. 狼戾는 狼藉와 같으니, 많음을 말한다. 糞은 북돋움이다. 盈은 가득함이다. 盻는 한스럽게 보는 것이다. 勤動은 勞苦이다. 稱은 듦이요 貸는 빌림이니, 남에게 물건을 취하고 利息을 내어 상환하는 것이다. 益之는 일정액을 가득히 취하는 수를 충족하는 것이다. 稚는 어린 자식이다.

夫世祿은 滕이 固行之矣니이다

世祿은 滕나라가 진실로 시행하고 있습니다.

孟子嘗言 文王治岐에 耕者를 九一하며 仕者를 世祿이라하시니 二者는 王政之本也라 今世祿은 滕已行之요 惟助法未行이라 故로 取於民者無制耳라 蓋世祿者는 授之土田하여 使之食其公田之入이니 實與助法으로 相爲表裏하니 所以使君子小人으로 各有定業而上下相安者也라 故로 下文에 遂言助法하시니라

孟子께서 일찍이 말씀하시기를 "文王이 岐周를 다스릴 적에 경작하는 자들에게는 9분의 1 稅法을 썼으며 벼슬하는 자들에게는 대대로 祿을 주었다." 하셨으니, 이 두 가지는 王政의 근본이다. 지금 世祿은 滕나라가 이미 시행하고 있고, 오직 助法을 행하지 않았다. 그러므로 백성에게 취함이 제한이 없었다. 世祿은 토지를 주어서 그로 하여금 그 公田의 수입을 먹게 하는 것이니, 실로 助法과 서로 表裏가 되니, 君子와 小人으로 하여금 각기 일정한 生業이 있어서 上下가 서로 편안하게 하는 것이다. 그러므로 아랫글에 마침내 助法을 말씀하신 것이다.

詩云 雨我公田하여 遂及我私라하니 惟助에 爲有公田하니 由此觀之컨대 雖周나 亦助也니이다

≪詩經≫에 이르기를 '우리 公田에 비를 내려 마침내 우리 私田에 미친다.' 하

藉:어지러울 자 壅:북돋을 옹 息:이자 식, 자식 식 償:갚을 상 裏:속 리

였으니, 오직 助法에 公田이 있는 것이니, 이로 말미암아 관찰한다면 비록 周나라도 또한 助法을 쓴 것입니다.

詩는 小雅大田之篇이라 雨는 降雨也라 言願天雨於公田而遂及私田이라하니 先公而後私也라 當時에 助法盡廢하여 典籍不存이요 惟有此詩可見周亦用助라 故로 引之也시니라

詩는 〈小雅 大田篇〉이다. 雨는 비를 내림이다. 하늘이 公田에 비를 내려서 마침내 私田에 미치기를 원한다고 말하였으니, 公을 먼저 하고 私를 뒤에 한 것이다. 당시에 助法이 모두 폐지되어 典籍이 남아 있지 않았고, 오직 이 詩가 있어 周나라 또한 助法을 쓴 것을 볼 수 있었다. 그러므로 이 시를 인용하신 것이다.

設爲庠序學校하여 以教之하니 庠者는 養也요 校者는 教也요 序者는 射也라 夏曰校요 殷曰序요 周曰庠이요 學則三代共之하니 皆所以明人倫也라 人倫이 明於上이면 小民이 親於下니이다

庠·序·學·校를 설치하여 백성들을 가르쳤으니, 庠은 봉양한다는 뜻이요 校는 가르친다는 뜻이요 序는 활쏘기를 익힌다는 뜻입니다. 夏나라에서는 校라 하였고 殷나라에서는 序라 하였고 周나라에서는 庠이라 하였으며, 學(太學)은 三代가 이름을 함께 하였으니, 이는 모두 人倫을 밝히는 것이었습니다. 人倫이 위에서 밝아지면 小民들이 아래에서 친해집니다.

庠은 以養老爲義요 校는 以教民爲義요 序는 以習射爲義니 皆鄕學也라 學은 國學也라 共之는 無異名也라 倫은 序也니 父子有親, 君臣有義, 夫婦有別, 長幼有序, 朋友有信이니 此는 人之大倫也라 庠序學校는 皆以明此而已니라

庠은 노인을 봉양함으로써 의의를 삼았고 校는 백성을 가르침으로써 의의를 삼았고 序는 활쏘기를 익힘으로써 의의를 삼았으니, 모두 鄕學이다. 學은 國學(太學)이다. 共之는 다른 명칭이 없는 것이다. 倫은 차례이니, 父子간에는 친함이 있고 君臣간에는 의리가 있고 夫婦간에는 분별이 있고 長幼간에는 질서가 있고 朋友간에는 신의가 있는 것이니, 이는 사람의 큰 윤리이다. 庠·序·學·校는 모두 이것을 밝히려 했을 뿐이다.

降:내릴 강　典:서책 전　籍:서적 적　庠:학교 상

有王者起면 **必來取法**하리니 **是爲王者師也**니이다

王者가 나오면 반드시 와서 취하여 법(모범)으로 삼을 것이니, 이는 王者의 스승이 되는 것입니다.

滕國이 褊小하여 雖行仁政이라도 未必能興王業이라 然이나 爲王者師면 則雖不有天下라도 而其澤이 亦足以及天下矣니 聖賢至公無我之心을 於此에 可見이니라

滕나라가 좁고 작아서 비록 仁政을 행하더라도 반드시 王業을 일으키지는 못할 것이다. 그러나 王者의 스승이 된다면 비록 천하를 소유하지 못하더라도 그 은택이 또한 족히 천하에 미칠 수 있으니, 聖賢의 至公無私하신 마음을 여기에서 볼 수 있다.

詩云 周雖舊邦이나 **其命維新**이라하니 **文王之謂也**니 **子力行之**하시면 **亦以新子之國**하시리이다

≪詩經≫에 이르기를 '周나라가 비록 오래된 나라이나 그 命은 새롭다.' 하였으니, 이는 文王을 이른 것입니다. 子께서 힘써 행하신다면 또한 子의 나라를 새롭게 할 수 있을 것입니다."

詩는 大雅文王之篇이라 言周雖后稷以來로 舊爲諸侯나 其受天命而有天下는 則自文王始也라 子는 指文公이니 諸侯未踰年之稱也라

詩는 〈大雅 文王篇〉이다. 周나라가 비록 后稷 이래로 예로부터 諸侯가 되었으나 天命을 받아 天下를 소유한 것은 文王으로부터 시작됨을 말한 것이다. 子는 文公을 가리킨 것이니, 諸侯로서 즉위한 지 1년을 넘지 않은 자의 칭호이다.

使畢戰으로 **問井地**한대 **孟子曰 子之君**이 **將行仁政**하여 **選擇而使子**하시니 **子必勉之**어다 **夫仁政**은 **必自經界始**니 **經界不正**이면 **井地不均**하며 **穀祿不平**하리니 **是故**로 **暴君汚吏**는 **必慢其經界**하나니 **經**

褊:좁을 편 維:어조사 유 稷:피 직 踰:넘을 유 畢:마칠 필 經:바로잡을 경 慢:태만할 만

界旣正이면 分田制祿은 可坐而定也니라

〈滕文公이〉 畢戰으로 하여금 井地(井田法)를 묻게 하자, 孟子께서 대답하셨다. "그대의 군주가 장차 仁政을 행하고자 하여 선택하여 자네를 시키셨으니, 자네는 반드시 힘쓸지어다. 仁政은 반드시 〈土地의〉 경계를 다스림으로부터 시작되니, 경계를 다스림이 바르지 못하면 井地가 균등하지 못하고 穀祿이 공평하지 못하게 된다. 이러므로 暴君과 汚吏들은 반드시 그 경계를 다스리는 일을 태만히 하나니, 경계를 다스림이 이미 바루어지면 土地를 나누어주고 穀祿을 제정해줌은 가만히 앉아서도 정할 수 있는 것이다.

畢戰은 滕臣이라 文公이 因孟子之言하여 而使畢戰으로 主爲井地之事라 故로 又使之來問其詳也라 井地는 卽井田也라 經界는 謂治地分田하여 經畫其溝塗封植[1]之界也라 此法이 不修면 則田無定分하여 而豪强이 得以兼幷이라 故로 井地有不均하고 賦無定法하여 而貪暴得以多取라 故로 穀祿有不平하니 此는 欲行仁政者之所以必從此始요 而暴君汚吏는 則必欲慢而廢之也라 有以正之면 則分田制祿을 可不勞而定矣리라

畢戰은 滕나라의 신하이다. 文公이 孟子의 말씀을 인하여 畢戰으로 하여금 井地의 일을 주관하게 하였다. 그러므로 또 그로 하여금 와서 자세한 것을 묻게 한 것이다. 井地는 바로 井田이다. 經界는 땅을 다스리고 토지를 나누어서 도랑과 길과 封植의 경계를 구획함을 이른다. 이 법이 닦여지지 못하면 토지가 일정한 나눔이 없어서 豪强들이 兼幷할 수 있으므로 井地가 고르지 못함이 있고, 세금이 정한 법이 없어서 탐욕스럽고 포악한 자들이 많이 취할 수 있으므로 穀祿에 공평하지 못함이 있는 것이니, 이는 仁政을 행하고자 하는 자가 반드시 이로부터 시작하는 까닭이요, 暴君과 汚吏들은 반드시 태만히 하여 폐지하고자 하는 것이다. 이것을 바로잡음이 있으면 土地를 나누어주고 祿을 제정함은 수고롭지 않고서도 정할 수 있을 것이다.

譯註 1. 溝塗封植 : 溝는 도랑이고 塗는 길이며, 封은 흙을 쌓아 둑을 만드는 것이고 植은 나무를 심어 경계를 삼는 것이다.

夫滕이 壤地褊小하나 將爲君子焉이며 將爲野人焉이니 無君子면

塗:길 도(途同) 封:봉할 봉 豪:호걸 호 賦:세금 부 貪:탐할 탐 壤:땅 양

莫治野人이요 **無野人**이면 **莫養君子**니라

滕나라는 국토가 좁고 작으나 장차 君子가 될 사람이 있으며 장차 野人이 될 사람이 있을 것이니, 君子가 없으면 野人을 다스리지 못하고 野人이 없으면 君子를 봉양할 수 없다.

言 滕地雖小나 然이나 其間에 亦必有爲君子而仕者하며 亦必有爲野人而耕者라 是以로 分田制祿之法을 不可偏廢也라

滕나라 땅이 비록 작으나 그 사이에 또한 반드시 君子가 되어 벼슬할 자가 있으며 또한 반드시 野人이 되어 경작할 자가 있을 것이다. 이 때문에 土地를 나누어주고 祿을 제정하는 법을 한 가지도 폐할 수 없다고 말한 것이다.

請野에 **九一而助**하고 **國中**에 **什一**하여 **使自賦**하라

청컨대 들(郊外)에는 9분의 1 세법을 써서 助法을 시행하고, 國中(서울)에는 10분의 1 세법을 써서 스스로 세금을 바치게 하라.

此는 分田制祿之常法이니 所以治野人하여 使養君子也라 野는 郊外都鄙之地也라 九一而助는 爲公田而行助法也라 國中은 郊門之內鄉遂之地也니 田不井授하고 但爲溝洫하여 使什而自賦其一이니 蓋用貢法也니 周所謂徹法者 蓋如此하니라 以此推之하면 當時에 非惟助法不行이라 其貢亦不止什一矣니라

이것은 土地를 나누어주고 祿을 제정하는 떳떳한 법이니, 野人을 다스려 君子를 봉양하게 하는 것이다. 野는 郊外의 都·鄙의 땅이다. 九一而助는 公田을 만들어 助法을 시행하는 것이다. 國中은 郊門의 안에 있는 鄕·遂의 땅이니, 土地를 井田으로 만들어서 주지 않고 다만 溝洫을 만들어서 10분의 1을 스스로 바치게 하니, 이는 貢法을 쓴 것이다. 周나라의 이른바 徹法이라는 것이 이와 같았다. 이로써 미루어보면 당시에 비단 助法이 시행되지 못했을 뿐만 아니라 貢法 역시 10분의 1에 그치지 않은 것이다.

卿以下는 **必有圭田**하니 **圭田**은 **五十畝**니라

偏:한쪽 편　什:열 십　郊:들 교　洫:도랑 혁　圭:깨끗할 규

卿 이하는 반드시 圭田이 있었으니, 圭田은 50畝이다.

此는 世祿常制之外에 又有圭田이니 所以厚君子也라 圭는 潔也니 所以奉祭祀也라 不言世祿者는 滕已行之요 但此未備耳라

이는 世祿의 떳떳한 제도 외에 또다시 圭田이 있는 것이니, 君子를 후대한 것이다. 圭는 깨끗함이니, 제사를 받드는 것이다. 世祿을 말하지 않은 것은 滕나라가 이미 시행하였고, 다만 이 제도만 미비했을 뿐이다.

餘夫는 二十五畝니라

餘夫는 25畝를 준다.

程子曰 一夫 上父母, 下妻子하여 以五口八口爲率(율)하여 受田百畝하니 如有弟면 是餘夫也라 年十六에 別受田二十五畝하고 俟其壯而有室然後에 更受百畝之田하나니라
愚按 此는 百畝常制之外에 又有餘夫之田이니 以厚野人也라

程子(伊川)가 말씀하였다. "一夫는 위로 父母가 있고 아래로 妻子가 있어서 다섯 식구와 여덟 식구를 비율로 삼아 토지 100畝를 받으니, 만일 아우가 있으면 이는 餘夫이다. 나이 16세에 별도로 토지 25畝를 받고, 그가 장성하여 아내가 있기를 기다린 뒤에 다시 100畝의 토지를 받는다."

내(朱子)가 살펴보건대, 이는 100畝의 떳떳한 제도 외에 또다시 餘夫의 토지가 있는 것이니, 野人을 후대한 것이다.

死徙에 無出鄕이니 鄕田同井이 出入에 相友하며 守望에 相助하며 疾病에 相扶持하면 則百姓이 親睦하리라

죽거나 이사함에 鄕을 벗어남이 없으니, 鄕田에 井을 함께 한 자들이 나가고 들어올 때에 서로 짝하며, 지키고 망볼 때에 서로 도우며, 질병이 있을 때에 서로 붙들어 주고 잡아 준다면 백성들이 親睦하게 될 것이다.

死는 謂葬也요 徙는 謂徙其居也라 同井者는 八家也라 友는 猶伴也라 守望은 防寇盜也라

潔:깨끗할 결 率:비율 률 俟:기다릴 사 室:집 실 徙:옮길 사 友:짝 우 伴:짝 반

死는 장례를 이르고, 徙는 거주지를 이사함을 이른다. 同井은 여덟 집이다. 友는 伴과 같다. 守望은 도둑을 막는 것이다.

方里而井이니 井이 九百畝니 其中이 爲公田이라 八家皆私百畝하여 同養公田하여 公事畢然後에 敢治私事하니 所以別野人也니라

方 1里가 井이니, 井은 900畝이니, 그 가운데가 公田이다. 여덟 집에서 모두 100畝를 私田으로 받아서, 함께 公田을 가꾸어 公田의 일을 끝마친 다음에 감히 私田의 일을 다스리니, 이는 野人을 구별한 것이다.

此는 詳言井田形體之制니 乃周之助法也라 公田은 以爲君子之祿이요 而私田은 野人之所受니 先公後私는 所以別君子野人之分也라 不言君子는 據野人而言하니 省(생)文耳라 上言野及國中二法하고 此獨詳於治野者는 國中貢法은 當世已行이요 但取之過於什一爾니라

이는 井田 形體의 제도를 상세히 말씀한 것이니, 바로 周나라의 助法이다. 公田은 君子의 祿이 되고 私田은 野人이 받는 것이니, 公을 먼저 하고 私를 뒤에 함은 君子와 野人의 신분을 구별한 것이다. 君子를 말하지 않은 것은 野人을 근거하여 말했으니, 생략한 글이다. 위에서는 野와 國中 두 가지 법을 말하고 여기서는 다만 들을 다스림에 대해 상세히 말한 것은, 國中의 貢法은 당세에 이미 시행하였는데 다만 취하기를 10분의 1보다 더하였을 뿐이었다.

此其大略也니 若夫潤澤之는 則在君與子矣니라

이것이 그 대략이니, 이것을 윤택하게 하는 것으로 말하면 군주와 자네에게 달려 있다."

井地之法을 諸侯皆去其籍하니 此特其大略而已라 潤澤은 謂因時制宜하여 使合於人情하고 宜於土俗하여 而不失乎先王之意也라

○ 呂氏曰 子張子慨然有意三代之治하여 論治人先務에 未始不以經界爲急하여 講

寇:도적 구 據:근거할 거 省:덜 생 潤:윤택할 윤 特:다만 특 慨:슬플 개 經:다스릴 경

求法制하여 粲然備具하시니 要之可以行於今이니 如有用我者면 擧而措之耳라 嘗曰 仁政은 必自經界始니 貧富不均하고 敎養無法이면 雖欲言治나 皆苟而已라 世之病難行者는 未始不以亟(극)奪富人之田爲辭라 然이나 玆法之行에 悅之者衆하리니 苟處之有術하여 期以數年이면 不刑一人而可復이니 所病者는 特上之未行耳라 乃言曰 縱不能行之天下나 猶可驗之一鄕이라하고 方與學者로 議古之法하여 買田一方하여 畫爲數井하여 上不失公家之賦役하고 退以其私로 正經界하고 分宅里하며 立斂法하고 廣儲蓄하며 興學校하고 成禮俗하며 救菑恤患하고 厚本抑末이면 足以推先王之遺法하여 明當今之可行이라하더니 有志未就而卒하시니라

○ 愚按 喪禮經界兩章[1)]에 見孟子之學이 識其大者라 是以로 雖當禮法廢壞之後하여 制度節文을 不可復考나 而能因略以致詳하고 推舊而爲新하여 不屑屑於旣往之迹而能合乎先王之意하시니 眞可謂命世亞聖之才[2)]矣로다

井地의 법(井田法)을 諸侯들이 모두 그 典籍을 없애버렸으니, 이는 다만 그 대략일 뿐이다. 潤澤은 때에 따라 마땅하게 만들어서 人情에 합하고 土俗에 마땅하여 先王의 뜻을 잃지 않게 함을 이른다.

○ 呂氏(呂大臨)가 말하였다. "子張子가 慨然히 三代의 정치에 뜻을 두어 백성을 다스리는 급선무를 논할 때에 일찍이 경계를 다스리는 것을 급하게 여기지 않은 적이 없어서 法制를 강구하여 粲然히 구비하였다. 요컨대 지금에 행할 수 있게 하였으니, 만일 자신(子張子)을 써주는 자가 있으면 들어서 이것을 조처할 뿐이었다. 일찍이 말씀하기를 '仁政은 반드시 경계를 다스리는 것부터 시작하여야 하니, 貧富가 균등하지 못하며 敎養함에 법도가 없으면 비록 治道를 말하고자 하나 모두 구차할 뿐이다. 세상에 시행하기 어려움을 걱정하는 자들은 일찍이 부자 사람의 토지를 대번에 빼앗아야 한다는 것을 구실로 삼지 않는 자가 없다. 그러나 이 법이 시행되면 좋아하는 자가 많을 것이니, 만일 대처함에 방법이 있게 하여 몇 년을 기한으로 삼는다면 한 사람을 형벌하지 않고서도 〈옛 제도를〉 회복할 수 있으니, 걱정(문제)이 되는 것은 다만 위에서 행하지 않는 것일 뿐이다.' 하였다. 그리하여 마침내 말씀하기를 '비록 이것을 천하에 행할 수는 없으나 오히려 한 지방에 시험할 수 있다.' 하시고는 바야흐로 배우는 자들과 더불어 옛 법을 의논하여 '토지 1方을 사서 구획하여 몇 井을 만들어, 위로는 公家(國家)의

粲:찬란할 찬 措:둘 조 亟:빠를 극 縱:비록 종 斂:거둘 렴 儲:쌓을 저 菑:재앙 재 恤:구휼할 휼 致:다할 치 屑:깨끗할 설 迹:자취 적 亞:버금 아

賦稅와 徭役을 잃지 않고 물러나서는 그 私田을 가지고 경계를 다스리고 宅里를 나누어주며, 거두는 법을 세우고 儲蓄을 넓히며, 학교를 일으키고 禮俗을 이루며, 災難이 있는 자를 구제해 주고 患難이 있는 자를 구휼하며, 本業(農業)을 후대하고 末業(商工業)을 억제하면 충분히 先王이 남기신 법을 미루어서 지금에 〈井田法을〉 시행할 수 있음을 밝힐 수 있다.' 했었는데, 뜻을 두었으나 이루지 못하고 별세하였다."

○ 내가 살펴보건대, 喪禮와 經界 두 章에서 孟子의 학문이 그 큰 것을 아셨음을 볼 수 있다. 이 때문에 비록 禮法이 廢壞한 뒤를 당하여 制度와 節文을 다시 상고할 수 없었으나 소략한 것을 인하여 상세한 것을 다하였으며 옛 것을 미루어 새 것을 만들어서 이미 지나간 자취에 급급하지 않으면서도 先王의 뜻에 부합하였으니, 참으로 命世亞聖의 재주라고 이를 만하다.

譯註 1. 喪禮經界兩章 : 喪禮는 바로 앞의 2章이고 經界는 바로 이 3章을 가리켜 말씀한 것이다.

2. 命世亞聖之才 : 命은 名과 통한다. 이는 원래 趙岐의 〈孟子題辭〉에 보이는 말로, 命世는 세상에 유명한 人物이며 亞聖은 다음 聖人이란 뜻인 바, 孔子를 至聖이라 하기 때문에 孟子를 孔子 다음의 聖人이라고 칭한 것이다.

4. 有爲神農之言者許行이 自楚之滕하여 踵門而告文公曰 遠方之人이 聞君行仁政하고 願受一廛而爲氓하노이다 文公이 與之處하니 其徒數十人이 皆衣褐하고 捆屨織席하여 以爲食하더라

神農氏의 말을 하는 許行이 楚나라에서 滕나라로 가서 궁궐의 문에 이르러 文公에게 아뢰기를 "먼 지방 사람이 군주께서 仁政을 행하신다는 말을 듣고 한 자리를 받아 백성이 되기를 원합니다." 하자, 文公이 그에게 거처할 곳을 주니, 그 무리 수십 명이 모두 갈옷을 입고는 신을 두드려 만들고 자리를 짜서 이것을 팔아 양식을 마련하였다.

神農은 炎帝神農氏니 始爲耒耜하여 敎民稼穡者也라 爲其言者는 史遷所謂農家者流[1]也라 許는 姓이요 行은 名也라 踵門은 足至門也라 仁政은 上章所言井地之法也라 廛은

踵:발꿈치 종 廛:자리 전 氓:백성 맹 與:줄 여 衣:입을 의 褐:털옷 갈 捆:두드릴 곤 屨:신 구 織:짤 직 炎:불꽃 염 耒:쟁기자루 뢰 耜:보습 사 稼:심을 가 穡:거둘 색

民所居也라 氓은 野人之稱이라 褐은 毛布니 賤者之服也라 捆은 扣椓之니 欲其堅也라 以爲食은 賣以供食也라 程子曰 許行所謂神農之言은 乃後世稱述上古之事에 失其義理者耳니 猶陰陽醫方이 稱黃帝之說也라

神農은 炎帝 神農氏이니, 처음으로 쟁기 자루와 보습을 만들어서 백성들에게 稼穡을 가르친 자이다. 그 말을 한다는 것은 史遷(司馬遷)의 이른바 '農家者流'라는 것이다. 許는 姓이요 行은 이름이다. 踵門은 발이 문에 이른 것이다. 仁政은 윗장에서 말한 井地의 법(井田法)이다. 廛은 백성이 거주하는 곳이다. 氓은 野人의 칭호이다. 褐은 毛布이니, 천한 자의 의복이다. 捆은 두드림이니, 견고히 하고자 하는 것이다. 以爲食은 팔아서 양식을 공급하는 것이다.

程子(伊川)가 말씀하였다. "許行이 말한 '神農氏의 말'이라는 것은 바로 後世에서 上古의 일을 稱述함에 그 義理를 잃은 것이니, 陰陽家와 醫方家에서 黃帝氏의 말이라고 칭함과 같은 것이다."

譯註 1. 史遷所謂農家者流 : 農家者流는 九流의 하나로, 이 내용은 班固의 ≪漢書≫ 〈藝文志〉에 보이는데, 集註에서 史遷이라고 말한 것은 잘못이다.

陳良之徒陳相이 與其弟辛으로 負耒耜而自宋之滕하여 曰 聞君行聖人之政하니 是亦聖人也시니 願爲聖人氓하노이다

陳良의 문도인 陳相이 그 아우 辛과 함께 耒耜를 지고 宋나라에서 滕나라로 가서 말하기를 "군주께서 聖人의 정사를 행하신다는 말을 들었으니, 이 또한 聖人이시니, 聖人의 백성이 되기를 원합니다." 하였다.

陳良은 楚之儒者라 耜는 所以起土요 耒는 其柄也라

陳良은 楚나라의 儒者이다. 耜(보습)는 땅을 일구는 것이요, 耒는 그 자루이다.

陳相이 見許行而大悅하여 盡棄其學而學焉이러니 陳相이 見孟子하여 道許行之言曰 滕君則誠賢君也어니와 雖然이나 未聞道也로다

扣:두드릴 고 椓:두드릴 탁 賣:팔 매 柄:자루 병 道:말할 도

賢者는 **與民竝耕而食**하며 **饔**飧**而治**하나니 **今也**에 滕**有倉**廩**府庫**하니 **則是**厲**民而以自養也**니 **惡得賢**이리오

陳相이 許行을 보고 크게 기뻐하여 배운 것을 다 버리고 그에게 배웠는데, 陳相이 孟子를 보고서 許行의 말을 전하기를 "滕나라 군주는 진실로 賢君이거니와 그러나 아직 道를 듣지 못하였습니다. 賢者는 백성들과 더불어 함께 밭을 갈고서 먹으며 밥을 짓고서 정치하나니, 지금에 滕나라에는 倉廩과 府庫가 있습니다. 그렇다면 이는 백성을 해쳐서 자신을 봉양하는 것이니, 어찌 어질 수 있겠습니까." 하였다.

饔飧은 **熟食也**니 **朝曰饔**이요 夕曰飧이라 **言當自炊爨以爲食**하고 **而兼治民事也**라 厲는 **病也**라 **許行此言**은 **蓋欲陰壞孟子分別君子野人之法**[1]이라

饔飧은 익은 밥이니, 아침밥을 饔이라 하고 저녁밥을 飧이라 한다. 마땅히 스스로 밥을 짓고 불을 때어 음식을 만들고, 겸하여 백성의 일을 다스려야 함을 말한 것이다. 厲는 해침이다. 許行의 이 말은 孟子의 君子와 野人을 분별하는 법을 은근히 파괴하고자 한 것이다.

譯註 1. 分別君子野人之法 : 內閣本에는 '野人'이 '小人'으로 되어 있다.

孟子曰 許子는 **必種粟而後**에 **食乎**아 **曰 然**하다 **許子**는 **必織布而後**에 **衣乎**아 **曰 否**라 **許子**는 **衣褐**이니라 **許子**는 **冠乎**아 **曰 冠**이니라 **曰 奚冠**고 **曰 冠素**니라 **曰 自織之與**아 **曰 否**라 **以粟易之**니라 **曰 許子**는 **奚爲不自織**고 **曰 害於耕**이니라 **曰 許子**는 **以釜甑**爨하며 **以鐵耕乎**아 **曰 然**하다 **自爲之與**아 **曰 否**라 **以粟易之**니라

孟子께서 "許子는 반드시 곡식을 심은 뒤에 먹는가?" 하고 묻자, 陳相이 "그렇습니다." 하고 대답하였다. "許子는 반드시 삼베를 짠 뒤에 입는가?" "아닙니다.

饔:아침밥 옹 飧:저녁밥 손 廩:곳집 름 厲:해칠 려 炊:밥지을 취 爨:불땔 찬 病:해칠 병 陰:몰래 음 粟:곡식 속 素:흴 소 奚:어찌 해 甑:시루 증

許子는 갈옷을 입습니다." "許子는 冠을 쓰는가?" "관을 씁니다." "무슨 관을 쓰는가?" "흰 비단으로 관을 만듭니다." "스스로 그것을 짜는가?" "아닙니다. 곡식을 주고 바꿉니다(삽니다)." "許子는 어찌하여 스스로 짜지 않는가?" "농사일에 방해되기 때문입니다." "許子는 가마솥과 시루로써 밥을 지으며, 쇠붙이로써 밭을 가는가?" "그렇습니다." "스스로 그것을 만드는가?" "아닙니다. 곡식을 주고 바꿉니다."

釜는 所以煮요 甑은 所以炊라 爨은 然(燃)火也라 鐵은 耜屬也라 此語八反은 皆孟子問而陳相對也라

釜는 삶는 것이요, 甑은 밥짓는 것이다. 爨은 불땜이다. 鐵은 보습의 등속이다. 이 말은 여덟 번 뒤집었는데, 모두 孟子가 물으심에 陳相이 대답한 것이다.

以粟易械器者 不爲厲陶冶니 陶冶亦以其械器易粟者 豈爲厲農夫哉리오 且許子는 何不爲陶冶하여 舍皆取諸其宮中而用之하고 何爲紛紛然與百工交易고 何許子之不憚煩고 曰 百工之事는 固不可耕且爲也니라

〈孟子께서 말씀하셨다.〉 "곡식을 가지고 械器와 바꾸는 것이 陶冶를 해침이 되지 않으니, 陶冶 또한 그 械器를 가지고 곡식과 바꾸는 것이 어찌 農夫를 해침이 되겠는가? 또 許子는 어찌하여 陶冶를 하여 다만 모두 그 집안에서 취하여 쓰지 않고 어찌하여 紛紛하게 百工들과 교역하는가? 어찌하여 許子는 번거로움을 꺼리지 않는가?" 陳相이 대답하였다. "百工의 일은 진실로 밭 갈고 또 할 수는 없는 것입니다."

此는 孟子言而陳相對也라 械器는 釜甑之屬也라 陶는 爲甑者요 冶는 爲釜鐵者라 舍는 止也라 或讀屬上句[1)]하니 舍는 謂作陶冶之處也라

이는 孟子께서 말씀함에 陳相이 대답한 것이다. 械器는 가마솥과 시루의 등속이다.

煮:삶을 자 然:불땔 연(燃同) 械:기계 계 冶:쇠불릴 야 舍:다만 사, 집 사

陶는 시루를 만드는 자요, 冶는 가마솥과 쇠붙이를 만드는 자이다. 舍는 다만이다. 혹은 윗구로 붙여 읽으니, 舍는 陶冶를 만드는 곳을 이른다.

譯註 1. 或讀屬上句 : '何不爲陶冶舍'로 句를 떼고 '어찌하여 陶冶의 집을 만들어서 모두 그 집안에서 취하여 쓰지 않는가?'로 해석함을 말한 것이다.

然則治天下는 **獨可耕且爲與**아 **有大人之事**하고 **有小人之事**하며 **且一人之身而百工之所爲備**하니 **如必自爲而後**에 **用之**면 **是**는 **率天下而路也**니라 **故**로 **曰 或勞心**하며 **或勞力**이니 **勞心者**는 **治人**하고 **勞力者**는 **治於人**이라하니 **治於人者**는 **食**(사)**人**하고 **治人者**는 **食**(사)**於人**[1)]이 **天下之通義也**니라

〈孟子께서 말씀하셨다.〉 "그렇다면 天下를 다스림은 유독 밭 갈고 또 할 수 있단 말인가. 大人(政治家)의 일이 있고 小人(백성)의 일이 있으며, 또 한 사람의 몸에 百工의 하는 일이 구비되어 있으니, 만일 반드시 자기가 만든 뒤에야 쓴다면 이는 천하 사람을 거느려 길에 분주히 왕래하게 하는 것이다. 그러므로 옛말에 이르기를 '혹은 마음을 수고롭게 하며 혹은 힘을 수고롭게 하니, 마음을 수고롭게 하는 자는 남을 다스리고 힘을 수고롭게 하는 자는 남에게 다스려진다.' 하였으니, 남에게 다스려지는 자는 남을 먹여주고 남을 다스리는 자는 남에게 얻어먹는 것이 천하의 공통된 의리이다.

譯註 1. 故曰……食於人 : 沙溪 金長生은 '故曰'을 '食於人'까지 이어진 것으로 보고 "諺解에 '治於人'까지를 네 句로 만들고 古語로 보았으나 옳지 않다. 마땅히 '或勞心'을 한 句로, '或勞力'을 한 句로, '勞心者治人 勞力者治於人'을 한 句로, '治於人者食人 治人者食於人'을 한 句로 보아야 할 듯하다. 集註의 뜻을 보면 알 수 있다." 하였다. 이에 대하여 壺山은 "集註에 '食人'과 '食於人'을 함께 풀이한 뒤에 비로소 이 네 句를 인용했다고 하였으니, 과연 沙溪의 말씀과 같은 뜻이 있다. 다만 이와 같다면 아래 두 句가 너무 느리고 기니, 아마도 傳寫하는 자가 六을 四로 잘못 썼나보다. 그러나 다만 이와 같이 해석할 경우 '天下之通義也' 한 句가 마침내 의지하여 붙을 곳이 없으니, 다시 살펴보아야 할 것이다. 혹 이것은 上章의 治養의 말씀을 따라

紛:어지러울 분 憚:꺼릴 탄 止:다만 지 率:거느릴 솔 食:먹일 사, 먹을 식

'故曰'이라는 글자를 놓았는가보다." 하였다.

이상을 살펴볼 때 朱子의 集註에 분명 "食於人者는 見食於人也라"라고 풀이한 뒤에 "이 네 句는 모두 古語인데 孟子가 인용한 것이다."라고 하였으니, 古語가 여기까지 이어지는 것으로 보는 것이 타당할 듯하다. 그러므로 沙溪는 아래 두 句를 길게 떼어 네 句를 맞춘 것이다. 그러나 문법상 '勞心者治人 勞力者治於人'은 마땅히 두 句가 되어야 하므로 壺山은 六句를 四句로 잘못 쓴 것으로 보았다. 그리고 또 '食於人'까지 古語로 볼 경우 '天下之通義也' 한 句가 의지하여 붙을 곳이 없음을 지적하고 '故曰'을 끝까지 이어진 것으로 보았는데, 이렇게 해석할 경우 '故曰'은 古語가 아니고 孟子가 스스로 말씀한 것이 된다. 譯者의 생각에는 壺山의 해석중 後者를 택하여 '故로 曰 或勞心하며 或勞力이니 勞心者는 治人하고 勞力者는 治於人이니 治於人者는 食人하고 治人者는 食於人이 天下之通義也라하노라'로 하였으면 한다. 그러나 이는 朱子의 集註와는 맞지 않는다. 하여튼 이 부분은 문제가 있으므로 우선 諺解를 따라 해석하였음을 밝혀둔다.

此以下는 皆孟子言也라 路는 謂奔走道路하여 無時休息也라 治於人者는 見治於人也라 食人者는 出賦稅하여 以給公上也요 食於人者는 見食於人也라 此四句는 皆古語而孟子引之也라 君子는 無小人則飢하고 小人은 無君子則亂하니 以此相易은 正猶農夫陶冶 以粟與械器相易이니 乃所以相濟요 而非所以相病也라 治天下者 豈必耕且爲哉리오

이 이하는 모두 孟子의 말씀이다. 路는 도로에 분주하여 휴식할 때가 없음을 이른다. 治於人은 남에게 다스림을 받는 것이다. 食人은 賦稅를 내어서 公上에 공급하는 것이요, 食於人은 남에게 얻어먹는 것이다. 이 네 句는 모두 옛 말씀인데, 孟子께서 인용하신 것이다. 君子는 小人이 없으면 굶주리고, 小人은 君子가 없으면 혼란하니, 이것을 가지고 서로 교역함은 바로 農夫와 陶冶가 곡식과 械器를 가지고 서로 교역함과 같으니, 이는 마침내 서로 구제하는 것이요 서로 해롭게 하는 것이 아니다. 천하를 다스리는 자가 어찌 반드시 밭을 갈고 또 정치를 할 것이 있겠는가.

當堯之時하여 天下猶未平하여 洪水橫流하여 氾濫於天下하여 草木暢茂하며 禽獸繁殖이라 五穀不登하며 禽獸偪人하여 獸蹄鳥跡之道

給:공급할 급 氾:넘칠 범 濫:넘칠 람 暢:통할 창 茂:무성할 무 繁:번성할 번 殖:번식할 식 登:성숙할 등 偪:핍박할 핍 蹄:발굽 제

가 **交於中國**이어늘 **堯獨憂之**하사 **擧舜而敷治焉**이어시늘 **舜**이 **使益掌火**하신대 **益**이 **烈山澤而焚之**하니 **禽獸逃匿**이어늘 **禹疏九河**하며 **瀹濟漯而注諸海**하시며 **決汝漢**하며 **排淮泗而注之江**하시니 **然後**에 **中國**이 **可得而食也**하니 **當是時也**하여 **禹八年於外**에 **三過其門而不入**하시니 **雖欲耕**이나 **得乎**아

堯의 때를 당하여 천하가 아직도 평정되지 못해서 洪水가 멋대로 흘러 천하에 범람하여 초목이 무성하고 禽獸가 번식하였다. 五穀이 성숙하지 못하며 禽獸가 사람을 핍박하여 짐승의 발자국과 새 발자국의 길(흔적)이 中國에 교차하거늘 堯가 홀로 이를 걱정하시어 舜을 들어서 다스림을 펴게 하시니, 舜이 益으로 하여금 불을 맡게 하셨는데, 益이 山澤에 불을 질러 태우자 禽獸가 도망하여 숨었다. 禹王이 九河를 소통하고 濟水와 漯水를 소통하여 바다로 주입하시며, 汝水와 漢水를 드고 淮水와 泗水를 배수하여 江(양자강)으로 주입하시니, 그런 뒤에 中國이 곡식을 먹을 수가 있었다. 이 때를 당하여 禹王이 8년 동안 밖에 있으면서 세 번이나 자기집 문 앞을 지나면서도 들어가지 못하셨으니, 비록 밭 갈고자 하나 될 수 있었겠는가.

天下猶未平者는 洪荒之世에 生民之害多矣러니 聖人迭興하사 漸次除治하사되 至此尙未盡平也라 洪은 大也라 橫流는 不由其道而散溢妄行也라 氾濫은 橫流之貌라 暢茂는 長盛也요 繁殖은 衆多也라 五穀은 稻黍稷麥菽也라 登은 成熟也라 道는 路也라 獸蹄鳥跡이 交於中國은 言禽獸多也라 敷는 布也라 益은 舜臣名이라 烈은 熾也라 禽獸逃匿然後에 禹得施治水之功이라 疏는 通也며 分也라 九河는 曰徒駭, 曰太史, 曰馬頰, 曰覆(부)釜, 曰胡蘇, 曰簡, 曰潔, 曰鉤盤, 曰鬲津이라 瀹은 亦疏通之意라 濟漯은 二水名이라 決排는 皆去其壅塞也라 汝漢淮泗는 亦皆水名也라 據禹貢及今水路컨대 惟漢水入江耳요 汝泗則入淮而淮自入海하니 此謂四水皆入于江은 記者之誤也라

敷:펼 부 掌:맡을 장 烈:불놓을 렬 焚:태울 분 匿:숨을 닉 疏:소통할 소 瀹:소통할 약 濟:물이름 제 漯:물이름 탑 注:물댈 주 決:터놓을 결 排:배수할 배 迭:차례 질 熾:불꽃성할 치 頰:뺨 협 鉤:갈구리쇠 구 鬲:오지병 격 壅:막을 옹

천하가 아직도 평정되지 못했다는 것은 洪荒의 세대에 生民의 해로움이 많았는데, 聖人이 차례로 나와서 점차 제거하고 다스렸으나 이때에 이르러서도 아직 다 평정되지 못한 것이다. 洪은 큼이다. 橫流는 그 길을 따르지 않고 흩어져 넘쳐서 멋대로 흐르는 것이다. 氾濫은 橫流하는 모양이다. 暢茂는 長盛함이요, 繁殖은 많음이다. 五穀은 벼·기장·피·보리·콩이다. 登은 成熟함이다. 道는 길이다. 짐승 발자국과 새 발자국이 中國에 교차했다는 것은 禽獸가 많음을 말한다. 敷는 폄이다. 益은 舜의 신하 이름이다. 烈은 불이 성함이다. 禽獸가 도망하여 숨은 뒤에야 禹王이 治水하는 일을 시행할 수 있었다. 疏는 통함이며 분산함이다. 九河는 徒駭·太史·馬頰·覆釜·胡蘇·簡·潔·鉤盤·鬲津이다. 瀹 또한 소통한다는 뜻이다. 濟와 漯은 두 물 이름이다. 決과 排는 모두 그 막힘을 제거하는 것이다. 汝·漢·淮·泗 또한 모두 물 이름이다. 〈禹貢〉과 지금의 물길을 근거해 보면 오직 漢水만이 揚子江으로 들어갈 뿐이요, 汝水와 泗水는 淮水로 들어가고 淮水는 직접 바다로 들어가니, 여기에서 네 물이 다 江으로 들어간다고 말한 것은 기록한 자의 誤謬이다.

后稷이 **教民稼穡**하여 **樹藝五穀**한대 **五穀熟而民人育**하니 **人之有道也**에 **飽食煖衣**하여 **逸居而無教**면 **則近於禽獸**일새 **聖人**이 **有憂之**하사 **使契**(설)로 **爲司徒**하여 **教以人倫**하시니 **父子有親**이며 **君臣有義**며 **夫婦有別**이며 **長幼有序**며 **朋友有信**이니라 **放勳曰 勞之來之**하며 **匡之直之**하며 **輔之翼之**하여 **使自得之**하고 **又從而振德之**라하시니 **聖人之憂民**이 **如此**하시니 **而暇耕乎**아

后稷이 백성들에게 稼穡을 가르쳐서 五穀을 심고 가꾸게 하자 五穀이 성숙함에 人民이 잘 길러졌으니, 사람에게는 도리가 있는데 배불리 먹고 따뜻이 옷을 입어서 편안히 거처하기만 하고 가르침이 없으면 禽獸와 가까워진다. 〈이 때문에〉 聖人이 이를 근심하시어 契로 하여금 司徒를 삼아 人倫을 가르치게 하셨으니, 父子간에는 친함이 있으며, 君臣간에는 의리가 있으며, 夫婦간에는 분별이 있으며, 長幼간에는 차례가 있으며, 朋友간에는 믿음이 있는 것이다. 放勳이 말

樹:심을 수 藝:번식할 예 煖:따뜻할 난 契:이름 설 放:클 방 勞:위로할 로

씀하기를 '위로하고 오게 하며, 바로잡아주고 펴주며, 도와주고 도와주어 스스로 〈本性을〉 얻게 하고, 또 따라서 진작시켜 은혜를 베풀어주라.' 하셨으니, 聖人이 백성을 걱정함이 이와 같으시니 어느 겨를에 밭을 갈겠는가.

言 水土平然後에 得以教稼穡이요 衣食足然後에 得以施教化라 后稷은 官名이니 棄爲之라 然이나 言教民이면 則亦非竝耕矣라 樹는 亦種也라 藝는 殖也라 契은 亦舜臣名也라 司徒는 官名也라 人之有道는 言其皆有秉彝之性也라 然이나 無教면 則亦放逸怠惰而失之라 故로 聖人이 設官而教以人倫하시니 亦因其固有者而道(導)之耳라 書曰 天敍有典하시니 勅我五典하사 五를 惇哉라하니 此之謂也라 放勳은 本史臣贊堯之辭어늘 孟子因以爲堯號也라 德은 猶惠也라 堯言 勞者를 勞之하고 來者를 來之하며 邪者를 正之하고 枉者를 直之하며 輔以立之하고 翼以行之하여 使自得其性矣요 又從而提撕警覺以加惠焉하여 不使其放逸怠惰而或失之라하시니 蓋命契之辭也라

水土가 평정된 다음에 稼穡을 가르칠 수 있고 衣食이 풍족한 다음에 教化를 베풀 수 있음을 말씀한 것이다. 后稷은 官名이니, 棄가 이것을 하였다. 그러나 백성을 가르쳤다고 말했으면 또한 백성들과 함께 밭을 간 것은 아니다. 樹 또한 심음이다. 藝는 번식함이다. 契 또한 舜의 신하 이름이다. 司徒는 官名이다. 사람에게 道가 있다는 것은 사람이 모두 秉彝의 性을 가지고 있음을 말한 것이다. 그러나 가르침이 없으면 또한 放逸하고 怠惰하여 이것을 잃는다. 그러므로 聖人이 官을 설치하여 人倫을 가르치게 하셨으니, 또한 그 固有한 것을 인하여 인도했을 뿐이다. ≪書經≫ 〈皐陶謨〉에 이르기를 "하늘이 有典(五典)을 펴시니, 우리의 五典을 삼가 다섯 가지를 돈독히 한다." 하였으니, 이것을 말한 것이다. 放勳은 본래 史臣이 堯를 칭찬한 말인데, 孟子께서 인하여 堯의 號로 삼은 것이다. 德은 惠와 같다. 堯가 말씀하기를 "수고로운 자를 위로하고 먼데서 온 자를 오게 하며, 부정한 자를 바르게 해주고 굽은 자를 펴주며, 도와서 세워주고 날개가 되어 행하게 해서 스스로 그 본성을 얻게 하고, 또 따라서 提撕하고 警覺하여 은혜를 가해주어서 그 放逸하고 怠惰하여 혹시라도 본성을 잃지 않게 하라." 하셨으니, 이는 契에게 명령한 말씀이다.

堯는 以不得舜으로 爲己憂하시고 舜은 以不得禹皐陶(요)로 爲己憂

彝:떳떳할 이　提:끌 제　撕:끌 시　皐:언덕 고　陶:즐거울 요　易:다스릴 이

하시니 **夫以百畝之不易**(이)로 **爲己憂者**는 **農夫也**니라

堯는 舜을 얻지 못함을 자신의 근심으로 삼으셨고, 舜은 禹와 皐陶를 얻지 못함을 자신의 근심으로 삼으셨으니, 100畝가 다스려지지 못함을 자신의 근심으로 삼는 자는 農夫이다.

易는 治也라 堯舜之憂民은 非事事而憂之也요 急先務而已니 所以憂民者 其大如此면 則不惟不暇耕이라 而亦不必耕矣니라

易는 다스림이다. 堯·舜이 백성을 걱정한 것은 일마다 걱정한 것이 아니요, 먼저 해야 할 일을 급히 했을 뿐이다. 백성을 걱정한 것이 그 큼이 이와 같다면 비단 밭 갈 겨를이 없을 뿐만 아니라 또한 굳이 밭 갈 필요가 없는 것이다.

分人以財를 **謂之惠**요 **敎人以善**을 **謂之忠**이요 **爲天下得人者**를 **謂之仁**이니 **是故**로 **以天下與人**은 **易**하고 **爲天下得人**은 **難**하니라

사람들에게 재물을 나누어 줌을 惠라 이르고, 사람들에게 善을 가르쳐 줌을 忠이라 이르고, 천하 사람들을 위하여 인재를 얻음을 仁이라 이른다. 이러므로 천하를 사람(남)에게 주기는 쉽고, 천하를 위하여 인재를 얻기는 어려운 것이다.

分人以財는 小惠而已요 敎人以善은 雖有愛民之實이나 然이나 其所及이 亦有限而難久라 惟若堯之得舜과 舜之得禹皐陶라야 乃所謂爲天下得人者而其恩惠廣大하고 敎化無窮矣니 此所以爲仁也라

사람들에게 재물을 나누어 줌은 작은 은혜일 뿐이요, 사람들에게 善을 가르쳐 줌은 비록 백성을 사랑하는 실제가 있으나 미치는 바가 또한 한계가 있고 오래하기 어렵다. 오직 堯가 舜을 얻고 舜이 禹와 皐陶를 얻은 것과 같이 하여야 이른바 천하를 위하여 인재를 얻는다는 것이어서 그 은혜가 광대하고 敎化가 무궁할 것이니, 이 때문에 仁이 되는 것이다.

孔子曰 大哉라 **堯之爲君**이여 **惟天**이 **爲大**어시늘 **惟堯則**(칙)**之**하시니 **蕩蕩乎民無能名焉**이로다 **君哉**라 **舜也**여 **巍巍乎有天下而不與**(예)

焉[1]이라하시니 **堯舜之治天下**에 **豈無所用其心哉**시리오마는 **亦不用於耕耳**시니라

孔子께서 말씀하시기를 '위대하다, 堯의 임금노릇하심이여. 오직 하늘이 위대하신데 堯임금이 이것을 법받으셨으니, 蕩蕩하여 백성들이 德을 命名(形容)할 수가 없도다. 임금답다, 舜이여. 巍巍하여 천하를 소유하고도 관여하지 않았다.' 하셨으니, 堯·舜이 천하를 다스림에 어찌 그 마음을 쓰신 바가 없으시겠는가마는 또한 밭을 가는 데에는 쓰지 않으셨다.

譯註 1. 孔子曰……巍巍乎有天下而不與焉 : 이 내용은 ≪論語≫〈泰伯〉18章과 19章에 보인다.

則은 法也라 蕩蕩은 廣大之貌라 君哉는 言盡君道也라 巍巍는 高大之貌라 不與는 猶言不相關이니 言其不以位爲樂也라

則은 법받음이다. 蕩蕩은 광대한 모양이다. 君哉는 군주의 도리를 다함을 말한다. 巍巍는 高大한 모양이다. 不與는 不相關이라는 말과 같으니, 지위로써 樂을 삼지 않음을 말한 것이다.

吾聞用夏變夷者요 **未聞變於夷者也**로라 **陳良**은 **楚産也**니 **悅周公仲尼之道**하여 **北學於中國**이어늘 **北方之學者 未能或之先也**하니 **彼所謂豪傑之士也**라 **子之兄弟 事之數十年**이라가 **師死而遂倍之**온여

나는 中華의 가르침을 써서 오랑캐를 변화시켰다는 말은 들었고, 오랑캐에게 변화당했다는 말은 듣지 못하였노라. 陳良은 楚나라 태생이니, 周公과 仲尼의 道를 좋아하여 북쪽으로 中國에 가서 공부하였는데 北方의 학자들이 혹시라도 그보다 앞선 자가 없었으니, 그는 이른바 豪傑의 선비라는 것이다. 그대의 형제가 그를 섬기기를 수십 년 하다가 스승이 죽자 마침내 배반하는구나.

此以下는 責陳相倍(背)師而學許行也라 夏는 諸夏禮義之敎也라 變夷는 變化蠻夷之

蕩:넓을 탕 巍:높을 외 與:참여할 예 産:낳을 산 先:뛰어날 선 倍:배반할 배

人也요 變於夷는 反見變化於蠻夷之人也라 產은 生也라 陳良이 生於楚하니 在中國之南이라 故로 北遊而學於中國也라 先은 過也라 豪傑은 才德出衆之稱이니 言其能自拔於流俗也라 倍는 與背同이라 言 陳良은 用夏變夷어늘 陳相은 變於夷也라

이 이하는 陳相이 스승을 배반하고 許行을 배움을 꾸짖은 것이다. 夏는 諸夏(中華)의 禮義의 가르침이다. 變夷는 蠻夷의 사람을 변화시킴이요, 變於夷는 도리어 蠻夷의 사람에게 변화당하는 것이다. 產은 출생이다. 陳良이 楚나라에서 출생하였으니, 中國의 남쪽에 있었다. 그러므로 북쪽으로 가서 中國에서 배운 것이다. 先은 뛰어남이다. 豪傑은 재주와 德이 출중한 칭호이니, 능히 스스로 流俗에서 빼어남을 말한 것이다. 倍는 背와 같다. 陳良은 中華의 가르침을 써서 오랑캐를 변화시켰는데, 陳相은 오랑캐에게 변화당함을 말씀한 것이다.

昔者에 孔子沒커시늘 三年之外에 門人이 治任將歸할새 入揖於子貢하고 相嚮而哭하여 皆失聲然後에 歸어늘 子貢은 反하여 築室於場[1)]하여 獨居三年然後에 歸하니라 他日에 子夏子張子游 以有若似聖人이라하여 欲以所事孔子로 事之하여 彊曾子한대 曾子曰 不可하니 江漢以濯之며 秋陽以暴(폭)之라 皜皜乎不可尙已라하시니라

옛적에 孔子께서 별세하시자, 3년이 지난 뒤에 門人이 짐을 챙겨 장차 돌아갈 적에 들어가서 子貢에게 읍하고 서로 향하여 통곡하여 모두 목이 쉰 뒤에 돌아갔는데, 子貢은 다시 돌아와 묘마당에 집을 짓고서 홀로 3년을 산 뒤에 돌아갔다. 후일에 子夏·子張·子游가 有若이 聖人(孔子)과 유사하다 하여 孔子를 섬기던 禮로써 그를 섬기고자 해서 曾子에게 강요하자, 曾子께서 말씀하시기를 '不可하니, 江漢으로써 씻으며 가을볕으로써 쪼이는 것과 같아서 皜皜하여 더할 수 없다.' 하셨다.

譯註 1. 子貢反 築室於場 : 諺解에는 '反'에서 句를 떼지 않았으나 문법에 맞추어 句를 떼었다. 아니면 反을 叓(다시)의 뜻으로 보아야 할 것이다.

任:짐 임 揖:읍할 읍 嚮:향할 향 濯:씻을 탁 暴:햇볕쬘 폭 皜:흴 호 尙:더할 상

三年은 古者에 爲師心喪三年하니 若喪父而無服也라 任은 擔也라 場은 冢上之壇場也라 有若似聖人은 蓋其言行氣象이 有似之者하니 如檀弓所記 子游謂有若之言이 似夫子之類是也라 所事孔子는 所以事夫子之禮也라 江漢은 水多하니 言濯之潔也요 秋日은 燥烈하니 言暴之乾也라 皜皜는 潔白貌라 尙은 加也라 言 夫子道德明著하여 光輝潔白하시니 非有若所能彷彿也라 或曰 此三語者는 孟子贊美曾子之辭也라

3년은 옛날에 스승을 위하여 心喪 3년을 입었으니, 아버지를 잃은 것과 똑같이 하나 服이 없었다. 任은 짐이다. 場은 무덤가의 壇과 마당이다. 有若이 聖人과 같다는 것은 그의 言行과 氣象이 孔子와 같음이 있었던 것이니, ≪禮記≫ 〈檀弓〉에 기록한 바, "子游가 이르기를 '有若의 말이 夫子와 같다.'고 했다."는 類와 같은 것이 이것이다. 孔子를 섬기던 바는 夫子를 섬기던 바의 禮이다. 江漢은 물이 많으니 씻음이 깨끗함을 말한 것이요, 가을 햇볕은 건조하고 따가우니 햇볕에 쬐어 말림을 말한 것이다. 皜皜는 결백한 모양이다. 尙은 더함이다. 夫子의 道德이 밝게 드러나서 빛나고 결백하시니, 有若이 능히 彷彿할 수 있는 바가 아님을 말씀한 것이다. 혹자는 말하기를 "이 세 말씀은 孟子께서 曾子를 찬미한 말씀이다." 하였다.

今也에 南蠻鴃舌之人이 非先王之道어늘 子倍子之師而學之하니 亦異於曾子矣로다

지금에 南蠻의 왜가리소리 하는 사람이 先王의 道가 아니거늘 그대가 그대의 스승을 배반하고 이를 배우니, 또한 曾子와 다르도다.

鴃은 博勞也니 惡聲之鳥라 南蠻之聲이 似之하니 指許行也라

鴃은 博勞이니, 소리가 나쁜 새이다. 南蠻의 소리가 이와 유사하니, 許行을 가리킨 것이다.

吾聞出於幽谷하여 遷于喬木者요 未聞下喬木而入於幽谷者로라

擔:멜 담 冢:무덤 총 檀:박달나무 단 烈:뜨거울 렬 乾:마를 간(건) 輝:빛날 휘 彷:비슷할 방 彿:비슷할 불 鴃:때까치 격 幽:그윽할 유 喬:높을 교

나는 그윽한 골짜기에서 나와 높은 나무로 옮겨간다는 말은 들었고, 높은 나무에서 내려와 그윽한 골짜기로 들어간다는 말은 듣지 못하였노라.

小雅伐木之詩云 伐木丁丁이어늘 鳥鳴嚶嚶이로다 出自幽谷하여 遷于喬木이라하니라

〈小雅 伐木〉 詩에 이르기를 "나무 베기를 땅땅 하거늘 새 울음은 嚶嚶하도다. 그윽한 골짜기에서 나와 높은 나무로 옮겨간다." 하였다.

魯頌曰 戎狄是膺하니 荊舒是懲이라하니 周公이 方且膺之어시늘 子是之學하니 亦爲不善變矣로다

≪詩經≫ 〈魯頌〉에 이르기를 '戎·狄을 이에 치니, 荊·舒가 이에 징계되었다.' 하였으니, 周公도 바야흐로 이들을 응징하셨거늘 그대는 이것을 배우니, 또한 잘 변화하지 못하는 것이로다."

魯頌은 閟宮之篇也라 膺은 擊也라 荊은 楚本號也라 舒는 國名이니 近楚者也라 懲은 艾(예)也라 今按 此詩는 爲僖公之頌이어늘 而孟子以周公言之하시니 亦斷章取義[1]也라

〈魯頌〉은 〈閟宮篇〉이다. 膺은 침이다. 荊은 楚나라의 본래 칭호이다. 舒는 國名이니, 楚나라와 가까운 자이다. 懲은 다스림이다. 지금 살펴보면 이 詩는 僖公의 頌인데, 孟子께서 周公이라고 말씀하셨으니, 또한 章을 잘라 뜻만을 취한 것이다.

譯註 1. 斷章取義 : 原典을 인용함에 있어 本文의 뜻에 관계하지 않고 인용자의 뜻에 맞게 해석함을 뜻한다.

從許子之道면 則市賈(價)不貳하여 國中이 無僞하여 雖使五尺之童[1]으로 適市라도 莫之或欺니 布帛長短同이면 則賈相若하며 麻縷絲絮輕重同이면 則賈相若하며 五穀多寡同이면 則賈相若하며 屨大小同이면 則賈相若이니라

嚶:새울 앵 頌:기릴 송 膺:칠 응 荊:가시나무 형 舒:펼 서 懲:징계할 징 閟:닫을 비 艾:다스릴 예 僖:즐거울 희 賈:값 가(價同) 適:갈 적 縷:실오라기 루 絮:솜 서 屨:신 구

〈陳相이 말하였다.〉"許子의 道를 따르면 시장의 물건 값이 두 가지가 아니어서 온 나라안이 거짓이 없어, 비록 5척의 童子로 하여금 시장에 가게 하더라도 혹시라도 그를 속이는 자가 없을 것입니다. 布帛의 길고 짧음(길이)이 같으면 값이 서로 같으며, 삼과 실과 生絲와 솜의 가볍고 무거움(무게)이 같으면 값이 서로 같으며, 五穀의 많고 적음(양)이 같으면 값이 서로 같으며, 신의 크고 작음(크기)이 같으면 값이 서로 같습니다."

譯註 1. 五尺之童 : 周尺은 지금 사용하는 木尺(營造尺)보다 짧으므로 三尺童子와 같은 뜻이 된다.

陳相이 又言許子之道如此하니 蓋神農이 始爲市井이라 故로 許行이 又託於神農而有是說也라 五尺之童은 言幼小無知也라 許行이 欲使市中所粥(육)之物로 皆不論精粗美惡하고 但以長短, 輕重, 多寡, 大小로 爲價也라

陳相이 또 許子의 道가 이와 같다고 말하였으니, 神農氏가 처음으로 市井을 만들었다. 그러므로 許行이 또 神農氏에게 가탁하여 이러한 말을 했던 것이다. 5척의 童子는 어려서 無知함을 말한다. 許行은 시중에서 파는 바의 물건으로 하여금 모두 정밀하고 거칢과 좋고 나쁨을 논하지 않고, 다만 長短과 輕重과 多寡와 大小로써 값을 따지고자 한 것이다.

曰 夫物之不齊는 物之情也니 或相倍蓰하며 或相什伯(百)하며 或相千萬이어늘 子比而同之하니 是는 亂天下也로다 巨屨小屨同賈면 人豈爲之哉리오 從許子之道면 相率而爲僞者也니 惡(오)能治國家리오

孟子께서 말씀하셨다. "물건이 똑같지 않음은 물건의 실정이니, 값의 차이가 혹은 서로 배가 되고 다섯 배가 되며, 혹은 서로 열 배가 되고 백 배가 되며, 혹은 서로 천 배가 되고 만 배가 되거늘, 그대가 이것을 나란히 하여 똑같이 하려 하니, 이는 천하를 어지럽히는 짓이다. 〈만일〉 큰 신과 작은 신이 값이 같다면

粥:팔 육(鬻同) 粗:거칠 조 蓰:다섯갑절 사 比:나란히할 비

사람들이 어찌 큰 신을 만들겠는가. 許子의 道를 따른다면 서로 이끌고서 거짓을 할 것이니, 어떻게 국가를 다스릴 수 있겠는가."

倍는 一倍也요 蓰는 五倍也요 什伯千萬은 皆倍數也라 比는 次也라 孟子言 物之不齊는 乃其自然之理니 其有精粗는 猶其有大小也라 若大屨小屨同價면 則人豈肯爲其大者哉리오 今不論精粗하고 使之同價면 是는 使天下之人으로 皆不肯爲其精者하고 而競爲濫惡之物하여 以相欺耳니라

倍는 1배요 蓰는 5배이다. 什·伯·千·萬은 모두 倍數이다. 比는 나란히 함이다. 孟子가 말씀하시기를 "물건이 똑같지 않음은 바로 그 自然의 이치이니, 그 정하고 거칢이 있음은 大·小가 있는 것과 같다. 만일 큰 신과 작은 신이 값이 같다면 사람들이 어찌 그 큰 것을 만들겠는가. 이제 정하고 거칢을 논하지 않고 값을 같게 한다면 이는 천하 사람으로 하여금 모두 그 정한 것을 만들려 하지 않고 다투어 濫惡(조잡하고 질이 나쁨)한 물건을 만들어서 서로 속이게 할 뿐이다."라고 하신 것이다.

5. 墨者夷之 因徐辟而求見孟子한대 孟子曰 吾固願見이러니 今吾尙病이라 病愈어든 我且往見호리니 夷子는 不來니라

墨者인 夷之가 徐辟을 통하여 孟子를 뵙기를 요구하자, 孟子께서 말씀하셨다. "내 진실로 만나보기를 원했는데 지금은 아직 내가 병중에 있으니, 병이 낫거든 내 장차 가서 만나볼 것이니, 夷子는 오지 말라."

墨者는 治墨翟之道者라 夷는 姓이요 之는 名이라 徐辟은 孟子弟子라 孟子稱疾은 疑亦託辭以觀其意之誠否라

墨者는 墨翟의 道를 배운 자이다. 夷는 姓이요, 之는 이름이다. 徐辟은 孟子의 弟子이다. 孟子께서 병을 칭탁한 것은 의심컨대 또한 말을 칭탁하여 그 뜻의 정성스럽고 정성스럽지 않음을 보려고 하신 듯하다.

他日에 又求見孟子한대 孟子曰 吾今則可以見矣어니와 不直則道

競:다툴 경　愈:나을 유　且:장차 차　直:펼 직

不見(현)하나니 **我且直之**호리라 **吾聞 夷子**는 **墨者**라하니 **墨之治喪也**는 **以薄爲其道也**라 **夷子**는 **思以易天下**하나니 **豈以爲非是而不貴也**리오 **然而夷子葬其親**이 **厚**하니 **則是以所賤事親也**로다

他日에 또다시 孟子를 뵙기를 요구하자, 孟子께서 말씀하셨다. "내 지금은 그를 만나 볼 수 있거니와 의견을 다 펴지 않으면 道가 나타나지 않으니, 내 우선 의견을 펴서 말하겠다. 내 들으니 夷子는 墨者라 하는데, 墨者가 喪을 다스림은 薄葬을 그 道로 삼는다. 夷子는 이 道로써 온 천하의 풍속을 바꿀 것을 생각하나니, 어찌 이것을 옳지 않다고 여겨서 귀하게 여기지 않겠는가. 그런데도 夷子는 그 어버이를 장례하기를 厚하게 하였으니, 이는 천하게 여기는 것으로써 어버이를 섬긴 것이다."

又求見則其意已誠矣라 故로 因徐辟以質之如此하시니라 直은 盡言以相正也라 莊子曰 墨子는 生不歌하고 死無服하며 桐棺三寸而無槨[1]이라하니 是는 墨之治喪이 以薄爲道也라 易天下는 謂移易天下之風俗也라 夷子學於墨氏로되 而不從其教하니 其心에 必有所不安者라 故로 孟子因以詰之하시니라

또다시 뵙기를 구했으면 그 뜻이 이미 정성스럽다. 그러므로 徐辟을 인하여 質正하기를 이와 같이 하신 것이다. 直은 말을 다하여 서로 바로잡는 것이다. 莊子가 말하기를 "墨子는 살아서는 노래하지 않고 죽어서는 服이 없으며, 오동나무 관을 세 치짜리를 쓰고 槨이 없다." 하였으니, 이는 墨者가 喪을 다스림은 薄함으로써 道를 삼는 것이다. 易天下는 천하의 풍속을 옮기고 바꿈을 이른다. 夷子가 墨氏에게 배웠으나 그 가르침을 따르지 않았으니, 그 마음에 반드시 불안한 바가 있었을 것이다. 그러므로 孟子께서 인하여 힐문하신 것이다.

譯註 1. 莊子曰……桐棺三寸而無槨 : 이 내용은 ≪莊子≫ 〈天下〉에 보인다.

徐子以告夷子한대 **夷子曰 儒者之道**에 **古之人**이 **若保赤子**라하니 **此言**은 **何謂也**오 **之則以爲愛無差等**이요 **施由親始**라하노라 **徐子以告孟子**한대 **孟子曰 夫夷子**는 **信以爲人之親其兄之子**가 **爲若親**

其鄰之赤子乎아 **彼有取爾也**니 **赤子匍匐將入井**이 **非赤子之罪也**라 **且天之生物也 使之一本**이어늘 **而夷子**는 **二本故也**로다

徐子가 이 말을 夷子에게 전하자 夷子가 말하였다. "儒者의 道에 '옛사람이 赤子를 보호하듯이 한다.' 하였으니, 이 말은 무슨 말인가? 나는 생각하기를 사랑에는 차등이 없고 베풂은 어버이로부터 시작한다고 여기노라." 徐子가 이 말을 孟子에게 아뢰자 孟子께서 말씀하셨다. "夷子는 진실로 생각하기를 사람들이 그 형의 아들을 친히 하는 것이 그 이웃집의 赤子를 친히 하는 것과 같다고 여기는가? 저 ≪書經≫의 말은 〈딴 데서〉 뜻을 취함이 있으니, 赤子가 엉금엉금 기어서 장차 우물로 빠져들어 감이 赤子의 죄가 아니라고 말한 것이다. 또 하늘이 物을 냄은 그로 하여금 근본이 하나이게 하였는데, 夷子는 근본이 둘이기 때문이다.

若保赤子는 周書康誥篇文이니 此는 儒者之言也라 夷子引之는 蓋欲援儒而入於墨하여 以拒孟子之非己요 又曰 愛無差等이요 施由親始는 則推(퇴)墨而附於儒하여 以釋己所以厚葬其親之意니 皆所謂遁辭也라 孟子言 人之愛其兄子與鄰之子가 本有差等하니 書之取譬는 本爲小民無知而犯法이 如赤子無知而入井耳라 且人物之生이 必各本於父母而無二하니 乃自然之理니 若天使之然也라 故로 其愛由此立而推以及人하여 自有差等이어늘 今如夷子之言이면 則是視其父母 本無異於路人이요 但其施之之序 姑自此始耳니 非二本而何哉오 然이나 其於先後之間[1]에 猶知所擇하니 則又本心之明이 有終不得而息者라 此其所以卒能受命而自覺其非也니라

若保赤子는 〈周書 康誥篇〉에 있는 글이니, 이는 儒者의 말이다. 夷子가 이것을 인용한 것은 儒者를 끌고 墨者로 들어가서 孟子가 자신을 비난함을 막고자 한 것이요, 또 "사랑에는 차등이 없고, 베풂은 어버이로부터 비롯된다."고 말한 것은 墨者를 밀쳐내고 儒者에 붙어서 자신이 어버이를 厚葬한 所以의 뜻을 해석한 것이니, 모두 이른바 遁辭라는 것이다. 孟子께서 말씀하시기를 "사람이 그 형의 아들과 이웃집의 아들을 사랑함은 본래 차등이 있으니, ≪書經≫에서 비유를 취한 것은 본래 小民들이 無知하여 법을

匍:기어갈 포 匐:기어갈 복 誥:가르칠 고 援:당길 원 推:밀칠 퇴 遁:도피할 둔

범하는 것이 赤子가 無知하여 우물에 빠져들어 가는 것과 같음일 뿐이다. 또 사람과 물건이 태어남은 반드시 父母에 근본하여 둘이 없으니, 이는 바로 自然의 이치이니, 하늘이 마치 그렇게 시킨 것과 같다. 그러므로 그 사랑이 이로 말미암아 확립되고 미루어 남에게 미쳐서 본래 차등이 있거늘 지금 夷子의 말과 같다면 이는 그 부모 보기를 본래 路人과 다름이 없이 하고 다만 베푸는 순서가 우선 이로부터 비롯할 뿐이니, 두 근본이 아니고 무엇이겠는가."라고 하신 것이다. 그러나 夷子는 先後의 사이에서 오히려 선택할 바를 알았으니, 이는 또 本心의 밝음이 끝내 종식되지 않음이 있었던 것이다. 이 때문에 마침내 가르침을 받아 스스로 그 잘못을 깨달은 것이다.

譯註 1. 其於先後之間 : 內閣本에는 '其'가 빠져 있다.

蓋上世에 **嘗有不葬其親者**러니 **其親**이 **死**어늘 **則擧而委之於壑**하고 **他日**에 **過之**할새 **狐狸食之**하며 **蠅蚋姑嘬之**어늘 **其顙有泚**하여 **睨而不視**하니 **夫泚也**는 **非爲人泚**라 **中心**이 **達於面目**이니 **蓋歸**하여 **反虆梩而掩之**하니 **掩之誠是也**면 **則孝子仁人之掩其親**이 **亦必有道矣**리라

上古시대에 일찍이 그 어버이를 장례하지 않은 자가 있었는데, 그 어버이가 죽자 〈시신을〉 들어다가 구렁에 버리고는 후일에 그 곳을 지날 적에 〈보니〉 여우와 살쾡이가 파먹으며 파리와 등에가 모여서 빨아먹거늘 그 이마가 땀에 흥건히 젖어서 흘겨보고 차마 똑바로 보지 못하였으니, 땀에 흥건히 젖은 것은 남들이 보기 때문에 땀에 젖은 것이 아니라 中心이 面目에 도달한 것이다. 그는 집으로 돌아와서 삼태기와 들것에 흙을 담아 뒤집어 쏟아서 시신을 엄폐하였으니(덮었으니), 시신을 엄폐하는 것이 진실로 옳다면 孝子와 仁人이 그 어버이를 엄폐함이 또한 반드시 도리가 있을 것이다."

委:버릴 위 狸:살쾡이 리 蠅:파리 승 蚋:모기 예 嘬:모여서파먹을 최 顙:이마 상 泚:땀흥건할 자 睨:흘겨볼 예 虆:들것 류 梩:흙담는들것 리 掩:가릴 엄

因夷子厚葬其親而言此하여 以深明一本之意라 上世는 謂太古也라 委는 棄也라 壑은 山水所趨也라 蚋는 蚊屬이라 姑는 語助聲이니 或曰 螻蛄也라 嘬는 攢共食之也라 顙은 額也라 泚는 泚然汗出之貌라 睨는 邪視也요 視는 正視也니 不能不視하고 而又不忍正視는 哀痛迫切하여 不能爲心之甚也라 非爲人泚는 言非爲他人見之而然也라 所謂一本者를 於此見之면 尤爲親切이니 蓋惟至親이라 故로 如此요 在他人이면 則雖有不忍之心이나 而其哀痛迫切이 不至若此之甚矣라 反은 覆(복)也라 虆는 土籠也요 梩는 土轝也라 於是에 歸而掩覆(부)其親之尸하니 此는 葬埋之禮 所由起也라 此掩其親者 若所當然이면 則孝子仁人所以掩其親者 必有其道하여 而不以薄爲貴矣리라

夷子가 그 어버이를 厚葬함으로 인하여 이것을 말씀해서 근본이 하나인 뜻을 깊이 밝히신 것이다. 上世는 太古를 이른다. 委는 버림이다. 壑은 산의 물이 달려가는 곳이다. 蚋는 모기의 등속이다. 姑는 어조사이니, 혹은 螻蛄(땅강아지)라고 한다. 嘬는 모여서 함께 파먹는 것이다. 顙은 이마이다. 泚는 泚然히 땀이 나오는 모양이다. 睨는 곁눈으로 보는 것이요, 視는 똑바로 보는 것이다. 보지 않을 수가 없고 또 차마 똑바로 볼 수가 없었으니, 이는 애통함이 절박하여 마음을 가누지 못함이 심한 것이다. 非爲人泚는 타인이 보기 때문에 그러한 것이 아님을 말한다. 이른바 근본이 하나라는 것을 여기에서 보면 더욱 친절하니, 〈부모는〉 오직 至親이기 때문에 이와 같은 것이요, 다른 사람에 있으면 비록 不忍之心이 있으나 그 애통함의 절박함이 이와 같이 심함에는 이르지 않는다. 反은 뒤집음이다. 虆는 흙을 담는 그릇이요, 梩는 흙수레이다. 이에 돌아와서 그 어버이의 시신을 덮어 가리었으니, 이것이 埋葬하는 禮가 말미암아 일어난 것이다. 그 어버이의 시신을 엄폐한 것이 만일 당연한 것이라면 孝子와 仁人이 그 어버이의 시신을 엄폐하는 데에는 반드시 그 도리가 있어서 薄葬을 귀하게 여기지 않을 것이다.

徐子以告夷子한대 夷子憮然爲間曰 命之矣샷다

徐子가 이 말을 夷子에게 전하니, 夷子가 憮然히 한동안 있다가 말하기를 "나(之)를 가르쳐 주셨다." 하였다.

蚊:모기 문 螻:땅강아지 루 蛄:땅강아지 고 攢:모일 찬 額:이마 액 汗:땀 한 邪:곁 사 覆:엎을 복, 덮을 부 籠:상자 롱 轝:수레 여 埋:묻을 매 憮:실심할 무 命:가르칠 명

憮然은 茫然自失之貌라 爲間者는 有頃之間也라 命은 猶教也니 言孟子已教我矣라 蓋因其本心之明하여 以攻其所學之蔽라 是以로 吾之言易入하고 而彼之惑易解也니라

憮然은 茫然自失하는 모양이다. 爲間은 한동안의 시간이다. 命은 教와 같으니, 孟子께서 이미 나를 가르치셨다고 말한 것이다. 그 本心의 밝음을 인하여 그 배운 바의 가리움을 공격하였다. 이 때문에 나(孟子)의 말이 들어가기 쉽고 저의 의혹이 풀리기 쉬웠던 것이다.

茫:아득할 망 頃:잠깐 경

滕文公章句 下

凡十章이라

모두 10章이다.

1. 陳代曰 不見諸侯 宜若小然하니이다 今一見之하시면 大則以王이요 小則以霸니이다 且志曰 枉尺而直尋이라하니 宜若可爲也로소이다

陳代가 말하였다. "諸侯王을 만나보지 않는 것이 작은 일인 것 같습니다. 이제 한 번 만나보시면 크게는 王者를 이루고, 작게는 霸者를 이룰 것입니다. 또 옛 기록에 '한 자〔尺〕를 굽혀 한 길〔尋〕을 편다.' 하였으니, 의심컨대 할 만할 듯합니다."

陳代는 孟子弟子也라 小는 謂小節也라 枉은 屈也요 直은 伸也라 八尺曰尋이라 枉尺直尋은 猶屈己一見諸侯而可以致王霸니 所屈者小하고 所伸者大也라

陳代는 孟子의 弟子이다. 小는 작은 節(義)을 이른다. 枉은 굽힘이요, 直은 폄이다. 8尺을 尋이라 한다. 한 자를 굽혀 한 길을 편다〔枉尺直尋〕는 것은 자기 몸을 굽혀 한 번 諸侯를 만나보면 王者와 霸者를 이룰 수 있는 것과 같으니, 굽힌 것이 작고 편 것이 큰 것이다.

孟子曰 昔에 齊景公이 田할새 招虞人以旌한대 不至어늘 將殺之러니 志士는 不忘在溝壑하고 勇士는 不忘喪其元이라하시니 孔子는 奚取焉고 取非其招不往也시니 如不待其招而往엔 何哉오

枉:굽힐 왕　直:펼 직　尋:길 심　田:사냥 전　虞:관직이름 우　旌:깃발 정　溝:도랑 구

孟子께서 말씀하셨다. "옛날에 齊景公이 사냥할 적에 虞人을 旌(깃발)으로 불렀는데 오지 않으니, 장차 그를 죽이려 했었다. 〈孔子께서 虞人을 칭찬하시기를〉 '志士는 시신이 도랑에 버려짐을 잊지 않고 勇士는 자기 머리를 잃을 것을 잊지 않는다.' 하셨으니, 孔子께서 어찌하여 그를 취하셨는가? 자기의 〈신분에 맞는〉 부름이 아니면 가지 않음을 취하신 것이니, 만일 부름을 기다리지 않고 간다면 어떠하겠는가.

田은 獵也라 虞人은 守苑囿之吏也라 招大夫以旌하고 招虞人以皮冠이라 元은 首也라 志士는 固窮하여 常念死無棺槨하여 棄溝壑而不恨하고 勇士는 輕生하여 常念戰鬪而死하여 喪其首而不顧也라 此二句는 乃孔子歎美虞人之言이라 夫虞人은 招之不以其物이라도 尙守死而不往이어든 況君子豈可不待其招而自往見之邪아 此以上은 告之以不可往見之意하시니라

田은 사냥이다. 虞人은 苑囿(동산)를 지키는 관리이다. 大夫를 부를 때에는 旌을 사용하고, 虞人을 부를 때에는 皮冠(가죽으로 만든 관)을 사용한다. 元은 머리이다. 志士는 곤궁함을 굳게 지켜 죽으면 棺槨이 없어 시신이 도랑에 버려지더라도 恨하지 않을 것을 항상 생각하고, 勇士는 생명을 가벼이 여겨 전투하다가 머리를 잃더라도 돌아보지 않을 것을 항상 생각한다. 이 두 句는 바로 孔子께서 虞人을 歎美하신 말씀이다. 虞人은 자기를 부를 때에 〈신분에 맞는〉 물건으로 하지 않더라도 오히려 죽음으로 지키고 가지 않았는데, 하물며 君子가 어찌 부름을 기다리지 않고 스스로 찾아가서 만나볼 수 있겠는가. 이 以上은 〈제후왕을〉 찾아가서 만나볼 수 없는 뜻을 말씀하신 것이다.

且夫枉尺而直尋者는 以利言也니 如以利면 則枉尋直尺而利라도 亦可爲與아

또 한 자를 굽혀서 한 길을 편다는 것은 利로써 말한 것이니, 만일 利로 말한다면 한 길을 굽혀 한 자를 펴서 利가 있더라도 또한 하겠는가.

此以下는 正其所稱枉尺直尋之非라 夫所謂枉小而所伸者大則爲之者는 計其利耳니 一有計利之心이면 則雖枉多伸少而有利라도 亦將爲之邪아하시니 甚言其不可也시니라

壑:구렁 학 元:머리 원 獵:사냥 렵 棺:널 관 槨:덧널 곽

이 이하는 그가 말한 枉尺直尋의 잘못을 바로잡은 것이다. 이른바 '굽히는 것이 작고 펴는 것이 크면 한다.'는 것은 利를 계산한 것이니, 한 번이라도 利를 계산하는 마음이 있으면 비록 굽히는 것이 많고 펴는 것이 적으면서 利가 있더라도 또한 장차 하겠는가 하셨으니, 그 不可함을 심히 말씀하신 것이다.

昔者에 **趙簡子使王良**으로 **與嬖奚乘**한대 **終日而不獲一禽**하고 **嬖奚反命曰 天下之賤工也**러이다 **或以告王良**한대 **良曰 請復**(부)**之**호리라 **彊而後**에 **可**라하여늘 **一朝而獲十禽**하고 **嬖奚反命曰 天下之良工也**러이다 **簡子曰 我使掌與女(汝)乘**호리라하고 **謂王良**한대 **良**이 **不可曰 吾爲之範我馳驅**호니 **終日不獲一**하고 **爲之詭遇**호니 **一朝而獲十**하니 **詩云 不失其馳**어늘 **舍矢如破**라하니 **我**는 **不貫與小人乘**호니 **請辭**라하니라

옛적에 趙簡子가 王良으로 하여금 嬖奚(총애하는 신하인 奚)와 함께 수레를 타고 사냥하게 하였는데, 종일토록 한 마리의 짐승도 잡지 못하고는 嬖奚가 復命(反命)하기를 '天下에 값어치 없는 말몰이꾼이었습니다.' 하였다. 혹자가 이 말을 王良에게 전하자 王良이 다시 하자고 청하였으나 〈승낙하지 않다가〉 강요한 뒤에야 승낙하였다. 〈이번에는〉 하루아침에 열 마리의 짐승을 잡고는 嬖奚가 復命하기를 '天下에 훌륭한 말몰이꾼이었습니다.' 하니, 簡子는 '내 그로 하여금 너와 함께(너를 위하여) 수레를 타게 하도록 하겠다.' 하고 王良에게 이 말을 일렀다. 王良이 허락하지 않으면서 말하기를 '내 그를 위해서 말 모는 것을 法대로 하였더니 종일토록 한 마리의 짐승도 잡지 못하였고, 그를 위하여 부정한 방법으로 짐승을 만나게 하였더니 하루아침에 열 마리의 짐승을 잡았습니다. ≪詩經≫에 「말몰이꾼이 말 모는 法을 잃지 않거늘 射手가 화살을 쏨에 깨뜨리는 것과 같이 명중한다.」하였으니, 나는 小人과 함께 수레 타는 것을 익히지 않았으니, 사양하겠습니다.' 하였다.

嬖:총애할 폐　彊:억지로 강　範:법 범　詭:속일 궤　舍:놓을 사　破:깨뜨릴 파

趙簡子는 晉大夫趙鞅也라 王良은 善御者也라 嬖奚는 簡子幸臣이라 與之乘은 爲之御也라 復之는 再乘也라 彊而後可는 嬖奚不肯하여 彊之而後에 肯也라 一朝는 自晨至食時也라 掌은 專主也라 範은 法度也라 詭遇는 不正而與禽遇也라 言 奚不善射하여 以法馳驅則不獲하고 廢法詭遇而後에 中也라 詩는 小雅車攻之篇이라 言 御者不失其馳驅之法하고 而射者發矢皆中而力이어늘 今嬖奚不能也라 貫은 習也라

趙簡子는 晉나라 大夫인 趙鞅이다. 王良은 말몰이를 잘하는 자이다. 嬖奚는 簡子의 총애하는 신하이다. 與之乘은 그를 위하여 말을 모는 것이다. 復之는 다시 타는 것이다. 彊而後可는 嬖奚가 사냥하려고 하지 않다가 강요한 뒤에야 하고자 한 것이다. 一朝는 새벽부터 아침밥을 먹을 때까지이다. 掌은 전적으로 맡는 것이다. 範은 法度이다. 詭遇는 부정하게 〈수레를 몰아〉 짐승과 만나게 하는 것이다. 嬖奚가 활을 잘 쏘지 못해서 法대로 수레를 몰면 짐승을 잡지 못하고, 法을 폐지하여 부정한 방법으로 만나게 한 뒤에야 짐승을 맞출 수 있었음을 말한 것이다. 詩는 〈小雅 車攻篇〉이다. 御者는 말 모는 法을 잃지 않고 射手는 화살을 쏨에 다 맞추고 힘차야 하는데, 지금 嬖奚는 그렇지 못함을 말한 것이다. 貫은 익힘이다.

御者도 且羞與射者比하여 比而得禽獸 雖若丘陵이라도 弗爲也하니 如枉道而從彼엔 何也오 且子過矣로다 枉己者 未有能直人者也니라

御者도 射手에게 아부하는 것을 부끄러워해서 아부하여 禽獸를 잡기를 비록 丘陵과 같이 많이 하더라도 하지 않았으니, 〈선비가〉 道를 굽혀 저를 따른다면 어떠하겠는가. 또 자네가 지나치도다. 자기 몸을 굽힌 자가 남을 곧게 펴는 경우는 있지 않다."

比는 阿黨也라 若丘陵은 言多也라

○ 或曰 居今之世하여 出處去就를 不必一一中節이니 欲其一一中節이면 則道不得行矣라하니 楊氏曰 何其不自重也오 枉己면 其能直人乎아 古之人이 寧道之不行이언정 而不輕其去就라 是以로 孔孟이 雖在春秋戰國之時라도 而進必以正하사 以至終不得行而死也하시니 使不恤其去就而可以行道면 孔孟이 當先爲之矣시리라 孔孟이 豈不欲

貫:익힐 관 鞅:고삐 앙 比:아첨할 비 陵:언덕 릉 阿:아첨할 아 寧:차라리 녕 恤:아낄 휼

道之行哉시리오

比는 阿黨함이다. 丘陵과 같다는 것은 많음을 말한다.

○ 或者가 말하기를 "지금 세상에 살면서 出處와 去就를 굳이 하나하나 예절에 맞게 할 것이 없으니, 하나하나 예절에 맞게 하고자 한다면 道가 행해질 수 없을 것이다." 하니, 楊氏(楊時)가 말하였다. "어찌 그리도 自重하지 않는가. 자기 몸을 굽히면 어떻게 남을 곧게 펼 수 있겠는가. 옛사람들은 차라리 道가 행해지지 않을지언정 去就를 가벼이 하지 않았다. 이 때문에 孔子와 孟子께서 비록 春秋·戰國의 때에 계셨지만 나아가기를 반드시 正道로써 하여 끝내 道가 행해지지 못하고 죽음에 이르신 것이다. 가령 그 去就를 생각하지 않고서 道를 행할 수 있다면 孔子와 孟子께서 마땅히 먼저 하셨을 것이다. 孔子와 孟子께서 어찌 道가 행해지기를 원하지 않으셨겠는가."

2. 景春曰 公孫衍, 張儀는 豈不誠大丈夫哉리오 一怒而諸侯懼하고 安居而天下熄하니이다

景春이 말하였다. "公孫衍과 張儀는 어찌 진실로 大丈夫가 아니겠습니까. 한 번 노하면 諸侯들이 두려워하고, 편안히(조용히) 거하면 天下가 조용합니다."

景春은 人姓名이라 公孫衍, 張儀는 皆魏人이니 怒則說(세)諸侯하여 使相攻伐이라 故로 諸侯懼也라

景春은 사람의 姓名이다. 公孫衍과 張儀는 다 魏나라 사람이니, 노하면 제후를 설득하여 서로 공격하고 정벌하게 하였다. 그러므로 諸侯들이 두려워한 것이다.

孟子曰 是焉得爲大丈夫乎리오 子未學禮乎아 丈夫之冠也에 父命之하고 女子之嫁也에 母命之하나니 往에 送之門할새 戒之曰 往之女(汝)家하여 必敬必戒하여 無違夫子라하나니 以順爲正者는 妾婦之道也니라

孟子께서 말씀하셨다. "이 어찌 大丈夫라 할 수 있겠는가. 그대는 禮를 배우

衍:넓을 연 儀:거동 의 誠:진실로 성 熄:꺼질 식 命:훈계할 명 嫁:시집갈 가

지 않았는가? 丈夫(男子)가 冠禮할 때에 아버지가 命(훈계)하고, 女子가 시집 갈 때에 어머니가 命하나니, 시집감에 문에서 전송할 적에 경계하기를 '네 집에 가서 반드시 공경하고 반드시 경계하여 夫子(남편)를 어기지 말라.' 하니, 순종함을 正道로 삼는 것은 妾婦의 道이다.

加冠於首曰冠이라 女家는 夫家也니 婦人은 內夫家하여 以嫁爲歸也라 夫子는 夫也라 女子從人하니 以順爲正道也라 蓋言 二子阿諛苟容하여 竊取權勢하니 乃妾婦順從之道耳요 非丈夫之事也라

머리에 冠을 더함을 冠禮라 한다. 女家는 남편의 집이니, 婦人은 남편의 집을 안으로 여겨 시집가는 것을 돌아간다고 하는 것이다. 夫子는 남편이다. 女子는 남을 따르니, 순종함을 正道로 삼는다. 두 사람(公孫衍과 張儀)은 아첨하고 구차히 용납하여 權勢를 절취하였으니, 바로 妾婦의 순종하는 도리요 大丈夫의 일이 아니라고 말씀한 것이다.

居天下之廣居하며 立天下之正位하며 行天下之大道하여 得志하여는 與民由之하고 不得志하여는 獨行其道하여 富貴不能淫하며 貧賤不能移하며 威武不能屈이 此之謂大丈夫니라

天下의 넓은 집(仁)에 거하며 天下의 바른 자리(禮)에 서며 天下의 大道(義)를 행하여, 뜻을 얻으면 백성과 함께 道를 행하고 뜻을 얻지 못하면 홀로 그 道를 행하여, 富貴가 마음을 방탕하게 하지 못하며 貧賤이 절개를 옮겨놓지 못하며 威武가 지조를 굽힐 수 없는 것 이것을 大丈夫라 이른다."

廣居는 仁也요 正位는 禮也요 大道는 義也라 與民由之는 推其所得於人也요 獨行其道는 守其所得於己也라 淫은 蕩其心也요 移는 變其節也요 屈은 挫其志也라

○ 何叔京曰 戰國之時에 聖賢道否(비)하여 天下不復見其德業之盛하고 但見姦巧之徒 得志橫行하여 氣焰可畏하고 遂以爲大丈夫라하니 不知由君子觀之[1]면 是乃妾婦之道耳니 何足道哉리오

諛:아첨할 유 苟:구차할 구 容:용납할 용 竊:훔칠 절 由:행할 유 淫:음탕할 음 蕩:음탕할 탕 挫:꺾을 좌 否:비색할 비 姦:간사할 간 焰:불꽃 염

廣居는 仁이요 正位는 禮요 大道는 義이다. 백성과 함께 행한다는 것은 그 얻은 바를 남에게 미룸이요, 홀로 그 道를 행한다는 것은 그 얻은 바를 자기 몸에 지키는 것이다. 淫은 마음을 방탕하게 함이요, 移는 절개를 변함이요, 屈은 지조를 꺾는 것이다.

○ 何叔京(何鎬)이 말하였다. "戰國 때에 聖賢의 道가 否塞(비색)해져서 天下 사람들이 다시는 그 德業의 성대함을 보지 못하고, 다만 姦巧한 무리들이 뜻을 얻어 橫行하여 기염이 두려울 만함을 보고는 마침내 大丈夫라 하였으니, 君子의 입장에서 보면 이것이 妾婦의 道임을 알지 못한 것이다. 어찌 족히 말할 것이 있겠는가."

譯註 1. 由君子觀之 : 由는 自와 같은 바, '君子의 처지(입장)에서 보면'의 뜻이다.

3. 周霄問曰 古之君子仕乎잇가 孟子曰 仕니라 傳曰 孔子三月無君則皇皇如也하사 出疆에 必載質(지)라하고 公明儀曰 古之人이 三月無君則弔라하니라

周霄가 물었다. "옛 君子가 벼슬을 하였습니까?" 孟子께서 말씀하셨다. "벼슬을 하였다. 傳에 이르기를 '孔子는 3개월 동안 섬길 군주가 없으면 皇皇한 듯이 여겨 국경을 나갈 적에 반드시 폐백을 싣고 갔다.' 하였고, 公明儀가 말하기를 '옛사람은 3개월 동안 군주가 없으면 위문했다.' 하였다."

周霄는 魏人이라 無君은 謂不得仕而事君也라 皇皇은 如有求而弗得之意라 出疆은 謂失位而去國也라 質는 所執以見人者니 如士則執雉也라 出疆載之者는 將以見所適國之君而事之也라

周霄는 魏나라 사람이다. 無君은 벼슬하여 군주를 섬길 수 없음을 이른다. 皇皇은 구함이 있으나 얻지 못하는 것처럼 하는 뜻이다. 出疆은 지위를 잃고 나라를 떠남을 이른다. 質는 잡고 남을 만나보는 물건이니, 예컨대 士는 꿩을 잡는 것과 같다. 국경을 나갈 적에 폐백을 싣고 가는 것은 장차 가는 나라의 군주를 뵙고 그를 섬기려고 해서이다.

三月無君則弔 不以急乎잇가

霄:하늘 소 皇:급할 황 疆:지경 강 質:폐백 지(贄通) 弔:위문할 조 雉:꿩 치 以:너무 이

〈周霄가 말하였다.〉 "3개월 동안 군주가 없으면 위문하는 것은 너무 급하지 않습니까?"

周霄問也라 以는 已通이니 太也라 後章放此하니라

周霄가 물은 것이다. 以는 已와 통하니, 너무이다. 後章도 이와 같다.

曰 士之失位也 猶諸侯之失國家也니 **禮曰 諸侯耕助**하여 **以供粢盛**하고 **夫人蠶繅**하여 **以爲衣服**하나니 **犧牲**이 **不成**[1]하며 **粢盛**이 **不潔**하며 **衣服**이 **不備**하면 **不敢以祭**하고 **惟士無田**이면 **則亦不祭**라하니 **牲殺器皿衣服**이 **不備**하여 **不敢以祭**면 **則不敢以宴**이니 **亦不足弔乎**아

孟子께서 말씀하셨다. "士가 지위를 잃음은 諸侯王이 나라를 잃은 것과 같다. 禮에 이르기를 '諸侯王이 밭을 갈면 백성들이 도와서 粢盛을 바치고, 夫人이 누에를 치고 실을 켜서 衣服을 만든다. 犧牲이 이루어지지 못하며 粢盛이 정결하지 못하며 衣服이 구비되지 못하면 감히 제사 지내지 못하고, 士가 祭田이 없으면 또한 제사 지내지 못한다.' 하였다. 牲殺과 器皿과 衣服이 구비되지 못하여 감히 제사 지내지 못하면 감히 잔치하지 못하나니, 또한 위문할 만하지 않은가."

譯註 1. 犧牲不成 : 犧牲은 제사에 올리는 소와 양과 돼지를 이르며, 不成은 제대로 이루어지지 못한 것으로 趙岐는 "成은 살찜이다." 하였다.

禮曰 諸侯爲藉(적)百畝[1]하여 冕而青紘하여 躬秉耒以耕이어든 而庶人助以終畝하여 收而藏之御廩[2]하여 以供宗廟之粢盛하고 使世婦로 蠶于公桑蠶室[3]하여 奉繭以示于君하고 遂獻于夫人이어든 夫人이 副褘[4]受之하여 繅三盆手[5]하고 遂布于三宮世婦[6]하여 使繅以爲黼黻文章[7]하여 而服以祀先王先公[8]이라하니라 又曰 士有田則祭하고 無田則薦[9]이라하니라 黍稷曰粢요 在器曰盛이라 牲殺은 牲必特殺也라 皿은 所以覆(부)器者라

禮에 이르기를 "諸侯가 藉田 百畝를 만들어 면류관을 쓰고 푸른 끈을 매고서 몸소 쟁

粢:기장 자 盛:담을 성 蠶:누에 잠 繅:고치켤 소 皿:그릇 명 藉:籍田 적(籍通) 冕:면류관 면 紘:면류관끈 굉 耒:쟁기자루 뢰 廩:창고 름 繭:고치 견 副:머리꾸미개 부 褘:후비제복 휘 盆:동이 분 布:펼 포 黼:보불 보 黻:보불 불 薦:올릴 천

기자루를 잡고 밭을 갈면 庶人들이 도와 밭일을 끝내어 곡식을 수확해서 御廩에 보관하여 宗廟의 粢盛에 바친다. 世婦로 하여금 公桑蠶室에서 누에를 치게 하여 고치를 받들어 君主에게 보이고 마침내 夫人에게 올리면 夫人이 副褘(禮服)를 입고 받아서 실을 켜되 세 번 손을 동이에 담그고는 三宮과 世婦에게 나누어주어 실을 켜서 黼黻文章을 만들게 하여 이것을 입고서 先王과 先公에게 제사한다." 하였다. 또 이르기를 "士가 祭田이 있으면 제사하고 祭田이 없으면 薦(간략히 올림)한다." 하였다. 黍稷을 粢라 하고, 그릇에 담겨져 있는 것을 盛이라 한다. 牲殺은 희생을 반드시 특별히 잡기 때문이다. 皿은 그릇을 덮는 것이다.

譯註 1. 諸侯爲藉百畝 : 藉는 籍으로도 쓰는데, 藉田은 백성의 힘을 빌어 경작한다 하여 붙인 이름으로 天子는 千畝, 諸侯는 百畝이다.
2. 御廩 : 御米(王室에서 사용하는 쌀)를 보관하는 창고이다.
3. 公桑蠶室 : 公桑은 국가의 뽕나무이며, 蠶室은 누에치는 집이다.
4. 副褘 : 副는 일명 步搖로 王妃의 머리꾸밈이며, 褘는 褘衣로 역시 왕비의 윗옷이다.
5. 繅三盆手 : 繅는 실을 켜는 것이며, 三盆手는 손을 세 번 동이에 담금을 이른다.
6. 三宮世婦 : 三宮은 세 부인이며, 世婦 역시 女官이다. ≪禮記≫ 〈曲禮〉에 "天子는 后가 있고 夫人이 있고 世婦가 있다." 하였다.
7. 黼黻文章 : 백색과 흑색이 섞인 것을 黼, 흑색과 청색이 섞인 것을 黻, 청색과 적색이 섞인 것을 文, 적색과 백색이 섞인 것을 章이라 한다.
8. 先王先公 : 天子의 先祖는 先王, 諸侯의 先祖는 先公이다.
9. 有田則祭 無田則薦 : ≪禮記≫ 〈王制〉에 보이는 내용으로, 제사에 희생이 있는 것을 祭라 하고 희생이 없는 것을 薦이라 한다.

出疆에 必載質는 何也잇고

〈周霄가 말하였다.〉 "국경을 나갈 적에 반드시 폐백을 싣고 가는 것은 어째서입니까?"

周霄問也라

周霄가 물은 것이다.

曰 士之仕也 猶農夫之耕也니 農夫豈爲出疆하여 舍其耒耜哉리오

曰 晉國이 **亦仕國也**로되 **未嘗聞仕如此其急**호니 **仕如此其急也**인댄 **君子之難仕**[1]는 **何也**잇고 **曰 丈夫生而願爲之有室**하며 **女子生而願爲之有家**는 **父母之心**이라 **人皆有之**언마는 **不待父母之命**과 **媒妁之言**하고 **鑽穴隙相窺**하며 **踰牆相從**하면 **則父母國人**이 **皆賤之**하나니 **古之人**이 **未嘗不欲仕也**언마는 **又惡(오)不由其道**하니 **不由其道而往者**는 **與鑽穴隙之類也**니라

孟子께서 말씀하셨다. "士가 벼슬하는 것은 농부가 밭을 가는 것과 같으니, 農夫가 어찌 국경을 나가면서 쟁기와 보습을 놓고 가겠는가?" 周霄가 말하였다. "晉나라가 또한 벼슬할 나라이나 벼슬하기를 이와 같이 급히 하였다는 말은 들어보지 못했습니다. 벼슬하기를 이와 같이 급히 한다면 군자가 벼슬하기를 어렵게 여기는 것은 어찌해서입니까?" 孟子께서 말씀하셨다. "丈夫가 태어나면 그를 위하여 室(아내)이 있기를 원하며 女子가 태어나면 그를 위하여 媤家(시가)가 있기를 원하는 것은 父母의 마음이어서 사람마다 다 갖고 있건마는, 父母의 명령과 중매장이의 말을 기다리지 않고 구멍의 틈을 뚫고 서로 엿보며 담을 넘어 서로 따라다니면 父母와 國人들이 모두 천하게 여긴다. 옛사람들이 일찍이 벼슬하고자 하지 않은 것은 아니었으나 또 道를 따르지 않음을 미워하였으니, 道를 따르지 않고 찾아가는 것은 구멍의 틈을 뚫고 엿보는 것과 같은 것이다."

譯註 1. 君子之難仕 : 君子는 일반적으로 훌륭한 사람을 가리키나 여기서는 孟子를 빗대어 말한 것이다. 앞에 '晉나라 또한 벼슬할 나라'라고 말한 것도 孟子가 일찍이 魏나라에 있었기 때문에 말한 것이다.

晉國은 解見(현)首篇하니라 仕國은 謂君子遊宦之國이라 霄意以孟子不見諸侯爲難仕라 故로 先問古之君子仕否然後에 言此하여 以風切之[1]也라 男은 以女爲室하고 女는 以男爲家라 妁은 亦媒也라 言 爲父母者非不願其男女之有室家로되 而亦惡其不由道하나니 蓋君子雖不潔身以亂倫[2]이나 而亦不徇利而忘義也니라

媒:중매 매　妁:중매 작　鑽:뚫을 찬　穴:구멍 혈　隙:틈 극　窺:엿볼 규　踰:넘을 유

晉國은 해석이 首篇에 보인다. 仕國은 君子가 가서 벼슬하는 나라를 이른다. 周霄의 뜻은 孟子가 諸侯를 만나보지 않는 것을 벼슬하기를 어렵게 여겨서라고 생각하였다. 그러므로 "옛 君子가 벼슬하였습니까?" 하고 물은 다음에 이를 말하여 風切(諷刺)한 것이다. 男子는 女子를 室(아내)로 삼고, 女子는 男子를 家(媤家)로 삼는다. 妁은 또한 중매이다. 父母된 자가 그 아들 딸들이 室家가 있기를 원하지 않는 것은 아니지만 또한 그 道를 따르지 않음을 싫어하니, 〈이와 마찬가지로〉 君子가 비록 몸을 결백히 하여 인륜을 어지럽히지 않으나 또한 이익을 따라 의리를 잊지도 않는 것이다.

譯註 1. 以風切之 : 風은 諷과 통하는 바, 風切은 諷刺와 같은 뜻이다.
2. 潔身以亂倫 : 자기 몸 하나를 깨끗이 하기 위하여 벼슬하지 않고 山林에 은둔하는 것은 五倫의 君臣有義를 어지럽히는 행위라 하여 말한 것으로, ≪論語≫ 〈微子〉 7章에 子路가 隱者인 荷蓧丈人을 꾸짖는 말에 "자기 몸을 깨끗이 하려고 하여 큰 인륜을 어지럽힌다.〔欲潔其身而亂大倫〕"라고 보인다.

4. 彭更(경)이 問曰 後車數十乘과 從者數百人으로 以傳食於諸侯[1] 不以泰乎잇가 孟子曰 非其道인댄 則一簞食(사)라도 不可受於人이어니와 如其道인댄 則舜受堯之天下하사되 不以爲泰하시니 子以爲泰乎아

彭更이 물었다. "뒤에 따르는 수레 수십 대와 從者 수백 명으로 諸侯王에게 밥을 얻어 먹는 것이 너무 지나치지 않습니까?" 孟子께서 말씀하셨다. "그 道가 아니면 한 그릇의 밥이라도 남에게 받을 수 없거니와 만일 그 道라면 舜임금은 堯임금의 天下를 받으시되 지나치다고 여기지 않으셨으니, 그대는 이것을 지나치다고 여기는가?"

譯註 1. 傳食於諸侯 : 傳食은 轉食과 같은 뜻으로, 돌아가며 제후들에게 밥을 얻어 먹음을 이른다.

彭更은 孟子弟子也라 泰는 侈也라

彭更은 孟子의 弟子이다. 泰는 많음이다.

牆:담장 장 宦:벼슬 환 徇:따를 순 彭:성 팽 傳:붙일 전 泰:사치할 태 簞:대그릇 단

曰 否라 士無事而食이 不可也니이다

彭更이 말하였다. "아닙니다. 선비가 하는 일 없이 밥을 얻어먹는 것이 不可하다는 것입니다."

言 不以舜爲泰요 但謂今之士無功而食人之食이 則不可也라

舜임금을 지나치다고 말한 것이 아니요, 다만 지금의 선비들이 功이 없이 남의 밥을 얻어먹는 것이 不可하다고 이름을 말한 것이다.

曰 子不通功易事하여 以羨(연)補不足이면 則農有餘粟하며 女有餘布어니와 子如通之면 則梓匠輪輿 皆得食於子하리니 於此에 有人焉하니 入則孝하고 出則悌하여 守先王之道하여 以待後之學者호되 而不得食於子하리니 子何尊梓匠輪輿而輕爲仁義者哉오

孟子께서 말씀하셨다. "그대가 功을 통하여 일을 서로 바꾸어 남는 것으로써 부족한 것을 도와주지 않는다면 농사꾼은 남아서 버리는 곡식이 있으며 女子들은 남아서 버리는 삼베가 있을 것이다. 그러나 그대가 만일 이를 통하면 梓匠과 輪輿가 모두 그대에게 밥을 얻어먹을 것이다. 여기에 어떤 사람이 있는데, 들어오면 父母에게 孝하고 나가면 어른에게 공손하여 先王의 道를 지켜 후세의 학자를 기다리되 그대에게 밥을 얻어먹지 못할 것이니, 그대는 어찌하여 梓匠과 輪輿는 높이면서 仁義를 행하는 자는 가벼이 여기는가?"

通功易事는 謂通人之功而交易其事[1]라 羨은 餘也라 有餘는 言無所貿易而積於無用也라 梓人, 匠人은 木工也요 輪人, 輿人은 車工也라

功을 통하여 일을 서로 바꾼다는 것은 남의 일을 통하여 서로 일을 交易함을 이른다. 羨은 남음이다. 有餘는 貿易(매매)하는 바가 없어 無用한 데에 쌓여 있음을 말한다. 梓人과 匠人은 木工이요, 輪人과 輿人은 수레를 만드는 工人이다.

羨:남을 연 粟:곡식 속 梓:목수 재 匠:목수 장 輪:수레바퀴 륜 輿:수레바탕 여

譯註 1. 通人之功而交易其事 : 사람들이 노동력과 기술을 서로 流通하고 생산한 물건을 서로 交易함을 이른다.

曰 梓匠輪輿는 其志將以求食也어니와 君子之爲道也도 其志亦將以求食與잇가 曰 子何以其志爲哉오 其有功於子하여 可食(사)而食之矣니 且子는 食(사)志乎아 食功乎아 曰 食志니이다

彭更이 말하였다. "梓匠과 輪輿는 그 뜻이 장차 밥을 구하려는 것이거니와 君子가 道를 행함도 그 뜻이 장차 밥을 구하려고 해서입니까?" 孟子께서 말씀하셨다. "자네가 어찌 그 뜻을 따지는가? 자네에게 공이 있어 밥을 먹일 만하면 밥을 먹이는 것이다. 또 자네는 뜻을 위주하여 밥을 먹이는가? 功을 위주하여 밥을 먹이는가?" "뜻을 위주하여 밥을 먹입니다."

孟子言 自我而言이면 固不求食이어니와 自彼而言이면 凡有功者를 則當食(사)之니라

孟子께서 말씀하기를 "나(선비)의 입장에서 말한다면 진실로 밥을 구해서가 아니지만, 저 사람의 입장에서 말한다면 모든 공이 있는 자를 마땅히 밥을 먹여야 한다."고 하신 것이다.

曰 有人於此하니 毁瓦畫(획)墁이요 其志將以求食也면 則子食之乎아 曰否니이다 曰 然則子非食志也라 食功也로다

孟子께서 말씀하셨다. "여기에 사람이 있는데, 기왓장을 부수고 담장의 꾸밈을 함부로 그어놓고도 그 뜻이 장차 밥을 구하려고 해서라면 자네는 그에게 밥을 먹이겠는가?" 彭更이 "아닙니다." 하고 대답하자, 孟子께서 말씀하셨다. "그러면 그대는 뜻을 위주하여 밥을 먹이는 것이 아니라 공을 위주하여 밥을 먹이는 것일세." 하셨다.

墁은 牆壁之飾也라 毁瓦畫墁은 言無功而有害也라 旣曰食功이면 則以士爲無事而食

食:먹일 사 毁:훼손할 훼 瓦:기와 와 畫:그을 획 墁:담장에회칠할 만 壁:벽 벽

者는 眞尊梓匠輪輿而輕爲仁義者矣니라

墁은 牆壁의 꾸밈이다. 毁瓦畫墁은 공은 없고 해만 있음을 말한다. 이미 공을 위주하여 밥을 먹인다고 한다면 선비를 하는 일이 없이 밥을 먹는 자라고 하는 것은 참으로 梓匠과 輪輿를 높이고 仁義를 행하는 자를 가벼이 여기는 것이다.

5. 萬章이 問曰 宋은 小國也라 今에 將行王政하나니 齊楚惡(오)而伐之면 則如之何니잇고

萬章이 물었다. "宋나라는 작은 나라입니다. 이제 장차 王政을 행하려 하니, 齊나라와 楚나라가 그를 미워하여 정벌하면 어찌합니까?"

萬章은 孟子弟子라 宋王偃이 嘗滅滕伐薛하고 敗齊楚魏之兵하여 欲霸天下하니 疑卽此時也라

萬章은 孟子의 弟子이다. 宋王 偃이 일찍이 滕나라를 멸하고 薛나라를 정벌하였으며, 齊·楚·魏의 군대를 敗退시켜 天下에 霸者가 되고자 하였으니, 의심컨대 바로 이 때인 듯하다.

孟子曰 湯이 居亳하실새 與葛爲鄰이러시니 葛伯이 放而不祀어늘 湯이 使人問之曰 何爲不祀오 曰 無以供犧牲也로이다 湯이 使遺之牛羊하신대 葛伯이 食之하고 又不以祀어늘 湯이 又使人問之曰 何爲不祀오 曰 無以供粢盛也로이다 湯이 使亳衆으로 往爲之耕이어시늘 老弱이 饋食(사)러니 葛伯이 帥(率)其民하여 要其有酒食(사)黍稻者하여 奪之호되 不授者를 殺之하더니 有童子以黍肉餉이어늘 殺而奪之하니라 書曰 葛伯이 仇餉이라하니 此之謂也니라

孟子께서 말씀하셨다. "湯王이 亳(박)邑에 거주하실 때에 葛나라와 이웃하였

偃:누울 언 薛:나라 설 亳:땅이름 박 葛:칡 갈 放:방탕할 방 遺:줄 유 饋:먹일 궤 食:밥 사 帥:거느릴 솔(率同) 黍:기장 서 稻:벼 도 餉:밥먹일 향 仇:원수 구

는데, 葛伯이 방탕하여 제사를 지내지 않자 湯王이 사람을 시켜 묻기를 '어찌하여 祭祀를 지내지 않는가?' 하니, 葛伯이 대답하기를 '犧牲을 바칠 것이 없기 때문입니다.' 하였다. 湯王이 사람으로 하여금 소와 양을 보내주게 하셨는데 葛伯이 이것을 먹고 또 제사를 지내지 않았다. 湯王이 또 사람을 시켜 묻기를 '어찌하여 제사를 지내지 않는가?' 하니, 葛伯이 대답하기를 '粢盛을 바칠 것이 없기 때문입니다.' 하였다. 湯王이 亳邑의 백성들로 하여금 葛나라에 가서 밭을 갈아주게 하시니, 老弱者들이 밥을 내다 먹였다. 이에 葛伯이 그의 백성을 거느리고 가서 술과 밥과 기장밥・쌀밥을 내온 자들을 가로막고 빼앗되 주지 않는 자를 죽였는데, 어떤 童子가 기장밥과 고기를 가지고 와서 밥을 먹이자 그를 죽이고 빼앗았다. ≪書經≫에 이르기를 '葛伯이 밥을 먹이는 자를 원수로 여겼다.' 하였으니, 이것을 말한 것이다.

葛은 國名이요 伯은 爵也라 放而不祀는 放縱無道하여 不祀先祖也라 亳衆은 湯之民이요 其民은 葛民也라 授는 與也라 餉은 亦饋也라 書는 商書仲虺之誥也라 仇餉은 言與餉者爲仇也라

葛은 나라 이름이요, 伯은 爵位이다. 방탕하여 제사하지 않았다는 것은 放縱하고 無道하여 先祖에게 제사하지 않은 것이다. 亳衆은 湯王의 백성이요, 其民은 葛나라의 백성이다. 授는 줌이다. 餉 또한 먹임이다. 書는 〈商書 仲虺之誥〉이다. 仇餉은 밥을 먹이는 자와 원수가 됨을 말한다.

爲其殺是童子而征之하신대 四海之內 皆曰 非富天下也라 爲匹夫匹婦하여 復讐也라하니라

이 童子를 죽였기 때문에 葛나라를 정벌하셨는데, 四海의 안이 모두 말하기를 '天下를 탐해서가 아니라 匹夫, 匹婦를 위하여 復讐해 주시는 것이다.' 하였다.

非富天下는 言 湯之心이 非以天下爲富而欲得之也라

非富天下는 湯王의 마음이 天下를 富라고 여겨 그것을 얻고자 함이 아님을 말한

縱:방자할 종 虺:뱀 훼 誥:가르칠 고 讐:원수 수

것이다.

湯이 **始征**을 **自葛載**하사 **十一征而無敵於天下**하니 **東面而征**에 **西夷怨**하며 **南面而征**에 **北狄怨**하여 **曰 奚爲後我**오하여 **民之望之 若大旱之望雨也**하여 **歸市者弗止**하며 **芸(耘)者不變**이어늘 **誅其君, 弔其民**하신대 **如時雨降**이라 **民**이 **大悅**하니 **書曰 徯我后**하노니 **后來**하시면 **其無罰**아하니라

湯王이 첫 번째 정벌을 葛나라로부터 시작하여 열한 번 정벌하셨는데 天下에 대적한 이가 없었으니, 동쪽을 향하여 정벌하면 서쪽의 오랑캐가 원망하며 남쪽을 향하여 정벌하면 북쪽의 오랑캐가 원망하여 말하기를 '어찌하여 우리나라를 뒤에 정벌하시는가.' 하여, 백성들이 〈湯王의 정벌을〉 바라기를 큰 가뭄에 비를 바라듯이 하여, 시장에 돌아가는 자들이 발길을 멈추지 않으며 김매는 자들이 동요하지 않았다. 湯王이 그 군주를 주벌하고 백성들을 위문하시자, 단비가 내린 듯이 백성들이 크게 기뻐하였다. ≪書經≫에 이르기를 '우리 임금님을 기다리니, 우리 임금님이 오시면 형벌이 없으시겠지.' 하였다.

載는 亦始也라 十一征은 所征이 十一國也라 餘는 已見前篇하니라

載 또한 시작이다. 十一征은 정벌한 나라가 11個國이다. 나머지는 이미 前篇(梁惠王下)에 보인다.

有攸不爲臣이어늘 **東征**하사 **綏厥士女**하신대 **匪(篚)厥玄黃**하여 **紹我周王見休**하여 **惟臣附于大邑周**라하니 **其君子**는 **實玄黃于匪**하여 **以迎其君子**하고 **其小人**은 **簞食(사)壺漿**으로 **以迎其小人**하니 **救民於水火之中**하여 **取其殘而已矣**일새니라

載:비로소 재 狄:북쪽오랑캐 적 芸:김맬 운(耘通) 徯:기다릴 혜 后:임금 후 罰:죄 벌
攸:바 유 綏:편안할 수 匪:광주리 비(篚同) 紹:이을 소 休:아름다울 휴 實:채울 실

'신하가 되지 않는 자가 있거늘 동쪽을 정벌하여 士女들을 편안하게 하시자 士女들이 검은 비단과 황색 비단을 광주리에 담아 가지고 와서 우리 周王을 섬겨 아름다움을 받아서 큰 도읍인 周나라에 신하로 복종한다.' 하였다. 君子들은 검은 비단과 황색 비단을 광주리에 담아가지고 와서 君子를 맞이하고, 小人들은 대그릇의 밥과 병의 음료로 小人들을 맞이하였으니, 이는 백성을 水火(도탄)의 가운데에서 구원하여 殘虐한 자를 취할 뿐이었기 때문이다.

按周書武成篇컨대 載武王之言이어늘 孟子約其文如此라 然이나 其辭時與今書文不類하니 今姑依此文解之하노라 有所不爲臣은 謂助紂爲惡하여 而不爲周臣者라 匪는 與篚同이라 玄黃은 幣也요 紹는 繼也니 猶言事也니 言 其士女以匪盛玄黃之幣하여 迎武王而事之也라 商人而曰我周王은 猶商書所謂我后也라 休는 美也니 言 武王이 能順天休命하여 而事之者皆見休也라 臣附는 歸服也라 孟子又釋其意하사 言 商人이 聞周師之來하고 各以其類相迎[1]者는 以武王能救民於水火之中하여 取其殘民者하여 誅之하시고 而不爲暴虐耳라 君子는 謂在位之人이요 小人은 謂細民也라

〈周書 武成篇〉을 살펴보면 武王의 말씀이 기재되어 있는데, 孟子께서 그 글을 요약하기를 이와 같이 하신 것이다. 그러나 그 내용이 때로는 지금 ≪書經≫의 글과 똑같지 않으니, 이제 우선 이 글에 의하여 해석한다. 신하가 되지 않는 자가 있다는 것은 紂를 도와 악행을 하여 周나라의 신하가 되지 않는 자를 이른다. 匪는 篚(광주리)와 같다. 玄黃은 폐백이요 紹는 이음이니 섬긴다는 말과 같으니, 士女들이 광주리에 검고 누런 폐백을 담아가지고 와서 武王을 맞이하여 섬김을 말한다. 商나라 사람으로서 〈武王을〉 우리 周王이라고 한 것은 〈商書〉에 이른바 '우리 임금님〔我后〕'이란 말과 같다. 休는 아름다움이니, 武王이 하늘의 아름다운 命을 순히 하여 섬기는 자가 모두 아름다움을 받음을 말한 것이다. 臣附는 돌아와 복종하는 것이다. 孟子께서 또 그 뜻을 해석하여 "商나라 사람들이 周나라 군대가 쳐들어왔다는 말을 듣고 각기 그 부류에 따라 맞이한 것은 武王이 백성을 水火의 가운데에서 구원하시어, 백성을 잔학하게 해치는 자를 취하여 죽이시고 포학한 짓을 하지 않았기 때문이다."라고 말씀하신 것이다. 君子는 지위에 있는 사람을 이르고, 小人은 細民을 이른다.

譯註 1. 各以其類相迎 : 신분에 따라 君子(벼슬아치)는 君子를 맞이하고 小人(백성)은 小

壺:병 호 殘:해칠 잔 類:비슷할 류 姑:우선 고 幣:비단 폐

人을 맞이함을 이른다.

太誓曰 我武를 **惟揚**하여 **侵于之疆**하여 **則取于殘**[1)]하여 **殺伐**이 **用張**하니 **于湯**에 **有光**이라하니라

〈太誓〉에 이르기를 '우리의 위엄을 떨쳐 저 국경을 침략하여 그 잔학한 자를 취함으로써 殺伐의 功이 크게 베풀어지니, 湯王보다 더욱 빛이 있다.' 하였다.

譯註 1. 侵于之疆 則取于殘 : 壺山은 于를 대명사로 보아 集註의 '彼'와 '其'를 가리킨 것으로 보았으며, ≪論孟虛字集釋≫에도 "于는 其와 같다." 하였다.

太誓는 周書也라 今書文亦小異라 言 武王이 威武奮揚하여 侵彼紂之疆界하여 取其殘賊하여 而殺伐之功이 因以張大하니 比於湯之伐桀에 又有光焉이라 引此하여 以證上文取其殘之義하시니라

〈太誓〉는 〈周書〉이다. 지금 ≪書經≫의 글과 또한 조금 다르다. 武王이 威武를 떨쳐 저 紂王의 국경을 침략하여 殘賊한 자를 취함으로써 殺伐의 功이 인하여 크게 베풀어지니, 湯王이 桀을 정벌한 것에 비하여 더욱 빛이 있음을 말한 것이다. 이것을 인용하여 윗글의 그 잔학한 자를 취한 뜻을 증명하신 것이다.

不行王政云爾언정 **苟行王政**이면 **四海之內 皆擧首而望之**하여 **欲以爲君**하리니 **齊楚雖大**나 **何畏焉**이리오

王政을 행하지 않을지언정 만일 王政을 행한다면 四海의 안이 모두 머리를 들고 오기를 바라서 군주를 삼고자 할 것이니, 齊나라와 楚나라가 비록 크나 어찌 두려워할 것이 있겠는가."

宋實不能行王政이러니 後果爲齊所滅하여 王偃이 走死하니라
○ 尹氏曰 爲國者能自治而得民心이면 則天下皆將歸往之하여 恨其征伐之不早也리니 尙何彊國之足畏哉리오 苟不自治하고 而以彊弱之勢言之면 是는 可畏而已矣니라

宋나라는 실제로 王政을 행하지 못하였는데, 뒤에 과연 齊나라에게 멸망당하여 宋王

揚:떨칠 양 張:펼 장 奮:뽐낼 분 桀:흉포할 걸 苟:만일 구

偃이 패주하여 죽었다.

○ 尹氏(尹焞)가 말하였다. "나라를 다스리는 자가 능히 스스로 다스려 民心을 얻으면 天下가 모두 장차 그에게 돌아가서 일찍 征伐해 주지 않음을 恨할 것이니, 오히려 어찌 强國을 족히 두려워 할 것이 있겠는가. 만일 스스로 다스리지 않고 强弱의 勢만 가지고 말한다면 이는 두려울 만할 뿐이다."

6. 孟子謂戴不勝曰 子欲子之王之善與아 我明告子호리라 有楚大夫於此하니 欲其子之齊語也인댄 則使齊人傅諸아 使楚人傅諸아 曰 使齊人傅之니이다 曰 一齊人이 傅之어든 衆楚人이 咻之면 雖日撻而求其齊也라도 不可得矣어니와 引而置之莊嶽之間數年이면 雖日撻而求其楚라도 亦不可得矣리라

孟子께서 戴不勝에게 이르시기를 "그대는 그대의 왕이 善해지기를 바라는가? 내 분명히 그대에게 말하겠다. 여기에 楚나라 大夫가 있는데, 그의 아들이 齊나라 말을 하기를 원한다면 齊나라 사람으로 하여금 그를 가르치게 하겠는가? 楚나라 사람으로 하여금 그를 가르치게 하겠는가?" 하시자, 戴不勝이 "齊나라 사람으로 하여금 가르치게 할 것입니다." 하고 대답하였다. 孟子께서 말씀하셨다. "한 齊나라 사람이 그를 가르치거든 여러 楚나라 사람들이 〈楚나라 말로〉 떠들어댄다면 비록 날마다 종아리를 치면서 齊나라 말을 하기를 요구하더라도 될 수 없을 것이다. 그러나 그를 끌어다가 莊嶽의 사이에 수년 동안 둔다면 비록 날마다 종아리를 치면서 楚나라 말을 하기를 요구하더라도 또한 될 수 없을 것이다.

戴不勝은 宋臣也라 齊語는 齊人語也라 傅는 敎也라 咻는 讙也라 齊는 齊語也라 莊嶽은 齊街里名也라 楚는 楚語也라 此는 先設譬以曉之也라

戴不勝은 宋나라 신하이다. 齊語는 齊나라 사람의 말이다. 傅는 가르침이다. 咻는 떠듦이다. 齊는 齊나라 말이다. 莊嶽은 齊나라 거리의 이름이다. 楚는 楚나라 말이다. 이

戴:머리에일 대　傅:가르칠 부　咻:떠들 휴　嶽:큰산 악　讙:떠들 훤　街:거리 가

는 먼저 비유를 가설하여 그를 깨우치신 것이다.

子謂薛居州를 善士也라하여 使之居於王所하나니 在於王所者 長幼卑尊이 皆薛居州也면 王誰與爲不善이며 在王所者 長幼卑尊이 皆非薛居州也면 王誰與爲善이리오 一薛居州 獨如宋王에 何리오

그대가 薛居州를 善한 선비라 하여 그로 하여금 王의 處所에 거처하게 하니, 王의 처소에 있는 자가 長幼와 卑尊이 모두 薛居州와 같은 사람이라면 王이 누구와 더불어 不善을 할 것이며, 王의 처소에 있는 자가 長幼와 卑尊이 모두 薛居州와 같은 사람이 아니라면 王이 누구와 더불어 善을 하겠는가. 한 명의 薛居州가 홀로 宋王에게 어찌하겠는가."

居州는 亦宋臣이라 言 小人衆而君子獨이면 無以成正君之功이라

居州는 또한 宋나라 신하이다. 小人이 많고 君子가 혼자이면 人君을 바로잡는 功(효과)을 이룰 수 없음을 말씀한 것이다.

7. 公孫丑問曰 不見諸侯 何義잇고 孟子曰 古者에 不爲臣하여는 不見하더니라

公孫丑가 물었다. "諸侯王을 만나보지 않는 것이 무슨 義입니까?" 孟子께서 말씀하셨다. "옛날에 신하가 되지 않았으면 군주를 만나보지 않았다.

不爲臣은 謂未仕於其國者也라 此는 不見諸侯之義也라

신하가 되지 않았다는 것은 그 나라에 벼슬하지 않음을 이른다. 이것은 諸侯王을 만나보지 않는 義이다.

段干木은 踰垣而辟(피)之하고 泄柳는 閉門而不內(納)하니 是皆已甚하니 迫이어든 斯可以見矣니라

段:조각 단 垣:담 원 辟:피할 피(避同) 泄:샐 설 內:들일 납 已:너무 이 迫:절박할 박

段干木은 담장을 넘어 피하였고 泄柳는 문을 닫고 받아들이지 않았으니, 이는 모두 너무 심하다. 〈만나보려는 정성이〉 切迫하면 만나볼 수 있는 것이다.

段干木은 魏文侯時人이요 泄柳는 魯繆公時人이라 文侯, 繆公이 欲見此二人이로되 而二人이 不肯見之하니 蓋未爲臣也라 已甚은 過甚也라 迫은 謂求見之切也라

段干木은 魏나라 文侯 때 사람이요, 泄柳는 魯나라 繆公 때 사람이다. 文侯와 繆公이 이 두 사람을 만나보고자 하였으나 이들 두 사람은 만나보기를 즐겨하지 않았으니, 아직 신하가 되지 않았을 때이다. 已甚은 너무 심함이다. 迫은 만나보려 하기를 절박하게 함을 이른다.

陽貨欲見(현)孔子而惡(오)無禮하여 大夫有賜於士어든 不得受於其家면 則往拜其門일새 陽貨矙孔子之亡(무)也하여 而饋孔子蒸豚한대 孔子亦矙其亡也하여 而往拜之하시니 當是時하여 陽貨先이면 豈得不見[1)]이시리오

陽貨는 孔子가 자기를 찾아와 뵙게 하려고 하였으나 無禮하다는 비난을 싫어하여, 大夫가 士에게 물건을 하사함이 있을 경우 士가 자기 집에서 그 물건을 직접 받지 못하였으면 大夫의 문에 가서 절하는 禮가 있으므로, 陽貨가 〈이것을 기화로 삼아〉 孔子가 집에 없을 때를 엿보아 孔子에게 삶은 돼지고기를 보내주자, 孔子께서도 또한 그가 집에 없을 때를 엿보아 찾아가서 절하셨다. 이 때를 당하여 陽貨가 먼저 禮를 베풀었다면 孔子께서 어찌 만나보지 않으셨겠는가.

譯註 1. 陽貨先 豈得不見 : '陽貨先'을 假設한 것으로 보지 않고 '陽貨先이어니 豈得不見이시리오'로 懸吐하여 '陽貨가 먼저 禮를 행하였으니, 孔子께서 어찌 만나보지 않으실 수 있겠는가.'로 해석하기도 한다. 艮齋 田愚 역시 ≪論語精義≫에 있는 龜山楊時와 和靖 尹焞의 말을 인용하고, "내가 여러 말씀을 가지고 살펴보건대 '陽貨先' 한 句는 바로 말한 것이요, 가설한 것이 아니다." 하였다.

此는 又引孔子之事하여 以明可見之節也라 欲見孔子는 欲召孔子하여 來見己也라 惡

繆:나쁜시호 목　矙:엿볼 감　饋:보낼 궤　蒸:찔 증　豚:돼지 돈

無禮는 畏人以己爲無禮也라 受於其家는 對使(시)人하여 拜受於家也라 其門은 大夫之門也라 瞯은 窺也라 陽貨는 於魯에 爲大夫요 孔子는 爲士라 故로 以此物로 及其不在而饋之하여 欲其來拜而見之也라 先은 謂先來加禮也라

이는 또 孔子의 일을 인용하여 만나볼 수 있는 節(義)을 밝히신 것이다. 欲見孔子는 孔子를 불러 자기를 찾아와서 뵙게 하고자 한 것이다. 惡無禮는 남들이 자기를 無禮하다고 비난함을 싫어한 것이다. 受於其家는 심부름 온 사람을 대하여 자기 집에서 절하고 받는 것이다. 其門은 大夫의 문이다. 瞯은 엿봄이다. 陽貨는 魯나라에서 大夫가 되었고 孔子는 士가 되었다. 그러므로 이 물건을 가지고 孔子가 집에 계시지 않을 때에 맞추어 보내어 孔子가 와서 절하고 자기를 뵙게 하려고 한 것이다. 先은 먼저 와서 禮를 加함을 이른다.

曾子曰 脅肩諂笑 病于夏畦라하며 **子路曰 未同而言**을 **觀其色**컨대 **赧赧然**이라 **非由之所知也**[1]라하니 **由是觀之**면 **則君子之所養**을 **可知已矣**니라

曾子가 말씀하시기를 '어깨를 움츠리고 아첨하여 웃는 것이 여름에 밭에서 일하는 자보다 더 수고롭다.' 하셨으며, 子路가 말하기를 '뜻이 같지 않은데 억지로 영합하여 말하는 것을 그 얼굴빛을 보면 무안하여 붉어진다. 이는 내(由) 알 바가 아니다.' 하였으니, 이로 말미암아 관찰한다면 君子가 기른 바를 알 수 있다."

譯註 1. 非由之所知也 : '내(由) 알 바가 아니다.'라는 것은 내가 이해할 수 없다는 뜻으로 매우 나쁘게 생각함을 이른다.

脅肩은 竦體요 諂笑는 彊笑니 皆小人側媚之態也라 病은 勞也요 夏畦는 夏月治畦之人也니 言爲此者其勞過於夏畦之人也라 未同而言은 與人未合而彊與之言也라 赧赧은 慚而面赤之貌라 由는 子路名이라 言非己所知는 甚惡(오)之之辭也라 孟子言 由此二言觀之면 則二子之所養을 可知니 必不肯不俟其禮之至而輒往見之也니라
○ 此章은 言 聖人은 禮義之中正이니 過之者는 傷於迫切而不洪하고 不及者는 淪於

窺:엿볼 규 脅:위협할 협, 올릴 협 肩:어깨 견 病:괴로울 병 畦:밭두둑 휴 赧:부끄러울 난 竦:솟을 송 側:기울 측 媚:아첨할 미 慚:부끄러울 참 俟:기다릴 사 淪:빠질 륜

汚賤而可恥[1)2)]니라

脅肩은 몸을 움츠리는 것이요 諂笑는 억지로 웃는 것이니, 모두 小人들이 몸을 기울이고 아첨하는 태도이다. 病은 수고로움이요 夏畦는 여름철에 밭이랑을 다스리는 사람이니, 이러한 짓을 하는 자는 그 수고로움이 여름철에 밭이랑을 다스리는 사람보다 더함을 말한다. 같지 않은데 말한다는 것은 남과 뜻이 같지 않은데 억지로 말하는 것이다. 赧赧은 부끄러워 얼굴빛이 붉어지는 모양이다. 由는 子路의 이름이다. 자신이 알 바가 아니라고 말한 것은 심히 미워한 말이다. 孟子께서 "이 두 말씀을 가지고 관찰한다면 두 분의 기른 바를 알 수 있으니, 반드시 그 禮가 지극하기를 기다리지 않고 곧바로 찾아가서 만나보기를 즐겨하지 않을 것이다."라고 말씀하신 것이다.

○ 이 章은 聖人은 禮義의 中正이니, 이보다 지나친 자는 迫切함에 상하여 넓지 못하고, 미치지 못하는 자는 더럽고 천한데 빠져 부끄러울 만함을 말씀한 것이다.

譯註 1. 淪於汚賤而可恥 : 內閣本에는 '可'가 '不'로 되어 있다.
2. 過之者……淪於汚賤而可恥 : 지나친 자는 위의 段干木과 泄柳처럼 너무 심하여 도량이 넓지 못하고, 미치지 못하는 자는 富貴를 탐하여 군주가 부르지 않는데도 스스로 찾아가 벼슬자리를 구함으로써 더럽고 천함에 빠져 수치스러움을 말한 것이다.

8. 戴盈之曰 什一과 去關市之征을 今玆未能이란대(인대) 請輕之하여 以待來年然後에 已호되 何如하니잇고

戴盈之가 말하였다. "10분의 1 稅法과 관문과 시장의 세금을 철폐하는 것을 금년에는 시행할 수 없으니, 청컨대 세금을 경감하여 내년을 기다린 뒤에 그만두려고 합니다. 이것이 어떻습니까?"

盈之는 亦宋大夫也라 什一은 井田之法也라 關市之征은 商賈之稅也라 已는 止也라

盈之 또한 宋나라 大夫이다. 什一은 井田法이다. 關市之征은 商賈에 대한 세금이다. 已는 그만둠이다.

孟子曰 今有人이 日攘其鄰之鷄者어늘 或告之曰 是非君子之道

汚:더러울 오 玆:이 자 已:그만둘 이 賈:장사 고 攘:훔칠 양

라한대 **曰 請損之**하여 **月攘一鷄**하여 **以待來年然後**에 **已**로다

孟子께서 말씀하셨다. "이제 어떤 사람이 날마다 이웃집의 닭을 훔치는 자가 있거늘, 或者가 그에게 '이는 君子의 도리가 아니다.'라고 하자, 대답하기를 '그 수를 줄여서 달마다 닭 한 마리를 훔치다가 來年을 기다린 뒤에 그만두겠다.'고 하는 것이로다.

攘은 物自來而取之也[1]라 損은 減也라

攘은 물건이 스스로 옴에 취하는 것이다. 損은 경감함이다.

譯註 1. 攘 物自來而取之也 : 攘은 자신이 가서 훔치는 것이 아니라 닭이나 소나 양 따위가 자기 집에 스스로 왔을 때에 그대로 취함을 이른다.

如知其非義인댄 **斯速已矣**니 **何待來年**이리오

만일 義가 아님을 안다면 속히 그만두어야 할 것이니 어찌 내년을 기다리겠는가."

知義理之不可而不能速改는 與月攘一鷄로 何以異哉리오

義理의 不可함을 알면서도 속히 고치지 못함은 달마다 닭 한 마리를 훔치는 것과 어찌 다름이 있겠는가.

9. 公都子曰 外人이 皆稱夫子好辯하나니 敢問何也잇고 孟子曰 予豈好辯哉리오 予不得已也로라 天下之生이 久矣니 一治一亂이니라

公都子가 물었다. "外人들이 모두 夫子더러 변론하기를 좋아한다고 칭하니, 감히 묻겠습니다. 어째서입니까?" 孟子께서 말씀하셨다. "내 어찌 변론하기를 좋아하겠는가. 내 부득이해서이다. 天下에 사람이 살아온 지가 오래되었는데, 한 번 다스려지고 한 번 어지러웠다.

生은 謂生民也라 一治, 一亂은 氣化盛衰와 人事得失[1]이 反覆相尋이니 理之常也라

損:덜 손 辯:말잘할 변 尋:찾을 심

生은 生民을 이른다. 한 번 다스려지고 한 번 어지러움은 氣化의 盛衰와 人事의 得失이 반복하여 서로 찾아오는 것이니, 이치의 떳떳함이다.

譯註 1. 氣化盛衰 人事得失 : 天地運數의 盛衰와 君主의 政治에 대한 잘잘못을 말한 것이다.

當堯之時하여 **水逆行**하여 **氾濫於中國**하여 **蛇龍**이 **居之**하니 **民無所定**하여 **下者**는 **爲巢**하고 **上者**는 **爲營窟**하니 **書曰 洚水警余**라하니 **洚水者**는 **洪水也**니라

堯임금의 때를 당하여 물이 역류해서 中國에 범람하여 뱀과 용이 居하니, 사람들이 안정할 곳이 없어서 낮은 지역에 사는 자들은 둥지를 만들었고 높은 지역에 사는 자들은 굴을 파고 살았다. ≪書經≫에 '洚水가 나를 경계하였다.' 하였으니, 洚水란 洪水이다.

水逆行은 下流壅塞이라 故로 水倒流而旁溢也라 下는 下地요 上은 高地也라 營窟은 穴處也라 書는 虞書大禹謨也라 洚水는 洚洞無涯之水也라 警은 戒也라 此는 一亂也라

물이 逆流했다는 것은 下流가 막혔기 때문에 물이 거꾸로 흘러 사방으로 넘친 것이다. 下는 낮은 지역이요, 上은 높은 지역이다. 營窟은 굴속에서 거처하는 것이다. 書는 〈虞書 大禹謨〉이다. 洚水는 아득하여 가이없는 물이다. 警은 경계함이다. 이는 한 번 어지러워진 것이다.

使禹治之어시늘 **禹掘地而注之海**하시고 **驅蛇龍而放之菹**하신대 **水由地中行**하니 **江淮河漢**이 **是也**라 **險阻旣遠**하며 **鳥獸之害人者消然後**에 **人得平土而居之**하니라

禹로 하여금 홍수를 다스리게 하시니, 禹가 땅을 파서 바다로 注入시키시고 뱀과 용을 몰아내어 수초가 우거진 곳으로 추방하시자, 물이 地中을 따라 흘러

氾:넘칠 범 濫:넘칠 람 蛇:뱀 사 巢:둥지 소 窟:굴 굴 洚:물가없을 홍(강) 壅:막힐 옹 塞:막힐 색 倒:거꾸로 도 旁:곁 방 溢:넘칠 일 洞:빨리흐를 동 涯:물가 애 掘:팔 굴 驅:몰 구 菹:수초우거질 저 由:따를 유 阻:막힐 조 消:사라질 소

갔으니 江・淮・河・漢이 이것이다. 險阻가 이미 멀어지며 사람을 해치는 새와 짐승들이 사라진 뒤에야 사람들이 平土(平地)를 얻어 살게 되었다.

掘地는 掘去壅塞也라 菹는 澤生草者也라 地中은 兩涯之間也라 險阻는 謂水之氾濫也라 遠은 去也요 消는 除也라 此는 一治也라

掘地는 壅塞(막힘)을 파서 제거하는 것이다. 菹는 못에 풀이 자라는 것이다. 地中은 두 벼랑의 사이이다. 險阻는 물이 범람함을 이른다. 遠은 멀리 떠나간 것이요, 消는 제거됨이다. 이는 한 번 다스려진 것이다.

堯舜이 旣沒하시니 聖人之道衰하여 暴君이 代作하여 壞宮室以爲汙池하여 民無所安息하며 棄田以爲園囿하여 使民不得衣食하고 邪說暴行이 又作하여 園囿汙池沛澤多而禽獸至하니 及紂之身하여 天下又大亂하니라

堯舜이 이미 별세하시니, 聖人의 道가 쇠하여 暴君이 대대로 나와서 백성들의 宮室(집)을 파괴하여 웅덩이와 못을 만들어서 백성들이 편안히 쉴 곳이 없고, 農地를 버려 동산을 만들어서 백성들이 衣食을 얻을 수 없었으며, 부정한 학설과 포학한 행실이 또 일어나 園囿와 汙池와 沛澤이 많아짐에 禽獸가 이르렀는데, 紂王의 몸에 미쳐 天下가 또다시 크게 어지러워졌다.

暴君은 謂夏太康, 孔甲, 履癸와 商武乙之類也라 宮室은 民居也라 沛는 草木之所生也요 澤은 水所鍾也라 自堯舜沒로 至此에 治亂非一이니 及紂而又一大亂也라

暴君은 夏나라의 太康・孔甲・履癸와 商나라의 武乙 등을 이른다. 宮室은 백성들이 사는 집이다. 沛는 草木이 자라는 곳이요, 澤은 물이 모이는 곳이다. 堯舜이 별세한 뒤로부터 이에 이르기까지 다스려지고 어지러운 것이 한 번이 아니었는데, 紂王에 미쳐 또 한 번 크게 어지러워진 것이다.

周公이 相武王하사 誅紂하시고 伐奄三年에 討其君하시고 驅飛廉於

汙:웅덩이 오(와)　囿:동산 유　沛:큰못 패　癸:북방 계　奄:문득 엄　廉:청렴할 렴

海隅而戮之하시니 **滅國者五十**이요 **驅虎豹犀象而遠之**하신대 **天下大悅**하니 **書曰 丕顯哉**라 **文王謨**여 **丕承哉**라 **武王烈**이여 **佑啓我後人**하사되 **咸以正無缺**이라하니라

周公이 武王을 도와 紂王을 주벌하시고, 奄나라를 정벌한 지 3년 만에 그 군주를 토벌하시고, 飛廉을 바다 모퉁이로 몰아내어 죽이시니, 나라를 멸망시킨 것이 50개국이었고, 범과 표범 코뿔소와 코끼리를 몰아내어 멀리 쫓으시니, 天下가 크게 기뻐하였다. ≪書經≫에 이르기를 '크게 드러나셨다, 文王의 가르침(계책)이여. 크게 계승하셨다, 武王의 功烈이여. 우리 後人들을 도와 계도해 주시되 모두 正道로써 하고 결함이 없게 하셨다.' 하였다.

奄은 東方之國이니 助紂爲虐者也라 飛廉은 紂幸臣也라 五十國은 皆紂黨虐民者也라 書는 周書君牙之篇이라 丕는 大也요 顯은 明也라 謨는 謀也라 承은 繼也라 烈은 光也라 佑는 助也요 啓는 開也라 缺은 壞也라 此는 一治也라

奄은 東方의 나라이니, 紂王을 도와 포학한 짓을 한 자이다. 飛廉은 紂의 총애하는 신하이다. 50개국은 紂의 黨으로서 백성을 못살게 한 자들이다. 書는 〈周書 君牙篇〉이다. 丕는 큼이요, 顯은 밝음이다. 謨는 가르침이다. 承은 계승함이다. 烈은 빛남이다. 佑는 도움이요, 啓는 열어줌이다. 缺은 무너짐이다. 이는 한 번 다스려진 것이다.

世衰道微하여 **邪說暴行**이 **有(又)作**하여 **臣弑其君者有之**하며 **子弑其父者有之**하니라

세상이 쇠하고 道가 미미해져서 부정한 학설과 포학한 행실이 또 일어나 신하로서 군주를 시해하는 자가 있으며, 자식으로서 아버지를 시해하는 자가 있었다.

此는 周室東遷[1]之後니 又一亂也라

이는 周나라 王室이 東遷한 뒤이니, 또 한 번 어지러워진 것이다.

譯註 1. 周室東遷 : 東遷은 동쪽 洛邑으로 遷都함을 이른다. 周나라는 원래 鎬京에 도읍하

戮:죽일 륙 豹:표범 표 犀:물소 서 丕:클 비 謨:가르침 모 有:또 유(又通)

였으나 幽王이 失德하여 犬戎에게 시해당하고 아들 平王 宜臼가 즉위하여 洛邑으로 遷都하였는데, 이후로 王室의 권위가 실추되어 政教가 천하에 미치지 못하여 春秋時代가 되었다.

孔子懼하사 **作春秋**하시니 **春秋**는 **天子之事也**라 **是故**로 **孔子曰 知我者**도 **其惟春秋乎**며 **罪我者**도 **其惟春秋乎**인저하시니라

孔子께서 이를 두려워하여 ≪春秋≫를 지으시니, ≪春秋≫는 天子가 하는 일이다. 이 때문에 孔子께서 말씀하시기를 '나를 알아주는 것도 오직 ≪春秋≫이며 나를 죄주는 것도 오직 ≪春秋≫이다.' 하신 것이다.

胡氏曰 仲尼作春秋하여 以寓王法하시니 厚典庸禮와 命德討罪[1]가 其大要皆天子之事也라 知孔子者는 謂此書之作이 遏人欲於橫流하고 存天理於旣滅하여 爲後世慮가 至深遠也라하고 罪孔子者는 以謂無其位而託二百四十二年南面之權[2]하여 使亂臣賊子로 禁其欲而不得肆하니 則戚矣라하니라 愚謂 孔子作春秋하여 以討亂賊하시니 則致治之法이 垂於萬世하니 是亦一治也니라

胡氏(胡安國)가 말하였다. "仲尼께서 ≪春秋≫를 지어 王法을 붙이시니, 典을 후하게 하고 禮를 쓰는 것과 德이 있는 자에게 벼슬을 명하고 罪가 있는 자를 토벌하는 것이 그 大要가 모두 天子의 일이다. 孔子를 알아주는 자들은 이 책을 지은 것이 멋대로 흐르는 人欲을 막고 이미 멸한 天理를 보존해서 後世를 위한 염려가 지극히 深遠하다고 하고, 孔子를 죄주는 자들은 지위가 없이 242년 동안 南面의 권세를 가탁해서 亂臣賊子로 하여금 그 욕심을 금하여 함부로 펴지 못하게 하였으니, 그 정상이 애처롭다고 하는 것이다."

내(朱子)가 생각하건대 孔子께서 ≪春秋≫를 지어 亂臣賊子들을 토벌하셨으니, 다스림을 이루는 법이 萬世에 드리워진 것이니, 이 또한 한 번 다스려진 것이다.

譯註 1. 厚典庸禮 命德討罪 : 厚典은 惇典을 가리키는 바, 宋나라 光宗의 諱를 피하여 '惇'자를 '厚'로 바꾼 것이다. 典은 五典으로 五倫의 법을 이르고, 禮는 父子·君臣·夫婦間의 尊卑와 貴賤의 등급에 따른 禮이며, 命은 관직을 임명함을 이른다. ≪書經≫ 〈皐陶謨〉에 "하늘이 차례로 펴서 법을 두시니 우리 五典을 바로잡아 다섯 가지를 후하게 하시며, 하늘이 차례하여 禮를 두시니 우리 五禮로부터 시작하여 다

寓:붙일 우 厚:두터울 후 庸:쓸 용 遏:막을 알 肆:방자할 사 戚:슬플 척

섯 가지를 떳떳하게 한다.……하늘이 德이 있는 자에게 벼슬을 임명하고……하늘이 罪가 있는 자를 토벌한다.〔天敍有典 勅我五典 五惇哉 天秩有禮 自我五禮 五庸哉……天命有德……天討有罪〕" 하였는 바, 이 내용을 축약한 것이다.

2. 二百四十二年南面之權 : 242년은 ≪春秋≫에 기록된 역사 기간이며, 南面은 王者가 정사를 다스리는 자리로 南面之權은 王者의 권리를 가리킨다.

聖王이 **不作**하여 **諸侯放恣**하며 **處士橫議**하여 **楊朱墨翟之言**이 **盈天下**하여 **天下之言**이 **不歸楊則歸墨**하니 **楊氏**는 **爲我**하니 **是無君也**요 **墨氏**는 **兼愛**하니 **是無父也**니 **無父無君**은 **是禽獸也**니라 **公明儀曰 庖有肥肉**하며 **廐有肥馬**하고 **民有飢色**하며 **野有餓莩**면 **此**는 **率獸而食人也**라하니 **楊墨之道不息**하면 **孔子之道不著**하리니 **是**는 **邪說**이 **誣民**하여 **充塞仁義也**니 **仁義充塞**이면 **則率獸食人**하다가 **人將相食**하리라

聖王이 나오지 아니하여 諸侯가 방자하며 草野에 있는 처사들이 멋대로 의논하여 楊朱·墨翟의 말이 天下에 가득해서 天下의 말이 楊朱에게 돌아가지 않으면 墨翟에게 돌아간다. 楊氏는 자신만을 위하니 이는 군주가 없는 것이요, 墨氏는 똑같이 사랑하니 이는 아버지가 없는 것이니, 아버지가 없고 군주가 없으면 이는 禽獸이다. 公明儀가 말하기를 '〈임금의〉 푸줏간에 살진 고기가 있고 마구간에 살찐 말이 있는데도 백성들이 굶주린 기색이 있으며 들에 굶어죽은 시체가 있다면 이는 짐승을 내몰아 사람을 잡아먹게 하는 것이다.' 하였다. 楊朱·墨翟의 道가 종식되지 않으면 孔子의 道가 드러나지 못할 것이니, 이는 부정한 학설이 백성을 속여 仁義를 꽉 막는 것이다. 仁義가 꽉 막히면 짐승을 내몰아 사람을 잡아먹게 하다가 사람들이 장차 서로 잡아먹게 될 것이다.

楊朱는 但知愛身하고 而不復知有致身之義라 故로 無君이요 墨子는 愛無差等하여 而視其至親을 無異衆人이라 故로 無父라 無父無君이면 則人道滅絶이니 是亦禽獸而已라

恣:방자할 자 翟:꿩 적 庖:푸줏간 포 廐:마구간 구 莩:굶어죽을 표 致:바칠 치

公明儀之言은 義見首篇하니라 充塞仁義는 謂邪說徧滿하여 妨於仁義也라 孟子引儀之言하사 以明楊墨道行이면 則人皆無父無君하여 以陷於禽獸而大亂將起하리니 是亦率獸食人而人又相食也라 此는 又一亂也라

楊朱는 다만 몸을 아낄 줄만 알고 다시 몸을 바치는 의리가 있음을 알지 못하였다. 그러므로 군주가 없는 것이요, 墨子는 사랑함에 差等이 없어 至親을 보기를 衆人과 다름없이 하였다. 그러므로 아버지가 없는 것이다. 아버지가 없고 군주가 없으면 人道가 滅絶되니, 이 또한 禽獸일 뿐이다. 公明儀의 말은 뜻이 首篇(梁惠王 上)에 보인다. 仁義를 꽉 막는다는 것은 부정한 학설이 두루 가득해서 仁義를 해침을 이른다. 孟子께서 公明儀의 말을 인용하여 楊墨의 道가 행해지면 사람들이 다 아버지가 없고 군주가 없어서 禽獸에 빠져 큰 난리가 장차 일어날 것이니, 이 또한 짐승을 내몰아 사람을 잡아먹게 하고, 사람이 또 서로 잡아먹는 것임을 밝히신 것이다. 이는 또 한 번 어지러워진 것이다.

吾爲此懼하여 **閑先聖之道**하여 **距楊墨**하며 **放淫辭**하여 **邪說者不得作**케하노니 **作於其心**하여 **害於其事**하며 **作於其事**하여 **害於其政**하나니 **聖人**이 **復起**사도 **不易吾言矣**시리라

내가 이 때문에 두려워하여 先聖의 道를 보호해서 楊墨을 막으며 부정한 말을 추방하여 부정한 학설을 하는 자가 나오지 못하게 하는 것이다. 〈부정한 학설은〉 그 마음에서 나와 그 일에 해를 끼치며 일에서 나와 정사에 해를 끼치니, 聖人이 다시 나오셔도 내 말을 바꾸지 않으실 것이다.

閑은 衛也라 放은 驅而遠之也라 作은 起也라 事는 所行이요 政은 大體也라 孟子雖不得志於時나 然이나 楊墨之害 自是滅息하여 而君臣父子之道 賴以不墜하니 是亦一治也라 程子曰 楊墨之害는 甚於申韓하고 佛老之害는 甚於楊墨하니 蓋楊氏는 爲我하니 疑於義하고 墨氏는 兼愛하니 疑於仁[1]이요 申韓則淺陋易見이라 故로 孟子止闢楊墨하시니 爲其惑世之甚也라 佛氏之言은 近理하니 又非楊墨之比라 所以爲害尤甚이니라

徧:두루미칠 변(편) 閑:보호할 한 距:막을 거 賴:힘입을 뢰 陋:더러울 루 止:다만 지

閑은 保衛(보호)함이다. 放은 몰아서 멀리 내쫓음이다. 作은 일어남이다. 事는 행하는 바요, 政은 大體이다. 孟子께서 비록 당시에 뜻을 얻지 못하셨으나 楊墨의 폐해가 이로부터 滅息되어 君臣과 父子의 道가 이에 힘입어 실추되지 않았으니, 이 또한 한 번 다스려진 것이다.

程子(明道)가 말씀하였다. "楊朱·墨翟의 폐해는 申不害·韓非子보다 심하고, 佛氏와 老子의 폐해는 楊朱·墨翟보다 심하다. 楊氏는 자신을 위하니 義에 의심스럽고(義인 듯하고), 墨氏는 똑같이 사랑하니 仁에 의심스러우며(仁인 듯하며), 申不害와 韓非子는 淺陋하여 보기가 쉽다. 그러므로 孟子께서 다만 楊朱·墨翟을 배척하셨으니, 이는 세상을 미혹시킴이 심하기 때문이었다. 佛氏의 말은 이치에 가까우니, 또 楊朱·墨翟에 비할 바가 아니다. 이 때문에 그 폐해가 더욱 심한 것이다."

譯註 1. 楊氏爲我……疑於仁 : 楊朱는 자신의 지조를 중시하여 혼탁한 조정에서 벼슬하지 않고 은둔하였으므로 사람들이 그의 행위가 義롭다고 의혹하며, 墨翟은 모든 사람을 똑같이 사랑해야 한다고 주장하였으므로 사람들이 그의 마음이 仁하다고 의혹함을 이른다.

昔者에 禹抑洪水而天下平하고 周公이 兼夷狄驅猛獸而百姓寧하고 孔子成春秋而亂臣賊子[1)]懼하니라

옛적에 禹가 洪水를 억제하시자 天下가 평해졌고, 周公이 夷狄을 兼幷하고 猛獸를 몰아내시자 百姓들이 편안하였고, 孔子께서 ≪春秋≫를 완성하시자 亂臣賊子들이 두려워하였다.

譯註 1. 亂臣賊子 : 官本諺解에는 亂臣과 賊子로 해석하였는 바, 이는 앞의 臣弑其君과 子弑其父를 이어 나라를 어지럽히는 신하와 집안을 해치는 자식으로 풀이한 것이다. 그러나 일반적으로 亂臣賊子는 君父를 배반하는 신하를 가리킨다. 君父 역시 군주와 아버지로 나누어 볼 수 있으나 나라의 군주는 집안의 아버지와 같다 하여 군주를 지칭하는 말로 많이 쓰인다.

抑은 止也라 兼은 幷之也라 總結上文也라

抑은 그침(억제)이다. 兼은 겸병이다. 윗글을 모두 맺은 것이다.

詩云 戎狄是膺하니 **荊舒是懲**하여 **則莫我敢承**이라하니 **無父無君**은 **是周公所膺也**니라

≪詩經≫에 이르기를 '戎狄을 이에 정벌하니, 荊과 舒가 이에 다스려져 나를 감히 당할 자가 없다.' 하였으니, 아버지가 없고 군주가 없는 것은 周公도 응징하신 바이다.

說見上篇하니라 承은 當也라

해설이 上篇(滕文公 上)에 보인다. 承은 당함이다.

我亦欲正人心하여 **息邪說**하며 **距詖行**하며 **放淫辭**하여 **以承三聖者**로니 **豈好辯哉**리오 **予不得已也**니라

내가 또한 人心을 바로잡아 부정한 학설을 종식시키며 편벽된 행실을 막으며 음탕한 말을 추방하여 세 聖人을 계승하려고 하는 것이니, 어찌 변론을 좋아하겠는가. 내 不得已해서이다.

詖, 淫은 解見前篇하니라 辭者는 說之詳也라 承은 繼也라 三聖은 禹, 周公, 孔子也라 蓋邪說橫流하여 壞人心術이 甚於洪水猛獸之災하고 慘於夷狄簒弒之禍라 故로 孟子深懼而力救之하시니라 再言豈好辯哉, 予不得已也는 所以深致意焉이라 然이나 非知道之君子면 孰能眞知其所以不得已之故哉리오

詖와 淫은 해석이 前篇(公孫丑 上)에 보인다. 辭는 말을 상세히 하는 것이다. 承은 계승이다. 三聖은 禹·周公·孔子이다. 부정한 학설이 멋대로 유행하여 사람의 心術을 파괴함이 洪水와 猛獸의 재앙보다 심하고 夷狄과 簒弒의 禍보다 참혹하다. 그러므로 孟子께서 깊이 두려워하고 힘써 바로잡으신 것이다. '내 어찌 변론하기를 좋아하겠는가. 내 不得已해서이다.'라고 두 번 말씀함은 깊이 뜻을 다하신 것이다. 그러나 道를 아는 君子가 아니면 누가 참으로 그 不得已한 所以의 연고를 알겠는가.

戎:오랑캐 융 狄:오랑캐 적 膺:응징할 응 荊:가시 형 舒:펼 서 懲:징계할 징 承:당할 승 詖:편벽될 피 災:재앙 재 慘:참혹할 참 簒:빼앗을 찬

能言距楊墨者는 聖人之徒也니라

능히 楊墨을 막을 것을 말하는 자는 聖人의 무리이다."

言 苟有能爲此距楊墨之說者면 則其所趨正矣니 雖未必知道나 是亦聖人之徒也라 孟子旣答公都子之問而意有未盡이라 故로 復言此하시니라 蓋邪說害正을 人人得而攻之요 不必聖賢이니 如春秋之法에 亂臣賊子를 人人得而誅之요 不必士師也라 聖人救世立法之意가 其切如此하시니 若以此意推之면 則不能攻討하고 而又唱爲不必攻討之說者는 其爲邪詖之徒, 亂賊之黨을 可知矣로다
○ 尹氏曰 學者於是非之原에 毫釐有差면 則害流於生民하고 禍及於後世라 故로 孟子辯邪說을 如是之嚴하시고 而自以爲承三聖之功也어시늘 當是時하여 方且以好辯目之하니 是는 以常人之心으로 而度(탁)聖賢之心也니라

만일 이 楊墨을 막는 말을 하는 자가 있다면 그 趨向하는(나아가는) 바가 바르니, 비록 반드시 道를 알지는 못한다 하더라도 이 또한 聖人의 무리라고 말씀한 것이다. 孟子께서 이미 公都子의 질문에 답하셨으나 뜻에 未盡함이 있었으므로 다시 이를 말씀하신 것이다. 부정한 학설이 正道를 해침은 사람마다 공격할 수 있고 굳이 聖賢만이 하는 것이 아니니, 이는 ≪春秋≫의 법에 亂臣賊子를 사람마다 죽일 수 있고 굳이 士師만이 하는 것이 아님과 같다. 聖人이 세상을 구제하고 法을 세운 뜻이 그 간절함이 이와 같으시니, 만일 이 뜻을 가지고 미루어 본다면 부정한 학설을 攻討하지 못하고, 또 굳이 攻討할 것이 없다는 말을 제창하는 자는 그 邪說·詖行의 무리와 亂臣賊子의 도당이 됨을 알 수 있다.

○ 尹氏(尹焞)가 말하였다. "배우는 자가 옳고 그름의 근원에 털끝만큼이라도 차이가 있으면 폐해가 生民에게 흐르고 禍가 後世에 미친다. 그러므로 孟子께서 부정한 학설을 변론하기를 이처럼 엄히 하시고, 스스로 三聖의 功을 계승한다고 여기신 것이다. 그런데 이 때를 당하여 '변론하기를 좋아한다.'고 지목하였으니, 이는 常人의 마음으로써 聖賢의 마음을 헤아린 것이다."

10. 匡章曰 陳仲子는 豈不誠廉士哉리오 居於(오)陵할새 三日不食

趨:나아갈 추　釐:털끝 리　匡:바를 광

하여 耳無聞하며 目無見也러니 井上有李 螬食實者過半矣어늘 匍匐往將食之하여 三咽(연)然後에야 耳有聞하며 目有見하니이다

匡章이 말하였다. "陳仲子는 어찌 참으로 청렴한 선비가 아니겠습니까. 於陵에 居할 적에 3일 동안 먹지 못하여 귀에는 들리는 것이 없으며 눈에는 보이는 것이 없었는데, 우물가에 벌레가 반넘게 파먹은 오얏이 있거늘 기어가서 가져다가 먹어 세 번 삼킨 뒤에야 귀에 들리는 것이 있었고 눈에 보이는 것이 있었습니다."

匡章, 陳仲子는 皆齊人이라 廉은 有分辨하여 不苟取也라 於陵은 地名이라 螬는 蠐螬蟲也라 匍匐은 言無力하여 不能行也라 咽은 呑也라

匡章과 陳仲子는 모두 齊나라 사람이다. 廉은 분변함이 있어 구차히 취하지 않는 것이다. 於陵은 地名이다. 螬는 굼벵이 벌레이다. 匍匐은 힘이 없어 걸어갈 수 없음을 말한다. 咽은 삼킴이다.

孟子曰 於齊國之士에 吾必以仲子로 爲巨擘焉이어니와 雖然이나 仲子惡(오)能廉이리오 充仲子之操면 則蚓而後에 可者也니라

孟子께서 말씀하셨다. "齊國의 선비 중에 내 반드시 仲子를 巨擘(엄지손가락)으로 여기거니와 그러나 仲子가 어찌 청렴할 수 있겠는가. 仲子의 지조를 채우려면 지렁이가 된 뒤에야 可할 것이다.

巨擘은 大指也니 言 齊人中에 有仲子는 如衆小指中에 有大指也라 充은 推而滿之也라 操는 所守也라 蚓은 丘(蚯)蚓也라 言 仲子未得爲廉也니 必若滿其所守之志면 則惟丘蚓之無求於世然後에 可以爲廉耳라

巨擘은 큰 손가락이니, 齊나라 사람 가운데 仲子가 있음은 여러 손가락 가운데 큰 손가락이 있음과 같음을 말한다. 充은 미루어 채움이다. 操는 지키는 지조이다. 蚓은 蚯

螬:굼벵이 조 匍:기어갈 포 匐:기어갈 복 將:가질 장 咽:삼킬 연 蠐:굼벵이 제 呑:삼킬 탄 擘:엄지손가락 벽 蚓:지렁이 인 蚯:지렁이 구

蚓(지렁이)이다. 仲子는 청렴함이 될 수 없으니, 만일 반드시 그 지키는 바의 지조를 채우려면 오직 지렁이처럼 세상에 요구함이 없은 뒤에야 청렴함이 될 수 있다고 말씀한 것이다.

夫蚓은 **上食槁壤**하고 **下飮黃泉**하나니 **仲子所居之室**은 **伯夷之所築與**아 **抑亦盜**跖**之所築與**아 **所食之粟**은 **伯夷之所樹與**아 **抑亦盜**跖**之所樹與**아 **是未可知也**로다

지렁이는 위로 마른 흙을 먹고 아래로 누런 물을 마시나니, 仲子가 사는 집은 伯夷가 건축한 것인가? 아니면 盜跖이 건축한 것인가? 먹는 곡식은 伯夷가 심은 것인가? 아니면 盜跖이 심은 것인가? 이것을 알 수 없구나."

槁壤은 乾土也요 黃泉은 濁水也라 抑은 發語辭也라 言 蚓은 無求於人而自足이어니와 而仲子는 不免居室食粟하니 若所從來가 或有非義면 則是未能如蚓之廉也라

槁壤은 마른 흙이요, 黃泉은 흐린 물이다. 抑은 發語辭이다. 지렁이는 사람에게 요구함이 없이 스스로 만족할 수 있거니와 仲子는 집에 살고 곡식을 먹음을 면치 못하니, 만일 그 所從來가 혹시라도 義가 아닌 것이 있으면 이는 지렁이의 청렴함만 못하다고 말씀한 것이다.

曰 是何傷哉리오 **彼身織**屨하고 **妻**辟纑하여 **以易之也**니이다

匡章이 말하였다. "이 어찌 나쁠 것이 있겠습니까. 그는 자신이 신을 짜고 아내가 길쌈하고 삼을 마전하여 곡식을 바꾸어 먹습니다."

辟은 績也요 纑는 練麻也라

辟은 길쌈이요. 纑는 삼을 마전함이다.

曰 仲子는 **齊之世家也**라 **兄戴蓋**(합)**祿**이 **萬鍾**이러니 **以兄之祿**으로

槁:마를 고 壤:흙덩이 양 跖:밟을 척 樹:심을 수 乾:마를 간(건) 織:짤 직 屨:신 구
辟:길쌈 벽 纑:익힌삼 로 績:길쌈 적 練:마전할 련 蓋:땅이름 합

爲不義之祿而不食也하며 **以兄之室**로 **爲不義之室而不居也**하고 辟(피)**兄離母**하여 **處於於陵**이러니 **他日歸**하니 **則有饋其兄生鵝者**어늘 **己頻顣曰 惡**(오)**用是鶂鶂者爲哉**리오하니라 **他日**에 **其母殺是鵝也**하여 **與之食之**러니 **其兄**이 **自外至曰 是鶂鶂之肉也**라한대 **出而哇之**하니라

孟子께서 말씀하셨다. "仲子는 齊나라의 世家이다. 兄 戴가 蓋(합) 땅에서 받는 祿이 萬鍾이었는데, 兄의 祿을 의롭지 못한 祿이라 하여 먹지 않으며, 兄의 집을 의롭지 못한 집이라 하여 살지 않고, 兄을 피하고 어머니를 떠나 於陵에 거하였다. 후일 집에 돌아오니, 그 兄에게 산 거위를 선물한 자가 있자, 그는 이마를 찌푸리며 말하기를 '鶂鶂(꽥꽥거림)한 것을 어디에 쓰겠는가.' 하였다. 후일에 그 어머니가 이 거위를 잡아 주어 먹고 있었는데, 형이 밖으로부터 돌아와 '이것은 鶂鶂의 고기이다.'라고 말하자, 그는 밖으로 나가 그것을 토하였다.

世家는 世卿之家라 兄名이 戴니 食采於蓋하니 其入이 萬鍾也라 歸는 自於陵歸也라 己는 仲子也라 鶂鶂는 鵝聲也라 頻顣而言은 以其兄受饋爲不義也라 哇는 吐之也라

世家는 世卿의 집이다. 兄의 이름이 戴였는데, 蓋땅에서 거두는 租稅 수입을 먹으니, 그 수입이 萬鍾이었다. 歸는 於陵으로부터 돌아온 것이다. 己는 仲子 자신이다. 鶂鶂는 거위의 소리이다. 빈축하고 말한 것은 형이 선물을 받은 것을 의롭지 못하다고 여긴 것이다. 哇는 토함이다.

以母則不食하고 **以妻則食之**하며 **以兄之室則弗居**하고 **以於陵則居之**하니 **是尙爲能充其類也乎**아 **若仲子者**는 **蚓而後**에 **充其操者也**니라

어머니가 하면 먹지 않고 아내가 하면 먹으며, 兄의 집에는 살지 않고 於陵에는 거하였으니, 이러고도 오히려 그 지조를 채움이 될 수 있겠는가. 仲子와 같

饋:선물할 궤 鵝:거위 아 頻:찌푸릴 빈 顣:찌푸릴 축 鶂:거위소리 예(얼) 哇:토할 와

은 자는 지렁이가 된 뒤에야 그 지조를 채울 수 있는 것이다.”

言 仲子以母之食, 兄之室로 爲不義라하여 而不食不居하니 其操守如此로되 至於妻所易之粟과 於陵所居之室하여는 旣未必伯夷之所爲면 則亦不義之類耳어늘 今仲子於此則不食不居하고 於彼則食之居之하니 豈爲能充滿其操守之類者乎아 必其無求自足을 如丘蚓然이라야 乃爲能滿其志而得爲廉耳라 然이나 豈人之所可爲哉리오
○ 范氏曰 天之所生과 地之所養에 惟人이 爲大하니 人之所以爲大者는 以其有人倫也라 仲子避兄離母하여 無親戚君臣上下하니 是는 無人倫也니 豈有無人倫而可以爲廉哉리오

仲子는 어머니가 주시는 밥과 형의 집을 의롭지 못하다 하여 먹지 않고 거하지 않았다. 그 지조를 지킴이 이와 같았으나 아내가 사온 곡식과 於陵의 거하는 집에 이르러서는 이미 반드시 伯夷가 한 것이 아니니, 그렇다면 이 역시 의롭지 못한 부류인데, 이제 仲子가 이것에 대해서는 먹지 않고 거하지 않으면서 저것에 대해서는 먹고 거하니, 어찌 지조 지키는 종류를 채움이 될 수 있겠는가. 반드시 요구함이 없이 스스로 만족하기를 蚯蚓과 같이 하여야 비로소 그 지조를 채워 청렴함이 될 수 있는 것이다. 그러나 이 어찌 사람이 할 수 있는 일이겠는가.

○ 范氏(范祖禹)가 말하였다. “하늘이 내고 땅이 기르는 바에 오직 사람이 위대하니, 사람이 위대한 까닭은 人倫이 있기 때문이다. 仲子는 형을 피하고 어머니를 떠나 親戚과 君臣·上下가 없었으니, 이는 人倫이 없는 것이다. 어찌 人倫이 없으면서 청렴함이 될 수 있겠는가.”

離婁章句 上

凡二十八章이라

모두 28章이다.

1. 孟子曰 離婁之明과 公輸子之巧로도 不以規矩면 不能成方員(圓)이요 師曠之聰으로도 不以六律이면 不能正五音이요 堯舜之道[1]로도 不以仁政이면 不能平治天下니라

孟子께서 말씀하셨다. "離婁의 눈밝음과 公輸子의 솜씨로도 規矩를 쓰지 않으면 方形과 圓形을 이루지 못하고, 師曠의 귀밝음으로도 六律을 쓰지 않으면 五音을 바로잡지 못하고, 堯·舜의 道로도 仁政을 쓰지 않으면 天下를 平治하지 못한다.

譯註 1. 堯舜之道 : 堯·舜의 仁慈한 마음으로, 뒤에 나오는 先王之道와는 다르다. 先王之道는 井田法 등 仁政(制度)을 가리킨다.

離婁는 古之明目者라 公輸子는 名班이니 魯之巧人也라 規는 所以爲員之器也요 矩는 所以爲方之器也라 師曠은 晉之樂師니 知音者也라 六律은 截竹爲筩하여 陰陽各六하여 以節五音之上下하니 黃鍾, 大簇(태주), 姑洗(선), 蕤(유)賓, 夷則(칙), 無射(역)은 爲陽이요 大呂, 夾鍾, 仲呂, 林鍾, 南呂, 應鍾은 爲陰也라 五音은 宮, 商, 角, 徵(치), 羽也라 范氏曰 此는 言 治天下에 不可無法度니 仁政者는 治天下之法度也[1]니라

離婁는 옛날에 눈이 밝은 자이다. 公輸子는 이름이 班이니, 魯나라의 솜씨 있는 사람

婁:끌 루 輸:실을 수 規:둥근그릇 규 矩:곡척 구 員:둥글 원(圓同) 曠:빌 광 截:끊을 절 筩:대통 통 簇:발 주(족) 洗:정결할 선 蕤:늘어질 유 射:싫을 역 徵:소리 치

이다. 規는 圓形을 만드는 기구이고, 矩는 方形을 만드는 기구이다. 師曠은 晉나라의 樂師로 음률을 잘 안 자이다. 六律은 대나무를 잘라 대통을 만들어 陰·陽이 각각 여섯 개여서 五音의 높고 낮음을 조절하는 것이니, 黃鍾·大簇·姑洗·蕤賓·夷則·無射은 陽이 되고, 大呂·夾鍾·仲呂·林鍾·南呂·應鍾은 陰이 된다. 五音은 宮·商·角·徵·羽이다.

范氏(范祖禹)가 말하였다. "이는 天下를 다스림에 法度가 없을 수 없으니, 仁政은 천하를 다스리는 법도임을 말씀한 것이다."

譯註 1. 仁政者 治天下之法度也 : 仁政은 善政으로 井田法 등을 이르며, 法度는 制度를 이른다.

今有仁心仁聞이로되 而民이 不被其澤하여 不可法於後世者는 不行先王之道也일새니라

이제 〈君主가〉 仁心과 仁聞이 있으나 백성들이 그 혜택을 입지 못하여 후세에 법이 될 수 없는 것은 先王의 道를 행하지 않기 때문이다.

仁心은 愛人之心也요 仁聞者는 有愛人之聲이 聞於人也라 先王之道는 仁政이 是也라 范氏曰 齊宣王은 不忍一牛之死하여 以羊易之하니 可謂有仁心이요 梁武帝는 終日一食蔬素하고 宗廟에 以麪爲犧牲하며 斷死刑에 必爲之涕泣하여 天下知其慈仁하니 可謂有仁聞이라 然而宣王之時에 齊國不治하고 武帝之末에 江南大亂하니 其故는 何哉오 有仁心仁聞而不行先王之道故也니라

仁心은 사람을 사랑하는 마음이요, 仁聞은 사람을 사랑한다는 명성(소문)이 사람들에게 알려진 것이다. 先王의 道는 仁政이 이것이다.

范氏(范祖禹)가 말하였다. "齊宣王은 한 마리 소가 죽는 것을 차마 보지 못하여 羊으로써 바꾸게 하였으니 仁心이 있다고 이를 만하고, 梁武帝는 하루에 한 번 蔬素(素食)를 먹고 宗廟에는 밀가루로 犧牲을 만들어 썼으며, 死刑을 결단함에는 반드시 그를 위하여 눈물을 흘려서 천하가 그의 仁慈함을 알고 있었으니 仁聞이 있다고 이를 만하였다. 그러나 宣王 때에 齊나라가 잘 다스려지지 못하였고 武帝의 말기에 江南이 크게 혼

蔬:푸성귀 소 麪:밀가루 면 犧:희생 희 牲:희생 생 涕:눈물 체

란하였으니, 그 연고는 어째서인가? 仁心과 仁聞이 있으나 先王의 道를 행하지 않았기 때문이다."

故로 曰 徒善이 不足以爲政이요 徒法이 不能以自行이라하니라

그러므로 말하기를 '한갓 善心만으로는 정사를 할 수 없고, 한갓 法(制度)만으로는 스스로 행해질 수 없다.'고 한 것이다.

徒는 猶空也라 有其心, 無其政을 是謂徒善이요 有其政, 無其心을 是謂徒法이라 程子嘗言 爲政에 須要有綱紀文章이니 謹權, 審量, 讀法, 平價[1]를 皆不可闕이라하시고 而又曰 必有關雎麟趾[2]之意然後에 可以行周官[3]之法度[4]라하시니 正謂此也니라

徒는 空(한갓)과 같다. 善心만 있고 善政(制度)이 없는 것을 徒善이라 이르고, 善政만 있고 善心이 없는 것을 徒法이라 이른다. 程子(明道)가 일찍이 말씀하기를 "정사를 함에는 모름지기 紀綱과 文章이 있어야 하니, 저울을 삼가고 量을 살피며 法을 읽고 物價를 公平하게 함을 모두 빼놓을 수 없다." 하였고, 또 말씀하기를 "반드시 〈關雎〉와 〈麟趾〉의 뜻이 있은 뒤에야 ≪周官≫의 法度(制度)를 행할 수 있다." 하였으니, 바로 이것을 말씀한 것이다.

譯註 1. 謹權……平價 : 謹權, 審量은 度·量·衡을 철저히 맞게 하는 것이고, 讀法은 백성들이 알아야 할 國法을 읽혀 周知시키는 것이며, 平價는 物價를 고르게 하는 것으로, 위의 '文章'은 바로 이러한 일들을 가리킨다.

2. 關雎麟趾 : 모두 ≪詩經≫ 〈周南〉의 篇名으로, 〈關雎〉는 文王의 后妃인 太姒의 훌륭한 德을 읊은 것이며, 〈麟趾〉는 王子의 착한 마음을 읊은 것으로, 王者가 德을 닦아 집안을 잘 다스려 妻子에게 미쳤음을 뜻한다.

3. 周官 : 周나라 때의 官職制度를 기록한 ≪周禮≫를 가리킨다.

4. 程子嘗言……可以行周官之法度 : 이 내용은 ≪近思錄≫ 〈治體類〉에 자세히 보인다.

詩云 不愆不忘은 率由舊章이라하니 遵先王之法而過者 未之有也니라

≪詩經≫에 이르기를 '잘못되지 않고 잊어버리지 않음은 옛법을 따르기 때문

徒:한갓 도 權:저울 권 雎:새이름 저 趾:발꿈치 지 愆:허물 건 率:따를 솔

이다.' 하였으니, 先王의 法을 따르고서 잘못되는 자는 있지 않다.

詩는 大雅假樂之篇이라 愆은 過也요 率은 循也라 章은 典法也라 所行이 不過差, 不遺忘者는 以其循用舊典故也니라

詩는 〈大雅 假樂篇〉이다. 愆은 잘못이요, 率은 따름이다. 章은 典法이다. 행하는 바가 잘못되지 않고 잊어버리지 않는 것은 옛법을 따라 쓰기 때문이다.

聖人이 旣竭目力焉하시고 繼之以規矩準繩하시니 以爲方員平直에 不可勝用也며 旣竭耳力焉하시고 繼之以六律하시니 正五音에 不可勝用也며 旣竭心思焉하시고 繼之以不忍人之政하시니 而仁覆(부)天下矣시니라

聖人은 이미 視力을 다하시고 規・矩・準・繩으로써 계속하시니 方・圓・平・直을 만듦에 이루 다 쓸 수 없으며, 이미 聽力을 다하시고 六律로써 계속하시니 五音을 바로잡음에 이루 다 쓸 수 없으며, 이미 心思를 다하시고 사람에게 차마하지 못하는 정사로써 계속하시니 仁이 천하에 덮여졌다(입혀졌다).

準은 所以爲平이요 繩은 所以爲直이라 覆는 被也라 此는 言 古之聖人이 旣竭耳目心思之力하사되 然猶以爲未足以徧天下及後世라 故로 制爲法度하여 以繼續之하시니 則其用不窮하여 而仁之所被者廣矣니라

準(水平器)은 평평함을 만드는 것이요, 繩(먹줄)은 곧음을 만드는 것이다. 覆는 입힘이다. 이는 옛날 聖人이 이미 耳・目・心思의 힘을 다하셨으나 오히려 天下에 두루하고 後世에 미칠 수 없다고 여기셨다. 이 때문에 法度를 만들어 계속하시니, 그 쓰임이 다하지 않아 仁이 입혀짐이 넓음을 말씀한 것이다.

故로 曰 爲高호되 必因丘陵하며 爲下호되 必因川澤이라하니 爲政호되 不因先王之道면 可謂智乎아

循:따를 순　竭:다할 갈　準:수평기 준　繩:먹줄 승　覆:덮을 부　徧:두루미칠 변(편)

그러므로 '높은 것을 만들되 반드시 丘陵을 따르고 낮은 것을 만들되 반드시 川澤을 따르라.' 하였으니, 정사를 하면서 先王의 道를 따르지 않는다면 지혜롭다고 이를 수 있겠는가.

丘陵은 本高하고 川澤은 本下하니 爲高下者因之면 則用力少而成功多矣라 鄒氏曰 自章首로 至此는 論以仁心仁聞行先王之道하니라

丘陵은 본래 높고 川澤은 본래 낮으니, 높은 것과 낮은 것을 만드는 자가 이를 따르면 힘을 씀이 적고도 功을 이룸이 많다.

鄒氏(鄒浩)가 말하였다. "章의 머리로부터 여기까지는 仁心과 仁聞으로써 先王의 道를 행함을 말씀하였다."

是以로 惟仁者아 宜在高位니 不仁而在高位면 是는 播其惡於衆也니라

이 때문에 오직 仁者만이 높은 지위에 있어야 하는 것이니, 不仁하면서 높은 지위에 있으면 이는 그 惡(폐해)을 여러 사람에게 끼치는 것이다.

仁者는 有仁心仁聞而能擴而充之하여 以行先王之道者也라 播惡於衆은 謂貽患於下也라

仁者는 仁心과 仁聞이 있으면서 이것을 擴充하여 先王의 道를 행하는 자이다. 播惡於衆은 患(禍)을 아랫사람에게 끼침을 이른다.

上無道揆也하며 下無法守也하여 朝不信道하며 工不信度[1)]하여 君子犯義요 小人이 犯刑이면 國之所存者 幸也니라

위에서는 道로 헤아림이 없으며 아래에서는 法을 지킴이 없어, 조정에서는 道를 믿지 않으며 관리들은 法度를 믿지 아니하여, 君子(政治家)가 義를 범하고 小人이 法을 범한다면 〈망하니, 그러고도〉 나라가 보존되는 것은 요행이다.

聞:소문날 문　貽:끼칠 이　揆:헤아릴 규　度:헤아릴 탁, 법도 도

譯註 1. 工不信度 : 工을 朱子는 百官으로 해석하였는데, 趙岐는 民間의 百工으로 해석하였다.

此는 言不仁而在高位之禍也라 道는 義理也라 揆는 度(탁)也라 法은 制度也라 道揆는 謂以義理度(탁)量事物而制其宜요 法守는 謂以法度自守라 工은 官也라 度는 即法也라 君子, 小人은 以位而言也라 由上無道揆故로 下無法守하니 無道揆면 則朝不信道하여 而君子犯義하고 無法守면 則工不信度하여 而小人犯刑이라 有此六者면 其國必亡이니 其不亡者는 僥倖而已니라

이는 不仁하면서 높은 지위에 있는 禍를 말씀한 것이다. 道는 義理이다. 揆는 헤아림이다. 法은 制度이다. 道揆는 義理로써 事物을 헤아려 마땅하게 하는 것이요, 法守는 法度로써 스스로 지킴을 이른다. 工은 관원이다. 度는 바로 法이다. 君子와 小人은 지위로써 말한 것이다. 위에서 道로 헤아림이 없기 때문에 아래에서 法을 지킴이 없는 것이니, 道로 헤아림이 없으면 조정에서 道를 믿지 아니하여 君子가 義를 범하고, 法을 지킴이 없으면 관리들이 法度를 믿지 아니하여 小人이 刑罰을 범하게 된다. 이 여섯 가지가 있으면 그 나라가 반드시 망하니, 그러고도 망하지 않는 것은 요행일 뿐이다.

故로 曰 城郭不完하며 兵甲不多 非國之災也며 田野不辟하며 貨財不聚 非國之害也라 上無禮하며 下無學이면 賊民이 興하여 喪無日矣[1)]라하니라

그러므로 말하기를 '城郭이 완전하지 못하고 兵士가 많지 못한 것이 나라의 재앙이 아니며, 田野가 개간되지 못하고 재화가 모이지 않는 것이 나라의 해가 아니다. 윗사람이 禮가 없고 아랫사람이 배움이 없으면 나라를 해치는 백성이 일어나서 며칠이 못가 망하게 된다.' 한 것이다.

譯註 1. 喪無日矣 : 멸망이 당장 닥쳐와 시간적 여유가 없음을 뜻한다.

上不知禮면 則無以教民이요 下不知學이면 則易與(예)爲亂이라 鄒氏曰 自是以惟仁者로 至此는 所以責其君이니라

僥:요행 요 倖:요행 행 辟:개간할 벽 賊:해칠 적

윗사람이 禮를 모르면 백성을 가르칠 수 없고, 아랫사람이 배움을 모르면 亂(반란)에 가담하기 쉽다.

鄒氏(鄒浩)가 말하였다. "是以惟仁者부터 여기까지는 그 군주를 책한 것이다."

詩曰 天之方蹶(궤)시니 無然泄(예)泄라하니

≪詩經≫에 이르기를 '하늘이 바야흐로 〈周나라 王室을〉 쓰러뜨리려 하니, 그렇게 泄泄(태평해)하지 말라.' 하였으니,

詩는 大雅板之篇이라 蹶는 顚覆之意라 泄泄는 怠緩悅從之貌라 言 天欲顚覆周室하니 群臣이 無得泄泄然不急救正之니라

詩는 〈大雅 板篇〉이다. 蹶는 전복의 뜻이다. 泄泄는 게으르고 느슨하며 기뻐하여 따르는 모양이다. 하늘이 周나라 王室을 전복시키려 하니, 신하들이 泄泄하여 급히 바로잡지 않을 수 없음을 말씀한 것이다.

泄泄는 猶沓沓也니라

泄泄는 沓沓과 같다.

沓沓은 卽泄泄之意니 蓋孟子時人語如此하니라

沓沓은 바로 泄泄의 뜻이니, 孟子 당시 사람들의 말이 이와 같았다.

事君無義하며 進退無禮하고 言則非先王之道者 猶沓沓也니라

군주를 섬김에 義가 없고 進退함에 禮가 없으며, 말을 하면 先王의 道를 비방하는 자가 沓沓과 같은 것이다.

非는 詆毁也라

非는 비방함이다.

蹶:넘어질 궤 泄:느슨할 예 板:뒤집어질 판 緩:느슨할 완 沓:말잘할 답 詆:비방할 저

故로 曰 責難於君을 謂之恭이요 陳善閉邪를 謂之敬이요 吾君不能을 謂之賊이라하니라

그러므로 '어려운 일을 君主에게 책하는 것을 恭이라 이르고, 善道를 말하여 邪心을 막는 것을 敬이라 이르고, 우리 군주는 불가능하다고 하여 말하지 않는 것을 賊(해침)이라 이른다.' 한 것이다."

范氏曰 人臣이 以難事責於君하여 使其君爲堯舜之君者는 尊君之大也요 開陳善道하여 以禁閉君之邪心하여 惟恐其君或陷於有過之地者는 敬君之至也요 謂其君不能行善道하여 而不以告者는 賊害其君之甚也니라 鄒氏曰 自詩云天之方蹶로 至此는 所以責其臣이니라

○ 鄒氏曰 此章은 言 爲治者 當有仁心仁聞하여 以行先王之政이요 而君臣이 又當各任其責也니라

范氏(范祖禹)가 말하였다. "신하가 어려운 일을 군주에게 책하여 그 군주로 하여금 堯·舜과 같은 聖君이 되게 하는 자는 군주를 높임이 큰 것이요, 善道를 開陳하여 군주의 邪心을 막아서 행여 그 군주가 과실이 있는 곳에 빠질까 두려워하는 자는 군주를 공경함이 지극한 것이요, 군주가 善道를 행할 수 없다고 생각하여 말하지 않는 자는 그 군주를 해침이 심한 것이다."

鄒氏(鄒浩)가 말하였다. "詩云天之方蹶로부터 여기까지는 그 신하를 책한 것이다."

○ 鄒氏가 말하였다. "이 章은 정치를 하는 자가 마땅히 仁心과 仁聞을 두어서 先王의 정사를 행해야 하고, 군주와 신하가 또한 마땅히 각각 그 책임을 져야 함을 말씀한 것이다."

2. 孟子曰 規矩는 方員之至也요 聖人은 人倫之至也니라

孟子께서 말씀하셨다. "規·矩는 方形과 圓形의 지극함이요, 聖人은 人倫의 지극함이다.

至는 極也라 人倫은 說見前篇하니라 規矩盡所以爲方員之理하니 猶聖人盡所以爲人之道니라

至는 지극함이다. 人倫은 해설이 前篇(滕文公 上)에 보인다. 規・矩는 方・圓을 만드는 이치를 다하였으니, 마치 聖人이 사람이 된 道理를 다함과 같은 것이다.

欲爲君인댄 **盡君道**요 **欲爲臣**인댄 **盡臣道**니 **二者**를 **皆法堯舜而已矣**니 **不以舜之所以事堯**로 **事君**이면 **不敬其君者也**요 **不以堯之所以治民**으로 **治民**이면 **賊其民者也**니라

군주가 되고자 할진댄 군주의 도리를 다할 것이요, 신하가 되고자 할진댄 신하의 도리를 다해야 하니, 두 가지를 모두 堯・舜을 법받을 뿐이다. 舜이 堯를 섬기던 것으로써 군주를 섬기지 않는다면 그 군주에게 不敬하는 자요, 堯가 백성을 다스리던 것으로써 백성을 다스리지 않는다면 그 백성을 해치는 자이다.

法堯舜以盡君臣之道는 猶用規矩以盡方員之極이니 此는 孟子所以道性善而稱堯舜也시니라

堯・舜을 법받아 君・臣의 道理를 다함은 規・矩를 사용하여 方・圓의 지극함을 다하는 것과 같으니, 이는 孟子께서 性善을 말씀하면서 堯・舜을 稱하신 所以이다.

孔子曰 道二니 **仁與不仁而已矣**라하시니라

孔子께서 말씀하시기를 '길은 둘이니, 仁과 不仁일 뿐이다.' 하셨다.

法堯舜이면 則盡君臣之道而仁矣요 不法堯舜이면 則慢君賊民而不仁矣니 二端之外에 更無他道라 出乎此則入乎彼矣니 可不謹哉아

堯・舜을 법받으면 君・臣의 道理를 다하여 仁하고, 堯・舜을 법받지 않으면 군주에게 不敬하고 백성을 해쳐 不仁하니, 이 두 가지 이외에 다시 다른 길이 없다. 여기(仁)에서 벗어나면 저기(不仁)로 들어가니, 삼가지 않을 수 있겠는가.

暴其民이 **甚則身弑國亡**하고 **不甚則身危國削**하나니 **名之曰幽厲**면 **雖孝子慈孫**이라도 **百世**에 **不能改也**니라

백성에게 포학하게 함이 심하면 몸이 시해를 당하고 나라가 망하며, 심하지 않으면 몸이 위태롭고 나라(국토)가 줄어든다. 그리하여 幽·厲라 이름하면 비록 孝子와 慈孫이 있더라도 百世토록 〈나쁜 시호를〉 고치지 못한다.

幽는 暗이요 厲는 虐이니 皆惡諡也라 苟得其實이면 則雖有孝子慈孫愛其祖考之甚者라도 亦不得廢公義而改之라 言 不仁之禍가 必至於此하니 可懼之甚也라

幽는 어둠이요 厲는 사나움이니, 모두 나쁜 시호이다. 만일 그 실제에 맞다면 비록 孝子와 慈孫이 있어 그 祖·考를 매우 사랑하더라도 또한 公義를 폐하고 시호를 고칠 수 없다. 不仁의 禍가 반드시 이에 이르니, 두려워할 만함이 심함을 말씀한 것이다.

詩云 殷鑑不遠하여 在夏后之世라하니 此之謂也니라

≪詩經≫에 이르기를 '殷나라의 거울이 멀리 있지 않아 夏后의 세대에 있다.' 하였으니, 이것을 말한 것이다."

詩는 大雅蕩之篇이라 言 商紂之所當鑑者가 近在夏桀之世라하니 而孟子引之하여 又欲後人以幽厲爲鑑也시니라

詩는 〈大雅 蕩篇〉이다. ≪詩經≫에 商紂가 마땅히 거울로 삼아야 할 것이 가까이 夏桀의 세대에 있다고 말하였는데, 孟子께서 이것을 인용하여 또 후인들이 幽王과 厲王을 거울로 삼게 하고자 하신 것이다.

3. 孟子曰 三代之得天下也는 以仁이요 其失天下也는 以不仁이니라

孟子께서 말씀하셨다. "三代가 天下를 얻은 것은 仁으로써였고, 天下를 잃은 것은 不仁으로써였다.

三代는 謂夏, 商, 周也라 禹, 湯, 文武는 以仁得之하고 桀, 紂, 幽厲는 以不仁失之라

三代는 夏·商·周를 이른다. 夏의 禹王, 商의 湯王, 周의 文王·武王은 仁으로써 얻었고, 夏의 桀王, 商의 紂王, 周의 幽王·厲王은 不仁으로써 잃었다.

幽:어두울 유 厲:사나울 려 諡:시호 시

國之所以廢興存亡者도 **亦然**하니라

諸侯의 나라가 廢·興하고 存·亡함도 또한 그러하다.

國은 謂諸侯之國이라

國은 諸侯의 나라를 이른다.

天子不仁이면 **不保四海**하고 **諸侯不仁**이면 **不保社稷**하고 **卿大夫不仁**이면 **不保宗廟**하고 **士庶人**이 **不仁**이면 **不保四體**니라

天子가 不仁하면 四海를 보전하지 못하고, 諸侯가 不仁하면 社稷을 보전하지 못하고, 卿大夫가 不仁하면 宗廟를 보전하지 못하고, 士庶人이 不仁하면 四體(四肢)를 보전하지 못한다.

言必死亡이라

반드시 죽고 망함을 말씀한 것이다.

今에 **惡**(오)**死亡而樂不仁**하나니 **是猶惡醉而强酒**니라

지금에 죽고 망하는 것을 싫어하면서 不仁을 좋아하니, 이는 취하는 것을 싫어하면서 술을 억지로 마시는 것과 같다."

此는 承上章之意而推言之也라

이는 윗장의 뜻을 이어 미루어 말씀한 것이다.

4. **孟子曰 愛人不親**이어든 **反其仁**하고 **治人不治**어든 **反其智**하고 **禮人不答**이어든 **反其敬**이니라

孟子께서 말씀하셨다. "사람(남)을 사랑해도 친해지지 않거든 그 仁을 돌이켜보고, 사람을 다스려도 다스려지지 않거든 그 智를 돌이켜보고, 사람에게 禮를

해도 답례하지 않거든 그 敬을 돌이켜보아야 한다.

我愛人而人不親我면 則反求諸己하니 恐我之仁未至也라 智敬放此하니라

내가 남을 사랑해도 남이 나를 친해주지 않거든 자신에게 돌이켜 찾아야 하니, 이것은 나의 仁이 지극하지 못할까 두려워하는 것이다. 智와 敬도 이와 같다.

行有不得者어든 皆反求諸己니 其身正而天下歸之니라

행하고서 얻지 못함이 있거든 모두 자신에게 돌이켜 찾아야 하니, 그 몸이 바루어지면 천하가 돌아오는 것이다.

不得은 謂不得其所欲이니 如不親, 不治, 不答이 是也라 反求諸己는 謂反其仁, 反其智, 反其敬也라 如此則自治益詳하여 而身無不正矣리라 天下歸之는 極言其效也라

不得은 자기의 所欲(所願)을 얻지 못함을 이르니, 不親·不治·不答 같은 것이 이것이다. 反求諸己는 反其仁·反其智·反其敬을 이른다. 이와 같이 하면 스스로 다스림이 더욱 치밀하여 몸이 바르지 않음이 없을 것이다. 천하가 돌아온다는 것은 그 효험을 지극히 말한 것이다.

詩云 永言配命이 自求多福이라하니라

≪詩經≫에 이르기를 '길이 天命에 배합할 것을 생각함이 스스로 많은 福을 구하는 길이다.' 하였다."

解見前篇하니라

○ 亦承上章而言이니라

해석이 前篇(公孫丑 上)에 보인다.

○ 또한 윗장을 이어 말씀한 것이다.

5. 孟子曰 人有恒言호되 皆曰天下國家[1)]라하나니 天下之本은 在國하고 國之本은 在家하고 家之本은 在身하니라

孟子께서 말씀하셨다. "사람들이 항상 말하기를 '天下・國・家'라 하나니, 天下의 근본은 나라에 있고 나라의 근본은 집에 있고 집의 근본은 몸에 있는 것이다."

譯註 1. 天下國家 : 天子가 다스리는 영역을 天下라 하고, 諸侯의 영역을 國이라 하고, 食邑이 있는 卿大夫의 집안을 家라 한 것이다.

恒은 常也라 雖常言之나 而未必知其言之有序也라 故로 推言之하고 而又以家本乎身也라 此는 亦承上章而推言之하니 大學所謂自天子至於庶人히 壹是皆以修身爲本은 爲是故也니라

恒은 항상이다. 비록 항상 말하고 있으나 그 말에 순서가 있음을 반드시 알지는 못한다. 그러므로 미루어 말씀하시고, 또 집을 몸에 근본한 것이다.

이 章 또한 윗장을 이어 미루어 말씀하였으니, ≪大學≫에 이른바 '天子로부터 庶人에 이르기까지 일체 모두 修身을 근본으로 삼는다.'고 한 것은 이 때문이다.

6. 孟子曰 爲政이 不難하니 不得罪於巨室이니 巨室之所慕를 一國이 慕之하고 一國之所慕를 天下慕之하나니 故로 沛然德敎가 溢乎四海하나니라

孟子께서 말씀하셨다. "정사를 하기가 어렵지 않으니, 巨室(大臣의 집안)에게 죄를 짓지 말아야 한다. 巨室의 사모하는 바를 一國이 사모하고, 一國의 사모하는 바를 天下가 사모한다. 그러므로 沛然히 德敎가 四海에 넘치는 것이다."

巨室은 世臣大家[1)]也라 得罪는 謂身不正而取怨怒也라 麥丘邑人이 祝齊桓公曰 願主君은 無得罪於群臣百姓[2)]이라하니 意蓋如此라 慕는 向也니 心悅誠服之謂也라 沛然은 盛大流行之貌라 溢은 充滿也라 蓋巨室之心은 難以力服이요 而國人素所取信이니 今旣悅服이면 則國人皆服하여 而吾德敎之所施가 可以無遠而不至矣라 此는 亦承上章而言이니 蓋君子不患人心之不服이요 而患吾身之不修하나니 吾身旣修면 則人心之難服者先服하여 而無一人之不服矣리라

○ 林氏曰 戰國之世에 諸侯失德하여 巨室擅權하니 爲患이 甚矣라 然이나 或者不修其

沛:성할 패 溢:넘칠 일 素:본디 소 擅:마음대로할 천

本하고 而遽欲勝之면 則未必能勝而適以取禍라 故로 孟子推本而言하사 惟務修德以服其心이니 彼旣悅服이면 則吾之德教 無所留礙하여 可以及乎天下矣라하시니라 裴度所謂 韓洪이 輿疾討賊하고 承宗이 斂手削地는 非朝廷之力이 能制其死命[3]이요 特以處置得宜하여 能服其心故爾라하니 政此類也니라

巨室은 世臣과 大家이다. 得罪는 몸이 바르지 못하여 원망과 노여움을 취하는 것이다. 麥丘邑 사람이 齊桓公에게 축원하기를 "主君께서는 群臣과 百姓들에게 죄를 얻지 마소서." 하였으니, 그 뜻이 이와 같은 것이다. 慕는 向함이니, 마음으로 기뻐하고 진실로 복종함을 이른다. 沛然은 성대히 유행하는 모양이다. 溢은 충만함이다. 巨室의 마음은 힘으로 복종시키기 어려우며 국민들이 평소 신임을 취하는 바이니, 이제 이미 기뻐하고 복종한다면 국민들이 모두 복종하여 나(군주)의 德教의 베풀어짐이 먼 곳까지 이르지 않음이 없을 것이다.

이 章 또한 윗장을 이어 말씀한 것이니, 君子는 人心이 복종하지 않음을 걱정하지 않고 자신의 몸이 닦여지지 않음을 걱정한다. 자신의 몸이 이미 닦여지면 복종시키기 어려운 人心이 먼저 복종하여 한 사람도 복종하지 않는 자가 없을 것이다.

○ 林氏(林之奇)가 말하였다. "戰國時代에 諸侯가 德을 잃어 巨室이 권력을 멋대로 행사하여 병폐가 심하였다. 그러나 혹자가 그 근본(몸)을 닦지 않고 갑자기 이기려고 한다면 반드시 이기지 못하고 다만 禍를 취할 뿐이다. 그러므로 孟子께서 근본을 미루어 말씀하시기를 '오직 德을 닦아 그 마음을 복종시키기를 힘써야 하니, 저들이 이미 기뻐하고 복종한다면 나의 德教가 멈추고 막히는 바가 없어 천하에 미칠 수 있다.'고 하신 것이다. 裴度의 이른바 '韓洪이 病을 무릅쓰고 수레에 올라 逆臣을 토벌하고 王承宗이 손을 거두고 땅을 떼어가게 한 것은, 조정의 힘이 死命을 쥐고 있어서가 아니라 다만 〈조정의〉 處置가 마땅함을 얻어 그들의 마음을 복종시켰기 때문일 뿐이다.' 라는 것이 바로 이러한 종류이다."

譯註 1. 世臣大家 : 世臣은 대대로 벼슬해 온 문벌의 신하이며, 大家는 당대의 權門勢家를 이른다.

2. 麥丘邑人……無得罪於群臣百姓 : 이 내용은 劉向의 ≪新序≫ 〈雜事〉에 자세히 보인다.

3. 制其死命 : 국가의 기강이 확립되어 군주가 生死與奪權을 잡고 있음을 뜻한다. 唐

遽:갑자기 거　適:다만 적　礙:막을 애　裴:성 배　斂:거둘 렴　削:깎일 삭

나라 때에는 節度使들이 兵權을 쥐고 조정의 명령을 듣지 않는 경우가 많았다. 이에 憲宗이 蔡州의 吳元濟를 토벌하게 하자, 韓洪(原名은 弘)은 발병이 났었으나 병을 무릅쓰고 출정하여 끝내 吳元濟를 평정하였으며, 王承宗은 常山을 점거하고 황제의 명령을 거역하였는데 조정에서 兵亂을 싫어하여 선비인 柏耆를 보내어 大義로 설득하자, 감격하여 德州·棣州를 떼어 바치고 복종하였다.

7. 孟子曰 天下有道에는 小德이 役大德하며 小賢이 役大賢하고 天下無道에는 小役大하며 弱役强[1]하나니 斯二者는 天也니 順天者는 存하고 逆天者는 亡이니라

孟子께서 말씀하셨다. "천하에 道가 있을 때에는 小德이 大德에게 사역을 당하고 小賢이 大賢에게 사역을 당하며, 천하에 道가 없을 때에는 작은 자가 큰 자에게 사역을 당하고 약자가 강자에게 사역을 당한다. 이 두 가지는 하늘(이치와 형세)이니, 하늘을 순종하는 자는 보존되고 하늘을 거스르는 자는 망한다.

譯註 1. 小德役大德……弱役强 : 小德役大德은 小德役於大德의 뜻으로 '於'자가 생략된 것인 바, 아래의 小賢役大賢·小役大·弱役强도 이와 같다.

有道之世에는 人皆修德하여 而位必稱其德之大小하고 天下無道에는 人不修德하니 則但以力相役而已라 天者는 理勢之當然也라

道가 있는 세상에서는 사람들이 모두 德을 닦아 지위가 반드시 그 德의 크고 작음에 걸맞고, 천하에 道가 없을 때에는 사람들이 德을 닦지 않으니, 다만 힘으로써 서로 사역할 뿐이다. 天은 理와 勢(형세)의 당연함이다.

齊景公曰 旣不能令하고 又不受命이면 是는 絶物也라하고 涕出而女於吳[1]하니라

齊景公이 말하기를 '이미 〈국세가 약하여〉 명령하지도 못하고 또 명령을 받지도 않는다면 이는 남과 끊는 것이다.' 하고는 눈물을 흘리면서 吳나라에 딸을 시집보내었다.

譯註 1. 齊景公曰……涕出而女於吳 : 이 내용은 ≪說苑≫ 〈權謀〉에 보인다.

引此以言小役大, 弱役强之事也라 令은 出令以使人也요 受命은 聽命於人也라 物은 猶人也라 女는 以女與人也라 吳는 蠻夷之國也니 景公이 羞與爲昏(婚)이나 而畏其强이라 故로 涕泣而以女與之하니라

이것을 인용하여 小役大, 弱役强의 일을 말씀한 것이다. 令은 명령을 내어 남을 부리는 것이요, 受命은 남에게 명령을 듣는 것이다. 物은 人(남)과 같다. 女는 딸을 남에게 주는 것이다. 吳나라는 오랑캐 나라였으므로 景公이 그와 혼인하는 것을 부끄러워하였으나 그의 강함을 두려워하였다. 이 때문에 눈물을 흘리면서 딸을 준 것이다.

今也에 小國이 師大國而恥受命焉하나니 是猶弟子而恥受命於先師也니라

지금 弱小國이 强大國의 소행을 본받으면서 강대국에게 명령받기를 부끄러워하니, 이는 弟子가 先師(先生)에게 명령받기를 부끄러워함과 같은 것이다.

言 小國이 不修德以自强하고 其般樂怠敖[1]를 皆若效大國之所爲者而獨恥受其敎命하니 不可得也라

弱小國이 德을 닦아 스스로 강하게 하지 않고, 즐겁게 놀며 태만히 행동하는 것을 모두 强大國이 하는 것과 똑같이 하고 본받으면서 유독 강대국에게 가르침과 명령받기를 부끄러워하니, 이것은 될 수 없는 것이다.

譯註 1. 般樂怠敖 : 이 내용은 앞의 〈公孫丑 上〉 4章에 보인다.

如恥之인댄 莫若師文王이니 師文王이면 大國은 五年이요 小國은 七年에 必爲政於天下矣리라

만일 이것을 부끄러워할진댄 文王을 본받는 것만 못하니, 文王을 본받으면 大國은 5년, 小國은 7년이면 반드시 천하에 정사를 하게 될 것이다.

此는 因其愧恥之心而勉以修德也라 文王之政이 布在方策하니 擧而行之면 所謂師文

物:남 물 涕:눈물 체 般:즐길 반 敖:오만할 오 效:본받을 효 師:본받을 사

王也라 五年, 七年은 以其所乘之勢不同爲差라 蓋天下雖無道나 然이나 修德之至면 則道自我行하여 而大國이 反爲吾役矣리라 程子曰 五年, 七年은 聖人度(탁)其時則可矣라 然이나 凡此類를 學者皆當思其作爲如何라야 乃有益耳니라

이는 그 부끄러워하는 마음을 인하여 德을 닦음으로써 권면한 것이다. 文王의 정사가 方策(書冊)에 나와 있으니, 이것을 들어 행하면 이른바 '文王을 본받는다.'는 것이다. 5년, 7년은 타고 있는 형세의 똑같지 않음으로써 차등을 삼은 것이다. 천하가 비록 無道하나 德을 닦기를 지극히 하면 道가 나로부터 행해져서 大國이 도리어 나에게 사역을 당할 것이다.

程子(伊川)가 말씀하였다. "5년, 7년은 聖人이 그때쯤이면 가능하다고 헤아리신 것이다. 그러나 무릇 이러한 類들은 배우는 자가 모두 마땅히 어떻게 作爲(조처와 시행)할 것인가를 생각하여야 유익함이 있을 것이다."

詩云 商之孫子 其麗不億이언마는 上帝旣命이라 侯于周服이로다 侯服于周하니 天命靡常이라 殷士膚敏이 祼將于京이라하여늘 孔子曰 仁不可爲衆也니 夫國君이 好仁이면 天下無敵이라하시니라

≪詩經≫에 이르기를 '商나라의 子孫이 그 수가 億(십만)일 뿐만이 아니지만 上帝가 이미 〈天命을 周나라에〉 명한지라 周나라에 복종하는구나. 周나라에 복종하니, 天命은 항상 하지 않는다. 殷나라 선비로서 膚大하고 통달한 자들이 〈周나라〉 서울에서 술을 부어 제사를 돕는다.' 하였다. 孔子께서 말씀하시기를 '仁者에게는 많은 무리가 될 수 없으니, 나라의 군주가 仁을 좋아하면 天下에 대적할 이가 없다.' 하셨다.

詩는 大雅文王之篇이라 孟子引此詩及孔子之言하여 以言文王之事하시니라 麗는 數也라 十萬曰億이라 侯는 維也라 商士는 商孫子之臣也라 膚는 大也요 敏은 達也라 祼은 宗廟之祭에 以鬱鬯之酒로 灌地而降神也라 將은 助也라 言 商之孫子衆多하여 其數不但十萬而已언마는 上帝旣命周以天下하시니 則凡此商之孫子 皆臣服于周矣니 所以

麗:숫자 려 靡:아닐 미 膚:클 부 敏:통달할 민 祼:강신제 관 將:도울 장 鬱:울금초 울 鬯:검은기장 창 灌:부을 관

然者는 以天命不常하여 歸于有德故也라 是以로 商士之膚大而敏達者가 皆執祼獻之禮하여 助王祭事于周之京師也라 孔子因讀此詩而言하사되 有仁者면 則雖有十萬之衆이라도 不能當之라 故로 國君好仁이면 則必無敵於天下也라하시니라 不可爲衆은 猶所謂難爲兄, 難爲弟[1]云爾라

詩는 〈大雅 文王篇〉이다. 孟子께서 이 詩와 孔子의 말씀을 인용하여 文王의 일을 말씀하셨다. 麗는 數이다. 십만을 億이라 한다. 侯는 維(어조사)이다. 商士는 商나라 子孫의 신하이다. 膚는 큼이요, 敏은 통달함이다. 祼은 宗廟의 제사에 鬱鬯酒(울창술)를 땅에 부어 神을 내리게 하는 것이다. 將은 도움이다. 商나라의 子孫이 많아서 그 수가 비단 십만일 뿐이 아니지만 上帝가 이미 周나라에게 천하를 명하시니, 모든 이 商나라의 子孫들이 다 周나라에 신하로 복종하였다. 그러한 까닭은 天命이 無常하여 德이 있는 자에게 돌아가기 때문이다. 이 때문에 商나라 선비로서 膚大하고 敏達한 자들이 모두 강신제를 올리는 禮를 잡아 周王의 제사를 周나라 京師(서울)에서 돕는 것이다.

孔子께서 이 詩를 읽음으로 인하여 말씀하시기를 "仁者가 있으면 비록 십만의 많은 무리가 있더라도 그를 당해낼 수 없다. 그러므로 國君이 仁을 좋아하면 반드시 천하에 대적할 자가 없는 것이다." 하셨다. 不可爲衆은 이른바 '형 되기가 어렵고 아우 되기가 어렵다.'는 말과 같다.

譯註 1. 不可爲衆 猶所謂難爲兄 難爲弟 : 爲는 '되다'의 뜻으로, 不可爲衆은 그 앞에서는 아무리 숫자가 많아도 無力해져서 대적할 수 없음을 뜻한다. 難爲兄, 難爲弟는 兄弟間이 너무 훌륭하여 그 아우의 형이 되기 어렵고 또한 그 형의 아우가 되기 어렵다는 뜻으로, 後漢 때 陳紀와 그의 아우 陳諶(담)이 功德이 엇비슷하다 하여 나온 말인데, 여기서는 단지 爲를 '되다'의 뜻으로 사용한 文法이 그와 유사함을 취했을 뿐이다.

今也에 欲無敵於天下而不以仁하나니 是猶執熱而不以濯也니 詩云 誰能執熱하여 逝不以濯이리오하니라

이제 천하에 대적할 자가 없기를 바라면서 仁政을 행하지 않으니, 이는 뜨거운 물건을 손에 쥐고서 물로 씻지 않는 것과 같다. ≪詩經≫에 이르기를 '누가

敵:대적할 적 執:잡을 집 熱:더울 열 濯:씻을 탁 逝:어조사 서

뜨거운 물건을 쥐고서 물로 씻지 않겠는가.' 하였다."

恥受命於大國은 **是欲無敵於天下也**요 **乃師大國而不師文王**은 **是不以仁也**라 **詩**는 **大雅桑柔之篇**이라 **逝**는 **語辭也**라 **言 誰能執持熱物**하여 **而不以水自濯其手乎**아
○ **此章**은 **言 不能自强**이면 **則聽天所命**이요 **修德行仁**이면 **則天命在我**니라

大國에게 명령받기를 부끄러워함은 천하에 대적할 자가 없기를 바라는 것이요, 强大國의 소행을 본받고 文王을 본받지 않음은 仁政을 행하지 않는 것이다. 詩는 〈大雅 桑柔篇〉이다. 逝는 어조사이다. 누가 뜨거운 물건을 쥐고서 물로써 그 손을 씻지 않겠느냐고 말씀한 것이다.
○ 이 章은 스스로 강해지지 못하면 하늘의 명하는 바를 들을 것이요, 德을 닦고 仁政을 행하면 天命이 자신에게 있음을 말씀한 것이다.

8. 孟子曰 不仁者는 可與言哉아 安其危而利其菑(災)하여 樂其所以亡者하나니 不仁而可與言이면 則何亡國敗家之有리오

孟子께서 말씀하셨다. "不仁한 자와는 더불어 말할 수 있겠는가. 위태로움을 편안히 여기고 재앙을 이롭게 여겨 망하는 짓을 좋아한다. 不仁하면서도 더불어 말할 수 있다면 어찌 나라를 망하게 하고 집안을 패하게 하는 일이 있겠는가.

安其危, 利其菑者는 **不知其爲危菑**하여 **而反以爲安利也**라 **所以亡者**는 **謂荒暴淫虐**[1]하여 **所以致亡之道也**라 **不仁之人**은 **私欲固蔽**하여 **失其本心**이라 **故**로 **其顚倒錯亂**이 **至於如此**하니 **所以不可告以忠言**하여 **而卒至於敗亡也**니라

安其危, 利其菑는 그 위태로움과 재앙이 됨을 알지 못하여 도리어 편안하고 이로움으로 여기는 것이다. 망하는 짓〔所以亡〕은 荒暴하고 淫虐하여 패망에 이르는 방도를 이른다. 不仁한 사람은 사욕에 굳게 가리워져 本心을 잃는다. 그러므로 顚倒하고 錯亂함이 이와 같음에 이르니, 이 때문에 忠言으로써 고해 줄 수 없어 끝내 패망에 이르는 것이다.

譯註 1. 荒暴淫虐 : 酒色에 荒淫(빠짐)하고 人民들에게 暴虐함을 이른다. 淫은 過(지나침)

菑:재앙 재(災同) 荒:빠질 황 淫:지나칠 음 錯:어그러질 착

의 뜻이다.

有孺子歌曰 滄浪之水淸兮어든 **可以濯我纓**이요 **滄浪之水濁兮**어든 **可以濯我足**이라하여늘

孺子(童子)가 노래하기를 '滄浪의 물이 맑거든 나의 〈소중한〉 갓끈을 빨 것이요, 滄浪의 물이 흐리거든 나의 〈더러운〉 발을 씻겠다.' 하였다.

滄浪은 水名이라 纓은 冠系也라

滄浪은 물 이름이다. 纓은 갓끈이다.

孔子曰 小子아 **聽之**하라 **淸斯濯纓**이요 **濁斯濯足矣**로소니 **自取之也**라하시니라

孔子께서 말씀하시기를 '小子들아, 저 노래를 들어보라. 물이 맑으면 갓끈을 빨고 물이 흐리면 발을 씻는 것이니, 이는 물이 自取하는 것이다.' 하셨다.

言 水之淸濁이 有以自取之也라 聖人이 聲入心通하여 無非至理를 此類可見이니라

물의 맑고 흐림이 自取함을 말한 것이다. 聖人은 소리가 〈귀에〉 들어가면 마음으로 통달하여 지극한 이치 아님이 없음을 이러한 類에서 볼 수 있다.

夫人必自侮[1]**然後**에 **人侮之**하며 **家必自毁而後**에 **人毁之**하며 **國必自伐而後**에 **人伐之**하나니라

사람은 반드시 스스로 업신여긴 뒤에 남이 그를 업신여기며, 집안은 반드시 스스로 훼손한 뒤에 남이 그를 훼손하며, 나라는 반드시 스스로 공격한 뒤에 남이 그를 공격하는 것이다.

譯註 1. 人必自侮 : 自侮는 스스로 업신여기는 것으로 자신이 남들로부터 업신여김을 당할 만한 행위를 함을 이르는 바, 뒤의 自毁와 自伐 역시 제 스스로 자기 집안을 훼손

孺:어릴 유 滄:물이름 창 浪:물결 랑 纓:갓끈 영 系:끈 계 毁:훼방할 훼

하고 자기 나라를 망하게 할 만한 행위를 함을 이른 것이다.

所謂自取之者라

이른바 自取한다는 것이다.

太甲曰 天作孼은 猶可違어니와 自作孼은 不可活이라하니 此之謂也니라

〈太甲〉에 이르기를 '하늘이 지은 재앙은 오히려 피할 수 있거니와 스스로 지은 재앙은 〈피하여〉 살 수 없다.' 하였으니, 이것을 말한 것이다."

解見前篇하니라

○ 此章은 言 心存則有以審夫得失之幾요 不存則無以辨於存亡之著니 禍福之來 皆其自取니라

해석이 前篇(公孫丑 上)에 보인다.

○ 이 章은 마음이 보존되면 得失의 기미를 살필 수 있고, 보존되지 않으면 存亡이 드러난 것도 분별할 수 없으니, 禍福의 유래가 모두 自取임을 말씀한 것이다.

9. 孟子曰 桀紂之失天下也는 失其民也니 失其民者는 失其心也라 得天下有道하니 得其民이면 斯得天下矣리라 得其民이 有道하니 得其心이면 斯得民矣리라 得其心이 有道하니 所欲을 與之聚之[1)]요 所惡(오)를 勿施爾也니라

孟子께서 말씀하셨다. "桀·紂가 천하를 잃은 것은 백성을 잃었기 때문이니, 백성을 잃었다는 것은 그 마음을 잃은 것이다. 천하를 얻음에 길이 있으니, 백성을 얻으면 천하를 얻을 것이다. 백성을 얻음에 길이 있으니, 그 마음을 얻으면 백성을 얻을 것이다. 마음을 얻음에 길이 있으니, 백성이 원하는 바를 위하여 모아 주고 백성이 싫어하는 바를 베풀지 말아야 한다.

孼:재앙 얼 違:피할 위 審:살필 심 聚:모을 취

譯註 1. 所欲 與之聚之 : 沙溪 金長生은 "與는 爲(위함)와 같으니, 與之는 바로 백성을 위하는 것이다." 하였다.

民之所欲을 皆爲致之를 如聚斂然하고 民之所惡는 則勿施於民이니 鼂錯所謂 人情이 莫不欲壽어늘 三王이 生之而不傷하고 人情이 莫不欲富어늘 三王이 厚之而不困하고 人情이 莫不欲安이어늘 三王이 扶之而不危하고 人情이 莫不欲逸이어늘 三王이 節其力而不盡은 此類之謂也니라

백성이 원하는 바를 모두 위하여 이루어주기를 聚斂(재물을 모음)하듯이 하고, 백성이 싫어하는 바는 백성들에게 베풀지 말아야 한다. 鼂錯(조조)의 이른바 '사람의 마음은 장수하기를 원하지 않는 이가 없는데 三王은 백성들을 살게 하고 상하지 않게 하며, 사람의 마음은 부유하기를 원하지 않는 이가 없는데 三王은 백성들의 생활을 후하게 해주고 곤궁하지 않게 하며, 사람의 마음은 편안하기를 원하지 않는 이가 없는데 三王은 백성들을 붙들어 주고 위태롭지 않게 하며, 사람의 마음은 몸이 편함을 원하지 않는 이가 없는데 三王은 백성들의 힘을 절제하고 다하지 않게 했다.'는 것은 이러한 類를 말한 것이다.

民之歸仁也 猶水之就下며 獸之走壙也니라

백성이 仁者에게 돌아옴은 물이 아래로 내려가며 짐승이 들로 달아나는 것과 같다.

壙은 廣野也라 言 民之所以歸乎此는 以其所欲之在乎此也라

壙은 넓은 들이다. 백성이 이 곳(仁者)에 돌아오는 까닭은 그들의 원하는 바가 이 곳에 있기 때문임을 말씀한 것이다.

故로 爲淵敺(驅)魚者는 獺也요 爲叢敺爵(雀)者는 鸇也요 爲湯武敺民者는 桀與紂也니라

鼂:아침 조 錯:둘 조 扶:붙들 부 逸:편안할 일 壙:들 광 敺:몰 구(驅同) 獺:수달 달 叢:떨기 총 爵:참새 작(雀同) 鸇:새매 전

그러므로 못을 위하여 고기를 몰아주는 것은 수달이요, 나무숲을 위하여 참새를 몰아주는 것은 새매요, 湯·武를 위하여 백성을 몰아준 자는 桀·紂이다.

淵은 深水也라 獺은 食魚者也라 叢은 茂林也라 鸇은 食雀者也라 言 民之所以去此는 以其所欲在彼而所畏在此也니라

淵은 깊은 물이다. 獺은 고기를 잡아먹는 짐승이다. 叢은 무성한 숲이다. 鸇은 참새를 잡아먹는 새이다. 백성들이 이 곳을 떠나가는 까닭은 그들이 원하는 바가 저 곳에 있고 두려워하는 바가 이 곳에 있기 때문임을 말씀한 것이다.

今天下之君이 有好仁者면 則諸侯皆爲之敺矣리니 雖欲無王이나 不可得已니라

이제 천하의 군주 중에 仁을 좋아하는 자가 있으면 諸侯들이 모두 그를 위하여 〈백성을〉 몰아줄 것이니, 비록 왕 노릇을 하지 않으려 하더라도 될 수 없을 것이다.

今之欲王者는 猶七年之病에 求三年之艾(애)也니 苟爲不畜이면 終身不得하리니 苟不志於仁이면 終身憂辱하여 以陷於死亡하리라

지금에 왕 노릇 하고자 하는 자는 7년 된 병에 3년 묵은 약쑥을 구하는 것과 같으니, 만일 〈지금 약쑥을 뜯어〉 저축해 두지 않으면 종신토록 얻지 못할 것이다. 〈이와 마찬가지로〉 만일 仁政에 뜻하지 않으면 종신토록 근심하고 치욕을 받아 죽고 망함에 이를 것이다.

艾는 草名이니 所以灸者니 乾久益善이라 夫病已深而欲求乾久之艾면 固難卒辦이라 然이나 自今畜之면 則猶或可及이어니와 不然이면 則病日益深하고 死日益迫하여도 而艾終不可得矣리라

艾는 풀이름이니 뜸을 뜨는 것인데, 말린 지가 오랜 것일수록 〈약효가〉 더욱 좋다.

艾:쑥 애 苟:만일 구 畜:쌓을 축(蓄同) 灸:뜸질할 구 乾:말릴 간(건) 辦:장만할 판

병이 이미 깊었는데, 말린 지가 오래된 약쑥을 구하려고 하면 진실로 갑자기 장만하기가 어렵다. 그러나 지금부터라도 〈뜯어서〉 저축해 두면 오히려 혹 기한에 미쳐 고칠 수 있거니와 그렇지 않으면 병이 날로 더욱 깊어지고 죽음이 날로 더욱 임박하여도 쑥을 끝내 얻지 못할 것이다.

詩云 其何能淑이리오 載胥及溺이라하니 此之謂也니라

≪詩經≫에 이르기를 '어찌 능히 善할 수 있으리오. 서로 더불어 빠진다.' 하였으니, 이것을 말한 것이다."

詩는 大雅桑柔之篇이라 淑은 善也라 載는 則也라 胥는 相也라 言 今之所爲 其何能善이리오 則相引以陷於亂亡而已니라

詩는 〈大雅 桑柔篇〉이다. 淑은 善이다. 載는 則(곧)이다. 胥는 서로이다. 지금에 하는 바가 어찌 善할 수 있겠는가. 곧 서로 이끌고서 혼란과 멸망에 빠질 뿐임을 말씀한 것이다.

10. 孟子曰 自暴者는 不可與有言也요 自棄者는 不可與有爲也니 言非禮義를 謂之自暴也요 吾身不能居仁由義를 謂之自棄也니라

孟子께서 말씀하셨다. "스스로 해치는 자는 더불어 말할 수 없고, 스스로 버리는 자는 더불어 일할 수 없으니, 말할 때에 禮義를 비방하는 것을 自暴라 이르고, 내 몸은 仁에 居하고 義를 따를 수 없다고 하는 것을 自棄라 이른다.

暴는 猶害也요 非는 猶毁也라 自害其身者는 不知禮義之爲美而非毁之하니 雖與之言이라도 必不見信也요 自棄其身者는 猶知仁義之爲美로되 但溺於怠惰하여 自謂必不能行이니 與之有爲라도 必不能勉也라 程子曰 人苟以善自治면 則無不可移者하니 雖昏愚之至라도 皆可漸磨而進也라 惟自暴者는 拒之以不信하고 自棄者는 絶之以不爲하나니 雖聖人與居라도 不能化而入也니 此所謂下愚之不移[1]也니라

暴는 害(해침)와 같고, 非는 毁(비방)와 같다. 스스로 그 몸을 해치는 자는 禮義가

迫:닥칠 박　淑:착할 숙　載:곧 재　胥:서로 서 溺:빠질 닉　磨:갈 마

아름다움이 됨을 알지 못하여 비방하니 비록 그와 더불어 말하더라도 반드시 믿어 주지 않을 것이요, 스스로 그 몸을 버리는 자는 오히려 仁義가 아름다움이 됨을 아나 다만 게으름에 빠져 반드시 행할 수 없다고 스스로 말할 것이니 비록 그와 더불어 일하더라도 반드시 힘쓰지 못할 것이다.

程子(伊川)가 말씀하였다. "사람이 만일 善으로써 스스로 다스리면 옮길(변할) 수 없는 자가 없으니, 비록 昏愚함이 지극하더라도 모두 점점 연마하여 나아갈 수 있다. 오직 自暴하는 자는 막아서 믿지 않으며 自棄하는 자는 끊어서(체념하여) 하지 않으니, 비록 聖人과 더불어 거처하더라도 교화하여 들어갈 수 없다. 이것이 이른바 '下愚不移'라는 것이다.

譯註 1. 下愚之不移 : 가장 미련하여 변할 수 없는 자로서 ≪論語≫〈陽貨〉3章의 "上智와 下愚는 변할 수 없다.〔唯上知與下愚不移〕"는 말에서 나온 것이다.

仁은 人之安宅也요 義는 人之正路也라

仁은 사람의 편안한 집이요, 義는 사람의 바른 길이다.

仁宅은 已見前篇하니라 義者는 宜也니 乃天理之當行이요 無人欲之邪曲이라 故로 曰正路라하니라

仁宅은 이미 前篇(公孫丑 上)에 보인다. 義는 마땅함이니, 바로 天理로서 마땅히 행해야 할 것이요 人欲의 邪曲함이 없다. 그러므로 正路라 한 것이다.

曠安宅而弗居하며 舍正路而不由하나니 哀哉라

편안한 집을 비워두고 거처하지 않으며 바른 길을 버려두고 따르지 않으니, 애처롭다."

曠은 空也라 由는 行也라

○ 此章은 言 道本固有로되 而人自絶之하니 是可哀也라 此는 聖賢之深戒니 學者所當猛省也니라

曠은 空(비움)이다. 由는 행함이다.

○ 이 章은 道가 본래 고유하나 사람이 스스로 끊으니, 이는 슬퍼할 만함을 말씀한 것

이다. 이는 聖賢의 깊은 경계이니, 배우는 자들이 마땅히 크게 반성하여야 할 것이다.

11. 孟子曰 道在爾(邇)而求諸遠하며 事在易而求諸難하나니 人人이 親其親하며 長其長이면 而天下平하리라

孟子께서 말씀하셨다. "道가 가까운 곳에 있는데도 먼 곳에서 구하며, 일이 쉬운 데 있는데도 어려운 데에서 찾는다. 사람마다 각기 그 어버이를 친히 하고 그 어른을 어른으로 섬기면 천하가 평해질 것이다."

親長은 在人에 爲甚邇하고 親之長之는 在人에 爲甚易로되 而道初不外是也라 舍此而他求면 則遠且難而反失之니 但人人이 各親其親하고 各長其長이면 則天下自平矣리라

親(어버이)과 長(어른)은 사람에게 있어 매우 가까움이 되고, 친히 하고 어른으로 섬김은 사람에게 있어 매우 쉬움이 되는데, 道는 애당초 여기에서 벗어나지 않는다. 이것을 버리고 다른 데서 구하면 멀고 또 어려워서 도리어 잃게 되니, 다만 사람마다 각기 그 어버이를 친히 하고 그 어른을 어른으로 섬기면 천하가 저절로 평해질 것이다.

12. 孟子曰 居下位而不獲於上이면 民不可得而治也리라 獲於上이 有道하니 不信於友면 弗獲於上矣리라 信於友 有道하니 事親弗悅이면 弗信於友矣리라 悅親이 有道하니 反身不誠이면 不悅於親矣리라 誠身이 有道하니 不明乎善이면 不誠其身矣리라

孟子께서 말씀하셨다. "아래 지위에 있으면서 윗사람에게 〈신임을〉 얻지 못하면 백성을 다스리지 못할 것이다. 윗사람에게 신임을 얻는 것이 길이 있으니, 벗에게 믿음을 받지 못하면 윗사람에게 〈신임을〉 얻지 못할 것이다. 벗에게 믿음을 받는 것이 길이 있으니, 어버이를 섬겨 기쁨을 받지 못하면 벗에게 믿음을 받지 못할 것이다. 어버이를 기쁘게 하는 것이 길이 있으니, 몸을 돌이켜봄에 성실하지 못하면 어버이에게 기쁨을 받지 못할 것이다. 몸을 성실히 하는 것이 길이 있으니, 善을 밝게 알지 못하면 그 몸을 성실히 하지 못할 것이다.

爾:가까울 이(邇通) 外:벗어날 외 舍:버릴 사(捨同) 獲:얻을 획

獲於上은 得其上之信任也라 誠은 實也니 反身不誠은 反求諸身而其所以爲善之心이 有不實也라 不明乎善은 不能卽事窮理하여 無以眞知善之所在也라 游氏曰 欲誠其意인댄 先致其知니 不明乎善이면 不誠乎身矣리라 學至於誠身이면 則安往而不致其極哉리오 以內則順乎親이요 以外則信乎友요 以上則可以得君이요 以下則可以得民矣리라

獲於上은 윗사람의 신임을 얻는 것이다. 誠은 성실함이다. 反身不誠은 자기 몸에 돌이켜 찾아봄에 善을 하려는 마음이 성실하지 못함이 있는 것이다. 不明乎善은 사물에 나아가 理를 궁구하지 못하여 善의 所在를 참으로 알지 못하는 것이다.

游氏(游酢)가 말하였다. "그 뜻을 성실히 하려고 할진댄 먼저 그 지식을 지극히 하여야 하니, 善을 밝게 알지 못하면 그 몸을 성실히 하지 못할 것이다. 학문이 몸을 성실히 함에 이르면 어디를 간들 그 지극함을 다하지 못하겠는가. 안으로는 어버이에게 순하고, 밖으로는 벗에게 믿음을 받고, 위로는 군주에게 신임을 얻고, 아래로는 백성들에게 민심을 얻을 것이다."

是故로 誠者는 天之道也요 思誠者는 人之道也니라

이러므로 〈자연스럽게〉 성실히 함은 하늘의 道요, 성실히 할 것을 생각함은 사람의 道이다.

誠者는 理之在我者 皆實而無僞니 天道之本然也요 思誠者는 欲此理之在我者 皆實而無僞니 人道之當然也라

誠은 나에게 있는 理를 모두 성실히 하여 거짓이 없는 것이니 天道의 本然이요, 思誠은 나에게 있는 이 理를 모두 성실히 하여 거짓이 없게 하고자 하는 것이니 人道의 當然함이다.

至誠而不動者 未之有也니 不誠이면 未有能動者也니라

지극히 성실하고서 〈남을〉 감동시키지 못하는 자는 있지 않으니, 성실하지 못하면 능히 〈남을〉 감동시킬 자가 있지 않다."

至는 極也라 楊氏曰 動은 便是驗處니 若獲乎上, 信乎友, 悅於親之類 是也라

○ 此章은 述中庸孔子之言하니 見思誠爲修身之本이요 而明善又爲思誠之本이니 乃子思所聞於曾子요 而孟子所受乎子思者라 亦與大學相表裏하니 學者宜潛心焉이니라

至는 지극함이다.

楊氏(楊時)가 말하였다. "動(감동시킴)은 바로 효험이 나는 곳이니, 獲乎上·信乎友·悅於親과 같은 종류가 이것이다."

○ 이 章은 ≪中庸≫에 있는 孔子의 말씀을 기술한 것이니, 思誠은 修身의 근본이 되고 明善은 또 思誠의 근본이 됨을 볼 수 있다. 이는 바로 子思가 曾子에게 들으신 것이요, 孟子가 子思에게 전수받은 것이다. 또한 ≪大學≫과 서로 表裏가 되니, 배우는 자가 마땅히 마음을 잠겨 두어야 할 것이다.

13. 孟子曰 伯夷辟(避)紂하여 居北海之濱이러니 聞文王作하고 興[1]曰 盍歸乎來리오 吾聞西伯은 善養老者라하며 太公辟紂하여 居東海之濱이러니 聞文王作하고 興曰 盍歸乎來리오 吾聞西伯은 善養老者라하니라

孟子께서 말씀하셨다. "伯夷가 紂王을 피하여 北海의 가에 살더니, 文王이 일어났다는 말을 듣고 興起하여 말씀하기를 '내 어찌 그에게 돌아가지 않겠는가. 내 들으니 西伯(文王)은 늙은 자를 잘 봉양한다 했다.' 하였으며, 太公이 紂王을 피하여 東海의 가에 살더니, 文王이 일어났다는 말을 듣고 흥기하여 말씀하기를 '내 어찌 그에게 돌아가지 않겠는가. 내 들으니 西伯은 늙은 자를 잘 봉양한다 했다.' 하였다.

譯註 1. 聞文王作 興 : 官本諺解에는 '聞文王作興하고'로 懸吐하였으나 栗谷의 ≪諺解≫와 沙溪의 ≪釋疑≫를 따라 수정하였다. 沙溪는 이에 대하여 "作은 文王이 일어나 西伯의 지위에 있는 것이고, 興은 奮起하고 興發하는 뜻이다." 하였다.

作, 興은 皆起也라 盍은 何不也라 西伯은 即文王也니 紂命爲西方諸侯之長하여 得專征伐이라 故로 稱西伯이라 太公은 姜姓이요 呂氏[1]니 名尙이라 文王發政에 必先鰥寡孤獨하시고 庶人之老 皆無凍餒라 故로 伯夷, 太公이 來就其養이요 非求仕也니라

裏:속 리 辟:피할 피(避同) 濱:물가 빈 作:일어날 작 盍:어찌아니 합 鰥:홀아비 환

作과 興은 모두 일어남이다. 盍은 어찌 아니이다. 西伯은 바로 文王이니, 紂王이 〈文王을〉 명령하여 西方에 있는 諸侯의 우두머리로 삼아 征伐을 마음대로 할 수 있게 하였다. 이 때문에 西伯이라 칭한 것이다. 太公은 姜姓이요 呂氏이니, 이름이 尙이다. 文王은 정사를 폄에 반드시 鰥(홀아비)·寡(과부)·孤(고아)·獨(무의탁자)을 우선하셨고, 庶人의 노인들도 모두 얼고 굶주리는 자가 없게 하였다. 그러므로 伯夷와 太公이 와서 그의 봉양에 나아간 것이요, 벼슬을 구한 것이 아니다.

譯註 1. 太公 姜姓 呂氏 : 古代에 姓과 氏가 구분되었는 바, 氏는 封地로 지금의 貫鄕과 같은 뜻이 있다.

二老者는 天下之大老也而歸之하니 是는 天下之父 歸之也라 天下之父 歸之어니 其子 焉往이리오

두 노인은 天下의 大老인데 文王에게 돌아갔으니, 이는 천하의 아버지가 文王에게 돌아간 것이다. 천하의 아버지가 文王에게 돌아갔으니, 그 자제들이 〈文王에게 돌아가지 않고〉 어디로 가겠는가.

二老는 伯夷, 太公也라 大老는 言非常人之老者라 天下之父는 言齒德皆尊하여 如衆父然이라 旣得其心이면 則天下之心이 不能外矣니라 蕭何所謂 養民致賢하여 以圖天下者 其意暗與此合이라 但其意則有公私之辨하니 學者又不可不察也니라

二老는 伯夷와 太公이다. 大老는 보통 사람의 늙은이가 아님을 말한다. 천하의 아버지는 年齒와 德이 모두 높아서 여러 사람들의 아버지와 같음을 말한다. 이미 그의 마음을 얻었다면 천하의 마음이 벗어나지 못할 것이다. 蕭何의 이른바 '백성을 기르고 賢者를 초치하여 천하를 도모한다.'는 것이 그 뜻이 은연중 이와 합한다. 다만 그 뜻에 公·私의 구별이 있으니, 배우는 자가 또 이것을 살피지 않으면 안될 것이다.

諸侯有行文王之政者면 七年之內에 必爲政於天下矣리라

諸侯가 文王의 정사를 〈잘〉 행하는 자가 있으면 7년 이내에 반드시 천하에 정사를 할 것이다."

餒:굶주릴 뇌 焉:어찌 언 齒:연치 치 蕭:쑥 소 致:부를 치 暗:은밀할 암

七年은 以小國而言也니 大國五年은 在其中矣니라

7년은 小國을 가지고 말한 것이니, 大國 5년은 이 안에 들어 있다.

14. 孟子曰 求也爲季氏宰하여 無能改於其德이요 而賦粟이 倍他日한대 孔子曰 求는 非我徒也로소니 小子아 鳴鼓而攻之 可也[1]라하시니라

孟子께서 말씀하셨다. "求가 季氏의 家臣이 되어 그의 德(마음씨와 행실)을 고치지 못하고 곡식(세금)을 취한 것이 다른 날보다 倍加하자, 孔子께서 말씀하시기를 '求는 나의 무리가 아니니, 小子들아 북을 울리며 攻討(聲討)하는 것이 可하다.' 하셨다.

譯註 1. 求也爲季氏宰……鳴鼓而攻之可也 : 이 내용은 ≪論語≫〈先進〉16章에 보인다.

求는 孔子弟子冉求라 季氏는 魯卿이라 宰는 家臣이라 賦는 猶取也니 取民之粟이 倍於他日也라 小子는 弟子也라 鳴鼓而攻之는 聲其罪而責之也라

求는 孔子의 弟子 冉求이다. 季氏는 魯나라 卿이다. 宰는 家臣이다. 賦는 取(취함)와 같으니, 백성의 곡식을 취함이 다른 날보다 倍加한 것이다. 小子는 弟子이다. 북을 울리며 攻討한다는 것은 그 죄를 소리내어(성토하여) 꾸짖는 것이다.

由此觀之컨대 君不行仁政而富之면 皆棄於孔子者也니 況於爲之强戰하여 爭地以戰에 殺人盈野하며 爭城以戰에 殺人盈城이온여 此所謂率土地而食人肉이라 罪不容於死니라

이것을 가지고 본다면 군주가 仁政을 행하지 않는데 그 군주를 부유하게 하면 모두 孔子에게 버림을 받을 자인 것이다. 하물며 그 군주를 위하여 억지로 싸워서, 땅을 다투어 싸움에 사람을 죽인 것이 들에 가득하며 城을 다투어 싸움에 사람을 죽인 것이 城에 가득함에 있어서랴. 이는 이른바 土地를 따라(위하여) 사람의 고기를 먹는다는 것이니, 죄가 죽음에 이르러도 용서받지 못할 것이다.

賦:취할 부 粟:곡식 속 冉:나아갈 염 强:억지로 강 盈:가득할 영

林氏曰 富其君者는 奪民之財耳로되 而夫子猶惡(오)之하시니 況爲土地之故而殺人하여 使其肝腦塗地면 則是率土地而食人之肉이라 其罪之大가 雖至於死라도 猶不足以容之也라

林氏(林之奇)가 말하였다. "그 군주를 부유하게 한 자는 백성의 재물을 빼앗을 뿐인데도 夫子(孔子)가 오히려 미워하셨으니, 하물며 土地 때문에 사람을 죽여 肝과 腦를 땅에 바르게 한다면 이는 土地를 위하여 사람의 고기를 먹는 것이니, 그 죄의 큼이 비록 죽음에 이르러도 오히려 용서받을 수 없는 것이다."

故로 善戰者服上刑하고 連諸侯者次之하고 辟草萊任土地者次之니라

그러므로 전투를 잘하는 자가 上刑(극형)을 받아야 하고, 〈外交를 잘하여〉 제후들과 연합하는 자가 다음의 刑을 받아야 하고, 풀밭과 쑥밭을 개간하여 〈백성들에게〉 土地를 맡겨주는 자가 다음의 刑을 받아야 한다."

善戰은 如孫臏, 吳起之徒요 連結諸侯는 如蘇秦, 張儀之類라 辟은 開墾也라 任土地는 謂分土授民하여 使任耕稼之責이니 如李悝盡地力과 商鞅開阡陌(맥)[1]之類也라

전투를 잘한다는 것은 孫臏・吳起와 같은 무리요, 제후를 연결한다는 것은 蘇秦・張儀와 같은 무리이다. 辟은 개간함이다. 任土地는 땅을 나누어 백성들에게 주어서 밭갈고 벼심는 책임을 맡기는 것이니, 李悝가 地力을 다하여 生產力을 높이고 商鞅이 阡陌을 개간한 것과 같은 따위이다.

譯註 1. 開阡陌 : 南으로 난 길을 阡이라 하고 東西로 난 길을 陌이라 하는 바, 그 전에는 井田法을 시행하여 土地를 井字로 구획한 다음, 여기에서 남는 자투리 땅은 경작하지 않고 버려두었으나 秦나라 孝公 때에 商鞅이 처음으로 길의 일부인 阡陌까지도 모두 경작하게 하였으므로 말한 것이다.

15. 孟子曰 存乎人者 莫良於眸子하니 眸子不能掩其惡하나니 胸中이 正이면 則眸子瞭焉하고 胸中이 不正이면 則眸子眊焉이니라

塗:바를 도 辟:개간할 벽 萊:쑥 래 臏:정강이뼈 빈 蘇:소생할 소 墾:개간할 간 悝:사람이름 회 鞅:고삐 앙 阡:길 천 陌:길 맥 眸:눈동자 모 瞭:밝을 료 眊:흐릴 모

孟子께서 말씀하셨다. "사람에게 보존되어 있는 것(神氣)은 눈동자보다 더 좋은 것이 없으니, 눈동자는 그의 惡을 은폐하지 못한다. 가슴속이 바르면 눈동자가 밝고, 가슴속이 바르지 못하면 눈동자가 흐리다.

良은 善也라 眸子는 目瞳子也라 瞭는 明也라 眊者는 蒙蒙하여 目不明之貌라 蓋人與物接之時에 其神在目이라 故로 胸中正則神精而明하고 不正則神散而昏이니라

良은 좋음이다. 眸子는 눈의 동자이다. 瞭는 밝음이다. 眊는 蒙蒙(가리움)하여 눈이 밝지 못한 모양이다. 사람이 사물과 접할 때에 그 神이 눈에 있다. 이 때문에 가슴속이 바르면 神이 精하여 〈눈동자가〉 밝고, 가슴속이 바르지 못하면 神이 흩어져 〈눈동자가〉 밝지 못한 것이다.

聽其言也요 觀其眸子면 人焉廋哉리오

그의 말을 들어보고 그의 눈동자를 관찰한다면 사람들이 어떻게 〈자신을〉 숨기겠는가."

廋는 匿也라 言亦心之所發이라 故로 幷此以觀이면 則人之邪正을 不可匿矣라 然이나 言猶可以僞爲어니와 眸子則有不容僞者니라

廋는 숨김이다. 말 또한 마음에서 나오는 것이다. 그러므로 이것(말)까지 아울러(겸하여) 관찰한다면 사람의 사악함과 바름을 숨길 수 없는 것이다. 그러나 말은 오히려 거짓으로 잘할 수 있지만 눈동자는 속일 수 없는 것이다.

16. 孟子曰 恭者는 不侮人하고 儉者는 不奪人하나니 侮奪人之君은 惟恐不順焉이어니 惡(오)得爲恭儉이리오 恭儉을 豈可以聲音笑貌爲哉리오

孟子께서 말씀하셨다. "공손한 자는 남을 업신여기지 않고, 검소한 자는 남의 것을 빼앗지 않는다. 남을 업신여기고 남의 것을 빼앗는 군주는 〈사람들이 자신의 뜻에〉 순종하지 않을까 두려워하니, 어찌 공손함과 검소함을 할 수 있겠는

瞳:눈동자 동 蒙:덮어씌울 몽 廋:숨길 수 匿:숨길 닉 侮:업신여길 모

가. 공손함과 검소함을 어찌 음성이나 웃음과 모양으로써 〈꾸며서〉 할 수 있겠는가."

惟恐不順은 言恐人之不順已라 聲音笑貌는 僞爲於外也라

惟恐不順은 사람들이 자신에게 순종하지 않을까 두려워함을 말한다. 聲音笑貌는 외면에 거짓으로 하는 것이다.

17. 淳于髡曰 男女授受不親이 禮與잇가 孟子曰 禮也니라 曰 嫂[1]溺이어든 則援之以手乎잇가 曰 嫂溺不援이면 是는 豺狼也니 男女授受不親은 禮也요 嫂溺이어든 援之以手者는 權也니라

淳于髡이 "남녀간에 주고받기를 친히 하지 않는 것이 禮입니까?" 하고 묻자, 孟子께서 "禮이다." 하고 대답하셨다. "弟嫂가 우물에 빠지면 손으로써 구원하여야 합니까?" 하고 묻자, 대답하시기를 "제수가 물에 빠졌는데도 구원하지 않는다면 이는 豺狼(승냥이)이니, 남녀간에 주고받기를 친히 하지 않음은 禮이고, 제수가 물에 빠졌으면 손으로써 구원함은 權道이다." 하셨다.

譯註 1. 嫂 : 兄嫂와 弟嫂가 모두 해당되는데, 옛날에 시숙과 제수 사이를 더욱 조심하였으므로 제수로 해석하였음을 밝혀둔다.

淳于는 姓이요 髡은 名이니 齊之辯士라 授는 與也요 受는 取也라 古禮에 男女不親授受하니 以遠別也라 援은 救之也라 權은 稱錘也니 稱物輕重而往來以取中者也라 權而得中이면 是乃禮也라

淳于는 姓이요 髡은 이름이니, 齊나라의 辯士이다. 授는 줌이요, 受는 취함이다. 古禮에 남녀가 물건을 친히 주고 받지 않았으니, 이는 남녀의 분별을 멀리(크게) 한 것이다. 援은 구원함이다. 權은 저울의 추이니, 물건의 輕重을 저울질하여 왔다갔다 해서 맞음을 취하는 것이다. 〈상황을〉 저울질하여 中道를 얻는다면 이것이 바로 禮이다.

曰 今天下溺矣어늘 夫子之不援은 何也잇고

髡:머리깎을 곤 嫂:아주머니 수 溺:빠질 닉 援:구원할 원 豺:이리 시 狼:이리 랑

淳于髡이 말하였다. "지금 천하가 도탄에 빠졌는데, 夫子께서 구원하지 않으심은 어째서입니까?"

言 今天下大亂하여 民遭陷溺하니 亦當從權以援之요 不可守先王之正道也라

지금 천하가 크게 혼란하여 백성들이 함정에 빠지고 물에 빠짐을 만났으니, 또한 마땅히 權道를 따라 이들을 구원하여야 할 것이요, 先王의 正道만을 지켜서는 안됨을 말한 것이다.

曰 天下溺이어든 援之以道요 嫂溺이어든 援之以手니 子欲手援天下乎아

孟子께서 말씀하셨다. "천하가 도탄에 빠지거든 道로써 구원하고, 제수가 물에 빠지거든 손으로써 구원하는 것이니, 자네는 손으로 천하를 구원하고자 하는가."

言 天下溺엔 惟道可以捄之니 非若嫂溺可手援也라 今子欲援天下호되 乃欲使我枉道求合하니 則先失其所以援之之具矣니 是欲使我以手援天下乎아
○ 此章은 言 直己守道가 所以濟時니 枉道徇人은 徒爲失己니라

천하가 도탄에 빠졌을 때에는 오직 道만이 이를 구원할 수 있으니, 제수가 물에 빠졌을 때에 손으로 구원할 수 있는 것과는 같지 않다. 이제 자네가 천하를 구원하고자 하나 마침내 나로 하여금 道를 굽혀 〈제후왕에게〉 영합하기를 구하게 하려 하니, 이렇게 되면 먼저 구원할 수 있는 도구(道)를 잃는 것이다. 이는 나로 하여금 손으로써 천하를 구원하게 하고자 하는 것이라고 말씀한 것이다.

○ 이 章은 자신을 곧게 하고 道를 지킴이 세상을 구제하는 것이니, 道를 굽혀 남을 따름은 다만 자신의 지조를 잃음이 됨을 말씀한 것이다.

18. 公孫丑曰 君子之不教子는 何也잇고

公孫丑가 말하였다. "君子가 〈직접〉 자식을 가르치지 않음은 어째서입니까?"

稱:저울질할 칭 錘:저울 추 遭:만날 조 捄:구원할 구(救同) 徇:따를 순

不親敎也라

직접 가르치지 않는 것이다.

孟子曰 勢不行也니라 敎者는 必以正이니 以正不行이어든 繼之以怒하고 繼之以怒면 則反夷矣니 夫子敎我以正하사되 夫子도 未出於正也라하면 則是父子相夷也니 父子相夷면 則惡矣니라

孟子께서 말씀하셨다. "勢가 행해지지 않기 때문이다. 가르치는 자는 반드시 올바름으로써 하는데, 올바름으로써 가르쳐 행해지지 않으면 노함이 뒤따르고, 노함이 뒤따르면 도리어 〈자식의 마음을〉 상하게 된다. 〈자식이 생각하기를〉 '夫子(아버지)께서 나를 바름으로써 가르치시지만 夫子도 〈행실이〉 바름에서 나오지 못하신다.'라고 한다면 이는 부자간에 서로 〈의를〉 상하는 것이니, 부자간에 서로 의를 상함은 나쁜 것이다.

夷는 傷也라 敎子者는 本爲愛其子也로되 繼之以怒면 則反傷其子矣라 父旣傷其子하면 子之心에 又責其父曰 夫子敎我以正道하사되 而夫子之身도 未必自行正道라하면 則是子又傷其父也라

夷는 상함이다. 자식을 가르침은 본래 그 자식을 사랑하기 때문이나 노함이 뒤따르면 도리어 그 자식의 마음을 상하게 한다. 아버지가 이미 자식의 마음을 상하게 하면 자식의 마음에 또 그 아버지를 꾸짖기를 '夫子는 나를 바름으로써 가르치시나 夫子 자신도 반드시 스스로 바름을 행하지 못한다.' 할 것이니, 이렇게 되면 이는 또 자식이 그 아버지의 마음을 상하게 하는 것이다.

古者에 易子而敎之하니라

옛날에는 자식을 바꾸어 가르쳤다.

易子而敎는 所以全父子之恩이요 而亦不失其爲敎니라

反:도리어 반 夷:상할 이

자식을 바꾸어 가르침은 부자간의 은혜를 온전히 하고 또한 가르침을 잃지 않게 하는 것이다.

父子之間은 **不責善**이니 **責善則離**하나니 **離則不祥**이 **莫大焉**이니라

부자간에는 善으로 책하지 않으니, 善으로 책하면 〈情이〉 떨어지게 된다. 情이 떨어지면 不祥(나쁨)함이 이보다 더 큼이 없는 것이다."

責善은 朋友之道也라
○ 王氏曰 父有爭子는 何也오 所謂爭者는 非責善也라 當不義면 則爭之而已矣니라 父之於子也에 如何오 曰 當不義면 則亦戒之而已矣니라

善으로 책함은 朋友間의 道理이다.
○ 王氏(王勉)가 말하였다. "'아버지에게 간하는 자식이 있다.'는 것은 무엇인가? 이른바 '간한다'는 것은 責善이 아니요 不義를 당하면 간할 뿐이다. 아버지가 자식에 대하여 어떻게 해야 하는가? 不義를 당하면 또한 경계할 뿐이다."

19. **孟子曰 事孰爲大**오 **事親**이 **爲大**하니라 **守孰爲大**오 **守身**이 **爲大**하니라 **不失其身而能事其親者**를 **吾聞之矣**요 **失其身而能事其親者**를 **吾未之聞也**로라

孟子께서 말씀하셨다. "섬기는 일 중에 무엇이 가장 큼이 되는가? 어버이를 섬김이 큼이 된다. 지키는 일 중에 무엇이 가장 큼이 되는가? 몸(지조)을 지킴이 큼이 된다. 몸을 잃지 않고서 그 어버이를 잘 섬긴 자는 내가 들었고, 몸을 잃고서 그 어버이를 잘 섬긴 자는 내가 듣지 못하였다.

守身은 持守其身하여 使不陷於不義也라 一失其身이면 則虧體辱親하니 雖日用三牲之養이라도 亦不足以爲孝矣니라

守身은 그 몸을 잘 지켜 不義에 빠지지 않게 하는 것이다. 한 번 그 몸을 잃으면 몸

祥:길할 상 爭:간쟁할 쟁 虧:이지러질 휴 牲:희생 생

을 훼손하고 어버이를 욕되게 하니, 비록 하루에 세 짐승(소·양·돼지)의 봉양을 올리더라도 孝라 할 수 없는 것이다.

孰不爲事리오마는 **事親**이 **事之本也**요 **孰不爲守**리오마는 **守身**이 **守之本也**니라

〈섬기는 일 중에〉 무엇이 섬김이 되지 않겠는가마는 어버이를 섬김이 섬김의 근본이요, 〈지키는 일 중에〉 무엇이 지킴이 되지 않겠는가마는 몸을 지킴이 지킴의 근본이다.

事親孝면 **則忠可移於君**이요 **順可移於長**[1]이며 **身正**이면 **則家齊國治而天下平**이니라

어버이를 섬기기를 孝로 하면 충성을 군주에게 옮길 수 있고 순종함을 어른(上官)에게 옮길 수 있으며, 몸이 바루어지면 집안이 가지런해지고 나라가 다스려져 천하가 평할 것이다.

譯註 1. 忠可移於君 順可移於長 : ≪孝經≫에 있는 孔子의 말씀으로, 父母를 孝誠으로 섬기는 자가 이것을 군주에게 옮기면 忠이 되고 상관에게 옮기면 順이 됨을 이른다.

曾子養曾晳하사되 **必有酒肉**이러시니 **將徹**할새 **必請所與**하시며 **問有餘**어든 **必曰有**라하더시다 **曾晳**이 **死**커늘 **曾元**이 **養曾子**호되 **必有酒肉**하더니 **將徹**할새 **不請所與**하며 **問有餘**어시든 **曰亡**(무)**矣**라하니 **將以復進也**라 **此所謂養口體者也**니 **若曾子**면 **則可謂養志也**니라

曾子가 曾晳을 봉양할 적에 〈밥상에〉 반드시 술과 고기가 있었는데, 장차 밥상을 치우려 할 적에 〈曾子는〉 반드시 '누구에게 주시겠습니까?' 하고 청하였으며, 〈曾晳이〉 '남은 것이 있느냐?' 하고 물으면 반드시 '있습니다.' 하고 대답하셨다. 曾晳이 죽자 曾元이 曾子를 봉양하였는데, 〈밥상에〉 반드시 술과 고기가 있었다. 그러나 밥상을 치울 적에 〈曾元은〉 '누구에게 주시겠습니까?' 하고 청하지 않았으며, 〈曾子가〉 '남은 것이 있느냐?' 하고 물으시면 반드시 '없습니다'

晳:밝을 석　徹:거둘 철(撤同)　與:줄 여　進:올릴 진

하고 대답하였으니, 이는 그 음식을 다시 올리려고 해서였다. 이것은 이른바 '口體(입과 몸)만을 봉양한다.'는 것이니, 曾子와 같이 하면 '뜻을 봉양한다.'고 이를 만하다.

此는 承上文事親言之라 曾晳은 名點이니 曾子父也요 曾元은 曾子子也라 曾子養其父하시되 每食에 必有酒肉이러시니 食畢將徹去할새 必請於父曰 此餘者를 與誰오하며 或父問此物尙有餘否어든 必曰有라하시니 恐親意更欲與人也라 曾元은 不請所與하고 雖有라도 言無하니 其意將以復進於親이요 不欲其與人也니 此는 但能養父母之口體而已라 曾子則能承順父母之志하여 而不忍傷之也시니라

이는 윗글에 어버이 섬김을 이어서 말씀한 것이다. 曾晳은 이름이 點이니 曾子의 아버지요, 曾元은 曾子의 아들이다. 曾子가 아버지를 봉양하실 적에 밥을 먹을 때마다 반드시 술과 고기가 있었는데, 밥을 다 먹고 밥상을 치울 때에 반드시 아버지(曾晳)에게 청하시기를 '이 남은 것을 누구에게 주시렵니까?' 하였으며, 혹 아버지가 '이 물건이 아직 남은 것이 있느냐?' 하고 물으면 반드시 '있습니다.' 하고 대답하셨으니, 이는 어버이의 뜻이 다시 남에게 주시려고 하는가 해서였다. 曾元은 줄 것을 청하지 않았으며, 비록 남은 것이 있어도 '없다.'고 대답하였으니, 이는 그 뜻이 장차 어버이에게 다시 올리고 남에게 주려고 하지 않은 것이니, 이는 다만 父母의 口體만을 봉양하였을 뿐이다. 曾子는 父母의 뜻을 잘 받들어 차마 상하게 하지 못하신 것이다.

事親을 若曾子者 可也니라

어버이 섬김을 曾子와 같이 하는 것이 可하다."

言 當如曾子之養志요 不可如曾元但養口體니라 程子曰 子之身에 所能爲者는 皆所當爲니 無過分之事也라 故로 事親을 若曾子면 可謂至矣어늘 而孟子止曰可也라하시니 豈以曾子之孝爲有餘哉[1)]리오

마땅히 曾子와 같이 뜻을 봉양해야 할 것이요, 曾元처럼 단지 口體만을 봉양해서는 안됨을 말씀한 것이다.

程子(明道)가 말씀하였다. "자식의 몸에 능히 할 수 있는 것은 모두 자식이 당연히 해야 할 바이니, 분수에 지나치는 일이란 없다. 그러므로 어버이 섬김을 曾子와 같이

하면 지극하다고 이를 만한데도 孟子께서 다만 '可하다.'고 하신 것이니, 어찌 曾子의 孝를 有餘(지극함)하다 하겠는가."

譯註 1. 豈以曾子之孝爲有餘哉 : 有餘는 부족의 반대말로, 曾子의 이러한 孝는 자식된 도리에 당연히 해야 할 일이니, 어찌 지극하여 過分하다 할 수 있겠느냐는 뜻이다.

20. 孟子曰 人不足與適也며 政不足〔與〕間也라 惟大人이아 爲能格君心之非니 君仁이면 莫不仁이요 君義면 莫不義요 君正이면 莫不正이니 一正君而國定矣니라

孟子께서 말씀하셨다. "〈등용한〉 인물을 군주와 더불어 〈일일이 다〉 허물(지적)할 수 없으며, 〈잘못된〉 정사를 〈일일이 다〉 흠잡을 수 없다. 오직 大人이어야 군주의 나쁜 마음을 바로잡을 수 있으니, 군주가 仁해지면 〈모든 일이〉 仁하지 않음이 없고, 군주가 義로워지면 〈모든 일이〉 義롭지 않음이 없고, 군주가 바루어지면 〈모든 일이〉 바르지 않음이 없으니, 한 번 군주의 마음을 바루면 나라가 안정된다."

趙氏曰 適은 過也요 間은 非也라 格은 正也라 徐氏曰 格者는 物之所取正也[1)]니 書曰 格其非心이라하니라 愚謂 間字上에 亦當有與字라 言 人君用人之非를 不足過讁이요 行政之失을 不足非間이라 惟有大人之德이면 則能格君心之不正하여 以歸于正하여 而國無不治矣라 大人者는 大德之人이니 正己而物正者也[2)]라

○ 程子曰 天下之治亂이 繫乎人君之仁與不仁耳라 心之非는 卽害於政이니 不待乎發之於外也라 昔者에 孟子三見齊王而不言事어시늘 門人이 疑之한대 孟子曰 我先攻其邪心[3)]이라하시니 心旣正而後에 天下之事를 可從而理也라 夫政事之失과 用人之非는 知(智)者能更(경)之하고 直者能諫之라 然이나 非心이 存焉이면 則事事而更之라도 後復有其事하여 將不勝其更矣요 人人而去之라도 後復用其人하여 將不勝其去矣라 是以로 輔相之職은 必在乎格君心之非하니 然後에 無所不正이요 而欲格君心之非者는 非有大人之德이면 則亦莫之能也니라

適:허물할 적　間:흠잡을 간　格:바로잡을 격, 이를 격　讁:허물할 적　相:도울 상

趙氏(趙岐)가 말하였다. "適은 허물함이요, 間은 비난함이다. 格은 바로잡음이다."

徐氏(徐度)가 말하였다. "格은 물건이 바름을 취하는 것이니, ≪書經≫에 이르기를 '그 나쁜 마음을 바로잡는다.' 하였다."

내가 생각하건대 間字 위에도 마땅히 與字가 있어야 할 것이다. 人君의 인물 등용의 잘못을 족히 허물할 수 없고 行政의 잘못을 족히 흠잡을 수 없다. 오직 〈신하가〉 大人의 德이 있으면 능히 군주의 마음의 바르지 못함을 바로잡아 바름으로 돌아가게 해서 나라가 다스려지지 않음이 없음을 말씀한 것이다. 大人은 大德의 사람이니, 자기 몸을 바룸에 남이 저절로 바루어지는 자이다.

○ 程子(伊川)가 말씀하였다. "天下의 다스려짐과 혼란함은 人君의 마음이 仁한가 不仁한가에 달려 있을 뿐이다. 마음의 나쁨은 바로 정사에 해를 끼치니, 밖에 나타나기를 기다리지 않는다. 옛날에 孟子께서 세 번 齊王을 만나보시고 정사를 말씀하시지 않자 門人들이 의심하였다. 이에 孟子께서 대답하시기를 '나는 먼저 그 邪心(바르지 않은 마음)을 다스리겠다.' 하셨으니, 마음이 이미 바루어진 뒤에야 천하의 일을 따라서 다스릴 수 있는 것이다. 정사의 잘못과 인물 등용의 잘못은, 지혜로운 자(신하)는 능히 고치고 忠直한 자는 능히 간한다. 그러나 군주에게 나쁜 마음이 남아 있으면 일마다 고치더라도 뒤에 다시 그러한 일이 있어서 장차 이루 다 고치지 못할 것이요, 사람마다 제거하더라도 뒤에 다시 그러한 인물을 등용하여 장차 이루 다 제거하지 못할 것이다. 이 때문에 輔相(보필)하는 大臣의 직책은 반드시 군주의 나쁜 마음을 바로잡음에 있는 것이니 이렇게 한 뒤에는 바르지 않음이 없을 것이요, 군주의 나쁜 마음을 바로잡고자 하는 자는 大人의 德이 있지 않으면 또한 이것을 할 수 없는 것이다."

譯註 1. 格者 物之所取正也 : 格은 직각으로 된 나무판자로 여기에 맞추어 물건을 바루었기 때문에 말한 것으로 보인다. 옛날 格尺이란 것이 있었는데, 이 역시 물건을 재고 물건을 맞추는 것이므로 여기에 맞는 것을 格式이라 하고 이 格式에 맞는 것을 合格이라 하였다. 壺山은 "合格은 물건을 바로잡는 기구이니, 나무를 합쳐 만든 듯하다." 하였으나 合은 부합의 뜻이요 나무를 합친다는 뜻은 아니다.

2. 大人者……正己而物正者也 : 뒤의 〈盡心 上〉 19章에 "有大人者 正己而物正者也"라고 보인다.

3. 孟子三見齊王而……我先攻其邪心 : 이 내용은 ≪荀子≫ 〈大略〉에 보인다.

21. 孟子曰 有不虞之譽하며 有求全之毁하니라

孟子께서 말씀하셨다. "예상치 않은 칭찬이 있으며, 완전하기를 구하다가 받는 비방이 있다."

虞는 度(탁)也라 呂氏曰 行不足以致譽而偶得譽를 是謂不虞之譽요 求免於毁而反致毁를 是謂求全之毁라 言 毁譽之言이 未必皆實이니 修己者 不可以是遽爲憂喜요 觀人者 不可以是輕爲進退니라

虞는 헤아림이다.

呂氏(呂大臨)가 말하였다. "행실이 칭찬을 불러올 만하지 못한데도 우연히 칭찬을 얻는 것을 不虞之譽라 이르고, 비방을 면하기를 구하다가 도리어 비방을 불러옴을 求全之毁라 이른다."

비방하고 칭찬하는 말이 반드시 다 진실된 것은 아니니, 몸을 닦는 자는 이것(毁譽)으로써 대번에 근심하거나 기뻐해서는 안될 것이요, 사람을 관찰하는 자는 이것으로써 가볍게 올려주거나 물리쳐서는 안됨을 말씀한 것이다.

22. 孟子曰 人之易(이)其言也는 無責耳矣니라

孟子께서 말씀하셨다. "사람이 말을 함부로 하는 것은 꾸짖음을 받지 않았기 때문이다."

人之所以輕易其言者는 以其未遭失言之責故耳라 蓋常人之情은 無所懲於前이면 則無所警於後하니 非以爲君子之學이 必俟有責而後에 不敢易其言也라 然이나 此豈亦有爲而言[1]之與인저

사람이 그 말을 가볍게 하고 함부로 하는 까닭은 失言의 꾸짖음을 당하지 않았기 때문이다. 常人의 情은 앞에서 징계한 바가 없으면 뒤에 경계하는 바가 없으니, 君子의 학문이 반드시 꾸짖음이 있기를 기다린 뒤에 감히 그 말을 함부로 하지 않는다고 말씀한 것은 아니다. 그러나 이것은 아마도 이유가 있어서 하신 말씀일 것이다.

譯註 1. 有爲而言 : 까닭이 있어서 한 말씀으로, 곧 일반적인 경우가 아니고 특별한 경우를 지적하여 말씀한 것을 가리킨다.

虞:헤아릴 우 致:부를 치 遽:갑자기 거 遭:만날 조 俟:기다릴 사

23. 孟子曰 人之患이 在好爲人師니라

孟子께서 말씀하셨다. "사람들의 병통은 남의 스승 되기를 좋아함에 있다."

王勉曰 學問有餘하여 人資於己어든 不得已而應之는 可也어니와 若好爲人師면 則自足而不復有進矣니 此는 人之大患也니라

王勉이 말하였다. "學問이 有餘(충분)하여 남들이 자기에게 의뢰하거든 부득이하여 응함은 可하거니와, 만일 남의 스승이 되기를 좋아한다면 스스로 만족하게 여겨 다시는 진전이 있지 않을 것이니, 이는 사람들의 큰 병통이다."

24. 樂正子從於子敖하여 之齊러니

樂正子가 子敖를 따라 齊나라에 갔었다.

子敖는 王驩의 字라

子敖는 王驩의 字이다.

樂正子見(현)孟子한대 孟子曰 子亦來見我乎아 曰 先生은 何爲出此言也시니잇고 曰 子來幾日矣오 曰 昔者니이다 曰 昔者면 則我出此言也 不亦宜乎아 曰 舍館을 未定이러이다 曰 子聞之也아 舍館을 定然後에 求見長者乎아

樂正子가 孟子를 뵙자, 孟子께서 "자네도 나를 찾아와 보는가?" 하시니, 樂正子가 "先生은 어찌하여 이런 말씀을 하십니까?" 하였다. "자네가 이 곳에 온 지가 며칠인가?" "前日입니다." "前日이라면 내가 이러한 말을 하는 것이 당연하지 않은가." "머무를 客舍를 정하지 못해서였습니다." "자네는 들었는가? 客舍를 정한 뒤에 長者(어른)를 찾아본다 하던가?"

昔者는 前日也라 館은 客舍也라 王驩은 孟子所不與言者니 則其人을 可知矣어늘 樂正

資:의뢰할 자 敖:오만할 오 驩:기쁠 환 舍:머물 사 館:객사 관

子乃從之行하니 其失身之罪大矣요 又不早見長者하니 則其罪又有甚者焉이라 故로 孟子姑以此責之하시니라

昔者는 前日이다. 館은 客舍이다. 王驩은 孟子께서 더불어 말씀하시지 않은 자이니 그렇다면 그의 인품을 알 수 있는데, 樂正子가 그를 따라 왔으니 몸의 지조를 잃은 죄가 크며, 또 일찍 長者를 찾아 뵙지 않았으니 그 죄가 또 심함이 있다. 그러므로 孟子께서 우선 이것으로 꾸짖으신 것이다.

曰 克이 有罪호이다

樂正子가 말하였다. "제(克)가 죄를 졌습니다."

陳氏曰 樂正子固不能無罪矣라 然이나 其勇於受責이 如此하니 非好善而篤信之면 其能若是乎아 世有强辯飾非하여 聞諫愈甚者하니 又樂正子之罪人[1]也니라

陳氏(陳暘)가 말하였다. "樂正子는 진실로 죄가 없지 못하다. 그러나 꾸짖음을 받음에 용맹함이 이와 같았으니, 善을 좋아하고 독실히 믿는 자가 아니면 능히 이와 같겠는가. 세상에는 强辯하여 非行을 꾸며 간하는 말을 들으면 더욱 심한 자가 있으니, 이는 또 樂正子의 罪人이다."

譯註 1. 樂正子之罪人 : 樂正子는 孟子에게 죄를 지었으므로 孟子의 罪人인 반면, 세상에 꾸짖음을 들으면 달게 받지 않고 强辯하는 자들은 또 樂正子에게 죄를 지은 사람이란 뜻이다.

25. 孟子謂樂正子曰 子之從於子敖來는 徒餔啜也로다 我不意子學古之道而以餔啜也호라

孟子께서 樂正子에게 말씀하셨다. "자네가 子敖를 따라 〈齊나라에〉 온 것은 한갓 먹고 마시기 위해서이다. 나는 자네가 옛 道를 배우고서 먹고 마시는 것에 쓰리라고는 생각하지 못하였네."

徒는 但也라 餔는 食也요 啜은 飮也니 言其不擇所從하고 但求食耳라 此乃正其罪而切

姑:우선 고 愈:더욱 유 徒:한갓 도 餔:먹을 포 啜:마실 철

責之시니라

徒는 다만이다. 餔는 먹음이요 啜은 마심이니, 따를 바를 택하지 않고 다만 음식을 구할 뿐임을 말씀한 것이다. 이는 그 죄를 바로 말씀하여 간절히 꾸짖으신 것이다.

26. 孟子曰 不孝有三하니 無後爲大하니라

孟子께서 말씀하셨다. "不孝가 세 가지 있으니, 〈그 중에〉 後孫이 없는 것이 가장 크다.

趙氏曰 於禮에 有不孝者三事하니 謂阿意曲從하여 陷親不義가 一也요 家貧親老호되 不爲祿仕가 二也요 不娶無子하여 絶先祖祀가 三也니 三者之中에 無後爲大하니라

趙氏(趙岐)가 말하였다. "禮에 不孝란 것이 세 가지 있으니, 父母의 뜻에 아첨하고 곡진히 따라서 어버이를 不義에 빠뜨림이 첫째요, 집이 가난하고 어버이가 늙었는데도 祿仕(祿을 받기 위한 벼슬)를 하지 않음이 둘째요, 장가들지 않아 자식이 없어서 先祖의 제사를 끊음이 셋째이니, 이 세 가지 중에 후손이 없는 것이 가장 크다."

舜이 不告而娶는 爲無後也시니 君子以爲猶告也라하니라

舜임금이 〈父母에게〉 아뢰지 않고 장가든 것은 無後 때문이셨으니, 君子가 '아뢴 것과 같다.'고 말하였다."

舜告焉이면 則不得娶而終於無後矣리니 告者는 禮也요 不告者는 權也라 猶告는 言與告同也라 蓋權而得中이면 則不離於正矣니라
○ 范氏曰 天下之道 有正有權하니 正者는 萬世之常이요 權者는 一時之用이니 常道는 人皆可守어니와 權은 非體道者면 不能用也라 蓋權은 出於不得已者也니 若父非瞽瞍요 子非大舜이어늘 而欲不告而娶면 則天下之罪人也니라

舜임금이 父母에게 아뢰었으면 장가들 수가 없어서 無後로 끝났을 것이니, 아뢰는 것은 禮요 아뢰지 않는 것은 權道이다. 猶告는 아룀과 같음을 말한다. 저울질하여(權道를 행하여) 中道에 맞으면 正道에서 이탈되지 않는다.

阿:아첨할 아 陷:빠질 함 娶:장가들 취 瞽:봉사 고 瞍:봉사 수

○ 范氏(范祖禹)가 말하였다. "天下의 道에는 正道와 權道가 있으니, 正道는 萬世의 떳떳함이요 權道는 一時의 운용이다. 常道는 사람들이 다 지킬 수 있으나 權道는 道를 체행한 자가 아니면 쓰지 못한다. 權道는 부득이한 데서 나오는 것이니, 만일 아버지가 瞽瞍와 같은 나쁜 아버지가 아니요 아들이 大舜과 같은 孝子가 아니면서 아뢰지 않고 장가들려 한다면 天下의 罪人이다."

27. 孟子曰 仁之實은 事親이 是也요 義之實은 從兄이 是也니라

孟子께서 말씀하셨다. "仁의 실제는 어버이를 섬김이 이것이요, 義의 실제는 兄에게 순종함이 이것이다.

仁主於愛而愛莫切於事親이요 義主於敬而敬莫先於從兄이라 故로 仁義之道 其用이 至廣이나 而其實은 不越於事親從兄之間하니 蓋良心之發이 最爲切近而精實者라 有子以孝弟爲爲仁之本[1]하니 其意亦猶此也니라

仁은 사랑을 주장하는데 사랑은 어버이를 섬기는 것보다 간절함이 없으며, 義는 공경을 주장하는데 공경은 兄에게 순종하는 것보다 먼저함이 없다. 그러므로 仁義의 道가 그 쓰임이 지극히 넓으나 그 실제는 어버이를 섬기고 兄에게 순종하는 사이에 지나지 않으니, 良心이 발로됨이 가장 간절하고 가까우면서 精하고 진실한 것이다. 有子가 孝悌로써 仁을 행하는 근본을 삼았으니, 그 뜻이 또한 이와 같다.

譯註 1. 有子以孝弟爲爲仁之本 : 有子는 孔子의 弟子인 有若을 존칭한 것으로, 이 내용은 ≪論語≫〈學而〉2章에 보인다.

智之實은 知斯二者하여 弗去 是也요 禮之實은 節文[1]斯二者 是也요 樂(악)之實은 樂(락)斯二者니 樂(락)則生矣니 生則惡(오)可已也리오 惡可已면 則不知足之蹈之, 手之舞之니라

智의 실제는 이 두 가지(事親・從兄)를 알아서 떠나지 않는 것이요, 禮의 실제는 이 두 가지를 節文하는 것이요, 樂의 실제는 이 두 가지를 즐거워하는 것이다. 즐거워하면 〈이러한 마음이〉 생겨날 것이니, 생겨난다면 〈이러한 행실

越:넘을 월 切:간절할 절 精:정밀할 정 已:그만둘 이 蹈:뛸 도 舞:춤출 무

을〉 어찌 그만둘 수 있겠는가. 그만둘 수 없다면 자신도 모르게 발로 뛰고 손으로 춤을 추게 될 것이다."

譯註 1. 節文 : 節은 品節로 品格에 맞게 제한하는 것이며, 文은 文飾을 가하여 문채(文章)가 나게 하는 것이다.

斯二者는 指事親從兄而言이라 知而弗去는 則見之明而守之固矣라 節文은 謂品節文章이라 樂則生矣는 謂和順從容하여 無所勉强하여 事親從兄之意가 油然自生이 如草木之有生意也라 旣有生意면 則其暢茂條達이 自有不可遏者니 所謂惡可已也라 其又盛이면 則至於手舞足蹈而不自知矣니라

○ 此章은 言 事親從兄은 良心眞切이니 天下之道 皆原於此라 然이나 必知之明而守之固然後에 節之密而樂之深也니라

이 두 가지는 事親·從兄을 가리켜 말한 것이다. 알아서 떠나지 않는다는 것은 보기를 분명히 하고 지키기를 굳게 하는 것이다. 節文은 品節과 文章을 이른다. 즐거워하면 생겨난다는 것은 和順하고 從容(여유 있음)하여 억지로 힘쓰는 바가 없으면서 事親·從兄의 뜻이 油然히 스스로 생겨남이 草木에 살려는 뜻이 있음과 같음을 이른다. 이미 살려는 뜻이 있다면 〈草木이〉 무성하고 가지가 발달됨이 막을 수 없는 것이 있을 것이니, 이것이 이른바 '어찌 그만둘 수 있겠는가〔惡可已〕'란 것이다. 더욱 성해지면 손으로 춤을 추고 발로 뛰면서도 스스로 알지 못하는 경지에 이를 것이다.

○ 이 章은 事親·從兄은 良心이 참되고 간절한 것이니, 天下의 道가 모두 여기에서 근원하였으나 반드시 알기를 분명히 하고 지키기를 굳게 한 뒤에야 節(예절에 맞게 함)하기를 치밀히 하고 즐거워하기를 깊이 함을 말씀한 것이다.

28. 孟子曰 天下大悅而將歸己어늘 視天下悅而歸己호되 猶草芥也는 惟舜이 爲然하시니 不得乎親이면 不可以爲人이요 不順乎親이면 不可以爲子러시다

孟子께서 말씀하셨다. "천하 사람들이 크게 좋아하면서 장차 자신에게 돌아오려 하였으나 천하 사람들이 좋아하면서 자신에게 돌아옴을 보기를 草芥와 같이

暢:통할 창 茂:무성할 무 遏:막을 알 芥:지푸라기 개

여기신 것은 오직 舜임금이 그러하셨다. 어버이에게 기쁨을 얻지 못하면 사람이 될 수 없고, 어버이를 〈道에〉 순하게 하지 못하면 자식이 될 수 없다고 여기셨다.

言 舜視天下之歸己를 如草芥하고 而惟欲得其親而順之也라 得者는 曲爲承順하여 以得其心之悅而已요 順則有以諭之於道하여 心與之一하여 而未始有違니 尤人所難也라 爲人은 蓋泛言之요 爲子는 則愈密矣라

舜임금은 천하가 자신에게 돌아옴을 보기를 草芥처럼 여기고, 오직 그 어버이에게 기뻐함을 얻고 〈어버이를 道에〉 順하게 하려고 하셨음을 말씀한 것이다. 得은 곡진히 받들어서 그 마음에 기뻐함을 얻을 뿐이요, 順은 어버이를 道로 깨우쳐서 마음이 道와 하나가 되어 일찍이 어김이 있지 않게 하는 것이니 더욱 사람의 어려운 바이다. 사람이 된다는 것은 범연히 말한 것이요, 자식이 된다는 것은 더욱 치밀하다.

舜이 盡事親之道而瞽瞍底(지)豫하니 瞽瞍底豫而天下化하며 瞽瞍底豫而天下之爲父子者定하니 此之謂大孝니라

舜임금이 어버이 섬기는 道理를 다함에 瞽瞍가 기뻐함을 이루었으니, 고수가 기뻐함을 이룸에 천하가 교화되었으며, 고수가 기뻐함을 이룸에 천하의 父子間이 된 자들이 안정되었으니, 이것을 일러 大孝라 하는 것이다."

瞽瞍는 舜父名이라 底는 致也요 豫는 悅樂(락)也라 瞽瞍至頑하여 嘗欲殺舜이러니 至是而底豫焉하니 書所謂不格姦. 亦允若[1]이 是也라 蓋舜至此而有以順乎親矣라 是以로 天下之爲子者 知天下에 無不可事之親이요 顧吾所以事之者未若舜耳라 於是에 莫不勉而爲孝하여 至於其親亦底豫焉이면 則天下之爲父者 亦莫不慈하니 所謂化也라 子孝父慈하여 各止其所하여 而無不安其位之意가 所謂定也라 爲法於天下하여 可傳於後世요 非止一身一家之孝而已니 此所以爲大孝也라
○ 李氏曰 舜之所以能使瞽瞍底豫者는 盡事親之道하여 共(恭)爲子職이요 不見父母之非而已라 昔에 羅仲素[2]語此云 只爲天下에 無不是底父母라한대 了翁이 聞而善之

曲:곡진할 곡 諭:깨우칠 유 尤:더욱 우 泛:넓을 범 底:이를 지 豫:기쁠 예 頑:완악할 완 格:이를 격 姦:간악할 간 允:믿을 윤 若:순할 약 顧:다만 고 了:밝을 료

曰 唯如此而後에 天下之爲父子者定이니 彼臣弑其君하며 子弑其父者는 常始於見其有不是處耳라하니라

瞽瞍는 舜임금의 아버지 이름이다. 底는 이룸이요, 豫는 기뻐함이다. 瞽瞍가 지극히 완악하여 일찍이 舜임금을 죽이고자 하였는데, 이 때에 이르러 기쁨을 이루었으니, ≪書經≫에 이른바 '姦惡(죄악)에 이르지 않게 하고 瞽瞍 또한 믿고 따랐다.'는 것이 이것이다. 舜임금이 이 때에 이르러 어버이를 順히 함이 있었던 것이다. 이 때문에 천하의 자식된 자들이 천하에 섬길 수 없는 父母가 없고, 다만 자신이 부모를 섬기는 것이 舜임금만 못하다는 것을 알았다. 이에 힘써 孝를 하지 않는 이가 없어서 그의 어버이 또한 기뻐함을 이룸에 이르면 천하의 아버지 된 자들이 또한 사랑하지 않는 이가 없었으니, 이것이 이른바 '化(敎化)'란 것이다. 아들이 孝하고 아버지가 사랑하여 각각 자기 자리에 멈추어서 그 위치에 편안하지 않음이 없는 뜻이 이른바 '定'이라는 것이다. 천하에 모범이 되어 후세에 전할 만하고 다만 一身·一家의 孝에 그칠 뿐만이 아니었으니, 이 때문에 大孝라 한 것이다.

○ 李氏(李郁)가 말하였다. "舜임금이 瞽瞍로 하여금 기뻐함을 이루게 한 것은 〈舜임금이〉 어버이 섬기는 道理를 다하여 공손히 자식된 직분을 하고 父母의 잘못을 보지 못하였기 때문일 뿐이다. 옛적에 羅中素가 이것을 말하기를 '다만 천하에 옳지 않은 父母가 없다고 생각하기 때문이다.' 하였는데, 了翁(陳瓘)이 이 말을 듣고서 좋게 여겨 말씀하기를 '이와 같이 생각한 뒤에야 천하에 父子間이 된 자들이 안정될 수 있으니, 저 신하로서 그 군주를 시해하고 자식으로서 그 아버지를 시해하는 자들은 항상 〈君·父의〉 옳지 못한 곳을 봄에서 비롯될 뿐이다.' 하였다."

譯註 1. 不格姦, 亦允若 : 不格姦은 舜임금이 瞽瞍를 꾸준히 교화시켜 죄악에 빠지지 않게 한 것으로 ≪書經≫ 〈堯典〉에 보이며, 亦允若은 瞽瞍 역시 교화되어 舜임금을 믿고 순종한 것으로 ≪書經≫ 〈大禹謨〉에 보인다.

2. 羅仲素 : 羅從彦을 가리킨 것으로 仲素는 그의 字이다. 程子의 門人인 龜山 楊時에게 배웠으며 배우는 자들이 豫章先生이라 칭하였다. 延平 李侗에게 학문을 전수하여 朱子에게 이르게 하였다.

離婁章句 下

凡三十三章이라

모두 33章이다.

1. 孟子曰 舜은 生於諸馮하사 遷於負夏하사 卒於鳴條하시니 東夷之人也시니라

孟子께서 말씀하셨다. "舜임금은 諸馮에서 태어나 負夏로 옮기셨다가 鳴條에서 별세하셨으니, 東夷의 사람이시다.

諸馮, 負夏, 鳴條는 皆地名이니 在東方夷服之地[1]하니라

諸馮·負夏·鳴條는 모두 地名이니, 東方 夷服의 땅에 있었다.

譯註 1. 在東方夷服之地 : 夷服은 天子의 王城에서 멀리 떨어져 있는 지역으로, ≪周禮≫ 〈夏官 職方氏〉에 "九服의 나라를 구별하는데, 天子의 직할구역인 方千里를 王畿라 하고, 그 다음의 500里를 侯服, 그 다음의 500里를 甸服, 그 다음을 男服, 그 다음을 采服, 그 다음을 衛服, 그 다음을 蠻服, 그 다음을 夷服, 그 다음을 鎭服, 그 다음을 藩服이라 한다." 하였다.

文王은 生於岐周하사 卒於畢郢하시니 西夷之人也시니라

文王은 岐周에서 태어나 畢郢에서 별세하셨으니, 西夷의 사람이시다.

岐周는 岐山下周舊邑이니 近畎夷하니라 畢郢은 近豐鎬하니 今有文王墓하니라

岐周는 岐山 아래에 있는 周나라의 옛 도읍이니, 畎夷와 가깝다. 畢郢은 豐·鎬에 가

馮:성 풍　遷:옮길 천　服:구역 복　岐:산이름 기　郢:땅이름 영　畎:밭이랑 견

까우니, 지금 文王의 墓가 있다.

地之相去也 千有餘里며 世之相後也 千有餘歲로되 得志하여 行乎中國하사는 若合符節하니라

지역이 서로 떨어져 있음이 천여 리이며 世代가 서로 뒤떨어짐이 천여 년이었지만 뜻을 얻어 〈道를〉 中國에 행함에 있어서는 符節을 합한 듯이 똑같았다.

得志行乎中國은 謂舜爲天子하고 文王爲方伯하여 得行其道於天下也라 符節은 以玉爲之하니 篆刻文字而中分之하여 彼此各藏其半이라가 有故則左右相合하여 以爲信也라 若合符節은 言其同也라

뜻을 얻어 中國에 행한다는 것은 舜임금은 天子가 되시고 文王은 方伯이 되시어 그 道를 천하에 행함을 이른다. 符節은 玉으로 만들었으니, 文字를 篆刻하고 반으로 나누어 彼此가 각각 반씩을 보관하고 있다가 연고가 있으면 左右의 것을 서로 합하여 信標로 삼는다. 符節을 합한 듯함은 같음을 말한 것이다.

先聖後聖이 其揆一也니라

앞의 聖人과 뒤의 聖人이 헤아려봄에 똑같다."

揆는 度(탁)也니 其揆一者는 言 度之而其道無不同也라
○ 范氏曰 言 聖人之生이 雖有先後遠近之不同이나 然이나 其道則一也니라

揆는 헤아림이니, 헤아려봄에 똑같다는 것은 헤아려 봄에 道가 같지 않음이 없음을 말씀한 것이다.

○ 范氏(范祖禹)가 말하였다. "聖人의 태어남은 비록 先後와 遠近의 차이가 있으나 그 道는 똑같음을 말씀한 것이다."

2. 子産이 聽鄭國之政할새 以其乘輿로 濟人於溱洧한대

子産이 鄭나라의 정사를 다스릴 적에 자기가 타는 수레를 가지고 溱水와 洧水

符:병부 부　篆 :전서 전　揆:헤아릴 규　聽:다스릴 청　濟:건널 제　溱:물이름 진

에서 사람들을 건네주었다.

子產은 鄭大夫公孫僑也라 溱洧는 二水名也라 子產이 見人有徒涉此水者하고 以其所乘之車로 載而渡之하니라

子產은 鄭나라 大夫인 公孫僑이다. 溱과 洧는 두 물의 이름이다. 子產은 사람들이 이 물을 걸어서 건너는 자가 있음을 보고는 자기가 타는 수레를 가지고 태워서 건네준 것이다.

孟子曰 惠而不知爲政이로다

孟子께서 말씀하셨다. "은혜로우나 정치를 하는 법을 알지 못하였도다.

惠는 謂私恩小利요 政則有公平正大之體와 綱紀法度之施焉이니라

惠는 사사로운 은혜와 작은 이익을 이르고, 政은 公平·正大한 체통과 紀綱·法度의 베풂이 있는 것이다.

歲十一月에 徒杠이 成하며 十二月에 輿梁이 成하면 民未病涉也니라

11월에 徒杠이 이루어지며 12월에 輿梁이 이루어지면 백성들이 물 건너는 것을 괴롭게 여기지 않는다.

杠은 方橋也니 徒杠은 可通徒行者라 梁은 亦橋也니 輿梁은 可通車輿者라 周十一月은 夏九月也요 周十二月은 夏十月也라 夏令曰 十月成梁[1)]이라하니 蓋農功已畢하여 可用民力이요 又時將寒沍라 水有橋梁이면 則民不患於徒涉이니 亦王政之一事也라

杠은 판자로 만든 다리이니, 徒杠은 徒步로 다니는 자를 통행하게 하는 것이다. 梁 또한 다리이니, 輿梁은 수레를 통행하게 하는 것이다. 周나라의 11월은 夏나라의 9월이요, 周나라의 12월은 夏나라의 10월이다. 夏令에 이르기를 '10월에 다리를 이룬다.' 하였으니, 농사일이 이미 끝나서 백성의 노동력을 쓸 수 있고 또 때가 장차 추워져서 물이 얼 것이다. 물에 橋梁이 있으면 백성들이 徒步로 건너는 것을 염려하지 않을 것이니, 이 또한 王政의 한 가지 일이다.

洧:물이름 유 僑:우거할 교 徒:걸을 도 杠:작은다리 강 梁:다리 량 功:일 공 沍:얼 호

譯註 1. 夏令曰 十月成梁 : ≪國語≫ 〈周語 中〉에 "夏令曰 九月除道 十月成梁"이라고 보이는데, 夏令은 夏나라 때의 명령이란 뜻으로, ≪禮記≫ 〈月令〉과 같이 그 당시의 政令을 적은 책인 듯하다.

君子平其政이면 行辟人도 可也니 焉得人人而濟之리오

君子가 政事를 공평히 한다면 出行할 때에 사람들을 辟除(벽제)하는 것도 가하니, 어찌 사람마다 모두 건네줄 수 있겠는가.

辟은 辟除也니 如周禮閽人爲之辟之辟이라 言 能平其政이면 則出行之際에 辟除行人하여 使之避己라도 亦不爲過라 況國中之水에 當涉者衆하니 豈能悉以乘輿濟之哉리오

辟은 辟除함이니, ≪周禮≫에 '閽人이 위하여 辟除한다.'는 辟과 같다. 능히 政事를 공평히 한다면 出行하는 즈음에 행인들을 辟除하여 자신을 피하게 하는 것도 지나침이 되지 않는다. 더구나 國中의 물에 마땅히 건너야 할 곳이 많으니, 어찌 다 타고 있는 수레로 그들을 건네줄 수 있겠느냐고 말씀한 것이다.

故로 爲政者 每人而悅之면 日亦不足矣리라

그러므로 爲政者가 매양 사람마다 그 마음을 기쁘게 해주려 한다면 날마다 하여도 또한 부족할 것이다."

言 每人을 皆欲致私恩하여 以悅其意면 則人多日少하여 亦不足於用矣라 諸葛武侯嘗言 治世는 以大德이요 不以小惠라하니 得孟子之意矣로다

사람마다 모두 사사로운 은혜를 이루어 그 뜻을 기쁘게 하고자 한다면 사람은 많고 날짜는 적어서 또한 씀에 부족함을 말씀한 것이다. 諸葛武侯가 일찍이 말하기를 "세상을 다스림은 大德으로써 해야 하고 작은 은혜로써 하지 않는다." 하였으니, 孟子의 뜻을 얻었다.

3. 孟子告齊宣王曰 君之視臣이 如手足이면 則臣視君을 如腹心

辟:물리칠 벽　閽:문지기 혼　悉:다 실　腹:배 복

하고 **君之視臣**이 **如犬馬**면 **則臣視君**을 **如國人**하고 **君之視臣**이 **如土芥**면 **則臣視君**을 **如寇讐**니이다

孟子께서 齊宣王에게 아뢰시기를 "君主가 신하 보기를 手足과 같이 하면 신하가 군주 보기를 腹心(배와 심장)과 같이 여기고, 군주가 신하 보기를 개와 말처럼 하면 신하가 군주 보기를 國人(路人)과 같이 여기고, 군주가 신하 보기를 土芥와 같이 하면 신하가 군주 보기를 원수와 같이 하는 것입니다."

孔氏曰 宣王之遇臣下에 恩禮衰薄하여 至於昔者所進을 今日에 不知其亡하니 則其於群臣에 可謂邈然無敬矣라 故로 孟子告之以此하시니라 手足腹心은 相待一體니 恩義之至也요 如犬馬則輕賤之라 然이나 猶有豢養之恩焉이라 國人은 猶言路人이니 言無怨無德也라 土芥則踐踏之而已矣요 斬艾(예)之而已矣니 其賤惡(오)之又甚矣라 寇讐之報가 不亦宜乎아

孔氏(孔文仲)가 말하였다. "宣王이 신하를 대우함에 은혜와 禮가 쇠하고 박하여 예전에 등용한 자가 오늘에 도망한 것을 모르는 지경에 이르렀으니, 群臣들에 대하여 막연하여 공경함이 없다고 이를 만하다. 그러므로 孟子께서 이 말씀을 아뢴 것이다. 手足과 腹心은 서로 대하기를 一體로 하는 것이니 은혜와 義가 지극한 것이요, 개와 말처럼 한다면 가볍고 천하게 여기는 것이나 오히려 길러주는 은혜가 있다. 國人은 路人이란 말과 같으니 원망도 없고 은덕도 없음을 말한다. 흙과 풀처럼 한다면 밟을 뿐이요 벨 뿐이니, 천히 여기고 미워함이 더욱 심하다. 원수로 보답함이 당연하지 않겠는가."

王曰 禮에 **爲舊君有服**하니 **何如**라야 **斯可爲服矣**니잇고

王이 말씀하였다. "禮에 옛 군주를 위하여 服이 있으니, 어떠하여야 이 服을 입습니까?"

儀禮曰 以道去君而未絶者는 服齊衰(자최)三月이라하니 王疑孟子之言太甚이라 故로 以此禮爲問하니라

芥:지푸라기 개 寇:도적 구 讐:원수 수 邈:아득할 막 豢:기를 환 踐:밟을 천 踏:밟을 답 艾:벨 예 齊:상복아랫단할 자 衰:상복 최

≪儀禮≫ 〈喪服〉의 傳에 이르기를 "道로써 군주를 떠났으나 아직 끊지 않은 자는 齊衰 三月을 입는다." 하였으니, 王은 孟子의 말씀이 너무 심하다고 의심하였다. 그러므로 이 禮를 가지고 질문한 것이다.

曰 諫行言聽하여 **膏澤**이 **下於民**이요 **有故而去**어든 **則君**이 **使人導之出疆**하고 **又先於其所往**하며 **去三年不反然後**에 **收其田里**하나니 **此之謂三有禮焉**이니 **如此則爲之服矣**니이다

孟子께서 말씀하셨다. "諫言이 행해지고 말이 받아들여져 은택이 백성들에게 내려지고, 연고가 있어 떠나면 군주가 사람으로 하여금 인도하여 국경을 나가게 하고 또 그가 가는 곳에 먼저 기별하며, 떠난 지 3년이 되어도 돌아오지 않은 뒤에야 그의 田里(토지와 주택)를 환수하니, 이것을 일러 세 번 禮가 있다 하는 것이니, 이와 같이 하면 그를 위하여 服을 입어줍니다.

導之出疆은 防剽掠也라 先於其所往은 稱道其賢하여 欲其收用之也라 三年而後에 收其田祿里居하니 前此엔 猶望其歸也라

인도하여 국경을 나가게 함은 도적의 노략질을 막는 것이다. 그가 가는 곳에 먼저 기별함은 그의 어짊을 칭찬하여 그를 거두어 쓰기를 바라는 것이다. 3년이 된 뒤에야 그의 田祿과 거주하는 집을 환수하니, 그전에는 오히려 그가 돌아오기를 바라는 것이다.

今也엔 **爲臣**하여 **諫則不行**하며 **言則不聽**하여 **膏澤**이 **不下於民**이요 **有故而去**어든 **則君**이 **搏執之**하고 **又極之於其所往**하며 **去之日**에 **遂收其田里**하나니 **此之謂寇讐**니 **寇讐**에 **何服之有**리잇고

지금엔 신하가 되어 간하면 행하지 않으며 말하면 들어주지 아니하여 은택이 백성들에게 내려지지 못하고, 연고가 있어 떠나면 군주가 그를 속박하며 또 그가 가는 곳에 궁하게 하고, 떠나는 날에 마침내 그의 田里를 환수하니, 이것을

膏:윤택할 고 導:인도할 도 反:돌아올 반 剽:노략질할 표 掠:노략질할 략 道:말할 도

일러 원수라 하는 것이니, 원수에게 무슨 服을 입어줌이 있겠습니까."

極은 窮也니 窮之於其所往之國이니 如晉錮欒盈[1]也라

○ 潘興嗣曰 孟子告齊王之言은 猶孔子對定公之意[2]也로되 而其言이 有迹하여 不若孔子之渾然也하니 蓋聖賢之別이 如此하니라 楊氏曰 君臣은 以義合者也라 故로 孟子爲齊王하여 深言報施之道하사 使知爲君者不可不以禮遇其臣耳라 若君子之自處는 則豈處其薄乎아 孟子曰 王庶幾改之를 予日望之라하시니 君子之言이 蓋如此하니라

極은 곤궁함이니, 그가 가는 바의 나라에 곤궁하게 하는 것이니, 晉나라가 欒盈을 금고한 것과 같은 것이다.

○ 潘興嗣가 말하였다. "孟子께서 齊宣王에게 아뢴 말씀은 孔子께서 定公에게 대답한 뜻과 같으나 그 말씀이 자취가 있어서 孔子의 渾然함만 못하니, 聖·賢의 분별이 이와 같다."

楊氏(楊時)가 말하였다. "君臣은 義로써 합한 자이다. 그러므로 孟子께서 齊王을 위하여 報施의 道를 깊이 말씀해서 군주가 된 자는 禮로써 그 신하를 대우하지 않으면 안 됨을 알게 하셨을 뿐이다. 君子의 自處함으로 말하면 어찌 그 薄함에 처하겠는가. 孟子께서 말씀하시기를 '王이 행여 고치시기를 나는 날마다 바란다.' 하셨으니, 君子의 말씀이 이와 같은 것이다."

譯註 1. 晉錮欒盈 : 晉나라 六卿의 하나인 欒盈이 失勢하고 楚나라로 亡命하자, 晉나라에서는 '欒盈의 亡命을 받아주는 나라가 있으면 공격을 가하겠다.'고 위협하여 禁錮시켰는 바, 이 사실이 ≪春秋左傳≫ 襄公 21年條에 보인다.

2. 孔子對定公之意 : 魯나라 定公이 군주가 신하를 부리고 신하가 군주를 섬기는 법을 묻자, 孔子께서 "君使臣以禮 臣事君以忠"이라고 대답하셨는데, 이것을 楊氏는 '군주가 신하를 禮로써 부리면 신하가 군주를 忠으로써 섬긴다.'고 해석하여 말한 것으로, 이 내용은 ≪論語≫ 〈八佾〉 19章에 보인다.

4. 孟子曰 無罪而殺士면 則大夫可以去요 無罪而戮民이면 則士可以徙니라

孟子께서 말씀하셨다. "죄 없이 士를 죽이면 大夫가 그 나라를 떠나야 하고,

搏:잡을 박 極:곤궁할 극 錮:가둘 고 欒:나무이름 란 潘:성 반 迹:자취 적 渾:혼후할 혼

죄 없이 백성을 죽이면 士가 옮겨야 한다."

言 君子當見幾而作이니 禍已迫이면 則不能去矣니라

君子는 마땅히 幾微를 보고 떠나야 하니, 禍가 이미 임박하면 떠날 수 없음을 말씀한 것이다.

5. 孟子曰 君仁이면 莫不仁이요 君義면 莫不義니라

孟子께서 말씀하셨다. "군주가 仁하면 仁하지 않음이 없고, 군주가 의로우면 의롭지 않음이 없다."

張氏[1]曰 此章은 重出이라 然이나 上篇은 主言人臣當以正君爲急이요 此章은 直戒人君하니 義亦小異耳니라

張氏가 말하였다. "이 章은 거듭 나왔다. 그러나 上篇에서는 신하가 마땅히 군주를 바로잡는 것을 급하게 여겨야 함을 주장하여 말씀하였고, 이 章에서는 다만 人君을 경계하였으니, 뜻이 또한 조금 다르다."

譯註 1. 張氏 : 壺山은 "이름은 九成이고 字는 子韶이며 錢塘사람으로 ≪孟子傳≫ 20卷을 지었다." 하였고, ≪四書集註典據考≫에도 胡炳文의 ≪四書集編≫에 張琥라고 기록되어 있음을 들어 集註의 張氏는 張琥를 가리킨 듯하나 자세하지 않다고 하였다.

6. 孟子曰 非禮之禮와 非義之義를 大人은 弗爲니라

孟子께서 말씀하셨다. "禮가 아닌 禮와 義가 아닌 義를 大人은 하지 않는다."

察理不精이라 故로 有二者之蔽라 大人則隨事而順理하고 因時而處宜하니 豈爲是哉리오

이치를 살핌이 精하지 못하기 때문에 두 가지의 가리움이 있는 것이다. 大人은 일에 따라 理를 順히 하고 때에 따라 마땅하게 처리하니, 어찌 이런 짓을 하겠는가.

7. 孟子曰 中也養不中하며 才也養不才라 故로 人樂有賢父兄也니 如中也棄不中하며 才也棄不才면 則賢不肖之相去가 其間이 不

戮:죽일 륙 徙:옮길 사 作:일어날 작 迫:닥칠 박 直:다만 직 肖:어질 초, 닮을 초

能以寸이니라

孟子께서 말씀하셨다. "〈道에〉 맞는 자가 〈道에〉 맞지 않는 자를 길러주며, 재주 있는 자가 재주 없는 자를 길러준다. 그러므로 사람들이 어진 父兄이 있음을 좋아하는 것이다. 만일 〈道에〉 맞는 자가 〈道에〉 맞지 않는 자를 버리며 재주 있는 자가 재주 없는 자를 버린다면 賢者와 不肖한 자의 거리는 그 간격이 한 치도 못될 것이다."

無過不及之謂中이요 足以有爲之謂才라 養은 謂涵育薰陶하여 俟其自化也라 賢은 謂中而才者也라 樂有賢父兄者는 樂其終能成己也라 爲父兄者 若以子弟之不賢으로 遂遽絶之而不能敎면 則吾亦過中而不才矣니 其相去之間이 能幾何哉리오

過와 不及이 없는 것을 中이라 이르고, 충분히 훌륭한 일을 할 수 있는 것을 才라 이른다. 養은 涵育하고 薰陶하여 스스로 변화하기를 기다림을 이른다. 賢은 道에 맞고 재주가 있는 자를 이른다. 어진 父兄이 있음을 좋아함은 마침내 자신을 이루어 줄 수 있음을 좋아하는 것이다. 父兄된 자가 만일 子弟들이 어질지 못하다 하여 마침내 대번에 끊어버리고 가르칠 수 없다고 여긴다면 자신도 또한 中을 지나쳐 재주가 없음이 되니, 그 거리의 간격이 얼마나 되겠는가.

8. 孟子曰 人有不爲也而後에 可以有爲니라

孟子께서 말씀하셨다. "사람이 하지 않음(지조)이 있은 뒤에야 훌륭한 일을 할 수 있는 것이다."

程子曰 有不爲는 知所擇也라 惟能有不爲라 是以로 可以有爲니 無所不爲者는 安能有所爲耶아

程子(伊川)가 말씀하였다. "하지 않음이 있음은 택할 바를 아는 것이다. 능히 하지 않는 바가 있기 때문에 훌륭한 일을 할 수 있는 것이니, 하지 않는 바가 없는 자는 어찌 훌륭한 일을 할 수 있겠는가."

涵:잠길 함 薰:감화할 훈 陶:도야할 도 俟:기다릴 사

9. 孟子曰 言人之不善하다가 當如後患에 何오

孟子께서 말씀하셨다. "남의 不善함을 말하다가 後患을 어찌하려는가."

此亦有爲而言이니라

이 또한 이유가 있어서 하신 말씀이다.

10. 孟子曰 仲尼는 不爲已甚者러시다

孟子께서 말씀하셨다. "仲尼께서는 너무 심한 것을 하지 않으셨다."

已는 猶太也라 楊氏曰 言 聖人所爲 本分之外에 不加毫末이니 非孟子眞知孔子면 不能以是稱之니라

已는 太(너무)와 같다.
楊氏(楊時)가 말하였다. "聖人이 하시는 바는 本分 밖에 털끝만큼도 더하지 않음을 말씀한 것이니, 참으로 孔子를 아신 孟子가 아니라면 이 말로써 칭할 수 없다."

11. 孟子曰 大人者는 言不必信이며 行不必果요 惟義所在니라

孟子께서 말씀하셨다. "大人인 자는 말은 믿게 하기를 기필하지 않으며 행실은 과단성 있게 하기를 기필하지 않고, 오직 義가 있는 데로 하는 것이다."

必은 猶期也라 大人은 言行이 不先期於信果요 但義之所在면 則必從之하나니 卒亦未嘗不信果也니라
○ 尹氏曰 主於義면 則信果在其中矣요 主於信果면 則未必合義니라 王勉曰 若不合於義而不信不果면 則妄人爾니라

必은 期(기필함)와 같다. 大人은 말과 행실이 먼저 믿게 하고 과단성 있게 하기를 기필하지 않고 다만 義가 있는 곳이면 반드시 따르니, 마침내 또한 일찍이 미덥고 과단성 있지 않은 것이 아니다.

已:너무 이　必:기필할 필　果:결행할 과

○ 尹氏(尹焞)가 말하였다. "義를 주장하면 信·果가 그 가운데에 있고, 信·果를 주장하면 반드시 義에 합하지는 못한다."

王勉이 말하였다. "만일 義에 합하지도 못하면서 미덥지도 못하고 과단성도 없다면 망령된 사람일 뿐이다."

12. 孟子曰 大人者는 不失其赤子之心者也니라

孟子께서 말씀하셨다. "大人은 赤子의 마음을 잃지 않은 자이다."

大人之心은 通達萬變하고 赤子之心은 則純一無僞而已라 然이나 大人之所以爲大人은 正以其不爲物誘하여 而有以全其純一無僞之本然이라 是以로 擴而充之면 則無所不知하고 無所不能하여 而極其大也니라

大人의 마음은 온갖 변화를 통달하고, 赤子의 마음은 純一하여 거짓이 없을 뿐이다. 그러나 大人이 大人이 될 수 있는 까닭은 바로 外物에 유인되지 않아서 純一하여 거짓이 없는 本然의 마음을 온전히 함이 있기 때문이다. 그러므로 이것을 확충하면 알지 못하는 바가 없고 능하지 못한 바가 없어 그 큼을 다할 수 있는 것이다.

13. 孟子曰 養生者 不足以當大事요 惟送死라야 可以當大事니라

孟子께서 말씀하셨다. "산 자(부모)를 봉양함은 大事에 해당될 수 없고, 오직 죽은 자를 葬送함이라야 大事에 해당될 수 있다."

事生을 固當愛敬이라 然이나 亦人道之常耳요 至於送死하여는 則人道之大變이니 孝子之事親에 舍是면 無以用其力矣라 故로 尤以爲大事而必誠必信하여 不使少有後日之悔也니라

산 자를 섬김을 진실로 마땅히 사랑하고 공경하여야 한다. 그러나 이는 또한 人道의 떳떳함일 뿐이요, 죽은 자를 葬送함에 있어서는 人道의 큰 변고이니, 孝子가 어버이를 섬김에 이를 버린다면 그 힘을 쓸 데가 없다. 그러므로 더욱 이것을 큰 일로 여겨서 반드시 誠信(성실)히 하여 조금이라도 後日의 후회가 있지 않게 하는 것이다.

14. 孟子曰 君子深造之以道는 欲其自得之也니 自得之則居之

安하고 **居之安則資之深**하고 **資之深則取之左右**에 **逢其原**이니 **故**로 **君子**는 **欲其自得之也**니라

孟子께서 말씀하셨다. "君子가 깊이 나아가기를 道(방법)로써 함은 自得하고자 해서이니, 自得하면 居함에 편안하고, 居함에 편안하면 이용함이 깊고, 이용함이 깊으면 좌우에서 취하여 씀에 그 근원을 만나게 된다. 그러므로 君子는 自得하고자 하는 것이다."

造는 詣也니 深造之者는 進而不已之意라 道는 則其進爲之方也라 資는 猶藉也[1]라 左右는 身之兩旁이니 言至近而非一處也라 逢은 猶值也라 原은 本也니 水之來處也라 言君子務於深造而必以其道者는 欲其有所持循하여 以俟夫默識心通하여 自然而得之於己也라 自得於己면 則所以處之者 安固而不搖하고 處之安固면 則所藉者 深遠而無盡하고 所藉者深이면 則日用之間에 取之至近하여 無所往而不值其所資之本也니라 ○ 程子曰 學은 不言而自得者 乃自得也니 有安排布置者는 皆非自得也라 然이나 必潛心積慮하여 優游厭飫[2]於其間然後에 可以有得이니 若急迫求之면 則是私己而已라 終不足以得之也니라

造는 나아감이니, 깊이 나아간다는 것은 나아가고 그치지 않는 뜻이다. 道는 그 나아가는 방법이다. 資는 藉와 같다. 左右는 몸의 양 곁이니, 지극히 가까우면서도 한 곳이 아님을 말한다. 逢은 値(만남)와 같다. 原은 근본이니, 물이 오는 곳이다. 君子가 깊이 나아가기를 힘쓰되 반드시 그 道로써 하는 것은 믿고 따르는 바가 있어서 묵묵히 알고 마음속으로 통달하여 자연히 자기 몸에 얻어지기를 기다리고자 해서이다. 자기 몸에 自得하면 處함이 편안하고 견고하여 흔들리지 않고, 處함이 편안하고 견고하면 이용함이 深遠하여 다함이 없고, 이용함이 深遠하면 날로 쓰는 사이에 지극히 가까운 곳에서 취해 써서 가는 곳마다 그 이용하는 바의 근본을 만나지 않음이 없을 것이다.

○ 程子(明道)가 말씀하였다. "학문은 말하지 않고 스스로 아는 것이 바로 自得함이니, 安排하고 布置함이 있는 것은 모두 自得함이 아니다. 그러나 반드시 마음을 잠그고 생각을 쌓아서 그 사이에 오랫동안 優游하고 厭飫한 뒤에야 自得함이 있을 수 있으니,

---

造:나아갈 조 詣:나아갈 예 藉:빌릴 자 旁:곁 방 値:만날 치 持:잡을지 循:따를 순
搖:흔들 요 排:배열할 배 飫:배부를 어 誇:자랑할 과

만일 급박하게 구한다면 이는 私己일 뿐이다. 끝내 얻지 못할 것이다.”

譯註 1. 資 猶藉也 : 藉는 빌려 쓰는 것으로 이용함을 이른다.
2. 優游厭飫 : 優游는 優柔로도 쓰는 바 편안하다는 뜻으로 마음의 여유를 갖는 것이며, 厭飫는 饜飫로도 쓰는 바 음식을 배불리 먹는 것으로 충분한 시간을 갖고 오랫동안 學問에 종사하여 풍부한 지식과 실천적 경험을 쌓음을 뜻한다. 이 말은 원래 ≪春秋左傳≫의 杜預 序文에 “優而柔之 使自求之 饜而飫之 使自趨之”라고 한 데서 유래한 것이다.

15. 孟子曰 博學而詳說之는 將以反說約也니라

孟子께서 말씀하셨다. “널리 배우고 상세히 말함은 장차 돌이켜서 요약함을 말하고자 해서이다.”

言 所以博學於文而詳說其理者는 非欲以誇多而鬪靡也요 欲其融會貫通하여 有以反而說到至約之地耳라 蓋承上章之意而言하니 學은 非欲其徒博이요 而亦不可以徑約也니라

글을 널리 배우고 그 이치를 상세히 말하는 까닭은 많은 지식을 자랑하고 화려함을 다투고자 해서가 아니요, 融會(자세히 이해)하고 貫通하여 돌이켜서 지극히 요약함을 설명하고자 해서임을 말씀한 것이다. 이는 윗장의 뜻을 이어서 말씀하였으니, 배움은 다만 博學하고자 할 것이 아니요 또한 곧바로 要約만을 해서도 안 되는 것이다.

16. 孟子曰 以善服人者는 未有能服人者也니 以善養人然後에 能服天下하나니 天下不心服而王者 未之有也니라

孟子께서 말씀하셨다. “善으로써 남을 복종시키려 하는 자는 남을 복종시킬 수 있는 자가 있지 않으니, 善으로써 남을 길러준 뒤에야 천하를 복종시킬 수 있는 것이다. 천하가 마음으로 복종하지 않고서 왕 노릇한 자는 있지 않다.”

服人者는 欲以取勝於人이요 養人者는 欲其同歸於善이니 蓋心之公私小異에 而人之嚮背頓殊하니 學者於此에 不可以不審也니라

靡:화려할 미 融:밝을 융 會:알 회 徑:지름길 경 嚮:향할 향 頓:클 돈 殊:다를 수

服人은 남에게 이김을 취하고자 하는 것이요, 養人은 함께 善에 돌아가고자 하는 것이니, 마음의 公과 私가 조금 다름에 사람의 向·背가 크게 다르니, 배우는 자가 이에 대하여 살피지 않으면 안 된다.

17. 孟子曰 言無實不祥하니 不祥之實은 蔽賢者 當之니라

孟子께서 말씀하셨다. "말에 실상이 없는 것이 길하지 못하니, 길하지 못함의 실제는 어진이를 은폐함이 이에 해당된다."

或曰 天下之言이 無有實不祥者하니 惟蔽賢이 爲不祥之實이라하고 或曰 言而無實者不祥이라 故로 蔽賢이 爲不祥之實이라하니 二說이 不同하여 未知孰是라 疑或有闕文焉이니라

或者는 이르기를 "천하의 말에 실제로 不祥한 것이 없으니, 오직 어진이를 은폐함이 不祥의 실제가 된다." 하고, 或者는 이르기를 "말에 실상이 없는 것이 不祥이다. 그러므로 어진이를 은폐함이 不祥의 실제가 된다." 하니, 두 말이 같지 아니하여 누가 옳은지 알 수 없다. 아마도 빠진 글자가 있는 듯하다.

18. 徐子曰 仲尼亟(기)稱於水曰 水哉水哉여하시니 何取於水也시니잇고

徐子가 말하였다. "仲尼께서 자주 물을 칭찬하시어 '물이여, 물이여.' 하셨으니, 어찌하여 물을 취하셨습니까?"

亟는 數(삭)也라 水哉水哉는 歎美之辭라

亟는 자주이다. 水哉水哉는 찬미한 말씀이다.

孟子曰 原泉이 混混하여 不舍晝夜하여 盈科而後에 進하여 放乎四海하나니 有本者如是라 是之取爾시니라

祥:길할 상 亟:자주 기 數:자주 삭 混:용솟음칠 혼 舍:쉴 사 科:구덩이 과 放:이를 방

孟子께서 말씀하셨다. "근원이 좋은 물이 混混히 흘러 밤낮을 그치지 아니하여 구덩이가 가득 찬 뒤에 나아가서 四海에 이르나니, 행실에 근본이 있는 자가 이와 같다. 이 때문에 취하신 것이다.

原泉은 有原之水也라 混混은 湧出之貌라 不舍晝夜는 言常出不竭也라 盈은 滿也요 科는 坎也니 言其進以漸也라 放은 至也라 言 水有原本하여 不已而漸進하여 以至于海하니 如人有實行이면 則亦不已而漸進하여 以至于極也니라

原泉은 근원이 있는 물이다. 混混은 용솟음쳐 나오는 모양이다. 밤낮을 그치지 않는다는 것은 항상 나와 다하지 않음을 말한다. 盈은 가득참이요 科는 구덩이이니, 나아가기를 점진적으로 함을 말한 것이다. 放은 이르름이다. 물이 근원이 있어서 그치지 않고 점진하여 바다에 이르니, 사람이 실제 행실이 있으면 또한 그치지 않고 점진하여 지극한 경지에 이름과 같음을 말씀한 것이다.

苟爲無本이면 七八月之間에 雨集하여 溝澮皆盈이나 其涸也는 可立而待也라 故로 聲聞過情을 君子恥之니라

만일 근본이 없다면 7, 8월 사이에 빗물이 모여서 도랑이 모두 가득하나 그 마름은 서서도 기다릴 수 있다. 그러므로 명성이 실제보다 지나침을 君子는 부끄러워하는 것이다."

集은 聚也라 澮는 田間水道也라 涸은 乾也라 如人無實行而暴(폭)得虛譽면 不能長久也라 聲聞은 名譽也라 情은 實也라 恥者는 恥其無實而將不繼也라 林氏曰 徐子之爲人이 必有躐等干譽之病이라 故로 孟子以是答之하시니라
○ 鄒氏曰 孔子之稱水는 其旨微矣[1]어늘 孟子獨取此者는 自徐子之所急者로 言之也라 孔子嘗以聞達로 告子張矣[2]시니 達者는 有本之謂也요 聞은 則無本之謂也라 然則學者其可以不務本乎아

集은 모임이다. 澮는 밭 사이의 물길이다. 涸은 마름이다. 사람이 실제 행실이 없이 갑자기 빈 명예를 얻으면 長久하지 못함과 같은 것이다. 聲聞은 名譽이다. 情은 실제이

湧:용솟음칠 용 坎:구덩이 감 澮:도랑 회 涸:마를 학 暴:갑자기 폭 躐:건너뛸 렵

다. 부끄러워하는 것은 그 실제가 없어서 장차 이어지지 못함을 부끄러워하는 것이다.

林氏(林之奇)가 말하였다. "徐子의 사람됨이 반드시 등급을 건너뛰고 명예를 요구하는 병통이 있었을 것이다. 그러므로 孟子께서 이 말씀으로 대답하신 것이다."

○ 鄒氏(鄒浩)가 말하였다. "孔子께서 물을 칭찬하심은 그 뜻이 은미한데(깊은데), 孟子께서 유독 이 점만을 취하심은 徐子의 시급한 바로써 말씀하신 것이다. 孔子께서 일찍이 聞과 達을 가지고 子張에게 말씀해 주셨으니, 達은 근본(德行)이 있음을 이르고 聞은 근본이 없음을 이른다. 그렇다면 배우는 자가 근본을 힘쓰지 않을 수 있겠는가."

譯註 1. 孔子之稱水 其旨微矣 : ≪論語≫ 〈子罕〉 16章에 孔子께서 냇가에 계시면서 감탄하여 "가는 것이 이와 같구나. 밤낮을 그치지 않는다.〔逝者如斯夫 不舍晝夜〕"라고 한 내용이 보인다. 이에 대하여 朱子는 "天地의 造化가 가는 것은 지나가고 오는 것이 뒤를 이어서 한 순간의 쉼이 없으니, 이는 바로 道體의 本然이다. 그러나 지적하여 쉽게 볼 수 있는 것은 흐르는 냇물 만한 것이 없다. 그러므로 여기에 말씀하여 사람들에게 보여주신 것이니, 배우는 자가 때때로 省察하여 털끝만한 間斷도 없게 하고자 하신 것이다." 하였다. 위에서 徐子가 이른바 '仲尼가 자주 물을 칭찬했다.'는 것은 바로 ≪論語≫의 내용을 가리킨 것이며, 그 뜻이 깊다는 것 역시 道體의 本然과 學者들의 省察을 가리킨 것으로 보인다.

2. 孔子嘗以聞達 告子張矣 : 聞은 실제가 없으면서 명성을 얻는 것이요, 達은 실제의 德이 있어 사람들이 믿어 주어서 모든 일이 뜻대로 됨을 이르는 바, ≪論語≫ 〈顔淵〉 20章에 자세히 보인다.

19. 孟子曰 人之所以異於禽獸者 幾希하니 庶民은 去之하고 君子는 存之니라

孟子께서 말씀하셨다. "사람이 禽獸와 다른 것이 얼마 안되니, 庶民(衆人)들은 이것을 버리고 君子는 이것을 보존한다.

幾希는 少也라 庶는 衆也라 人物之生이 同得天地之理하여 以爲性하고 同得天地之氣하여 以爲形하니 其不同者는 獨人於其間에 得形氣之正하여 而能有以全其性이 爲少異耳라 雖曰少異나 然이나 人物之所以分이 實在於此하니 衆人은 不知此而去之면 則名雖爲人이나 而實無以異於禽獸요 君子는 知此而存之라 是以로 戰兢惕厲하여 而卒

干:요구할 간 希:드물 희 庶:많을 서 兢:조심할 긍 惕:두려울 척 厲:두려울 려

能有以全其所受之正也니라

幾希는 적음이다. 庶는 많음이다. 사람과 물건이 태어날 때에 똑같이 天地의 理를 얻어 性을 삼았고 똑같이 天地의 氣를 얻어 형체를 삼았으니, 그 같지 않은 점은 오직 사람만이 그 사이에 形氣의 올바름을 얻어 本性을 온전히 보존할 수 있는 것이 조금 다를 뿐이다. 비록 조금 다르다고 말하나 사람과 물건의 구분되는 바가 실로 여기에 있는 것이다. 衆人들은 이를 알지 못하여 버리니 그렇다면 이름은 비록 사람이라 하나 실제는 禽獸와 다를 것이 없고, 君子는 이를 알아 보존한다. 이 때문에 전전긍긍하며 두려워하고 조심하여 마침내 그 받은 바의 올바름을 온전히 보존하는 것이다.

舜은 明於庶物하시며 察於人倫하시니 由仁義行이라 非行仁義也시니라

舜임금은 여러 사물의 이치에 밝으시며 人倫에 특히 상세하셨으니, 仁義를 따라 행하신 것이요 仁義를 행하려고 하신 것이 아니었다."

物은 事物也요 明은 則有以識其理也라 人倫은 說見前篇하니라 察은 則有以盡其理之詳也라 物理固非度外로되 而人倫이 尤切於身이라 故로 其知之有詳略之異하니 在舜則皆生而知之[1]也라 由仁義行이요 非行仁義는 則仁義已根於心하여 而所行이 皆從此出이요 非以仁義爲美而後에 勉强行之니 所謂安而行之[2]也라 此則聖人之事니 不待存之而無不存矣니라

○ 尹氏曰 存之者는 君子也요 存者는 聖人也라 君子所存은 存天理也니 由仁義行은 存者能之니라

物은 事物이요, 明은 그 이치를 아는 것이다. 人倫은 해설이 前篇(滕文公 上)에 보인다. 察은 그 이치의 상세함을 다하는 것이다. 사물의 이치는 진실로 度外가 아니나 人倫이 특히 사람의 몸에 간절하다. 그러므로 그 앎에 상세하고 간략한 차이가 있는 것이니, 舜임금에 있어서는 모두 生而知之이다. 仁義를 따라 행함이요 仁義를 행하려 함이 아니라는 것은, 仁義가 이미 마음속에 뿌리하여 행하는 바가 모두 이로부터 나온 것이요 仁義를 아름답게 여긴 뒤에 억지로 힘써 행한 것이 아니니, 이른바 '安而行之'라는 것이다. 이는 聖人의 일이니, 보존하려 하기를 기다리지 않아도 보존되지 않음이 없는 것이다.

○ 尹氏(尹焞)가 말하였다. "보존하려 하는 것은 君子요, 저절로 보존하는 것은 聖人

이다. 君子가 보존하는 것은 天理를 보존함이니, 仁義를 따라 행함은 存者(聖人)만이 능하다."

譯註 1. 生而知之 : 배우지 않고 태어나면서 저절로 道理를 아는 것으로 聖人을 이른다. ≪中庸≫ 20章에 "或生而知之 或學而知之 或困而知之 及其知也 一也"라고 보인다.
2. 安而行之 : 道를 행함에 있어 억지로 힘쓰지 않고 편안히 행하는 것으로 聖人을 이른다. ≪中庸≫ 20章에 "或安而行之 或利而行之 或勉强而行之 及其成功 一也"라고 보인다.

20. 孟子曰 禹는 惡(오)旨酒而好善言이러시다

孟子께서 말씀하셨다. "禹王은 맛있는 술을 싫어하고, 善言을 좋아하셨다.

戰國策曰 儀狄이 作酒어늘 禹飮而甘之曰 後世에 必有以酒亡其國者라하시고 遂疏儀狄而絶旨酒라하니라 書曰 禹拜昌言이라하니라

≪戰國策≫ 〈魏策〉에 이르기를 "儀狄이 술을 만들자, 禹王은 그 술을 마셔보고 맛있게 여기며 말씀하시기를 '後世에 반드시 술로써 나라를 망칠 자가 있을 것이다.' 하시고는 마침내 儀狄을 소원히 하고 맛있는 술을 끊었다." 하였다. ≪書經≫에 이르기를 "禹王은 昌言(善言)에 절하였다." 하였다.

湯은 執中하시며 立賢無方이러시다

湯王은 中道를 잡으시며, 어진이를 세우되(등용하되) 일정한 方所가 없으셨다.

執은 謂守而不失이라 中者는 無過不及之名이라 方은 猶類也니 立賢無方은 惟賢則立之於位하고 不問其類也라

執은 지키고 잃지 않음을 이른다. 中은 過와 不及이 없는 것의 명칭이다. 方은 類와 같으니, 어진이를 세우되 方所가 없이 했다는 것은 오직 어진 자이면 그를 지위에 세우고, 그 부류를 따지지 않은 것이다.

文王은 視民如傷하시며 望道而(如)未之見이러시다

旨:맛 지　策:책 책　狄:오랑캐 적　昌:착하게말할 창　方:방소 방　而:如通

文王은 백성을 보기를 다칠 듯이 여기셨으며, 道를 바라보시고도 보지 못한 듯이 여기셨다.

民已安矣로되 而視之를 猶若有傷하고 道已至矣로되 而望之를 猶若未見하시니 聖人之愛民深而求道切이 如此하니 不自滿足하여 終日乾乾之心也니라

백성이 이미 편안하나 보기를 오히려 다칠 듯이 여기셨고, 道가 이미 지극하나 바라보기를 오히려 보지 못한 듯이 여기셨으니, 聖人이 백성 사랑하기를 깊이 하고 道를 구하기를 간절히 함이 이와 같았다. 이는 스스로 만족스럽게 여기지 않아 종일토록 부지런히 힘쓰시는 마음이다.

武王은 不泄邇하시며 不忘遠이러시다

武王은 가까운 자를 친압하지 않으시며, 먼 자를 잊지 않으셨다.

泄은 狎也라 邇者는 人所易狎而不泄하시고 遠者는 人所易忘而不忘하시니 德之盛이요 仁之至也니라

泄은 친압함(함부로 대함)이다. 가까운 자는 사람이 친압하기 쉬운 바인데도 친압하지 않으셨고, 먼 자는 사람이 잊기 쉬운 바인데도 잊지 않으셨으니, 德이 성하고 仁이 지극하시다.

周公은 思兼三王하사 以施四事하사되 其有不合者어든 仰而思之하여 夜以繼日하사 幸而得之어시든 坐以待旦이러시다

周公은 세 王을 겸하시어 네 가지 일을 시행할 것을 생각하시되 부합하지 않는 것이 있으면 우러러 생각하여 밤으로써 날을 이어서 다행히 터득하시면 그대로 앉아 날이 새기를 기다리셨다."

三王은 禹也, 湯也, 文武也요 四事는 上四條之事也라 時異勢殊라 故로 其事或有所不合이나 思而得之면 則其理初不異矣라 坐以待旦은 急於行也라

○ 此는 承上章言舜하여 因歷敍群聖以繼之而各擧其一事하여 以見(현)其憂勤惕厲

泄:친압할 설　邇:가까울 이　狎:친압할 압　兼:겸할 겸

之意하니 蓋天理之所以常存이요 而人心之所以不死也니라 程子曰 孟子所稱은 各因其一事而言이니 非謂武王不能執中立賢이요 湯却泄邇忘遠也라 人謂各擧其盛이라하나 亦非也라 聖人은 亦無不盛이시니라

三王은 禹王, 湯王, 文王·武王이요, 四事는 위 네 조항의 일이다. 때가 다르고 勢가 다르기 때문에 그 일에 혹 부합하지 않는 바가 있으나 생각하여 터득하면 그 이치가 애당초 다르지 않다. 앉아서 날이 새기를 기다린다는 것은 실행하기를 급히 여긴 것이다. ○ 이는 윗장에 舜임금을 말씀한 것을 이어서 인하여 여러 聖人을 차례로 서술하여 뒤를 이으면서 각각 한 가지 일을 들어 그 걱정하고 부지런히 힘쓰며 두려워한 뜻을 나타낸 것이니, 天理가 이 때문에 항상 보존되고 人心이 이 때문에 죽지 않는 것이다. 程子(伊川)가 말씀하였다. "孟子께서 칭한 바는 각각 한 가지 일을 인하여 말씀한 것이니, 武王은 中을 잡지 못하고 어진 자를 세움에 方所가 없이 하지 못하며, 湯王은 가까운 자를 친압하고 먼 자를 잊었다고 말한 것은 아니다. 사람들이 이르기를 '각기 그 盛한 점을 들었다.' 하나 이 또한 잘못이다. 聖人은 또한 盛하지 않음이 없으시다."

21. 孟子曰 王者之跡이 熄而詩亡하니 詩亡然後에 春秋作하니라

孟子께서 말씀하셨다. "王者의 자취가 종식됨에 ≪詩≫가 없어졌으니, ≪詩≫가 없어진 뒤에 ≪春秋≫가 나왔다.

王者之跡熄은 謂平王東遷에 而政敎號令이 不及於天下也라 詩亡은 謂黍離降爲國風而雅亡也[1]라 春秋는 魯史記之名이니 孔子因而筆削之하사되 始於魯隱公之元年하니 實平王之四十九年也라

王者의 자취가 종식되었다는 것은 平王이 동쪽으로 遷都함에 政敎와 號令이 천하에 미치지 못함을 이른다. 詩亡은 〈黍離〉가 강등되어 國風이 됨에 雅가 없어짐을 이른다. ≪春秋≫는 魯나라 史記의 이름이니, 孔子께서 그대로 인습하여 〈일을〉 기록하고 삭제하시되 魯나라 隱公 元年에서 시작하니, 실로 平王 〈卽位〉 49년이었다.

譯註 1. 黍離降爲國風而雅亡也 : 〈黍離〉는 ≪詩經≫ 〈王風〉의 편명이며 〈雅〉는 〈大雅〉와 〈小雅〉를 이른다. 幽王은 鎬京에 도읍하였으나 포악무도하여 犬戎에게 죽임을 당

跡:자취 적 熄:꺼질 식 黍:기장 서 離:이삭늘어질 리 削:삭제할 삭

하였다. 이에 그의 아들인 平王이 즉위하고 동쪽 洛邑으로 遷都하였는 바, 王權이 크게 약화되어 天子라는 명칭만 있었을 뿐 약소국으로 전락하였다. 〈黍離〉는 어떤 大夫가 옛날 도성이었던 鎬京을 지나다가 궁궐터가 기장밭이 된 것을 보고 서글퍼하여 지은 詩인데, 현재 〈列國風〉에 들어 있다. 그러므로 朱子는 "〈王風〉이 마땅히 〈雅〉가 되어야 하나 政教가 천하에 미치지 못하여 〈列國風〉으로 강등되었으니, 이것이 ≪詩≫가 없어진 것이다."라고 해석하였다. 그러나 清代의 學者들은 "≪詩≫는 원래 天子가 제후국을 巡狩하면서 채집한 것인데, 平王 이후로 巡狩하지 아니하여 詩를 채집하는 일이 없어졌으므로 이것을 일러 '≪詩≫가 없어졌다.'고 한 것이다." 하였다.

晉之乘과 楚之檮杌과 魯之春秋가 一也니라

晉나라의 ≪乘≫과 楚나라의 ≪檮杌≫과 魯나라의 ≪春秋≫가 똑같은 것이다.

乘은 義未詳이라 趙氏는 以爲興於田賦乘馬之事라하고 或曰 取記載當時行事而名之也라하니라 檮杌은 惡獸名이라 古者에 因以爲凶人之號하니 取記惡垂戒之義也라 春秋者는 記事者必表年以首事하니 年有四時라 故로 錯擧以爲所記之名也라 古者에 列國이 皆有史官하여 掌記時事하니 此三者는 皆其所記冊書之名也라

乘은 뜻이 상세하지 않다. 趙氏(趙岐)는 이르기를 "田賦 乘馬의 일에서 나왔다." 하고, 혹자는 이르기를 "당시 行事를 기재함을 취하여 이름하였다." 한다. 檮杌은 나쁜 짐승의 이름이다. 옛날에 인하여 凶人의 이름으로 삼았으니, 악한 일을 기록하여 경계를 남기는 뜻을 취한 것이다. 春秋는 일을 기록하는 자가 반드시 年度를 표시하여 사건의 앞에 놓으니, 年에는 四時가 있기 때문에 번갈아 들어서 기록한 바의 책명으로 삼은 것이다. 옛날에 列國이 모두 史官이 있어서 당시의 일을 관장하여 기록하였으니, 이 세 가지는 모두 그 기록한 바 책의 이름이다.

其事則齊桓晉文이요 其文則史니 孔子曰 其義則丘竊取之矣로라하시니라

그 일은 齊桓公·晉文公의 일이요, 그 文體는 史官의 文體이다. 孔子께서 말

檮:악한짐승이름 도 杌:악한짐승이름 올 錯:갈마들 착 冊:책 책

씀하시기를 '그 義는 내(丘)가 속으로 취했다.' 하셨다."

春秋之時에 五霸迭興而桓文爲盛하니라 史는 史官也라 竊取者는 謙辭也라 公羊傳에 作其辭則丘有罪焉爾라하니 意亦如此하니라 蓋言斷之在己하니 所謂筆則筆, 削則削하여 游夏不能贊一辭者也라 尹氏曰 言 孔子作春秋에 亦以史之文으로 載當時之事也로되 而其義則定天下之邪正하여 爲百王之大法이니라

○ 此는 又承上章歷敘群聖하여 因以孔子之事繼之而孔子之事는 莫大於春秋라 故로 特言之하시니라

春秋時代에 五霸가 차례로 일어났는데, 桓公과 文公이 가장 성하였다. 史는 史官이다. 竊取는 謙辭이다. ≪春秋公羊傳≫에는 "그 말인즉 내가 책임이 있다."라고 되어 있으니, 그 뜻이 또한 이와 같다. 이는 결단하기를 자기 마음대로 함을 말씀한 것이니, ≪史記≫ 〈孔子世家〉에 이른바 '기록할 것은 기록하고 삭제할 것은 삭제하여 子游와 子夏가 한 마디 말도 돕지 못했다.'는 것이다.

尹氏(尹焞)가 말하였다. "孔子께서 ≪春秋≫를 지으실 적에 또한 史官의 문체로써 당시의 일을 기재하였는데, 그 義는 天下의 邪正을 결정하여 百王의 大法이 되었음을 말씀한 것이다."

○ 이는 또 윗장에 여러 聖人을 차례로 서술함을 이어서 인하여 孔子의 일로써 뒤를 이었는데, 孔子의 일은 ≪春秋≫보다 더 큰 것이 없다. 그러므로 특별히 말씀하신 것이다.

22. 孟子曰 君子之澤도 五世而斬이요 小人之澤도 五世而斬이니라

孟子께서 말씀하셨다. "君子의 遺澤도 五世면 끊기고, 小人의 遺澤도 五世면 끊긴다.

澤은 猶言流風餘韻也라 父子相繼 爲一世요 三十年이 亦爲一世라 斬은 絶也니 大約君子小人之澤이 五世而絶也라 楊氏曰 四世而緦하니 服之窮也요 五世엔 袒免(단문)[1]하니 殺(쇄)同姓也요 六世엔 親屬竭矣라 服窮이면 則遺澤寖微라 故로 五世而斬이니라

澤은 流風 餘韻이란 말과 같다. 父子가 서로 계승함을 一世라 하며, 30년을 또한 一

迭:갈마들 질 斬:끊을 참 韻:소리 운 緦:시마복 시 袒:벗을 단 免:상복 문 殺:줄일 쇄

世라 한다. 斬은 끊김이니, 대략 君子와 小人의 遺澤이 五世면 끊긴다.

楊氏(楊時)가 말하였다. "四世엔 緦麻服을 입으니 服이 다한 것이요, 五世엔 袒免을 하니 同姓으로 강등된 것이며, 六世엔 親屬이 다한다. 服이 다하면 遺澤이 점점 미미해지기 때문에 五世면 끊기는 것이다."

譯註 1. 袒免 : 옷을 벗고 冠을 벗는 것으로, 먼 친척의 喪에 두루마기의 오른쪽 소매와 冠을 벗고 四角巾을 쓰는 略式喪服을 가리킨다. 四世인 高祖가 같으면 八寸兄弟間인데 緦麻服을 입으며, 五世가 지나 八寸을 넘으면 服이 없고 단지 袒免을 하여 哀悼의 뜻을 나타낸다.

予未得爲孔子徒也나 予는 私淑諸人也로라

나는 孔子의 門徒가 되지는 못하였으나 나는 남에게서 사사로이 善하게 하였노라."

私는 猶竊也요 淑은 善也라 李氏以爲方言이라하니 是也라 人은 謂子思之徒也라 自孔子卒로 至孟子遊梁時에 方百四十餘年而孟子已老하시니 然則孟子之生이 去孔子未百年也라 故로 孟子言 予雖未得親受業於孔子之門이나 然이나 聖人之澤이 尙存하여 猶有能傳其學者라 故로 我得聞孔子之道於人하여 而私竊以善其身이라하시니 蓋推尊孔子而自謙之辭也시니라

○ 此는 又承上三章歷敍舜禹至於周孔하여 而以是終之하시니 其辭雖謙이나 然이나 其所以自任之重이 亦有不得而辭者矣니라

私는 竊과 같고, 淑은 善함이다. 李氏(李郁)가 이르기를 "〈私淑은〉 方言이다." 하였으니, 그 말이 옳다. 人은 子思의 무리를 이른다. 孔子께서 별세한 뒤로부터 孟子께서 梁땅에 계실 때에 이르기까지 140여 년이었는데 孟子께서 이미 늙으셨으니, 그렇다면 孟子의 출생은 孔子와 거리가 백 년이 못되는 것이다. 그러므로 孟子께서 말씀하시기를 "내 비록 孔子의 문하에서 친히 受業하지는 못하였으나 聖人의 遺澤이 아직 남아 있어서 오히려 그 학문을 전수한 자가 있었다. 그러므로 내가 孔子의 道를 남에게서 얻어들어 사사로이 그 몸을 善하게 할 수 있었다."고 하신 것이니, 孔子를 推尊하고 스스로 겸사하신 말씀이다.

竭:다할 갈 窮:다할 궁 寖:잠길 침 徒:무리 도 淑:착할 숙 竊:사사로울 절 尙:오히려 상

○ 이는 또 위의 세 章에서 舜임금과 禹王을 차례로 서술하고 周公・孔子에 이른 것을 이어서 이것으로써 끝을 마치셨으니, 그 말씀은 비록 謙辭이나 그 스스로 책임지신 바의 重함은 또한 사양할 수 없는 점이 있는 것이다.

23. 孟子曰 可以取며 可以無取에 取면 傷廉이요 可以與며 可以無與에 與면 傷惠요 可以死며 可以無死에 死면 傷勇이니라

孟子께서 말씀하셨다. "얼핏 보면 취할 만하고 자세히 보면 취하지 말아야 할 경우에 취하면 청렴을 손상하며, 얼핏 보면 줄 만하고 자세히 보면 주지 말아야 할 경우에 주면 은혜를 손상하며, 얼핏 보면 죽을 만하고 자세히 보면 죽지 말아야 할 경우에 죽으면 용맹을 손상한다."

先言可以者는 略見而自許之辭也요 後言可以無者는 深察而自疑之辭也라 過取 固害於廉이나 然이나 過與 亦反害其惠요 過死 亦反害其勇이니 蓋過猶不及之意也라 林氏曰 公西華受五秉之粟[1)]은 是傷廉也요 冉子與之는 是傷惠也요 子路之死於衛는 是傷勇也니라

먼저 可以라고 말한 것은 대략 보고서 스스로 허여한 말이요, 뒤에 可以無라고 말한 것은 깊이 살펴보고 스스로 의심한 말이다. 지나치게 취함은 진실로 청렴에 손상되나, 지나치게 주는 것도 또한 도리어 은혜를 손상하고 지나치게 죽음도 또한 도리어 용맹을 손상하니, 過함이 不及함과 같다는 뜻이다.

林氏(林之奇)가 말하였다. "公西華가 五秉의 곡식을 받은 것은 이는 청렴을 손상한 것이요, 冉子가 준 것은 이는 은혜를 손상한 것이요, 子路가 衛나라에서 죽은 것은 이는 용맹을 손상한 것이다."

譯註 1. 公西華受五秉之粟 : 公西華는 孔子의 弟子인 公西赤으로 字가 子華이기 때문에 이렇게 칭한 것이다. 1秉은 16斛으로, 公西赤이 孔子를 위하여 齊나라로 심부름을 가자 冉求가 公西赤의 어머니를 위하여 곡식을 줄 것을 청하니, 孔子께서 조금만 주라고 하셨으나 冉求가 五秉의 곡식을 주었는 바, 이 내용이 ≪論語≫ 〈雍也〉 3章에 자세히 보인다.

廉:청렴할 렴　略:간략할 략　許:허여할 허　秉:열엿섬 병

24. 逄(방)蒙이 學射於羿하여 盡羿之道하고 思天下에 惟羿爲愈己라하여 於是에 殺羿한대 孟子曰 是亦羿有罪焉이니라 公明儀[1]曰 宜若無罪焉하니이다 曰 薄乎云爾언정 惡(오)得無罪리오

逄蒙이 활쏘기를 羿에게서 배워 羿의 기술을 다 배우고 생각하기를 '천하에 오직 羿만이 자기보다 낫다.' 하여 羿를 죽였다. 孟子께서 이를 평하시기를 "이는 또한 羿에게도 책임이 있는 것이다." 하였다. 公明儀가 말하기를 "마땅히 죄가 없을 듯합니다." 하자, 孟子께서 말씀하셨다. "薄할지언정 어찌 죄가 없다 하겠는가.

譯註 1. 公明儀 : 魯나라의 賢人으로 앞의 〈滕文公 上〉 1章에 보이는 바, 이에 대하여 栗谷은 孟子 이전의 人物로 보아 '宜若無罪焉이라하나 曰 薄乎云爾언정 惡得無罪리오하시니라'로 懸吐하여, 옛날에 公明儀가 評한 것을 孟子가 다시 評한 것으로 해석하였으며, 아니면 同名異人일 것이라고 하였다. 沙溪 金長生은 "公明儀는 《孟子》에 모두 네 번 보이는 바, 첫 번째는 〈滕文公 上〉 1章의 '文王我師'이고, 두 번째와 세 번째는 〈滕文公 下〉 3章의 '三月無君則弔'와 9章의 '庖有肥肉'이고, 네 번째는 여기의 '宜若無罪'이다. 栗谷은 말씀하기를 '公明儀는 옛날의 賢人이니, 孟子와 동시대가 아니다. 이른바 '宜若無罪'라는 것은 또한 公明儀의 말인데, 孟子가 인용한 것이다. 그렇지 않다면 公明儀가 두 사람으로, 한 사람은 孟子와 동시대의 인물일 것이다.' 했다." 하였다. 그러나 壺山은 "是亦, 宜若, 惡得 세 句의 文勢가 일관되게 이어지니, 대화체가 분명하다. 인용이 아니다. 孟子와 동시대의 인물이라 해도 옛날의 賢人임에 아무런 문제가 없다." 하였으므로 官本諺解를 그대로 따랐음을 밝혀 둔다.

羿는 有窮后羿也라 逄蒙은 羿之家衆也라 羿善射하여 簒夏自立이러니 後爲家衆所殺하니라 愈는 猶勝也라 薄은 言其罪差薄耳라

羿는 有窮國의 군주인 羿이다. 逄蒙은 羿의 家衆이다. 羿가 활쏘기를 잘하여 夏나라를 찬탈하고 스스로 즉위했었는데, 뒤에 家衆에게 살해당하였다. 愈는 勝(나음)과 같다. 薄은 그 죄가 조금 박함을 말한다.

逄:성 방 蒙:뒤집어쓸 몽 羿:이름 예 愈:나을 유 薄:적을 박 簒:빼앗을 찬 差:조금 차

鄭人이 **使子濯孺子**로 **侵衛**어늘 **衛使庾公之斯**[1]로 **追之**러니 **子濯孺子曰 今日**에 **我疾作**이라 **不可以執弓**이로소니 **吾死矣夫**인저하고 **問其僕曰 追我者**는 **誰也**오 **其僕曰 庾公之斯也**로소이다 **曰 吾生矣**로다 **其僕曰 庾公之斯**는 **衛之善射者也**어늘 **夫子曰吾生**은 **何謂也**잇고 **曰 庾公之斯**는 **學射於尹公之他**하고 **尹公之他**는 **學射於我**하니 **夫尹公之他**는 **端人也**라 **其取友必端矣**리라 **庾公之斯至**하여 **曰 夫子**는 **何爲不執弓**고 **曰 今日**에 **我疾作**이라 **不可以執弓**이로라 **曰 小人**은 **學射於尹公之他**하고 **尹公之他**는 **學射於夫子**하니 **我不忍以夫子之道**로 **反害夫子**하노라 **雖然**이나 **今日之事**는 **君事也**라 **我不敢廢**라하고 **抽矢扣輪**하여 **去其金**하고 **發乘矢而後**에 **反**하니라

鄭나라 사람이 子濯孺子로 하여금 衛나라를 침략하게 하자, 衛나라에서는 庾公 斯로 하여금 그를 추격하게 하였다. 子濯孺子가 말하기를 '오늘 나는 병이 나서 활을 잡을 수 없으니, 나는 죽었구나.' 하고, 그 마부에게 묻기를 '나를 추격해 오는 자가 누구인가?' 하자, 그 마부는 '庾公 斯입니다.' 하고 대답하였다. 子濯孺子가 말하기를 '나는 살았구나.' 하니, 그 마부가 말하기를 '庾公 斯는 衛나라의 활쏘기를 잘하는 자인데, 夫子께서 「내 살았다」 하심은 무슨 말씀입니까?' 하자, 그는 대답하기를 '庾公 斯는 활쏘기를 尹公 他에게서 배웠고 尹公 他는 활쏘기를 나에게서 배웠으니, 尹公 他는 단정한 사람이라 벗을 취함에 반드시 단정할 것이다.' 하였다. 庾公 斯가 도착하여 이르기를 '夫子께서는 어찌하여 활을 잡지 않습니까?' 하고 묻자, 子濯孺子는 '오늘 나는 병이 나서 활을 잡을 수가 없네.'라고 대답하였다. 庾公 斯가 말하기를 '小人은 활쏘기를 尹公 他에게서 배웠고 尹公 他는 활쏘기를 夫子에게서 배웠으니, 나는 차마 夫子의 道(기술)로써 도리어 夫子를 해칠 수 없습니다. 그러나 오늘의 일은 국가의 일이니,

---

庾:창고 유　僕:마부 복　抽:뽑을 추　扣:두드릴 구　輪:수레바퀴 륜　乘:넷 승

제가 감히 그만둘 수 없습니다.' 하고는 화살을 뽑아 수레바퀴에 두들겨 살촉을 빼버리고 네 개의 화살을 발사한 뒤에 돌아갔다."

譯註 1. 庾公之斯 : 庾는 姓이고 公은 존칭이며 之는 어조사이고 斯는 이름으로, 庾公인 斯란 뜻이다. 뒤의 尹公之他도 이와 같다.

之는 語助也[1]라 僕은 御也라 尹公他는 亦衛人也라 端은 正也라 孺子以尹公正人이니 知其取友必正이라 故로 度(탁)庾公必不害己하니라 小人은 庾公自稱也라 金은 鏃也라 扣輪出鏃하여 令不害人하고 乃以射也라 乘矢는 四矢也라 孟子言 使羿如子濯孺子得尹公他而敎之면 則必無逢蒙之禍라 然이나 夷羿는 篡弑之賊이요 蒙乃逆儔며 庾斯는 雖全私恩이나 亦廢公義하니 其事皆無足論者라 孟子蓋特以取友而言耳시니라

之는 어조사이다. 僕은 수레를 모는 것이다. 尹公 他는 또한 衛나라 사람이다. 端은 단정함이다. 孺子는 尹公이 단정한 사람이니, 그가 벗을 취함에 반드시 단정할 줄을 알았다. 그러므로 庾公이 반드시 자신을 해치지 않을 것을 헤아렸던 것이다. 小人은 庾公이 자신을 칭한 것이다. 金은 鏃이다. 수레바퀴에 두들겨 화살촉을 빼내어 사람을 상하지 않게 하고 그제야 활을 쏜 것이다. 乘矢는 네 개의 화살이다. 孟子께서 말씀하시기를 "가령 羿가 子濯孺子가 尹公 他를 얻어서 가르친 것과 같이 하였더라면 반드시 逢蒙의 禍가 없었을 것이다."라고 하신 것이다. 그러나 夷羿는 군주를 시해하고 찬탈한 역적이요 逢蒙은 바로 역적의 무리이며, 庾公 斯는 비록 사사로운 은혜를 온전히 하였으나 또한 公義를 폐하였으니, 그 일이 모두 논할 만한 것이 못된다. 孟子께서 다만 벗을 취함을 가지고 말씀하셨을 뿐이다.

譯註 1. 之 語助也 : 庾公之斯와 尹公之他의 두 '之'字를 가리켜 말한 것이다.

25. 孟子曰 西子蒙不潔이면 則人皆掩鼻而過之니라

孟子께서 말씀하셨다. "西子(西施)가 불결한 것을 뒤집어쓰고 있으면 사람들이 모두 코를 막고 지나간다.

西子는 美婦人이라 蒙은 猶冒也라 不潔은 汚穢之物也라 掩鼻는 惡(오)其臭也라

西子는 아름다운 부인이다. 蒙은 冒(뒤집어씀)와 같다. 不潔은 더러운 물건이다. 掩

鏃:살촉 촉 儔:무리 주 掩:가릴 엄 冒:뒤집어쓸 모 穢:더러울 예

鼻는 그 악취를 싫어하는 것이다.

雖有惡人이라도 齊戒沐浴이면 則可以祀上帝니라

비록 추악한 사람이 있더라도 재계하고 목욕하면 上帝에게 제사지낼 수 있다."

惡人은 醜貌者也라

○ 尹氏曰 此章은 戒人之喪善하고 而勉人以自新也시니라

惡人은 용모가 추악한 자이다.

○ 尹氏(尹焞)가 말하였다. "이 章은 사람들이 善을 잃는 것을 경계하고, 사람들에게 스스로 새로워지기를 권면하신 것이다."

26. 孟子曰 天下之言性也는 則故而已矣니 故者는 以利爲本이니라

孟子께서 말씀하셨다. "천하에 性을 말함은 故일 뿐이니, 故라는 것은 順利를 근본으로 삼는다.

性者는 人物所得以生之理也라 故者는 其已然之跡이니 若所謂天下之故者也라 利는 猶順也니 語其自然之勢也라 言 事物之理 雖若無形而難知나 然이나 其發見(현)之已然은 則必有跡而易見이라 故로 天下之言性者 但言其故而理自明하니 猶所謂善言天者必有驗於人也[1]라 然이나 其所謂故者는 又必本其自然之勢하니 如人之善, 水之下하여 非有所矯揉造作而然者也라 若人之爲惡, 水之在山은 則非自然之故矣니라

性은 사람과 물건이 얻어서 태어난 바의 理이다. 故는 그 이미 그러한 자취이니, 〈≪周易≫〈繫辭傳〉에〉 이른바 '天下의 故'라는 것과 같은 것이다. 利는 順과 같으니, 自然의 勢를 말한다. 사물의 이치가 비록 형체가 없어서 알기 어려운 듯하나 그 發見되어 이미 그러함은 반드시 자취가 있어서 보기 쉽다. 그러므로 천하에 性을 말하는 자가 단지 그 故를 말하면 理가 자명해지니, 이른바 '하늘을 잘 말하는 자는 반드시 사람에게 징험함이 있다.'는 것과 같다. 그러나 이른바 故라는 것은 또 반드시 자연의 勢에 근본하니, 사람의 性이 善함과 물이 아래로 흐르는 것과 같아서 억지로 矯揉하고 造作한 바가 있어 그러한 것이 아니다. 사람이 惡을 하는 것과 물이 산에 있는 것으로 말하면

沐:머리감을 목 醜:추할 추 矯:바로잡을 교 揉:바로잡을 유

自然의 故가 아니다.

譯註 1. 善言天者 必有驗於人也：≪荀子≫〈性惡〉에 보이는 바, 하늘의 이치를 잘 말하는 자는 반드시 사람에게서 실증을 댐을 이른다.

所惡(오)於智者는 爲其鑿也니 如智者 若禹之行水也면 則無惡(오)於智矣리라 禹之行水也는 行其所無事也시니 如智者 亦行其所無事면 則智亦大矣리라

지혜를 미워하는 까닭은 穿鑿하기 때문이니, 만일 지혜로운 자가 禹王이 물을 흘러가게 하듯이 한다면 지혜를 미워할 까닭이 없을 것이다. 禹王이 물을 흘러가게 하심은 그 無事한 바를 행하신 것이니, 만일 지혜로운 자가 또한 無事한 바를 행한다면 지혜가 또한 클 것이다.

天下之理 本皆利順이어늘 小智之人이 務爲穿鑿하니 所以失之라 禹之行水는 則因其自然之勢而導之요 未嘗以私智穿鑿而有所事라 是以로 水得其潤下之性而不爲害也라

천하의 理는 본래 모두 利順한데 작은 지혜를 가진 사람들은 穿鑿하기를 힘쓰니, 이 때문에 잃는 것이다. 禹王이 물을 흘러가게 하심은 자연의 勢를 인하여 인도하였고, 일찍이 사사로운 지혜로써 穿鑿하여 일삼은 바가 있지 않으셨다. 이 때문에 물이 그 潤下의 성질을 얻어 害가 되지 않은 것이다.

天之高也와 星辰之遠也나 苟求其故면 千歲之日至를 可坐而致也니라

하늘이 높이 있으며 星辰이 멀리 있으나 만일 그 이미 지난 故를 찾는다면 千歲의 日至(冬至)를 가만히 앉아서도 알 수가 있다."

天雖高하고 星辰雖遠이나 然이나 求其已然之跡이면 則其運有常하여 雖千歲之久라도 其日至之度를 可坐而得이니 況於事物之近에 若因其故而求之면 豈有不得其理者而

鑿:뚫을 착　穿:뚫을 천　潤:적실 윤　辰:별 신

何以穿鑿爲哉[1]리오 必言日至者는 造歷(曆)者 以上古十一月甲子朔夜半冬至로 爲歷元也[2]라

○ 程子曰 此章은 專爲智而發이니라 愚謂 事物之理 莫非自然이니 順而循之면 則爲大智요 若用小智而鑿以自私면 則害於性而反爲不智라 程子之言이 可謂深得此章之旨矣로다

하늘이 비록 높고 星辰이 비록 멀리 있으나 그 이미 그러한 자취를 살펴보면 그 운행함에 일정함이 있어서, 비록 천 년의 오램이라 하더라도 그 日至의 度數를 가만히 앉아서 알 수 있으니, 하물며 가까이 있는 사물로서 만일 그 故를 인하여 찾는다면 어찌 그 이치를 알지 못함이 있어서 천착을 하겠는가. 반드시 日至라고 말한 것은 책력을 만든 자가 상고시대의 11월 甲子朔 夜半에 冬至가 든 날을 책력의 기원으로 삼았기 때문이다.

○ 程子(伊川)가 말씀하였다. "이 章은 오로지 지혜를 위하여 말씀하신 것이다."

내(朱子)가 생각하건대 事物의 이치는 自然 아님이 없으니, 이를 순히 하여 따르면 큰 지혜가 되고 만일 작은 지혜를 써서 천착하여 스스로 사사롭게 하면 본성을 해쳐 도리어 지혜롭지 못함이 되는 것이다. 程子의 말씀은 깊이 이 章의 뜻을 알았다고 이를 만하다.

譯註 1. 何以穿鑿爲哉 : 何以는 何用과 같은 바, 何爲用穿鑿哉의 도치문으로 '어찌 천착할 필요가 있겠는가.'의 뜻이다. 천착은 자연을 따르지 않고 억지로 구멍을 뚫어 해침을 이른다.

2. 必言日至者……爲歷元也 : 日至는 冬至와 夏至를 통틀어 이르는데, 여기서 冬至라고 말한 것은 옛날 曆法에 甲子年 子月(동짓달) 甲子日 朔日 夜半인 子正(밤 12시)에 冬至가 되는 때를 冊曆의 紀元으로 삼았기 때문이다.

27. 公行(항)子 有子之喪이어늘 右師往弔할새 入門커늘 有進而與右師言者하며 有就右師之位而與右師言者러니

公行子가 아들의 喪이 있으므로 右師가 가서 조문할 적에 右師가 문에 들어오자, 그 앞으로 나아가서 右師와 더불어 말하는 자가 있었으며, 〈右師가 자리에 나아가자〉 右師의 자리로 나아가서 右師와 더불어 말하는 자가 있었다.

公行子는 齊大夫라 右師는 王驩也라

公行子는 齊나라의 大夫이다. 右師는 王驩이다.

孟子不與右師言하신대 **右師不悅曰 諸君子皆與驩言**이어늘 **孟子獨不與驩言**하시니 **是**는 **簡驩也**로다

孟子께서 右師와 말씀하시지 않자, 右師가 기뻐하지 않으며 말하였다. "여러 君子들이 모두 나와 말하는데 孟子만이 홀로 나와 말씀하지 않으니, 이는 나를 소홀히 하는 것이다."

簡은 略也라

簡은 간략(소홀함 또는 무시함)히 하는 것이다.

孟子聞之하시고 **曰 禮**에 **朝廷**에 **不歷位而相與言**하며 **不踰階而相揖也**하니니 **我欲行禮**어늘 **子敖以我爲簡**하니 **不亦異乎**아

孟子께서 이 말씀을 들으시고 말씀하셨다. "禮에 조정에서는 남의 자리를 지나 서로 더불어 말하지 않으며, 계급을 지나 서로 揖하지 않는다. 내가 이 禮를 행하고자 하였는데, 子敖(王驩의 字)가 나더러 소홀히 한다고 말하니, 이상하지 않은가."

是時에 齊卿大夫以君命弔하여 各有位次하니 若周禮에 凡有爵者之喪禮엔 則職喪이 涖其禁令하여 序其事라 故로 云朝廷也라 歷은 更(경)涉也[1]라 位는 他人之位也라 右師未就位而進與之言이면 則右師歷己之位矣요 右師已就位而就與之言이면 則己歷右師之位矣라 孟子右師之位가 又不同階하니 孟子不敢失此禮라 故로 不與右師言也하시니라

이 때에 齊나라 卿大夫들이 군주의 명에 따라 조문가서 각각 位次가 있었으니, ≪周禮≫에 "모든 封爵이 있는 자의 喪禮에는 職喪이 그 자리에 가서 禁令을 맡아 그 일을 서열한다."는 것과 같은 것이다. 그러므로 朝廷이라고 말한 것이다. 歷은 지나감이다.

簡:소홀할 간 踰:넘을 유 揖:읍할 읍 職:맡을 직 涖:임할 리 更:지날 경

位는 他人의 자리이다. 右師가 아직 자리에 나아가지 않았는데 나아가서 그와 더불어 말한다면 이는 右師가 자기 자리를 지나간 것이 되고, 右師가 이미 자기 자리로 나아갔는데 찾아가서 그와 더불어 말한다면 자기가 右師의 자리를 지나간 것이 된다. 孟子와 右師의 지위는 또 계급이 같지 않았으니, 孟子가 감히 이 禮를 잃을 수 없었으므로 右師와 더불어 말씀하시지 않은 것이다.

譯註 1. 歷 更涉也 : 壺山은 "更涉은 犯과 같다." 하였다. 右師가 아직 자기 자리로 가지 않았는데 그 앞으로 나아가 말하면 결국 右師가 남의 자리를 침범함이 되고, 右師가 이미 자기 자리로 갔는데 찾아가 말하면 말하는 그 자신이 右師의 자리를 침범함이 됨을 말한 것이다.

28. 孟子曰 君子所以異於人者는 以其存心也니 君子는 以仁存心하며 以禮存心이니라

孟子께서 말씀하셨다. "君子가 일반인과 다른 것은 그 마음을 두기 때문이니, 君子는 仁을 마음에 두며 禮를 마음에 둔다.

以仁禮存心은 言以是存於心而不忘也라

仁과 禮를 마음에 둔다는 것은 이것을 마음속에 두어 잊지 않음을 말한다.

仁者는 愛人하고 有禮者는 敬人하나니

仁한 자는 남을 사랑하고, 禮가 있는 자는 남을 공경한다.

此는 仁禮之施라

이는 仁과 禮의 베풂이다.

愛人者는 人恒愛之하고 敬人者는 人恒敬之니라

남을 사랑하는 자는 남이 항상 사랑해 주고, 남을 공경하는 자는 남이 항상 공경해 준다.

此는 仁禮之驗이라

이는 仁과 禮의 효험이다.

有人於此하니 **其待我以橫逆**이어든 **則君子必自反也**하여 **我必不仁也**며 **必無禮也**로다 **此物**이 **奚宜至哉**오하나니라

여기에 어떤 사람이 있는데 자신을 대하기를 橫逆으로써 하면 君子는 반드시 스스로 돌이켜서 내 반드시 仁하지 못하며 내 반드시 禮가 없는가보다. 이러한 일이 어찌 이를 수 있겠는가 한다.

橫逆은 謂强暴不順理也라 物은 事也라

橫逆은 强暴하여 이치에 순종하지 않음을 이른다. 物은 일이다.

其自反而仁矣며 **自反而有禮矣**로되 **其橫逆**이 **由(猶)是也**어든 **君子必自反也**하여 **我必不忠**이로다하나니라

스스로 돌이켜보아 仁하였고 스스로 돌이켜보아 禮가 있었는데도 그 橫逆이 전과 같으면 君子는 반드시 스스로 돌이켜 내가 반드시 忠(성실)하지 못한가보다 한다.

忠者는 盡己之謂라 我必不忠은 恐所以愛敬人者 有所不盡其心也라

忠은 자기 마음을 다함을 이른다. 내 반드시 성실하지 못하다는 것은 남을 사랑하고 공경함이 그 마음을 다하지 못한 바가 있을까 두려워하는 것이다.

自反而忠矣로되 **其橫逆**이 **由是也**어든 **君子曰 此亦妄人也已矣**로다하나니 **如此**면 **則與禽獸奚擇哉**리오 **於禽獸**에 **又何難焉**[1]이리오

스스로 돌이켜보아 성실하였으나 그 橫逆이 전과 같으면 君子가 말하기를 '이 또한 妄人일 뿐이다.' 하나니, 이와 같다면 禽獸와 어찌 다르겠는가. 禽獸에게 또 무엇을 꾸짖을 것이 있겠는가.

反:돌이킬 반 物:일 물 奚:어찌 해 難:힐난할 난

譯註 1. 又何難焉 : 難은 논란하고 잘잘못을 따져 꾸짖음을 이른다.

奚擇은 何異也라 又何難焉은 言不足與之校也라

奚擇은 어찌 다름이다. 또 무엇을 꾸짖을 것이 있겠는가는 그와 더불어 따질 것이 못 됨을 말한다.

是故로 君子有終身之憂요 無一朝之患[1]也니 乃若所憂則有之하니 舜도 人也며 我亦人也로되 舜은 爲法於天下하사 可傳於後世어시늘 我는 由(猶)未免爲鄕人也하니 是則可憂也라 憂之如何오 如舜而已矣니라 若夫君子所患則亡(무)矣니 非仁無爲也며 非禮無行也라 如有一朝之患이라도 則君子不患矣니라

이 때문에 君子는 종신토록 하는 근심은 있어도 하루 아침의 걱정은 없는 것이다. 근심하는 바로 말하면 있으니, 舜임금도 사람이며 나도 또한 사람인데 舜임금은 천하에 모범이 되어서 後世에 전할 만하시거늘 나는 아직도 鄕人이 됨을 면치 못하였으니, 이는 근심할 만한 것이다. 근심하면 어찌하겠는가. 舜임금과 같이 할 뿐이다. 君子가 걱정하는 바는 없으니, 仁이 아니면 하지 않으며 禮가 아니면 행하지 않는다. 만일 하루 아침의 걱정이 있다 하더라도 君子는 걱정하지 않는다."

譯註 1. 君子有終身之憂 無一朝之患 : 終身之憂는 聖賢이 되지 못할까 두려워하여 종신토록 노력하는 근심이며, 一朝之患은 하루 아침에 갑자기 닥쳐온 患難 등의 걱정을 이른다.

鄕人은 鄕里之常人也라 君子存心不苟라 故로 無後憂라

鄕人은 鄕里의 보통 사람이다. 君子는 마음을 두기를 구차히 하지 않는다. 그러므로 뒤에 근심이 없는 것이다.

29. 禹稷이 當平世하여 三過其門而不入하신대 孔子賢之하시니라

禹王과 后稷이 平世를 당하여 세 번 자기집 문 앞을 지나면서도 들어가지 못하시자, 孔子께서 그들을 어질게 여기셨다.

事見前篇하니라

일이 前篇(滕文公 上)에 보인다.

顏子當亂世하여 居於陋巷하사 一簞食(사)와 一瓢飮을 人不堪其憂어늘 顏子不改其樂하신대 孔子賢之하시니라

顏子(顏回)가 亂世를 당하여 누추한 골목에 거처하사 한 그릇의 밥과 한 그릇의 음료로 사는 것을 다른 사람들은 그 근심을 감당하지 못하는데 顏子는 그 樂을 변치 않으시니, 孔子께서 그를 어질게 여기셨다.

孟子曰 禹稷顏回同道하니라

孟子께서 말씀하셨다. "禹王과 后稷과 顏回가 道가 같다.

聖賢之道는 進則救民하고 退則修己하니 其心이 一而已矣니라

聖賢의 道는 나아가면 백성을 구제하고 물러가면 몸을 닦으니, 그 마음이 하나일 뿐이다.

禹는 思天下有溺者어든 由(猶)己溺之也하시며 稷은 思天下有飢者어든 由己飢之也하시니 是以로 如是其急也시니라

禹王은 생각하시기를 천하에 물에 빠진 자가 있으면 마치 자신이 그를 빠뜨린 것과 같이 여기시며, 后稷은 생각하기를 천하에 굶주리는 자가 있으면 마치 자신이 그를 굶주리게 한 것처럼 여겼으니, 이 때문에 이와 같이 급하게 하신 것이다.

禹稷은 身任其職이라 故로 以爲己責而救之急也시니라

巷:골목 항 瓢:표주박 표 堪:견딜 감

禹王과 后稷은 자신이 그 직책을 맡았기 때문에 자신의 책임으로 삼아 구제하기를 급하게 하신 것이다.

禹, 稷, 顔子 易地則皆然이시리라

禹王과 后稷과 顔子가 처지를 바꾸면 다 그러하셨을 것이다.

聖賢之心은 無所偏倚하여 隨感而應하여 各盡其道라 故로 使禹稷居顔子之地면 則亦能樂顔子之樂이요 使顔子居禹稷之任이면 亦能憂禹稷之憂也리라

聖賢의 마음은 편벽되고 치우친 바가 없어서 감동함에 따라 응하여 각각 道를 다한다. 그러므로 가령 禹王과 后稷이 顔子의 처지에 처했다면 또한 顔子의 樂을 즐거워했을 것이요, 가령 顔子가 禹王과 后稷의 책임을 맡았다면 또한 禹王과 后稷의 근심을 걱정했을 것이다.

今有同室之人이 鬪者어든 救之호되 雖被髮纓冠而救之라도 可也니라

이제 한 방에 같이 있는 사람이 싸우는 자가 있으면 이를 말리되 비록 머리를 그대로 풀어 헤치고 갓끈만 매고 가서 말리더라도 可하다.

不暇束髮而結纓往救하니 言急也니 以喩禹稷이라

머리를 묶을 겨를이 없어 갓끈만 매고 가서 말리는 것이니, 급함을 말한다. 이는 禹王과 后稷을 비유한 것이다.

鄕鄰에 有鬪者어든 被髮纓冠而往救之면 則惑也니 雖閉戶라도 可也니라

鄕里와 이웃에 싸우는 자가 있을 때 머리를 풀어 헤치고 갓끈만 매고 가서 말린다면 惑한 것이니, 비록 문을 닫더라도 可하다."

喩顔子也라

偏:편벽될 편 救:말릴 구 被:산발할 피 纓:갓끈 영

○ 此章은 言 聖賢이 心無不同이요 事則所遭或異라 然이나 處之各當其理하니 是乃所以爲同也니라 尹氏曰 當其可之謂時니 前聖後聖이 其心一也라 故로 所遇에 皆盡善이니라

顔子를 비유한 것이다.

○ 이 章은 聖賢이 마음은 같지 않음이 없고 일은 만나는 바가 혹 다르다. 그러나 대처함에 각기 그 이치에 맞게 하니, 이것이 바로 같음이 되는 것임을 말씀한 것이다.

尹氏(尹焞)가 말하였다. "그 可함에 맞게 함을 때라고 이르니, 앞의 聖人과 뒤의 聖人이 그 마음이 똑같다. 그러므로 만나는 바에 모두 극진히 善하게 하는 것이다."

30. 公都子曰 匡章을 通國이 皆稱不孝焉이어늘 夫子與之遊하시고 又從而禮貌之하시니 敢問何也잇고

公都子가 말하였다. "匡章을 온 나라 사람들이 모두 '不孝한다.'고 칭하거늘 夫子께서 그와 더불어 교유하시고 또 따라서 예우하시니, 감히 묻겠습니다. 어째서입니까?"

匡章은 齊人이라 通國은 盡一國之人也라 禮貌는 敬之也라

匡章은 齊나라 사람이다. 通國은 온 나라의 사람을 다하는 것이다. 禮貌는 그를 존경하는 것이다.

孟子曰 世俗所謂不孝者五니 惰其四肢하여 不顧父母之養이 一不孝也요 博奕好飮酒하여 不顧父母之養이 二不孝也요 好貨財하며 私妻子하여 不顧父母之養이 三不孝也요 從耳目之欲하여 以爲父母戮이 四不孝也요 好勇鬪狠하여 以危父母가 五不孝也니 章子有一於是乎아

孟子께서 말씀하셨다. "세속에서 이른바 '不孝'라는 것이 다섯 가지이니, 그 四肢를 게을리하여 父母의 봉양을 돌보지 않음이 첫 번째 不孝요, 장기 두고 바

匡:바로잡을 광 博:장기 박 奕:바둑 혁 戮:욕될 륙 狠:사나울 한

둑 두며 술 마시기를 좋아하여 父母의 봉양을 돌보지 않음이 두 번째 不孝요, 재물을 좋아하며 妻子를 사사로이 하여(妻子만 보살펴) 父母의 봉양을 돌보지 않음이 세 번째 不孝요, 귀와 눈의 하고자 함을 따라 父母를 욕되게 함이 네 번째 不孝요, 용맹을 좋아하고 싸우며 사나워서 父母를 위태롭게 함이 다섯 번째 不孝이니, 章子가 이중에 한 가지라도 있는가.

戮은 羞辱也라 狠은 忿戾也라

戮은 수치와 욕이다. 狠은 분하고 어그러짐이다.

夫章子는 子父責善而不相遇也니라

저 章子는 父子間에 善을 責하다가 뜻이 서로 맞지 않은 것이다.

遇는 合也라 相責以善而不相合이라 故로 爲父所逐也라

遇는 합함이다. 서로 善을 責하다가 뜻이 합하지 못하였다. 그러므로 아버지에게 쫓겨남을 당한 것이다.

責善은 朋友之道也니 父子責善은 賊恩之大者니라

責善은 朋友의 道이니, 父子間에 責善함은 은혜를 해침이 큰 것이다.

賊은 害也라 朋友는 當相責以善이어니와 父子行之면 則害天性之恩也라

賊은 해침이다. 朋友는 마땅히 서로 善을 責해야 하지만 父子間에 이를 행하면 天性의 은혜를 해치게 된다.

夫章子는 豈不欲有夫妻子母之屬哉리오마는 爲得罪於父하여 不得近이라 出妻屛子하여 終身不養焉하니 其設心에 以爲不若是면 是則罪之大者라하니 是則章子已矣[1)]니라

저 章子는 어찌 夫妻와 子母의 家屬이 있기를 원하지 않겠는가마는 아버지에

逐: 쫓을 축 賊:해칠 적 屛:물리칠 병

게 죄를 얻어 가까이 할 수 없었다. 이 때문에 아내를 내보내고 자식들을 물리쳐서 종신토록 〈妻子의〉 봉양을 받지 않았으니, 그 마음에 생각하기를 '이와 같이 하지 않으면 이는 죄가 크다.'고 여겼으니, 이것은 章子일 뿐이다."

譯註 1. 是則章子已矣 : 壺山은 "他人은 이렇게 하지 못하고 오직 章子만이 이렇게 할 뿐이다." 하였다.

言 章子非不欲身有夫妻之配하고 子有子母之屬이언마는 但爲身不得近於父라 故로 不敢受妻子之養하여 以自責罰하니 其心에 以爲不如此면 則其罪益大也라하니라

○ 此章之旨는 於衆所惡(오)而必察焉이니 可以見聖賢至公至仁之心矣니라 楊氏曰 章子之行을 孟子非取之也요 特哀其志而不與之絶耳시니라

章子가 자신은 夫妻의 배필이 있고 자식은 子母의 등속이 있기를 원하지 않은 것이 아니었으나 다만 자신이 아버지를 가까이 할 수 없었기 때문에 妻子의 봉양을 받지 아니하여 스스로 꾸짖고 벌하였으니, 그 마음에 생각하기를 '이와 같이 하지 않으면 그 죄가 더욱 크다.'고 여긴 것이다.

○ 이 章의 뜻은 여러 사람들이 미워하는 바에 있어서도 반드시 살펴야 하니, 聖賢의 至公 至仁하신 마음을 볼 수 있다.

楊氏(楊時)가 말하였다. "章子의 행실을 孟子께서 취한 것이 아니요, 다만 그의 뜻을 가엾게 여겨 그와 더불어 절교하지 않으셨을 뿐이다."

31. 曾子居武城하실새 有越寇러니 或曰 寇至하나니 盍去諸리오 曰 無寓人於我室하여 毁傷其薪木하라 寇退則曰 修我牆屋하라 我將反호리라 寇退어늘 曾子反하신대 左右曰[1] 待先生이 如此其忠且敬也어늘 寇至則先去하여 以爲民望하시고 寇退則反하시니 殆於不可로소이다 沈猶行曰 是는 非汝所知也라 昔에 沈猶有負芻之禍어늘 從先生者七十人이 未有與(예)焉이라하니라

曾子께서 武城에 거하실 적에 越나라의 침략이 있자, 혹자가 말하기를 "침략

越:나라 월 寓:붙일 우 薪:나무섶 신 殆:자못 태 芻:꼴 추 與:참여할 예

군이 도착하니, 어찌 떠나가지 않습니까." 하니, 曾子께서 말씀하시기를 "내 방에 사람을 붙여두어 섶과 나무를 毁傷하지 말도록 하라." 하였다. 적이 물러갔다고 하자, "나의 담장과 지붕을 수리하라. 내 장차 돌아갈 것이다." 하셨다. 적이 물러간 다음 曾子께서 돌아오시자, 좌우에 있는 자들이 말하기를 "〈武城의 大夫가〉 先生을 대하기를 이렇게 충성스럽게 하고 또 공경하거늘 적이 이르자 먼저 떠나가시어 백성들이 바라보고 본받게 하시고 적이 물러가자 돌아오시니, 不可할 듯합니다." 하니, 沈猶行이 말하였다. "이는 너희들이 알 바가 아니다. 옛적에 우리 沈猶氏에게 負芻의 禍가 있었는데, 선생을 따르는 자 70명이 한 사람도 이에 참여한 자가 있지 않았다."

譯註 1. 左右曰 : 壺山은 "아래에 曾子가 대답한 말씀이 없고 오직 沈猶行의 대답이 있는 것으로 보아 同門들끼리 사사로이 논란한 것일 뿐이다." 하였다.

武城은 魯邑名이라 盍은 何不也라 左右는 曾子之門人也라 忠敬은 言 武城之大夫가 事曾子忠誠恭敬也라 爲民望은 言使民望而效之라 沈猶行은 弟子姓名也라 言 曾子嘗舍於沈猶氏러니 時有負芻者作亂하여 來攻沈猶氏어늘 曾子率其弟子去之하여 不與(예)其難하시니 言師賓不與臣同이라

武城은 魯나라 고을 이름이다. 盍은 어찌 아니이다. 左右는 曾子의 門人이다. 忠敬은 武城의 大夫가 曾子를 섬기기를 충성스럽게 하고 공경함을 말한다. 爲民望은 백성들로 하여금 바라보고 본받게 함을 말한다. 沈猶行은 弟子의 姓名이다. 曾子가 일찍이 沈猶氏의 집에 머물렀었는데, 이때 負芻라는 자가 亂을 일으켜 와서 沈猶氏를 공격하자 曾子가 그 弟子들을 거느리고 떠나가시어 亂에 참여하지 않았음을 말한 것이니, 스승과 손님은 신하와 똑같지 않음을 말씀한 것이다.

子思居於衛하실새 有齊寇러니 或曰 寇至하나니 盍去諸리오 子思曰 如伋이 去면 君誰與守리오하시니라

子思께서 衛나라에 계실 적에 齊나라의 침략이 있자, 혹자가 말하기를 "적이 침략해 오니 어찌 떠나가지 않습니까?" 하니, 子思께서 말씀하시기를 "만일 내

伋:이름 급 微:천할 미 繫:맬 계 權:저울 권

(伋)가 떠나가면 임금이 누구와 더불어 지키시겠는가." 하셨다.

言所以不去之意如此하시니라

떠나가지 않는 所以의 뜻을 말씀하기를 이와 같이 하신 것이다.

孟子曰 曾子子思 同道하니 曾子는 師也며 父兄也요 子思는 臣也며 微也니 曾子子思 易地則皆然이시리라

孟子께서 말씀하셨다. "曾子와 子思가 道가 같으니, 曾子는 스승이며 父兄이었고 子思는 신하이며 미천하였으니, 曾子와 子思가 처지를 바꾼다면 다 그러하셨을 것이다."

微는 猶賤也라 尹氏曰 或遠害하고 或死難하여 其事不同者는 所處之地不同也라 君子之心은 不繫於利害하고 惟其是而已라 故로 易地則皆能爲之니라
○ 孔氏曰 古之聖賢이 言行不同하고 事業亦異나 而其道는 未始不同也라 學者知此면 則因所遇而應之를 若權衡之稱物하여 低昂屢變호되 而不害其爲同也니라

微는 賤과 같다.
尹氏(尹焞)가 말하였다. "혹은 害를 멀리 피하고 혹은 亂에 죽을 각오를 하여, 그 일이 똑같지 않은 것은 만난 바의 처지가 같지 않기 때문이다. 君子의 마음은 利害에 관계하지 않고 오직 그 옳은 것을 할 뿐이다. 그러므로 처지를 바꾸면 모두 능히 할 수 있는 것이다."
○ 孔氏(孔文仲)가 말하였다. "옛 聖賢들이 言行이 똑같지 않고 事業 또한 달랐으나 그 道는 일찍이 같지 않은 적이 없었다. 배우는 자들이 이것을 안다면 만나는 바에 따라 대응하기를 저울로 물건을 다는 것과 같이 하여 오르내림이 여러 번 변하지만 같음이 됨에 해롭지 않을 것이다."

32. 儲子曰 王이 使人瞯夫子하시나니 果有以異於人乎[1]잇가 孟子曰 何以異於人哉리오 堯舜도 與人同耳시니라

衡:저울대 형 稱:저울질할 칭 低:낮을 저 昂:높을 앙 屢:자주 루 儲:쌓을 저 瞯:엿볼 간

儲子가 물었다. "王이 사람으로 하여금 夫子를 엿보게 하시니, 과연 다른 사람과 다른 점이 있습니까?" 孟子께서 말씀하셨다. "어찌 다른 사람과 다르겠는가. 堯舜도 다른 사람과 똑같으시다."

譯註 1. 果有以異於人乎 : 內閣本에는 '以'가 빠져 있다.

儲子는 齊人也라 瞷은 竊視也라 聖人亦人耳니 豈有異於人哉리오

儲子는 齊나라 사람이다. 瞷은 몰래 훔쳐보는 것이다. 聖人도 또한 사람이니, 어찌 다른 사람과 다름이 있겠는가.

33. 齊人이 有一妻一妾而處室者러니 其良人이 出이면 則必饜酒肉而後에 反이어늘 其妻問所與飮食者하니 則盡富貴也러라 其妻告其妾曰 良人이 出이면 則必饜酒肉而後에 反할새 問其與飮食者호니 盡富貴也로되 而未嘗有顯者來하니 吾將瞷良人之所之也호리라 하고 蚤(早)起하여 施(이)從良人之所之하니 徧國中호되 無與立談者러니 卒之東郭墦間之祭者하여 乞其餘하고 不足이어든 又顧而之他하니 此其爲饜足之道也러라 其妻歸告其妾曰 良人者는 所仰望而終身也어늘 今若此라하고 與其妾으로 訕其良人而相泣於中庭이어늘 而良人이 未之知也하여 施施(시시)從外來하여 驕其妻妾하더라

齊나라 사람 중에 한 아내와 한 첩을 두고 집에 사는 자가 있었는데, 그 남편(良人)이 밖으로 나가면 반드시 술과 고기를 배불리 먹은 뒤에 돌아오곤 하였다. 그 아내가 남편에게 누구와 더불어 음식을 먹었는가를 물었더니, 모두 富貴한 사람이었다. 그 아내가 첩에게 말하기를 "남편이 외출하면 반드시 술과 고기를 배불리 드신 뒤에 돌아오기에 내가 누구와 더불어 음식을 먹었는가를 물어보니, 모두 부귀한 사람이었다. 그런데도 일찍이 현달한 자가 찾아오는 일이 없으니, 내 장차 남편이 가는 곳을 엿보겠다." 하고는 아침 일찍 일어나 남편이 가

饜:배부를 염　施:둘러갈 이(迤通), 잘난체할 시　徧:두루미칠 변(편)　墦:무덤 번

는 곳을 미행하여 따라가 보니, 온 장안을 두루 배회하였으나 더불어 서서 말하는 자도 없었다. 그는 마침내 동쪽 성곽의 〈북망산에 있는〉 무덤 사이의 제사하는 자에게 가서 남은 음식을 빌어먹고, 거기에서 부족하면 또 돌아보고 딴 곳으로 가니, 이것이 술과 고기를 배불리 얻어먹는 방법이었다. 그 아내가 돌아와서 첩에게 말하기를 "남편은 〈우리가〉 우러러 바라보면서 일생을 마쳐야 할 사람인데, 지금 이 모양이다." 하고는 첩과 더불어 남편을 원망하고 꾸짖으며 서로 뜰 가운데서 울고 있었는데, 남편은 그것을 알지 못하고는 의기양양하게 밖으로부터 와서 처첩에게 교만하게 하였다.

章首에 當有孟子曰字하니 闕文也라 良人은 夫也라 饜은 飽也라 顯者는 富貴人也라 施(이)는 邪施而行하여 不使良人知也라 墦은 冢也라 顧는 望也라 訕은 怨詈也라 施施는 喜悅自得之貌라

章 머리에 마땅히 '孟子曰'이란 글자가 있어야 하니, 글자가 빠진 것이다. 良人은 남편이다. 饜은 배부름이나. 顯者는 부귀한 사람이다. 施는 〈바른 길로 가지 않고〉 샛길로 가서 良人으로 하여금 알지 못하게 한 것이다. 墦은 무덤이다. 顧는 바라봄이다. 訕은 원망하고 꾸짖음이다. 施施는 喜悅하여 자득해 하는 모양이다.

由君子觀之컨대 則人之所以求富貴利達者 其妻妾이 不羞也而不相泣者 幾希矣리라

君子의 입장에서 본다면 지금 사람 중에 부귀와 영달을 구하는 자들은 그 妻妾이 〈그것을 보면〉 부끄러워하여 서로 울지 않을 자가 별로 없을 것이다.

孟子言 自君子而觀하면 今之求富貴者 皆若此人耳니 使其妻妾見之면 不羞而泣者少矣라하시니 言可羞之甚也라
○ 趙氏曰 言 今之求富貴者 皆以枉曲之道로 昏夜乞哀以求之하여 而以驕人於白日하니 與斯人으로 何以異哉리오

孟子께서 말씀하시기를 "君子의 입장에서 본다면 지금에 부귀를 구하는 자들은 모두

訕:꾸짖을 산 冢:무덤 총 詈:꾸짖을 리 乞:빌 걸

이 사람과 같으니, 가령 그 妻妾들이 이것을 본다면 부끄러워하여 울지 않을 자가 적다." 하셨으니, 이는 수치스러울 만함이 심함을 말씀한 것이다.

○ 趙氏(趙岐)가 말하였다. "지금에 부귀를 구하는 자들이 모두 부정한 방법으로 어두운 밤중에 애걸하여 그것을 구하고는 白日下에 사람들에게 교만하게 하고 있으니, 이 사람과 어찌 다르겠는가 하고 말씀한 것이다."

萬章章句 上

凡九章이라

모두 9章이다.

1. 萬章이 問曰 舜이 往于田하사 號泣于旻天하시니 何爲其號泣也잇고 孟子曰 怨慕也시니라

萬章이 물었다. "舜임금이 밭에 가서 하늘을 부르짖으며 우셨으니, 어찌하여 부르짖으며 우신 것입니까?" 孟子께서 말씀하셨다. "원망하고 사모하신 것이다."

舜往于田은 耕歷山時也라 仁覆(부)閔下를 謂之旻天이라 號泣于旻天은 呼天而泣也니 事見虞書大禹謨篇하니라 怨慕는 怨己之不得其親而思慕也라

舜임금이 밭에 갔다는 것은 歷山에서 밭갈 때이다. 仁으로 덮어주어 아랫사람들을 불쌍히 여김을 旻天이라 이른다. 旻天에 號泣했다는 것은 하늘을 부르짖으며 운 것이니, 이 일이 〈虞書 大禹謨篇〉에 보인다. 怨慕는 자기가 어버이에게 사랑을 얻지 못함을 원망하고 사모한 것이다.

萬章曰 父母愛之어시든 喜而不忘하고 父母惡(오)之어시든 勞而不怨이니 然則舜은 怨乎잇가 曰 長息이 問於公明高曰 舜이 往于田은 則吾旣得聞命矣어니와 號泣于旻天과 于父母는 則吾不知也로이다 公明高曰 是는 非爾所知也라하니 夫公明高는 以孝子之心이 爲不

號:부르짖을 호 旻:하늘 민 覆:덮을 부 閔:불쌍할 민 謨:가르칠 모 命:가르침 명 恝:무관심할 괄 竭:다할 갈 共:공손 공(恭同)

若是恝이라 **我竭力耕田**하여 **共(恭)爲子職而已矣**니 **父母之不我愛**는 **於我**에 **何哉**[1)]오하니라

萬章이 말하였다. "父母가 사랑하시거든 기뻐하고 잊지 말며, 父母가 미워하시거든 더욱 노력하고 원망하지 말아야 하니, 그렇다면 舜은 원망하셨습니까?" 孟子께서 말씀하셨다. "長息이 公明高에게 묻기를 '舜이 밭에 간 이유는 제가 이미 가르침을 들었거니와 旻天과 父母에게 號泣한 것은 제가 알지 못하겠습니다.' 하자, 公明高가 말하기를 '이것은 네가 알 바가 아니다.' 하였으니, 저 公明高는 생각하기를 '효자의 마음은 이처럼 무관심할 수 없다. 나는 힘을 다해 밭을 갈아 공손히 자식된 직분을 할 따름이니, 부모께서 나를 사랑하지 않음은 나에게 무슨 죄가 있어서인가.'라고 여긴 것이다.

譯註 1. 於我何哉 : 集註에는 '나에게 무슨 죄가 있어서인가.'로 해석하였으나 茶山 丁若鏞은 '나에게 무슨 관계가 있겠는가.'로 해석하였다. 이는 앞의 '孝子의 마음은 이와 같이 무관심할 수 없다.'고 한 말을 받아 '나는 힘을 다해 밭을 갈아 공손히 자식된 직분을 할 따름이니, 부모가 나를 사랑하지 않음은 나와 무슨 상관이 있겠는가?'라고 풀이한 것으로 이 또한 문맥이 서로 이어지는 바, 中國本(≪四書章句集注≫)에도 이렇게 해석한 경우가 있음을 밝혀 둔다.

長息은 公明高弟子요 公明高는 曾子弟子라 于父母는 亦書辭니 言呼父母而泣也라 恝은 無愁之貌라 於我何哉는 自責不知己有何罪耳니 非怨父母也라 楊氏曰 非孟子深知舜之心이면 不能爲此言이라 蓋舜은 惟恐不順於父母요 未嘗自以爲孝也시니 若自以爲孝면 則非孝矣니라

長息은 公明高의 제자이고 公明高는 曾子의 제자이다. 부모에게 〈號泣〉했다는 것은 또한 ≪書經≫의 말이니, 부모를 부르짖으며 운 것을 말한다. 恝은 근심이 없는 모양이다. 於我何哉는 자신에게 무슨 죄가 있어서인지 알지 못하겠다고 자책한 것이니, 부모를 원망한 것이 아니다.

楊氏(楊時)가 말하였다. "舜의 마음을 깊이 아신 孟子가 아니라면 이러한 말씀을 할 수 없었을 것이다. 舜은 오직 부모에게 順하지 못함을 두려워하였고 일찍이 스스로 효도한다고 여긴 적이 없으셨다. 만일 스스로 효도한다고 여긴다면 孝가 아니다."

帝使其子九男二女로 **百官牛羊倉廩**을 **備**하여 **以事舜於畎畝之中**하시니 **天下之士 多就之者**어늘 **帝將胥天下而遷之焉**이러시니 **爲不順於父母**라 **如窮人無所歸**러시다

堯임금이 자식인 9남 2녀로 하여금 百官과 牛羊과 倉廩을 갖추어 舜을 畎畝의 가운데에서 섬기게 하시니, 천하의 선비가 찾아가는 자가 많았다. 이에 堯임금이 장차 天下의 人心을 살펴보아 帝位를 물려주려 하셨는데, 〈舜은〉 부모에게 順하지 못하였으므로 곤궁한 사람이 돌아갈 데가 없는 것처럼 여기셨다.

帝는 堯也라 史記云 二女妻之하여 以觀其內하고 九男事之하여 以觀其外라하고 又言 一年에 所居成聚하고 二年에 成邑하고 三年에 成都라하니 是는 天下之士就之也라 胥는 相視也라 遷之는 移以與之也라 如窮人之無所歸는 言其怨慕迫切之甚也라

帝는 堯임금이다. ≪史記≫ 〈五帝本紀〉에 이르기를 "두 딸을 시집보내어 그 안을 관찰하게 하고, 아홉 아들로 섬기게 하여 그 밖을 관찰하게 했다." 하였다. 또 이르기를 "1년에 거주한 곳이 聚落(부락)을 이루었고 2년에 邑을 이루었고 3년에 都를 이루었다." 하였으니, 이것은 천하의 선비가 찾아간 것이다. 胥는 살펴봄이다. 遷之는 帝位를 옮겨 주는 것이다. 窮人이 돌아갈 데가 없는 것처럼 했다는 것은 怨慕함의 절박함이 심함을 말씀한 것이다.

天下之士悅之는 **人之所欲也**어늘 **而不足以解憂**하시며 **好色**은 **人之所欲**이어늘 **妻帝之二女**하사되 **而不足以解憂**하시며 **富**는 **人之所欲**이어늘 **富有天下**하사되 **而不足以解憂**하시며 **貴**는 **人之所欲**이어늘 **貴爲天子**하사되 **而不足以解憂**하시니 **人悅之**와 **好色**과 **富貴**에 **無足以解憂者**요 **惟順於父母**라야 **可以解憂**러시다

천하의 선비가 좋아함은 사람들이 원하는 바인데 족히 근심을 풀지 못하셨으

廩:창고 름 畎:밭이랑 견 胥:볼 서 聚:부락 취 相:볼 상 好:아름다울 호

며, 아름다운 女色은 사람들이 원하는 바인데 堯임금의 두 딸을 아내로 삼으셨으나 족히 근심을 풀지 못하셨으며, 富는 사람들이 원하는 바인데 富는 천하를 소유하셨으나 족히 근심을 풀지 못하셨으며, 貴는 사람들이 원하는 바인데 貴는 天子가 되셨으나 족히 근심을 풀지 못하셨으니, 사람들이 좋아함과 아름다운 女色과 富와 貴에 족히 근심을 풀 만한 것이 없었고 오직 부모에게 順하여야 근심을 풀 수 있으셨다.

孟子推舜之心如此하여 以解上文之意하시니라 極天下之欲이라도 不足以解憂요 而惟順於父母라야 可以解憂라하시니 孟子眞知舜之心哉신저

孟子께서 舜의 마음을 추측하기를 이와 같이 하여 윗글의 뜻을 해석하신 것이다. "천하의 욕망을 지극히 하였으나 족히 근심을 풀 수가 없었고, 오직 부모에게 順하여야 근심을 풀 수 있었다." 하셨으니, 孟子께서 舜의 마음을 참으로 아신 것이다.

人이 少則慕父母하다가 知好色則慕少艾(애)하고 有妻子則慕妻子하고 仕則慕君하고 不得於君則熱中이니 大孝는 終身慕父母하나니 五十而慕者를 予於大舜에 見之矣로라

사람들이 어릴 때에는 부모를 사모하다가 女色을 좋아할 줄 알면 젊고 예쁜 소녀를 사모하고, 妻子를 두면 妻子를 사모하고, 벼슬하면 군주를 사모하고, 군주에게 신임을 얻지 못하면 가슴속에 열병이 난다. 大孝는 종신토록 부모를 사모하나니, 50세가 되어서도 부모를 사모한 자를 나는 大舜에게서 보았노라."

言 常人之情은 因物有遷이나 惟聖人은 爲能不失其本心也라 艾는 美好也니 楚辭, 戰國策에 所謂幼艾가 義與此同이라 不得은 失意也라 熱中은 躁急心熱也라 言五十者는 舜攝政時年五十也라 五十而慕면 則其終身慕를 可知矣니라
○ 此章은 言 舜不以得衆人之所欲으로 爲己樂하시고 而以不順乎親之心으로 爲己憂하시니 非聖人之盡性이면 其孰能之리오

보통 사람들의 情은 사물에 따라 옮겨감이 있으나 오직 聖人은 그 본심을 잃지 않음

少:젊을 소 艾:예쁠 애 躁:조급할 조

을 말씀한 것이다. 艾는 아름답고 예쁨이니, ≪楚辭≫와 ≪戰國策≫에 이른바 '幼艾'라는 것이 뜻이 이와 같다. 不得은 失意이다. 熱中은 조급하여 마음에 열병이 나는 것이다. 50세라고 말한 것은 舜이 攝政할 때의 연세가 50세였기 때문이다. 50세가 되어서도 사모했다면 종신토록 사모했음을 알 수 있다.

○ 이 章은 舜이 衆人들의 원하는 바를 얻음으로써 자신의 樂을 삼지 않고, 어버이의 마음에 順하지 못함으로써 자신의 근심을 삼았음을 말씀한 것이니, 本性을 다한 聖人이 아니면 그 누가 이렇게 할 수 있겠는가.

2. 萬章이 問曰 詩云 娶妻如之何오 必告父母라하니 信斯言也인댄 宜莫如舜이니 舜之不告而娶는 何也잇고 孟子曰 告則不得娶하시리니 男女居室은 人之大倫也니 如告則廢人之大倫하여 以懟父母라 是以로 不告也시니라

萬章이 물었다. "≪詩經≫에 이르기를 '장가들려면 어떻게 하여야 하는가? 반드시 父母에게 아뢰어야 한다.' 하였으니, 진실로 이 말대로라면 舜과 같지 말아야 할 듯합니다. 舜이 부모에게 아뢰지 않고 장가든 것은 어째서입니까?" 孟子께서 말씀하셨다. "부모에게 아뢰었다면 장가들 수가 없었을 것이다. 男女가 한 방에 거처함은 사람의 큰 윤리이니, 만일 부모에게 아뢰었다면 사람의 큰 윤리를 폐지하여 부모를 원망하였을 것이다. 이 때문에 아뢰지 않으신 것이다."

詩는 齊國風南山之篇也라 信은 誠也니 誠如此詩之言也라 懟는 讐怨也라 舜이 父頑母嚚하여 常欲害舜하니 告則不聽其娶하리니 是는 廢人之大倫하여 以讐怨於父母也라

詩는 〈齊國風 南山篇〉이다. 信은 진실로이니, 진실로 이 詩의 말과 같음이다. 懟는 원망함이다. 舜이 아버지는 頑惡하고 어머니는 간악하여 항상 舜을 해치고자 하였다. 그러므로 부모에게 아뢰었다면 장가드는 것을 허락해 주지 않았을 것이니, 이는 인간의 큰 윤리를 폐지하여 부모를 원망하는 것이다.

萬章曰 舜之不告而娶는 則吾旣得聞命矣어니와 帝之妻舜而不告

娶:장가들 취 信:진실로 신 懟:원망할 대 誠:진실로 성 頑:완악할 완 嚚:완악할 은

는 **何也**잇고 **曰 帝亦知告焉**이면 **則不得妻也**시니라

萬章이 말하였다. "舜이 아뢰지 않고 장가든 것은 제가 이미 가르침을 들었거니와 堯임금이 舜에게 딸을 시집보내면서도 그 부모에게 말씀하지 않음은 어째서입니까?" 孟子께서 말씀하셨다. "堯임금 또한 고하면 딸을 시집보낼 수 없음을 아셨기 때문이다."

以女爲人妻曰妻라 程子曰 堯妻舜而不告者는 以君治之而已니 如今之官府에 治民之私者亦多니라

딸을 〈시집보내어〉 남의 아내가 되게 하는 것을 妻라 한다.

程子(伊川)가 말씀하였다. "堯가 舜에게 딸을 시집보내면서 그 부모에게 고하지 않은 것은 군주로서 다스렸을 뿐이니, 지금 官府(官廳)에서 백성의 사사로운 일을 다스리는 경우가 또한 많은 것과 같다."

萬章曰 父母使舜으로 **完廩捐階**하고 **瞽瞍焚廩**하며 **使浚井**하여 **出**커시늘 **從而揜之**하고 **象曰 謨蓋都君**은 **咸我績**이니 **牛羊父母**요 **倉廩父母**요 **干戈朕**이요 **琴朕**이요 **弤朕**이요 **二嫂**는 **使治朕棲**호리라하고 **象**이 **往入舜宮**한대 **舜**이 **在牀琴**이어시늘 **象曰 鬱陶思君爾**라하고 **忸怩**한대 **舜曰 惟玆臣庶**를 **汝其于予治**라하시니 **不識**케이다 **舜**이 **不知象之將殺己與**잇가 **曰 奚而不知也**시리오마는 **象憂亦憂**하시고 **象喜亦喜**하시니라

萬章이 말하였다. "〈전설에 舜의〉 父母가 舜으로 하여금 곳집을 손질하게 하고 사다리를 치운 다음 瞽瞍가 창고에 불을 질렀으며, 舜에게 우물을 파게 하고는 舜이 나오시려 하자 따라서 흙을 덮어 생매장시키고, 象이 말하기를 '꾀하여

廩:창고 름 捐:버릴 연 階:사다리 계 瞽:소경 고 瞍:소경 수 焚:태울 분 浚:팔 준 揜:가릴 엄 謨:꾀 모 蓋:덮을 개 績:공 적 朕:나 짐 弤:붉은칠한활 저 嫂:아주머니 수 棲:평상 서 牀:평상 상 鬱:막힐 울 忸:부끄러울 뉵 怩:부끄러울 니

都君을 생매장시킨 것은 모두 나의 공로이니, 牛羊은 부모의 것이요 倉廩은 부모의 것이요 干戈는 朕의 것이요 거문고는 朕의 것이요 활은 朕의 것이요 두 형수는 朕의 평상을 다스리게 하겠다.' 하고는 象이 가서 舜의 궁궐에 들어갔는데, 舜이 平牀에 계시면서 거문고를 타고 계셨다. 象이 말하기를 '鬱陶하게 都君을 그리워했습니다.' 하고 부끄러워하자, 舜이 말씀하시기를 '이 여러 신하들을 너는 내게 와서 다스리라.' 하셨다 하니, 알지 못하겠습니다. 舜은 象이 장차 자신을 죽이려 한 것을 모르셨습니까?" 孟子께서 말씀하셨다. "어찌 알지 못하셨겠는가마는 象이 근심하면 또한 근심하시고 象이 기뻐하면 또한 기뻐하신 것이다."

完은 治也라 捐은 去也라 階는 梯也라 揜은 蓋也라 按史記曰 使舜으로 上塗廩하고 瞽瞍從下하여 縱火焚廩이어늘 舜乃以兩笠으로 自捍而下去하여 得不死하며 後又使舜穿井이어늘 舜穿井에 爲匿空旁出이러니 舜旣入深에 瞽瞍與象으로 共下土實井이어늘 舜從匿空中出去라하니 卽其事也라 象은 舜異母弟也라 謨는 謀也라 蓋는 蓋井也라 舜所居에 三年成都라 故로 謂之都君이라 咸은 皆也라 績은 功也니 舜旣入井에 象이 不知舜已出하고 欲以殺舜爲己功也라 干은 盾也요 戈는 戟也라 琴은 舜所彈五弦琴也요 弤는 琱弓也니 象欲以舜之牛羊倉廩으로 與父母而自取此物也라 二嫂는 堯二女也요 棲는 牀也니 象欲使爲己妻也라 象往舜宮하여 欲分取所有라가 見舜生在牀彈琴하니 蓋旣出에 卽潛歸其宮也라 鬱陶는 思之甚而氣不得伸也라 象言 己思君之甚이라 故로 來見爾라 忸怩는 慚色也라 臣庶는 謂其百官也니 象素憎舜하여 不至其宮이라 故로 舜見其來而喜하여 使之治其臣庶也라 孟子言 舜非不知其將殺己언마는 但見其憂則憂하고 見其喜則喜하시니 兄弟之情이 自有所不能已耳라 萬章所言은 其有無를 不可知나 然이나 舜之心則孟子有以知之矣시니 他亦不足辨也니라 程子曰 象憂亦憂하시고 象喜亦喜하시니 人情天理가 於是爲至니라

完은 다스림이다. 捐은 버림이다. 階는 사다리이다. 揜은 덮음이다. ≪史記≫ 〈五帝本紀〉를 상고해보면 "舜으로 하여금 창고에 올라가 흙을 바르게 하고

梯:사다리 제 塗:바를 도 縱:놓을 종 笠:삿갓 립 捍:막을 한 穿:뚫을 천 匿:숨을 닉 旁:곁 방 盾:방패 순 戟:창 극 弦:줄 현 琱:새길 조 慚:부끄러울 참 素:본래 소

는 瞽瞍가 아래에서 불을 놓아 창고를 불태우자, 舜이 마침내 두 개의 삿갓으로 스스로 몸을 가리고 내려와서 죽지 않게 되었으며, 그후 또 舜으로 하여금 우물을 파게 하니, 舜은 우물을 파되 옆으로 나올 수 있는 숨은 구멍을 만들어 놓았는데, 舜이 이미 깊이 들어가자 瞽瞍가 象과 함께 흙을 내리부어 우물을 메우거늘 舜이 숨겨놓았던 구멍을 따라 나왔다." 하였으니, 바로 이 일이다.

象은 舜의 배다른 아우이다. 謨는 꾀함이다. 蓋는 우물을 덮는 것이다. 舜이 거주한 곳에는 3년이면 都를 이루었기 때문에 舜을 都君이라 이른 것이다. 咸은 모두이다. 績은 功이니, 舜이 이미 우물에 들어갔으므로 象은 舜이 이미 나온 줄을 알지 못하고 舜을 죽인 것을 자기의 공로로 삼고자 한 것이다. 干은 방패요, 戈는 창이다. 琴은 舜이 타시던 五弦琴이요 弤는 아로새긴 활이니, 象이 舜의 牛羊과 倉廩을 부모에게 주고 자기는 이 물건들을 취하고자 한 것이다. 두 형수는 堯임금의 두 따님이요 棲는 平牀이니, 象이 자신의 아내로 삼고자 한 것이다. 象이 舜의 궁궐로 가서 소유물을 나누어 취하고자 하다가 舜이 살아서 平牀에 앉아 거문고를 타는 것을 보았으니, 이는 舜이 이미 나온 다음 즉시 몰래 자기 궁궐로 돌아가신 것이다. 鬱陶는 생각하기를 심히 해서 氣가 펴지지 못한 것이다. 象이 말하기를 "내가 君을 그리워하기를 심히 하였기 때문에 와서 뵙는다."고 한 것이다. 忸怩는 부끄러워하는 빛이다. 臣庶는 百官을 이르니, 象이 평소 舜을 미워하여 집에 찾아오지 않았었다. 그러므로 舜이 그가 온 것을 보시고는 기뻐하여 그로 하여금 여러 신하들을 다스리게 하신 것이다.

孟子께서 말씀하시기를 "舜은 象이 장차 자기를 죽이려 함을 모르신 것은 아니지만 다만 그가 근심함을 보면 근심하고 그가 기뻐함을 보면 기뻐하셨으니, 兄弟의 情이 자연히 그만둘 수 없는 바가 있기 때문이다."라고 하신 것이다. 萬章이 말한 것은 그 사실의 有無를 알 수 없으나 舜의 마음은 孟子께서 아신 것이니, 다른 것은 족히 변론할 것이 못된다.

程子(伊川)가 말씀하였다. "象이 근심하면 또한 근심하고 象이 기뻐하면 또한 기뻐하셨으니, 人情과 天理가 이에 지극한 것이다."

曰 然則舜은 **僞喜者與**잇가 **曰 否**라 **昔者**에 **有饋生魚於鄭子產**이어늘 **子產**이 **使校人**으로 **畜**(휵)**之池**한대 **校人**이 **烹之**하고 **反命曰 始舍**

饋:선물할 궤 烹:삶을 팽 圉:어릿어릿할 어 攸:한가할 유(悠通) 逝:갈 서 罔:속일 망

之하니 **圉圉焉**이러니 **少則洋洋焉**하여 **攸(悠)然而逝**하더이다 **子産曰 得其所哉**인저 **得其所哉**인저하여늘 **校人**이 **出曰 孰謂子産智**오 **予旣烹而食之**어늘 **曰 得其所哉**인저 **得其所哉**인저하니 **故**로 **君子**는 **可欺以其方**이어니와 **難罔以非其道**[1]니 **彼以愛兄之道來**라 **故**로 **誠信而喜之**시니 **奚僞焉**이시리오

萬章이 말하였다. "그렇다면 舜은 거짓으로 기뻐하신 자입니까?" 孟子께서 말씀하셨다. "아니다. 옛날에 살아있는 물고기를 鄭나라 子産에게 선물한 자가 있거늘 子産이 校人으로 하여금 그것을 못에 기르게 하였는데, 校人이 삶아 먹고 復命하기를 '처음에 고기를 놓아주자 어릿어릿하더니, 조금 있다가는 洋洋해져서 攸攸(悠悠)히 가더이다.' 하니, 子産이 말하기를 '살 곳을 얻었구나, 살 곳을 얻었구나.' 하였다. 校人이 나와서 말하기를 '누가 子産을 지혜롭다고 말하는가. 내 이미 물고기를 삶아먹었는데, 子産은 「살 곳을 얻었구나, 살 곳을 얻었구나.」라고 했다.' 하였다. 그러므로 君子는 方(道)으로써 속일 수는 있거니와 道가 아닌 것으로 터무니없이 속이기는 어려운 것이다. 저 象이 兄을 사랑하는 도리로써 왔으므로 舜이 진실로 믿고서 기뻐하셨으니, 어찌 거짓이셨겠는가."

譯註 1. 君子……難罔以非其道 : ≪論語≫ 〈雍也〉 24章에 "君子는 이치에 있는 말로 속일 수는 있으나 터무니 없는 말로 속일 수는 없다.〔君子 可欺也 不可罔也〕"라고 보인다.

校人은 主池沼小吏也라 圉圉는 困而未紓之貌요 洋洋則稍縱矣라 攸然而逝者는 自得而遠去也라 方은 亦道也라 罔은 蒙蔽也라 欺以其方은 謂誑之以理之所有요 罔以非其道는 謂昧之以理之所無라 象以愛兄之道來하니 所謂欺之以其方也라 舜本不知其僞라 故로 實喜之하시니 何僞之有리오

○ 此章은 又言 舜遭人倫之變而不失天理之常也시니라

校人은 못을 주관하는 작은 관리이다. 圉圉는 지쳐서 기를 펴지 못하는 모양이요, 洋洋은 조금 펴진 것이다. 攸然而逝는 自得하여 멀리 간 것이다. 方 또한 道이다. 罔은

紓:풀 서 稍:점점 초 縱:풀어놓을 종 蒙:덮어씌울 몽 誑:속일 광 遭:만날 조

덮어 씌워 가리는 것이다. 方(道)으로써 속인다〔欺〕는 것은 이치에 있는 바로써 속임을 이르고, 道가 아닌 것으로써 터무니없이 속인다〔罔〕는 것은 이치에 없는 바로써 속임을 이른다. 象이 兄을 사랑하는 도리로써 왔으니, 이것은 이른바 方(道)으로써 속인다는 것이다. 舜이 본래 그의 거짓을 몰랐다. 그러므로 실제로 기뻐하셨으니, 어찌 거짓이 있겠는가.

○ 이 章은 또 舜은 人倫의 變을 만났으나 天理의 떳떳함을 잃지 않으심을 말씀한 것이다.

3. 萬章이 問曰 象이 日以殺舜爲事어늘 立爲天子則放之는 何也잇고 孟子曰 封之也어시늘 或曰放焉이라하니라

萬章이 물었다. "象이 날마다 舜을 죽이는 것으로 일을 삼았는데, 舜이 즉위하여 天子가 되셔서는 그를 〈죽이지 않고〉 추방한 것은 어째서입니까?" 孟子께서 말씀하셨다. "그를 봉해 주셨는데, 혹자가 '추방했다'고 하는 것이다."

放은 猶置也니 置之於此하여 使不得去也라 萬章이 疑舜何不誅之오한대 孟子言 舜實封之어시늘 而或者誤以爲放也라하시니라

放은 置(추방하여 한쪽에 留置함)와 같으니, 이곳에 留置하여 떠나가지 못하게 하는 것이다. 萬章이 "舜이 어찌하여 죽이지 않았습니까?" 하고 의심하자, 孟子께서 "舜이 실로 그를 봉해 주셨는데, 혹자들이 잘못 알고 추방했다고 한다."고 말씀하셨다.

萬章曰 舜이 流共工于幽州하시고 放驩兜于崇山하시고 殺三苗于三危하시고 殛鯀于羽山하사 四罪하신대 而天下咸服은 誅不仁也니 象이 至不仁이어늘 封之有庳하시니 有庳之人은 奚罪焉고 仁人도 固如是乎잇가 在他人則誅之하고 在弟則封之온여 曰 仁人之於弟也에 不藏怒焉하며 不宿怨焉이요 親愛之而已矣니 親之인댄 欲其貴

放:내칠 방 流:귀양보낼 류 幽:그윽할 유 驩:즐길 환 兜:투구 도 崇:높을 숭 殛:죽일 극 鯀:이름 곤 庳:땅이름 비, 낮을 비 宿:묵을 숙

也요 **愛之**인댄 **欲其富也**니 **封之有庳**는 **富貴之也**시니 **身爲天子**요 **弟爲匹夫**면 **可謂親愛之乎**아

萬章이 말하였다. "舜이 共工을 幽州에 유배하시고 驩兜를 崇山으로 추방하시고 三苗의 군주를 三危에서 죽이시고 鯀을 羽山에서 죽이시어 네 사람을 처벌하시자, 천하가 다 복종한 것은 不仁한 자를 처벌했기 때문입니다. 象이 지극히 不仁하였는데도 그를 有庳에 봉해 주셨으니, 有庳의 백성들은 무슨 죄입니까. 仁人도 진실로 이와 같단 말입니까. 타인에 있어서는 죽이고 동생에 있어서는 봉해 주었군요." 孟子께서 말씀하셨다. "仁人은 아우에 대해서 노여움을 감추지 않으며 원망을 묵혀 두지 않고, 그를 親愛할 뿐이다. 그를 친히 한다면 그가 귀해지기를 바랄 것이요 그를 사랑한다면 그가 부유해지기를 바랄 것이니, 그를 有庳에 봉하심은 그를 부귀하게 하신 것이다. 자신은 天子가 되고 아우는 匹夫가 된다면 아우를 親愛했다고 이를 수 있겠는가."

流는 徙也라 共工은 官名이요 驩兜는 人名이니 二人比周하여 相與爲黨하니라 三苗는 國名이니 負固不服하니라 殺은 殺其君也라 殛은 誅也라 鯀은 禹父名이니 方命圮族[1)]하고 治水無功하니 皆不仁之人也라 幽州, 崇山, 三危, 羽山, 有庳는 皆地名也라 或曰 今道州鼻亭이 卽有庳之地也라하니 未知是否라 萬章이 疑舜不當封象이니 使彼有庳之民으로 無罪而遭象之虐은 非仁人之心也라 藏怒는 謂藏匿其怒요 宿怨은 謂留蓄其怨이라

流는 귀양보냄이다. 共工은 官名이요 驩兜는 人名이니, 두 사람이 빌붙어 서로 黨을 하였다. 三苗는 國名이니, 지형의 험고함을 믿고 복종하지 않았다. 殺은 그 군주를 죽임이다. 殛은 벰이다. 鯀은 禹王의 아버지 이름이니, 왕명을 거역하고 종족을 해쳤으며 홍수를 다스림에 공이 없었으니, 모두 不仁한 사람들이었다. 幽州·崇山·三危·羽山·有庳는 모두 地名이다. 혹자는 말하기를 "현재의 道州 鼻亭이 바로 有庳의 지역이다." 하는데, 그 말이 옳은지는 알지 못하겠다. 萬章은 '舜이 象을 봉해주지 말았어야 했을 것이니, 저 有庳의 백성으로 하여금 죄 없이 象의 虐政을 만나게 함은 仁人의 마음이 아니다.'라고 의심한 것이다. 藏怒는 노여움을 감춤을 이르고, 宿怨은 원한을 남겨 쌓아둠을 이른다.

徙:귀양보낼 사　比:아첨할 비　方:거역할 방　圮:무너질 비　匿:숨길 닉

譯註 1. 方命圮族 : 方은 逆의 뜻으로 方命은 王命을 거역하는 것이고, 圮族은 宗族에게 폐해를 끼치는 것으로, ≪書經≫ 〈虞書 堯典〉에 보인다.

敢問 或曰放者는 **何謂也**잇고 **曰 象**이 **不得有爲於其國**하고 **天子使吏**로 **治其國而納其貢稅焉**이라 **故**로 **謂之放**이니 **豈得暴彼民哉**리오 **雖然**이나 **欲常常而見之**라 **故**로 **源源而來**하니 **不及貢**하여 **以政接于有庳**라하니 **此之謂也**니라

〈萬章이 말하였다.〉 "감히 묻겠습니다. 혹자가 '추방했다'고 말하는 것은 어째서입니까?" 孟子께서 말씀하셨다. "象이 그 나라에서 정사를 하지 못하게 하고, 天子가 관리로 하여금 그 나라를 다스리게 하고 그 세금만을 〈象에게〉 바치게 하였다. 그러므로 그를 '추방했다'고 하는 것이니, 어찌 저 백성들에게 포악하게 할 수 있었겠는가. 그러나 항상 그를 만나보고자 하였으므로 끊임없이 오게 하셨으니, '朝貢할 시기에 미치지 아니하여 정사로 有庳의 군주를 접견했다.' 하였으니, 바로 이것을 말한 것이다."

孟子言 象雖封爲有庳之君이나 然이나 不得治其國이요 天子使吏代之治하고 而納其所收之貢稅於象하니 有似於放이라 故로 或者以爲放也라 蓋象至不仁하니 處之如此면 則旣不失吾親愛之心이요 而彼亦不得虐有庳之民也라 源源은 若水之相繼也라 來는 謂來朝覲也라 不及貢以政接于有庳는 謂不待及諸侯朝貢之期하고 而以政事로 接見有庳之君이니 蓋古書之辭니 而孟子引以證源源而來之意하여 見其親愛之無已 如此也하시니라

○ 吳氏曰 言 聖人은 不以公義廢私恩하고 亦不以私恩害公義하시니 舜之於象에 仁之至요 義之盡也시니라

孟子께서 말씀하기를 "象을 비록 有庳의 군주로 봉했으나 그 나라를 다스리지 못하게 하고, 天子가 관리로 하여금 대신 다스리게 하고 거기에서 거두는 세금을 象에게 바치게 하였으니, 추방함과 유사함이 있었다. 이 때문에 혹자들이 추방했다고 한다." 하였다. 象이 지극히 不仁하였으니, 대처하기를 이와 같이 한다면 이미 내가 그를 親

愛하는 마음을 잃지 않고 저 또한 有庳의 백성들에게 포악하게 할 수 없는 것이다. 源源은 물이 서로 이어짐과 같은 것이다. 來는 와서 조회함을 이른다. 朝貢할 시기에 미치지 아니하여 정사로 有庳의 군주를 접견했다는 것은 제후들이 朝貢하는 시기에 미치기를 기다리지 않고 정사로써 有庳의 군주를 접견함을 이르니, 이것은 아마도 옛 ≪書經≫의 말인 듯한데 孟子께서 이것을 인용하여 끊임없이 오게 한 뜻을 증명하여 친애하는 마음이 끝이 없음이 이와 같음을 증명하신 것이다.

○ 吳氏(吳棫)가 말하였다. "聖人은 公義로써 私恩을 폐하지 않고 또한 私恩으로써 公義를 해치지 않음을 말씀하였으니, 舜이 象에 대하여 仁이 지극하고 義가 다하신 것이다."

4. 咸丘蒙이 問曰 語云 盛德之士는 君不得而臣하며 父不得而子라 舜이 南面而立이어시늘 堯帥(솔)諸侯하여 北面而朝之하시고 瞽瞍亦北面而朝之어늘 舜이 見瞽瞍하시고 其容이 有蹙이라하여늘 孔子曰 於斯時也에 天下殆哉岌岌乎인서하시니 不識케이다 此語 誠然乎哉잇가 孟子曰 否라 此非君子之言이라 齊東野人之語也라 堯老而舜攝也러시니 堯典曰 二十有八載에 放勳이 乃徂落커시늘 百姓은 如喪考妣三年하고 四海는 遏密八音이라하며 孔子曰 天無二日이요 民無二王이라하시니 舜이 旣爲天子矣요 又帥天下諸侯하여 以爲堯三年喪이면 是는 二天子矣니라

咸丘蒙이 물었다. "옛말에 이르기를 '德이 성대한 선비는 군주가 그를 신하로 삼을 수 없으며 아비가 자식을 마음대로 할 수 없다. 舜이 南面하고 서 계시거늘 堯가 제후를 거느리고 北面하여 조회하시고, 瞽瞍 또한 北面하여 조회하자 舜이 瞽瞍를 보시고 불안하여 위축됨이 있었다.' 하였는데, 孔子께서 말씀하시기를 '이 때에 천하가 매우 위태로웠다.' 하셨다 하니, 알지 못하겠습니다. 이

覲:뵐 근 帥:거느릴 솔 蹙:찌푸릴 축 殆:위태할 태 岌:위태할 급 攝:대신할 섭 放:클 방 徂:죽을 조 考:죽은아버지 고 妣:죽은어머니 비 遏:그칠 알 密:조용할 밀

말이 사실입니까?" 孟子께서 말씀하셨다. "아니다. 이것은 君子의 말이 아니요, 齊나라 동쪽 野人의 말이다. 堯가 늙어 舜이 攝政하신 것이다. 〈堯典〉에 이르기를 '舜이 攝政한 지 28년만에 放勳(堯)이 마침내 별세하시니, 백성들은 考妣를 잃은 듯이 3년을 슬퍼하였고 四海에서는 八音을 연주하는 것을 그쳤다.' 하였으며, 孔子께서 말씀하시기를 '하늘에는 두 해(태양)가 없고 백성에게는 두 왕이 없다.' 하셨으니, 舜이 이미 天子가 되시고 또 천하의 제후들을 거느리고서 堯를 위해 3년상을 하였다면 이것은 天子가 둘인 것이다."

咸丘蒙은 孟子弟子也라 語者는 古語也라 蹙은 顰蹙不自安也라 岌岌은 不安之貌也니 言人倫乖亂하여 天下將危也라 齊東은 齊國之東鄙也라 孟子言 堯但老不治事하여 而舜攝天子之事耳요 堯在時에 舜未嘗卽天子位하시니 堯何由北面而朝乎아하시고 又引書及孔子之言하여 以明之하시니라 堯典은 虞書篇名이라 今此文은 乃見於舜典하니 蓋古書는 二篇이 或合爲一耳라 言舜攝位二十八年而堯死也라 徂는 升也요 落은 降也니 人死則魂升而魄降이라 故로 古者에 謂死爲徂落이라 遏은 止也요 密은 靜也라 八音은 金石絲竹匏土革木樂器之音也라

咸丘蒙은 孟子의 제자이다. 語는 옛말이다. 蹙은 찌푸려 스스로 편안하지 못함이다. 岌岌은 불안한 모양이니, 인륜이 어그러지고 혼란하여 천하가 장차 위태로움을 말한 것이다. 齊東은 齊나라의 동쪽 변방이다. 孟子께서 말씀하시기를 "堯가 다만 늙어서 정사를 다스리지 못하시어 舜이 天子의 일을 대행하였을 뿐이요, 堯가 살아계실 때에 舜이 일찍이 天子의 지위에 나아가지 않으셨으니, 堯가 무슨 이유로 北面하여 조회했겠는가." 하시고, 또 ≪書經≫과 孔子의 말씀을 인용하여 밝히신 것이다.

堯典은 〈虞書〉의 篇名이다. 지금 이 글은 바로 〈舜典〉에 보이니, 옛 ≪書經≫은 두 편이 혹 합하여 하나였던 듯하다. 舜이 攝位한 지 28년만에 堯가 죽었음을 말한 것이다. 徂는 오름이요 落은 내림이니, 사람이 죽으면 혼은 올라가고 넋은 내려온다. 그러므로 옛날에 죽음을 徂落이라 하였다. 遏은 중지함이요, 密은 고요함이다. 八音은 쇠〔金〕·돌〔石〕·실〔絲〕·대〔竹〕·박〔匏〕·흙〔土〕·가죽〔革〕·나무〔木〕로 만든 악기의 소리이다.

顰:찌푸릴 빈　乖:어그러질 괴　鄙:변방 비　魂:혼 혼　魄:넋 백　匏:박 포

咸丘蒙曰 舜之不臣堯는 **則吾旣得聞命矣**어니와 **詩云 普天之下 莫非王土**며 **率土之濱**이 **莫非王臣**이라하니 **而舜**이 **旣爲天子矣**시니 **敢問瞽瞍之非臣**은 **如何**잇고 **曰 是詩也**는 **非是之謂也**라 **勞於王事而不得養父母也**하여 **曰 此莫非王事**어늘 **我獨賢勞也**라하니 **故**로 **說詩者 不以文害辭**하며 **不以辭害志**요 **以意逆志**라야 **是爲得之**니 **如以辭而已矣**인댄 **雲漢之詩曰 周餘黎民**이 **靡有孑遺**라하니 **信斯言也**인댄 **是**는 **周無遺民也**니라

咸丘蒙이 말하였다. "舜이 堯를 신하 삼지 않으심은 제가 이미 가르침을 들었거니와 ≪詩經≫에 이르기를 '온 하늘의 아래가 왕의 토지 아님이 없으며 온 땅의 안이 왕의 신하 아닌 자가 없다.' 하였으니, 舜이 이미 天子가 되셨으니, 감히 묻겠습니다. 瞽瞍를 신하로 삼지 않음은 어째서입니까?" 孟子께서 말씀하셨다. "이 詩는 이것을 말한 것이 아니다. 〈이 詩를 지은 자가〉 王事(國事)에 수고로워 부모를 봉양할 수 없어서 말하기를 '이것은 國事가 아님이 없거늘 나만이 홀로 어질다 하여 수고롭다.'고 한 것이다. 그러므로 詩를 해설하는 자는 글자로써 말을 해치지 말며 말로써 본래의 뜻을 해치지 말고, 〈보는 자의〉 뜻으로써 〈작자의〉 뜻에 맞추어야 詩를 알 수 있는 것이다. 만일 말만 가지고 볼뿐이라면 〈雲漢〉의 詩에 이르기를 '周나라의 남은 黎民들이 孑遺가 없다.' 하였으니, 진실로 이 말대로라면 이것은 周나라에 남은 백성이 없는 것이다.

不臣堯는 不以堯爲臣하여 使北面而朝也라 詩는 小雅北山之篇也라 普는 徧也요 率은 循也라 此詩는 今毛氏序云 役使不均하여 己勞於王事而不得養其父母焉이라하고 其詩下文에 亦云 大夫不均하여 我從事獨賢이라하니 乃作詩者自言 天下皆王臣이어늘 何爲獨使我以賢才而勞苦乎아하니 非謂天子可臣其父也라 文은 字也요 辭는 語也라 逆은 迎也라 雲漢은 大雅篇名也라 孑은 獨立之貌라 遺는 脫也라 言 說詩之法은 不可以

普:넓을 보 率:따를 솔 濱:물가 빈 逆:맞이할 역 黎:검을 려 靡:없을 미 孑:외로울 혈

一字而害一句之義하며 不可以一句而害設辭之志요 當以己意로 迎取作者之志라야 乃可得之니 若但以其辭而已면 則如雲漢所言인댄 是周之民이 眞無遺種矣라 惟以意逆之면 則知作詩者之志 在於憂旱이요 而非眞無遺民也니라

不臣堯는 堯를 신하로 삼아 北面하고 조회하게 하지 않는 것이다. 詩는 〈小雅 北山篇〉이다. 普는 두루요 率은 따름이다. 이 詩는 지금 毛氏(毛萇)의 序에 이르기를 "役事가 균등(공평)하지 못하여 자기만이 國事에 수고로워 그 부모를 봉양할 수 없기 때문이었다." 하였고, 그 詩의 아랫글에 또한 이르기를 "大夫가 균등하지 못해서 나만 종사하게 하여 홀로 어질다 한다." 하였으니, 이것은 바로 詩를 지은 자가 스스로 말하기를 "천하가 모두 왕의 신하이거늘 어찌하여 유독 나로 하여금 어질고 재주 있다 하여 수고롭게 하는가."라고 한 것이니, 天子가 아버지를 신하로 삼을 수 있음을 말한 것은 아니다.

文은 글자요, 辭는 말이다. 逆은 맞이함이다. 雲漢은 〈大雅〉의 편명이다. 孑은 홀로 서 있는 모양이요, 遺는 벗어남이다. 詩를 해설하는 방법은 한 글자로써 한 구절의 뜻을 해치지 말고 한 구절로써 말을 한(글을 쓴) 뜻을 해치지 말 것이요, 마땅히 자신의 뜻으로써 작자의 뜻을 맞추어 취해야 비로소 詩를 알 수 있으니, 만일 다만 그 말만 가지고 볼 뿐이라면 〈雲漢〉에 말한 바와 같을진댄 이는 周나라 백성들이 참으로 남은 종자가 없는 것이다. 오직 보는 자의 뜻으로써 작자의 뜻을 맞춰보면 이 詩를 지은 자의 뜻이 가뭄을 걱정함에 있고 참으로 遺民이 없다는 것이 아님을 알게 될 것이다.

孝子之至는 莫大乎尊親이요 尊親之至는 莫大乎以天下養이니 爲天子父하니 尊之至也요 以天下養하시니 養之至也라 詩曰 永言孝思[1)]라 孝思維則이라하니 此之謂也니라

孝子의 지극함은 어버이를 높임보다 더 큰 것이 없고 어버이를 높임의 지극함은 천하로써 봉양함보다 더 큰 것이 없으니, 〈瞽瞍는〉 천자의 아버지가 되었으니 높임이 지극하고 〈舜은〉 천하로써 봉양하였으니 봉양함이 지극하신 것이다. ≪詩經≫에 이르기를 '길이 효도하는 마음을 생각한다. 효도하는 마음이 법칙이 된다.' 하였으니, 이것을 말한 것이다.

譯註 1. 永言孝思 : 官本諺解에는 '길이 孝하며 思하는지라'로 해석하여 '言'자를 助辭로 보았으나 壺山은 集註의 '長言孝思而不忘'을 들어 "不忘 두 글자가 중요하다. 言과 思

두 글자를 集註에서는 ≪詩經≫처럼 語助辭로 보지 않았으니, 이는 斷章取義한 것이다." 하였다. 斷章取義는 ≪詩經≫을 인용할 적에 원래의 글 뜻대로 해석하지 않고 한 句를 잘라 다른 뜻을 취함을 이른다. 朱子는 앞의 〈公孫丑 上〉 4章에 ≪詩經≫의 '永言配命'을 해석하면서 "言은 念과 같다." 하였는데, 여기에서도 言을 念으로 해석하여 集註에 특별히 不忘을 넣은 것으로 보인다. 壺山은 뒤이어 諺解에서 '言'자를 해석하지 않은 잘못을 지적하고 "또 孝思는 마땅히 孝를 생각하는 뜻이 되어야 하는데, 諺解에 孝하고 또 생각하는 것으로 해석하였으니, 未盡한 듯하다." 하였다. 이상의 설명으로 볼 때 孝思는 孝心으로 '길이 孝心을 생각한다.'로 보는 것이 좋을 듯하다.

言 瞽瞍旣爲天子之父면 則當享天下之養이니 此는 舜之所以爲尊親養親之至也라 豈有使之北面而朝之理乎아 詩는 大雅下武之篇이라 言 人能長言孝思而不忘이면 則可以爲天下法則也라

'瞽瞍가 이미 천자의 아버지가 되었으면 마땅히 천하의 봉양을 누려야 하니, 이것은 舜이 어버이를 높이고 어버이를 봉양하기를 지극히 하심이 되는 것이다. 어찌 자기 아버지로 하여금 北面하여 조회하게 할 리가 있겠는가.'라고 말씀한 것이다. 詩는 〈大雅 下武篇〉이니, 사람이 길이 효도하는 마음을 생각하여 잊지 않으면 천하의 법칙이 될 수 있음을 말씀한 것이다.

書曰 祗載見(현)瞽瞍[1]하사되 夔夔齊(재)栗하신대 瞽瞍亦允若이라하니 是爲父不得而子也니라

≪書經≫에 이르기를 '〈舜이〉 공경히 섬겨 瞽瞍를 뵙되 공경하고 두려워하시자 瞽瞍 또한 믿고 따랐다.' 하였으니, 이것이 아버지가 자식을 마음대로 할 수 없는 것이다."

譯註 1. 祗載見瞽瞍 : 蔡沈의 ≪書經集傳≫에는 祗載를 "그 자식된 직분의 일을 공경히 하는 것이다.〔敬其子之職事也〕" 하였으므로 官本諺解에는 載를 일로 보아 '일을 공경히 하다'로 해석하였다. 그러나 壺山은 朱子의 集註와 맞지 않음을 밝히고 "공경히 섬기는 것이다." 하였다.

祗:공경 지 載:일 재 夔:공경 기 齊:공손할 재 栗:공경할 률 允:믿을 윤

書는 大禹謨篇也라 祗는 敬也요 載는 事也라 夔夔齊栗은 敬謹恐懼之貌라 允은 信也요 若은 順也라 言 舜敬事瞽瞍하여 往而見之에 敬謹如此하시니 瞽瞍亦信而順之也라 孟子引此而言 瞽瞍不能以不善及其子하고 而反見化於其子하니 則是所謂父不得而子者요 而非如咸丘蒙之說也라하시니라

書는 〈大禹謨篇〉이다. 祗는 공경함이요, 載는 섬김이다. 夔夔齊栗은 공경하고 삼가고 두려워하는 모양이다. 允은 믿음이요 若은 순함이다. 舜이 瞽瞍를 공경히 섬겨 가서 뵐 적에 공경하고 삼감이 이와 같으시니, 瞽瞍 또한 믿고 따랐음을 말한 것이다. 孟子께서 이 글을 인용하고 말씀하시기를 "瞽瞍가 不善으로써 자기 아들에게 미치지 못하고 도리어 자기 아들에게 교화를 당하였으니, 이것이 이른바 아버지가 자식을 마음대로 할 수 없다는 것이요 咸丘蒙이 말한 것과 같은 것이 아니다." 하였다.

5. 萬章曰 堯以天下與舜이라하니 有諸잇가 孟子曰 否라 天子不能以天下與人이니라

萬章이 말하였다. "堯가 천하를 舜에게 주셨다 하니, 그런 일이 있었습니까?" 孟子께서 말씀하셨다. "아니다. 天子가 천하를 남에게 줄 수 없다."

天下者는 天下之天下요 非一人之私有故也라

天下는 천하 사람들의 천하요, 한 사람의 私有物이 아니기 때문이다.

然則舜有天下也는 孰與之잇고 曰 天與之시니라

〈萬章이 말하였다.〉 "그렇다면 舜이 천하를 소유한 것은 누가 주신 것입니까?" 孟子께서 말씀하셨다. "하늘이 주신 것이다."

萬章問而孟子答也라

萬章이 물음에 孟子께서 대답하신 것이다.

若:순할 약 見:당할 견

天與之者는 諄諄然命之乎잇가

〈萬章이 말하였다.〉 "하늘이 주었다는 것은 諄諄然히 명한 것입니까?"

萬章問也라 諄諄은 詳語之貌라

萬章이 물은 것이다. 諄諄은 상세히 말하는 모양이다.

曰 否라 天不言이라 以行與事로 示之而已矣시니라

孟子께서 말씀하셨다. "아니다. 하늘은 말씀하지 않는다. 행실과 일로써 보여주실 뿐이다."

行之於身을 謂之行이요 措諸天下를 謂之事라 言 但因舜之行事하여 而示以與之之意耳니라

몸에 행함을 行이라 이르고 천하에 베풂을 事라 이른다. 다만 舜의 행실과 일로 인하여 그에게 주려는 뜻을 보여줄 뿐임을 말씀한 것이다.

曰 以行與事로 示之者는 如之何잇고 曰 天子能薦人於天이언정 不能使天으로 與之天下며 諸侯能薦人於天子언정 不能使天子로 與之諸侯며 大夫能薦人於諸侯언정 不能使諸侯로 與之大夫니 昔者에 堯薦舜於天而天受之하시고 暴(폭)之於民而民受之하니 故로 曰 天不言이라 以行與事로 示之而已矣라하노라

萬章이 말하였다. "행실과 일로써 보여주었다는 것은 어떻게 하는 것입니까?" 孟子께서 말씀하셨다. "天子가 사람을 하늘에 천거할 수는 있을지언정 하늘로 하여금 그에게 천하를 주게 할 수는 없으며, 諸侯가 사람을 天子에게 천거할 수는 있을지언정 天子로 하여금 그에게 諸侯를 주게 할 수는 없으며, 大夫가 사람을 諸侯에게 천거할 수는 있을지언정 諸侯로 하여금 그에게 大夫를 주게 할 수

諄:자세할 순　示:보일 시　薦:천거할 천　暴:드러낼 폭

는 없는 것이다. 옛적에 堯가 舜을 하늘에 천거함에 하늘이 받아주시고, 백성들에게 드러냄에 백성들이 받아주었다. 그러므로 '하늘은 말씀하지 않는다. 행실과 일로써 보여주실 뿐이다.'라고 한 것이다."

暴은 顯也라 言 下能薦人於上이언정 不能令上必用之라 舜爲天人所受하시니 是는 因舜之行與事而示之以與之之意也라

暴은 드러냄이다. 아랫사람이 윗사람에게 사람을 천거할 수는 있을지언정 윗사람으로 하여금 반드시 쓰게 할 수는 없음을 말씀한 것이다. 舜이 하늘과 백성들에게 받아들여졌으니, 이것은 舜의 행실과 일로 인하여 그에게 주려는 뜻을 보여준 것이다.

曰 敢問薦之於天而天受之하시고 暴之於民而民受之는 如何잇고 曰 使之主祭而百神이 享之하니 是는 天受之요 使之主事而事治하여 百姓이 安之하니 是는 民受之也라 天與之하며 人與之라 故로 曰 天子不能以天下與人이라하노라 舜相堯二十有八載하시니 非人之所能爲也요 天也라 堯崩커시늘 三年之喪을 畢하고 舜이 避堯之子於南河之南이어시늘 天下諸侯朝覲者 不之堯之子而之舜하며 訟獄者 不之堯之子而之舜하며 謳歌者 不謳歌堯之子而謳歌舜하니 故로 曰天也라 夫然後에 之中國하사 踐天子位焉하시니 而(如)居堯之宮[1]하여 逼堯之子면 是는 簒也라 非天與也니라

萬章이 말하였다. "감히 묻겠습니다. 하늘에 천거함에 하늘이 받아주시고 백성들에게 드러냄에 백성들이 받아주었다는 것은 어떻게 한 것입니까?" 孟子께서 말씀하셨다. "舜으로 하여금 제사를 주관하게 함에 온갖 神들이 흠향하였으니 이는 하늘이 받아주신 것이요, 일을 주관하게 함에 일이 잘 다스려져 백성들이 편안하였으니 이는 백성들이 받아준 것이다. 하늘이 받아주셨으며 백성들이 받아주었다. 이 때문에 '天子가 천하를 남에게 줄 수 없다.'고 말한 것이다. 舜

享:흠향할 향　相:도울 상　載:해 재　崩:죽을 붕　訟:송사 송　謳:노래 구　逼:핍박할 핍

이 堯를 돕기를 28년 동안 하셨으니, 이는 인력으로 할 수 있는 것이 아니요 하늘(天運)이다. 堯가 붕어하시자 3년상을 마치고 舜이 堯의 아들을 南河의 남쪽으로 피해 가셨는데, 천하의 諸侯로서 조회하는 자들이 堯의 아들에게 가지 않고 舜에게 갔으며, 獄事를 송사하는 자들이 堯의 아들에게 가지 않고 舜에게 갔으며, 德을 謳歌하는 자들이 堯의 아들을 謳歌하지 않고 舜을 謳歌하였다. 그러므로 天이라고 말한 것이다. 그런 뒤에야 中國(서울)에 가서 天子의 지위에 나아가셨으니, 만일 堯의 궁궐에 거하여 堯의 아들을 핍박하였다면 이는 찬탈이요 하늘이 주신 것이 아니다.

譯註 1. 而居堯之宮 : 而를 諺解에서는 助辭로 보았으나 古文에는 '如'자와 통용되는 바, '만일'로 해석하면 뜻이 명확하고 文法이 맞으므로 '如'자로 해석하였다. 뒤의 8章 '而主癰疽與侍人瘠環'의 경우도 이와 같다.

南河는 在冀州之南하니 其南은 卽豫州也라 訟獄은 謂獄不決而訟之也라

南河는 冀州의 남쪽에 있으니, 그 남쪽은 바로 豫州이다. 訟獄은 獄事를 결단하지 못하여 송사함을 이른다.

太(泰)誓曰 天視 自我民視하며 天聽이 自我民聽이라하니 此之謂也니라

〈太誓〉에 이르기를 '하늘의 봄이 우리 백성의 봄으로부터 하며 하늘의 들음이 우리 백성의 들음으로부터 한다.' 하였으니, 이것을 이른 것이다."

自는 從也라 天無形하여 其視聽이 皆從於民之視聽하니 民之歸舜이 如此면 則天與之를 可知矣니라

自는 부터이다. 하늘이 형체가 없어 보고 들음을 모두 백성들의 보고 들음으로부터 하니, 백성이 舜에게 돌아감이 이와 같다면 하늘이 주신 것을 알 수 있다.

6. 萬章이 問曰 人이 有言호되 至於禹而德衰하여 不傳於賢而傳於

冀:바랄 기　豫:즐길 예　自:부터 자

子라하니 **有諸**잇가 **孟子曰 否**라 **不然也**라 **天**이 **與賢則與賢**하고 **天**이 **與子則與子**니라 **昔者**에 **舜**이 **薦禹於天十有七年**에 **舜崩**커시늘 **三年之喪**을 **畢**하고 **禹避舜之子於陽城**이러시니 **天下之民**이 **從之**를 **若堯崩之後**에 **不從堯之子而從舜也**하니라 **禹薦益於天七年**에 **禹崩**커시늘 **三年之喪**을 **畢**하고 **益**이 **避禹之子於箕山之陰**이러니 **朝覲訟獄者 不之益而之啓曰 吾君之子也**라하며 **謳歌者 不謳歌益而謳歌啓曰 吾君之子也**라하니라

萬章이 물었다. "사람들이 말하기를 '禹王에 이르러 德이 쇠하여 賢者에게 자리를 물려주지 않고 자식에게 물려주었다.' 하니, 그런 일이 있습니까?" 孟子께서 말씀하셨다. "아니다. 그렇지 않다. 하늘이 賢者에게 주게 하면 賢者에게 주고, 하늘이 자식에게 주게 하면 자식에게 주는 것이다. 옛적에 舜이 禹를 하늘에 천거한 지 17년만에 舜이 붕어하시자, 3년상을 마치고 禹가 舜의 아들을 陽城으로 피해 가셨는데, 천하의 백성들이 따라오기를 堯가 붕어한 뒤에 堯의 아들을 따르지 않고 舜을 따르듯이 하였다. 禹가 益을 하늘에 천거한 지 7년만에 禹가 붕어하시자, 3년상을 마치고 益이 禹의 아들을 箕山의 북쪽으로 피해 갔는데, 조회하고 옥사를 송사하는 자들이 益에게 가지 않고 啓에게 가며 말하기를 '우리 임금님의 아들이다.' 하였으며, 德을 謳歌하는 자들이 益을 謳歌하지 않고 啓를 謳歌하며 말하기를 '우리 임금님의 아들이다.' 하였다.

陽城, 箕山之陰은 皆嵩山下深谷中可藏處라 啓는 禹之子也라 楊氏曰 此語는 孟子必有所受라 然이나 不可考矣로다 但云 天與賢則與賢하고 天與子則與子라하시니 可以見堯舜禹之心이 皆無一毫私意也시니라

陽城과 箕山의 북쪽은 모두 嵩山 아래 깊은 골짜기 가운데로 몸을 숨길 만한 곳이다. 啓는 禹의 아들이다.

楊氏(楊時)가 말하였다. "이 말씀은 孟子께서 반드시 전수받은 바가 있었을 것이다. 그러나 상고할 수가 없다. 다만 하늘이 賢者에게 주게 하면 賢者에게 주고 하늘이 자식

에게 주게 하면 자식에게 준다 하셨으니, 堯·舜·禹의 마음이 모두 털끝만큼의 사욕이 없으셨음을 볼 수 있다."

丹朱之不肖에 **舜之子亦不肖**하며 **舜之相堯**와 **禹之相舜也**는 **歷年**이 **多**하여 **施澤於民**이 **久**하고 **啓**는 **賢**하여 **能敬承繼禹之道**하며 **益之相禹也**는 **歷年**이 **少**하여 **施澤於民**이 **未久**하니 **舜禹益相去久遠**과 **其子之賢不肖**가 **皆天也**라 **非人之所能爲也**니 **莫之爲而爲者**는 **天也**요 **莫之致而至者**는 **命也**니라

丹朱가 불초함에 舜의 아들 또한 불초했으며, 舜이 堯를 도운 것과 禹가 舜을 도운 것은 지나온 햇수가 많아서 백성들에게 은택을 베푼 지가 오래되었고 啓는 어질어 능히 禹의 道를 공경히 승계하였으며, 益이 禹를 도운 것은 지나온 햇수가 적어서 백성들에게 은택을 베푼 지가 오래지 못했으니, 舜·禹·益의 거리가 오래고 멂과 그 아들의 어질고 불초함이 다 천운이다. 인력으로 할 수 있는 것이 아니다. 그렇게 함이 없는데도 그렇게 되는 것은 天(천운)이요, 이르게 함이 없는데도 이르는 것은 命이다.

堯舜之子는 皆不肖하고 而舜禹之爲相은 久하니 此堯舜之子所以不有天下하고 而舜禹有天下也며 禹之子는 賢하고 而益相은 不久하니 此啓所以有天下하고 而益不有天下也라 然이나 此皆非人力所爲而自爲요 非人力所致而自至者라 蓋以理言之면 謂之天이요 自人言之면 謂之命이니 其實則一而已니라

堯와 舜의 아들은 모두 불초하였고 舜과 禹가 정승노릇한 것은 오래였으니, 이것이 堯와 舜의 아들이 천하를 소유하지 못하고 舜과 禹가 천하를 소유하게 된 이유이다. 禹의 아들은 어질고 益이 정승노릇한 것은 오래지 못하였으니, 이것이 啓가 천하를 소유하고 益이 천하를 소유하지 못한 이유이다. 그러나 이는 다 인력으로 한 바가 아니요 저절로 된 것이며, 인력으로 이르게 한 바가 아니요 저절로 이른 것이다. 理로써 말하면 天이라 이르고 사람으로 말하면 命이라 이르니, 그 실제는 하나일 뿐이다.

匹夫而有天下者는 **德必若舜禹而又有天子薦之者**라 **故**로 **仲尼**

不有天下하시니라

匹夫로서 천하를 소유하는 자는 德이 반드시 舜·禹와 같아야 하고 또 天子가 천거해줌이 있어야 한다. 그러므로 仲尼가 천하를 소유하지 못하신 것이다.

孟子因禹益之事하여 歷擧此下兩條하여 以推明之하시니라 言 仲尼之德이 雖無媿於舜禹나 而無天子薦之者라 故로 不有天下하시니라

孟子께서 禹와 益의 일로 인하여 이 아래 두 조항을 차례로 들어서 미루어 밝히신 것이다. 仲尼의 德은 비록 舜과 禹에게 부끄러움(뒤짐)이 없었으나 天子가 천거해줌이 없었다. 그러므로 천하를 소유하지 못하였음을 말씀하신 것이다.

繼世以有天下에 天之所廢는 必若桀紂者也라 故로 益, 伊尹, 周公이 不有天下하시니라

대를 이어 천하를 소유할 적에 하늘이 폐하는 바는 반드시 桀·紂와 같은 자이다. 그러므로 益과 伊尹과 周公이 천하를 소유하지 못한 것이다.

繼世而有天下者는 其先世皆有大功德於民이라 故로 必有大惡如桀紂라야 則天乃廢之요 如啓及太甲成王은 雖不及益伊尹周公之賢聖이나 但能嗣守先業이면 則天亦不廢之라 故로 益伊尹周公이 雖有舜禹之德이나 而亦不有天下하시니라

대를 이어 천하를 소유하는 자는 그 先代가 모두 백성들에게 큰 공덕이 있었다. 그러므로 반드시 桀·紂와 같은 큰 악행이 있어야 하늘이 비로소 그를 폐하는 것이요, 啓와 太甲과 成王 같은 이는 비록 益과 伊尹과 周公의 어짊과 성스러움에 미치지 못하나 다만 선대의 업을 이어 지키면 하늘이 또한 폐하지 않은 것이다. 그러므로 益과 伊尹과 周公이 비록 舜·禹의 덕을 가지고 있었으나 또한 천하를 소유하지 못한 것이다.

伊尹이 相湯하여 以王於天下러니 湯崩커시늘 太丁은 未立하고 外丙은 二年이요 仲壬은 四年이러니 太甲이 顚覆湯之典刑이어늘 伊尹이

致:이르게할 치 媿:부끄러울 괴 嗣:이을 사 顚:뒤집을 전 覆:뒤엎을 복 刑:법 형

放之於桐三年한대 **太甲**이 **悔過**하여 **自怨自艾**(예)하여 **於桐**에 **處仁遷義三年**하여 **以聽伊尹之訓己也**하여 **復歸于亳**하니라

伊尹이 湯王을 도와 천하에 왕 노릇하게 하였는데, 湯王이 붕어하시니 太丁은 즉위하지 못하고 죽었으며 外丙은 2년이요 仲壬은 4년을 하였다. 太甲이 湯王의 떳떳한 법을 전복시키거늘 伊尹이 그를 桐땅에 3년 동안 유폐시키니, 太甲이 자신의 과오를 뉘우쳐 스스로 원망하고 스스로 다스려 桐땅에서 仁에 처하고 義에 옮기기를 3년 동안 하여 伊尹이 자기를 훈계한 것을 따라 다시 亳邑으로 돌아왔다.

此는 承上文하여 言伊尹不有天下之事하시니라 趙氏曰 太丁은 湯之太子니 未立而死하고 外丙은 立二年이요 仲壬은 立四年이니 皆太丁弟也요 太甲은 太丁子也라하고 程子曰 古人이 謂歲爲年하니 湯崩時에 外丙은 方二歲요 仲壬은 方四歲요 惟太甲差長이라 故로 立之也라하시니 二說이 未知孰是라 顚覆은 壞亂也라 典刑은 常法也라 桐은 湯墓所在라 艾는 治也라 說文云 芟草也라하니 蓋斬絶自新之意라 亳은 商所都也라

이것은 윗글을 이어서 伊尹이 천하를 소유하지 못한 일을 말씀한 것이다. 趙氏(趙岐)가 말하기를 "太丁은 湯王의 太子이니 즉위하지 못하고 죽었으며, 外丙은 즉위한 지 2년이요 仲壬은 즉위한지 4년이니 두 사람은 다 太丁의 아우이며, 太甲은 太丁의 아들이다." 하였고, 程子(伊川)가 말씀하기를 "옛사람은 歲를 年이라 하였으니, 湯王이 붕어할 때에 外丙은 나이가 2세였고 仲壬은 4세였으며, 오직 太甲이 나이가 조금 많았으므로 그를 세웠다." 하였으니, 두 분의 말씀이 누가 옳은지는 알 수 없다. 顚覆은 壞亂시킴이다. 典刑은 떳떳한 법이다. 桐은 湯王의 묘소가 있는 곳이다. 艾는 다스림이다. ≪說文解字≫에 "풀을 베는 것이다." 하였으니, 惡의 싹을 잘라내어 스스로 새로워진다는 뜻이다. 亳은 商나라가 도읍한 곳이다.

周公之不有天下는 **猶益之於夏**와 **伊尹之於殷也**니라

周公이 천하를 소유하지 못하심은 益이 夏나라에 있어서와 伊尹이 殷나라에

桐:오동나무 동　艾:다스릴 예　亳:땅이름 박　差:조금 차　芟:풀벨 삼

있어서와 같다.

此는 復言周公所以不有天下之意하시니라

이는 다시 周公이 천하를 소유하지 못하게 된 이유의 뜻을 말씀한 것이다.

孔子曰 唐虞는 禪하고 夏后, 殷, 周는 繼하니 其義一也라하시니라

孔子께서 말씀하시기를 '唐·虞는 禪位하였고 夏后와 殷·周는 繼承하였으니, 그 義가 똑같다.' 하셨다."

禪은 受也라 或禪或繼가 皆天命也니 聖人이 豈有私意於其間哉시리오
○ 尹氏曰 孔子曰 唐虞는 禪하고 夏后殷周는 繼하니 其義一也라하시고 孟子曰 天이 與賢則與賢하고 天이 與子則與子라하시니 知前聖之心者는 無如孔子요 繼孔子者는 孟子而已矣시니라

禪은 받음이다. 혹은 禪位하고 혹은 繼承함이 다 天命이니, 聖人이 어찌 그 사이에 私意를 두셨겠는가.

○ 尹氏(尹焞)가 말하였다. "孔子께서 '唐·虞는 禪位하였고 夏后와 殷·周는 繼承하였으니, 그 義가 똑같다.' 하셨으며, 孟子께서 '하늘이 賢者에게 주게 하면 賢者에게 주고 하늘이 자식에게 주게 하면 자식에게 준다.' 하셨으니, 前聖의 마음을 안 자는 孔子만한 분이 없고 孔子를 繼承한 자는 孟子일 뿐이시다."

7. 萬章이 問曰 人이 有言호되 伊尹이 以割烹要湯이라하니 有諸잇가

萬章이 물었다. "사람들이 말하기를 '伊尹이 고기를 베어 요리함으로써 湯王에게 등용되기를 요구하였다.' 하니, 그러한 일이 있었습니까?"

要는 求也라 按史記컨대 伊尹이 欲行道以致君而無由하여 乃爲有莘氏之媵臣[1)]하여 負鼎俎하고 以滋味說(세)湯하여 致於王道라하니 蓋戰國時에 有爲此說者하니라

要는 구함이다. ≪史記≫ 〈殷本紀〉를 상고해보면 "伊尹이 道를 행하여 훌륭한 人君을 만들고자 하였으나 방법이 없자, 마침내 有莘氏의 媵臣이 되어 솥과 도마를 지고 맛

禪:전위할 선 割:벨 할 烹:요리할 팽 要:구할 요 莘:나라이름 신 媵:잉첩 잉 鼎:솥 정

있는 음식으로 湯王을 설득하여 王道에 이르게 하였다." 하였으니, 戰國時代에 이런 말을 하는 자들이 있었다.

譯註 1. 有莘氏之媵臣 : 莘은 國名으로 有莘의 有는 助詞인 바, 有虞·有宋·有明의 경우와 같으며, 媵臣은 시집오는 夫人을 따라온 신하를 이른다.

孟子曰 否라 **不然**하니라 **伊尹**이 **耕於有莘之野而樂**(락)**堯舜之道焉**하여 **非其義也**며 **非其道也**어든 **祿之以天下**라도 **弗顧也**하며 **繫馬千駟**라도 **弗視也**하고 **非其義也**며 **非其道也**어든 **一介**를 **不以與人**하며 **一介**를 **不以取諸人**하니라

孟子께서 말씀하셨다. "아니다, 그렇지 않다. 伊尹이 有莘의 들에서 밭을 갈면서 堯舜의 道를 좋아하여 그 義가 아니고 그 道가 아니면 천하로써 녹을 주더라도 돌아보지 않고 말 千駟를 매어놓아도 돌아보지 않았으며, 그 義가 아니고 그 道가 아니면 지푸라기 하나도 남에게 주지 않았으며 지푸라기 하나도 남에게서 취하지 않았다.

莘은 國名이라 樂堯舜之道者는 誦其詩하고 讀其書하여 而欣慕愛樂之也라 駟는 四匹也라 介는 與草芥之芥로 同하니 言其辭受取與를 無大無細히 一以道義而不苟也라

莘은 나라 이름이다. 堯舜의 道를 즐거워하였다는 것은 그 詩를 외고 그 글을 읽어 흠모하고 사랑하고 좋아한 것이다. 駟는 말 네 필이다. 介는 草芥라는 芥와 같으니, 사양하고 받고 취하고 줌을 크고 작은 것 할 것 없이 한결같이 道義로써 하고 구차히 하지 않음을 말씀한 것이다.

湯이 **使人以幣聘之**하신대 **囂囂然曰 我何以湯之聘幣爲哉**리오 **我豈若處畎畝之中**하여 **由是以樂堯舜之道哉**리오하니라

湯王이 사람을 시켜 폐백을 가지고 가서 伊尹을 초빙하자, 囂囂然히 말하기를 '내 어찌 湯王의 초빙하는 폐백을 쓰리오. 내 어찌 畎畝의 가운데에 처하여 이

俎:도마 조 滋:맛있을 자 繫:맬 계 駟:사마 사 介:지푸라기 개(芥同) 幣:비단 폐

대로 堯舜의 道를 즐기는 것만 하겠는가.' 하였다.

囂囂는 無欲自得之貌라

囂囂는 욕심이 없이 스스로 만족해하는 모양이다.

湯이 三使往聘之하신대 旣而요 幡然改曰 與我處畎畝之中하여 由是以樂堯舜之道로는 吾豈若使是君으로 爲堯舜之君哉며 吾豈若使是民으로 爲堯舜之民哉며 吾豈若於吾身에 親見之哉리오

湯王이 세 번이나 사람을 보내어 초빙하시자, 이윽고 幡然히 마음을 고쳐 생각하기를 '내가 畎畝의 가운데 처하여 이대로 堯舜의 道를 즐기기보다는 내 어찌 이 군주로 하여금 堯舜과 같은 군주를 만드는 것만 하며, 내 어찌 이 백성으로 하여금 堯舜의 백성이 되게 하는 것만 하며, 내 어찌 내 몸에 직접 이것을 보는 것만 하겠는가.

幡然은 變動之貌라 於吾身親見之는 言 於我之身에 親見其道之行이요 不徒誦說向慕之而已也라

幡然은 변동하는 모양이다. 내 몸에 직접 본다는 것은 내 몸에 직접 그 道가 행해짐을 보는 것이요, 한갓 외우고 말하며 향하고 흠모할 뿐만이 아님을 말한 것이다.

天之生此民也는 使先知로 覺後知하며 使先覺으로 覺後覺也시니 予는 天民之先覺者也로니 予將以斯道로 覺斯民也니 非予覺之요 而誰也리오하니라

하늘이 이 백성(사람)을 내심은 먼저 안 사람으로 하여금 늦게 아는 사람을 깨우치며, 먼저 깨달은 자로 하여금 뒤늦게 깨닫는 자를 깨우치게 하신 것이다. 나는 하늘이 낸 백성 중에 먼저 깨달은 자이니, 내 장차 이 道로써 이 백성들을 깨우쳐야 할 것이니, 내가 이들을 깨우치지 않고 그 누가 하겠는가.' 하였다.

囂:만족할 효 聘:부를 빙 幡:뒤집을 번 覺:깨달을 각 悟:깨달을 오 寐:잘 매

此亦伊尹之言也라 知는 謂識其事之所當然이요 覺은 謂悟其理之所以然이라 覺後知後覺은 如呼寐者而使之寤也라 言天使者는 天理當然하여 若使之也라 程子曰 予天民之先覺은 謂我乃天生此民中에 盡得民道而先覺者也라 旣爲先覺之民인댄 豈可不覺其未覺者리오 及彼之覺하여는 亦非分我所有以予之也라 皆彼自有此理어늘 我但能覺之而已니라

이 또한 伊尹의 말이다. 知는 일의 당연한 바를 아는 것이요, 覺은 그 이치의 所以然을 깨닫는 것이다. 後知와 後覺을 깨우친다는 것은 마치 잠자는 자를 불러 잠을 깨게 함과 같은 것이다. '하늘이 시켰다.'고 말한 것은 天理의 당연함이 마치 그렇게 시킴과 같은 것이다.

程子(明道)가 말씀하였다. "나는 하늘이 낸 백성 중에 먼저 깨달은 자라는 것은 내가 바로 하늘이 낸 이 백성 중에 사람의 道를 다 얻어서 먼저 깨달은 자임을 이른 것이다. 이미 먼저 깨달은 사람이 되었다면 어찌 아직 깨닫지 못한 자들을 깨우치지 않을 수 있겠는가. 저들이 깨우침에 미쳐서는 또한 내가 소유한 것을 나누어 그들에게 준 것이 아니라 다 저들이 본래 이 理를 간직하고 있는데, 내가 다만 그를 깨우쳐 주었을 뿐인 것이다."

思天下之民이 匹夫匹婦 有不被堯舜之澤者어든 若己推(퇴)而內(納)之溝中하니 其自任以天下之重이 如此라 故로 就湯而說(세)之하여 以伐夏救民하니라

〈伊尹은〉 생각하기를 천하의 백성들이 匹夫와 匹婦라도 堯舜의 혜택을 입지 못하는 자가 있으면 마치 자신이 그를 밀어 도랑 가운데로 들어가게 한 것과 같이 여겼으니, 그가 천하의 重任으로써 自任함이 이와 같았다. 그러므로 湯王에게 나아가 설득하여 夏나라를 정벌해서 백성을 구제한 것이다.

書曰 昔先正保衡[1]이 作我先王하여 曰 予弗克俾厥后爲堯舜이면 其心愧恥 若撻于市하며 一夫不獲이어든 則曰 時予之辜라하니 孟子之言이 蓋取諸此하시니라 是時에 夏桀이 無道하여 暴虐其民이라 故로 欲使湯伐夏以救之하니라 徐氏曰 伊尹이 樂堯舜之道로되

寤:잠깰 오　推:밀 퇴　內:넣을 납(納通)　衡:저울대 형　俾:하여금 비　撻:종아리칠 달

堯舜揖遜이어늘 而伊尹이 說湯以伐夏者는 時之不同이니 義則一也니라

≪書經≫에 이르기를 "옛 先正(先賢)인 保衡(伊尹)이 우리 선왕을 진작시켜 '내 능히 그 군주를 堯舜과 같은 임금으로 만들지 못하면 그 마음에 부끄러워함이 시장에서 종아리를 맞는 것과 같다.'고 하였으며, 한 지아비라도 살 곳을 얻지 못하면 '이것은 나의 죄이다.'라고 하였다." 하였으니, 孟子의 말씀은 여기에서 취한 것이다. 이때에 夏나라의 桀王이 無道하여 백성들에게 포학하게 하였다. 그러므로 湯王으로 하여금 夏나라를 정벌하여 백성들을 구제하고자 한 것이다.

徐氏(徐度)가 말하였다. "伊尹이 堯舜의 道를 좋아하였는데, 堯舜은 揖하고 양보하였으나 伊尹이 湯王을 설득하여 夏나라를 정벌하게 한 것은 때가 같지 않았기 때문이니, 의리는 똑같은 것이다."

譯註 1. 昔先正保衡 : 先正은 先臣·先賢과 같은 뜻이며, 保衡은 官名으로 伊尹이 이 벼슬을 하였는 바, 이 내용은 ≪書經≫ 〈說命 下〉에 보인다.

吾未聞枉己而正人者也로니 況辱己以正天下者乎아 聖人之行이 不同也라 或遠, 或近하며 或去, 或不去나 歸는 潔其身而已矣니라

나는 자신을 굽히고서 남을 바로잡았다는 자는 들어보지 못하였으니, 하물며 자신을 욕되게 하고서 천하를 바로잡음에 있어서랴. 聖人의 행실이 똑같지 않다. 혹은 멀리 떠나가고 혹은 가까이 군주를 모시며 혹은 떠나가고 혹은 떠나가지 않았으나 귀결은 그 몸을 깨끗이 하는 것일 뿐이다.

辱己는 甚於枉己하고 正天下는 難於正人하니 若伊尹이 以割烹要湯이면 辱己甚矣니 何以正天下乎리오 遠은 謂隱遁也요 近은 謂仕近君也라 言 聖人之行이 雖不必同이나 然이나 其要歸는 在潔其身而已니 伊尹이 豈肯以割烹要湯哉리오

자신을 욕되게 함은 자신을 굽힘보다 심하고 천하를 바로잡음은 남을 바로잡음보다 어려우니, 만일 伊尹이 고기를 베어 요리함으로써 湯王에게 등용되기를 요구하였다면 자신을 욕되게 함이 심하니, 어떻게 천하를 바로잡을 수 있겠는가. 遠은 은둔함을 이르고 近은 벼슬하여 군주를 가까이 함을 이른다. 聖人의 행실이 비록 반드시 똑같지 않으

時:이 시 辜:죄 고 揖:읍할 읍 遜:사양할 손 遁:숨을 둔 肯:즐길 긍

나 그 귀결은 몸을 결백히 함에 있을 뿐이니, 伊尹이 어찌 割烹으로써 湯王에게 등용되기를 요구하였겠느냐고 말씀한 것이다.

吾는 聞其以堯舜之道로 要湯이요 未聞以割烹也로라

나는 堯舜의 道로써 湯王에게 등용되기를 요구했다는 말은 들었고 割烹으로써 했다는 말은 들어보지 못하였다.

林氏曰 以堯舜之道要湯者는 非實以是要之也요 道在此而湯之聘自來耳니 猶子貢言夫子之求之는 異乎人之求之也[1]라 愚謂 此語는 亦猶前章所論父不得而子之意[2]니라

林氏(林之奇)가 말하였다. "堯舜의 道로써 湯王에게 등용되기를 요구했다는 것은 실제 이것으로써 요구한 것이 아니요, 道가 이곳에 있음에 湯王의 초빙이 저절로 왔을 뿐이니, 子貢이 '夫子의 구하심은 일반인의 구함과 다르다.'고 말한 것과 같은 것이다."

내가 생각하건대 이 말씀은 앞장에서 말한 바, 아비가 자식을 마음대로 할 수 없다는 것과 같은 뜻이다.

譯註 1. 子貢言……異乎人之求之也 : 이 내용은 子禽이 "夫子께서 이 나라에 이르셔서 반드시 그 나라의 政事를 들으시니, 구해서 되는 것입니까? 아니면 주어서 되는 것입니까?" 하고 묻자, 子貢이 대답한 것으로 ≪論語≫ 〈學而〉 10章에 보인다.

2. 前章所論父不得而子之意 : 앞의 4章에서 '父不得而子'를 사람들은 "瞽瞍가 舜을 아들로 대하지 못하여 北面하고 섬겼다." 하였는데, 孟子는 이를 부정하고 "아버지인 瞽瞍가 아들인 舜에게 교화되었으니 이것을 父不得而子라고 할 수 있다." 하여 父不得而子란 말을 완전히 부정하지는 않았다. 여기의 '要湯' 역시 사람들은 "伊尹이 맛있는 요리로 湯王에게 등용되기를 요구했다." 하였는데, 孟子는 이를 부정하고 "伊尹이 堯舜의 道로써 湯王에게 요구했다는 말은 들었다." 하여 要湯이란 말 역시 완전히 부정하지는 않았으므로 그와 같다고 한 것이다.

伊訓曰 天誅造攻을 自牧宮은 朕載自亳[1]이라하니라

〈伊訓〉에 이르기를 '하늘의 토벌이 처음 내림을 牧宮에서 한 것은 내(伊尹)가 亳邑에서부터 시작했다.' 하였다."

聘:초빙할 빙 造:비로소 조 朕:나 짐 載:비로소 재 亳:땅이름 박

譯註 1. 天誅造攻……朕載自亳 : 하늘의 토벌이 桀王의 궁궐(牧宮)에 처음 내려진 것은 내(伊尹)가 맨처음 亳邑에서 일할 때부터였으며, 군대를 동원하여 토벌하는 날에 처음 이루어진 것이 아니라는 뜻이다.

伊訓은 商書篇名이니 孟子引以證伐夏救民之事也라 今書에 牧宮을 作鳴條하니라 造, 載는 皆始也라 伊尹이 言 始攻桀無道는 由我始其事於亳也라

伊訓은 〈商書〉의 편명이니, 孟子께서 인용하여 夏나라를 정벌해서 백성을 구원한 일을 증명하신 것이다. 지금 ≪書經≫에는 牧宮이 鳴條로 되어 있다. 造와 載는 모두 시작이다. 伊尹이 말하기를 "無道한 桀王을 처음 공격함은 내가 그 일을 亳邑에서 시작함으로부터 비롯되었다."고 한 것이다.

8. 萬章이 問曰 或謂孔子於衛에 主癰疽하시고 於齊에 主侍人瘠環이라하니 有諸乎잇가 孟子曰 否라 不然也라 好事者 爲之也니라

萬章이 물었다. "혹자가 이르기를 '孔子께서 衛나라에서는 癰疽를 주인으로 삼으셨고, 齊나라에서는 侍人(內侍)인 瘠環을 주인으로 삼으셨다.' 하니, 이러한 일이 있었습니까?" 孟子께서 말씀하셨다. "아니다. 그렇지 않다. 일을 좋아하는 자들이 지어낸 말이다.

主는 謂舍於其家하여 以之爲主人也라 癰疽는 瘍醫也요 侍人은 奄人也라 瘠은 姓이요 環은 名이니 皆時君所近狎之人也라 好事는 謂喜造言生事之人也라

主는 그 집에 머물러 그를 주인으로 삼음을 이른다. 癰疽는 종기를 치료하는 의원이요 侍人은 奄人(內侍)이다. 瘠은 성이요 環은 이름이니, 모두 당시 군주들이 가까이 하고 친히 하던 사람이다. 일을 좋아한다는 것은 말을 지어내어 일 만들기를 좋아하는 사람을 이른다.

於衛에 主顔讐由러시니 彌子之妻는 與子路之妻로 兄弟也라 彌子謂子路曰 孔子主我하시면 衛卿을 可得也라하여늘 子路以告한대 孔子曰

癰:종기 옹 疽:종기 저 瘠:수척할 척 環:고리 환 瘍:종기 양 奄:내시 엄 狎:친할 압 彌:더할 미

有命이라하시니 **孔子進以禮**하시며 **退以義**하사 **得之不得**에 **曰 有命**이라하시니 **而(如)主癰疽與侍人瘠環**[1)]이시면 **是**는 **無義無命也**니라

衛나라에 계실 때에 顔讐由를 주인으로 삼으셨는데, 彌子의 아내는 子路의 아내와 형제간이었다. 彌子가 子路에게 이르기를 '孔子께서 나를 주인으로 삼으시면 衛나라의 卿을 얻을 수 있다.' 하자, 子路가 이 말을 아뢰니 孔子께서 말씀하시기를 '天命에 달려 있다.' 하셨다. 孔子는 나갈 때에 禮로써 하시며 물러날 때에 義로써 하시어 얻고 얻지 못함에 '天命에 달려 있다.' 하셨으니, 만일 癰疽와 侍人인 瘠環을 주인으로 삼으셨다면 이는 義도 없고 命도 없는 것이다.

譯註 1. 而(如)主癰疽與侍人瘠環 : 而는 '如'자와 통용되므로 '만일'로 해석하였는 바, 앞의 5章 '而居堯之宮'에서 이미 설명하였다.

顔讐由는 **衛之賢大夫也**니 **史記**에 **作顔濁鄒**하니라 **彌子**는 **衛靈公幸臣彌子瑕也**라 **徐氏曰 禮**는 **主於辭遜**이라 **故**로 **進以禮**하고 **義**는 **主於斷制**라 **故**로 **退以義**하니 **難進而易退**[1)]**者也**라 **在我者**는 **有禮義而已**요 **得之不得**은 **則有命存焉**이니라

顔讐由는 衛나라의 어진 大夫이니, ≪史記≫ 〈孔子世家〉에 顔濁鄒로 되어 있다. 彌子는 衛나라 靈公의 총애하는 신하인 彌子瑕이다.

徐氏(徐度)가 말하였다. "禮는 사양함을 주장하기 때문에 나아가기를 禮로써 하는 것이요, 義는 결단하고 제재함을 주장하기 때문에 물러가기를 義로써 하는 것이니, 나아감을 어렵게 여기고 물러감을 쉽게 여기는 것이다. 나에게 있는 것은 禮義가 있을 뿐이요, 얻고 얻지 못함은 天命이 있는 것이다."

譯註 1. 難進而易退 : 朱子는 "君子가 벼슬할 때에 세 번 揖하고 나아가며, 한 번 사양하고 물러간다." 하였다.

孔子不悅於魯衛하사 **遭宋桓司馬將要而殺之**하여 **微服而過宋**하시니 **是時**에 **孔子當**阨하사되 **主司城貞子爲陳侯周臣**[1)]하시니라

孔子께서 魯나라와 衛나라에 〈머물기를〉 좋아하지 않으시어 〈魯·衛를 떠나

鄒:나라이름 추 瑕:흠 하 遭:만날 조 要:맞이할 요 阨:곤할 액

宋나라로 가셨다가〉 宋나라 桓司馬가 장차 맞이하여 죽이려 함을 만나서 微服 차림으로 宋나라를 지나가셨으니, 이때에 孔子께서 困厄을 당하셨으나 司城貞子가 陳侯 周의 신하가 된 자를 주인으로 삼으셨다.

譯註 1. 主司城貞子爲陳侯周臣 : 이 구절은 '陳侯 周의 신하가 된 司城貞子를 주인으로 삼았다.'는 뜻이다. 그런데 集註에 "司城貞子는 宋나라 大夫의 어진 자이다."라고 하고 陳侯 周의 신하가 된 까닭을 분명하게 설명하지 않아 의문의 여지가 생기게 되었다. 곧 新安陳氏(陳櫟)는 "문세로 살펴보건대 宋나라를 떠나실 무렵 司城貞子를 주인으로 삼으셨고, 陳나라에 가서 陳侯 周의 신하가 된 것으로 보인다."라고 해석하였으며, 壺山도 몇 가지 문제점을 지적하고 "'爲陳侯周臣' 다섯 글자를 우선 빼놓는 것이 괜찮다."라고 하였다. 그러나 集註에서 인용한 ≪史記≫의 내용을 볼 때, 孔子가 陳나라에 갔을 때에는 司城貞子가 이미 陳侯 周의 신하가 되어 있었던 것으로 보인다. 따라서 신하가 된 까닭이 분명하지 않지만 諺解처럼 '陳侯 周의 신하가 된 司城貞子를 주인으로 삼았다.'라고 풀이하는 것이 나을 듯하다.

不悅은 不樂居其國也라 桓司馬는 宋大夫向魋(상퇴)也라 司城貞子는 亦宋大夫之賢者也라 陳侯名周라 按史記컨대 孔子爲魯司寇하시니 齊人이 饋女樂以間之어늘 孔子遂行하사 適衛月餘에 去衛適宋이러시니 司馬魋欲殺孔子어늘 孔子去至陳하사 主於司城貞子하시니라 孟子言 孔子雖當阨難이나 然이나 猶擇所主하시니 況在齊衛無事之時에 豈有主癰疽侍人之事乎아하시니라

不悅은 그 나라에 머무는 것을 즐거워하지 않는 것이다. 桓司馬는 宋나라 大夫 向魋이다. 司城貞子 또한 宋나라 大夫의 어진 자이다. 陳侯의 이름이 周이다. ≪史記≫ 〈孔子世家〉를 상고해보면 孔子께서 魯나라의 司寇가 되셨는데, 齊나라 사람들이 美女 樂師를 보내어 이간질하자, 孔子께서 마침내 魯나라를 떠나 衛나라로 가시어 한달 남짓 있다가 衛나라를 떠나 宋나라로 가셨다. 이때 司馬 魋가 孔子를 죽이고자 하므로 孔子는 宋나라를 떠나 陳나라에 이르시어 司城貞子를 주인으로 삼으셨다. 孟子께서 말씀하시기를 "孔子께서는 비록 곤액과 어려움을 당하셨으나 그런데도 오히려 주인 삼을 상대를 선택하셨으니, 하물며 齊나라와 衛나라에서 無事할 때에 어찌 癰疽와 侍人인 瘠環을 주인 삼는 일이 있었겠느냐."고 하신 것이다.

向:성 상 魋:사람이름 퇴 按:살필 안 饋:줄 궤 間:이간질할 간 適:갈 적

吾聞 觀近臣호되 **以其所爲主**요 **觀遠臣**호되 **以其所主**라하니 **若孔子主癰疽與侍人瘠環**이시면 **何以爲孔子**리오

내 들으니 '近臣을 관찰할 적에는 누구의 주인이 되었는가로써 하고, 遠臣을 관찰할 적에는 주인 삼는 바로써 한다.' 하였으니, 만일 孔子께서 癰疽와 侍人인 瘠環을 주인 삼으셨다면 어떻게 孔子라 할 수 있겠는가."

近臣은 在朝之臣이요 遠臣은 遠方來仕者라 君子小人이 各從其類라 故로 觀其所爲主與其所主者면 而其人을 可知니라

近臣은 조정에 있는 신하이고 遠臣은 먼 지방에서 와서 벼슬하는 자이다. 君子와 小人이 각기 그 부류를 따른다. 그러므로 그 주인된 바와 주인 삼는 바를 보면 그 사람을 알 수 있는 것이다.

9. **萬章**이 **問曰 或曰 百里奚自鬻**(육)**於秦養牲者**하여 **五羊之皮**로 **食**(사)**牛**하여 **以要秦穆公**이라하니 **信乎**잇가 **孟子曰 否**라 **不然**하니라 **好事者爲之也**니라

萬章이 물었다. "或者가 이르기를 '百里奚가 스스로 秦나라의 희생을 기르는 자에게 팔려가서 다섯 마리 양가죽을 받고 소를 먹여 秦나라 穆公에게 등용되기를 요구했다.' 하니, 이것이 사실입니까?" 孟子께서 말씀하셨다. "아니다. 그렇지 않다. 일을 만들어내기 좋아하는 자들이 지어낸 말이다.

百里奚는 虞之賢臣이라 人言 其自賣於秦養牲者之家하여 得五羊之皮而爲之食牛하여 因以干秦穆公也라

百里奚는 虞나라의 賢臣이다. 사람들이 말하기를 '秦나라의 희생을 기르는 자의 집에 스스로 팔려가서 다섯 마리 양가죽을 받고 소를 먹이고는 인하여 이로써 秦穆公에게 등용되기를 요구했다.' 하였다.

奚:어찌 해　鬻:팔 육　牲:짐승 생　食:먹일 사　虞:나라 우　干:구할 간

百里奚는 **虞人也**니 **晉人**이 **以垂棘之璧**과 **與屈產之乘**으로 **假道於虞**하여 **以伐虢**이어늘 **宮之奇**는 **諫**하고 **百里奚**는 **不諫**하니라

百里奚는 虞나라 사람이니, 晉나라 사람이 垂棘에서 나오는 구슬과 屈땅에서 생산되는 馬匹을 가지고 虞나라에 길을 빌려 虢나라를 정벌하려 하자, 宮之奇는 이것을 간하였고 百里奚는 간하지 않았다.

虞, 虢은 皆國名이라 垂棘之璧은 垂棘之地所出之璧也요 屈產之乘은 屈地所生之良馬也라 乘은 四匹也라 晉欲伐虢할새 道經於虞라 故로 以此物借道하니 其實은 欲幷取虞라 宮之奇는 亦虞之賢臣이니 諫虞公하여 令勿許로되 虞公不用이라가 遂爲晉所滅하니라 百里奚는 知其不可諫이라 故로 不諫而去之秦하니라

虞와 虢은 모두 나라 이름이다. 垂棘之璧은 垂棘의 땅에서 나오는 구슬이요, 屈產之乘은 屈땅에서 생산되는 좋은 말이다. 乘은 4필이다. 晉나라가 虢나라를 치고자 할 적에 길이 虞나라를 경유하므로 이 물건으로써 길을 빌렸으니, 실제는 虞나라까지 아울러 취하고자 한 것이다. 宮之奇 또한 虞나라의 賢臣이니, 그는 虞公에게 간하여 허락하지 말도록 하였으나 虞公이 쓰지 않다가 마침내 晉나라에게 멸망당하였다. 百里奚는 虞公이 간할 수 없는 인물임을 알았으므로 간하지 않고 떠나 秦나라로 간 것이다.

知虞公之不可諫而去之秦하니 **年已七十矣**라 **曾不知以食牛**로 **干秦穆公之爲汚也**면 **可謂智乎**아 **不可諫而不諫**하니 **可謂不智乎**아 **知虞公之將亡而先去之**하니 **不可謂不智也**니라 **時擧於秦**하여 **知穆公之可與有行也而相之**하니 **可謂不智乎**아 **相秦而顯其君於天下**하여 **可傳於後世**하니 **不賢而能之乎**아 **自鬻以成其君**을 **鄕黨自好者**도 **不爲**온 **而謂賢者爲之乎**아

虞公이 간할 수 없는 인물임을 알고 떠나서 秦나라로 가니, 이때 나이가 이미

棘:멧대추나무 극　璧:둥근옥 벽　乘:말네마리 승　虢:나라 괵　經:지날 경　好:아낄 호

70세였다. 일찍이 소를 먹여 秦穆公에게 등용되기를 요구하는 것이 더러운 일이 됨을 몰랐다면 그를 지혜롭다 이를 수 있겠는가. 간할 수 없는 인물이기에 간하지 않았으니, 지혜롭지 않다고 이를 수 있겠는가. 虞公이 장차 멸망할 줄을 알고 먼저 그 곳을 떠났으니, 지혜롭지 않다고 이를 수 없다. 당시에 秦나라에 등용되어 穆公이 더불어 道를 행할 만한 인물임을 알고 그를 도왔으니 지혜롭지 않다고 이를 수 있겠는가. 秦나라를 도와 그 군주를 천하에 드러내어 後世에 전할 만하게 하였으니 어질지 않고서 이렇게 할 수 있겠는가. 스스로 팔려가서 군주를 〈霸者로〉 만드는 것은 鄕黨의 자기 지조를 아끼는 자들도 하지 않는데, 하물며 賢者가 이런 짓을 한다고 이르겠는가."

自好는 自愛其身之人也라 孟子言 百里奚之智如此하니 必知食牛以干主之爲汚요 其賢又如此하니 必不肯自鬻以成其君也라 然이나 此事는 當孟子時하여 已無所據하니 孟子直以事理로 反覆推之하여 而知其必不然耳시니라

○ 范氏曰 古之聖賢이 未遇之時에 鄙賤之事를 不恥爲之하니 如百里奚爲人養牛는 無足怪也라 惟是人君이 不致敬盡禮면 則不可得而見이니 豈有先自汚辱하여 以要其君哉리오 莊周曰 百里奚 爵祿이 不入於心이라 故로 飯牛而牛肥하여 使穆公으로 忘其賤而與之政[1)]이라하니 亦可謂知百里奚矣로다 伊尹, 百里奚之事는 皆聖賢出處之大節이라 故로 孟子不得不辨이시니라 尹氏曰 當時好事者之論이 大率類此하니 蓋以其不正之心으로 度(탁)聖賢也니라

自好는 그 몸(지조)을 스스로 아끼는 사람이다. 孟子께서 말씀하시기를 "百里奚의 지혜가 이와 같았으니 반드시 소를 먹여 군주에게 등용되기를 요구하는 것이 더러운 일이 됨을 알았을 것이요, 그 어짊이 또 이와 같았으니 반드시 스스로 팔려가 군주를 〈霸者로〉 만들려 하지 않았을 것이다." 하셨다. 그러나 이 일은 孟子 때에 이미 근거할 바가 없었으니, 孟子께서는 다만 事理로써 반복하여 미루어 반드시 그렇지 않았을 것임을 아셨을 뿐이다.

○ 范氏(范祖禹)가 말하였다. "옛 聖賢들은 不遇할 때에 비천한 일을 하는 것을 부끄러워하지 않았으니, 예컨대 百里奚가 남을 위하여 소를 기름은 이상할 것이 없다. 다만 人君이 敬을 지극히 하고 禮를 다하지 않으면 그를 만나볼 수 없으니, 어찌 먼저 스스

據:의거할 거　直:다만 직　飯:먹일 반

로 더럽히고 욕되게 하여 군주에게 등용되기를 요구하겠는가. 莊周가 말하기를 '百里奚는 爵祿이 마음에 들어오지 않았으므로 소를 먹임에 소가 살쪄서 穆公으로 하여금 百里奚의 신분이 천함을 잊고 그에게 政事를 맡기게 했다.' 하였으니, 또한 百里奚를 잘 알았다고 이를 만하다. 伊尹과 百里奚의 일은 모두 聖賢의 出處의 큰 節(의리)이다. 그러므로 孟子께서 분별하지 않을 수 없으셨던 것이다."

尹氏(尹焞)가 말하였다. "당시에 일을 만들어내기 좋아하는 자들의 의논이 大率(대부분) 이와 같았으니, 이는 자신의 바르지 못한 마음으로 聖賢을 헤아린 것이다."

譯註 1. 莊周曰……忘其賤而與之政 : 이 내용은 ≪莊子≫ 〈田子方〉에 보인다.

萬章章句 下

凡九章이라

모두 9章이다.

1. 孟子曰 伯夷는 目不視惡色하며 耳不聽惡聲하고 非其君不事하며 非其民不使하여 治則進하고 亂則退하여 橫政之所出과 橫民之所止에 不忍居也하며 思與鄕人處호되 如以朝衣朝冠으로 坐於塗炭也러니 當紂之時하여 居北海之濱하여 以待天下之淸也하니 故로 聞伯夷之風者는 頑夫廉하며 懦夫有立志하니라

孟子께서 말씀하셨다. "伯夷는 눈으로는 나쁜 빛을 보지 않고 귀로는 나쁜 소리를 듣지 않으며 섬길 만한 군주가 아니면 섬기지 않고 부릴 만한 백성이 아니면 부리지 아니하여, 세상이 다스려지면 나아가고 혼란하면 물러가서 나쁜 政事가 나오는 곳과 나쁜 백성들이 거주하는 곳에는 차마 거처하지 못하였으며, 鄕人들과 거처하되 마치 朝服과 朝冠으로 塗炭에 앉은 듯이 생각하였는데, 紂의 때를 당하여 北海의 가에 살면서 천하가 맑아지기를 기다렸다. 그러므로 伯夷의 風度를 들은 자들은 완악한 지아비가 청렴해지고 나약한 지아비가 立志를 갖게 된다.

橫은 謂不循法度라 頑者는 無知覺이요 廉者는 有分辨이라 懦는 柔弱也라 餘는 並見(현)前篇하니라

橫은 법도를 따르지 않음을 이른다. 頑은 知覺이 없는 것이요, 廉은 分辨이 있는 것

塗:진흙 도 炭:숯 탄 濱:물가 빈 頑:완고할 완 廉:청렴할 렴 懦:나약할 나

이다. 懦는 柔弱함이다. 나머지는 모두 前篇(公孫丑 上)에 보인다.

伊尹曰 何事非君이며 **何使非民**이리오하여 **治亦進**하며 **亂亦進**하여 **曰 天之生斯民也**는 **使先知**로 **覺後知**하며 **使先覺**으로 **覺後覺**이시니 **予**는 **天民之先覺者也**로니 **予將以此道**로 **覺此民也**라하며 **思天下之民**이 **匹夫匹婦 有不與**(예)**被堯舜之澤者**어든 **若己推**(퇴)**而內**(納)**之溝中**하니 **其自任以天下之重也**니라

伊尹은 말하기를 '어느 사람을 섬기면 군주가 아니며 어느 사람을 부리면 백성이 아니겠는가.' 하여, 세상이 다스려져도 나아가며 혼란해도 나아가서 말하기를 '하늘이 이 백성을 낸 것은 먼저 안 사람으로 하여금 뒤늦게 아는 사람을 깨우쳐주며 먼저 깨달은 자로 하여금 뒤늦게 깨닫는 자를 깨우치게 하신 것이니, 나는 하늘이 낸 백성 중에 먼저 깨달은 자이니 내 장차 이 道로써 이 백성을 깨우치겠다.' 하였으며, 천하의 백성 중에 匹夫·匹婦라도 堯舜의 혜택을 입는데 참여하지 못한 자가 있으면 마치 자신이 그를 밀어 도랑 가운데로 들어가게 한 것과 같이 생각하였으니, 이는 天下의 중함으로써 自任한 것이다.

何事非君은 言所事卽君이요 何使非民은 言所使卽民이니 無不可事之君이며 無不可使之民也라 餘見前篇하니라

何事非君은 섬기는 바가 바로 군주임을 말하고 何使非民은 부리는 바가 바로 백성임을 말하니, 섬기지 못할 군주가 없으며 부릴 수 없는 백성이 없는 것이다. 나머지는 前篇(公孫丑 上, 萬章 上)에 보인다.

柳下惠는 **不羞汚君**하며 **不辭小官**하며 **進不隱賢**하여 **必以其道**하며 **遺佚而不怨**하며 **阨窮而不憫**하며 **與鄕人處**호되 **由由然不忍去也**하여 **爾爲爾**요 **我爲我**니 **雖袒裼裸裎於我側**인들 **爾焉能浼我哉**리오하

佚:빠질 일 袒:걷을 단 裼:걷을 석 裸:벗을 라 裎:벗을 정 浼:더럽힐 매

니 **故**로 **聞柳下惠之風者**는 **鄙夫寬**하며 **薄夫敦**하니라

柳下惠는 더러운 군주를 〈섬김을〉 부끄러워하지 않으며, 작은 벼슬을 사양하지 않으며, 나아가면 어짊을 숨기지 아니하여 반드시 그 도리대로 하며, 〈벼슬길에서〉 버림을 받아도 원망하지 않고 곤궁을 당해도 걱정하지 않으며, 鄕人들과 더불어 처하되 由由(悠悠)하게 차마 떠나지 못해서 말하기를 '너는 너이고 나는 나이니, 〈네가〉 비록 내 옆에서 옷을 걷고 벗는다 한들 네가 어찌 나를 더럽히겠는가.' 하였다. 그러므로 柳下惠의 風度를 들은 자들은 비루한 지아비가 너그러워지며 薄한 지아비가 인심이 후해진다.

鄙는 狹陋也라 敦은 厚也라 餘見前篇하니라

鄙는 좁고 누추함이다. 敦은 厚함이다. 나머지는 前篇(公孫丑 上)에 보인다.

孔子之去齊에 **接淅而行**하시고 **去魯**에 **曰 遲遲**라 **吾行也**여하시니 **去父母國之道也**라 **可以速而速**하며 **可以久而久**하며 **可以處而處**하며 **可以仕而仕**는 **孔子也**시니라

孔子께서 齊나라를 떠날 적에 〈밥을 지으려고〉 쌀을 담갔다가 건져 가지고 떠나셨고, 魯나라를 떠날 적에는 말씀하시기를 '더디고 더디다. 내 걸음이여.' 하셨으니, 이는 父母國을 떠나는 도리이다. 속히 떠날 만하면 속히 떠나고 오래 머무를 만하면 오래 머물며, 은둔할 만하면 은둔하고 벼슬할 만하면 벼슬한 것은 孔子이시다."

接은 猶承也요 淅은 漬米水也니 漬米將炊而欲去之速이라 故로 以手承水取米而行하여 不及炊也라 擧此一端하여 以見(현)其久速仕止 各當其可也시니라 或曰 孔子去魯에 不稅(脫)冕而行[1]하시니 豈得爲遲리오한대 楊氏曰 孔子欲去之意久矣로되 不欲苟去라 故로 遲遲其行也하시니 膰肉不至면 則得以微罪行矣라 故로 不稅冕而行하시니 非速也니라

接:받을 접 淅:쌀일 석 遲:더딜 지 漬:담글 지 炊:불땔 취 稅:벗을 탈(脫通)

接은 承(받음)과 같고 淅은 쌀을 담근 물이니, 쌀을 담가 장차 밥을 지으려 하다가 떠나고자 함이 速하였으므로 손으로 물을 받아 쌀을 건져 가지고 떠나시어 미처 밥을 짓지 못한 것이다. 이 한 가지를 들어 오래 머물고 속히 떠나며 벼슬하고 그만두는 것이 각각 그 可함에 마땅하였음을 나타낸 것이다.

혹자가 말하기를 "孔子께서 魯나라를 떠나실 적에 면류관을 벗지 않고 떠나셨으니, 어찌 더디다 할 수 있겠습니까?" 하자, 楊氏(楊時)가 대답하였다. "孔子께서는 떠나고자 하신 뜻이 오래되었으나 구차히 떠나고자 하지 않으셨으므로 그 걸음을 더디고 더디게 하신 것이다. 제사지낸 고기가 이르지 않으면 작은 죄로써 떠날 수 있었다. 그러므로 면류관을 벗지 않고 떠나신 것이니, 이것은 速한 것이 아니다."

譯註 1. 孔子去魯 不稅(脫)冕而行 : 이 내용은 뒤의 〈告子 下〉 6章에 자세히 보인다.

孟子曰 伯夷는 聖之清者也요 伊尹은 聖之任者也요 柳下惠는 聖之和者也요 孔子는 聖之時者也시니라

孟子께서 말씀하셨다. "伯夷는 聖人의 淸한 자요, 伊尹은 聖人의 自任한 자요, 柳下惠는 聖人의 和한 자요, 孔子는 聖人의 時中인 자이시다.

張子曰 無所雜者는 淸之極이요 無所異者는 和之極이니 勉而淸은 非聖人之淸이요 勉而和는 非聖人之和라 所謂聖者는 不勉不思而至焉者[1]也니라 孔氏曰 任者는 以天下爲己責也니라 愚謂 孔子는 仕止久速이 各當其可하시니 蓋兼三子之所以聖者而時出之니 非如三子之可以一德名也니라 或疑伊尹出處合乎孔子어늘 而不得爲聖之時는 何也오 程子曰 終是任底意思在니라

張子가 말씀하였다. "잡됨이 없는 것은 淸이 지극한 것이요 다름이 없는 것은 和가 지극한 것이니, 억지로 힘써서 淸한 것은 聖人의 淸이 아니요 억지로 힘써서 和한 것은 聖人의 和가 아니다. 이른바 聖은 힘쓰지 않고 생각하지 않고서도 이르는 것이다."

孔氏(孔文仲)가 말하였다. "任은 天下를 자신의 책임으로 삼는 것이다."

내(朱子)가 생각하건대 孔子께서는 벼슬하고 그만두며 오래 머물고 속히 떠남이 각각 그 可함에 마땅하셨으니, 이는 세 분의 聖스러움을 겸하여 때에 맞게 나온 것이니,

---

冕 :면류관 면 膰:제사고기 번 底:어조사 저

세 분이 한 德으로써 이름할 수 있는 것과는 같지 않다.

혹자가 의심하기를 "伊尹의 出處가 孔子에게 합하는데도 聖人의 時中이 되지 못함은 어째서입니까?" 하자, 程子(明道)가 말씀하였다. "끝내 自任하는 意思가 있었기 때문이다."

譯註 1. 不勉不思而至焉者 : '힘쓰지 않고도 道에 맞고 생각하지 않고도 아는 것〔不勉而中不思而得〕'으로 生而知之와 安而行之의 聖人을 가리키는 바, ≪中庸≫ 20章에 보인다.

孔子之謂集大成이니 **集大成也者**는 **金聲而玉振之也**라 **金聲也者**는 **始條理也**요 **玉振之也者**는 **終條理也**니 **始條理者**는 **智之事也**요 **終條理者**는 **聖之事也**니라

孔子를 集大成이라 이르니, 集大成은 〈음악을 연주할 적에〉 金으로 소리를 퍼뜨리고 玉으로 거두는 것이다. 金으로 소리를 퍼뜨리는 것은 條理를 시작함이요 玉으로 거두는 것은 條理를 끝냄이니, 條理를 시작하는 것은 智의 일이요 條理를 끝내는 것은 聖의 일이다.

此는 言 孔子集三聖之事하여 而爲一大聖之事니 猶作樂者集衆音之小成하여 而爲一大成也라 成者는 樂之一終이니 書所謂簫韶九成[1]이 是也라 金은 鐘屬이요 聲은 宣也니 如聲罪致討之聲이라 玉은 磬也요 振은 收也니 如振河海而不洩之振이라 始는 始之也요 終은 終之也라 條理는 猶言脈絡이니 指衆音而言也라 智者는 知之所及이요 聖者는 德之所就也라 蓋樂有八音하니 金石絲竹匏土革木이라 若獨奏一音이면 則其一音이 自爲始終而爲一小成이니 猶三子之所知偏於一하여 而其所就亦偏於一也라 八音之中에 金石爲重이라 故로 特爲衆音之綱紀요 又金始震而玉終詘(屈)然也라 故로 並奏八音이면 則於其未作에 而先擊鎛鐘하여 以宣其聲하고 俟其旣闋而後에 擊特磬[2]하여 以收其韻하나니 宣以始之하고 收以終之하여 二者之間에 脈絡通貫하여 無所不備면 則合衆小成而爲一大成이니 猶孔子之知無不盡而德無不全也라 金聲玉振, 始終條理

振:거둘 진 簫:퉁소 소 韶:풍류 소 鐘:쇠북 종 磬:경쇠 경 洩:샐 설 絡:이을 락 匏:박 포 震:진동할 진 詘:굽힐 굴(屈通) 鎛:쇠북 박 闋:마칠 결 兒:성 예(倪同)

는 疑古樂經之言이라 故로 兒(倪)寬云 唯天子建中和之極하여 兼總條貫하여 金聲而玉振之라하니 亦此意也니라

이것은 孔子께서 세 聖人의 일을 모아 한 大聖이 되신 일을 말한 것이니, 풍악을 일으키는 자가 衆音의 小成을 모아서 한 大成을 만드는 것과 같다. 成은 음악이 한 번 끝남이니, ≪書經≫에 말한 '簫韶九成'이 이것이다. 金은 鐘의 등속이고 聲은 퍼뜨림이니, 〈≪春秋左傳≫에〉 "죄를 소리내어 토벌한다."는 聲字와 같다. 玉은 경쇠이고 振은 거둠이니, 〈≪中庸≫에〉 "河海를 거두어도 새지 않는다."는 振字와 같다. 始는 그것을 시작함이요, 終은 그것을 끝냄이다. 條理는 脈絡이란 말과 같으니, 여러 音을 가리켜 말한 것이다. 智는 앎이 미치는 것이요, 聖은 德이 성취된 것이다. 악기에는 八音이 있으니, 金・石・絲・竹・匏・土・革・木이다. 만일 一音을 홀로 연주하게 되면 그 한 音이 스스로 始와 終이 되어 한 小成이 되니, 이는 마치 세 분의 아는 바가 하나에 편벽되어서 그 성취한 바가 또한 하나에 편벽됨과 같은 것이다. 八音 가운데에 金과 石이 중하므로 특별히 여러 音의 綱紀(큰 강령)가 되고, 또 金은 처음에 울리고 玉은 끝에 거둔다. 그러므로 八音을 아울러 연주하게 되면 풍악을 일으키기 전에 먼저 종을 쳐서 그 소리를 퍼뜨리고 이미 끝나기를 기다린 뒤에 特磬을 쳐서 그 韻을 거두는 것이다. 소리를 퍼뜨려 시작하고 거두어 마쳐서 두 가지 사이에 脈絡이 관통하여 갖추어지지 않음이 없으면 여러 小成을 합하여 하나의 大成이 되니, 孔子의 앎이 다하지 않음이 없어서 德이 완전하지 않음이 없음과 같은 것이다. 金聲玉振과 始終條理는 의심컨대 옛 ≪樂經≫의 말인 듯하다. 그러므로 漢나라 때 兒寬(예관)이 이르기를 "오직 天子가 中和의 極을 세워서 條貫(條理)을 겸하여 총괄해서 金으로 소리를 퍼뜨리고 玉으로 거둔다." 하였으니, 또한 이러한 뜻이다.

譯註 1. 書所謂簫韶九成 : ≪書經≫ 〈益稷〉에 보이는 내용으로, 蔡沈의 ≪書經集傳≫에 "簫는 古文에 箾로 썼으니, 箾韶는 舜임금 음악의 총칭이다. 九成은 음악을 연주하는 것이다. 아홉 가지 功이 차례로 펴졌기 때문에 음악을 아홉 번 연주한 것이니, ≪周禮≫에 이른바 九變이란 것과 같다." 하였다. 아홉 가지 功은 金・木・水・火・土・穀의 六府와 正德・利用・厚生의 三事가 제대로 이루어지는 것으로 ≪書經≫ 〈大禹謨〉에 보인다.

2. 特磬 : 한 架子에 하나의 경쇠를 매단 것으로 연주를 그칠 때에 치는 바, 여러 개의 경쇠를 매단 編磬과 상대되는 말이다.

智를 譬則巧也요 聖을 譬則力也니 由(猶)射於百步之外也하니 其至는 爾力也어니와 其中은 非爾力也니라

智를 비유하면 공교함이요 聖을 비유하면 힘이니, 百步 밖에서 활을 쏘는 것과 같으니, 〈과녁이 있는 곳에〉 이름은 너의 힘이거니와 과녁에 맞는 것은 너의 힘이 아니다."

此는 復以射之巧力으로 發明聖智二字之義하여 見孔子는 巧力俱全而聖智兼備하시고 三子則力有餘而巧不足이라 是以로 一節이 雖至於聖이나 而智不足以及乎時中也니라 ○ 此章은 言 三子之行은 各極其一偏하고 孔子之道는 兼全於衆理하니 所以偏者는 由其蔽於始라 是以로 缺於終이요 所以全者는 由其知之至라 是以로 行之盡이라 三子는 猶春夏秋冬之各一其時요 孔子則太和元氣之流行於四時也니라

이것은 다시 활쏘기의 공교함과 힘을 가지고 聖·智 두 글자의 뜻을 發明하여 孔子는 재주와 힘이 모두 온전하여 聖과 智를 겸비하셨고, 세 분은 힘은 有餘하나 재주가 부족하였다. 이 때문에 한 부분은 비록 聖에 이르렀으나 지혜가 時中에 미칠 수 없음을 나타낸 것이다.

○ 이 章은 세 분의 행실은 각기 그 한 쪽에 지극하였고 孔子의 道는 모든 이치에 겸하여 온전하셨음을 말하였으니, 〈세 분이〉 한쪽에 치우치게 된 이유는 처음에 가리웠기 때문에 종말에 결함이 있는 것이요, 〈孔子가〉 온전하게 된 이유는 그 앎이 지극하기 때문에 행실이 다한 것이다. 세 분은 春·夏·秋·冬이 각기 그 철을 하나씩 갖고 있는 것과 같고, 孔子는 太和元氣가 四時에 유행함과 같다.

2. 北宮錡問曰 周室班爵祿也는 如之何잇고

北宮錡가 물었다. "周나라 왕실의 爵祿을 반열함은 어떻게 했습니까?"

北宮은 姓이요 錡는 名이니 衛人이라 班은 列也라

北宮은 姓이요 錡는 이름이니, 衛나라 사람이다. 班은 반열이다.

巧:공교할 교 俱:함께 구 缺:이지러질 결 錡:가마솥 의 班:반열 반

孟子曰 其詳은 **不可得而聞也**로라 **諸侯惡**(오)**其害己也**하여 **而皆去其籍**이어니와 **然而軻也 嘗聞其略也**로라

孟子께서 말씀하셨다. "그 상세한 내용은 내 얻어듣지 못하였다. 諸侯들이 자신들에게 害가 됨을 싫어하여 모두 그 典籍을 없애버렸거니와 그러나 내가 일찍이 그 대략을 들었노라.

當時諸侯 兼幷僭竊이라 故로 惡周制妨害己之所爲也라

당시 諸侯들이 兼幷하고 참람한 짓을 하였다. 그러므로 周나라의 제도가 자신들의 하는 바에 방해됨을 싫어한 것이다.

天子一位요 **公一位**요 **侯一位**요 **伯一位**요 **子男同一位**니 **凡五等也**라 **君一位**요 **卿一位**요 **大夫一位**요 **上士一位**요 **中士一位**요 **下士一位**니 **凡六等**이라

天子가 한 位요 公이 한 位요 侯가 한 位요 伯이 한 位요 子·男이 똑같이 한 位이니, 모두 다섯 등급이다. 君이 한 位요 卿이 한 位요 大夫가 한 位요 上士가 한 位요 中士가 한 位요 下士가 한 位이니, 모두 여섯 등급이다.

此는 班爵之制也라 五等은 通於天下하고 六等은 施於國中이라

이것은 爵位를 반열한 제도이다. 〈앞의〉 다섯 등급은 天下에 공통되고, 〈뒤의〉 여섯 등급은 國中에 시행되었다.

天子之制는 **地方千里**요 **公侯**는 **皆方百里**요 **伯**은 **七十里**요 **子男**은 **五十里**니 **凡四等**이라 **不能五十里**는 **不達於天子**하여 **附於諸侯**하니 **曰附庸**이니라

籍:서책 적　僭:참람할 참　妨:해로울 방　附:붙일 부　庸:따를 용

天子의 제도는 땅(농지)이 方千里요 公·侯는 모두 方百里요 伯은 70리요 子와 男은 50리이니, 모두 네 등급이다. 채 50리가 못되는 나라는 天子에게 직접 통하지 못하여 諸侯에게 붙으니, 이것을 附庸國이라 한다.

此以下는 班祿之制也라 不能은 猶不足也라 小國之地 不足五十里者는 不能自達於天子하고 因大國하여 以姓名通하니 謂之附庸이라 若春秋郳儀父(보)之類 是也니라

이 이하는 祿을 반열하는 제도이다. 不能은 不足과 같다. 小國의 땅이 채 50리가 못되는 나라는 스스로 天子에게 통하지 못하여 大國을 인해 姓名으로써 통하니, 이것을 附庸國이라 이른다. 예컨대 ≪春秋≫에 郳儀父(주나라 의보)와 같은 類가 이것이다.

天子之卿은 受地視侯하고 大夫는 受地視伯하고 元士는 受地視子男이니라

天子의 卿은 땅을 받음을 侯에 비하고 大夫는 땅을 받음을 伯에 비하고 元士는 땅을 받음을 子·男에 비한다.

視는 比也라 徐氏曰 王畿之內에 亦制都鄙受地也라 元士는 上士也라

視는 比함이다.
徐氏(徐度)가 말하였다. "王畿의 안에 또한 都와 鄙를 만들어 땅을 받는 것이다. 元士는 上士이다."

大國은 地方百里니 君은 十卿祿이요 卿祿은 四大夫요 大夫는 倍上士요 上士는 倍中士요 中士는 倍下士요 下士與庶人在官者는 同祿하니 祿足以代其耕也니라

큰 나라는 땅이 方百里이니, 군주는 卿의 祿의 10배요 卿의 祿은 大夫의 4배요 大夫는 上士의 배요 上士는 中士의 배요 中士는 下士의 배요 下士와 庶人으로서 관직에 있는 자는 祿이 같으니 祿이 충분히 그 경작하는 수입을 대신할 만

達:통할 달 郳:나라이름 주 父:남자이름 보(甫通) 視:견줄 시

하였다.

十은 十倍之也요 四는 四倍之也요 倍는 加一倍也라 徐氏曰 大國은 君田이 三萬二千畝니 其入이 可食(사)二千八百八十人이요 卿田은 三千二百畝니 可食二百八十八人이요 大夫田은 八百畝니 可食七十二人이요 上士田은 四百畝니 可食三十六人이요 中士田은 二百畝니 可食十八人이요 下士與庶人在官者田은 百畝니 可食九人至五人이라 庶人在官은 府史胥徒[1]也라 愚按 君以下所食之祿은 皆助法之公田이니 藉農夫之力以耕하여 而收其租하고 士之無田與庶人在官者는 則但受祿於官을 如田之入而已니라

十은 10배요 四는 4배요 倍는 1배를 가하는 것이다.

徐氏(徐度)가 말하였다. "大國(公·侯의 나라)은 군주의 토지가 3만 2,000畝이니 그 수입이 2,880명을 먹일 만하고, 卿의 토지는 3,200畝이니 288명을 먹일 만하고, 大夫의 토지는 800畝이니 72명을 먹일 만하고, 上士의 토지는 400畝이니 36명을 먹일 만하고, 中士의 토지는 200畝이니 18명을 먹일 만하고, 下士와 庶人으로서 관직에 있는 자의 토지는 100畝이니 9명 내지 5명을 먹일 만하다. 庶人으로서 관직에 있다는 것은 府·史·胥·徒의 아전들이다."

내가 상고해보건대 君 이하가 먹는 바의 祿은 모두 助法의 公田이니 농부의 힘을 빌어 경작하여 그 벼를 거두는 것이요, 士로서 토지가 없는 자와 庶人으로서 관직에 있는 자는 다만 관청에서 祿을 받기를 토지의 수입과 같이 할 뿐인 것이다.

譯註 1. 府史胥徒 : 府는 창고를 맡은 하급관리이고 史는 書籍을 맡은 자이며, 胥·徒는 부역하는 백성을 이른다.

次國은 地方七十里니 君은 十卿祿이요 卿祿은 三大夫요 大夫는 倍上士요 上士는 倍中士요 中士는 倍下士요 下士與庶人在官者는 同祿하니 祿足以代其耕也니라

다음의 나라는 땅이 方70리이니, 군주는 卿의 祿의 10배요 卿의 祿은 大夫의 3배요 大夫는 上士의 배요 上士는 中士의 배요 中士는 下士의 배요 下士와 庶人으로서 관직에 있는 자는 祿이 같으니, 祿이 충분히 그 경작하는 수입을 대신할 만하였다.

三은 謂三倍之也라 徐氏曰 次國은 君田이 二萬四千畝니 可食二千一百六十人이요 卿田은 二千四百畝니 可食二百十六人이라

三은 3배를 이른다.
徐氏(徐度)가 말하였다 "次國(伯의 나라)은 군주의 토지가 2만 4,000畝이니 2,160명을 먹일 만하고, 卿의 토지는 2,400畝이니 216명을 먹일 만하다."

小國은 地方五十里니 君은 十卿祿이요 卿祿은 二大夫요 大夫는 倍上士요 上士는 倍中士요 中士는 倍下士요 下士與庶人在官者는 同祿하니 祿足以代其耕也니라

작은 나라는 땅이 方50리이니, 군주는 卿의 祿의 10배요 卿의 祿은 大夫의 2배요 大夫는 上士의 배요 上士는 中士의 배요 中士는 下士의 배요 下士와 庶人으로서 관직에 있는 사는 祿이 같으니 祿이 충분히 그 경작하는 수입을 대신할 만하였다.

二는 卽倍也라 徐氏曰 小國은 君田이 一萬六千畝니 可食千四百四十人이요 卿田은 一千六百畝니 可食百四十四人이라

二는 바로 倍이다.
徐氏(徐度)가 말하였다. "小國(子·男의 나라)은 군주의 토지가 1만 6,000畝이니 1,440명을 먹일 만하고, 卿의 토지는 1,600畝이니 144명을 먹일 만하다."

耕者之所獲은 一夫百畝니 百畝之糞에 上農夫는 食(사)九人하고 上次는 食八人하고 中은 食七人하고 中次는 食六人하고 下는 食五人이니 庶人在官者는 其祿이 以是爲差니라

경작하는 자의 소득은 한 家長이 100畝를 받으니, 100畝를 가꿈에 上農夫는 9명을 먹일 수 있고, 上農夫의 다음은 8명을 먹일 수 있고, 中農夫는 7명을 먹

獲:얻을 획 糞:거름 분 食:먹일 사

일 수 있고, 中農夫의 다음은 6명을 먹일 수 있고, 下農夫는 5명을 먹일 수 있으니, 庶人으로서 관직에 있는 자는 그 祿이 이에 따라 차등을 두었다.”

獲은 得也라 一夫一婦 佃田百畝하여 加之以糞하니 糞多而力勤者 爲上農이니 其所收可供九人이요 其次는 用力不齊라 故로 有此五等이라 庶人在官者는 其受祿不同하여 亦有此五等也라

○ 愚按 此章之說은 與周禮王制로 不同하니 蓋不可考라 闕之可也니라 程子曰 孟子之時는 去先王未遠하고 載籍이 未經秦火로되 然而班爵祿之制를 已不聞其詳이라 今之禮書[1]는 皆掇拾於煨燼之餘하고 而多出於漢儒一時之傅會하니 奈何欲盡信而句爲之解乎아 然則其事를 固不可一一追復矣[2]로다

獲은 얻음이다. 한 지아비와 한 지어미가 토지 100畝를 가꾸어서 거름을 加하니, 거름이 많고 힘이 부지런한 자는 上農夫가 되니 그 수입이 9명의 식량을 공급할 만하고, 그 다음은 힘을 씀이 똑같지 않으므로 이 다섯 등급이 있는 것이다. 庶人으로서 관직에 있는 자는 그 祿을 받음이 똑같지 않아 또한 이 다섯 등급이 있는 것이다.

○ 내가 상고하건대 이 章의 말은 ≪周禮≫와 ≪禮記≫의 〈王制〉와 같지 않으니, 상고할 수 없다. 빼놓는 것이 可할 것이다.

程子(明道)가 말씀하였다. “孟子 때에는 先王과의 거리가 멀지 않았고 전적들이 秦나라의 불태움을 겪지 않았다. 그런데도 爵祿을 반열하는 제도에 대해 이미 그 상세함을 듣지 못하였다. 지금의 禮書들은 모두 불탄 뒤에 주워 모은 것이고 漢儒들이 일시적으로 傅會한 것에서 많이 나왔으니, 어찌하여 이것을 모두 믿어 句마다 해석을 하고자 한단 말인가. 그렇다면 그 일을 진실로 일일이 다시 회복할 수 없는 것이다.”

譯註 1. 今之禮書 : 禮書는 禮經으로 원래 ≪儀禮≫, ≪周禮≫, ≪禮記≫의 三禮를 가리키나 여기서는 특히 ≪周禮≫와 ≪禮記≫의 〈王制〉를 가리킨 것이다.
2. 固不可一一追復矣 : 內閣本에는 ‘一一’이 ‘一二’로 잘못되어 있다.

3. 萬章이 問曰 敢問友하노이다 孟子曰 不挾長하며 不挾貴하며 不挾兄弟而友니 友也者는 友其德也니 不可以有挾也니라

佃:농사지을 전 掇:주울 철 拾:주울 습 煨:불탈 외 燼:불탈 신 傅:붙일 부 挾:낄 협

萬章이 물었다. "감히 벗에 대해서 묻습니다." 孟子께서 말씀하셨다. "나이가 많음을 믿지 않고 귀함을 믿지 않고 兄弟間을 믿지 않고 벗하는 것이니, 벗은 그 德을 벗하는 것이니 믿음이 있어서는 안 된다.

挾者는 兼有而恃之之稱이라

挾은 소유하고 믿음을 겸한 칭호이다.

孟獻子는 百乘之家也라 有友五人焉하더니 樂正裘와 牧仲이요 其三人은 則予忘之矣로라 獻子之與此五人者로 友也에 無獻子之家者也니 此五人者 亦有獻子之家면 則不與之友矣리라

孟獻子는 百乘의 집안이었다. 벗 다섯 명이 있었는데 樂正裘와 牧仲이요, 그 세 사람은 내 그 이름을 잊었노라. 獻子가 이 다섯 사람과 벗할 적에 〈獻子의 意中에〉 獻子의 집안을 의식함이 없었던 것이니, 이 다섯 사람들 또한 〈意中에〉 獻子의 집안을 의식하고 있었다면 獻子는 이들과 더불어 벗하지 않았을 것이다.

孟獻子는 魯之賢大夫仲孫蔑也라 張子曰 獻子는 忘其勢하고 五人者는 忘人之勢하니 不資其勢而利其有然後에 能忘人之勢라 若五人者 有獻子之家면 則反爲獻子之所賤矣리라

孟獻子는 魯나라의 어진 大夫인 仲孫蔑이다.
張子가 말씀하였다. "孟獻子는 자신의 세력을 잊었고 다섯 사람은 남의 세력을 잊었으니, 그의 세력을 이용하고 그의 소유함을 이롭게 여기지 않은 뒤에야 남의 세력을 잊을 수 있는 것이다. 만일 이들 다섯 사람이 獻子의 집안을 意中에 의식하고 있었다면 도리어 獻子에게 천히 여김을 받았을 것이다."

非惟百乘之家爲然也라 雖小國之君이라도 亦有之하니 費惠公曰 吾於子思則師之矣요 吾於顔般則友之矣요 王順長息則事我者

恃:믿을 시 裘:갖옷 구 蔑:없을 멸 費:쓸 비 般:즐길 반

也라하니라

비단 百乘의 집안만이 그러한 것이 아니라 비록 小國의 군주라도 또한 그러한 경우가 있었으니, 費惠公이 말하기를 '내가 子思에 있어서는 스승으로 섬기고 顔般에 있어서는 벗으로 대하고 王順과 長息은 나를 섬기는 자이다.' 하였다.

惠公은 費邑之君也라 師는 所尊也요 友요 所敬也요 事我者는 所使也라

惠公은 費邑의 군주이다. 師는 높이는 바요, 友는 공경하는 바요, 나를 섬긴다는 것은 내가 부리는 바이다.

非惟小國之君이 **爲然也**라 **雖大國之君**이라도 **亦有之**하니 **晉平公之於亥唐也**에 **入云則入**하고 **坐云則坐**하고 **食云則食**하여 **雖疏食**(사)**菜羹**이라도 **未嘗不飽**하니 **蓋不敢不飽也**라 **然**이나 **終於此而已矣**요 **弗與共天位也**하며 **弗與治天職也**하며 **弗與食天祿也**하니 **士之尊賢者也**라 **非王公之尊賢也**니라

비단 小國의 군주만이 그러한 것이 아니라 비록 大國의 군주라도 또한 그러한 경우가 있었으니, 晉平公은 亥唐에 대하여 들어오라고 하면 들어가고 앉으라고 하면 앉고 먹으라고 하면 먹어서 비록 거친 밥과 나물국이라도 일찍이 배불리 먹지 않은 적이 없었으니, 이는 감히 배불리 먹지 않을 수가 없었던 것이다. 그러나 이에 끝날 뿐이었고, 그와 더불어 天位를 함께 하지 않았으며 그와 더불어 天職을 다스리지 않았으며 그와 더불어 天祿을 먹지 않았으니, 이는 士가 賢者를 높이는 것이요 王公이 賢者를 높이는 것이 아니다.

亥唐은 晉賢人也라 平公이 造之에 唐言入이라야 公乃入하고 言坐라야 乃坐하고 言食이라야 乃食也라 疏食는 糲飯也라 不敢不飽는 敬賢者之命也라

○ 范氏曰 位曰天位요 職曰天職이요 祿曰天祿이라하니 言 天所以待賢人하여 使治天民이니 非人君所得專者也니라

亥:돼지 해 疏:거칠 소 食:밥 사 菜:나물 채 羹:국 갱 糲:현미 려

亥唐은 晉나라의 賢人이다. 平公이 그의 집에 나아감에 亥唐이 들어오라고 말해야 平公이 그제야 들어가고 앉으라고 말해야 그제야 앉고 먹으라고 말해야 그제야 먹은 것이다. 疏食는 거친 밥이다. 감히 배불리 먹지 않을 수가 없었던 것은 賢者의 命을 공경한 것이다.

○ 范氏(范祖禹)가 말하였다. "지위를 天位라 하고 직책을 天職이라 하고 祿을 天祿이라 하였으니, 이는 하늘이 賢人을 대우하여 天民을 다스리게 한 것이니, 군주가 마음대로 할 수 있는 바가 아님을 말한 것이다."

舜이 **尙見**(현)**帝**[1)]어시늘 **帝館甥于貳室**하시고 **亦饗舜**하사 **迭爲賓主**하시니 **是**는 **天子而友匹夫也**니라

舜임금이 위로 올라가 堯임금을 뵙거늘 堯임금이 사위인 舜을 貳室에 머물게 하시고 또한 舜에게 음식을 얻어먹어 번갈아 賓·主가 되셨으니, 이는 天子로서 匹夫와 벗한 것이다.

譯註 1. 尙見帝 : 諺解에는 見의 음을 '견'으로 표시하였으나 謁見의 뜻으로 보아 '현'으로 표시하였다.

尙은 上也니 舜上而見(현)於帝堯也라 館은 舍也라 禮에 妻父曰外舅니 謂我舅者를 吾謂之甥이라하니 堯以女妻舜이라 故로 謂之甥이라 貳室은 副宮也니 堯舍舜於副宮하고 而就饗其食하시니라

尙은 위로 올라감이니, 舜이 위로 올라가서 堯임금을 뵈온 것이다. 館은 舍(머물게 함)이다. 禮에 "妻父를 外舅라 하니, 나를 舅라고 이르는 자를 내가 그를 甥이라 이른다." 하였으니, 堯임금이 딸을 舜에게 시집보냈으므로 그를 甥이라 이른 것이다. 貳室은 副宮이니, 堯임금이 舜을 副宮에 거처하게 하고 찾아가서 그 음식을 드신 것이다.

用下敬上을 **謂之貴貴**요 **用上敬下**를 **謂之尊賢**이니 **貴貴, 尊賢**이 **其義一也**니라

아랫사람으로서 윗사람을 공경함을 貴貴(귀한 사람을 귀하게 여김)라 이르고

尙:오를 상 館:접대할 관 甥:생질 생, 사위 생 饗:먹을 향 迭:갈마들 질 舍:머물 사

윗사람으로서 아랫사람을 공경함을 尊賢(어진이를 높임)이라 이르니, 貴貴와 尊賢이 그 義가 똑같다."

貴貴, 尊賢은 皆事之宜者라 然이나 當時에 但知貴貴而不知尊賢이라 故로 孟子曰 其義一也라하시니라
○ 此는 言 朋友는 人倫之一이니 所以輔仁이라 故로 以天子友匹夫而不爲詘(屈)이요 以匹夫友天子而不爲僭이니 此는 堯舜所以爲人倫之至하여 而孟子言必稱之也시니라

貴貴와 尊賢은 모두 일의 마땅함이다. 그러나 당시에 단지 貴貴만을 알고 尊賢을 알지 못하였다. 그러므로 孟子께서 "그 義가 똑같다."고 하신 것이다.
○ 이는 朋友는 人倫의 하나이니, 仁을 돕는 것이다. 그러므로 天子로서 匹夫를 벗하여도 굽힘이 되지 않고 匹夫로서 天子를 벗하여도 참람함이 되지 않음을 말씀한 것이니, 이는 堯·舜이 人倫의 지극함이 되어 孟子께서 말씀마다 반드시 堯·舜을 칭하신 이유인 것이다.

4. 萬章이 問曰 敢問交際는 何心也잇고 孟子曰 恭也니라

萬章이 물었다. "감히 묻겠습니다. 교제하는 것은 무슨 마음으로 합니까?" 孟子께서 말씀하셨다. "공손함이다."

際는 接也니 交際는 謂人以禮儀幣帛으로 相交接也라

際는 接함이니, 交際는 사람이 禮儀와 幣帛을 가지고 서로 사귀고 접함을 이른다.

曰 卻之卻之 爲不恭은 何哉잇고 曰 尊者賜之어든 曰 其所取之者 義乎아 不義乎아하여 而後受之라 以是爲不恭이니 故로 弗卻也니라

萬章이 말하였다. "예물을 퇴각하는 것을 不恭하다고 하는 것은 어째서입니까?" 孟子께서 말씀하셨다. "존귀한 자가 물건을 주거든 받는 자가 〈그 물건을 대하면서〉 그가 이것을 취한 것이 義에 맞았는가 義에 맞지 않았는가를 생각하여 義에 맞은 뒤에야 받는다. 이것을 不恭이라 하니, 이 때문에 퇴각하지 않는

舅:외삼촌 구, 장인 구 輔:도울 보 詘:굽힐 굴 僭:참람할 참 際:만날 제 卻:물리칠 각

것이다."

卻은 不受而還之也라 再言之는 未詳이라 萬章疑 交際之間에 有所卻者면 人便以爲不恭은 何哉오 孟子言 尊者之賜에 而心竊計其所以得此物者未知合義與否하여 必其合義然後에 可受요 不然則卻之矣니 所以卻之爲不恭也니라

卻은 받지 않고 되돌려 보냄이다. 두 번 卻之라고 말한 것은 未詳이다. 萬章이 의심하기를 "교제하는 사이에 예물을 퇴각하는 자가 있으면 사람들이 곧 不恭하다고 하는 것은 어째서입니까?" 하자, 孟子께서 말씀하시기를 "존귀한 자가 물건을 하사함에 마음속으로 그가 이 물건을 얻은 것이 의리에 합하였는지 알지 못하겠다고 속으로 계산하여 반드시 義에 합한 뒤에야 받고 그렇지 않으면 퇴각하니, 이 때문에 퇴각함을 不恭이라 하는 것이다." 하셨다.

曰 請無以辭卻之요 以心卻之曰 其取諸民之不義也라하고 而以他辭로 無受 不可乎잇가 曰 其交也以道요 其接也以禮면 斯는 孔子도 受之矣시니라

萬章이 말하였다. "청컨대 말로써 퇴각하지 말고 마음속으로 퇴각하기를 '그가 백성들에게서 취한 것이 의롭지 못하다.' 하고는 다른 말로 〈구실을 삼아〉 받지 않는 것이 불가합니까?" 孟子께서 말씀하셨다. "그 사귐이 道로써 하고 그 接함이 禮로써 하면 이는 孔子도 받으셨다."

萬章以爲 彼旣得之不義면 則其餽를 不可受니 但無以言辭間而卻之요 直以心度(탁)其不義하여 而託於他辭以卻之니 如此可否邪아하니라 交以道는 如餽贐, 聞戒, 周其飢餓[1]之類요 接以禮는 謂辭命恭敬之節이라 孔子受之는 如受陽貨蒸豚[2]之類也라

萬章이 이르기를 "저가 이미 얻기를 의롭지 않게 했다면 그가 주는 것을 받을 수 없으니, 다만 말로써 트집잡아 퇴각하지 말고 다만 마음속으로 그의 不義함을 헤아리고서 다른 말을 핑계대어 퇴각할 것이니, 이와 같이 함이 可합니까?" 한 것이다. 道로써 사귄다는 것은 노자를 주며 경계한다는 말을 듣고 비용을 주며 飢餓를 구휼해 주는 종

餽:선물할 궤 直:다만 직 贐:노자 신 周:구휼할 주 餓:굶주릴 아 蒸:찔 증 豚:돼지 돈

류와 같은 것이요, 禮로써 접한다는 것은 辭命이 恭敬한 예절을 이른다. 孔子께서 받았다는 것은 陽貨의 삶은 돼지를 받은 것과 같은 類이다.

譯註 1. 餽贐, 聞戒, 周其飢餓 : 餽贐은 노자를 주는 것이고 聞戒는 자신을 해치려는 자가 있어 경계한다는 말을 듣고 사람을 고용하여 자기 몸을 보호하는 것으로 이 두 가지는 앞의 〈公孫丑 下〉 3章에 보이며, 周其飢餓는 굶주림을 구휼하는 것으로 뒤의 〈告子 下〉 14章에 보인다.

2. 受陽貨蒸豚 : 앞의 〈滕文公 下〉 7章에 보인다.

萬章曰 今有禦人於國門之外者가 其交也以道요 其餽也以禮면 斯可受禦與잇가 曰 不可하니 康誥曰 殺越人于貨[1]하여 閔不畏死를 凡民이 罔不譈라하니 是는 不待敎而誅者也니 (殷受夏 周受殷所不辭也 於今爲烈)[2] 如之何其受之리오

萬章이 말하였다. "이제 國門의 밖에서 사람을 저지하여 强盜짓을 한 자가 그 사귐이 道로써 하고 그 줌이 禮로써 한다면 이 강도질한 물건을 받을 수 있습니까?" 孟子께서 말씀하셨다. "不可하니, 〈康誥〉에 이르기를 '사람을 죽여 쓰러뜨리고 재화를 취해서 완강하여 죽음을 두려워하지 않는 자를 모든 사람들이 원망하지 않는 이가 없다.' 하였으니, 이는 군이 가르치기를 기다리지 않고 죽일 자인 것이다. 어찌 이것을 받을 수 있겠는가."

譯註 1. 殺越人于貨 : 諺解에는 '人을 貨에 殺하야 越하야'로 풀이하여 사람을 재화 때문에 죽인 것으로 보았으나 于는 往取(가서 취함)의 뜻이 있고 集註에도 '因取其貨'라 하였으므로 集註를 따라 위와 같이 해석하였다.

2. 殷受夏……於今爲烈 : 朱子는 뜻이 통하지 않는다 하여 빼놓고 해석하지 않았으나 '殷나라는 夏나라에서 전수받았고 周나라는 殷나라에서 전수받은 것으로 말로 써 놓지 않은 不文律인데, 이 법이 지금에 특히 엄하다.'로 해석하기도 한다.

禦는 止也니 止人而殺之하고 且奪其貨也라 國門之外는 無人之處也라 萬章以爲 苟不問其物之所從來하고 而但觀其交接之禮면 則設有禦人者 用其禦得之貨하여 以禮餽我면 則可受之乎아하니라 康誥는 周書篇名이라 越은 顚越也라 今書에 閔은 作暋하고

禦:막을 어 越:넘어질 월 閔:완강할 민(暋通) 譈:원망할 대 暋:완강할 민

無凡民二字하니라 譈는 怨也라 言 殺人而顚越之하고 因取其貨하여 閔然不知畏死를 凡民이 無不怨之라 孟子言 此乃不待敎戒而當卽誅者也니 如何而可受之乎아하시니라 商〔殷〕受至爲烈十四字는 語意不倫하니 李氏以爲 此必有斷簡或闕文者가 近之어니와 而愚는 意其直爲衍字耳라 然이나 不可考하니 姑闕之可也니라

禦는 저지함이니, 사람을 저지하여 죽이고 또 그 재화를 빼앗는 것이다. 國門의 밖은 사람이 없는 곳이다. 萬章이 말하기를 "만일 그 물건의 所從來를 따지지 않고 다만 그 사귀고 접하는 禮만 본다면 설령 사람을 저지하여 강도질한 자가 그 강도질하여 얻은 재화를 사용해서 禮로써 나에게 준다면 그것을 받을 수 있습니까?" 한 것이다. 康誥는 〈周書〉의 篇名이다. 越은 넘어뜨림이다. 지금 ≪書經≫에 閔은 暋으로 되어 있고, 凡民 두 글자는 없다. 譈는 원망함이다. 사람을 죽여 그를 쓰러뜨리고 인하여 그 재물을 취해서 완강하여 죽음을 두려워할 줄 모르는 자를 모든 사람들이 원망하지 않는 자가 없다고 말한 것이다. 孟子께서 말씀하시기를 "이것은 바로 가르침과 경계를 기다리지 않고 마땅히 즉시 죽여야 할 자이니, 어찌 받을 수 있겠는가." 하신 것이다. 殷受로부터 爲烈까지의 열네 글자는 말뜻이 차례가 없으니, 李氏(李郁)가 "이것은 반느시 질려나간 簡(竹簡·木簡)이나 혹은 闕文이 있을 것이다."라고 한 것이 近理하거니와 나는 다만 衍字가 될 뿐이라고 생각한다. 그러나 상고할 수 없으니, 우선 빼놓는 것이 可하다.

曰 今之諸侯 取之於民也 猶禦也어늘 苟善其禮際矣면 斯는 君子도 受之라하시니 敢問何說也잇고 曰 子以爲 有王者作인댄 將比今之諸侯而誅之乎아 其敎之不改而後에 誅之乎아 夫謂非其有而取之者를 盜也는 充類至義之盡也라 孔子之仕於魯也에 魯人이 獵較이어늘 孔子亦獵較하시니 獵較도 猶可온 而況受其賜乎아

萬章이 말하였다. "지금의 諸侯들이 백성들에게 취함이 강도질한 것과 같거늘 '만일 그 禮와 交際를 잘하면 이는 君子도 받는다.' 하시니, 감히 묻겠습니다. 무슨 말씀입니까?" 孟子께서 말씀하셨다. "자네가 생각하기에 王者가 나온다면 장차 지금의 제후들을 連合하여 죽이겠는가? 가르쳐도 고치지 않은 뒤에 죽이

倫:차례 륜 衍:남을 연 比:연결할 비 獵:사냥 렵 較:다툴 각, 비교할 교

겠는가? 자신의 소유가 아닌데 취하는 자를 도둑이라 이르는 것은 종류를 채워서 義의 지극함에 이른 것이다. 孔子께서 魯나라에서 벼슬하실 적에 魯나라 사람들이 獵較을 하자 孔子 또한 獵較을 하셨으니, 獵較하는 것도 오히려 可한데 하물며 그 주는 것을 받음에 있어서이겠는가."

比는 連也라 言 今諸侯之取於民이 固多不義나 然이나 有王者起면 必不連合而盡誅之요 必敎之不改而後에 誅之니 則其與禦人之盜不待敎而誅者로 不同矣라 夫禦人於國門之外와 與非其有而取之는 二者固皆不義之類라 然이나 必禦人이라야 乃爲眞盜요 其謂非有而取를 爲盜者는 乃推其類하여 至於義之至精至密之處而極言之耳니 非便以爲眞盜也라 然則今之諸侯 雖曰取非其有나 而豈可遽以同於禦人之盜也哉아 又引孔子之事하여 以明世俗所尙을 猶或可從이니 況受其賜 何爲不可乎아 獵較은 未詳이라 趙氏以爲 田獵相較(각)하여 奪禽獸以祭니 孔子不違는 所以小同於俗也라하고 張氏以爲 獵而較(교)所獲之多少也라하니 二說이 未知孰是라

比는 連함이다. '지금 諸侯들이 백성들에게 취함이 진실로 의롭지 않은 것이 많으나 王者가 나온다면 반드시 이들을 連合하여 다 베지는 않을 것이요 반드시 가르쳐도 고치지 않은 뒤에 벨 것이니, 그렇다면 사람을 저지한 강도로서 가르침을 기다리지 않고 죽여야 할 자와는 같지 않은 것이다. 國門의 밖에서 사람을 저지한 강도와 또는 자신의 소유가 아닌데 취함은 이 두 가지가 진실로 다 不義의 종류이다. 그러나 반드시 사람을 저지하여야 진짜 강도가 되는 것이요, 자신의 소유가 아닌데 취함을 도둑이라 이르는 것은 바로 그 종류를 미루어서 義의 지극히 精하고 지극히 치밀한 곳에 이르러 極言했을 뿐이니, 곧바로 진짜 강도라고 말한 것은 아니다. 그렇다면 지금의 제후들이 비록 자신의 소유가 아닌 것을 취했다 하나 어찌 대번에 사람을 저지한 강도와 똑같이 할 수 있겠는가.'라고 말씀한 것이다. 또 孔子의 일을 인용하여 '세속에서 숭상하는 바도 오히려 혹 따를 수 있는데, 하물며 그 줌을 받는 것이 어찌 不可하겠는가.'라고 밝히신 것이다. 獵較은 未詳이다. 趙氏(趙岐)는 이르기를 "田獵하여 서로 다투어서 禽獸를 빼앗아 제사하는 것인데, 孔子께서 이것을 어기지 않으심은 다소 세속과 같이 하려 하신 것이다." 하였고, 張氏(?)는 이르기를 "사냥하여 잡은 짐승의 많고 적음을 비교한 것이다." 하였으니, 두 說이 누가 맞는지는 알지 못하겠다.

曰 然則孔子之仕也는 **非事道與**잇가 **曰 事道也**시니라 **事道**어시니 **奚獵較也**잇고 **曰 孔子先簿正祭器**하사 **不以四方之食**으로 **供簿正**하시니라 **曰 奚不去也**시니잇고 **曰 爲之兆也**시니 **兆足以行矣**로되 **而不行而後**에 **去**하시니 **是以**로 **未嘗有所終三年淹也**시니라

萬章이 말하였다. "그렇다면 孔子께서 벼슬하신 것은 道를 일삼으신 것이 아닙니까?" 孟子께서 말씀하셨다. "道를 일삼으신 것이다." "道를 일삼으셨는데 어찌하여 獵較을 하셨습니까?" "孔子께서 먼저 문서로 祭器를 바루어서 〈공급하기 어려운〉 四方의 귀한 음식으로 공급하지 않게 하신 것이다." "어찌하여 떠나가지 않으셨습니까?" "〈道를 행할 수 있는〉 조짐을 보이신 것이니, 조짐이 충분히 행할 수 있는데도 道가 행해지지 않은 뒤에야 떠나셨다. 이 때문에 일찍이 3년을 마치도록 淹滯(지체)하신 곳이 있지 않으신 것이다.

此는 因孔子事而反覆辯論也라 事道者는 以行道爲事也라 事道奚獵較也는 萬章問也라 先簿正祭器는 未詳이라 徐氏曰 先以簿書로 正其祭器하여 使有定數하여 而不以四方難繼之物實之니 夫器有常數하고 實有常品이면 則其本正矣라 彼獵較者 將久而自廢矣라하니 未知是否也라 兆는 猶卜之兆니 蓋事之端也라 孔子所以不去者는 亦欲小試行道之端하여 以示於人하여 使知吾道之果可行也니 若其端이 旣可行이로되 而人不能遂行之然後에 不得已而必去之하시니 蓋其去雖不輕이나 而亦未嘗不決이라 是以로 未嘗終三年留於一國也시니라

이것은 孔子의 일로 인하여 반복해서 변론하신 것이다. 事道는 道를 행함을 일삼는 것이다. 道를 일삼았는데 어찌하여 獵較을 하였느냐는 것은 萬章의 물음이다. 先簿正祭器는 未詳이다. 徐氏(徐度)가 말하기를 "먼저 문서로써 그 祭器를 바루어서 일정한 數가 있게 하여 四方의 계속하여 공급하기 어려운 물건으로 담지 않게 하셨으니, 그릇에 일정한 數가 있고 담는 데에 일정한 물품이 있게 하면 그 근본이 바르게 되니, 저 獵較은 장차 오래되면 저절로 없어질 것이다." 하였으니, 그 말이 옳은 지는 알지 못하

簿:문서 부　兆:조짐 조　淹:지체할 엄　實:채울 실, 물건 실　卜:점 복

겠다. 兆는 卜(점)의 조짐과 같으니, 일의 단서이다. 孔子께서 떠나가지 않으신 까닭은 또한 조금 道를 행하는 단서(조짐)를 시험하여 사람들에게 보여주시어 우리 道가 과연 행할 수 있음을 알게 하려고 하신 것이니, 만일 그 단서가 이미 행할 수 있는데도 사람들이 마침내 행하지 않은 뒤에야 부득이하여 반드시 떠나셨다. 그 떠나가기를 비록 가벼이 하지 않으셨으나 또한 일찍이 결단하지 않으신 적이 없으셨다. 이 때문에 일찍이 3년을 마치도록 한 나라에 머무신 적이 있지 않으신 것이다.

孔子有見行可之仕하시며 **有際可之仕**하시며 **有公養之仕**하시니 **於季桓子**엔 **見行可之仕也**요 **於衛靈公**엔 **際可之仕也**요 **於衛孝公**엔 **公養之仕也**니라

孔子께서는 道를 행함이 가능한 것을 보신 벼슬이 계셨으며 交際가 可한 벼슬이 계셨으며 公養의 벼슬이 계셨으니, 季桓子에 있어서는 道를 행함이 가능한 것을 보신 벼슬이었고 衛靈公에 있어서는 交際가 可한 벼슬이었고 衛孝公에 있어서는 公養의 벼슬이었다."

見行可는 見其道之可行也라 際可는 接遇以禮也요 公養은 國君養賢之禮也라 季桓子는 魯卿季孫斯也라 衛靈公은 衛侯元也라 孝公은 春秋, 史記에 皆無之하니 疑出公輒也라 因孔子仕魯而言 其仕有此三者라 故로 於魯則兆足以行矣而不行然後去요 而於衛之事엔 則又受其交際問餽而不卻之一驗也니라
○ 尹氏曰 不聞孟子之義면 則自好者 爲於(오)陵仲子[1]而已니 聖賢辭受進退는 惟義所在니라 愚按 此章文義는 多不可曉하니 不必强爲之說이니라

見行可는 그 道를 행할 수 있음을 본 것이다. 際可는 접하고 대우하기를 禮로써 하는 것이요, 公養은 國君이 어진이를 기르는 禮이다. 季桓子는 魯나라의 卿인 季孫斯이다. 衛靈公은 衛나라 임금인 元이다. 孝公은 ≪春秋≫와 ≪史記≫에 모두 〈이러한 인물이〉 없으니, 의심컨대 出公인 輒인 듯하다. 孔子께서 魯나라에서 벼슬하심을 인하여 말씀하시기를 "그 벼슬에 이 세 가지가 있다. 그러므로 魯나라에 있어서는 조짐이 충분히 행할 수 있는데도 행해지지 않은 뒤에 떠나가셨고, 衛나라에 있어서의 일은 또 그 交際

際:만날 제 輒:문득 첩 餽:선물할 궤 好:아낄 호 曉:깨달을 효

와 선물을 받고 퇴각하지 않으신 한 증거이다." 하셨다.

○ 尹氏(尹焞)가 말하였다. "孟子의 義를 듣지 않으면 자신의 지조를 아끼는 자들이 於陵 仲子〈의 행위〉를 할 뿐이니, 聖賢의 사양하고 받음과 나아가고 물러감은 오직 義가 있는 대로 하는 것이다."

내가(朱子) 상고하건대 이 章의 글 뜻은 알 수 없는 부분이 많으니, 굳이 억지로 해설할 것이 없다.

譯註 1. 自好者 爲於陵仲子 : 自好者는 자신의 지조를 아끼는 자로, 앞의 〈萬章 上〉 9章에 鄕黨自好者라고 보이며, 於陵 仲子는 〈滕文公 下〉 10章에 자세히 보인다.

5. 孟子曰 仕非爲貧也로되 而有時乎爲貧하며 娶妻非爲養也로되 而有時乎爲養이니라

孟子께서 말씀하셨다. "벼슬함은 가난을 위해서가 아니지만 때로는 가난을 위한 경우가 있으며, 아내를 얻음은 봉양을 위해서가 아니지만 때로는 봉양을 위한 경우가 있다.

仕本爲行道로되 而亦有家貧親老하여 或道與時違而但爲祿仕者하니 如娶妻本爲繼嗣로되 而亦有爲不能親操井臼하여 而欲資其餽養者니라

벼슬함은 본래 道를 행하기 위해서이나 또한 집이 가난하고 父母가 늙어 혹 道가 때와 맞지 않아 다만 祿仕만을 하는 자가 있으니, 예를 들면 아내를 데려옴은 본래 後嗣를 잇기 위해서이나 또한 친히 우물에서 물을 긷고 절구질하는 일을 잡을 수가 없어서 그 음식 봉양을 의뢰하고자 하는 자가 있음과 같은 것이다.

爲貧者는 辭尊居卑하며 辭富居貧이니라

가난을 위해서 벼슬하는 자는 높은 자리를 사양하고 낮은 자리에 처하며, 祿俸이 많음을 사양하고 적음에 처해야 한다.

貧富는 謂祿之厚薄이라 蓋仕不爲道면 已非出處之正이라 故로 其所居但當如此니라

嗣:이을 사, 아들 사 操:잡을 조 臼:절구 구

貧富는 祿의 많고 적음을 이른다. 벼슬이 道를 위한 것이 아니면 이미 出處의 正道가 아니다. 그러므로 그 처하는 바를 다만 이와 같이 할 뿐인 것이다.

辭尊居卑하며 **辭富居貧**은 **惡**(오)**乎宜乎**오 **抱關擊柝**이니라

높은 자리를 사양하고 낮은 자리에 처하며, 祿俸이 많음을 사양하고 적음에 처함은 어떻게 하여야 마땅한가? 關門을 안고(지키고) 木柝을 치는 일이다.

柝은 夜行所擊木也라 蓋爲貧者는 雖不主於行道나 而亦不可以苟祿이라 故로 惟抱關擊柝之吏 位卑祿薄하여 其職易稱하니 爲所宜居也라 李氏曰 道不行矣요 爲貧而仕者는 此其律令也니 若不能然이면 則是貪位慕祿而已矣니라

柝은 밤에 다니면서 치는 나무이다. 가난을 위해서 벼슬하는 자는 비록 道를 행함을 주장하지 않으나 또한 구차히 祿만을 취할 수가 없다. 그러므로 오직 關門을 안고 목탁을 치는 관리는 지위가 낮고 祿이 적어서 그 직책을 해내기 쉬우니, 마땅히 처할 수 있는 것이다.

李氏(李郁)가 말하였다. "道가 행해지지 않는데 가난을 위해서 벼슬하는 자는 이것이 그 律令(法則)이니, 만일 이렇게 하지 않는다면 이것은 지위를 탐하고 祿을 사모하는 것일 뿐이다."

孔子嘗爲委吏矣사 **曰 會計**를 **當而已矣**라하시고 **嘗爲乘田矣**사 **曰 牛羊**을 **茁**(촬)**壯長而已矣**라하시니라

孔子께서 일찍이 委吏가 되시어 말씀하시기를 '會計를 마땅하게 할 뿐이다.' 하셨고, 일찍이 乘田이 되시어 '소와 양을 잘 키울 뿐이다.' 하셨다.

此는 孔子之爲貧而仕者也라 委吏는 主委積(자)之吏也요 乘田은 主苑囿芻牧之吏也라 茁은 肥貌라 言 以孔子大聖으로도 而嘗爲賤官하사되 不以爲辱者는 所謂爲貧而仕하여 官卑祿薄而職易稱也라

이것은 孔子가 가난을 위하여 벼슬하신 경우이다. 委吏는 委積(창고)를 주관하는 관리

抱:안을 포 柝:목탁 탁 稱:걸맞을 칭 委:창고 위 茁:살찔 촬, 자랄 촬 積:저축할 자

요, 乘田은 苑囿와 芻牧을 주관하는 관리이다. 茁은 살찐 모양이다. 孔子의 大聖으로서도 일찍이 천한 관원이 되셨으나 이것을 욕되게 여기지 않은 것은 이른바 가난을 위한 벼슬이어서 관직이 낮고 祿이 적어서 직책을 해내기 쉬웠기 때문임을 말씀한 것이다.

位卑而言高가 罪也요 立乎人之本朝而道不行이 恥也니라

지위가 낮으면서 말을 높게 하는 것이 죄요, 남의 本朝(조정)에 서 있으면서 道가 행해지지 않음이 부끄러운 일이다."

以出位爲罪면 則無行道之責이요 以廢道爲恥면 則非竊祿之官이니 此는 爲貧者之所以必辭尊富而寧處貧賤也니라

○ 尹氏曰 言 爲貧者는 不可以居尊이요 居尊者는 必欲以行道니라

지위를 벗어남으로써 죄를 삼는다면 道를 행할 책임이 없는 것이요, 道를 폐함으로써 부끄러움을 삼는다면 祿을 훔쳐먹는 관원이 아니니, 이것은 가난을 위하여 벼슬하는 자가 반드시 높은 자리와 많은 祿俸을 사양하고 貧賤에 편안히 처하는 이유이다.

○ 尹氏(尹焞)가 말하였다. "가난을 위해서 벼슬하는 자는 높은 자리에 처해서는 안되고, 높은 자리에 처한 자는 반드시 道를 행하고자 해야 함을 말씀한 것이다."

6. 萬章曰 士之不託諸侯는 何也잇고 孟子曰 不敢也니라 諸侯失國而後에 託於諸侯는 禮也요 士之託於諸侯는 非禮也니라

萬章이 말하였다. "선비가 諸侯에게 의탁하지 않음은 어째서입니까?" 孟子께서 말씀하셨다. "감히 하지 못하는 것이다. 諸侯가 나라를 잃은 뒤에 諸侯에게 의탁함은 禮요, 선비가 諸侯에게 의탁함은 禮가 아니다."

託은 寄也니 謂不仕而食其祿也라 古者에 諸侯出奔他國하여 食其廩餼를 謂之寄公이라 士無爵土하여 不得比諸侯하니 不仕而食祿이면 則非禮也니라

託은 의탁함이니, 벼슬하지 않으면서 그 祿을 먹음을 이른다. 옛날에 諸侯가 他國으로 달아나 그 나라 창고의 곡식을 먹는 것을 寄公이라 하였다. 선비는 작위와 토지가

囿:동산 유 芻:꼴 추 寄:붙일 기 廩:창고 름 餼:쌀 희

없어서 諸侯에게 견줄 수 없으니, 벼슬하지 않으면서 祿을 먹는다면 禮가 아니다.

萬章曰 君이 **餽之粟**이면 **則受之乎**잇가 **曰 受之**니라 **受之**는 **何義也**잇고 **曰 君之於氓也**에 **固周之**니라

萬章이 말하였다. "군주가 곡식을 주면 그것을 받습니까?" 孟子께서 말씀하셨다. "받는다." "받는 것은 무슨 義입니까?" "군주는 백성에 대해서 진실로 구휼해 주는 것이다."

周는 救也라 視其空乏이면 則周卹之 無常數하니 君待民之禮也라

周는 구휼함이다. 〈백성들이〉 空乏(식량이 떨어져 궁핍)함을 보면 〈군주가〉 구휼해 주는 것이 일정한 數가 없으니, 이것은 군주가 백성을 대하는 禮이다.

曰 周之則受하고 **賜之則不受**는 **何也**잇고 **曰 不敢也**니라 **曰 敢問其不敢**은 **何也**잇고 **曰 抱關擊柝者 皆有常職**하여 **以食於上**하나니 **無常職而賜於上者**를 **以爲不恭也**니라

萬章이 말하였다. "구휼해 주면 받고 하사해 주면 받지 않는 것은 어째서입니까?" 孟子께서 말씀하셨다. "감히 하지 못하는 것이다." "감히 묻겠습니다. 감히 하지 못하는 것은 어째서입니까?" "關門을 안고 목탁을 치는 자가 다 일정한 직책이 있어서 윗사람에게 祿을 먹으니, 일정한 직책이 없으면서 윗사람에게 하사받는 것을 不恭하다고 하는 것이다."

賜는 謂予之祿이 有常數하니 君所以待臣之禮也라

賜는 祿을 주는 것이 일정한 數가 있음을 이르니, 군주가 신하를 대하는 禮이다.

曰 君이 **餽之則受之**라하시니 **不識**케이다 **可常繼乎**잇가 **曰 繆公之於子思也**에 **亟**(기)**問**하시며 **亟餽鼎肉**이어늘 **子思不悅**하사 **於卒也**에 **摽**

氓:백성 맹 周:구휼할 주 乏:다할 핍 卹:구휼할 휼 繆:나쁜시호 목(穆通) 亟:자주 기

使者하여 **出諸大門之外**하시고 **北面稽首再拜而不受**하시고 **曰 今而後**에 **知君之犬馬畜伋**이라하시니 **蓋自是**로 **臺無餽也**하니 **悅賢不能擧**요 **又不能養也**면 **可謂悅賢乎**아

萬章이 말하였다. "군주가 구휼해 주면 받는다 하시니, 알지 못하겠습니다. 항상 계속할 수 있습니까?" 孟子께서 말씀하셨다. "繆公이 子思에 대해서 자주 문안하시고 자주 삶은 고기를 주시자, 子思가 기뻐하지 아니하여 맨 마지막에는 使者를 손저어 대문의 밖으로 내보내시고 北面하여 머리를 조아려 再拜하며 받지 않으시고 말씀하시기를 '지금에야 군주께서 개와 말로 나(伋)를 기름을 알았습니다.' 하셨으니, 이 뒤로부터 하인들이 물건을 갖다줌이 없었으니, 賢者를 좋아하나 들어 쓰지 못하고 또 봉양하지도 못한다면 賢者를 좋아한다고 이를 수 있겠는가."

亟는 數(삭)也라 鼎肉은 熟肉也라 卒은 末也라 摽는 麾也라 數以君命來餽면 當拜受之니 非養賢之禮라 故로 不悅而於其末後復來餽時에 麾使者出하고 拜而辭之하시니라 犬馬畜伋은 言不以人禮待己也라 臺는 賤官이니 主使令者라 蓋繆公愧悟하여 自此로 不復令臺來致餽也라 擧는 用也라 能養者 未必能用이어든 況又不能養乎아

亟는 자주이다. 鼎肉은 삶은 고기이다. 卒은 맨 마지막이다. 摽는 손을 젓는 것이다. 자주 군주의 命으로 와서 물건을 주면 마땅히 그것을 절하고 받아야 하니, 이는 賢者를 봉양하는 禮가 아니다. 그러므로 子思가 기뻐하지 아니하여 맨 마지막에 다시 와서 물건을 줄 때에 使者를 손저어 내보내시고 절하며 사양하신 것이다. 개와 말로 나를 기른다는 것은 사람의 禮로써 자신을 대접하지 않음을 말씀한 것이다. 臺는 천한 관리이니, 使令을 주관하는 자이다. 繆公이 부끄러워하고 깨달아 이 뒤로부터는 하인으로 하여금 와서 물건을 갖다주게 하지 않은 것이다. 擧는 등용함이다. 봉양을 잘하는 자가 반드시 등용하지는 못하는데, 하물며 또 봉양하지도 못함에 있어서랴.

曰 敢問 國君이 **欲養君子**인댄 **如何**라야 **斯可謂養矣**니잇고 **曰 以君**

鼎:솥 정 摽:손저을 표 稽:조아릴 계 伋:이름 급 臺:하인 대 麾:손저을 휘

命將之어든 **再拜稽首而受**하나니 **其後**에 **廩人**이 **繼粟**하며 **庖人**이 **繼肉**하여 **不以君命將之**니 **子思以爲 鼎肉**이 **使己僕僕爾亟拜也**라 **非養君子之道也**라하시니라

萬章이 말하였다. "감히 묻겠습니다. 國君이 君子를 봉양하고자 하면 어떻게 하여야 봉양한다고 이를 수 있습니까?" 孟子께서 말씀하셨다. "〈하인들이〉 군주의 命에 따라 물건을 가져오거든 〈신하가〉 再拜하고 머리를 조아리며 받나니, 그 뒤에는 창고지기가 곡식을 대주며 푸줏간 사람이 고기를 대주어서 군주의 명령에 의하여 갖다 주지 않는다. 子思는 생각하시기를 삶은 고기가 자기로 하여금 번거롭게 자주 절하게 하니, 君子를 봉양하는 禮가 아니라고 여기신 것이다.

初以君命來餽면 則當拜受니 其後에 有司各以其職으로 繼續所無요 不以君命來餽하여 不使賢者有亟拜之勞也라 僕僕은 煩猥貌라

처음에 군주의 명령에 따라 와서 물건을 주면 신하가 마땅히 절하고 받아야 하니, 그 뒤에는 有司들이 각각 그 직책에 따라 없는 것을 계속해서 대주고 군주의 명령으로 와서 물건을 주지 아니하여 賢者로 하여금 자주 절하는 수고로움이 있지 않게 하는 것이다. 僕僕은 번거롭고 외람된 모양이다.

堯之於舜也에 **使其子九男**으로 **事之**하며 **二女**로 **女焉**하시고 **百官牛羊倉廩**을 **備**하여 **以養舜於畎畝之中**이러시니 **後**에 **擧而加諸上位**하시니 **故**로 **曰王公之尊賢者也**라하노라

堯임금은 舜임금에게 자식인 아홉 아들로 하여금 섬기게 하며 두 딸을 시집보내시고, 百官과 牛羊과 倉廩을 갖추어 舜임금을 畎畝의 가운데에서 봉양하게 하시더니, 뒤에 들어서 윗자리에 올려놓으셨다. 그러므로 이것을 王公이 賢者를 높인 것이라고 말하는 것이다."

能養, 能擧는 悅賢之至也라 惟堯舜이 爲能盡之하시니 而後世之所當法也니라

庖:푸줏간 포　僕:황송한체할 복, 마부 복　猥:외람될 외, 번거로울 외

능히 봉양하고 능히 들어 씀은 賢者를 좋아함이 지극한 것이다. 이는 오직 堯舜만이 능히 다하셨으니, 後世에 마땅히 본받아야 할 것이다.

7. 萬章曰 敢問不見諸侯는 何義也잇고 孟子曰 在國曰市井之臣이요 在野曰草莽之臣이라 皆謂庶人이니 庶人이 不傳質(지)爲臣하여는 不敢見於諸侯가 禮也니라

萬章이 말하였다. "감히 묻겠습니다. 〈선비들이〉 諸侯를 만나보지 않는 것은 무슨 義입니까?" 孟子께서 말씀하셨다. "서울에 있는 자를 市井之臣이라 하고 초야에 있는 자를 草莽之臣이라 하는데, 이것은 모두 庶人을 이른다. 庶人이 폐백을 올려 신하가 되지 않으면 감히 諸侯를 만나보지 않는 것이 禮이다."

傳은 通也라 質者는 士執雉하고 庶人執鶩하여 相見以自通者也라 國內莫非君臣이나 但未仕者는 與執贄在位之臣으로 不同이라 故로 不敢見也니라

傳은 통함이다. 質는, 士는 꿩을 잡고 庶人은 집오리를 잡아 서로 만나보면서 스스로 통하는 것이다. 國內가 君臣間 아님이 없으나 다만 벼슬하지 않는 자는 執贄하여 지위에 있는 신하와 같지 않다. 그러므로 감히 만나보지 않는 것이다.

萬章曰 庶人이 召之役則往役하고 君이 欲見之하여 召之則不往見之는 何也잇고 曰 往役은 義也요 往見은 不義也니라

萬章이 말하였다. "庶人이 〈군주가〉 불러 부역을 시키면 가서 부역을 하고, 군주가 자신을 만나보고자 하여 부르면 가서 보지 않음은 어째서입니까?" 孟子께서 말씀하셨다. "가서 부역함은 義요, 가서 만나봄은 義가 아니기 때문이다.

往役者는 庶人之職이요 不往見者는 士之禮라

가서 부역함은 庶人의 직책이요, 가서 만나보지 않음은 선비의 禮이다.

莽:풀 망　傳:바칠 전　質:폐백 지(贄通)　雉:꿩 치　鶩:집오리 목

且君之欲見之也는 **何爲也哉**오 **曰 爲其多聞也**며 **爲其賢也**니이다 **曰 爲其多聞也**인댄 **則天子**도 **不召師**온 **而況諸侯乎**아 **爲其賢也**인댄 **則吾未聞欲見賢而召之也**로라 **繆公**이 **亟見於子思**하고 **曰 古**에 **千乘之國**이 **以友士**하니 **何如**하니잇고 **子思不悅曰 古之人**이 **有言曰 事之云乎**언정 **豈曰友之云乎**리오하시니 **子思之不悅也**는 **豈不曰以位則子**는 **君也**요 **我**는 **臣也**니 **何敢與君友也**며 **以德則子**는 **事我者也**니 **奚可以與我友**리오 **千乘之君**이 **求與之友**로되 **而不可得也**온 **而況可召與**아

또 군주가 그를 만나보고자 함은 어째서인가?" 萬章이 말하였다. "聞見이 많기 때문이며 어질기 때문입니다." 孟子께서 말씀하셨다. "聞見이 많기 때문이라면 天子도 스승을 부르지 않는데, 하물며 諸侯에 있어서랴. 어질기 때문이라면 나는 賢者를 만나보고자 하면서 불렀다는 말을 들어보지 못하였다. 〈옛날에 魯나라〉 繆公이 자주 子思를 뵙고 말하기를 '옛날에 千乘의 國君이 선비와 벗하였으니, 어떻습니까?' 하자, 子思께서 기뻐하지 않으시며 말씀하시기를 '옛사람이 말하기를 「섬겼다고 할지언정 어찌 벗했다고 하겠는가.」 하였습니다.' 하셨으니, 子思께서 기뻐하지 않으신 까닭은 어찌 '지위로 보면 그대는 군주이고 나는 신하이니 내 어찌 감히 군주와 벗할 수 있으며, 德으로 보면 그대는 나를 섬기는 자이니 어찌 나와 더불어 벗할 수 있겠는가.'라고 생각하신 것이 아니겠는가. 千乘의 군주가 그와 더불어 벗하기를 구하여도 될 수 없는데, 하물며 함부로 부를 수 있겠는가.

孟子引子思之言而釋之하여 以明不可召之意하시니라

孟子께서 子思의 말씀을 인용하고 이것을 해석하여 부를 수 없는 뜻을 밝히신 것이다.

齊景公이 **田**할새 **招虞人以旌**한대 **不至**어늘 **將殺之**러니 **志士**는 **不忘**

在溝壑이요 **勇士**는 **不忘喪其元**이라하시니 **孔子**는 **奚取焉**[1]고 **取非其招不往也**시니라

齊景公이 사냥할 적에 虞人을 旌으로써 불렀는데 오지 않자 장차 죽이려 하였는데, 〈孔子께서는〉 '志士는 시신이 구렁에 뒹굴 것을 잊지 않고 勇士는 그 머리를 잃을 것을 잊지 않는다.' 하셨으니, 孔子께서 어찌하여 虞人을 취하셨는가? 그(올바른) 부름이 아니면 가지 않음을 취하신 것이다."

譯註 1. 孔子奚取焉 : 取한다 함은 그 점을 좋게 여김을 이른다.

說見前篇하니라

해설이 前篇(滕文公 下)에 보인다.

曰 敢問招虞人何以니잇고 **曰 以皮冠**이니 **庶人**은 **以旃**이요 **士**는 **以旂**요 **大夫**는 **以旌**이니라

萬章이 말하였다. "감히 묻겠습니다. 虞人을 부를 때는 무엇을 사용합니까?" 孟子께서 말씀하셨다. "皮冠을 사용하니, 庶人은 旃을 사용하고 士는 旂를 사용하고 大夫는 旌을 사용한다.

皮冠은 田獵之冠也니 事見春秋傳하니라 然則皮冠者는 虞人之所有事也[1]라 故로 以是招之라 庶人은 未仕之臣이라 通帛曰旃이라 士는 謂已仕者라 交龍爲旂요 析羽而注於旂干(竿)之首曰旌이라

皮冠은 田獵할 때에 쓰는 冠이니, 이 일은 ≪春秋左傳≫ 昭公 20年條에 보인다. 그렇다면 皮冠은 虞人이 종사하는 바가 있는 것이다. 그러므로 이것으로 부르는 것이다. 庶人은 아직 벼슬하지 않은 신하이다. 통비단을 旃이라 한다. 士는 이미 벼슬한 자를 이른다. 용 두 마리를 그린 것을 旂라 하고, 꿩의 깃털을 쪼개어서 깃대의 머리에 단 것을 旌이라 한다.

譯註 1. 虞人之所有事也 : 有事는 종사함이 있는 것으로, 虞人을 부를 적에 사냥할 때에 쓰

旌:깃발 정 元:머리 원 帛:비단 백 旃:깃발 전 旂:깃발 기(旗通) 析:쪼갤 석 注:매달 주

는 皮冠을 사용하는 이유는 그가 이 冠을 쓰고 사냥에 종사하라는 뜻임을 말한 것이다.

以大夫之招로 **招虞人**이어늘 **虞人**이 **死不敢往**하니 **以士之招**로 **招庶人**이면 **庶人**이 **豈敢往哉**리오 **況乎以不賢人之招**로 **招賢人乎**아

大夫의 부름으로써 虞人을 불렀는데 虞人이 죽어도 감히 가지 않았으니, 士의 부름으로써 庶人을 부른다면 庶人이 어찌 감히 갈 수 있겠는가? 하물며 어질지 않은 사람의 부름으로써 賢人을 부름에 있어서랴.

欲見而召之는 是不賢人之招也라 以士之招로 招庶人이면 則不敢往이요 以不賢人之招로 招賢人이면 則不可往矣니라

만나보고자 하면서 부른다면 이것은 어질지 않은 사람의 부름인 것이다. 士의 부름으로써 庶人을 부르면 감히 가지 않는 것이요, 어질지 못한 사람의 부름으로써 賢人을 부르면 갈 수 없는 것이다.

欲見賢人而不以其道면 **猶欲其入而閉之門也**니라 **夫義**는 **路也**요 **禮**는 **門也**니 **惟君子能由是路**하며 **出入是門也**니 **詩云 周道如底**(지)하니 **其直如矢**로다 **君子所履**요 **小人所視**라하니라

賢人을 만나보고자 하면서 그 道로 하지 않는다면 마치 문에 들어가고자 하면서 문을 닫는 것과 같다. 義는 〈사람이 걸어가야 할〉 길이요 禮는 〈사람이 출입하는〉 문이니, 오직 君子만이 능히 이 길을 따르며 이 문으로 출입하는 것이다. ≪詩經≫에 이르기를 '周道(큰길)가 평탄함이 숫돌과 같으니, 그 곧음이 화살과 같도다. 君子(爲政者)가 밟는 바요 小人(백성)이 우러러보는 바이다.' 하였다."

詩는 小雅大東之篇이라 底는 與砥同하니 礪石也니 言其平也요 矢는 言其直也라 視는 視以爲法也라 引此하여 以證上文能由是路之義하시니라

干:장대 간(竿通) 底:숫돌 지(砥同) 履:밟을 리 礪:숫돌 려

詩는 〈小雅 大東篇〉이다. 底는 砥와 같으니 숫돌이니 그 평평함을 말한 것이요, 矢는 그 곧음을 말한 것이다. 視는 보고서 본받음이다. 이것을 인용하여 上文의 "능히 이 길을 따른다."는 뜻을 증명한 것이다.

萬章曰 孔子는 **君**이 **命召**어시든 **不俟駕而行**하시니 **然則孔子**는 **非與**잇가 **曰 孔子**는 **當仕有官職而以其官召之也**니라

萬章이 말하였다. "孔子께서는 군주가 명하여 부르면 말에 멍에하기를 기다리지 않고 가셨으니, 그렇다면 孔子께서는 잘못하신 것입니까?" 孟子께서 말씀하셨다. "孔子께서는 벼슬길을 당하여 맡은 관직이 있어 그 관직으로 불렀기 때문이셨다."

孔子方仕而任職이어시늘 君이 以其官名召之라 故로 不俟駕而行하시니라 徐氏曰 孔子, 孟子易地則皆然이시리라

○ 此章은 言不見諸侯之義가 最爲詳悉하니 更合陳代, 公孫丑所問[1]者而觀之면 其說이 乃盡이니라

孔子는 벼슬길을 당하여 직책을 맡고 계셨는데, 군주가 그 官名으로 불렀기 때문에 말에 멍에하기를 가다리지 않고 가신 것이다.

徐氏(徐度)가 말하였다. "孔子와 孟子께서 처지를 바꾸었다면 모두 그러하셨을 것이다."

○ 이 章은 諸侯를 만나보지 않는 義를 말씀한 것이 가장 상세하니, 다시 陳代와 公孫丑가 물은 것을 합하여 관찰하면 그 말이 비로소 극진하게 될 것이다.

譯註 1. 陳代公孫丑所問 : 모두 앞의 〈滕文公 下〉 1章과 7章에 각각 보이는 바, 陳代가 '不見諸侯 宜若小然'이라고 물은 것과 公孫丑가 '不見諸侯 何義'라고 물은 것을 가리킨다.

8. 孟子謂萬章曰 一鄕之善士라야 **斯友一鄕之善士**하고 **一國之善士**라야 **斯友一國之善士**하고 **天下之善士**라야 **斯友天下之善士**니라

孟子께서 萬章에게 이르시기를 "한 고을의 善士여야 한 고을의 善士와 벗할

수 있고, 一國의 善士여야 一國의 善士와 벗할 수 있고, 天下의 善士여야 天下의 善士와 벗할 수 있는 것이다.

言 己之善이 蓋於一鄕然後에 能盡友一鄕之善士니 推而至於一國天下에도 皆然하니 隨其高下하여 以爲廣狹也라

자신의 善이 한 고을을 덮을 만한 뒤에야 한 고을의 善士를 다 벗할 수 있다. 미루어서 一國과 天下에 이름에도 모두 그러하니, 그 〈人品의〉 高下에 따라 넓고 좁음을 삼는 것을 말하였다.

以友天下之善士로 爲未足하여 又尙論古之人하나니 頌其詩하며 讀其書호되 不知其人이 可乎아 是以로 論其世也니 是尙友也니라

天下의 善士와 벗하는 것을 만족스럽지 못하게 여겨 또다시 위로 올라가서 옛 사람을 논하나니, 그 詩를 외우며 그 글을 읽으면서도 그 사람을 알지 못한다면 되겠는가. 이 때문에 그 當世〈에 行事의 자취〉를 논하는 것이니, 이는 위로 올라가서 벗하는 것이다."

尙은 上同하니 言進而上也라 頌은 誦通이라 論其世는 論其當世行事之迹也라 言 旣觀其言이면 則不可以不知其爲人之實이라 是以로 又考其行也라 夫能友天下之善士면 其所友衆矣로되 猶以爲未足하여 又進而取於古人하니 是能進其取友之道하여 而非止爲一世之士矣니라

尙은 上과 같으니 전진하여 올라감을 말한다. 頌은 誦과 통한다. 그 當世를 논한다는 것은 그 당시 行事(행실과 일)의 자취를 논하는 것이다. 이미 그 말(글)을 관찰하였으면 그 사람됨의 실제를 알지 않을 수 없다. 이 때문에 또다시 그 行實을 상고함을 말한 것이다. 능히 天下의 善士와 벗한다면 벗삼은 것이 많은데도 오히려 만족스럽지 못하게 여겨서 또 나아가 古人에게 취하니, 이는 그 벗을 취하는 道를 진전하여 다만 一世의 선비를 벗할 뿐만이 아닌 것이다.

狹:좁을 협 尙:오를 상 頌:외울 송(誦通) 迹:자취 적

9. 齊宣王이 問卿한대 孟子曰 王은 何卿之問也시니잇고 王曰 卿이 不同乎잇가 曰 不同하니 有貴戚之卿하며 有異姓之卿하니이다 王曰 請問貴戚之卿하노이다 曰 君有大過則諫하고 反覆之而不聽則易位니이다

齊宣王이 卿을 묻자, 孟子께서 "王은 어떤 卿을 물으십니까?" 하셨다. 王이 말씀하기를 "卿이 같지 않습니까?" 하자, 孟子께서 말씀하셨다. "같지 않으니, 貴戚의 卿이 있으며 異姓의 卿이 있습니다." 王이 말씀하였다. "貴戚의 卿을 묻습니다." 孟子께서 말씀하셨다. "君主가 큰 잘못이 있으면 諫하고 반복하여도 듣지 않으면 君主의 자리를 바꿉니다."

大過는 謂足以亡其國者라 易位는 易君之位하고 更(경)立親戚之賢者라 蓋與君有親親之恩하고 無可去之義히니 以宗廟爲重히어 不忍坐視其亡이킈 故로 不得已而至於此也니라

大過는 족히 그 나라를 망칠 수 있는 잘못을 이른다. 易位는 군주의 자리를 바꾸고 친척 중에 어진 자를 바꾸어 세우는 것이다. 이것은 군주와 더불어 親親의 은혜가 있고 떠날 수 있는 義가 없으니, 宗廟를 중하게 여겨 차마 앉아서 그 망함을 볼 수 없다. 그러므로 부득이하여 이에 이르는 것이다.

王이 勃然變乎色한대

王이 勃然히 얼굴빛을 변하자,

勃然은 變色貌라

勃然은 얼굴빛을 변하는 모양이다.

曰 王은 勿異也하소서 王이 問臣하실새 臣이 不敢不以正對호이다

更:바꿀 경 勃:변색할 발 異:괴이할 이

孟子께서 말씀하셨다. "王은 괴이하게 여기지 마소서. 王께서 臣에게 물으셨기에 臣이 감히 바른대로 대답하지 않을 수 없었습니다."

孟子言也라

孟子께서 말씀하신 것이다.

王이 色定然後에 請問異姓之卿한대 曰 君有過則諫하고 反覆之而不聽則去니이다

王이 얼굴빛이 안정된 뒤에 異姓의 卿에 대해 묻자, 孟子께서 말씀하셨다. "君主가 잘못이 있으면 간하고 반복하여도 듣지 않으면 떠나가는 것입니다."

君臣은 義合하니 不合則去니라
○ 此章은 言 大臣之義는 親疏不同이라 守經行權이 各有其分[1)]하니 貴戚之卿은 小過를 非不諫也로되 但必大過而不聽이라야 乃可易位요 異姓之卿은 大過를 非不諫也로되 雖小過而不聽이라도 已可去矣라 然이나 三仁[2)]은 貴戚이로되 不能行之於紂하고 而霍光[3)]은 異姓이로되 乃能行之於昌邑하니 此又委任權力之不同이니 不可以執一論也니라

君臣間은 義로써 합하였으니, 〈道가〉 합하지 않으면 떠나가는 것이다.
○ 이 章은 大臣의 義理는 親疏가 같지 않으므로 經道(正道)를 지키고 權道를 행함이 각기 그 분별이 있음을 말씀하신 것이다. 貴戚의 卿은 작은 잘못을 간하지 않는 것이 아니나 다만 군주가 큰 잘못을 〈간해도〉 듣지 않아야 자리를 바꿀 수 있는 것이요, 異姓의 卿은 큰 잘못을 간하지 않는 것이 아니나 비록 군주가 작은 잘못을 〈간하여〉 듣지 않더라도 이미 떠날 수 있는 것이다. 그러나 三仁은 貴戚이었으나 이것을 紂王에게 행하지 못하였고, 霍光은 異姓이었으나 도리어 이것을 昌邑王에게 행하였으니, 이는 또 委任한 權力이 같지 않았기 때문이니, 한 가지만을 고집하여 논할 수는 없다.

經:떳떳할 경 權:저울질할 권 霍:성 곽

譯註 1. 守經行權 各有其分 : 經은 經常的인 正道이고 權은 부득이 사세를 저울질하여 행하는 權道로, 군주의 잘못을 간하여 듣지 않으면 떠나가는 것은 經道이고 부득이하여 군주를 바꿔 세우는 것은 權道이다.

2. 三仁 : 殷나라 말기의 세 仁者로 比干·箕子·微子를 가리키는 바, ≪論語≫〈微子〉1章에 자세히 보인다.

3. 霍光 : 前漢의 名將으로 武帝의 顧命을 받고 昭帝를 보필하였다. 昭帝가 죽은 다음 아들이 없으므로 昌邑王 劉賀를 후계자로 맞이하였으나 劉賀가 酒色에 빠지자 즉시 축출하고 宣帝를 옹립하여 國基를 튼튼히 하였다.

告子章句 上

凡二十章이라

모두 20章이다.

1. 告子曰 性은 猶杞柳也요 義는 猶桮棬也니 以人性爲仁義는 猶以杞柳爲桮棬이니라

告子가 말하였다. "性은 杞柳(땅버들)와 같고 義는 나무로 만든 그릇과 같으니, 사람의 本性을 가지고 仁義를 행함은 杞柳를 가지고 그릇을 만드는 것과 같다."

性者는 人生所稟之天理也라 杞柳는 柜柳요 桮棬은 屈木所爲니 若巵匜之屬이라 告子言 人性이 本無仁義하여 必待矯揉[1]而後成이라하니 如荀子性惡之說[2]也라

性은 사람이 태어날 때에 받은 바의 天理이다. 杞柳는 柜柳요 桮棬은 나무를 구부려 만든 것이니, 巵와 匜 같은 등속이다. 告子는 "人性은 본래 仁義가 없어서 반드시 矯揉하기를 기다린 뒤에야 이루어진다."고 말하였으니, 荀子의 性惡說과 같은 것이다.

譯註 1. 矯揉 : 矯는 굽은 것을 바로잡음을 이르고, 揉는 곧은 것을 휨을 이른다.
2. 荀子性惡之說 : ≪荀子≫ 〈性惡〉에 "사람의 性은 惡하니, 그 善한 것은 거짓이다. 〔人之性惡 其善者僞也〕"라고 보인다.

孟子曰 子能順杞柳之性而以爲桮棬乎아 將戕賊杞柳而後에 以爲桮棬也니 如將戕賊杞柳而以爲桮棬이면 則亦將戕賊人以爲仁

杞:땅버들 기 桮:그릇 배 棬:그릇 권 柜:버들 거 巵:술잔 치 匜:술그릇 이 矯:바로잡을 교 揉:휠 유 荀:성 순 戕:해칠 장 賊:해칠 적

義與아 率天下之人而禍仁義者는 必子之言夫인저

孟子께서 말씀하셨다. "그대는 杞柳의 성질을 順히 하여 桮棬을 만드는가? 장차 杞柳를 해친 뒤에야 桮棬을 만들 것이니, 만일 장차 杞柳를 해쳐서 桮棬을 만든다면 또한 장차 사람을 해쳐서 仁義를 한단 말인가? 천하 사람을 몰아서 仁義를 해치게 할 것은 반드시 그대의 이 말일 것이다."

言 如此면 則天下之人이 皆以仁義爲害性而不肯爲하리니 是는 因子之言而爲仁義之禍也라

이와 같다면 천하 사람들이 모두 仁義가 本性을 해친다고 여겨서 즐겨 하지 않을 것이니, 이는 그대의 말로 인하여 仁義의 禍가 된다고 말씀한 것이다.

2. 告子曰 性은 猶湍水也라 決諸東方則東流하고 決諸西方則西流하나니 人性之無分於善不善也 猶水之無分於東西也니라

告子가 말하였다. "性은 여울물과 같다. 이것을 東方으로 터놓으면 동쪽으로 흐르고 西方으로 터놓으면 서쪽으로 흐르니, 人性이 善과 不善에 구분이 없음은 마치 물이 東·西에 분별이 없는 것과 같다."

湍은 波流瀠回之貌也라 告子因前說而小變之하니 近於揚子善惡混之說[1]하니라

湍은 물결이 맴도는 모양이다. 告子가 앞의 말을 인하여 약간 변화시켰으니, 揚子(揚雄)의 '善과 惡이 뒤섞여 있다.'는 말에 가깝다.

譯註 1. 揚子善惡混之說 : 揚子는 前漢 말기의 학자인 揚雄을 가리키는 바, 그가 지은 ≪法言≫ 〈修身〉에 "사람의 性은 善과 惡이 뒤섞여 있으니, 善을 닦으면 善한 사람이 되고 惡을 하면 惡한 사람이 된다.〔人之性也 善惡混 修其善則爲善人 修其惡則爲惡人〕"라고 보인다.

孟子曰 水信無分於東西어니와 無分於上下乎아 人性之善也 猶水之就下也니 人無有不善하며 水無有不下니라

湍:여울물 단 決:터놓을 결 瀠:돌아흐를 형 混:섞일 혼

孟子께서 말씀하셨다. "물은 진실로 東·西에 분별이 없거니와 上·下에도 분별이 없단 말인가? 人性의 善함은 물이 아래로 내려가는 것과 같으니, 사람은 不善한 사람이 없으며 물은 아래로 내려가지 않는 것이 없다.

言 水誠不分東西矣어니와 然이나 豈不分上下乎아 性卽天理니 未有不善者也니라

물은 진실로 東·西에 분별이 없거니와 그러나 어찌 上·下에 분별이 없겠는가라고 말씀한 것이다. 性은 바로 天理이니, 不善함이 있지 않다.

今夫水를 搏而躍之면 可使過顙이며 激而行之면 可使在山이어니와 是豈水之性哉리오 其勢則然也니 人之可使爲不善이 其性이 亦猶是也니라

지금 물을 쳐서 튀어 오르게 하면 이마를 지나게 할 수 있으며, 激하여 흘러가게 하면 산에 있게 할 수 있거니와 이것이 어찌 물의 本性이겠는가? 그 勢가 그렇게 만든 것이니, 사람이 不善을 하게 함은 그 性이 또한 이와 같은 것이다."

搏은 擊也라 躍은 跳也라 顙은 額也라 水之過額在山은 皆不就下也라 然이나 其本性은 未嘗不就下요 但爲搏擊所使而逆其性耳니라
○ 此章은 言 性本善이라 故로 順之而無不善이요 本無惡이라 故로 反之而後에 爲惡이니 非本無定體하여 而可以無所不爲也니라

搏은 침이다. 躍은 뜀(튐)이다. 顙은 이마이다. 물이 이마를 지나고 산에 있음은 모두 아래로 내려가지 않는 것이다. 그러나 그 本性은 일찍이 아래로 내려가지 않는 것이 아니요, 다만 치고 격함에 부림을 당하여 그 本性을 거슬렀을 뿐이다.

○ 이 章은 性이 본래 善하기 때문에 順히 하면 不善함이 없고, 본래 惡함이 없기 때문에 반대로 한 뒤에야 惡함이 되니, 본래 정해진 體가 없어서 하지 못하는 바가 없는 것이 아님을 말씀한 것이다.

3. 告子曰 生之謂性이니라

搏:칠 박 躍:뛸 약 顙:이마 상 激:격할 격 跳:뛸 도 額:이마 액

告子가 말하였다. "生의 본능을 性이라 한다."

生은 指人物之所以知覺運動者而言이라 告子論性前後四章이 語雖不同이나 然이나 其大指는 不外乎此하니 與近世佛氏所謂作用是性[1]者로 略相似하니라

生은 사람과 물건(동물)이 知覺하고 운동하는 것을 가리켜 말한 것이다. 告子가 性을 논한 앞뒤의 네 章이 말은 비록 똑같지 않으나 그 大指는 이에서 벗어나지 않으니, 近世에 佛家의 이른바 '作用하는 것이 性이다.'라는 것과 대략 서로 비슷하다.

譯註 1. 作用是性 : 禪家의 말로, 눈으로 보고 귀로 들으며 손으로 잡고 발로 걷는 등의 모든 作用을 性이라 한다.

孟子曰 生之謂性也는 猶白之謂白與아 曰 然하다 白羽之白也 猶白雪之白이며 白雪之白이 猶白玉之白與아 曰 然하다

孟子께서 말씀하셨다. "生의 본능을 性이라 함은 白色을 白色이라고 이르는 것과 같은 것인가?" 告子가 말하였다. "그러하다." "그렇다면 白羽의 白色이 白雪의 白色과 같으며, 白雪의 白色이 白玉의 白色과 같은 것인가?" "그러하다."

白之謂白은 猶言凡物之白者를 同謂之白이요 更無差別也라 白羽以下는 孟子再問에 而告子曰然이라하니 則是謂凡有生者는 同是一性矣니라

白之謂白은 모든 물건의 白色을 똑같이 白色이라 이르고 다시 차별이 없다는 말과 같다. 白羽 이하는 孟子께서 다시 물으심에 告子가 "그렇다."고 말하였으니, 그렇다면 이는 모든 生을 가지고 있는 것은 똑같이 한 性이라고 말한 것이다.

然則犬之性이 猶牛之性이며 牛之性이 猶人之性與아

〈孟子께서 말씀하셨다.〉 "그렇다면 개의 性이 소의 性과 같으며, 소의 性이 사람의 性과 같단 말인가?"

孟子又言 若果如此면 則犬牛與人이 皆有知覺하고 皆能運動하니 其性이 皆無以異矣라하시니 於是에 告子自知其說之非하고 而不能對也하니라

○ 愚按 性者는 人之所得於天之理也요 生者는 人之所得於天之氣也니 性은 形而上

者也요 氣는 形而下者也라 人物之生이 莫不有是性하고 亦莫不有是氣언마는 然이나 以氣言之하면 則知覺運動은 人與物이 若不異也로되 以理言之하면 則仁義禮智之稟이 豈物之所得而全哉아 此는 人之性이 所以無不善而爲萬物之靈也라 告子不知性之爲理하고 而以所謂氣者로 當之라 是以로 杞柳湍水之喩와 食色無善無不善之說이 縱橫繆戾하고 紛紜舛錯이로되 而此章之誤가 乃其本根이니 所以然者는 蓋徒知知覺運動之蠢然者人與物同하고 而不知仁義禮智之粹然者 人與物異也라 孟子以是折之하시니 其義精矣로다

孟子께서 또 말씀하시기를 "만일 과연 이와 같다면 개와 소와 사람이 모두 知覺이 있고 모두 運動할 수 있으니, 그 性이 모두 다름이 없을 것이다." 하시니, 이에 告子가 스스로 그 말이 틀렸음을 알고서 대답하지 못한 것이다.

○ 내(朱子)가 살펴보건대 性은 사람이 하늘에서 얻은 바의 理이고 生은 사람이 하늘에서 얻은 바의 氣이니, 性은 形而上이요 氣는 形而下이다. 人物이 태어날 때에 이 性을 가지고 있지 않은 자가 없고 또한 이 氣를 가지고 있지 않은 자가 없다. 그러나 氣로써 말한다면 知覺·運動은 사람과 물건(동물)이 다르지 않은 듯하나 理로써 말한다면 仁義禮智의 本性을 받음이 어찌 물건이 얻어서 온전히 할 수 있는 것이겠는가. 이는 사람의 性이 不善함이 없어서 萬物의 靈長이 되는 이유이다. 告子는 性이 理라는 것을 알지 못하고 이른바 氣라는 것을 가지고 性에 해당시켰다. 이 때문에 杞柳·湍水의 비유와 食色이니, 善도 없고 不善도 없다는 등의 말이 縱橫으로 틀리고 어지럽게 잘못되었는데, 이 章의 오류가 바로 그 뿌리이다. 이렇게 된 까닭은 다만 知覺·運動의 움직이는 것은 사람과 물건이 똑같은 줄만 알고, 仁義禮智의 순수한 것은 사람과 물건이 다름을 몰랐기 때문이다. 孟子께서 이것으로써 꺾으셨으니, 그 義가 정밀하다.

4. 告子曰 食色이 性也니 仁은 內也라 非外也요 義는 外也라 非內也니라

告子가 말하였다. "食·色이 性이니, 仁은 內面에 있고 外面에 있는 것이 아니며, 義는 外面에 있고 內面에 있는 것이 아니다."

稟:받을 품 靈:영특할 령 喩:비유할 유 縱:세로 종 繆:어그러질 류 戾:어그러질 려 紛:어지러울 분 紜:어지러울 운 舛:어그러질 천 錯:어그러질 착 蠢:움직일 준

告子以人之知覺運動者로 爲性이라 故로 言 人之甘食悅色者卽其性이라 故로 仁愛之心은 生於內하고 而事物之宜는 由乎外하니 學者但當用力於仁이요 而不必求合於義也니라

告子는 사람이 知覺하고 運動하는 것을 性이라고 여겼다. 그러므로 말하기를 "사람이 음식을 좋아하고 色을 좋아함이 바로 그 性이다. 그러므로 仁愛의 마음은 내면에서 생기고 사물의 마땅함은 외면에서 말미암는 것이니, 배우는 자들은 다만 마땅히 仁에 힘을 쓸 것이요 굳이 義에 합하기를 구할 것이 없다." 고 한 것이다.

孟子曰 何以謂仁內義外也오 曰 彼長而我長之라 非有長於我也니 猶彼白而我白之라 從其白於外也라 故로 謂之外也라하노라

孟子께서 말씀하셨다. "어찌하여 仁은 內面에 있고 義는 外面에 있다고 이르는가?" 告子가 말하였다. "저들이 어른이라고 하므로 내가 그를 어른으로 여기는 것이다. 나에게 그를 어른으로 섬기려는 존경심이 있는 것은 아니니, 저들이 白色이라고 하므로 내가 그것을 白色이라고 하여 그 白色을 외면에 따르는 것과 같다. 그러므로 이것을 외면에 있다고 말하는 것이다."

我長之는 我以彼爲長也요 我白之는 我以彼爲白也라

我長之는 내가 저를 어른이라고 여겨 존경하는 것이요, 我白之는 내가 저것을 白色이라고 여기는 것이다.

曰 (異於)白馬之白也는 無以異於白人之白也어니와 不識케라 長馬之長也 無以異於長人之長與아 且謂長者義乎아 長之者義乎아

孟子께서 말씀하셨다. "말〔馬〕의 白色을 白色이라고 함은 사람의 白色을 白色이라고 하는 것과 다를 것이 없거니와, 알지 못하겠으나 말의 나이 많은 것을 쓸모없게 여김이 사람의 나이 많은 것을 어른으로 여기는 것과 차이가 없단 말인가? 또 長者를 義라고 여기는가? 그를 長者로 여김을 義라고 여기는가?"

張氏曰 上異於二字는 宜衍이라하고 李氏曰 或有闕文焉이라하니라 愚按 白馬, 白人은 所謂彼白而我白之也요 長馬, 長人은 所謂彼長而我長之也라 白馬, 白人은 不異하나 而長馬, 長人은 不同하니 是乃所謂義也라 義不在彼之長이요 而在我長之之心하니 則義之非外가 明矣니라

張氏(?)가 말하기를 "위의 '異於' 두 글자는 마땅히 衍文이어야 할 것이다." 하였고, 李氏(李郁)가 말하기를 "혹 闕文이 있는 듯하다." 하였다.

내가 상고하건대 말을 白色이라 하고 사람을 白色이라 함은 이른바 '저들이 白色이라고 하므로 내가 그것을 白色이라고 한다.'는 것이요, 나이 많은 말을 쓸모없게 여기고 나이 많은 사람을 어른으로 여김은 이른바 '저가 어른이라고 하므로 내가 그를 어른으로 여긴다.'는 것이다. 말을 희다 하고 사람을 희다 함은 다르지 않으나 나이 많은 말을 쓸모없게 여기고 나이 많은 사람을 공경함은 같지 않으니, 이것이 바로 이른바 義라는 것이다. 義는 저의 나이 많음에 있지 않고 내가 그를 어른으로 여기는 마음에 있는 것이니, 그렇다면 義가 外面에 있는 것이 아님이 분명하다.

曰 吾弟則愛之하고 秦人之弟則不愛也하나니 是는 以我爲悅者也라 故로 謂之內요 長楚人之長[1]하며 亦長吾之長하나니 是는 以長爲悅者也라 故로 謂之外也라하노라

告子가 말하였다. "내 아우이면 사랑하고 秦나라 사람의 아우이면 사랑하지 않으니, 이는 나를 위주로 하여 기쁨을 삼는 것이다. 그러므로 內面에 있다고 이른 것이요, 楚나라 사람의 나이 많은 이를 어른으로 여기며 또한 내 어른을 어른으로 여기니, 이는 어른을 위주로 하여 기쁨을 삼는 것이다. 그러므로 外面에 있다고 이른 것이다."

譯註 1. 秦人之弟……長楚人之長 : 秦나라와 楚나라는 모두 中原에서 멀리 떨어져 있는 나라로, 여기서는 소원한 사람을 뜻한다.

言 愛主於我라 故로 仁在內요 敬主於長이라 故로 義在外라

衍:남을 연　闕:빠질 궐

사랑은 나를 위주로 하므로 仁은 내면에 있고, 敬은 어른을 위주로 하므로 義는 외면에 있다고 말한 것이다.

曰 耆(嗜)秦人之炙가 無以異於耆吾炙하니 夫物이 則亦有然者也니 然則耆炙도 亦有外與아

孟子께서 말씀하셨다. "秦나라 사람의 불고기를 좋아함이 나의 불고기를 좋아함과 다를 것이 없으니, 물건은 또한 그러한 것이 있는 것이다. 그렇다면 불고기를 좋아함도 또한 외면에 있단 말인가."

言 長之, 耆之 皆出於心也라 林氏曰 告子以食色爲性이라 故로 因其所明者而通之하시니라

○ 自篇首로 至此四章히 告子之辯이 屢屈而屢變其說하여 以求勝하고 卒不聞其能自反而有所疑也하니 此正其所謂不得於言勿求於心[1]者니 所以卒於鹵莽(로무)而不得其正也니라

長之와 耆之가 모두 마음에서 나옴을 말씀한 것이다.

林氏(林之奇)가 말하였다. "告子가 食色을 性이라 하였다. 이 때문에 그가 잘 알고 있는 것을 인하여 통하게 하신 것이다."

○ 篇머리로부터 이 네 章에 이르기까지 告子의 변론이 여러 번 굽혀졌는데, 여러 번 그 말을 바꾸어 이기기를 구하였고 끝내 스스로 돌이켜 의심한 바가 있다는 말을 듣지 못했으니, 이것이 바로 이른바 '말에 이해되지 않거든 마음에 알기를 구하지 말라.'는 것이다. 이 때문에 鹵莽(거칠고 소략함)함에 마쳐서 그 올바름을 얻지 못했던 것이다.

譯註 1. 不得於言 勿求於心 : 告子의 말로 앞의 〈公孫丑 上〉 2章에 자세히 보인다.

5. 孟季子問公都子曰 何以謂義內也오

孟季子가 公都子에게 물었다. "어찌하여 義가 內面에 있다 이르는가?"

孟季子는 疑孟仲子之弟也니 蓋聞孟子之言而未達이라 故로 私論之하니라

耆:즐길 기(嗜通) 炙:불고기 자 屢:여러 루 鹵:거칠 로 莽:거칠 무

孟季子는 孟仲子의 아우인 듯하니, 그가 孟子의 말씀을 듣고 통달하지 못하였으므로 사사로이 논한 것이다.

曰 行吾敬故로 謂之內也니라

公都子가 말하였다. "내 〈마음의〉 敬을 행하기 때문에 내면에 있다고 이르는 것이다."

所敬之人이 雖在外나 然이나 知其當敬하여 而行吾心之敬以敬之면 則不在外也니라

공경하는 바의 사람은 비록 외면에 있으나 마땅히 공경해야 함을 알아서 내 마음의 공경을 행하여 공경하니, 그렇다면 외면에 있는 것이 아니다.

鄕人이 長於伯兄一歲면 則誰敬고 曰 敬兄이니라 酌則誰先고 曰 先酌鄕人이니라 所敬은 在此하고 所長은 在彼하니 果在外라 非由內也로다

〈孟季子가 말하였다.〉 "鄕人이 伯兄보다 나이가 한 살이 더 많으면 누구를 공경하는가?" 公都子가 말하였다. "兄을 공경한다." "술을 따를 때에는 누구에게 먼저 하는가?" "鄕人에게 먼저 술을 따른다." "그렇다면 공경하는 것은 여기(伯兄)에 있고 어른으로 여기는 것은 저기(鄕人)에 있으니, 義는 과연 외면에 있는 것이요 내면으로부터 나오는 것이 아니구나."

伯은 長也라 酌은 酌酒也라 此皆季子問에 公都子答이요 而季子又言 如此면 則敬長之心이 果不由中出也라하니라

伯은 長이다. 酌은 술을 따름이다. 이것은 모두 季子가 물음에 公都子가 답한 것이요, 季子가 또 말하기를 "이와 같다면 어른을 공경하는 마음이 과연 중심으로부터 나오는 것이 아니다."라고 한 것이다.

公都子不能答하여 以告孟子한대 孟子曰 敬叔父乎아 敬弟乎아하면

伯:맏 백　酌:술따를 작

彼將曰敬叔父라하리라 **曰弟爲尸則誰敬**고하면 **彼將曰敬弟**라하리라 **子曰 惡**(오)**在其敬叔父也**오하면 **彼將曰在位故也**라하리니 **子亦曰在位故也**라하라 **庸敬**은 **在兄**하고 **斯須之敬**은 **在鄕人**하니라

公都子가 답변하지 못하여 孟子께 아뢰자 孟子께서 말씀하셨다. "'叔父를 공경하는가? 아우를 공경하는가?' 하고 물으면 저가 장차 대답하기를 '叔父를 공경한다.'라고 할 것이다. '아우가 尸童이 되면 누구를 공경하는가?' 하고 물으면 저가 장차 대답하기를 '아우를 공경한다.'라고 할 것이다. 자네가 말하기를 '叔父를 공경한다는 것이 어디에 있는가?' 하고 물으면 저가 장차 '〈아우가 尸童의〉 자리에 있기 때문이다.'라고 대답할 것이니, 자네 역시 '〈鄕人이 賓客의〉 자리에 있기 때문이다.'라고 말하라. 평상시의 공경은 兄에게 있고 잠시의 공경은 鄕人에게 있는 것이다."

尸는 祭祀所主以象神이니 雖弟子爲之나 然이나 敬之를 當如祖考也라 在位는 弟在尸位하고 鄕人在賓客之位也라 庸은 常也요 斯須는 暫時也라 言 因時制宜 皆由中出也라

尸는 제사지낼 때에 神主로 삼아 神을 상징하는 것이니, 비록 아우와 아들이 尸童이 되더라도 그를 공경하기를 마땅히 祖·考와 같이 해야 한다. 在位는 아우가 尸童의 자리에 있고 鄕人이 賓客의 자리에 있는 것이다. 庸은 常(평상시)이고 斯須는 잠시이다. 때에 따라 마땅하게 함이 모두 中心으로부터 나옴을 말씀한 것이다.

季子聞之하고 **曰 敬叔父則敬**하고 **敬弟則敬**하니 **果在外**라 **非由內也**로다 **公都子曰 冬日則飮湯**하고 **夏日則飮水**하나니 **然則飮食**도 **亦在外也**로다

孟季子가 이 말을 듣고 말하였다. "叔父를 공경하게 되면 叔父를 공경하고 아우를 공경하게 되면 아우를 공경하니, 義는 과연 외면에 있다. 내면에 말미암는 것이 아니로구나." 公都子가 말하였다. "겨울철에는 끓는 물을 마시고 여름철에

尸:시동 시 庸:떳떳할 용 象:상징할 상, 코끼리 상 考:죽은아버지 고 暫:잠시 잠

는 찬물을 마시나니, 그렇다면 마시고 먹는 것도 또한 외면에 있는 것일세."

此亦上章耆炙之義니라

○ 范氏曰 二章問答이 大指略同하니 皆反覆譬喩하여 以曉當世하여 使明仁義之在內하시니 則知人之性善하여 而皆可以爲堯舜矣리라

이 역시 윗장의 불고기를 좋아한다는 뜻이다.

○ 范氏(范祖禹)가 말하였다. "두 章의 문답이 大指가 대략 같으니, 모두 반복하여 비유해서 當世를 깨우쳐 仁義가 내면에 있음을 알게 한 것이니, 그렇다면 사람의 性이 善하여 모두 堯舜이 될 수 있음을 알 것이다."

6. 公都子曰 告子曰 性은 無善, 無不善也라하고

公都子가 말하였다. "告子는 말하기를 '性은 善함도 없고 不善함도 없다.' 하고

此亦生之謂性, 食色性也之意니 近世蘇氏胡氏之說이 蓋如此하니라

이 또한 生을 性이라 하고 食色을 性이라 한 뜻이니, 近世에 蘇氏(蘇軾)와 胡氏(胡安國)의 말이 이와 같다.

或曰 性은 可以爲善이며 可以爲不善이니 是故로 文武興則民好善하고 幽厲興則民好暴라하고

혹자는 말하기를 '性은 善을 할 수도 있으며 不善을 할 수도 있다. 그러므로 文王과 武王이 일어나면 백성들이 善을 좋아하고 幽王과 厲王이 일어나면 백성들이 포악함을 좋아한다.' 하며

此는 卽湍水之說也라

이것은 바로 여울물과 같다는 말이다.

或曰 有性善하며 有性不善하니 是故로 以堯爲君而有象하며 以瞽瞍爲父而有舜하며 以紂爲兄之子요 且以爲君이로되 而有微子啓,

王子比干이라하나니

혹자는 말하기를 '性이 善한 이도 있고 性이 不善한 이도 있다. 그러므로 堯를 군주로 삼았는데도 象이 있었으며, 瞽瞍를 아버지로 삼았는데도 舜이 있었으며, 紂王을 兄의 아들로 삼고 또 군주로 삼았는데도 微子 啓와 王子 比干이 있었다.' 하니,

韓子性有三品之說이 蓋如此하니라 按此文하면 則微子, 比干이 皆紂之叔父로되 而書稱微子爲商王元子라하니 疑此或有誤字라

韓子(韓愈)의 "性은 〈上·中·下의〉 三品이 있다."는 말이 이와 같다. 이 글을 살펴보면 微子와 比干이 모두 紂의 叔父인데, ≪書經≫의 〈微子之命〉에는 "微子는 商王의 元子이다."라고 칭했으니, 의심컨대 여기에 혹 誤字가 있는 듯하다.

今曰 性善이라하시니 然則彼皆非與잇가

지금 〈선생님께서〉 性이 善하다고 말씀하시니, 그렇다면 저들은 모두 틀린 것입니까?"

孟子曰 乃若其情則可以爲善矣니 乃所謂善也니라

孟子께서 말씀하셨다. "그 情으로 말하면 善하다고 할 수 있으니, 이것이 내가 말하는 善하다는 것이다.

乃若은 發語辭라 情者는 性之動也라 人之情은 本但可以爲善이요 而不可以爲惡이니 則性之本善을 可知矣니라

乃若은 發語辭이다. 情은 性이 動한 것이다. 사람의 情은 본래 다만 善을 할 수 있고 惡을 할 수 없으니, 그렇다면 性이 본래 善함을 알 수 있는 것이다.

若夫爲不善은 非才之罪也니라

不善을 하는 것으로 말하면 타고난 才質의 죄가 아니다.

才는 猶材質이니 人之能也라 人有是性이면 則有是才하니 性旣善이면 則才亦善이라 人之爲不善은 乃物欲陷溺而然이니 非其才之罪也니라

才는 材質과 같으니, 사람의 능함이다. 사람이 이 性을 가지고 있으면 이 材質을 가지고 있으니, 性이 이미 善하면 材質 또한 善하다. 사람이 不善을 함은 바로 物欲에 빠져서 그러한 것이니, 材質의 죄가 아니다.

惻隱之心을 人皆有之하며 羞惡之心을 人皆有之하며 恭敬之心을 人皆有之하며 是非之心을 人皆有之하니 惻隱之心은 仁也요 羞惡之心은 義也요 恭敬之心은 禮也요 是非之心은 智也니 仁義禮智 非由外鑠我也라 我固有之也언마는 弗思耳矣라 故로 曰 求則得之하고 舍則失之라하니 或相倍蓰而無算者는 不能盡其才者也니라

惻隱之心을 사람마다 다 가지고 있으며 羞惡之心을 사람마다 다 가지고 있으며 恭敬之心을 사람마다 다 가지고 있으며 是非之心을 사람마다 다 가지고 있으니, 惻隱之心은 仁이요 羞惡之心은 義요 恭敬之心은 禮요 是非之心은 智이니, 仁·義·禮·智가 밖으로부터 나를 녹여 들어오는 것이 아니요 내가 본래 소유하고 있건만 사람들이 생각하지 못할 뿐이다. 그러므로 말하기를 '구하면 얻고 버리면 잃는다.'라고 한 것이니, 혹은 〈善惡의〉 차이가 서로 倍가 되고 다섯 倍가 되어서 계산할 수 없는 것은 그 材質을 다하지 못했기 때문이다.

恭者는 敬之發於外者也요 敬者는 恭之主於中者也라 鑠은 以火銷金之名이니 自外以至內也라 算은 數也라 言 四者之心이 人所固有로되 但人自不思而求之耳니 所以善惡相去之遠은 由不思不求而不能擴充以盡其才也니라 前篇에 言是四者爲仁義禮智之端이어늘 而此不言端者는 彼欲其擴而充之요 此直因用以著其本體라 故로 言有不同耳니라

恭은 敬이 외모에 드러난 것이요, 敬은 恭이 중심에 주장하는 것이다. 鑠은 불로써

鑠:녹일 삭 舍:버릴 사 蓰:다섯갑절 사 算:셀 산 銷:녹일 소 直:다만 직

쇠를 녹이는 명칭이니, 밖으로부터 안에 이른다. 算은 셈이다. 네 가지의 마음은 사람이 본래 소유하고 있는데, 다만 사람들이 제 스스로 생각하여 구하지 않을 뿐이니, 善惡의 거리가 먼 것은 생각하지 않고 구하지 않아서 능히 확충하여 그 재질을 다하지 못하기 때문임을 말한 것이다. 前篇(公孫丑 上)에는 이 네 가지가 仁義禮智의 단서라고 말하였는데 여기서 단서를 말하지 않은 것은, 저기에서는 그것을 확충하고자 하였고 여기에서는 단지 用을 인하여 本體를 드러냈을 뿐이다. 그러므로 말씀이 같지 않음이 있을 뿐이다.

詩曰 天生蒸民하시니 **有物有則**(칙)이로다 **民之秉夷**(彝)라 **好是懿德**이라하여늘 **孔子曰 爲此詩者 其知道乎**인저 **故**로 **有物**이면 **必有則**이니 **民之秉夷也**라 **故**로 **好是懿德**이라하시니라

≪詩經≫에 이르기를 '하늘이 여러 백성(사람)을 내시니, 사물이 있으면 법이 있도다. 사람들이 마음에 떳떳한 本性을 가지고 있는지라 이 아름다운 德을 좋아한다.' 하였는데, 孔子께서 말씀하시기를 '이 詩를 지은 자는 그 道를 알 것이다. 그러므로 사물이 있으면 반드시 법이 있으니, 사람들이 떳떳한 本性을 가지고 있는지라 이 때문에 이 아름다운 德을 좋아한다.' 하셨다."

詩는 大雅蒸民之篇이라 蒸은 詩作烝하니 衆也라 物은 事也요 則은 法也라 夷는 詩作彝하니 常也라 懿는 美也라 有物必有法은 如有耳目則有聰明之德하고 有父子則有慈孝之心하니 是民所秉執之常性也라 故로 人之情이 無不好此懿德者라 以此觀之면 則人性之善을 可見이니 而公都子所問之三說은 皆不辨而自明矣니라

○ 程子曰 性卽理也니 理則堯舜至於塗人이 一也요 才稟於氣하니 氣有淸濁하여 稟其淸者爲賢하고 稟其濁者爲愚하니 學而知之면 則氣無淸濁히 皆可至於善而復性之本이니 湯武身之 是也라 孔子所言下愚不移者는 則自暴自棄之人也[1]니라 又曰 論性不論氣면 不備요 論氣不論性이면 不明이요 二之則不是니라 張子曰 形而後에 有氣質之性이니 善反之면 則天地之性이 存焉이라 故로 氣質之性을 君子有弗性者焉이니라 愚按 程子此說才字는 與孟子本文[2]으로 小異하니 蓋孟子는 專指其發於性者言之라 故로

蒸:무리 증(烝通) 秉:잡을 병 夷:떳떳할 이 懿:아름다울 의 塗:길 도 暴:해칠 포

以爲才無不善이라하시고 程子는 兼指其稟於氣者言之하시니 則人之才는 固有昏明强弱之不同矣니 張子所謂氣質之性이 是也라 二說이 雖殊나 各有所當이라 然이나 以事理考之면 程子爲密하니 蓋氣質所稟이 雖有不善이나 而不害性之本善이요 性雖本善이나 而不可以無省察矯揉之功이니 學者所當深玩也니라

詩는 〈大雅 蒸民篇〉이다. 蒸은 ≪詩經≫에 烝으로 되어 있으니, 많음이다. 物은 일이요, 則은 법이다. 夷는 ≪詩經≫에 彝로 되어 있으니, 떳떳함이다. 懿는 아름다움이다. 사물이 있으면 반드시 법이 있음은 예컨대 耳目이 있으면 聰明한 德이 있고 父子가 있으면 慈孝의 마음이 있는 것과 같으니, 이것은 사람들이 잡고 있는 바의 떳떳한 性이다. 그러므로 사람의 情이 이 아름다운 德을 좋아하지 않는 자가 없는 것이다. 이로써 관찰한다면 사람의 性이 善함을 볼 수 있으니, 公都子가 물은 세 가지 말은 모두 변론하지 않아도 自明해진다.

○ 程子(伊川)가 말씀하였다. "性이 바로 理이니 理는 堯舜으로부터 塗人에 이르기까지 똑같은 것이요, 才는 氣에서 받으니 氣에는 淸濁이 있어 淸한 氣를 받은 자는 賢人이 되고 濁한 氣를 받은 자는 愚人이 된다. 그러나 배워서 알면 氣의 淸濁에 관계없이 다 善에 이르러 性의 근본을 회복할 수 있으니, '湯·武가 몸으로 실천하여 性을 회복했다.'는 것이 바로 이것이다. 孔子께서 말씀하신 '下愚不移'는 自暴·自棄하는 사람이다."

〈程子(明道)가〉 또 말씀하였다. "性만 논하고 氣를 논하지 않으면 구비되지 못하고 氣만 논하고 性을 논하지 않으면 밝지 못하고 이것을 두 가지로 나누면 옳지 못하다."

張子가 말씀하였다. "形이 있은 뒤에 氣質之性이 있는 것이니, 이를 잘 회복하면 天地의 본성이 그대로 보존된다. 그러므로 氣質之性을 君子는 性으로 여기지 않는 것이다."

내(朱子)가 살펴보건대 程子가 여기에서 말씀하신 '才'字는 孟子의 本文과 조금 다르니, 孟子는 오로지 性에서 發한 것을 가리켜 말씀하셨기 때문에 "才質이 不善함이 없다."고 하셨고, 程子는 氣에서 받은 것을 겸하여 가리켜 말씀하였으니 그렇다면 사람의 才質은 진실로 昏明과 强弱의 같지 않음이 있는 것이니 張子가 말씀한 '氣質之性'이란 것이 이것이다. 孟子와 程子의 두 말씀이 비록 다르나 각기 해당되는 바가 있다. 그러나 事理로써 상고해 보면 程子의 말씀이 더욱 치밀하니, 氣質의 받은 것이 비록 不善함이 있으나 性의 본래 善함에는 無妨하고, 性이 비록 본래 선하나 省察하고 矯揉하는 공

殊:다를 수 密:정밀할 밀 揉:바로잡을 유 玩:구경할 완

부가 없어서는 안되니, 배우는 자들이 마땅히 깊이 살펴야 할 것이다.

譯註 1. 孔子所言下愚不移者 則自暴自棄之人也 : 下愚不移는 ≪論語≫〈陽貨〉3章에 보이는 바, 下愚는 지극히 어리석어서 변화되지 않는 자를 이르며, 自暴自棄는 앞의 〈離婁 上〉10章에 보이는 바, 自暴는 스스로 해치는 것으로 道德과 禮義를 부정함을 이르고 自棄는 스스로 포기하는 것으로 자신은 道德과 仁義를 행할 수 없다고 체념함을 이른다.

2. 孟子本文 : 앞의 '若夫爲不善 非才之罪也'를 가리킨다.

7. 孟子曰 富歲엔 子弟多賴하고 凶歲엔 子弟多暴하나니 非天之降才 爾殊也라 其所以陷溺其心者 然也니라

孟子께서 말씀하셨다. "풍년에는 子弟들이 의뢰함이 많고 흉년에는 子弟들이 포악함이 많으니, 하늘이 재주를 내림이 이와 같이 다른 것이 아니라 그 마음을 빠뜨림이 그렇게 만드는 것이다.

富歲는 豐年也라 賴는 藉也라 豐年엔 衣食饒足이라 故로 有所賴藉[1]而爲善이요 凶年엔 衣食不足이라 故로 有以陷溺其心而爲暴니라

富歲는 豐年이다. 賴는 의뢰함이다. 풍년에는 衣食이 풍족하기 때문에 믿고 의뢰하는 바가 있어서 善行을 하고, 흉년에는 衣食이 부족하기 때문에 그 마음을 빠뜨림이 있어서 포악한 짓을 하는 것이다.

譯註 1. 有所賴藉 : 內閣本에는 '顧藉'로 되어 있으며, 趙岐의 註에는 賴를 善의 뜻으로 풀이하였다. 無賴輩는 不良輩와 같은 바, 賴에 善良의 뜻이 있다.

今夫麰麥을 播種而耰之호되 其地同하며 樹之時又同하면 浡然而生하여 至於日至之時[1]하여 皆熟矣나니 雖有不同이나 則地有肥磽하며 雨露之養과 人事之不齊也니라

지금 麰麥을 파종하고 씨앗을 덮되 그 땅이 똑같으며 심는 시기가 똑같으면

賴:착할 뢰, 의뢰할 뢰 爾:이와같을 이 藉:의뢰할 자 饒:풍족할 요 麰:보리 모 麥:보리 맥 耰:덮을 우 樹:심을 수 浡:일어날 발(勃通) 磽:척박할 요

浡然히 싹이 나와서 日至의 때에 이르러 모두 익으니, 비록 똑같지 않음이 있으나 이것은 땅에 비옥하고 척박함이 있으며 雨露의 길러줌과 사람이 가꾸는 일이 똑같지 않기 때문이다.

譯註 1. 日至之時 : 朱子는 成熟之期로 해석하였으나 日至는 원래 冬至와 夏至를 가리키는 말인데 여기서는 夏至를 가리킨 것으로 해석하기도 한다.

麰는 大麥也라 耰는 覆(부)種也라 日至之時는 謂當成熟之期也라 磽는 瘠薄也라

麰는 大麥이다. 耰는 씨앗을 덮는 것이다. 日至之時는 成熟하는 시기를 당함을 이른다. 磽는 척박함이다.

故로 凡同類者 擧相似也니 何獨至於人而疑之리오 聖人도 與我同類者시니라

그러므로 무릇 同類인 것은 대부분 서로 같으니, 어찌 홀로 사람(인간)에 이르러서만 의심을 하겠는가. 聖人도 나와 同類인 자이시다.

聖人亦人耳니 其性之善이 無不同也니라

聖人 또한 사람이니, 그 性의 善함이 같지 않음이 없다.

故로 龍子曰 不知足而爲屨라도 我知其不爲蕢也라하니 屨之相似는 天下之足이 同也일새니라

그러므로 龍子가 말하기를 '발을 알지 못하고 신을 만들더라도 내가 삼태기를 만들지 않을 줄을 안다.' 하였으니, 신이 서로 비슷함은 천하의 발이 같기 때문이다.

蕢는 草器也라 不知人足之大小而爲之屨면 雖未必適中이나 然이나 必似足形이요 不至成蕢也라

蕢는 풀로 만든 그릇이다. 사람의 발이 크고 작음을 알지 못하고 신을 만들면 비록

覆:덮을 부 瘠:척박할 척 屨:신 구 蕢:삼태기 궤

반드시 적중하지는 못하나 반드시 발의 형상과 같을 것이요, 삼태기를 만드는 데에는 이르지 않을 것이다.

口之於味에 **有同耆也**하니 **易**(역)**牙**는 **先得我口之所耆者也**라 **如使口之於味也**에 **其性**이 **與人殊 若犬馬之與我不同類也**면 **則天下何耆**를 **皆從易牙之於味也**리오 **至於味**하여는 **天下期於易牙**하나니 **是**는 **天下之口相似也**일새니라

입이 맛에 있어서 똑같이 즐김이 있으니, 易牙는 우리 입이 즐기는 것을 먼저 안 자이다. 가령〔如使〕 입이 맛에 있어서 그 性이 남과 다름이 마치 개와 말이 우리와 同類가 아닌 것처럼 다르다면 天下가 어찌 맛을 즐김을 모두 易牙가 조리한 맛을 따르겠는가. 맛에 이르러서는 천하가 易牙가 되기를 기약하나니, 이것은 천하의 입이 서로 같기 때문이다.

易牙는 古之知味者라 言 易牙所調之味는 則天下皆以爲美也라

易牙는 옛날에 맛을 잘 안 자이다. 易牙가 조리한 맛은 천하가 다 아름답게 여김을 말씀한 것이다.

惟耳도 **亦然**하니 **至於聲**하여는 **天下期於師曠**하나니 **是**는 **天下之耳相似也**일새니라

귀도 또한 그러하니, 소리에 이르러서는 천하가 師曠이 되기를 기약하나니, 이것은 천하의 귀가 서로 같기 때문이다.

師曠은 能審音者也라 言 師曠所和之音은 則天下皆以爲美也라

師曠은 音을 잘 살핀 자이다. 師曠이 調和한 음악은 천하가 다 아름답게 여김을 말씀한 것이다.

牙:어금니 아 期:기약할 기 調:고를 조 曠:빌 광

惟目도 **亦然**하니 **至於子都**하여는 **天下莫不知其姣也**하나니 **不知子都之姣者**는 **無目者也**니라

눈도 또한 그러하니, 子都에 이르러서는 천하가 그 아름다움을 알지 못하는 이가 없으니, 子都의 아름다움을 알지 못하는 자는 눈이 없는 자이다.

子都는 古之美人也라 姣는 好也라

子都는 옛날의 美人이다. 姣는 아름다움이다.

故로 **曰 口之於味也**에 **有同耆焉**하며 **耳之於聲也**에 **有同聽焉**하며 **目之於色也**에 **有同美焉**하니 **至於心**하여는 **獨無所同然乎**아 **心之所同然者**는 **何也**오 **謂理也義也**라 **聖人**은 **先得我心之所同然耳**시니 **故**로 **理義之悅我心**이 **猶芻豢之悅我口**니라

그러므로 말하기를 '입이 맛에 있어서 똑같이 즐김이 있으며 귀가 소리에 있어서 똑같이 들음이 있으며 눈이 色에 있어서 똑같이 아름답게 여김이 있다.'고 하는 것이니, 마음에 이르러서만 홀로 똑같이 옳게 여기는 바가 없겠는가. 마음에 똑같이 옳게 여긴다는 것은 어떤 것인가? 理와 義를 이른다. 聖人은 우리 마음에 똑같이 옳게 여기는 바를 먼저 아셨다. 그러므로 理·義가 우리 마음에 기쁜은 芻豢(고기)이 우리 입에 좋음과 같은 것이다."

然은 猶可也라 草食曰芻니 牛羊是也요 穀食曰豢이니 犬豕是也라 程子曰 在物爲理요 處物爲義니 體用之謂也라 孟子言 人心이 無不悅理義者하니 但聖人則先知先覺乎此耳요 非有以異於人也니라 程子又曰 理義之悅我心이 猶芻豢之悅我口라하시니 此語 親切有味하니 須實體察得義理之悅心이 眞猶芻豢之悅口라야 始得이니라

然은 可와 같다. 초식 동물을 芻라 하니 소와 양이 이것이요, 곡식을 먹는 동물을 豢이라 하니 개와 돼지가 이것이다.

姣:예쁠 교 芻:풀먹는짐승 추 豢:가축 환 豕:돼지 시

程子(伊川)가 말씀하였다. "사물에 있는 것을 理라 하고 사물을 대처하는 것을 義라 하니, 體와 用을 이른다. 孟子께서 말씀하시기를 '사람의 마음이 理·義를 좋아하지 않는 자가 없다. 다만 聖人은 이것을 먼저 알고 먼저 깨달았을 뿐이요, 일반인보다 특이함이 있는 것은 아니다.'라고 하신 것이다."

程子가 또 말씀하였다. "'理義가 우리 마음에 기쁨은 芻豢이 우리 입에 좋음과 같다.' 하였으니, 이 말씀이 친절하여 맛이 있으니, 모름지기 義理가 마음에 기쁜 것이 참으로 芻豢이 우리 입에 좋은 것과 같음을 실제로 體察하여야 비로소 얻을 것이다."

8. 孟子曰 牛山之木이 嘗美矣러니 以其郊於大國[1)]也라 斧斤이 伐之어니 可以爲美乎아 是其日夜之所息[2)]과 雨露之所潤에 非無萌蘖之生焉이언마는 牛羊이 又從而牧之라 是以로 若彼濯濯也하니 人見其濯濯也하고 以爲未嘗有材焉이라하나니 此豈山之性也哉리오

孟子께서 말씀하셨다. "牛山의 나무가 일찍이 아름다웠는데, 大國의 郊外이기 때문에 도끼와 자귀가 매일 나무를 베니, 아름답게 될 수 있겠는가. 그 日夜(밤)에 자라나는 바와 雨露가 적셔주는 바에 싹이 나오는 것이 없지 않건마는 소와 양이 또 따라서 방목된다. 이 때문에 저와 같이 濯濯하게 되었다. 사람들은 그 濯濯한 것만을 보고는 일찍이 훌륭한 재목이 있지 않았다고 하니, 이것이 어찌 山의 性이겠는가.

譯註 1. 大國 : 國은 國都의 뜻으로 큰나라의 국도를 가리킨다.
2. 日夜之所息 : 日夜는 밤낮의 뜻이나 여기서는 특히 밤을 위주하여 말한 것이다. 息은 生長의 뜻인 바, 饒氏(饒魯)가 말하기를 "息字의 訓詁는 본래 止息인데, 물건은 쉬기만 하면 자라기 때문에 息字를 生長의 뜻으로도 풀이한다." 하였다. 이 내용은 ≪心經附註≫에도 수록되어 있는 바, 金宗德이 지은 ≪心經講錄刊補≫에는 "吐를 '이(是)'로 달아야 하니, '과(果)'로 다는 것은 잘못이다." 하였다. 그러나 內閣本 諺解와 栗谷의 諺解 및 艮齋(田愚)의 懸吐에 모두 '과'로 표시되었으므로 그대로 따랐다. '日氣之所息이'로 懸吐할 경우 '日夜에 生長한 것이 비와 이슬의 적셔줌에'로 해석해야 할 것이다.

斧:도끼 부 斤:자귀 근 伐:벨 벌 息:자랄 식 萌:싹 맹 蘖:싹 얼 濯:민둥민둥할 탁

牛山은 齊之東南山也라 邑外를 謂之郊라 言 牛山之木이 前此에 固嘗美矣러니 今爲大國之郊하여 伐之者衆이라 故로 失其美耳라 息은 生長也라 日夜之所息은 謂氣化流行하여 未嘗間斷이라 故로 日夜之間에 凡物이 皆有所生長也라 萌은 芽也요 蘖은 芽之旁出者也라 濯濯은 光潔之貌라 材는 材木也라 言 山木雖伐이나 猶有萌蘖이어늘 而牛羊이 又從而害之라 是以로 至於光潔而無草木也니라

牛山은 齊나라의 동남쪽에 있는 산이다. 邑 밖을 郊라 이른다. 牛山의 나무가 이보다 전에는 일찍이 아름다웠는데, 지금 大國의 교외가 되어 나무를 베어 가는 자가 많기 때문에 그 아름다움을 잃었음을 말씀한 것이다. 息은 生長함이다. 日夜에 자라나는 바라는 것은 氣化가 流行하여 일찍이 間斷하지 않으므로 日夜의 사이에 모든 물건이 다 生長하는 바가 있는 것이다. 萌은 싹이요, 蘖은 싹이 곁에서 나온 것이다. 濯濯은 빛나고 깨끗한 모양이다. 材는 材木이다. 산의 나무가 비록 베어지나 오히려 싹이 나오는데, 소와 양이 또 따라서 해친다. 이 때문에 산이 빛나고 깨끗하여 草木이 없는 데에 이름을 말씀한 것이다.

雖存乎人者인들 豈無仁義之心哉리오마는 其所以放其良心者 亦猶斧斤之於木也에 旦旦而伐之어니 可以爲美乎아 其日夜之所息과 平旦之氣에 其好惡 與人相近也者幾希어늘 則其旦晝之所爲有梏亡之矣나니 梏之反覆이면 則其夜氣不足以存이요 夜氣不足以存이면 則其違禽獸 不遠矣니 人見其禽獸也하고 而以爲未嘗有才焉者라하나니 是豈人之情也哉리오

비록 사람에게 보존된 것인들 어찌 仁義의 마음이 없으리오마는 그 良心을 잃는 것이 또한 도끼와 자귀가 나무에 대해서 아침마다 베는 것과 같으니, 이렇게 하고서 아름답게 될 수 있겠는가. 日夜에 자라나는 바와 平旦의 맑은 기운에 그 좋아하고 미워함이 사람들과 서로 가까운 것이 얼마 되지 않는데 낮에 하는 소행이 이것을 梏亡하니, 梏亡하기를 반복하면 夜氣가 보존될 수 없고 夜氣가 보

芽:싹 아　旁:곁 방　放:놓을 방　希:드물 희　梏:형틀 곡　違:거리 위

존될 수 없으면 禽獸와 거리가 멀지 않게 된다. 사람들은 그 禽獸와 같은 것을 보고는 일찍이 훌륭한 材質이 있지 않았다고 하니, 이것이 어찌 사람의 實情이겠는가.

良心者는 本然之善心이니 即所謂仁義之心也라 平旦之氣는 謂未與物接之時清明之氣也라 好惡與人相近은 言得人心之所同然也라 幾希는 不多也라 梏은 械也라 反覆은 展轉也라 言 人之良心이 雖已放失이나 然이나 其日夜之間에 猶必有所生長이라 故로 平旦未與物接하여 其氣清明之際에 良心이 猶必有發見(현)者라 但其發見至微하고 而旦晝所爲之不善이 又已隨而梏亡之하니 如山木既伐에 猶有萌蘖이어늘 而牛羊이 又牧之也라 晝之所爲가 既有以害其夜之所息하고 夜之所息이 又不能勝其晝之所爲라 是以로 展轉相害하여 至於夜氣之生이 日以寖薄하여 而不足以存其仁義之良心이면 則平旦之氣亦不能清하여 而所好惡 遂與人遠矣니라

良心은 本然의 善한 마음이니, 바로 이른바 '仁義之心'이란 것이다. 平旦之氣는 사물과 접하지 않았을 때의 清明한 기운을 이른다. 好惡가 사람들과 서로 가깝다는 것은 사람의 마음에 똑같이 옳게 여기는 바를 얻음을 말한다. 幾希는 많지 않음이다. 梏은 형틀이다. 反覆은 展轉함이다. 사람의 良心이 비록 이미 放失되었으나 日夜의 사이에 그래도 반드시 生長하는 것이 있다. 그러므로 平旦에 사물과 접하지 않아서 그 기운이 清明할 때에는 良心이 오히려 반드시 發見되는 것이 있다. 다만 그 發見됨이 지극히 미미한데 낮에 하는 바의 不善이 또 이미 따라서 梏亡시키니, 이것은 마치 산의 나무를 이미 베어도 오히려 싹이 돋아나지만 소와 양이 또 따라서 방목됨과 같은 것이다. 낮에 하는 행위가 이미 밤에 자라는 바를 해치고, 밤에 자라는 바가 또 낮에 하는 바의 나쁜 행위를 이기지 못한다. 이 때문에 展轉하여 서로 해쳐서 夜氣가 생겨나는 것이 날로 점점 薄해져서 仁義의 良心을 보존할 수 없는 데에 이르면 平旦의 기운 또한 맑지 못하여 좋아하고 싫어하는 바가 끝내 사람들과 거리가 멀어지게 되는 것이다.

故로 苟得其養이면 無物不長이요 苟失其養이면 無物不消니라

그러므로 만일 그 기름을 잘 얻으면 물건마다 자라지 않음이 없고, 만일 그 기름을 잃으면 물건마다 사라지지 않음이 없는 것이다.

械:형틀 계 展:구를 전(輾同) 寖:점점 침 長:자랄 장 消:사라질 소

山木, 人心이 其理一也라

산의 나무와 사람의 마음이 그 이치가 같은 것이다.

孔子曰 操則存하고 舍則亡하여 出入無時하며 莫知其鄕(向)은 惟心之謂與인저하시니라

孔子께서 말씀하시기를 '잡으면 보존되고 놓으면 잃어서 나가고 들어옴이 정한 때가 없으며 그 방향을 알 수 없는 것은 오직 사람의 마음을 말함일 것이다.' 하셨다."

孔子言 心은 操之則在此하고 舍之則失去하여 其出入이 無定時하고 亦無定處如此라하시니 孟子引之하사 以明心之神明不測이 得失之易而保守之難이라 不可頃刻失其養하시니 學者當無時而不用其力하여 使神淸氣定하여 常如平旦之時면 則此心常存하여 無適而非仁義矣리라 程子曰 心豈有出入이리오 亦以操舍而言耳니 操之之道는 敬以直內而已니라

○ 愚聞之師[1]호니 曰 人理義之心이 未嘗無하니 惟持守之면 卽在爾라 若於旦晝之間에 不至梏亡이면 則夜氣[2]愈淸이요 夜氣淸이면 則平旦未與物接之時에 湛然虛明氣象을 自可見矣니라 孟子發此夜氣之說하시니 於學者에 極有力하니 宜熟玩而深省之也니라

孔子께서 말씀하시기를 "마음은 잡으면 여기에 있고 놓으면 잃어버려서 그 출입이 정해진 때가 없으며 또한 定處가 없음이 이와 같다." 하셨는데, 孟子께서 이것을 인용하여 마음이 神明하고 측량할 수 없어 得失(잃음)이 쉽고 보존하여 지킴이 어려워서 잠시라도 그 기름을 잃어서는 안됨을 밝히셨으니, 배우는 자가 마땅히 때마다 그 힘을 쓰지 않음이 없어서 정신이 맑고 기운이 안정되게 하여 항상 平旦의 때와 같게 한다면 이 마음이 항상 보존되어 가는 곳마다 仁義 아님이 없을 것이다.

程子(伊川)가 말씀하였다. "마음이 어찌 출입이 있겠는가. 이 또한 잡아두고 놓음으로써 말씀했을 뿐이니, 마음을 잡는 방법은 敬하여 마음을 곧게 하는 것일 뿐이다."

○ 내(朱子)가 스승에게 들으니 다음과 같이 말씀하였다. "사람은 義理의 마음이 일

舍:놓을 사 測:헤아릴 측 頃:잠깐 경 刻:시간 각 適:갈 적 愈:더욱 유 湛:맑을 담

찍이 없지 않으니, 오직 이것을 잡아 잘 지키면 바로 여기에 있는 것이다. 만일 낮 사이에 梏亡하는 데에 이르지 않는다면 夜氣가 더욱 맑아질 것이요, 夜氣가 맑아지면 平旦에 사물과 접하지 않았을 때에 湛然히 虛明한 氣象을 스스로 볼 수 있을 것이다. 孟子께서 이 夜氣의 말씀을 발하셨는데 배우는 자들에게 지극히 힘(효과)이 있으니, 마땅히 익숙히 보고 깊이 살펴야 할 것이다."

譯註 1. 愚聞之師 : 愚는 朱子가 자신을 겸칭한 것으로 그의 스승인 延平 李侗에게 들었음을 뜻한다. 다만 글로 쓰여져 있지 않고 말씀으로만 들었기 때문에 이렇게 말한 것이다.

2. 夜氣 : 밤에 잠을 자고 새벽에 일어났을 때의 깨끗한 정신 기운(心氣)으로, 日夜之所息의 夜와 平旦之氣의 氣를 합하여 이름한 것이다.

9. 孟子曰 無或(惑)乎王之不智也로다

孟子께서 말씀하셨다. "王의 지혜롭지 못함을 이상하게 여길 것이 없구나.

或은 與惑同하니 疑怪也라 王은 疑指齊王이라

或은 惑과 같으니, 의심스럽고 괴이함이다. 王은 齊王을 가리킨 듯하다.

雖有天下易生之物也나 一日暴(폭)之요 十日寒之면 未有能生者也니 吾見(현)이 亦罕矣요 吾退而寒之者至矣니 吾如有萌焉에 何哉리오

비록 天下에 쉽게 生長하는 물건이 있더라도 하루 동안 햇볕을 쪼이고 열흘 동안 춥게 하면 능히 生長할 것이 있지 않으니, 내가 임금을 뵈옴이 또한 드물고 내가 물러나오면 임금의 마음을 차갑게 하는 자가 이르니, 싹이 있은들 내가 어떻게 할 수 있겠는가.

暴은 溫之也라 我見王之時少하니 猶一日暴之也요 我退則諂諛雜進之日多하니 是十日寒之也라 雖有萌蘖之生이나 我亦安能如之何哉리오

或:의혹할 혹 暴:햇볕쬘 폭 罕:드물 한 諂:아첨할 첨 諛:아첨할 유

暴은 따뜻하게 함이다. 내가 王을 뵙는 때가 적으니 이것은 하루 동안 햇볕을 쪼이는 것과 같은 것이요, 내가 물러나오면 아첨하는 자들이 잡되게 나와 뵙는 날이 많으니 이것은 열흘 동안 차갑게 하는 것이다. 비록 싹이 나옴이 있은들 내가 또한 어떻게 할 수 있겠는가.

今夫奕之爲數 小數也나 **不專心致志**면 **則不得也**라 **奕秋**는 **通國之善奕者也**니 **使奕秋**로 **誨二人奕**이어든 **其一人**은 **專心致志**하여 **惟奕秋之爲聽**하고 **一人**은 **雖聽之**나 **一心**에 **以爲有鴻鵠將至**어든 **思援弓繳而射**(석)**之**하면 **雖與之俱學**이라도 **弗若之矣**나니 **爲是其智弗若與**아 **曰非然也**니라

지금 바둑의 數(기예)가 작은(하찮은) 數이나 마음을 오로지 하고 뜻을 다하지 않으면 터득하지 못한다. 奕秋는 온 나라에 바둑을 잘 두는 자이다. 奕秋로 하여금 두 사람에게 바둑을 가르치게 하거든 그 중에 한 사람은 專心致志하여 오직 奕秋의 말을 듣고 한 사람은 비록 듣기는 하나 마음 한 편에 기러기와 큰 새가 장차 이르거든 활과 주살을 당겨서 쏘아 맞힐 것을 생각한다면 비록 그와 함께 배운다 하더라도 그만 못할 것이니, 이것은 그 지혜가 그만 못해서인가? 그렇지 않다."

奕은 圍棋也라 數는 技也라 致는 極也라 奕秋는 善奕者名秋也라 繳은 以繩繫矢而射也라 ○ 程子爲講官하여 言於上曰 人主一日之間에 接賢士大夫之時多하고 親宦官宮妾之時少하면 則可以涵養氣質而薰陶德性이라하여시늘 時不能用하니 識者恨之하니라 范氏曰 人君之心이 惟在所養하니 君子養之以善則智하고 小人養之以惡則愚라 然이나 賢人은 易疎하고 小人은 易親이라 是以로 寡不能勝衆하고 正不能勝邪하니 自古로 國家治日常少而亂日常多는 蓋以此也니라

奕은 바둑알을 에워싸는 것이다. 數는 技藝이다. 致는 지극함이다. 奕秋는 바둑을 잘

奕:바둑 혁 誨:가르칠 회 鵠:큰새 곡 援:당길 원 繳:주살 작 射:쏘아맞힐 석 俱:함께 구 圍:포위할 위 繩:노끈 승 宦:내시 환 涵:담글 함 薰:향기쐴 훈 陶:도야할 도

두는 자의 이름이 秋이다. 繳은 노끈을 화살에 매어서 쏘는 것이다.

○ 程子(伊川)가 講官이 되어 임금에게 말씀하기를 "人主가 하루 사이에 어진 士大夫들을 접견하는 때가 많고 宦官과 宮妾을 친근히 하는 때가 적으면 氣質을 함양하여 德性을 薰陶할 수 있습니다." 하셨는데, 당시에 이 말을 쓰지 못하니 有識한 자들이 한스럽게 여겼다.

范氏(范祖禹)가 말하였다. "임금의 마음은 오직 기르는 바에 달려 있으니, 君子가 善으로써 기르면 지혜로워지고 小人이 惡으로써 기르면 어리석어진다. 그러나 賢人은 疏遠하기 쉽고 小人은 親近하기가 쉽다. 이 때문에 적은 사람이 많은 사람을 이기지 못하고 正直한 자가 邪惡한 자를 이기지 못하는 것이니, 예로부터 국가가 다스려지는 날이 항상 적고 혼란한 날이 항상 많음은 이 때문이다."

10. 孟子曰 魚도 我所欲也며 熊掌도 亦我所欲也언마는 二者를 不可得兼인댄 舍魚而取熊掌者也로리라 生亦我所欲也며 義亦我所欲也언마는 二者를 不可得兼인댄 舍生而取義者也로리라

孟子께서 말씀하셨다. "魚物도 내가 원하는 바요 熊掌도 내가 원하는 바이지만 이 두 가지를 겸하여 얻을 수 없을진댄 魚物을 버리고 熊掌을 취하겠다. 삶도 내가 원하는 바요 義도 내가 원하는 바이지만 이 두 가지를 겸하여 얻을 수 없을진댄 삶을 버리고 義를 취하겠다.

魚與熊掌이 皆美味로되 而熊掌尤美也라

魚物과 熊掌이 모두 맛이 좋으나 熊掌이 더욱 좋은 것이다.

生亦我所欲이언마는 所欲이 有甚於生者라 故로 不爲苟得也하며 死亦我所惡(오)언마는 所惡가 有甚於死者라 故로 患有所不辟(避)也니라

삶도 내가 원하는 바이지만 원하는 바가 삶보다 심한 것이 있다. 그러므로 삶을 구차히 얻으려고 하지 않으며, 죽음도 내가 싫어하는 바이지만 싫어하는 바

熊:곰 웅　掌:손바닥 장　兼:겸할 겸　辟:피할 피(避同)

가 죽음보다 심한 것이 있다. 그러므로 患難을 피하지 않는 바가 있는 것이다.

釋所以舍生取義之意라 得은 得生也라 欲生惡死者는 雖衆人利害之常情이나 而欲惡有甚於生死者는 乃秉彝義理之良心[1]이라 是以로 欲生而不爲苟得하고 惡死而有所不避也니라

삶을 버리고 義를 취하는 이유의 뜻을 해석한 것이다. 得은 삶을 얻는 것이다. 삶을 원하고 죽음을 싫어함은 비록 衆人들의 利害의 常情이나 원하고 싫어함이 살고 죽는 것보다 심함이 있는 것은 바로 秉彝의 義理의 良心이다. 이 때문에 살기를 원하면서도 구차히 얻으려 하지 않으며, 죽기를 싫어하면서도 피하지 않는 바가 있는 것이다.

譯註 1. 衆人利害之常情……乃秉彝義理之良心 : 利害之常情은 利害를 따지는 일반적인 心情이며, 秉彝는 사람이 간직하고 있는 本性으로, 秉彝의 義理의 良心이란 羞惡之心을 말한 것이다.

如使人之所欲이 莫甚於生이면 則凡可以得生者를 何不用也며 使人之所惡가 莫甚於死者면 則凡可以辟患者를 何不爲也리오

가령 사람들이 원하는 바가 삶보다 심한 것이 없다면 모든 삶을 얻을 수 있는 방법을 어찌 쓰지 않으며, 가령 사람들이 싫어하는 바가 죽음보다 심한 것이 없다면 모든 환난을 피할 수 있는 방법을 어찌 하지 않겠는가.

設使人無秉彝之良心하고 而但有利害之私情이면 則凡可以偸生免死者를 皆將不顧禮義而爲之矣리라

가령 사람들이 秉彝의 良心이 없고 다만 利害의 私情만 있다면 모든 삶을 훔치고 죽음을 면할 수 있는 짓을 모두 장차 禮義를 돌아보지 않고 할 것이다.

由是라 則生而有不用也하며 由是라 則可以辟患而有不爲也니라

이 때문에 살 수 있는데도 〈그 방법을〉 쓰지 않음이 있으며, 이 때문에 禍를 피할 수 있는데도 하지 않음이 있는 것이다.

秉:잡을 병　彝:떳떳할 이　偸:훔칠 투　免:면할 면

由其必有秉彝之良心이라 是以로 其能舍生取義如此니라

반드시 秉彝의 良心이 있기 때문에 능히 삶을 버리고 義를 취하기를 이와 같이 하는 것이다.

是故로 所欲이 有甚於生者하며 所惡가 有甚於死者하니 非獨賢者有是心也라 人皆有之언마는 賢者는 能勿喪耳니라

이러므로 원하는 바가 삶보다 심한 것이 있으며 싫어하는 바가 죽음보다 심한 것이 있으니, 다만 賢者만이 이러한 마음을 가지고 있는 것이 아니라 사람마다 다 가지고 있건마는 賢者는 능히 이것을 잃지 않을 뿐이다.

羞惡之心을 人皆有之로되 但衆人은 汩於利欲而忘之하고 惟賢者는 能存之而不喪耳니라

羞惡之心을 사람마다 모두 가지고 있으나 다만 衆人들은 利欲에 빠져서 이것을 잊고 오직 賢者만이 이것을 보존해서 잃지 않을 뿐이다.

一簞食(사)와 一豆羹을 得之則生하고 弗得則死라도 嘑爾而與之면 行道之人도 弗受하며 蹴爾而與之면 乞人도 不屑也니라

한 그릇의 밥과 한 그릇의 국을 얻으면 살고 얻지 못하면 죽더라도 혀를 차고 꾸짖으면서 주면 길 가는 사람도 받지 않으며 발로 밟아서(차서) 주면 乞人도 좋게 여기지 않는다.

豆는 木器也라 嘑는 咄啐(돌쵀)之貌라 行道之人은 路中凡人也라 蹴은 踐踏也라 乞人은 丐乞之人也라 不屑은 不以爲潔也라 言 雖欲食之急이라도 而猶惡無禮하여 有寧死而不食者하니 是其羞惡之本心이니 欲惡有甚於生死者를 人皆有之也라

豆는 나무로 만든 그릇이다. 嘑는 혀를 차고 꾸짖는 모양이다. 行道之人은 길 가운데

喪:잃을 상 汩:빠질 골 簞:대그릇 단 豆:나무그릇 두 羹:국 갱 嘑:꾸짖을 호 蹴:찰 축 屑:깨끗할 설 咄:꾸짖을 돌 啐:나무랄 쵀 踐:밟을 천 踏:밟을 답 丐:빌 개

의 일반인이다. 蹴은 밟음이다. 乞人은 빌어먹는 사람이다. 不屑은 깨끗하게 여기지 않음이다. 비록 그것을 먹고자 함이 급하더라도 오히려 無禮함을 싫어해서 차라리 죽을지언정 먹지 않는 자가 있으니, 이것은 羞惡의 本心이니 원하고 싫어함이 살고 죽는 것보다 심함이 있음을 사람마다 모두 가지고 있는 것이다.

萬鍾則不辨禮義而受之하나니 **萬鍾**이 **於我何加焉**이리오 **爲宮室之美**와 **妻妾之奉**과 **所識窮乏者得我與**인저

萬鍾의 祿은 禮義를 분별하지 않고 받나니, 萬鍾의 祿이 나에게 무슨 보탬이 있겠는가. 宮室의 아름다움과 妻妾의 받듦과 내가 알고 있는 궁핍한 자가 나를 고맙게 여김을 위해서일 것이다.

萬鍾於我何加는 言於我身에 無所增益也라 所識窮乏者得我는 謂所知識之窮乏者感我之惠也라 上言人皆有羞惡之心하고 此言衆人所以喪之 由此三者하니 蓋理義之心이 雖曰固有나 而物欲之蔽 亦人所易昏也니라

萬鍾이 나에게 무슨 보탬이 있겠느냐는 것은 내 몸에 增益되는 바가 없음을 말한다. 알고 있는 궁핍한 자가 나를 고맙게 여긴다는 것은 내가 알고 있는 궁핍한 자가 나의 은혜에 감사함을 이른다. 위에서는 사람이 모두 羞惡之心을 가지고 있음을 말씀하였고 여기서는 衆人들이 이것을 잃는 이유가 이 세 가지에서 연유됨을 말씀하였으니, 理義의 마음이 비록 固有하다고 하나 物慾의 가림에 또한 사람이 쉽게 어두워지는 것이다.

鄕(嚮)爲身엔 **死而不受**[1)]라가 **今爲宮室之美**하여 **爲之**하며 **鄕爲身**엔 **死而不受**라가 **今爲妻妾之奉**하여 **爲之**하며 **鄕爲身**엔 **死而不受**라가 **今爲所識窮乏者得我而爲之**하나니 **是亦不可以已乎**아 **此之謂失其本心**이니라

지난번 자신을 위해서는 죽어도 받지 않다가 이제 宮室의 아름다움을 위하여 그 짓을 하며, 지난번 자신을 위해서는 죽어도 받지 않다가 이제 妻妾의 받듦을

寧:차라리 녕 乏:다할 핍 得:감사할 득 增:더할 증 蔽:가릴 폐 鄕:지난번 향

위하여 그 짓을 하며, 지난번 자신을 위해서는 죽어도 받지 않다가 이제 내가 알고 있는 궁핍한 자가 나를 고맙게 여김을 위하여 그 짓을 하니, 이 또한 그만 둘 수 없는가. 이것을 일러 '그 本心을 잃었다.'고 하는 것이다."

譯註 1. 鄕爲身 死而不受 : 沙溪와 壺山은 모두 '鄕爲身死而不受'를 한 句로 보아 '지난번에는 자기 몸이 죽는데도 받지 않았다.'고 해석하였다. 集註의 '鄕爲身死猶不肯受嘑蹴之食'도 '鄕爲身死엔 猶不肯受嘑蹴之食'으로 해석될 수 있으나 다만 그동안 諺解를 따라 '鄕爲身엔 死而不受'로 읽었고 또 이렇게 해석하여도 뜻이 통하므로 바꾸지 않았음을 밝혀둔다.

言 三者는 身外之物이니 其得失이 比生死爲甚輕이어늘 鄕爲身엔 死猶不肯受嘑蹴之食이라가 今乃爲此三者하여 而受無禮義之萬鍾하니 是豈不可以止乎아 本心은 謂羞惡之心이라

○ 此章은 言 羞惡之心이 人所固有언마는 或能決死生於危迫之際로되 而不免計豐約於宴安之時라 是以로 君子不可頃刻而不省察於斯焉이니라

'세 가지는 몸 밖의 물건이니, 그 得失이 生死에 비하면 매우 가볍다. 그런데 지난번 자신을 위해서는 죽어도 오히려 혀를 차고 꾸짖으며 발로 밟아서 주는 음식을 받지 않다가 이제 마침내 이 세 가지를 위해서 禮義가 없는 萬鍾의 祿을 받으니, 이 어찌 그만 둘 수 없는 것이겠는가.'라고 말씀한 것이다. 本心은 羞惡之心을 이른다.

○ 이 章은 羞惡之心은 사람이 본래 소유하고 있지만 혹은 위급하고 절박할 때에는 死生을 결단하면서도 한가하고 편안할 때에는 豐約(많고 적음)을 따짐을 면치 못한다. 이 때문에 군자는 頃刻이라도 여기에 省察하지 않으면 안됨을 말씀한 것이다.

11. 孟子曰 仁은 人心也요 義는 人路也니라

孟子께서 말씀하셨다. "仁은 사람의 마음이요, 義는 사람의 길이다.

仁者는 心之德이니 程子所謂心如穀種이요 仁則其生之性이 是也라 然이나 但謂之仁이면 則人不知其切於己라 故로 反而名之曰人心이라하시니 則可以見其[1]爲此身酬酢萬變之主하여 而不可須臾失矣니라 義者는 行事之宜니 謂之人路라하시니 則可以見其爲

迫:급할 박 約:적을 약 宴:편안할 연 酬:술권할 수 酢:술권할 작 臾:잠깐 유

出入往來必由之道하여 而不可須臾舍矣니라

仁은 마음의 德이니, 程子(伊川)의 이른바 '마음은 곡식의 씨와 같고 仁은 낳는 性(이치)이다.'라는 것이 이것이다. 그러나 다만 仁이라고만 말하면 사람들이 자신에게 간절한 줄을 모른다. 그러므로 돌이켜서 이름하기를 人心이라 하셨으니, 이 몸이 萬 가지 변화에 酬酢하는 주장이 되어서 잠시라도 잃어서는 안됨을 볼 수 있다. 義는 行事의 마땅함이니 이것을 人路라고 이르셨으니, 그렇다면 出入하고 往來할 때에 반드시 행해야 할 길이 되어서 잠시라도 버려서는 안됨을 볼 수 있다.

譯註 1. 則可以見其 : 內閣本에는 '以'자가 빠져 있다.

舍其路而不由하며 放其心而不知求하나니 哀哉라

그 길을 버리고 따르지 않으며 그 마음을 잃어버리고 찾을 줄을 모르니, 애처롭다.

哀哉二字를 最宜詳味하니 令人惕然有深省處니라

哀哉 두 글자를 가장 자세하게 음미해야 하니, 사람으로 하여금 惕然히 깊이 살핌이 있게 하는 부분이다.

人이 有鷄犬放則知求之호되 有放心而不知求하나니

사람이 닭과 개가 도망가면 찾을 줄을 알되 마음을 잃고서는 찾을 줄을 알지 못하니

程子曰 心은 至重하고 鷄犬은 至輕이어늘 鷄犬放則知求之호되 心放則不知求하나니 豈愛其至輕而忘其至重哉아 弗思而已矣니라 愚謂 上兼言仁義하고 而此下專論求放心者는 能求放心이면 則不違於仁하여 而義在其中矣일새니라

程子(伊川)가 말씀하였다. "마음은 지극히 重하고 닭과 개는 지극히 輕한데, 닭과 개가 도망하면 찾을 줄을 알되 마음을 잃고서는 찾을 줄을 알지 못하니, 어찌 그 지극히 輕한 것을 사랑하고 지극히 重한 것을 잊어서이겠는가. 이것은 생각하지 않아서일 뿐이다."

내(朱子)가 생각하건대 위에서는 仁義를 겸하여 말씀하고 이 아래에서는 오로지 放心을 찾는 것만을 논한 것은, 放心을 찾으면 仁을 떠나지 않아서 義가 그 가운데에 있기 때문이다.

學問之道는 無他라 求其放心而已矣니라

學問하는 길은 다른 것이 없다. 그 放心을 찾는 것일 뿐이다."

學問之事 固非一端이나 然이나 其道則在於求其放心而已라 蓋能如是면 則志氣淸明하고 義理昭著하여 而可以上達이요 不然이면 則昏昧放逸하여 雖曰從事於學이나 而終不能有所發明矣라 故로 程子曰 聖賢千言萬語가 只是欲人將已放之心約之하여 使反復入身來니 自能尋向上去하여 下學而上達也라하시니라 此乃孟子開示切要之言이어늘 程子又發明之하여 曲盡其指하시니 學者宜服膺而勿失也니라

學問의 일은 진실로 한 가지가 아니나 그 道는 放心을 찾음에 있을 뿐이다. 이와 같이 하면 志氣가 청명해지고 義理가 밝게 드러나 위로 통달할 수 있고, 그렇지 못하면 昏昧하고 放逸하여 비록 學問에 종사한다 하더라도 끝내 發明하는 바가 있지 못할 것이다. 그러므로 程子(明道)가 말씀하기를 "聖賢의 천 마디 말씀과 만 마디 말씀이 다만 사람들이 이미 잃어버린 마음을 가져다가 묶어서(거두어서) 돌이켜 몸에 들어오게 하고자 한 것이니, 이렇게 하면 자연히 위를 향해 찾아가서 아래로 〈人間의 일을〉 배우면서 위로 〈天理를〉 통달하게 될 것이다." 하였다. 이것이 바로 孟子께서 열어 보이시기를 간절히 하고 요긴하게 하신 말씀인데, 程子가 다시 發明하여 그 뜻을 곡진히 다하였으니, 배우는 자가 마땅히 가슴속에 새겨두고 잃지 말아야 할 것이다.

12. 孟子曰 今有無名之指 屈而不信(伸)이 非疾痛害事也언마는 如有能信之者면 則不遠秦楚之路하나니 爲指之不若人也니라

孟子께서 말씀하셨다. "지금에 無名指가 굽혀져 펴지지 않는 것이 아프거나 일에 해롭지 않건마는 만일 이것을 펴주는 자가 있으면 秦楚의 길을 멀다 여기

昭:밝을 소 逸:풀어놓을 일 將:가질 장 約:묶을 약 尋:찾을 심 曲:곡진할 곡 服:둘 복 膺:가슴 응 指:손가락 지 信:펼 신(伸同)

지 않고 찾아가니, 이것은 손가락이 남들과 같지 않기 때문이다.

無名指는 手之第四指也라

無名指는 손의 네 번째 손가락이다.

指不若人이면 **則知惡**(오)**之**호되 **心不若人**이면 **則不知惡**하나니 **此之謂不知類也**니라

손가락이 남들과 같지 않으면 이것을 싫어할 줄 알되 마음이 남들과 같지 않으면 이것을 싫어할 줄 모르나니, 이것을 일러 類를 알지 못한다고 하는 것이다."

不知類는 言其不知輕重之等也라

不知類는 그 輕重의 등급을 알지 못함을 말한다.

13. **孟子曰 拱把之桐梓**를 **人苟欲生之**인댄 **皆知所以養之者**로되 **至於身**하여는 **而不知所以養之者**하나니 **豈愛身**이 **不若桐梓哉**리오 **弗思甚也**일새니라

孟子께서 말씀하셨다. "拱(두 움큼)・把(한 움큼)의 오동나무와 가래나무를 사람들이 만일 생장시키고자 한다면 모두 이것을 기르는 방법을 아나 몸에 이르러서는 몸을 기르는 방법을 알지 못하니, 어찌 몸을 사랑함이 오동나무와 가래나무만 못해서이겠는가. 생각하지 않음이 심하기 때문이다."

拱은 兩手所圍也요 把는 一手所握也라 桐梓는 二木名[1]이라

拱은 두 손으로 에워싸는 것이요, 把는 한 손으로 잡는 것이다. 桐과 梓는 두 나무의 이름이다.

譯註 1. 二木名 : 內閣本에는 '二'자가 '兩'자로 되어 있다.

拱:잡을 공 把:잡을 파 桐:오동나무 동 梓:가래나무 재 圍:에워쌀 위 握:잡을 악

14. 孟子曰 人之於身也에 兼所愛니 兼所愛면 則兼所養也라 無尺寸之膚를 不愛焉이면 則無尺寸之膚를 不養也니 所以考其善不善者는 豈有他哉리오 於己에 取之而已矣니라

孟子께서 말씀하셨다. "사람이 자기 몸에 대해서 사랑하는 바를 겸하였으니, 사랑하는 바를 겸한다면 기르는 바를 겸하는 것이다. 한 자와 한 치의 살을 사랑하지 않음이 없다면 한 자와 한 치의 살을 기르지 않음이 없을 것이니, 잘 기르고 잘못 기름을 상고하는 것은 어찌 다른 것이 있겠는가. 자신에게서 취할 뿐이다.

人於一身에 固當兼養이라 然이나 欲考其所養之善否者는 惟在反之於身하여 以審其輕重而已矣니라

사람이 자기 한 몸에 대해서 진실로 마땅히 겸하여 길러야 한다. 그러나 그 기르는 바의 잘잘못을 상고하고자 하는 것은 오직 이것을 자기 몸에 돌이켜서 그 輕重을 살핌에 달려있을 뿐이다.

體有貴賤하며 有小大하니 無以小害大하며 無以賤害貴니 養其小者 爲小人이요 養其大者 爲大人이니라

몸에는 貴賤이 있으며 小大가 있으니, 작은 것을 가지고 큰 것을 해치지 말며 천한 것을 가지고 귀한 것을 해치지 말아야 하니, 작은 것을 기르는 자는 小人이 되고 큰 것을 기르는 자는 大人이 되는 것이다.

賤而小者는 口腹也요 貴而大者는 心志也라

천하고 작은 것은 口腹이요, 귀하고 큰 것은 心志이다.

今有場師 舍其梧檟하고 養其樲棘하면 則爲賤場師焉이니라

膚:살갗 부 檟:개오동나무 가 樲:멧대추나무 이 棘:멧대추나무 극

지금 場師(원예사)가 오동나무와 가래나무를 버리고 가시나무를 기른다면 값어치 없는 場師가 되는 것이다.

場師는 治場圃者라 梧는 桐也요 檟는 梓也니 皆美材也라 樲棘은 小棗니 非美材也라

場師는 場圃를 다스리는 자이다. 梧는 오동나무요 檟는 가래나무이니, 모두 아름다운 재목이다. 樲棘은 작은 대추나무이니, 아름다운 재목이 아니다.

養其一指하고 而失其肩背而不知也면 則爲狼疾人也니라

한 손가락만을 기르고 어깨와 등을 잃으면서도 모른다면 이는 狼疾의 사람이 되는 것이다.

狼은 善顧나 疾則不能[1]이라 故로 以爲失肩背之喩하니라

승냥이는 돌아보기를 잘하는데, 빨리 달아나면 그렇게 하지 못한다. 그러므로 어깨와 등을 잃는 것의 비유로 삼은 것이다.

譯註 1. 疾則不能 : 疾을 疾病으로 보아 '승냥이가 병들면 뒤를 돌아보지 못한다.'로 해석하기도 하며, 狼疾을 狼狽·狼藉(어지러움)의 뜻으로 해석하기도 한다.

飮食之人을 則人이 賤之矣나니 爲其養小以失大也니라

음식을 밝히는 사람을 사람들이 천히 여기나니, 작은 것을 기르고 큰 것을 잃기 때문이다.

飮食之人은 專養口腹者也라

飮食之人은 오로지 口腹만을 기르는 자이다.

飮食之人이 無有失也면 則口腹이 豈適爲尺寸之膚哉리오

음식을 밝히는 사람이 잃음(잘못함)이 있지 않다면 口腹이 어찌 다만 한 자나 한 치의 살이 될 뿐이겠는가."

圃:동산 포 梓:가래나무 재 棗:대추나무 조 肩:어깨 견 背:등 배 狼:이리 랑

此는 言 若使專養口腹而能不失其大體면 則口腹之養은 軀命所關이니 不但爲尺寸之膚而已라 但養小之人은 無不失其大者라 故로 口腹이 雖所當養이나 而終不可以小害大, 賤害貴也니라

이것은 가령 오로지 口腹만을 기르면서도 그 大體를 잃지 않을 수 있다면 口腹의 기름은 사람의 몸과 생명이 관계되는 것이니, 다만 한 자나 한 치의 살이 될 뿐만이 아니다. 다만 작은 것을 기르는 사람은 그 큰 것을 잃지 않는 자가 없다. 그러므로 口腹이 비록 마땅히 길러야 할 바이나 끝내 작은 것으로써 큰 것을 해치고 천한 것으로써 귀한 것을 해쳐서는 안됨을 말씀한 것이다.

15. 公都子問曰 鈞是人也로되 或爲大人하며 或爲小人은 何也잇고 孟子曰 從其大體 爲大人이요 從其小體 爲小人이니라

公都子가 물었다. "똑같이 사람인데, 혹은 大人이 되며 혹은 小人이 되는 것은 어째서입니까?" 孟子께서 말씀하셨다. "그 大體를 따르는 사람은 大人이 되고, 그 小體를 따르는 사람은 小人이 되는 것이다."

鈞은 同也라 從은 隨也라 大體는 心也요 小體는 耳目之類也라

鈞은 같음이다. 從은 따름이다. 大體는 마음이요, 小體는 耳目의 類이다.

曰 鈞是人也로되 或從其大體하며 或從其小體는 何也잇고 曰 耳目之官은 不思而蔽於物하나니 物交物則引之而已矣요 心之官則思라 思則得之하고 不思則不得也니 此天之所與我者라 先立乎其大者면 則其小者 不能奪也니 此爲大人而已矣니라

公都子가 말하였다. "똑같이 사람인데, 혹은 그 大體를 따르며 혹은 그 小體를 따름은 어째서입니까?" 孟子께서 말씀하셨다. "귀와 눈의 기능은 생각하지 못하여 물건에 가리워지니 물건(外物)이 물건(耳目)과 사귀면 거기에 끌려갈

適:다만 적 軀:몸 구 命:목숨 명 鈞:고를 균 官:맡을 관 蔽:가릴 폐

뿐이요, 마음의 기능은 생각할 수 있으니 생각하면 얻고 생각하지 못하면 얻지 못한다. 이것은 하늘이 우리 인간에게 부여해 주신 것이니, 먼저 그 큰 것(心志)을 세운다면 그 작은 것(耳目)이 능히 빼앗지 못할 것이니, 이것이 大人이 되는 이유일 뿐이다."

官之爲言은 司也니 耳司聽하고 目司視하여 各有所職而不能思라 是以로 蔽於外物하나니 旣不能思而蔽於外物이면 則亦一物而已라 又以外物로 交於此物이면 其引之而去不難矣라 心則能思而以思爲職하니 凡事物之來에 心得其職이면 則得其理而物不能蔽요 失其職이면 則不得其理而物來蔽之라 此三者는 皆天之所以與我者로되 而心爲大하니 若能有以立之면 則事無不思하여 而耳目之欲이 不能奪之矣니 此所以爲大人也라 然이나 此天之此를 舊本에 多作比하고 而趙註에 亦以比方釋之어늘 今本엔 旣多作此하고 而註亦作此乃하니 未詳孰是라 但作比字 於義爲短이라 故로 且從今本云[1)]이라 ○ 范浚心箴曰 茫茫堪輿 俯仰無垠이라 人於其間에 眇然有身하니 是身之微 太倉稊米로되 參爲三才는 曰惟心爾라 往古來今에 孰無此心이리오마는 心爲形役하여 乃獸乃禽이라 惟口耳目과 手足動靜이 投間抵隙하여 爲厥心病이라 一心之微를 衆欲攻之하니 其與存者 嗚呼幾希로다 君子存誠하여 克念克敬하나니 天君泰然하여 百體從令하나니라

官이란 말은 맡는다는 뜻이니, 귀는 듣는 것을 맡고 눈은 보는 것을 맡아서 각기 맡은 것이 있으나 능히 생각하지는 못한다. 이 때문에 外物에 가리워지니, 이미 생각하지 못하여 外物에 가리워지면 또한 한 물건일 뿐이다. 또 外物로써 이 물건(耳目)과 사귀게 되면 그리로 끌려가는 것이 어렵지 않다. 마음은 능히 생각할 수 있어서 생각함을 직책(맡은 기능)으로 삼으니, 모든 사물이 올 때에 마음이 그 직책을 잘 해내면 그 도리를 얻어서 물건이 가리우지 못하고, 그 직책을 잃으면 그 도리를 얻지 못하여 물건이 옴에 가리워진다. 〈耳・目・心〉 이 세 가지는 모두 하늘이 우리 인간에게 주신 것인데 그 중에도 마음이 가장 크니, 만일 능히 이 마음을 세울 수 있으면 일을 생각하지 않음이 없어서 귀와 눈의 욕심이 빼앗지 못할 것이니, 이것이 大人이 되는 이유이다. 그러나 '此天'이란 '此'자를 옛 책에는 대부분 '比'자로 썼고 趙氏(趙岐)의 註에도 또한 比方(비교함)으로 해석하였다. 그런데 今本에는 이미 대부분 '此'자로 되어 있고 註에도 또

范:성 범 浚:깊을 준 箴:경계 잠(침) 茫:아득할 망 堪:땅 감 垠:땅가장자리 은 眇:아득할 묘, 작을 묘 稊:올피 제 參:참여할 참 抵:이를 저 隙:틈 극 厥:그 궐

한 '此乃'로 되어 있으니, 누가 옳은지 상세하지 않다. 다만 '比'자로 쓰는 것이 뜻에 부족하기 때문에 우선 今本을 따르는 것이다.

○ 范浚의 心箴에 말하였다. "아득하고 아득한 天地는 굽어보고 우러러봄에 끝이 없다. 사람이 그 사이에 작게 몸을 두고 있으니, 이 작은 몸은 비유하면 太倉의 한 낟알에 불과한데 참여하여 三才가 됨은 마음 때문이다. 예나 지금이나 누가 이 마음이 없겠는가마는 마음이 形體에 사역을 당하여 마침내 禽獸가 되는 것이다. 입과 귀와 눈과 手足과 動靜이 마음의 빈틈을 파고들어 마음의 병이 된다. 한 작은 마음을 여러 욕심들이 공격하니, 그 보존된 것이 아, 얼마 되지 않는다. 君子는 誠을 보존하여 능히 생각하고 능히 敬하나니, 天君(마음)이 泰然하여 百體(온갖 몸)가 명령을 따르다."

譯註 1. 且從今本云 : 內閣本에는 '云'자가 '是'자로 잘못되어 있다.

16. 孟子曰 有天爵者하며 有人爵者하니 仁義忠信樂善不倦은 此天爵也요 公卿大夫는 此人爵也니라

孟子께서 말씀하셨다. "天爵이 있으며 人爵이 있으니, 仁義와 忠信을 행하고 善을 즐거워하며 게을리 하지 않음이 이 天爵이요, 公卿과 大夫는 이 人爵이다.

天爵者는 德義可尊이니 自然之貴也라

天爵은 德義로서 높일 만한 것이니, 자연의 존귀함이다.

古之人은 修其天爵而人爵從之러니라

옛사람은 그 天爵을 닦음에 人爵이 따라왔다.

修其天爵은 以爲吾分之所當然者耳요 人爵從之는 蓋不待求之而自至也라

天爵을 닦는다는 것은 내 분수의 당연한 바를 할 뿐이요, 人爵이 따라왔다는 것은 구하기를 기다리지 않아도 저절로 오는 것이다.

今之人은 修其天爵하여 以要人爵하고 既得人爵이어든 而棄其天爵하나니 則惑之甚者也라 終亦必亡而已矣니라

지금 사람들은 天爵을 닦아서 人爵을 요구하고 이미 人爵을 얻고 나면 天爵을 버리니, 이것은 의혹됨이 심한 것이다. 끝내는 반드시 人爵마저 잃을 뿐이다.”

要는 求也라 修天爵以要人爵하니 其心이 固已惑矣요 得人爵而棄天爵이면 則其惑又甚焉이니 終必並其所得之人爵而亡之也라

要는 구함이다. 天爵을 닦아서 人爵을 요구하니 그 마음이 진실로 이미 惑하였고, 人爵을 얻고 나서 天爵을 버린다면 그 惑함이 더욱 심한 것이니 끝내는 반드시 그 얻은 바의 人爵까지 아울러 잃고 말 것이다.

17. 孟子曰 欲貴者는 人之同心也니 人人이 有貴於己者언마는 弗思耳니라

孟子께서 말씀하셨다. “귀하고자 함은 사람의 똑같은 마음이니, 사람마다 자기에게 귀함이 있건마는 생각하지 않아서 모를 뿐이다.

貴於己者는 謂天爵也라

자신에게 귀하다는 것은 天爵을 이른다.

人之所貴者는 非良貴也니 趙孟之所貴를 趙孟이 能賤之니라

남이 귀하게 해준 것은 良貴가 아니니, 趙孟이 귀하게 해준 것을 趙孟이 능히 천하게 할 수 있다.

人之所貴는 謂人以爵位加己而後에 貴也라 良者는 本然之善也라 趙孟은 晉卿也라 能以爵祿與人而使之貴면 則亦能奪之而使之賤矣라 若良貴則人安得而賤之哉리오

남이 귀하게 해준다는 것은 남이 爵位를 내 몸에 加해 준 뒤에 귀하게 됨을 이른다. 良은 本然의 善이다. 趙孟은 晉나라의 卿이다. 능히 爵祿을 남에게 주어서 그로 하여금 귀하게 할 수 있다면 또한 능히 빼앗아서 천하게 할 수 있는 것이다. 良貴로 말하면 남이 어떻게 그것을 천하게 할 수 있겠는가.

惑:미혹할 혹　良:진실로 량

詩云 旣醉以酒요 旣飽以德이라하니 言飽乎仁義也라 所以不願人之膏粱之味也며 令聞廣譽施於身이라 所以不願人之文繡也니라

≪詩經≫에 이르기를 '이미 술로 취하고 이미 德으로 충족한다.' 하였으니, 仁義에 충족함을 말한 것이다. 이 때문에 남의 膏粱之味를 원하지 않는 것이며, 좋은 명성과 넓은 명예가 몸에 베풀어져 있다. 이 때문에 남의 文繡를 원하지 않음을 말한 것이다."

詩는 大雅旣醉之篇이라 飽는 充足也라 願은 欲也라 膏는 肥肉이요 粱은 美穀이라 令은 善也요 聞은 亦譽也라 文繡는 衣之美者也라 仁義充足而聞譽彰著는 皆所謂良貴也라
○ 尹氏曰 言 在我者重이면 則外物輕이니라

詩는 〈大雅 旣醉篇〉이다. 飽는 충족함이다 願은 하고자 함이다. 膏는 살진 고기요, 粱은 아름다운 곡식이다. 令은 좋음이요, 聞 또한 명예이다. 文繡는 옷의 아름다운 것이다. 仁義가 충족되고 명예가 드러남은 모두 이른바 良貴라는 것이다.

○ 尹氏(尹焞)가 말하였다. "나에게 있는 것이 重해지면 外物이 가벼워짐을 말씀한 것이다."

18. 孟子曰 仁之勝不仁也 猶水勝火하니 今之爲仁者는 猶以一杯水로 救一車薪之火也라 不熄則謂之水不勝火라하나니 此又與於不仁之甚者也니라

孟子께서 말씀하셨다. "仁이 不仁을 이김은 물이 불을 이김과 같으니, 지금에 仁을 행하는 자들은 한 잔의 물로 한 수레에 가득 실은 섶의 불을 끄는 것과 같다. 그리하여 불이 꺼지지 않으면 물이 불을 이기지 못한다고 말하니, 이는 또 不仁을 돕기를 심히 하는 것이다.

與는 猶助也라 仁之能勝不仁은 必然之理也로되 但爲之不力이면 則無以勝不仁이어늘

膏:기름질 고 粱:찰기장 량 令:좋을 령 聞:이름날 문 繡:수놓을 수 彰:드러날 창 杯:잔 배 救:불끌 구 薪:섶 신 熄:꺼질 식 與:도울 여

而人遂以爲眞不能勝이라하니 是는 我之所爲가 有以深助於不仁者也라

與는 助와 같다. 仁이 不仁을 이김은 必然의 이치이나 다만 하기를 힘쓰지 않으면 不仁을 이길 수 없는데, 사람들은 마침내 참으로 이길 수 없다고 말하니, 이것은 나의 하는 바가 不仁을 깊이 도와줌이 있는 것이다.

亦終必亡而已矣니라

또한 끝내 반드시 잃을 뿐이다."

言 此人之心이 亦且自怠於爲仁하여 終必幷與其所爲而亡之니라
○ 趙氏曰 言 爲仁不至而不反諸己也니라

이 사람의 마음 또한 장차 스스로 仁을 행함에 게을러져서 끝내는 반드시 그 하는 바마저 아울러 잃게 됨을 말씀한 것이다.

○ 趙氏(趙岐)가 말하였다. "仁을 하기를 지극히 하지 않고서 자기 몸에 돌이키지 않음을 말씀한 것이다."

19. 孟子曰 五穀者는 種之美者也나 苟爲不熟이면 不如荑稗니 夫仁도 亦在乎熟之而已矣니라

孟子께서 말씀하셨다. "五穀은 종자의 아름다운 것이지만 만일 익지 않으면 피만도 못하니, 仁 또한 그것을 익숙히 함에 달려 있을 뿐이다."

荑稗는 草之似穀者니 其實亦可食이라 然이나 不能如五穀之美也라 但五穀不熟이면 則反不如荑稗之熟이니 猶爲仁而不熟이면 則反不如爲他道之有成이라 是以로 爲仁은 必貴乎熟이니 而不可徒恃其種之美요 又不可以仁之難熟而甘爲他道之有成也니라
○ 尹氏曰 日新而不已則熟이니라

荑稗는 풀 중에 곡식과 같은 것이니, 그 열매도 또한 먹을 수 있다. 그러나 五穀처럼 아름답지는 못하다. 다만 五穀이 익지 않으면 도리어 荑稗가 익음만 못하니, 仁을 하되 익숙히 하지 않으면 도리어 다른 일을 하여 이룸이 있는 것만 못함과 같다. 이 때문에

荑:피 제(이) 稗:피 패 恃:믿을 시

仁을 행함은 반드시 익숙히 함을 귀하게 여기니, 다만 그 종자(종류)의 아름다움만을 믿어서는 안되고 또 仁이 익숙하기 어렵다 하여 다른 일을 해서 이룸이 있는 것을 달게 여겨서도 안 된다.

○ 尹氏(尹焞)가 말하였다. "날로 새롭게 하고 그치지 않으면 익숙해진다."

20. 孟子曰 羿之教人射에 必志於彀하나니 學者도 亦必志於彀니라

孟子께서 말씀하셨다. "羿가 사람에게 활쏘기를 가르칠 적에 반드시 彀에 뜻하게 하니, 활쏘기를 배우는 자 역시 반드시 彀에 뜻을 둔다.

羿는 善射者也라 志는 猶期也라 彀는 弓滿也니 滿而後發이 射之法也라 學은 謂學射라

羿는 활쏘기를 잘한 자이다. 志는 期(기약함)와 같다. 彀는 활을 가득히 당김이니, 활을 가득히 당긴 뒤에 발사하는 것이 활 쏘는 법이다. 學은 활쏘기를 배움을 이른다.

大匠이 誨人에 必以規矩하나니 學者도 亦必以規矩니라

큰 목수가 사람을 가르칠 적에 반드시 規矩로써 하니, 목수 일을 배우는 자 역시 반드시 規矩로써 한다."

大匠은 工師也라 規矩는 匠之法也라

○ 此章은 言 事必有法然後에 可成이니 師舍是則無以教요 弟子舍是則無以學이라 曲藝도 且然이온 況聖人之道乎아

大匠은 工師(都木手)이다. 規矩는 목수(匠人)의 법이다.

○ 이 章은 일은 반드시 법이 있은 뒤에야 이루어질 수 있으니, 스승이 이것을 버리면 가르칠 수 없고 弟子가 이것을 버리면 배울 수 없음을 말씀한 것이다. 하찮은 技藝도 그러한데 하물며 聖人의 道에 있어서랴.

羿:이름 예 彀:활당길 구 匠:장인 장 誨:가르칠 회 規:그림쇠 규 矩:곡척 구 曲:작을 곡

告子章句 下

凡十六章이라

모두 16章이다.

1. 任人이 有問屋廬子曰 禮與食이 孰重고 曰 禮重이니라

任나라 사람이 屋廬子에게 물었다. "禮와 밥(음식)은 어느 것이 더 重한가?" 屋廬子가 대답하였다. "禮가 重하다."

任은 國名이라 屋廬子는 名連이니 孟子弟子也라

任은 나라 이름이다. 屋廬子는 이름이 連이니, 孟子의 弟子이다.

色與禮 孰重고

〈任나라 사람이 말하였다.〉 "色과 禮는 어느 것이 더 重한가?"

任人이 復問也라

任나라 사람이 다시 물은 것이다.

曰 禮重이니라 曰 以禮食則飢而死하고 不以禮食則得食이라도 必以禮乎아 親迎則不得妻하고 不親迎則得妻라도 必親迎乎아

屋廬子가 말하였다. "禮가 重하다." 任나라 사람이 말하였다. "禮대로 먹으면 굶어 죽고 禮대로 먹지 않으면 밥을 얻을 수 있더라도 반드시 禮대로 해야 하는

廬:집 려　連:이을 련　迎:맞이할 영

가? 親迎을 하면 아내를 얻지 못하고 親迎을 하지 않으면 아내를 얻을 수 있더라도 반드시 親迎을 해야 하는가?"

屋廬子不能對하여 **明日**에 **之鄒**하여 **以告孟子**한대 **孟子曰 於答是也**에 **何有**리오

屋廬子가 대답하지 못하고는 다음날 鄒나라에 가서 孟子께 아뢰자, 孟子께서 말씀하셨다. "이것을 답함에 무슨 어려움이 있겠는가.

何有는 不難也라

何有는 어렵지 않음이다.

不揣其本而齊其末이면 **方寸之木**을 **可使高於岑樓**니라

그 근본을 헤아리지 않고 그 끝만을 가지런히 한다면 한 치 되는 나무를 岑樓보다 높게 할 수 있다.

本은 謂下요 末은 謂上이라 方寸之木은 至卑하니 喩食色이요 岑樓는 樓之高銳似山者니 至高하니 喩禮라 若不取其下之平하고 而升寸木於岑樓之上이면 則寸木反高하고 岑樓反卑矣니라

本은 아래를 이르고 末은 위를 이른다. 方寸의 나무는 지극히 낮으니 食色을 비유한 것이고, 岑樓는 누대가 높고 뾰족하여 山과 같은 것으로 지극히 높으니 禮를 비유한 것이다. 만일 그 아래의 平함을 취하지 않고 한 치 되는 나무를 岑樓의 위에 올려놓는다면 한 치 되는 나무가 도리어 높고 岑樓가 도리어 낮을 것이다.

金重於羽者는 **豈謂一鉤金與一輿羽之謂哉**리오

쇠가 깃털보다 무겁다는 것은 어찌 한 갈고리의 쇠와 한 수레의 깃털을 말함이겠는가.

鄒:나라이름 추　揣:헤아릴 췌　岑:묏부리 잠　卑:낮을 비　銳:뾰족할 예　升:오를 승

鉤는 帶鉤也라 金本重而帶鉤小라 故로 輕하니 喩禮有輕於食色者요 羽本輕而一輿多라 故로 重하니 喩食色有重於禮者니라

鉤는 띠의 갈고리이다. 쇠는 본래 무거우나 띠의 갈고리는 작기 때문에 가벼우니 禮가 食色보다 가벼운 경우가 있음을 비유하였고, 깃털은 본래 가벼우나 한 수레는 많기 때문에 무거우니 食色이 禮보다 중한 경우가 있음을 비유하였다.

取食之重者와 與禮之輕者而比之면 奚翅食重이며 取色之重者와 與禮之輕者而比之면 奚翅色重이리오

밥의 重한 것과 禮의 가벼운 것을 취하여 비교한다면 어찌 밥이 중할 뿐만이겠으며, 色의 중한 것과 禮의 가벼운 것을 취하여 비교한다면 어찌 色이 중할 뿐만이겠는가.

禮食, 親迎은 禮之輕者也요 飢而死以滅其性과 不得妻而廢人倫은 食色之重者也라 奚翅는 猶言何但이니 言 其相去懸絶하여 不但有輕重之差而已라

禮대로 먹음과 親迎은 禮의 가벼운 것이요, 굶어 죽어서 性命(生命)을 멸함과 아내를 얻지 못하여 人倫을 폐함은 食色의 중한 것이다. 奚翅는 何但(어찌 단지)이란 말과 같으니, 그 거리가 현격하여 단지 輕重의 차이가 있을 뿐만이 아님을 말한 것이다.

往應之曰 紾兄之臂而奪之食則得食하고 不紾則不得食이라도 則將紾之乎아 踰東家牆而摟其處子則得妻하고 不摟則不得妻라도 則將摟之乎아하라

가서 대답하기를 '형의 팔을 비틀고 밥을 빼앗아 먹으면 밥을 먹을 수 있고, 형의 팔을 비틀지 않으면 밥을 먹을 수 없더라도 장차 비틀겠는가? 동쪽 집의 담장을 뛰어넘어 處子를 끌어오면 아내를 얻고, 끌어오지 않으면 아내를 얻을

鉤:갈구리쇠 구 帶:띠 대 奚:어찌 해 翅:뿐 시 性:목숨 성 懸:멀 현, 매달릴 현 絶:막힐 절, 아득할 절 紾:비틀 진 臂:팔 비 踰:넘을 유 牆:담장 장 摟:끌 루

수 없더라도 장차 끌어오겠는가?'라고 하라."

紾은 戾也라 摟는 牽也라 處子는 處女也라 此二者는 禮與食色이 皆其重者로되 而以之相較면 則禮爲尤重也라

○ 此章은 言 義理事物이 其輕重이 固有大分이라 然이나 於其中에 又各自有輕重之別하니 聖賢於此에 錯綜斟酌하여 毫髮不差하시니 固不肯枉尺而直尋이요 亦未嘗膠柱而調瑟[1]이라 所以斷之를 一視於理之當然而已矣니라

紾은 비틂이다. 摟는 끎이다. 處子는 處女이다. 이 두 가지는 禮와 食色이 모두 중한 경우인데, 이것을 가지고 서로 비교해 보면 禮가 더욱 重함이 된다.

○ 이 章은 義理와 事物은 그 輕重이 진실로 큰 분별이 있다. 그러나 이 가운데에 또 각자 輕重의 분별이 있다. 聖賢은 이에 대하여 이리저리 종합하고 참작하여 털끝만큼도 어긋나지 않게 하시니, 진실로 한 자를 굽혀 한 길을 펴기를 즐거워하지도 않으며 또한 일찍이 거문고의 기둥(雁足)에 아교칠을 하고 비파를 고르지도 않는다. 그리하여 결단함에 한결같이 이치의 당연함을 볼 뿐임을 말씀한 것이다.

譯註 1. 膠柱而調瑟 : 雁足에 풀칠하여 고정시키고 비파나 거문고 줄을 고르는 것을 이르는 바, 안족을 고정시키고 탈 경우 음절이 고정되어 소리의 높낮음과 淸濁이 없으므로 곧 변통할 줄을 모름을 비유한 것이다.

2. 曹交問曰 人皆可以爲堯舜이라하니 有諸잇가 孟子曰 然하다

曹交가 물었다. "사람이 모두 堯舜이 될 수 있다 하니, 그러한 것이 있습니까?" 孟子께서 말씀하셨다. "그러하다."

趙氏曰 曹交는 曹君之弟也라 人皆可以爲堯舜은 疑古語어나 或孟子所嘗言也라

趙氏(趙岐)가 말하였다. "曹交는 曹나라 군주의 아우이다. 사람이 모두 堯舜이 될 수 있다는 것은 의심컨대 옛말이거나 혹은 孟子께서 일찍이 말씀하신 것인 듯하다."

交는 聞 文王은 十尺이요 湯은 九尺이라하니 今交는 九尺四寸以長이

戾:비틀 려 牽:끌 견 錯:갈마들 착 綜:종합할 종 斟:헤아릴 짐 酌:잔질할 작 直:펼 직 尋:길 심 膠:붙을 교 調:고를 조 瑟:거문고 슬 匹:오리 필

로되 **食粟而已**로니 **如何則可**니잇고

〈曹交가 말하였다.〉 "제(交)가 들으니 文王은 〈身長이〉 10尺이요 湯임금은 9尺이라 하는데, 지금 저는 9尺 4寸이 되지만 곡식만 먹을 뿐이니, 어찌하면 좋습니까?"

曹交問也라 食粟而已는 言無他材能也라

曹交가 물은 것이다. 곡식을 먹을 뿐이라는 것은 다른 재능이 없음을 말한 것이다.

曰 奚有於是리오 **亦爲之而已矣**니라 **有人於此**하니 **力不能勝一匹雛**면 **則爲無力人矣**요 **今曰擧百鈞**이면 **則爲有力人矣**니 **然則擧烏獲**(오확)**之任**이면 **是亦爲烏獲而已矣**니라 **夫人**은 **豈以不勝爲患哉**리오 **弗爲耳**니라

孟子께서 말씀하셨다. "어찌 여기에 달려있겠는가. 또한 그것을 할 뿐이다. 여기에 어떤 사람이 있는데, 힘이 한 마리 오리새끼를 이길 수 없다면 힘이 없는 사람이 될 것이요, 이제 百鈞을 든다고 한다면 힘이 있는 사람이 될 것이다. 그렇다면 烏獲이 들던 짐을 든다면 이 또한 烏獲이 될 뿐이다. 사람이 어찌 이기지 못함을 걱정하는가. 하지 않을 뿐인 것이다.

匹字는 本作鴄[1]하니 鴨也라 從省(생)作匹하니 禮記에 說匹爲鶩이 是也라 烏獲은 古之有力人也니 能擧移千鈞하니라

匹字는 본래 鴄로 되어 있으니, 오리이다. 생략하여 匹로 썼으니, ≪禮記≫에 匹을 鶩(집오리)이라고 설명한 것이 이것이다. 烏獲은 옛날에 힘이 있던 사람이니, 千鈞을 들어서 옮겼다.

譯註 1. 匹字 本作鴄 : '匹자는 一本에는 鴄로 되었다.'고 해석하기도 하고, '字本(字典)에 鴄로 되었다.'고 해석하기도 하나 文法上 모두 명확하지 않으므로 우선 위와 같이 해석하였다. ≪禮記≫ 〈曲禮 下〉의 註에는 "鶩으로 읽는다." 하였고, 沙溪는 "諺解

雛:새끼 추 鈞:서른근 균 獲:이름 확 鴄:집오리 필 鴨:오리 압 鶩:집오리 목

에 辟吉切(필)로 되어 있는데 이는 옳지 않다." 하였다. 이에 대하여 壺山은 "䳀로 쓰면 諺解가 옳고 騖으로 쓰면 沙溪가 옳다." 하였다.

徐行後長者를 **謂之弟**요 **疾行先長者**를 **謂之不弟**니 **夫徐行者**는 **豈人所不能哉**리오 **所不爲也**니 **堯舜之道**는 **孝弟而已矣**니라

천천히 걸어서 長者보다 뒤에 감을 공경한다고 이르고 빨리 걸어서 長者보다 앞서 감을 공경하지 않는다고 이르나니, 천천히 걸어가는 것이 어찌 사람들이 능히 할 수 없는 바이겠는가. 자신이 하지 않는 것이니, 堯舜의 道는 孝弟일 뿐이다.

陳氏曰 孝弟者는 人之良知良能自然之性也라 堯舜은 人倫之至로되 亦率是性而已니 豈能加毫末於是哉리오 楊氏曰 堯舜之道大矣로되 而所以爲之는 乃在夫行止疾徐之間이요 非有甚高難行之事也언마는 百姓이 蓋日用而不知耳니라

陳氏(陳暘)가 말하였다. "孝弟는 사람의 良知와 良能으로 자연의 本性이다. 堯舜은 人倫의 지극함인데도 또한 이 本性을 따를 뿐이었으니, 어찌 이보다 털끝만큼이라도 더할 수 있겠는가."

楊氏(楊時)가 말하였다. "堯舜의 道가 크지만 이것을 행하는 것은 바로 가고 멈춤을 빨리 하고 천천히 하는 사이에 있는 것이요, 매우 높아서 행하기 어려운 일이 있는 것이 아니건마는 백성들이 날마다 사용하면서도 알지 못할 뿐이다."

子服堯之服하며 **誦堯之言**하며 **行堯之行**이면 **是堯而已矣**요 **子服桀之服**하며 **誦桀之言**하며 **行桀之行**이면 **是桀而已矣**니라

그대가 堯임금이 입던 옷을 입으며 堯임금의 말씀을 외우며 堯임금의 행실을 행한다면 堯임금일 뿐이요, 그대가 桀王이 입던 옷을 입으며 桀王의 말을 외우며 桀王의 행실을 행한다면 이 桀王일 뿐이다."

言 爲善爲惡이 皆在我而已라 詳曹交之問하면 淺陋麤率하니 必其進見(현)之時에 禮

徐:천천히 서 弟:공경 제 疾:빠를 질 率:따를 솔 誦:외울 송 麤:거칠 추 率:거칠 솔

貌衣冠言動之間에 多不循理라 故로 孟子告之如此兩節云이라

善을 하고 惡을 함이 모두 자신에게 달려 있을 뿐임을 말씀한 것이다. 曹交의 물음을 살펴보면 淺近하고 鄙陋하고 거칠고 경솔하니, 반드시 그 나아가 뵈었을 때에 禮貌와 衣冠과 言動의 사이에 道理를 따르지 않음이 많았을 것이다. 그러므로 孟子께서 말씀하시기를 이 두 節과 같이 하신 것이다.

曰 交得見於鄒君이면 可以假館이니 願留而受業於門하노이다

曹交가 말하였다. "제(交)가 鄒나라 군주를 뵈면 館舍를 빌릴 수 있을 것이니, 여기에 머물면서 門下에서 受業하기를 원합니다."

假館而後에 受業하니 又可見其求道之不篤이니라

館舍를 빌린 뒤에 受業하려고 하였으니, 또 道를 구함이 돈독하지 못함을 볼 수 있다.

曰 夫道若大路然하니 豈難知哉리오 人病不求耳니 子歸而求之면 有餘師리라

孟子께서 말씀하셨다. "道는 大路와 같으니, 어찌 알기 어렵겠는가. 사람들이 구하지 않는 것이 病(문제)일 뿐이니, 그대가 돌아가 찾는다면 남은 스승이 있을 것이다."

言 道不難知하니 若歸而求之事親敬長之間이면 則性分之內에 萬理皆備하여 隨處發見(현)하여 無不可師하니 不必留此而受業也니라
○ 曹交事長之禮 旣不至하고 求道之心이 又不篤이라 故로 孟子教之以孝弟하시고 而不容其受業하시니 蓋孔子餘力學文[1]之意요 亦不屑之教誨[2]也시니라

道는 알기 어렵지 않으니, 만일 돌아가 어버이를 섬기고 어른을 공경하는 사이에서 찾는다면 性分의 안에 온갖 이치가 다 구비되어 있어 곳에 따라 發見되어 스승삼을 만하지 않음이 없을 것이니, 굳이 이곳에 머물며 受業할 것이 없음을 말씀한 것이다.
○ 曹交는 어른을 섬기는 禮가 이미 지극하지 못하였고, 道를 구하는 마음이 또 돈독

循:따를 순 假:빌릴 가 屑:깨끗할 설

하지 못하였다. 그러므로 孟子께서 孝弟로써 가르치시고 그 受業함을 용납하지 않으셨으니, 孔子의 '餘力이 있으면 글을 배운다.'는 뜻이요 또한 不屑의 教誨인 것이다.

譯註 1. 餘力學文 : 餘力은 餘暇를 가리킨 것으로 ≪論語≫ 〈學而〉 6章에 "행하고 餘力이 있으면 이용하여 글을 배운다.〔行有餘力 則以學文〕"라고 보인다.

2. 不屑之教誨 : 不屑은 좋게 여기지 않아 거절하는 것으로, 不屑의 教誨는 잘못을 저지른 상대방을 좋게 여기지 않아 거절함으로써 스스로 자신의 잘못을 깨닫게 함을 뜻하는 바, 本篇의 마지막 章에 보인다.

3. 公孫丑問曰 高子曰 小弁(반)은 小人之詩也라하더이다 孟子曰 何以言之오 曰 怨이니이다

公孫丑가 물었다. "高子가 말하기를 '〈小弁〉은 小人의 詩이다.' 하였습니다." 孟子께서 말씀하셨다. "무엇을 가지고 말하는가?" "원망했기 때문입니다."

高子는 齊人也라 小弁은 小雅篇名이라 周幽王이 娶申后하여 生太子宜臼하고 又得褒姒하여 生伯服한대 而黜申后하고 廢宜臼하니 於是에 宜臼之傅 爲作此詩하여 以敍其哀痛迫切之情也하니라

高子는 齊나라 사람이다. 〈小弁〉은 〈小雅〉의 篇名이다. 周나라 幽王이 申后를 얻어 太子 宜臼를 낳고 또 褒姒를 얻어 伯服을 낳고는 申后를 축출하고 宜臼를 폐위하였다. 이에 宜臼의 師傅가 그를 위해 이 詩를 지어서 그 哀痛하고 切迫한 심정을 서술한 것이다.

曰 固哉라 高叟之爲詩也여 有人於此하니 越人이 關(彎)弓而射(석)之어든 則己談笑而道之는 無他라 疏之也요 其兄이 關弓而射之어든 則己垂涕泣而道之는 無他라 戚之也니 小弁之怨은 親親也라 親親은 仁也니 固矣夫라 高叟之爲詩也여

孟子께서 말씀하셨다. "고루하다, 高叟(高子)의 詩를 해석함이여. 여기에 사람

弁:즐거울 반 臼:절구 구 褒:표창할 포 姒:성 사 黜:내쫓을 출 傅:스승 부 敍:펼 서 叟:늙은이 수 關:활당길 만(彎通) 射:맞힐 석 道:타이를 도 疏:소원할 소

이 있으니, 越나라 사람이 활을 당겨 〈사람을〉 쏘려하거든 자기가 말하고 웃으면서 타이르는 것은 다름이 아니라 그(越人)를 소원하게 여기기 때문이요, 그 兄이 활을 당겨 〈사람을〉 쏘려하거든 자기가 눈물을 떨구며 타이르는 것은 다름이 아니라 그(兄)를 친척으로 여기기 때문이다. 〈小弁〉의 원망은 어버이를 친히 한 것이다. 어버이를 친히 함은 仁이니, 고루하다, 高叟의 詩를 해석함이여."

固는 謂執滯不通也라 爲는 猶治也라 越은 蠻夷國名이라 道는 語也라 親親之心은 仁之發也라

固는 執滯하여 통하지 못함을 이른다. 爲는 治(다룸)와 같다. 越은 蠻夷의 나라 이름이다. 道는 말함이다. 親親의 마음은 仁에서 나온 것이다.

曰 凱風은 何以不怨이니잇고

公孫丑가 말하였다. "〈凱風〉은 어찌하여 원망하지 않았습니까?"

凱風은 邶風篇名이라 衛有七子之母 不能安其室이어늘 七子作此하여 以自責也하니라

〈凱風〉은 〈邶風〉의 篇名이다. 衛나라에 일곱 아들을 둔 어머니가 그 집을 편안히 여기지 못하거늘 일곱 아들이 이 詩를 지어 自責한 것이다.

曰 凱風은 親之過 小者也요 小弁은 親之過 大者也니 親之過 大而不怨이면 是는 愈疏也요 親之過 小而怨이면 是는 不可磯[1]也니 愈疏도 不孝也요 不可磯도 亦不孝也니라

孟子께서 말씀하셨다. "〈凱風〉은 어버이의 과실이 작은 것이요 〈小弁〉은 어버이의 과실이 큰 것이니, 어버이의 과실이 큰데도 원망하지 않는다면 이는 더욱 소원해지는 것이요 어버이의 과실이 작은데도 원망한다면 이는 磯할 수 없는 것이니, 더욱 소원함도 不孝요 磯할 수 없음도 또한 不孝이다.

譯註 1. 不可磯 : 磯는 물가에 나와 있는 돌로, 물이 여기에 부딪치면 激해지기 때문에 父

涕:눈물 체 執:막을 집 滯:막힐 체 凱:착할 개 邶:나라이름 패 磯:물가 기

母가 조금만 잘못을 저질러도 자식의 성질이 사나워 대번에 격해짐을 비유한 것인 바, 不可磯는 자식이 쉽게 노하여 부모가 자식을 건드릴 수 없음을 뜻한다.

磯는 水激石也니 不可磯는 言微激之而遽怒也라

磯는 물이 부딪치는 돌이니, 不可磯는 조금만 激하여도 대번에 노함을 말한다.

孔子曰 舜은 其至孝矣신저 五十而慕라하시니라

孔子께서 말씀하시기를 '舜임금은 지극한 孝이실 것이다. 50세까지 사모했다.' 하셨다."

言 舜猶怨慕하시니 小弁之怨이 不爲不孝也라
○ 趙氏曰 生之膝下하여 一體而分이라 喘息呼吸에 氣通於親하나니 當親而疏면 怨慕號天이라 是以로 小弁之怨이 未足爲愆也니라

舜임금도 오히려 원망하고 사모하였으니, 〈小弁〉의 원망이 不孝가 되지 않음을 말씀한 것이다.

○ 趙氏(趙岐)가 말하였다. "자식은 膝下에서 태어나 한 몸에서 나누어졌다. 그리하여 숨을 쉬고 호흡함에 기운이 어버이와 통하니, 마땅히 친해야 할 경우에 소원하면 원망하고 사모하여 하늘에 부르짖는다. 이 때문에 〈小弁〉의 원망이 허물이 될 수 없는 것이다."

4. 宋牼이 將之楚러니 孟子遇於石丘하시다

宋牼이 장차 楚나라로 가려고 하였는데 孟子께서 그를 石丘에서 만나셨다.

宋은 姓이요 牼은 名이라 石丘는 地名이라

宋은 姓이요 牼은 이름이다. 石丘는 地名이다.

曰 先生은 將何之오

孟子께서 말씀하셨다. "先生은 장차 어디로 가려 하십니까?"

激:물부딪칠 격　遽:갑자기 거　膝:무릎 슬　喘:헐떡거릴 천　息:숨쉴 식　愆:허물 건
牼:쇠정강이뼈 경

趙氏曰 學士年長者라 故로 謂之先生이라

趙氏(趙岐)가 말하였다. "배운 선비로 나이가 많은 자였다. 그러므로 先生이라 이르신 것이다."

曰 吾聞秦楚構兵이라하니 我將見楚王하여 說(세)而罷之호되 楚王이 不悅이어든 我將見秦王하여 說而罷之호리니 二王에 我將有所遇焉이리라

宋牼이 말하였다. "내 들으니 秦나라와 楚나라가 兵(戰亂)을 맺고 있다 하니, 내 장차 楚王을 만나보고 설득하여 싸움을 그만두게 하되 楚王이 기뻐하지 않거든 내 장차 秦王을 만나보고 설득하여 싸움을 그만두게 할 것이니, 두 王 중에 내 장차 뜻이 합하는 사람이 있을 것이다."

時에 宋牼이 方欲見楚王호되 恐其不悅[1]이면 則將見秦王也라 遇는 合也라 按莊子書컨대 有宋鈃者 禁攻寢兵하여 救世之戰하여 上說(세)下教하여 强聒不舍라하여늘 疏云 齊宣王時人이라하니 以事考之컨대 疑卽此人也라

이때 宋牼이 막 楚王을 보고자 하였는데, 楚王이 혹 기뻐하지 않으면 장차 秦王을 보려고 한 것이다. 遇는 합함이다. ≪莊子≫ 책을 상고해 보면 "宋鈃이라는 자가 공격을 금하고 兵亂을 잠재워서 세상의 싸움을 말려 위로 설득하고 아래로 가르쳐서 억지로 떠들고 그만두지 않았다." 하였는데, 注疏에 이르기를 "〈宋鈃은〉 齊宣王 때의 사람이다." 하였으니, 일로써 상고해 보면 바로 이 사람인 듯하다.

譯註 1. 恐其不悅 : 壺山은 "恐은 或과 같다." 하였다.

曰 軻也는 請無問其詳이요 願聞其指하노니 說之將如何오 曰 我將言其不利也호리라 曰 先生之志則大矣어니와 先生之號則不可하다

孟子께서 말씀하셨다. "나는 청컨대 그 상세한 것은 묻지 않고 그 취지를 듣

構:맺을 구 罷:그칠 파 鈃:그릇 견 寢:잠재울 침 强:억지로 강 聒:떠들 괄

기 원하노니, 설득하기를 장차 어찌하려 하십니까?" 宋牼이 말하였다. "내 장차 그 不利함을 말하려 하노라." "先生의 뜻은 크지만 先生의 口號(명분)는 불가합니다.

徐氏曰 能於戰國擾攘之中에 而以罷兵息民爲說하니 其志可謂大矣라 然이나 以利爲名이면 則不可也라

徐氏(徐度)가 말하였다. "능히 戰國의 紛亂한 가운데에 兵亂을 중지하여 백성을 휴식시키는 것을 가지고 말하였으니, 그 뜻이 크다고 할 만하다. 그러나 이익으로써 名分을 삼는다면 불가하다."

先生이 以利로 說秦楚之王이면 秦楚之王이 悅於利하여 以罷三軍之師하리니 是는 三軍之士 樂罷而悅於利也라 爲人臣者 懷利以事其君하며 爲人子者 懷利以事其父하며 爲人弟者 懷利以事其兄이면 是는 君臣父子兄弟 終去仁義하고 懷利以相接이니 然而不亡者 未之有也니라

先生이 이익을 가지고 秦·楚의 王을 설득하면 秦·楚의 王이 이익을 좋아하여 三軍의 군대를 파할 것이니, 이는 三軍의 군사들이 파함을 즐거워하되 이익을 좋아하는 것입니다. 신하된 자가 이익을 생각하여 그 군주를 섬기며 자식된 자가 이익을 생각하여 그 父母를 섬기며 아우된 자가 이익을 생각하여 그 형을 섬긴다면, 이는 君臣과 父子와 兄弟가 마침내 仁義를 버리고 이익을 생각하여 서로 대하는 것이니, 이렇게 하고서도 망하지 않는 자는 있지 않습니다.

先生이 以仁義로 說秦楚之王이면 秦楚之王이 悅於仁義하여 而罷三軍之師하리니 是는 三軍之士 樂罷而悅於仁義也라 爲人臣者 懷仁義以事其君하며 爲人子者 懷仁義以事其父하며 爲人弟者

擾:시끄러울 요 攘:시끄러울 양 懷:생각할 회

懷仁義以事其兄이면 **是**는 **君臣父子兄弟 去利**하고 **懷仁義以相接也**니 **然而不王者 未之有也**니 **何必曰利**리오

선생이 仁義를 가지고 秦·楚의 王을 설득하면 秦·楚의 王이 仁義를 좋아하여 三軍의 군대를 파할 것이니, 이는 三軍의 군사들이 파함을 즐거워하되 仁義를 좋아하는 것입니다. 신하된 자가 仁義를 생각하여 그 군주를 섬기며 자식된 자가 仁義를 생각하여 그 父母를 섬기며 아우된 자가 仁義를 생각하여 그 형을 섬긴다면, 이는 君臣과 父子와 兄弟가 이익을 버리고 仁義를 생각하여 서로 대하는 것이니, 이렇게 하고서도 왕 노릇하지 못하는 자는 있지 않으니, 하필 이익을 말씀합니까."

此章은 言 休兵息民이 爲事則一이나 然이나 其心이 有義利之殊하여 而其效 有興亡之異하니 學者所當深察而明辨之也니라

이 章은 兵亂을 그치게 하고 백성을 쉬게 함이 일은 똑같으나 그 마음에는 義·利의 다름이 있어서 그 효험에 興·亡의 차이가 있음을 말씀하였으니, 배우는 자들이 마땅히 깊이 살피고 밝게 분별해야 할 것이다.

5. 孟子居鄒하실새 **季任**이 **爲任處守**러니 **以幣交**어늘 **受之而不報**하시고 **處於平陸**하실새 **儲子爲相**이러니 **以幣交**어늘 **受之而不報**하시다

孟子께서 鄒나라에 居하실 적에 季任이 任나라의 處守(留守)가 되었었는데, 폐백을 가지고 사귀자 폐백을 받기만 하고 答禮하지 않으셨고, 平陸에 處하실 적에 儲子가 정승이 되었었는데, 폐백을 가지고 사귀자 폐백을 받기만 하고 答禮하지 않으셨다.

趙氏曰 季任은 任君之弟라 任君이 朝會於鄰國이어늘 季任이 爲之居守其國也라 儲子는 齊相也라 不報者는 來見則當報之요 但以幣交則不必報也라

趙氏(趙岐)가 말하였다. "季任은 任나라 군주의 아우이다. 任나라 군주가 이웃 나라

幣:비단 폐　處:머물 처　儲:쌓을 저

에 朝會를 가자 季任이 그를 위하여 그 나라에 거주하면서 지킨 것이다. 儲子는 齊나라 정승이다. 答禮하지 않은 것은 상대방이 와서 만나보면 마땅히 答禮해야 하고 다만 폐백을 가지고 사귀면 군이 答禮하지 않는 것이다."

他日에 由鄒之任하사 見季子하시고 由平陸之齊하사 不見儲子하신대 屋廬子喜曰 連이 得間矣로라

他日에 鄒나라로부터 任나라에 가셔서는 季子를 만나보시고 平陸으로부터 齊나라에 가셔서는 儲子를 만나보지 않으시자, 屋廬子가 기뻐하며 말하였다. "내(連)가 좋은 틈을 얻었노라."

屋廬子知孟子之處此에 必有義理라 故로 喜得其間隙而問之하니라

屋廬子는 孟子께서 이를 處理함에 반드시 義理가 있음을 알았다. 그러므로 그 틈을 얻어 물을 수 있음을 기뻐한 것이다.

問曰 夫子之任하사 見季子하시고 之齊하사 不見儲子하시니 爲其爲相與잇가

屋廬子가 묻기를 "夫子께서 任나라에 가셔서는 季子를 만나보시고 齊나라에 가셔서는 儲子를 만나보지 않으셨으니, 儲子가 齊나라의 정승이 되었기 때문입니까?" 하였다.

言 儲子但爲齊相하니 不若季子攝守君位라 故로 輕之邪아

'儲子는 다만 齊나라의 정승이 되었으니, 季子가 대리하여 군주의 지위를 지킨 것과는 같지 않습니다. 그러므로 그를 가벼이 여긴 것입니까?' 하고 물은 것이다.

曰 非也라 書曰 享은 多儀하니 儀不及物이면 曰 不享이니 惟不役志于享이라하니

間:틈 간　隙:틈 극　攝:대리할 섭　享:올릴 향　儀:예의 의

孟子께서 말씀하셨다. "아니다. ≪書經≫에 이르기를 '享(윗사람에게 물건을 올림)은 禮儀를 重視하니, 〈비록 享을 했다 하더라도〉 예의가 물건에 미치지 못하면 이를 享하지 않았다 하니, 이는 享에 마음을 쓰지 않았기 때문이다.' 하였으니,

書는 周書洛誥之篇이라 享은 奉上也라 儀는 禮也요 物은 幣也라 役은 用也라 言 雖享이나 而禮意不及其幣하면 則是不享矣니 以其不用志于享故也니라

書는 〈周書 洛誥篇〉이다. 享은 윗사람을 받드는 것이다. 儀는 禮儀이고 物은 폐백이다. 役은 쓰임이다. 비록 享을 했다 하더라도 禮의 뜻이 그 폐백에 미치지 못하면 이것은 享하지 않은 것이니, 이는 享에 마음을 쓰지 않았기 때문임을 말한 것이다.

爲其不成享也니라

그 享을 이루지 못했기 때문이다."

孟子釋書意如此하시니라

孟子께서 ≪書經≫의 뜻을 해석하기를 이와 같이 하신 것이다.

屋廬子悅이어늘 **或問之**한대 **屋廬子曰 季子**는 **不得之鄒**요 **儲子**는 **得之平陸**일새니라

屋廬子가 기뻐하자 혹자가 물으니, 屋廬子가 말하였다. "季子는 鄒나라에 갈 수 없었고 儲子는 平陸에 갈 수 있었기 때문이다."

徐氏曰 季子는 爲君居守하여 不得往他國以見孟子하니 則以幣交而禮意已備요 儲子는 爲齊相하여 可以至齊之境內로되 而不來見하니 則雖以幣交나 而禮意不及其物也니라

徐氏(徐度)가 말하였다. "季子는 군주를 위하여 나라에 거주하면서 지키고 있어 他國에 가서 孟子를 뵐 수 없었으니 그렇다면 폐백만 가지고 사귀어도 禮의 뜻이 이미 구비되었고, 儲子는 齊나라의 정승이 되어 齊나라의 境內에 이를 수 있는데도 찾아와 뵙

洛:물이름 락　誥:가르칠 고

지 않았으니 그렇다면 비록 폐백을 가지고 사귀었더라도 禮의 뜻이 그 물건에 미치지 못한 것이다."

6. **淳于髡曰 先名實者**는 **爲人也**요 **後名實者**는 **自爲也**니 **夫子在三卿之中**하사 **名實**이 **未加於上下而去之**하시니 **仁者**도 **固如此乎**잇가

淳于髡이 말하였다. "名(名聲)과 實(事功)을 먼저 하는 자는 人民을 위하는 것이요 名과 實을 뒤로 하는 자는 자신을 위하는 것이니, 夫子께서 三卿의 가운데에 계셨으나 名과 實이 上下에 加해지지 못하고 떠나셨으니, 仁者도 진실로 이와 같습니까?"

名은 聲譽也요 實은 事功也라 言 以名實爲先而爲之者는 是有志於救民者也요 以名實爲後而不爲者는 是欲獨善其身者也라 名實未加於上下는 言 上未能正其君하고 下未能濟其民也라

名은 聲譽이고 實은 事功이다. 名과 實을 우선으로 여겨서 이것을 하는 자는 백성을 구제함에 뜻을 둔 자요, 名과 實을 뒤로 여겨서 하지 않는 자는 홀로 그 몸을 善하게 하고자 하는 자임을 말한 것이다. 名과 實이 上下에 加해지지 못했다는 것은 위로는 군주를 바로잡지 못하고 아래로는 백성을 구제하지 못하였음을 말한 것이다.

孟子曰 居下位하여 **不以賢事不肖者**는 **伯夷也**요 **五就湯**하며 **五就桀者**는 **伊尹也**요 **不惡汚君**하며 **不辭小官者**는 **柳下惠也**니 **三子者不同道**하나 **其趨**는 **一也**니 **一者**는 **何也**오 **曰 仁也**라 **君子**는 **亦仁而已矣**니 **何必同**이리오

孟子께서 말씀하셨다. "낮은 지위에 거하여 어짊으로써 어질지 못한 이를 섬기지 않은 자는 伯夷였고, 다섯 번 湯王에게 나아가며 다섯 번 桀王에게 나아간 자는 伊尹이었고, 더러운 군주를 싫어하지 않으며 작은 관직을 사양하지 않은 자는 柳下惠였으니, 이 세 분들은 길이 같지 않았으나 그 나아감은 똑같았으니,

---

髡:머리깎을 곤 濟:구제할 제 趨:향할 추

똑같다는 것은 무엇인가? 仁이다. 君子는 또한 仁할 뿐이니, 어찌 굳이 같을 것이 있겠는가."

仁者는 無私心而合天理之謂라 楊氏曰 伊尹之就湯은 以三聘之勤也요 其就桀也는 湯進之也니 湯豈有伐桀之意哉시리오 其進伊尹以事之也는 欲其悔過遷善而已니 伊尹이 旣就湯이면 則以湯之心爲心矣라 及其終也에 人歸之하고 天命之하니 不得已而伐之耳라 若湯이 初求伊尹에 卽有伐桀之心이어늘 而伊尹이 遂相之以伐桀이면 是는 以取天下爲心也니 以取天下爲心이면 豈聖人之心哉리오

仁은 私心이 없어 天理에 합함을 이른다.

楊氏(楊時)가 말하였다. "伊尹이 湯王에게 나아간 것은 湯王이 세 번 초빙한 부지런함 때문이었고 桀王에게 나아간 것은 湯王이 그를 천거해서이니, 湯王이 어찌 桀王을 칠 뜻이 있었겠는가. 伊尹을 천거하여 섬기게 한 것은 桀王이 過失을 뉘우치고 善으로 옮겨가기를 바라서일 뿐이었으니, 伊尹이 이미 湯王에게 나아갔다면 湯王의 마음을 자신의 마음으로 삼았을 것이다. 그 종말에 미쳐서 사람들이 돌아오고 하늘이 명하니, 부득이 桀王을 정벌했을 뿐이다. 만일 湯王이 처음 伊尹을 구했을 적에 즉시 桀王을 칠 마음이 있었는데 伊尹이 마침내 그를 도와서 桀王을 정벌했다면 이것은 天下를 취함으로써 마음을 삼은 것이니, 천하를 취함으로써 마음을 삼았다면 이 어찌 聖人의 마음이겠는가."

曰 魯繆公之時에 公儀子爲政하고 子柳, 子思爲臣이로되 魯之削也滋甚하니 若是乎賢者之無益於國也여

淳于髡이 말하였다. "魯나라 繆公의 때에 公儀子가 정사를 하였고 子柳와 子思가 신하가 되었으나 魯나라의 侵削됨이 더욱 심하였으니, 이와 같이 賢者가 나라에 유익함이 없습니다."

公儀子는 名休니 爲魯相이라 子柳는 泄柳也라 削은 地見侵奪也라 髡譏孟子雖不去나 亦未必能有爲也라

聘:맞이할 빙 繆:나쁜시호 목(穆通) 削:깎일 삭 滋:더할 자 泄:샐 설 見:당할 견

公儀子는 이름이 休이니, 魯나라 정승이 되었다. 子柳는 泄柳이다. 削은 땅이 侵奪을 당하는 것이다. 淳于髡은 孟子가 떠나지 않았더라도 또한 반드시 훌륭한 일을 함이 있지 못했을 것이라고 기롱한 것이다.

曰 虞不用百里奚而亡하고 **秦穆公**이 **用之而霸**하니 **不用賢則亡**이니 **削**을 **何可得與**리오

孟子께서 말씀하셨다. "虞나라는 百里奚를 쓰지 않아 망하였고 秦穆公은 그를 등용하여 霸者가 되었으니, 賢人을 쓰지 않으면 나라가 망하니 侵削됨을 어찌 얻을 수 있겠는가."

百里奚는 事見前篇하니라

百里奚는 일이 前篇(萬章 下)에 보인다.

曰 昔者에 **王豹處於淇**에 **而河西善謳**하고 **綿駒處於高唐**에 **而齊右善歌**하고 **華周杞梁之妻 善哭其夫**에 **而變國俗**하니 **有諸內**면 **必形諸外**하나니 **爲其事而無其功者**를 **髡**이 **未嘗覩之也**로니 **是故**로 **無賢者也**니 **有則髡必識之**니이다

淳于髡이 말하였다. "옛적에 王豹가 淇水가에 처함에 河西지방이 謳를 잘 하였고, 綿駒가 高唐에 처함에 齊나라 서쪽 지방이 노래를 잘 하였고, 華周와 杞梁의 아내가 그 남편의 喪에 哭을 잘 함에 나라의 풍속이 변했습니다. 안에 가지고 있으면 반드시 밖에 나타나는 것이니, 그러한 일을 하고서 그러한 공효가 없는 자를 제가 일찍이 보지 못했습니다. 이러므로 〈이 세상에는〉 賢者가 없는 것이니, 있다면 제가 반드시 알 것입니다."

王豹는 衛人이니 善謳하니라 淇는 水名이라 綿駒는 齊人이니 善歌[1]하니라 高唐은 齊西邑이라 華周, 杞梁은 二人皆齊臣이니 戰死於莒어늘 其妻哭之哀하니 國俗이 化之하여 皆

豹:표범 표 淇:기수 기 謳:노래 구 綿:솜 면 駒:망아지 구 覩:볼 도 莒:땅이름 거

善哭하니라 髡이 以此로 譏孟子仕齊無功하니 未足爲賢也라

王豹는 衛나라 사람이니 謳를 잘 하였다. 淇는 물 이름이다. 綿駒는 齊나라 사람이니 노래를 잘 하였다. 高唐은 齊나라 서쪽에 있는 고을이다. 華周와 杞梁은 두 사람 모두 齊나라 신하였는데, 莒땅에서 戰死하자 그 아내가 哭하기를 애통하게 하니, 國俗이 化하여 모두 哭을 잘하게 되었다. 淳于髡이 이것을 가지고 孟子가 齊나라에 벼슬하였으나 功이 없었으니 賢者라 할 수 없다고 기롱한 것이다.

譯註 1. 善謳……善歌 : 謳와 歌는 같은 뜻으로 쓰기도 하며, 謳는 혹은 가락에 맞추는 것이라 하기도 하고 혹은 가락에 맞추지 않는 것이라 하기도 하여 說이 분분하다. 壺山은 ≪大全≫을 인용하여 "謳는 소리에 곡절이 있는 것이요, 歌는 길게 말하는 것이다." 하였다.

曰 孔子爲魯司寇러시니 不用하고 從而祭에 燔肉이 不至어늘 不稅(脫)冕而行하시니 不知者는 以爲爲肉也라하고 其知者는 以爲爲無禮也라하니 乃孔子則欲以微罪行하사 不欲爲苟去하시니 君子之所爲를 衆人이 固不識也니라

孟子께서 말씀하셨다. "孔子께서 魯나라의 司寇가 되셨는데, 〈그 말씀이〉 쓰여지지 않고 따라서 제사함에 제사고기가 이르지 않자 면류관을 벗지 않고 떠나시니, 孔子를 알지 못하는 자들은 고기 때문에 떠났다고 하고 孔子를 아는 자들은 無禮하기 때문이라고 하였다. 그러나 孔子께서는 하찮은 罪를 구실삼아 떠나고자 하여 구차히 떠나려고 하지 않으신 것이니, 君子가 하는 바를 衆人들은 진실로 알지 못하는 것이다."

按史記컨대 孔子爲魯司寇하사 攝行相事하시니 齊人이 聞而懼하여 於是에 以女樂遺魯君한대 季桓子與魯君으로 往觀之하고 怠於政事어늘 子路曰 夫子可以行矣니이다 孔子曰 魯今且郊하니 如致膰(燔)于大夫면 則吾猶可以止라하시더니 桓子卒受齊女樂하고 郊又不致膰肉于大夫어늘 孔子遂行하시니라 孟子言 以爲爲肉者는 固不足道요 以爲爲無禮도 則亦未爲深知孔子者라 蓋聖人이 於父母之國에 不欲顯其君相之失하시고

燔:구울 번　稅:벗을 탈(脫通)　遺:줄 유　郊:천제 교　膰:제사고기 번　相:정승 상

又不欲爲無故而苟去라 故로 不以女樂去而以膰肉行하시니 其見幾明決而用意忠厚하시니 固非衆人所能識也라 然則孟子之所爲를 豈髡之所能識哉리오
○ 尹氏曰 淳于髡이 未嘗知仁하고 亦未嘗識賢也하니 宜乎其言若是로다

≪史記≫를 상고해 보면 "孔子가 魯나라 司寇가 되어 정승의 일을 代行하시니, 齊나라 사람들이 이를 듣고 두려워하여 이에 女樂(미모의 舞姬)을 魯나라 군주에게 보내주었다. 季桓子가 魯나라 군주와 함께 가서 이를 구경하고는 정사에 태만하니, 子路가 '夫子께서 떠날 만하십니다.' 하고 말하였다. 孔子께서 말씀하시기를 '魯나라가 지금 장차 郊祭를 지낼 것이니, 만일 제사고기를 大夫에게 가져다준다면 내 오히려 걸음을 멈출 수 있다.' 하셨는데, 季桓子가 마침내 齊나라의 女樂을 받고 郊祭에 또 제사고기를 大夫에게 주지 않자 孔子께서 마침내 떠나셨다." 하였다. 孟子께서 말씀하시기를 "고기 때문이라고 한 자들은 진실로 말할 것이 못되고, 無禮하기 때문이라고 말한 자들도 또한 孔子를 깊이 안 자가 되지 못한다. 聖人은 父母의 나라에 대해서 그 군주와 재상의 過失을 드러내고자 하지 않으셨고 또 연고(이유)없이 구차히 떠나려고 하지 않으셨다. 그러므로 女樂 때문에 떠나지 않고 제사고기를 구실삼아 떠나셨으니, 그 幾微를 봄이 밝고 결단하였으며 뜻을 씀이 忠厚하시니 진실로 衆人들이 알 수 있는 바가 아니다."라고 하신 것이다. 그렇다면 孟子께서 하신 바를 어찌 淳于髡이 알 수 있겠는가.

○ 尹氏(尹焞)가 말하였다. "淳于髡은 일찍이 仁을 알지 못하였고 또한 일찍이 賢者를 알지 못했으니, 그 말이 이와 같음이 당연하다."

7. 孟子曰 五霸者는 三王之罪人也요 今之諸侯는 五霸之罪人也요 今之大夫는 今之諸侯之罪人也니라

孟子께서 말씀하셨다. "五霸는 三王의 죄인이요, 지금의 諸侯들은 五霸의 죄인이요, 지금의 大夫들은 지금 諸侯의 죄인이다.

趙氏曰 五霸는 齊桓, 晉文, 秦穆, 宋襄, 楚莊也요 三王은 夏禹, 商湯, 周文武也니라
丁氏曰 夏昆吾와 商大彭, 豕韋와 周齊桓, 晉文을 謂之五霸라하니라

趙氏(趙岐)가 말하였다. "五霸는 齊나라 桓公, 晉나라 文公, 秦나라 穆公, 宋나라 襄

幾:기미 기　穆:화목 목　襄:멍에 양　昆:맏 곤　彭:성 팽　豕:돼지 시　韋:가죽 위

公, 楚나라 莊王이다. 三王은 夏나라의 禹王, 商나라의 湯王, 周나라의 文王·武王이다."

丁氏(丁公著)가 말하였다. "夏나라 昆吾, 商나라 大彭과 豕韋, 周나라 齊桓公과 晉文公을 五霸라 이른다."

天子適諸侯曰巡狩요 **諸侯朝於天子曰述職**이니 **春省耕而補不足**하며 **秋省斂而助不給**하나니 **入其疆**하니 **土地**辟하며 **田野治**하며 **養老尊賢**하며 **俊傑**이 **在位**하면 **則有慶**이니 **慶以地**하고 **入其疆**하니 **土地荒蕪**하며 **遺老失賢**하며 掊**克**이 **在位**하면 **則有讓**이니 **一不朝則貶其爵**하고 **再不朝則削其地**하고 **三不朝則六師**로 **移之**라 **是故**로 **天子**는 **討而不伐**하고 **諸侯**는 **伐而不討**하나니 **五霸者**는 摟**諸侯**하여 **以伐諸侯者也**라 **故**로 **曰 五霸者**는 **三王之罪人也**라하노라

天子가 諸侯國에 가는 것을 巡狩라 하고 諸侯가 天子에게 조회가는 것을 述職이라 하니, 봄에는 교외에 나가 경작하는 상태를 살펴 부족한 자를 보조해주고 가을에는 수확하는 상태를 살펴 부족한 자를 보조해 준다. 그 경내에 들어가니 토지가 잘 개척되고 田野가 잘 다스려졌으며 노인을 봉양하고 어진이를 높이며 준걸스러운 자가 지위에 있으면 賞이 있으니 賞은 땅으로 주고, 그 경내에 들어가니 토지가 황폐하며 노인을 버리고 어진이를 잃으며 掊克하는 자들이 지위에 있으면 꾸짖음이 있다. 〈제후가〉 한 번 조회하지 않으면 그 官爵을 貶하고 두 번 조회하지 않으면 그 땅을 떼어내고 세 번 조회하지 않으면 六軍을 동원하여 군주를 바꿔 놓는다. 그러므로 天子는 죄를 聲討만 하고 征伐하지 않으며, 諸侯는 征伐하기만 하고 聲討하지 않는다. 그런데 五霸는 諸侯를 이끌어 諸侯를 정벌하였다. 그러므로 〈내가〉 '五霸는 三王의 죄인'이라고 말하는 것이다.

慶은 賞也니 益其地以賞之也라 掊克은 聚斂也라 讓은 責也라 移之者는 誅其人而變置之也라 討者는 出命以討其罪하고 而使方伯連帥(수)[1]로 帥(솔)諸侯以伐之也라 伐

適:갈 적 狩:순행할 수 疆:지경 강 辟:개간할 벽 慶:상줄 경 蕪:황폐할 무 掊:거둘 부 克:세금많이거둘 극 讓:꾸짖을 양 貶:낮출 폄 摟:끌 루

者는 奉天子之命하여 聲其罪而伐之也라 摟는 牽也라 五霸牽諸侯하여 以伐諸侯하고 不用天子之命也라 自入其疆으로 至則有讓은 言巡狩之事요 自一不朝로 至六師移之는 言述職之事라

慶은 賞이니, 그 땅을 보태어 상주는 것이다. 掊克은 세금을 많이 거두는 것이다. 讓은 꾸짖음이다. 移之는 그 군주를 베고 다른 사람으로 바꾸어 두는 것이다. 討는 명령을 내어 그 죄를 聲討하고 方伯과 連帥로 하여금 諸侯를 거느리고 정벌하게 하는 것이다. 伐은 天子의 명령을 받들어 그 죄를 聲討하고 정벌하는 것이다. 摟는 끎이다. 五霸는 諸侯를 이끌어 諸侯를 정벌하였고 天子의 명령을 쓰지 않았다. 入其疆으로부터 則有讓까지는 巡狩의 일을 말하였고, 一不朝로부터 六師移之까지는 述職의 일을 말하였다.

譯註 1. 方伯連帥 : 方伯은 諸侯 중에 우두머리로, 東方에는 東伯이 있고 西方에는 西伯이 있고 南方과 北方에도 각각 南伯과 北伯이 있었다. 連帥는 연합국의 총수인 바, 후대에는 道伯을 方伯, 兵使를 連帥라 하였다.

五霸에 桓公이 爲盛하더니 葵丘之會에 諸侯束牲載書而不歃血하고 初命曰 誅不孝하며 無易樹子하며 無以妾爲妻라하고 再命曰 尊賢育才하여 以彰有德이라하고 三命曰 敬老慈幼하며 無忘賓旅라하고 四命曰 士無世官하며 官事無攝하며 取士必得하며 無專殺大夫라하고 五命曰 無曲防하며 無遏糴하며 無有封而不告라하고 曰 凡我同盟之人은 既盟之後에 言歸于好[1]라하니 今之諸侯는 皆犯此五禁하나니 故로 曰 今之諸侯는 五霸之罪人也라하노라

五霸 중에 桓公이 가장 성하였는데, 葵丘의 會盟에 諸侯들이 희생을 묶어 그 위에 책을 올려놓고는 피를 마시지 않고 첫 번째 명령하기를 '不孝하는 자를 처벌하며 세워 놓은 아들(世子)을 바꾸지 말며 妾을 아내로 삼지 말라.' 하고, 두 번째 명령하기를 '어진이를 높이고 인재를 길러서 德이 있는 이를 표창하라.' 하고, 세 번째 명령하기를 '노인을 공경하고 어린이를 사랑하며 손님과 나그네를

牽:끌 견 牲:짐승 생 歃:마실 삽 樹:세울 수 彰:드러낼 창 遏:막을 알 糴:쌀사들일 적

잊지 말라.' 하고, 네 번째 명령하기를 '선비는 대대로 관직을 주지 말며 관청의 일을 겸직시키지 말며 선비를 취함에 반드시 적임자를 얻으며 마음대로 大夫를 죽이지 말라.' 하고, 다섯 번째 명령하기를 '제방을 굽게 쌓지 말며 쌀을 수입해 가는 것을 막지 말며 大夫들을 봉해 주고서 고하지 않는 일이 없도록 하라.' 하고, 말하기를 '무릇 우리 同盟한 사람들은 이미 盟約한 뒤에 좋은 데로 돌아가도록 하자.' 하였다. 그런데 지금 諸侯들은 모두 이 다섯 가지 금지하는 것을 범한다. 그러므로 내가 지금 諸侯들은 五霸의 죄인이라고 말하는 것이다.

譯註 1. 言歸于好 : 友好로 돌아간다는 뜻으로, 言은 助辭이다. 友好로 돌아간다는 것은 맹약한 제후들이 약속한 내용을 위배하여 토벌당하는 일이 없음을 이른다.

按春秋傳[1]컨대 僖公九年葵丘之會에 陳牲而不殺하고 讀書加於牲上[2]하여 壹明天子之禁하니라 樹는 立也니 已立世子면 不得擅易이라 初命三事는 所以修身正家之要也라 賓은 賓客也요 旅는 行旅也니 皆當有以待之요 不可忽忘也라 士世祿而不世官은 恐其未必賢也라 官事無攝은 當廣求賢才以充之요 不可以闕人廢事也라 取士必得은 必得其人也라 無專殺大夫는 有罪則請命于天子而後에 殺之也라 無曲防은 不得曲爲隄防하여 壅泉激水하여 以專小利, 病鄰國也라 無遏糴은 鄰國凶荒이어든 不得閉糴也라 無有封而不告者는 不得專封國邑而不告天子也라

≪春秋穀梁傳≫을 살펴보면 "僖公 9년 葵丘의 會盟에 희생을 진열해 놓기만 하고 죽이지 않고서 책을 읽고 희생 위에 올려놓아 天子의 금지하는 명령을 한번 밝혔다." 하였다. 樹는 세움이니, 이미 世子를 세웠으면 마음대로 바꿀 수 없는 것이다. 첫 번째 명령한 세 가지 일은 몸을 닦고 집안을 바로잡는 바의 요점이다. 賓은 賓客이요 旅는 行旅이니, 모두 마땅히 이들을 대접함이 있어야 하고 경홀히 하고 잊어서는 안 되는 것이다. 선비는 대대로 祿은 주나 대대로 관직을 주지 않는 것은 그 자손이 반드시 어질지는 못할까 두려워해서이다. 관청의 일을 겸직시키지 말라는 것은 마땅히 賢才를 널리 구하여 충원시킬 것이요, 사람이 없다고 하여 일을 폐해서는 안 되는 것이다. 선비를 취함에 반드시 얻는다는 것은 반드시 그 적임자를 얻는 것이다. 마음대로 大夫를 죽이지 말라는 것은 죄가 있으면 반드시 天子에게 命을 청한 뒤에 죽이는 것이다. 제방을 굽게 쌓지 말라는 것은 굽게 제방을 만들어서 물을 막고 물을 激하게 하여 작은 이익을

僖:즐거울 희　葵:아욱 규　擅:멋대로할 천　壅:막을 옹　激:부딪칠 격　病:해로울 병

오로지 하고 이웃나라에 피해를 끼치지 못하게 하는 것이다. 쌀을 수입해 가는 것을 막지 말라는 것은 이웃나라에 흉년이 들거든 쌀을 수입해 가는 것을 막지 못하게 하는 것이다. 봉해주고서 고하지 않음이 없도록 하라는 것은 마음대로 國邑을 봉해주고 天子에게 아뢰지 않지 못하게 하는 것이다.

譯註 1. 按春秋傳 : 이 내용은 ≪春秋穀梁傳≫ 僖公 9年條에 보인다.

2. 讀書加於牲上 : 讀書를 名詞로 보아 읽어야 할 規約書로 보기도 한다. 이에 대하여 沙溪는 "讀書는 賣書(상자속의 맹약서)로 읽어야 한다." 하였으나 壺山은 "≪春秋穀梁傳≫ 本文에 讀書로 되어 있으니, 다시 살펴보아야 한다." 하였다.

長君之惡은 其罪小하고 逢君之惡은 其罪大하니 今之大夫 皆逢君之惡하나니 故로 曰 今之大夫는 今之諸侯之罪人也라하노라

君主의 惡을 助長함은 그 죄가 작고 君主의 惡을 미리 맞아줌은 그 죄가 크니, 지금 大夫들은 모두 군주의 惡을 미리 맞아준다. 그러므로 내가 지금 大夫들은 지금 諸侯의 죄인이라고 말하는 것이다."

君有過에 不能諫하고 又順之者는 長君之惡也요 君之過未萌에 而先意導之者는 逢君之惡也라

○ 林氏曰 邵子有言호되 治春秋者 不先治五霸之功罪면 則事無統理하여 而不得聖人之心이라 春秋之間에 有功者未有大於五霸요 有過者亦未有大於五霸라 故로 五霸者는 功之首요 罪之魁也라하니 孟子此章之義 其亦若此也與인저 然이나 五霸得罪於三王하고 今之諸侯得罪於五霸는 皆出於異世라 故로 得以逃其罪어니와 至於今之大夫하여는 宜得罪於今之諸侯하니 則同時矣로되 而諸侯非惟莫之罪也라 乃反以爲良臣而厚禮之하고 不以爲罪而反以爲功하니 何其謬哉오

군주가 과실이 있는데 간하지 못하고 또 그대로 순종함은 군주의 惡을 助長하는 것이요, 군주의 과실이 아직 싹트지 않았는데 뜻에 앞서서 인도함은 군주의 惡을 미리 맞아주는 것이다.

○ 林氏(林之奇)가 말하였다. "邵子가 말씀하기를 '≪春秋≫를 공부하는 자가 먼저

長:자랄 장 逢:맞이할 봉 萌:싹틀 맹 魁:우두머리 괴 逃:달아날 도 謬:그릇될 류

五霸의 功과 罪를 따지지 않으면 일이 統理(條理)가 없어서 聖人의 마음을 얻지 못할 것이다. 春秋時代 사이에 功이 있는 자는 五霸보다 더 큰 이가 없고 과실이 있는 자 또한 五霸보다 더 큰 이가 있지 않다. 그러므로 五霸는 功의 으뜸이요 罪의 괴수이다.' 하였으니, ≪孟子≫의 이 章의 뜻도 이와 같을 것이다. 그러나 五霸가 三王에게 죄를 얻고 지금의 諸侯가 五霸에게 죄를 얻은 것은 모두 다른 세대에 나왔기 때문에 그 죄를 도피할 수 있거니와 지금의 大夫에 이르러서는 마땅히 지금의 諸侯에게 죄를 얻었으니, 그렇다면 같은 시대인데도 諸侯들이 비단 이들을 죄주지 않을 뿐만 아니라 마침내 도리어 훌륭한 신하라고 여겨 후하게 예우하며 죄로 여기지 않고 도리어 功으로 여기니, 어찌 그리도 잘못되었는가."

8. 魯欲使愼子로 爲將軍이러니

魯나라가 愼子를 將軍으로 삼고자 하였는데,

愼子는 魯臣이라

愼子는 魯나라 신하이다.

孟子曰 不教民而用之를 謂之殃民이니 殃民者는 不容於堯舜之世니라

孟子께서 말씀하셨다. "백성을 가르치지 않고 전쟁에 쓰는 것을 백성에게 재앙을 입힌다고 이르니, 백성에게 재앙을 입히는 자는 堯舜의 세상에는 용납되지 못하였다.

教民者는 教之禮義하여 使知入事父兄하고 出事長上也라 用之는 使之戰也라

백성을 가르친다는 것은 백성들에게 禮義를 가르쳐서 들어가서는 父兄을 섬기고 나와서는 長上을 섬길 줄 알게 하는 것이다. 用之는 그들로 하여금 싸우게 하는 것이다.

一戰勝齊하여 遂有南陽이라도 然且不可하니라

殃:재앙 앙 遂:마침내 수 勃:변색할 발

한 번 싸워 齊나라를 이겨서 마침내 南陽을 소유한다 하더라도 이것도 不可하다."

是時에 魯蓋欲使愼子伐齊하여 取南陽也라 故로 孟子言 就使愼子善戰하여 有功如此라도 且猶不可라하시니라

이 때에 魯나라가 아마도 愼子로 하여금 齊나라를 정벌하여 南陽을 취하게 하고자 한 듯하다. 그러므로 孟子께서 말씀하시기를 "가령〔就使〕 愼子가 싸움을 잘하여 功을 이와 같이 세운다 하더라도 오히려 不可하다."고 하신 것이다.

愼子勃然不悅曰 此則滑釐(골리)所不識也로이다

愼子가 勃然히 기뻐하지 않으며 말하였다. "이것은 제(滑釐)가 알지 못하는 바입니다."

滑釐는 愼子名이라

滑釐는 愼子의 이름이다.

曰 吾明告子호리라 天子之地 方千里니 不千里면 不足以待諸侯요 諸侯之地 方百里니 不百里면 不足以守宗廟之典籍이니라

孟子께서 말씀하셨다. "내 분명히 그대에게 말을 하겠다. 天子의 땅은 方千里이니 千里가 못되면 諸侯를 대접할 수 없고, 諸侯의 땅은 方百里이니 百里가 못되면 宗廟의 典籍을 지킬 수 없다.

待諸侯는 謂待其朝覲聘問之禮라 宗廟典籍은 祭祀會同之常制也라

諸侯를 대접한다는 것은 朝會하고 聘問하는 禮에 대접함을 이른다. 宗廟의 典籍은 祭祀하고 會同하는 떳떳한 제도이다.

周公之封於魯에 爲方百里也니 地非不足이로되 而儉於百里하며 太

就:가령 취 滑:어지러울 골 釐:바로잡을 리 待:대접할 대 覲:뵐 근 儉:제한할 검

公之封於齊也에 **亦爲方百里也**니 **地非不足也**로되 **而儉於百里**하니라

周公을 魯나라에 봉할 적에 方百里였으니 땅이 부족하지 않았으나 百里에 제한하였고, 太公을 齊나라에 봉할 적에 또한 方百里였으니 땅이 부족하지 않았으나 百里에 제한하였다.

二公이 有大勳勞於天下로되 而其封國이 不過百里하니라 儉은 止而不過之意也라

두 公이 天下에 큰 공로가 있었는데도 그 봉해 준 나라가 百里를 넘지 않았다. 儉은 그치고 지나치지 않는 뜻이다.

今魯는 **方百里者五**니 **子以爲有王者作**인댄 **則魯在所損乎**아 **在所益乎**[1]아

지금 魯나라는 方百里되는 것이 다섯이니, 그대가 생각하건대 王者가 나온다면 魯나라는 덜어내야 할 쪽에 있겠는가? 보태주어야 할 쪽에 있겠는가?

譯註 1. 在所損乎 在所益乎 : '덜어내야 할 對象에 있겠는가? 더 보태주어야 할 대상에 있겠는가?'를 물은 것으로, '在'는 '有'와 달라 어느 쪽에 있음을 뜻한다.

魯地之大는 皆幷呑小國而得之니 有王者作이면 則必在所損矣리라

魯나라 땅이 커짐은 모두 작은 나라들을 幷呑하여 얻은 것이니, 王者가 나온다면 반드시 덜어내야 할 쪽에 있을 것이다.

徒取諸彼하여 **以與此**라도 **然且仁者不爲**온 **況於殺人以求之乎**아

한갓 저기에서 취하여 여기에 준다 하더라도 이것도 仁者는 하지 않는데, 하물며 사람을 죽이면서 구한단 말인가.

徒는 空也니 言不殺人而取之也라

徒는 한갓이니, 사람을 죽이지 않고 취함을 말한다.

君子之事君也는 **務引其君以當道**하여 **志於仁而已**니라

君子가 군주를 섬김은 힘써(되도록) 그 군주를 이끌어 道에 합하게 하여 仁에 뜻하게 할 뿐이다."

當道는 謂事合於理요 志仁은 謂心在於仁이라

當道는 일이 이치에 합함을 이르고 志仁은 마음이 仁에 있음을 이른다.

9. 孟子曰 今之事君者曰 我能爲君하여 辟(闢)土地하며 充府庫라 하면 今之所謂良臣이요 古之所謂民賊也라 君不鄕(向)道하여 不志於仁이어든 而求富之하니 是는 富桀也니라

孟子께서 말씀하셨다. "지금 군주를 섬기는 자가 말하기를 '내 능히 군주를 위하여 土地를 개간하며 府庫를 충실히 할 수 있다.'라고 한다면 지금의 이른바 훌륭한 신하요 옛날의 이른바 백성의 賊이라는 것이다. 군주가 道를 향하지 않아 仁에 뜻을 두지 않는데도 그를 富하게 하려고 하니, 이것은 桀王을 부유하게 하는 것이다.

辟은 開墾也라

辟은 개간함이다.

我能爲君하여 約與國하여 戰必克이라하나니 今之所謂良臣이요 古之所謂民賊也라 君不鄕道하여 不志於仁이어든 而求爲之强戰하니 是는 輔桀也니라

〈지금 군주를 섬기는 자가 말하기를〉 '내 능히 군주를 위하여 與國(동맹국)과 盟約하여 전쟁을 하면 반드시 승리한다.'라고 하니, 지금의 이른바 훌륭한 신하요 옛날의 이른바 백성의 賊이라는 것이다. 군주가 道를 향하지 않아 仁에 뜻을 두지 않는데도 그를 위하여 억지로 전쟁을 하려고 하니, 이것은 桀王을 도와주는 것이다.

辟:개간할 벽 鄕:향할 향 墾:개간할 간 約:약속할 약 强:억지로 강

約은 要結也라 與國은 和好相與之國也라

約은 要結(盟約)이다. 與國은 우호하여 서로 친한 나라이다.

由今之道하여 **無變今之俗**이면 **雖與之天下**라도 **不能一朝居也**리라

지금의 道를 따라 지금의 풍속을 바꿈이 없다면 비록 천하를 준다 하더라도 하루아침도 차지할 수 없을 것이다."

言 必爭奪而至於危亡也라

반드시 쟁탈하여 危亡에 이름을 말씀한 것이다.

10. 白圭曰 吾欲二十而取一하노니 何如하니잇고

白圭가 말하였다. "나는 〈租稅로〉 20분의 1을 취하고자 하는데 어떻습니까?"

白圭는 名丹이니 周人也라 欲更(경)稅法하여 二十分而取其一分하니라 林氏曰 按史記컨대 白圭能薄飮食하고 忍嗜欲하여 與童(僮)僕同苦樂하며 樂觀時變하여 人棄我取하고 人取我與하여 以此居積致富하니 其爲此論은 蓋欲以其術로 施之國家也니라

白圭는 이름이 丹이니, 周나라 사람이다. 稅法을 변경하여 20분의 1분을 취하고자 한 것이다.

林氏(林之奇)가 말하였다. "≪史記≫ 〈貨殖列傳〉을 상고해 보면 '白圭가 음식을 박하게 하고 嗜欲을 참아서 종들과 苦樂을 함께 하였으며, 시세의 변화를 보기 좋아하여 남들이 버리면 자신은 취하고 남들이 취하면 자신은 주어서 이로써 재물을 쌓아 致富하였다.' 하였으니, 그가 이러한 의론을 한 것은 이 방법을 국가에 시행하고자 한 듯하다."

孟子曰 子之道는 **貉(貊)道也**로다

孟子께서 말씀하셨다. "그대의 방법은 오랑캐의 道이다.

貉은 北方夷狄之國名也라

圭:홀 규　更:바꿀 경　童:종 동　居:쌓을 거　貉:오랑캐 맥(貊同)

貉은 北方 夷狄의 나라 이름이다.

萬室之國에 **一人**이 **陶則可乎**아 **曰 不可**하니 **器不足用也**니이다

萬室의 나라에 한 사람이 질그릇을 구우면 되겠는가?" 白圭가 말하였다. "不可하니, 그릇을 충분히 쓸 수 없습니다."

孟子設喩以詰圭에 而圭亦知其不可也라

孟子께서 비유를 베풀어 白圭를 힐난하시자 白圭 또한 그 不可함을 안 것이다.

曰 夫貉은 **五穀**이 **不生**하고 **惟黍生之**하나니 **無城郭宮室宗廟祭祀之禮**하며 **無諸侯幣帛饔飧**하며 **無百官有司**라 **故**로 **二十**에 **取一而足也**니라

孟子께서 말씀하셨다. "貉國은 五穀이 자라지 않고 오직 기장만이 자라니, 城郭과 宮室과 宗廟와 祭祀의 禮가 없으며 諸侯들과 폐백을 교환하고 음식을 대접하는 일이 없으며 百官과 有司가 없다. 그러므로 20분의 1만 취하여도 충분한 것이다.

北方은 地寒하여 不生五穀하고 黍早熟이라 故로 生之라 饔飧은 以飮食饋客之禮也라

北方은 땅이 추워서 五穀이 자라지 못하고 기장이 일찍 익기 때문에 생산된다. 饔飧은 음식을 가지고 손님에게 먹이는 禮이다.

今에 **居中國**하여 **去人倫**하며 **無君子**면 **如之何其可也**리오

지금 中國에 거주하면서 人倫을 버리고 君子(벼슬아치)가 없다면 어찌 可하겠는가.

無君臣祭祀交際之禮면 是去人倫이요 無百官有司면 是無君子니라

詰:힐문할 힐 黍:기장 서 饔:아침밥 옹 飧:저녁밥 손 饋:먹일 궤(餽同)

君臣과 祭祀와 交際하는 禮가 없다면 이는 人倫을 버리는 것이요, 百官과 有司가 없다면 이는 君子가 없는 것이다.

陶以寡[1]라도 **且不可以爲國**이온 **況無君子乎**아

질그릇이 너무 적더라도 나라를 다스릴 수 없는데, 하물며 君子가 없음에랴.

譯註 1. 陶以寡 : 壺山은 "以字에 굳이 집착할 필요가 없다." 하였다. 그러나 以는 已와 통하는 바, '너무'의 뜻으로 보아도 될 듯하다.

因其辭以折之하시니라

그의 말을 인하여 꺾으신 것이다.

欲輕之於堯舜之道者는 **大貉**에 **小貉也**요 **欲重之於堯舜之道者**는 **大桀**에 **小桀也**니라

〈조세를〉 堯舜의 道보다 경감하고자 하는 자는 큰 貉國에 작은 貉國이요, 堯舜의 道보다 무겁게 하고자 하는 자는 큰 桀王에 작은 桀王이다."

什一而稅는 堯舜之道也니 多則桀이요 寡則貉이니 今欲輕重之면 則是小貉小桀而已니라

10분의 1로 하는 稅法은 堯舜의 道이니, 이보다 많으면 桀王이요 적으면 오랑캐의 道이다. 이제 이보다 경감하거나 무겁게 하고자 한다면 이것은 작은 貉國과 작은 桀王일 뿐이다.

11. 白圭曰 丹之治水也 愈於禹호이다

白圭가 말하였다. "제(丹)가 물을 다스림이 禹王보다 낫습니다."

趙氏曰 當時諸侯에 有小水어늘 白圭爲之築堤하여 壅而注之他國하니라

趙氏(趙岐)가 말하였다. "당시 諸侯國에 작은 洪水가 있었는데, 白圭가 이를 위하여 제방을 쌓아 물을 막아 他國으로 주입시켰다."

孟子曰 子過矣로다 **禹之治水**는 **水之道也**니라

孟子께서 말씀하셨다. "그대가 지나치다. 禹王이 물을 다스림은 물의 길을 따르신 것이다.

順水之性也라

물의 성질을 順히 한 것이다.

是故로 **禹**는 **以四海爲壑**이어시늘 **今**에 **吾子**는 **以鄰國爲壑**이로다

이 때문에 禹王은 四海를 壑(물을 받는 곳)으로 삼으셨는데, 지금 그대는 이웃나라를 壑으로 삼았도다.

壑은 受水處也라

壑은 물을 받는 곳이다.

水逆行을 **謂之洚水**니 **洚水者**는 **洪水也**라 **仁人之所惡**(오)**也**니 **吾子過矣**로다

물이 逆行함을 洚水라 이르니 洚水는 洪水이다. 仁人이 미워하는 것이니 그대가 지나치도다."

水逆行者는 下流壅塞이라 故로 水逆流니 今乃壅水以害人이면 則與洪水之災로 無異矣니라

물이 逆行한다는 것은 下流가 막혔기 때문에 물이 逆流하는 것이니, 이제 도리어 물을 막아서 남을 해친다면 洪水의 재앙과 다를 것이 없다.

12. **孟子曰 君子不亮**이면 **惡**(오)**乎執**이리오

壅:막을 옹　注:물댈 주　洚:물가없을 홍(강)　洪:큰물 홍　亮:성실할 량

孟子께서 말씀하셨다. "君子가 성실하지 않으면 어떻게 일을 잡아서 할 수 있겠는가."

亮은 信也니 與諒同이라 惡乎執은 言 凡事苟且하여 無所執持也라

亮은 信이니, 諒과 같다. 惡乎執은 모든 일이 苟且하여 잡을 바가 없음을 말한 것이다.

13. 魯欲使樂正子로 爲政이러니 孟子曰 吾聞之하고 喜而不寐호라

魯나라에서 樂正子로 하여금 정사를 다스리게 하려고 하였는데, 孟子께서 말씀하셨다. "내가 이 말을 듣고 기뻐서 잠을 이루지 못했노라."

喜其道之得行이라

그 道가 행해질 수 있음을 기뻐하신 것이다.

公孫丑曰 樂正子는 强乎잇가 曰 否라 有知(智)慮乎잇가 曰 否라 多聞識乎잇가 曰 否라

公孫丑가 말하였다. "樂正子는 강합니까?" 孟子께서 말씀하셨다. "아니다." "지혜와 사려가 있습니까?" "아니다." "聞見과 지식이 많습니까?" "아니다."

此三者는 皆當世之所尙이로되 而樂正子之所短이라 故로 丑疑而歷問之하니라

이 세 가지는 모두 당시에 숭상하는 바였으나 樂正子의 부족한 바였다. 그러므로 公孫丑가 의심하여 하나하나 물은 것이다.

然則奚爲喜而不寐시니잇고

〈公孫丑가 말하였다.〉 "그렇다면 어찌하여 기뻐서 잠을 이루지 못하셨습니까?"

丑問也라

公孫丑가 물은 것이다.

諒:믿을 량 寐:잘 매

曰 其爲人也好善이니라

孟子께서 말씀하셨다. "그 사람됨이 善을 좋아한다."

好善이 足乎[1)]잇가

〈公孫丑가 말하였다.〉 "善을 좋아함이 충분합니까?"

譯註 1. 好善 足乎 : 內閣本에는 이 句가 別行으로 되어 있지 않고 윗구와 이어져 있으나 이 句만이 公孫丑의 질문이므로 따로 떼어 別行하였다.

丑問也라

公孫丑가 물은 것이다.

曰 好善이 優於天下어든 而況魯國乎아

孟子께서 말씀하셨다. "善을 좋아함은 천하를 다스리기에도 충분한데, 하물며 魯나라에 있어서랴.

優는 有餘裕也니 言雖治天下라도 尙有餘力也라

優는 여유가 있음이니, 비록 천하를 다스리더라도 오히려 餘力이 있음을 말씀한 것이다.

夫苟好善이면 則四海之內 皆將輕千里而來하여 告之以善하고

만일 善을 좋아하면 四海의 안에서 장차 千里를 가볍게 여기고 찾아와 善을 말해주고,

輕은 易也니 言不以千里爲難也라

輕은 쉬움이니, 千里를 어렵게 여기지 않음을 말한 것이다.

夫苟不好善이면 則人將曰 訑訑를 予旣已知之矣로라하리니 訑訑之

聲音顏色이 **距人於千里之外**하나니 **士止於千里之外**하면 **則讒諂面諛之人**이 **至矣**리니 **與讒諂面諛之人居**면 **國欲治**인들 **可得乎**아

만일 善을 좋아하지 않으면 사람들이 장차 말하기를 '잘난 체 함을 내 이미 안다.' 할 것이니, 잘난 체 하는 음성과 얼굴빛이 사람을 千里 밖에서 막는다. 그리하여 선비가 千里 밖에서 발걸음을 멈춘다면 참소하고 아첨하고 면전에서 비위 맞추는 사람들이 올 것이니, 참소하고 아첨하고 면전에서 비위 맞추는 사람들과 더불어 거처한다면 나라가 다스려지기를 바란들 될 수 있겠는가."

訑訑는 自足其智하여 不嗜善言之貌라 君子小人이 迭爲消長하니 直諒多聞之士遠이면 則讒諂面諛之人至는 理勢然也니라

○ 此章은 言 爲政이 不在於用一己之長이요 而貴於有以來天下之善이니라

訑訑는 자신의 지혜를 스스로 만족히 여겨서 善言을 좋아하지 않는 모양이다. 君子와 小人은 교대로 사라지고 자라나니, 정직하고 성실하고 聞見이 많은 선비가 멀어지면 참소하고 아첨하고 면전에서 비위 맞추는 사람이 오는 것은 이치와 형세의 당연한 것이다.

○ 이 章은 정사를 함이 한낱 자신의 장점을 쓰는 데에 있지 않고, 천하의 善人을 오게 함을 귀하게 여김을 말씀한 것이다.

14. 陳子曰 古之君子 何如則仕니잇고 孟子曰 所就三이요 所去三이니라

陳子(陳臻)가 말하였다. "옛날 君子들은 어떠하면 벼슬하였습니까?" 孟子께서 말씀하셨다. "나아간 것이 세 가지요, 떠난 것이 세 가지였다.

其目在下하니라

그 조목이 아래에 있다.

訑:잘난체할 이 距:막을 거 讒:참소할 참 諛:아첨할 유 嗜:즐길 기 迭:번갈아 질

迎之致敬以有禮하며 **言將行其言也則就之**하고 **禮貌未衰**나 **言弗行也則去之**니라

맞이하기를 공경을 지극히 하여 禮가 있으며 말하기를 장차 그 말씀을 행하겠다고 하면 나아가고, 禮貌가 쇠하지 않았더라도 말이 행해지지 않으면 떠나간다.

所謂見行可之仕[1)]니 若孔子於季桓子是也라 受女樂而不朝면 則去之矣시니라

이른바 '見行可의 벼슬'이라는 것이니, 孔子께서 季桓子에 대해서와 같은 경우가 이것이다. 女樂(舞姬)을 받아들이고 조회하지 않자 떠나가신 것이다.

譯註 1. 見行可之仕 : 道를 행함이 가능한 것을 보고 하는 벼슬로, 孟子가 "孔子께서는 見行可之仕와 交際를 잘한 際可之仕와 供養을 잘한 公養之仕가 있었다." 하셨는 바, 앞의 〈萬章 下〉 4章에 자세히 보인다.

其次는 **雖未行其言也**나 **迎之致敬以有禮則就之**하고 **禮貌衰則去之**니라

그 다음은 비록 그 말씀을 시행하지 않으나 맞이하기를 공경을 지극히 하여 禮가 있으면 나아가고, 禮貌가 쇠하면 떠나간다.

所謂際可之仕니 若孔子於衛靈公이 是也라 故로 與公遊於囿에 公이 仰視蜚雁而後去之하시니라

이른바 '際可의 벼슬'이라는 것이니, 孔子께서 衛靈公에 대해서와 같은 경우가 이것이다. 그러므로 公과 더불어 동산에서 놀 때에 公이 나는 기러기를 우러러본 뒤에 떠나신 것이다.

其下는 **朝不食**하고 **夕不食**하여 **飢餓不能出門戶**어든 **君聞之**하고 **曰吾大者**론 **不能行其道**하고 **又不能從其言也**하여 **使飢餓於我土地**

致:극진할 치　囿:동산 유　蜚:날 비(飛同)　周:구휼할 주

를 **吾恥之**라하고 **周之**인댄 **亦可受也**어니와 **免死而已矣**니라

그 아래로는 아침도 먹지 못하고 저녁도 먹지 못하여 굶주려서 門戶를 나갈 수 없거든 군주가 이 말을 듣고 말하기를 '내 크게는 그 道를 행하지 못하고 또 그 말을 따르지 못해서 내 땅에서 굶주리게 하는 것을 내 부끄러워한다.' 하고 구원해 준다면 또한 그것을 받을 수 있거니와 죽음을 면할 뿐이다."

所謂公養之仕也라 君之於民에 固有周之之義요 況此又有悔過之言하니 所以可受라 然이나 未至於飢餓不能出門戶면 則猶不受也라 其曰免死而已면 則其所受亦有節矣니라

이른바 '公養의 벼슬'이라는 것이다. 군주가 백성에 대해서 진실로 구휼해 주는 義(의무)가 있으며 더구나 또 자신의 과오를 뉘우치는 말이 있으니, 이 때문에 받을 수 있는 것이다. 그러나 굶주려 門戶를 나갈 수 없는 지경에 이르지 않는다면 오히려 받을 수가 없다. 그 죽음을 면할 뿐이라고 말했다면 받는 것도 또한 節制(제한)가 있는 것이다.

15. **孟子曰 舜**은 **發於畎畝之中**하시고 **傅說**(부열)은 **擧於版築之間**하고 **膠鬲**은 **擧於魚鹽之中**하고 **管夷吾**는 **擧於士**하고 **孫叔敖**는 **擧於海**하고 **百里奚**는 **擧於市**하니라

孟子께서 말씀하셨다. "舜임금은 畎畝의 가운데에서 發身하셨고, 傅說은 版築의 사이에서 등용되었고, 膠鬲은 어물과 소금을 파는 가운데에서 등용되었고, 管夷吾는 士官(獄官)에게 갇혀 있다가 등용되었고, 孫叔敖는 바닷가에서 등용되었고, 百里奚는 시장에서 등용되었다.

舜은 耕歷山이러시니 三十에 登庸하시고 說은 築傅巖이러니 武丁이 擧之하고 膠鬲은 遭亂하여 鬻販魚鹽이러니 文王이 擧之하시고 管仲은 囚於士官이러니 桓公이 擧以相國하고 孫叔敖는 隱處海濱이러니 楚莊王이 擧之爲令尹하니라 百里奚는 事見前篇하니라

舜임금은 歷山에서 밭을 갈았는데 30세에 등용되셨고, 傅說은 傅巖이란 곳에서 제방

畎:밭두둑 견 版:조각 판 膠:아교 교 敖:거만할 오 庸:쓸 용(用通) 鬻:팔 육 販:팔 판

(성, 담장)을 쌓고 있었는데 武丁이 들어 썼고, 膠鬲은 난리를 만나 어물과 소금을 팔고 있었는데 文王이 들어 썼고, 管仲은 士官에게 갇혀 있었는데 桓公이 들어서 나라를 돕게 하였고, 孫叔敖는 바닷가에 隱居하였는데 楚莊王이 들어서 令尹을 삼았다. 百里奚에 대한 일은 前篇(萬章 上)에 보인다.

故로 天將降大任於是人也신댄 必先苦其心志하며 勞其筋骨하며 餓其體膚하며 空乏其身하여 行拂亂其所爲하나니 所以動心忍性하여 曾(增)益其所不能이니라

그러므로 하늘이 장차 큰 임무를 이 사람에게 내리려 하실 적에는 반드시 먼저 그 心志를 괴롭게 하며 그 筋骨을 수고롭게 하며 그 體膚를 굶주리게 하며 그 몸을 空乏(빈궁)하게 하여 행함에 그 하는 바를 拂亂시키니, 이것은 마음을 분발시키고 성질을 참게 하여 그 능하지 못한 바를 增益하게 하려는 것이다.

降大任은 使之任大事也니 若舜以下 是也라 空은 窮也요 乏은 絶也라 拂은 戾也니 言使之所爲不遂하여 多背戾也라 動心忍性은 謂竦動其心하고 堅忍其性也라 然이나 所謂性은 亦指氣稟食色而言耳니라 程子曰 若要熟也인댄 須從這裏過[1]니라

큰 임무를 내린다는 것은 그로 하여금 큰 일을 맡게 하는 것이니, 舜임금 이하와 같은 것이 이것이다. 空은 窮함이요 乏은 다함이다. 拂은 어김이니, 그들로 하여금 하는 바를 이루지 못하게 해서 어그러짐이 많음을 말한다. 動心忍性은 그 마음을 竦動(驚動)시키고 그 성질을 굳게 참는 것을 이른다. 그러나 여기에서 말한 性은 또한 氣稟과 食色을 가리켜 말하였을 뿐이다.

程子(明道)가 말씀하였다. "만일 완숙하기를 요구한다면 모름지기 이 시련 속을 통과해야 한다."

譯註 1. 若要熟也 須從這裏過 : '若要熟인댄 也須從這裏過'로 읽기도 하며, 실제로 語錄體에 '也須'가 자주 보이는 바, 이 경우 '也'는 '또한'의 뜻이다.

人恒過然後에 能改하나니 困於心하며 衡(橫)於慮而後에 作하며 徵

筋:힘줄 근 拂:어길 불 曾:더할 증(增同) 竦:두려울 송 衡:걸릴 횡(橫同) 徵:징험할 징

於色하며 發於聲而後에 喩니라

사람은 항상 과실이 있은 뒤에 고치니, 마음에 困하고 생각에 걸린 뒤에 분발하며 얼굴빛에 징험되고 음성에 나타난 뒤에 깨닫는다.

恒은 常也니 猶言大率也라 橫은 不順也라 作은 奮起也라 徵은 驗也라 喩는 曉也라 此는 又言 中人之性이 常必有過然後에 能改하나니 蓋不能謹於平日이라 故로 必事勢窮蹙하여 以至困於心, 橫於慮然後에 能奮發而興起하고 不能燭於幾微라 故로 必事理暴(폭)著하여 以至驗於人之色, 發於人之聲然後에 能警悟而通曉也니라

恒은 항상이니, 大率이란 말과 같다. 橫은 順하지 못함이다. 作은 분발하여 일어남이다. 徵은 징험이다. 喩는 깨우침이다. 이것은 또 中人의 성품이 항상 반드시 과실이 있은 뒤에 능히 고치니, 평소에 삼가지 못하기 때문에 반드시 事勢가 곤궁하고 위축되어 마음에 困하고 생각에 걸림에 이른 뒤에야 능히 분발하여 흥기하고, 幾微에 밝게 알지 못하기 때문에 반드시 事理가 크게 드러나서 사람의 얼굴빛에 징험되고 사람의 음성에 發함에 이른 뒤에야 능히 깨우쳐 통달함을 말씀한 것이다.

入則無法家拂(弼)士하고 出則無敵國外患者는 國恒亡이니라

들어가면 法度있는 大臣의 집안과 보필하는 선비가 없고 나오면 敵國과 外患이 없는 자는 나라가 항상 망한다.

此는 言國亦然也라 法家는 法度之世臣也요 拂士는 輔弼之賢士也라

이것은 나라 역시 그러함을 말씀한 것이다. 法家는 法度를 지키는 世臣이요, 拂士는 보필하는 어진 선비이다.

然後에 知生於憂患而死於安樂也니라

그런 뒤에야 사람은 憂患에서 살고 安樂에서 죽음을 알 수 있는 것이다."

以上文觀之면 則知人之生全이 出於憂患이요 而死亡이 由於安樂矣니라

喩:깨달을 유　蹙:위축될 축　燭:밝을 촉　暴:드러날 폭　拂:도울 필(弼同)

○ 尹氏曰 言 困窮拂鬱은 能堅人之志하여 而熟人之仁이니 以安樂失之者多矣니라

윗글을 가지고 관찰한다면 사람이 살고 온전함이 憂患에서 나오고, 죽고 망함이 安樂에서 말미암음을 알 수 있다.

○ 尹氏(尹焞)가 말하였다. "困窮하고 拂鬱함은 사람의 意志를 견고하게 하여 사람의 仁을 완숙하게 할 수 있으니, 安樂으로써 잃는 자가 많음을 말씀한 것이다."

16. 孟子曰 敎亦多術矣니 予不屑之敎誨也者는 是亦敎誨之而已矣니라

孟子께서 말씀하셨다. "가르침이 또한 방법이 많으니, 내 좋게 여기지 아니하여 거절함으로써 가르침은 이 또한 그를 가르치는 것일 뿐이다."

多術은 言非一端이라 屑은 潔也라 不以其人爲潔而拒絶之가 所謂不屑之敎誨也니 其人이 若能感此하여 退自修省이면 則是亦我敎誨之也니라
○ 尹氏曰 言或抑, 或揚, 或與, 或不與를 各因其材而篤之니 無非敎也니라

多術은 한 가지가 아님을 말한다. 屑은 깨끗함이다. 그 사람을 깨끗하게 여기지 않아 거절함이 이른바 '不屑之敎誨'라는 것이니, 그 사람이 만일 이에 감동되어 물러가 스스로 자신의 과오를 닦고 살핀다면 이 또한 내가 그를 가르치는 것이다.

○ 尹氏(尹焞)가 말하였다. "혹은 억제하고 혹은 드날리며 혹은 허여해 주고 혹은 허여해 주지 않음을 각기 그 재질에 따라 돈독히 해주니, 가르침 아님이 없음을 말씀한 것이다."

拂:어길 불 鬱:막힐 울, 답답할 울 屑:깨끗할 설 誨:가르칠 회

盡心章句 上

凡四十六章이라

모두 46章이다.

1. 孟子曰 盡其心者는 知其性也니 知其性則知天矣니라

孟子께서 말씀하셨다. "그 마음을 다하는 자는 그 性을 아니, 그 性을 알면 하늘을 알게 된다.

心者는 人之神明이니 所以具衆理而應萬事者也라 性은 則心之所具之理요 而天은 又理之所從以出者也라 人有是心이 莫非全體나 然이나 不窮理면 則有所蔽而無以盡乎此心之量이라 故로 能極其心之全體而無不盡者는 必其能窮夫理而無不知者也니 旣知其理면 則其所從出이 亦不外是矣라 以大學之序言之하면 知性은 則物格之謂요 盡心은 則知至之謂也[1]니라

心은 사람의 神明이니, 모든 理를 갖추고 있고 萬事를 응하는 것이다. 性은 心에 갖추어져 있는 理요, 天은 또 理가 따라서 나오는 것이다. 사람이 가지고 있는 이 마음은 全體 아님이 없으나 理를 궁구하지 않으면 가리워진 바가 있어 이 心의 量을 다하지 못한다. 그러므로 心의 全體를 지극히 하여 다하지 않음이 없는 자는 반드시 理를 궁구하여 알지 못함이 없는 것이니, 이미 그 理를 알면 따라서 나오는 것(天)도 여기에서 벗어나지 않는다. 《大學》의 순서로써 말하면 知性은 物格을 이르고 盡心은 知至를 이른다.

譯註 1. 以大學之序言之……則知至之謂也 : 物格은 事物의 이치가 이르러 아는 것이고 知至는 萬事萬物의 이치를 모두 알아 지식이 지극한 것으로 《大學》 經1章에 "事物의 이치가 이르른 뒤에 지식이 지극해진다.〔物格而后知至〕"라고 보인다.

存其心하여 養其性은 所以事天也요

그 마음을 보존하여 그 性을 기름은 하늘을 섬기는 것이요,

存은 謂操而不舍요 養은 謂順而不害라 事는 則奉承而不違也라

存은 잡고 놓지 않음을 이르고 養은 順히 하고 해치지 않음을 이른다. 事(섬김)는 받들고 어기지 않는 것이다.

殀壽에 不貳하여 修身以俟之는 所以立命也니라

요절하거나 장수함에 의심하지 않아 몸을 닦고 天命을 기다림은 命을 세우는 것이다."

殀壽는 命之短長也라 貳는 疑也라 不貳者는 知天之至요 修身以俟死는 則事天以終身也라 立命은 謂全其天之所付하여 不以人爲害之라
○ 程子曰 心也, 性也, 天也는 一理也라 自理而言이면 謂之天이요 自稟受而言이면 謂之性이요 自存諸人而言이면 謂之心이니라 張子曰 由太虛하여 有天之名하고 由氣化하여 有道之名하고 合虛與氣하여 有性之名하고 合性與知覺하여 有心之名이니라 愚謂 盡心知性而知天은 所以造其理也[1]요 存心養性以事天은 所以履其事也니 不知其理면 固不能履其事라 然이나 徒造其理하고 而不履其事하면 則亦無以有諸己矣니라 知天而不以殀壽貳其心은 智之盡也요 事天而能修身以俟死는 仁之至也니 智有不盡이면 固不知所以爲仁이라 然이나 智而不仁이면 則亦將流蕩不法[2]하여 而不足以爲智矣니라

殀壽는 命의 짧고 긴 것이다. 貳는 의심함이다. 의심하지 않음은 天理를 앎이 지극한 것이요, 몸을 닦고 죽음을 기다림은 하늘을 섬겨 몸을 마치는 것이다. 立命은 하늘이 부여해 준 것을 온전히 보존하여 人爲로써 해치지 않음을 이른다.
○ 程子(伊川)가 말씀하였다. "心과 性과 天은 똑같은 理이다. 理의 입장에서 말하면 天이라 이르고, 稟受(稟賦)한 입장에서 말하면 性이라 이르고, 사람에게 보존된 입장에서 말하면 心이라고 이른다."

殀:일찍죽을 요 貳:의심할 이 俟:기다릴 사 付:줄 부 造:나아갈 조 蕩:방탕할 탕

張子가 말씀하였다. "太虛로 말미암아 天이란 명칭이 있고, 氣化(陰陽二氣의 造化)로 말미암아 道란 명칭이 있고, 虛와 氣를 합하여 性이란 명칭이 있고, 性과 知覺을 합하여 心이란 명칭이 있는 것이다."

내가 생각하건대 心을 다하고 性을 알아서 天을 앎은 그 理에 나아가는 것이요, 心을 보존하고 性을 길러서 天을 섬김은 그 일을 실천하는 것이니, 그 理를 알지 못하면 진실로 그 일을 실천할 수 없다. 그러나 다만 그 理에 나아가기만 하고 그 일을 실천하지 않는다면 또한 이것을 자기 몸에 소유할 수 없다. 天을 알아 殀壽로써 그 마음을 의심하지 않음은 智가 극진한 것이요 天을 섬겨 몸을 닦고 죽음을 기다림은 仁이 지극한 것이니, 智가 극진하지 못함이 있으면 진실로 仁을 행함을 알지 못한다. 그러나 智만 하고 仁을 하지 못한다면 또한 장차 흐르고 방탕하여 법도가 없어서 智가 될 수 없을 것이다.

譯註 1. 造其理也 : 造는 나아감으로 이치에 대한 造詣를 이르는 바, 格物致知하여 眞理를 밝게 앎을 이른다.

2. 流蕩不法 : 雲峰胡氏(胡炳文)는 "流蕩은 앞의 存養과 상반되고 不法은 앞의 修字와 상반된다." 하였다.

2. 孟子曰 莫非命也나 順受其正이니라

孟子께서 말씀하셨다. "命 아님이 없으나 그 正命을 順히 받아야 한다.

人物之生에 吉凶禍福이 皆天所命이라 然이나 惟莫之致而至者 乃爲正命이라 故로 君子修身以俟之는 所以順受乎此也니라

人物(사람과 물건)이 살아갈 때에 吉凶과 禍福은 모두 하늘이 命한 것이다. 그러나 오직 이르게 함이 없이 저절로 이른 것이 正命이 된다. 그러므로 君子가 자기 몸을 닦고 기다림은 이것을 順히 받으려고 하는 것이다.

是故로 知命者는 不立乎巖墻之下하나니라

이러므로 正命을 아는 자는 위험한 담장 아래에 서지 않는다.

致:오게할 치　巖:높을 암　墻:담장 장

命은 謂正命이라 巖墻은 墻之將覆者라 知正命이면 則不處危地以取覆壓之禍니라

命은 正命을 이른다. 巖墻은 담장이 장차 넘어지려고 하는 것이다. 正命을 안다면 위험한 곳에 처해서 담이 전복되어 壓死하는 화를 취하지 않을 것이다.

盡其道而死者는 正命也요

그 道를 다하고 죽는 자는 正命이요,

盡其道면 則所値之吉凶이 皆莫之致而至者矣라

그 道를 다한다면 만나는 바의 吉凶이 모두 이르게 함이 없이 저절로 이른 것이다.

桎梏死者는 非正命也니라

桎梏으로 죽는 자는 正命이 아니다."

桎梏은 所以拘罪人者라 言 犯罪而死는 與立巖墻之下者로 同하니 皆人所取요 非天所爲也라

○ 此章與上章은 蓋一時之言이니 所以發其末句未盡之意니라

桎梏은 죄인을 구속하는 것이다. 죄를 범하여 죽는 것은 위험한 담장 아래에 서 있다가 압사하는 것과 같으니, 모두 인간이 취한 것이요 하늘이 한 것이 아님을 말씀한 것이다.

○ 이 章과 윗장은 아마도 한 때의 말씀인 듯하니, 〈윗장〉 末句의 未盡한 뜻을 發明한 것이다.

3. 孟子曰 求則得之하고 舍則失之하나니 是求는 有益於得也니 求在我者也일새니라

孟子께서 말씀하셨다. "구하면 얻고 버리면 잃으니, 이 구함은 얻음에 有益함이 있으니 자신에게 있는 것을 구하기 때문이다.

覆:엎어질 복 壓:누를 압 桎:형틀 질 梏:형틀 곡 舍:버릴 사(捨同)

在我者는 謂仁義禮智凡性之所有者라

자신에게 있다는 것은 仁·義·禮·智 등 모든 性에 있는 것을 이른다.

求之有道하고 得之有命하니 是求는 無益於得也니 求在外者也일새니라

구함에 道가 있고 얻음에 命이 있으니, 이 구함은 얻음에 有益함이 없으니 밖에 있는 것을 구하기 때문이다."

有道는 言不可妄求요 有命은 則不可必得이라 在外者는 謂富貴利達凡外物이 皆是라 ○ 趙氏曰 言 爲仁由己요 富貴在天이니 如不可求인댄 從吾所好니라

道가 있다는 것은 망령되이 구해서는 안됨을 말한 것이요, 命이 있다는 것은 반드시 얻을 수는 없는 것이다. 밖에 있다는 것은 富貴와 利達 등 모든 外物이 다 이것이다. ○ 趙氏(趙岐)가 말하였다. "仁을 행함은 자신에게 달려있고 富貴는 하늘에 있으니, 만일 富貴를 구할 수 없다면 내가 좋아하는 바를 따라야 함을 말씀한 것이다."

4. 孟子曰 萬物이 皆備於我矣니

孟子께서 말씀하셨다. "萬物이 모두 나에게 갖추어져 있으니,

此는 言理之本然也라 大則君臣父子요 小則事物細微가 其當然之理 無一不具於性分之內也니라

이는 理의 本然을 말한 것이다. 크게는 君臣間과 父子間이요 작게는 事物의 細微한 것이 그 당연한 이치가 한 가지도 性分의 안에 갖추어지지 않음이 없는 것이다.

反身而誠이면 樂莫大焉이요

몸에 돌이켜보아 성실하면 즐거움이 이보다 더 클 수 없고,

誠은 實也라 言 反諸身而所備之理를 皆如惡惡臭, 好好色之實然이면 則其行之 不待勉强而無不利矣니 其爲樂이 孰大於是리오

具:갖출 구　臭:냄새 취　强:힘쓸 강

誠은 성실함이다. 자기 몸에 돌이켜봄에 갖추어져 있는 바의 理를 모두 惡臭를 싫어하고 好色을 좋아하는 실제와 같이 한다면 그 행함이 억지로 힘쓰기를 기다리지 않고도 순하지 않음이 없을 것이다. 그 즐거움이 무엇이 이보다 크겠는가.

强恕而行이면 求仁이 莫近焉이니라

恕를 힘써서 행하면 仁을 구함이 이보다 가까울 수 없다."

强은 勉强也라 恕는 推己以及人也라 反身而誠則仁矣니 其有未誠은 則是猶有私意之隔而理未純也라 故로 當凡事勉强하여 推己及人이면 庶幾心公理得而仁不遠也라 ○ 此章은 言 萬物之理 具於吾身하니 體之而實이면 則道在我而樂有餘하고 行之以恕면 則私不容而仁可得이니라

强은 억지로 힘씀이다. 恕는 내 마음을 미루어 남에게 미치는 것이다. 자신을 돌이켜봄에 성실하면 仁이니, 그 성실하지 못함이 있음은 이는 아직도 私意에 막힘이 있어서 理가 순수하지 못한 것이다. 그러므로 마땅히 모든 일을 힘써서 자기 마음을 미루어 남에게 미친다면 거의 마음이 공정하고 이치가 얻어져서 仁이 멀지 않게 될 것이다.

○ 이 章은 萬物의 理가 내 몸에 갖추어져 있으니, 이것을 體行하여 성실히 하면 道가 내 몸에 있어 즐거움이 有餘하고, 恕로써 행하면 私가 용납되지 않아 仁을 얻을 수 있음을 말씀한 것이다.

5. 孟子曰 行之而不著焉하며 習矣而不察焉이라 終身由之而不知其道者衆也니라

孟子께서 말씀하셨다. "행하면서도 밝게 알지 못하며 익히면서도 살피지 못한다. 〈그리하여〉 종신토록 행하면서도 그 道를 모르는 자가 많은 것이다."

著者는 知之明이요 察者는 識之精이라 言 方行之而不能明其所當然하고 旣習矣而猶不識其所以然이라 所以終身由之而不知其道者多也니라

著는 앎이 밝음이요 察은 앎이 精한 것이다. 자신이 막 행하고 있으면서도 그 所當然

恕:용서할 서 推:미룰 추 反:돌이킬 반 隔:막힐 격 由:행할 유

을 분명히 알지 못하며, 이미 익히고 있으면서도 오히려 그 所以然을 알지 못한다. 이 때문에 종신토록 행하면서도 그 道를 알지 못하는 자가 많음을 말씀한 것이다.

6. 孟子曰 人不可以無恥니 無恥之恥면 無恥矣니라

孟子께서 말씀하셨다. "사람은 부끄러움(염치)이 없어서는 안되니, 부끄러움(염치)이 없음을 부끄러워한다면 치욕스러운 일이 없을 것이다."

趙氏曰 人能恥己之無所恥면 是能改行從善之人이니 終身無復有恥辱之累矣니라

趙氏(趙岐)가 말하였다. "사람이 자신이 부끄러워하는 바가 없음을 부끄러워한다면 이는 나쁜 행실을 고쳐 善을 따르는 사람이니, 종신토록 다시는 恥辱의 累가 있지 않을 것이다."

7. 孟子曰 恥之於人에 大矣라

孟子께서 말씀하셨다. "부끄러움이 사람에게 있어서 매우 크다(중요하다).

恥者는 吾所固有羞惡之心也니 存之則進於聖賢이요 失之則入於禽獸라 故로 所繫爲甚大니라

부끄러움은 내가 본래 가지고 있는 바의 羞惡之心이다. 이것을 보존하면 聖賢에 나아가고 이것을 잃으면 禽獸에 들어간다. 그러므로 관계되는 바가 매우 큰 것이다.

爲機變之巧者는 無所用恥焉이니라

機變의 공교로운 짓을 하는 자는 부끄러움을 쓰는 바가 없다.

爲機械變詐之巧者는 所爲之事가 皆人所深恥로되 而彼方且自以爲得計라 故로 無所用其愧恥之心也니라

機械와 變詐의 공교로운 짓을 하는 자는 행하는 바의 일이 모두 사람들이 깊이 부끄러워하는 것인데도 자신은 스스로 得計(좋은 계책)라고 여긴다. 그러므로 그 부끄러워

累:얽매일 루 繫:맬 계 機:기틀 기 械:기계 계 詐:속일 사

하는 마음을 쓰는 곳이 없는 것이다.

不恥不若人이면 何若人有리오

부끄러워하지 않음이 남(正常人)과 같지 않다면 어느 것이 남과 같은 것이 있겠는가."

但無恥一事가 不如人이면 則事事不如人矣니라 或曰 不恥其不如人이면 則何能有如人之事리오하니 其義亦通이니라 或問 人有恥不能之心이 如何닛고 程子曰 恥其不能而爲之는 可也요 恥其不能而掩藏之는 不可也니라

다만 부끄러워함이 없는 한 가지 일이 남과 같지 않다면 일마다 남과 같지 않을 것이다. 혹자가 말하기를 "남만 같지 않음을 부끄러워하지 않는다면 어찌 남과 같은 일이 있겠는가."라고 하니, 그 뜻이 또한 통한다.

혹자가 묻기를 "사람들이 자신의 능하지 못함을 부끄러워하는 마음을 두는 것이 어떻습니까?" 하고 묻자, 程子(伊川)가 대답하였다. "능하지 못함을 부끄러워하여 힘써서 하는 것은 가하고, 능하지 못함을 부끄러워하여 가리고 감추는 것은 불가하다."

8. 孟子曰 古之賢王이 好善而忘勢하더니 古之賢士 何獨不然이리오 樂其道而忘人之勢라 故로 王公이 不致敬盡禮면 則不得亟(기)見之하니 見且猶不得亟온 而況得而臣之乎아

孟子께서 말씀하셨다. "옛날 어진 君王들은 善을 좋아하고 세력을 잊었으니, 옛날 어진 선비가 어찌 홀로 그렇지 않았겠는가. 그 道를 즐거워하고 남의 세력을 잊었다. 그러므로 王公이 敬을 지극히 하고 禮를 다하지 않으면 자주 그를 만나볼 수 없었으니, 만나보는 것도 오히려 자주 할 수 없는데 하물며 그를 신하로 삼음에 있어서랴."

言 君當屈己以下賢이요 士不枉道而求利니 二者勢若相反이나 而實則相成[1]이니 蓋亦各盡其道而已니라

掩:가릴 엄 致:극진할 치 亟:자주 기 下:낮출 하

君主는 마땅히 몸을 굽혀서 어진이에게 낮추어야 하고, 선비는 道를 굽혀 이익을 구하지 않아야 함을 말씀한 것이다. 두 가지는 勢가 相反되는 듯하나 실제는 서로 이루어 주니, 또한 각기 그 도리를 다할 뿐이다.

譯註 1. 二者勢若相反 而實則相成 : ≪大全≫에 "여기의 勢는 本文의 두 勢字와는 상관이 없다." 하였는 바, 여기의 勢는 事勢·形勢를 가리키며 本文의 勢는 權勢를 가리킨다. 실제는 서로 이루어 준다는 것은 上下가 사귀어 태평해짐을 이른다.

9. 孟子謂宋句踐曰 子好遊乎아 吾語子遊호리라

孟子께서 宋句踐에게 일러 말씀하셨다. "그대는 遊說하기를 좋아하는가? 내 그대에게 遊說하는 것을 말해 주겠다.

宋은 姓이요 句踐은 名이라 遊는 遊說(세)也라

宋은 姓이요 句踐은 이름이다. 遊는 遊說하는 것이다.

人知之라도 亦囂囂하며 人不知라도 亦囂囂니라

남이 알아주더라도 囂囂하며, 남이 알아주지 않더라도 또한 囂囂하여야 한다."

趙氏曰 囂囂는 自得無欲之貌라

趙氏(趙岐)가 말하였다. "囂囂는 自得하여 욕심이 없는 모양이다."

曰 何如라야 斯可以囂囂矣니잇고 曰 尊德樂義면 則可以囂囂矣니라

宋句踐이 물었다. "어떠하여야 囂囂하다고 할 수 있습니까?" 孟子께서 대답하셨다. "德을 높이고 義를 즐거워하면 囂囂할 수 있다.

德은 謂所得之善이니 尊之면 則有以自重而不慕乎人爵之榮이요 義는 謂所守之正이니 樂之면 則有以自安而不徇乎外物之誘矣니라

德은 얻은 바의 善을 이르니 이것을 높이면 自重(자신을 소중히 여김)함이 있어 人

踐:밟을 천 囂:만족할 효 徇:따를 순 誘:꾈 유

爵의 영화를 사모하지 않을 것이요, 義는 지키는 바의 正義를 이르니 이것을 즐거워하면 스스로 편안함이 있어 外物의 유혹에 빠지지 않을 것이다.

故로 士는 窮不失義하며 達不離道니라

그러므로 선비는 窮하여도 義를 잃지 않으며, 榮達하여도 道를 떠나지 않는 것이다.

言 不以貧賤而移하고 不以富貴而淫이니 此는 尊德樂義가 見(현)於行事之實也니라

貧賤하다 하여 지조를 옮기지(변치) 않고 부귀하다 하여 방탕하지 않음을 말하였으니, 이는 德을 높이고 義를 즐거워함이 행실과 일의 실제에 나타난 것이다.

窮不失義故로 士得己焉하고 達不離道故로 民不失望焉이니라

窮하여도 義를 잃지 않기 때문에 선비가 자신의 지조를 지키고, 榮達하여도 道를 떠나지 않기 때문에 백성들이 失望하지 않는 것이다.

得己는 言不失己也라 民不失望은 言人素望其興道致治러니 而今果如所望也라

得己는 자신의 지조를 잃지 않음을 말한다. 백성들이 失望하지 않는다는 것은 사람들이 평소에 그가 道를 일으켜 훌륭한 정치를 이룩할 것을 바랐는데, 이제 과연 그 所望과 같이 됨을 말한 것이다.

古之人이 得志하얀 澤加於民하고 不得志하얀 修身見(현)於世하니 窮則獨善其身하고 達則兼善天下니라

옛사람들은 뜻을 얻으면 은택이 백성에게 加해지고 뜻을 얻지 못하면 몸을 닦아 세상에 드러냈으니, 窮하면 그 몸을 홀로 善하게 하고 榮達하면 천하를 겸하여 善하게 한다."

見은 謂名實之顯著也라 此는 又言 士得己, 民不失望之實이니라

窮:곤궁할 궁　達:영달할 달　素:평소 소　致:이룰 치

○ 此章은 言 內重而外輕이면 則無往而不善이니라

見은 名實이 드러남을 말한 것이다. 이는 또 선비가 자신의 지조를 지킴과 백성들이 失望하지 않는 실제를 말씀한 것이다.

○ 이 章은 內面(德義)이 중하고 外物(窮達)이 가벼우면 가는 곳마다 善하지 않음이 없음을 말씀한 것이다.

10. 孟子曰 待文王而後에 興者는 凡民也니 若夫豪傑之士는 雖無文王이라도 猶興이니라

孟子께서 말씀하셨다. "文王을 기다린 뒤에 흥기하는 자는 凡民(일반 백성)이니, 豪傑의 선비로 말하면 비록 文王 같은 聖君이 없더라도 오히려 흥기한다."

興者는 感動奮發之意라 凡民은 庸常之人也요 豪傑은 有過人之才智者也라 蓋降衷秉彝[1]는 人所同得이나 惟上智之資라야 無物欲之蔽하여 爲能無待於教而自能感發以有爲也니라

興은 감동하고 분발하는 뜻이다. 凡民은 평범한 사람이요, 豪傑은 남보다 뛰어난 재주와 지혜가 있는 자이다. 하늘이 내려준 衷(性)과 가지고 있는 彝性은 사람들이 똑같이 얻은 것이나 오직 上智의 자품이라야만 物欲의 가리움이 없어서 가르침을 기다림이 없이 스스로 感發하여 훌륭한 일을 할 수 있는 것이다.

譯註 1. 降衷秉彝 : 降衷은 하늘이 내려준 衷을 이르며 秉彝는 사람이 떳떳이(항상) 간직하고 있는 性을 이르는 바, 降衷은 ≪書經≫ 〈湯誥〉에 "위대하신 上帝가 衷을 下民에게 내리셨으므로 순히 하여 떳떳한 性을 소유하였다.〔惟皇上帝 降衷于下民 若有恒性〕"라고 보이며, 秉彝는 ≪詩經≫ 〈大雅 烝民〉에 보인다. 衷은 中으로 天命之性을 이른다.

11. 孟子曰 附之以韓魏之家라도 如其自視欿(감)然이면 則過人이 遠矣니라

孟子께서 말씀하셨다. "韓·魏의 큰 집안을 덧붙여 주더라도 만일 스스로 보

奮:뽐낼 분 衷:가운데 충 秉:잡을 병 彝:떳떳할 이 蔽:가릴 폐 附:붙일 부 欿:부족할 감

기를 하찮게 여긴다면 남보다 뛰어남이 먼 것이다."

附는 益也라 韓魏는 晉卿이니 富家也라 欿然은 不自滿之意라 尹氏曰 言 有過人之識이면 則不以富貴爲事니라

附는 더해줌이다. 韓·魏는 晉나라의 卿이니, 부유한 집안이다. 欿然은 스스로 만족스럽게 여기지 않는 뜻이다.

尹氏(尹焞)가 말하였다. "남보다 뛰어난 지식이 있으면 富貴를 일삼지 않음을 말씀한 것이다."

12. 孟子曰 以佚(逸)道使民이면 雖勞나 不怨하며 以生道殺民이면 雖死나 不怨殺者니라

孟子께서 말씀하셨다. "편안하게 해주는 방법으로 백성을 부리면 비록 수고롭더라도 백성들이 원망하지 않으며, 살려주는 방법으로 백성을 죽이면 비록 죽더라도 죽이는 자를 원망하지 않는다."

程子曰 以佚道使民은 謂本欲佚之也니 播穀乘屋之類是也요 以生道殺民은 謂本欲生之也니 除害去惡之類是也라 蓋不得已而爲其所當爲면 則雖咈民之欲이나 而民不怨이니 其不然者는 反是니라

程子(伊川)가 말씀하였다. "편안하게 해주는 방법으로 백성을 부린다는 것은 본래 백성을 편안히 해주고자 함을 이르니, 곡식을 파종하고 지붕을 이는 따위가 이것이요, 살려주는 방법으로 백성을 죽인다는 것은 본래 백성을 살려주고자 함을 이르니, 害毒을 끼치는 자를 제거하고 악한 자를 제거하는 따위가 이것이다. 부득이하여 당연히 해야할 것을 한다면 비록 백성들의 하고자 함을 어기더라도 백성들이 원망하지 않는다. 그렇지 못한 자는 이와 반대이다."

13. 孟子曰 霸者之民은 驩虞如也요 王者之民은 皞皞如也니라

孟子께서 말씀하셨다. "霸者의 백성들은 매우 즐거워하고, 王者의 백성들은

佚:편안 일 屋:지붕 옥 咈:어길 불 驩:기쁠 환 虞:기쁠 우 皞:휠 호

皞皞하다.

驩虞는 與歡娛同이라 皞皞는 廣大自得之貌라 程子曰 驩虞는 有所造爲而然이니 豈能久也리오 耕田鑿井하니 帝力이 何有於我[1]는 如天之自然이니 乃王者之政이니라 楊氏曰 所以致人驩虞인댄 必有違道干譽之事하나니 若王者則如天하여 亦不令人喜하고 亦不令人怒니라

驩虞는 驩娛와 같다. 皞皞는 廣大하여 스스로 만족해하는 모양이다.

程子(明道)가 말씀하였다. "驩虞는 조작한 바가 있어서 그러한 것이니, 어찌 오래 갈 수 있겠는가. '내 밭을 갈아 먹고 내 우물을 파서 먹으니, 임금의 힘이 나에게 무엇이 있겠는가.' 한 것은 하늘의 自然과 같으니, 이것이 바로 王者의 정사이다."

楊氏(楊時)가 말하였다. "사람들이 즐거워함을 이루려면 반드시 道를 어기고 칭찬을 요구하는 일이 있을 것이다. 王者로 말하면 하늘과 같아서 또한 사람들로 하여금 기뻐하게 하지도 않으며 또한 사람들로 하여금 노하게 하지도 않는다."

譯註 1. 耕田鑿井 帝力何有於我 : ≪帝王世紀≫에 "堯임금 때에 어떤 老人이 배를 두드리며 擊壤歌를 부르기를 '해가 뜨면 일하고 해가 지면 쉰다. 내 밭을 갈아 먹고 내 우물을 파서 마시니, 임금의 힘이 나에게 무엇이 있겠는가.〔日出而作 日入而息 耕田而食 鑿井而飮 帝力何有於我哉〕' 했다." 하였는데, 이는 백성들이 모두 능력과 분수에 맞게 살며 만족을 느끼고 있음을 나타낸 것이다.

殺之而不怨하며 利之而不庸이라 民日遷善而不知爲之者니라

죽여도 원망하지 않으며 이롭게 하여도 功으로 여기지 않는다. 그러므로 백성들이 날로 改過遷善을 하면서도 누가 그렇게 만드는 지를 알지 못한다.

此는 所謂皞皞如也라 庸은 功也라 豐氏曰 因民之所惡(오)而去之요 非有心於殺之也니 何怨之有리오 因民之所利而利之요 非有心於利之也니 何庸之有리오 輔其性之自然하여 使自得之라 故로 民日遷善而不知誰之所爲也니라

이것이 이른바 皞皞라는 것이다. 庸은 功이다.

豐氏(豐稷)가 말하였다. "백성들이 싫어하는 바를 인하여 제거하고 백성들을 죽이려

娛:기쁠 오 鑿:뚫을 착 干:요구할 간 庸:공 용

는 데에 마음을 둔 것이 아니니, 어찌 원망함이 있겠는가. 백성들이 이롭게 여기는 바를 인하여 이롭게 하고 이롭게 해주려는 데에 마음을 둔 것이 아니니, 어찌 功으로 여김이 있겠는가. 그 性의 자연함을 도와주어 스스로 얻게 한다. 그러므로 백성들이 날마다 改過遷善을 하면서도 누가 그렇게 만드는 지를 알지 못하는 것이다."

夫君子는 所過者化하며 所存者神이라 上下與天地同流[1)]하나니 豈曰小補之哉리오

君子는 지나는 곳에 敎化가 되며 마음에 두고 있으면 神妙해진다. 그러므로 上下가 天地와 더불어 함께 유행되니, 어찌 조금만 보탬이 있다고 하겠는가."

譯註 1. 上下與天地同流 : 天地同流는 天地의 造化와 함께 流行함을 이른다. 諺解에는 '上下가 天地와 더불어'로 해석되어 있는데, 壺山은 "上下의 訓讀은 다시 헤아려 보아야 할 듯하다." 하였는 바, '上下하여'로 토를 달아 '오르고 내려'의 뜻으로 본 것이 아닌가 한다.

君子는 聖人之通稱也라 所過者化는 身所經歷之處에 卽人無不化니 如舜之耕歷山而田者遜畔하고 陶河濱而器不苦窳(유)[1)]也라 所存者神은 心所存主處에 便神妙不測이니 如孔子之立斯立, 道斯行, 綏斯來, 動斯和[2)]하여 莫知其所以然而然也라 是其德業之盛이 乃與天地之化로 同運並行하여 擧一世而甄陶之요 非如霸者但小小補塞其罅漏(하루)而已라 此則王道之所以爲大니 而學者所當盡心也니라

君子는 聖人의 통칭이다. 지나는 곳에 敎化가 된다는 것은 몸이 지나가는 곳에는 곧 사람들이 교화되지 않음이 없는 것이니, 예컨대 舜임금이 歷山에서 밭을 갊에 농사짓는 자들이 밭두둑을 양보하고 河濱에서 질그릇을 만듦에 그릇이 苦窳하지 않음과 같은 것이다. 마음에 두고 있으면 神妙해진다는 것은 마음에 두어 주장하는 곳에는 곧 神妙하여 측량할 수 없게 되는 것이니, 예컨대 孔子의 '세우면 이에 서고 인도하면 이에 행하고 편안히 하면 이에 오고 動하면 이에 和함'과 같아서 그 所以然을 알지 못하고 그렇게 되는 것이다. 이는 그 德業의 성함이 天地의 조화와 더불어 함께 운행되어 온 세상을 들어서 陶冶하는 것이요, 霸者들이 단지 小小하게 그 틈과 새는 곳을 땜질하고 보

遜:양보할 손 畔:밭두둑 반 濱:물가 빈 窳:찌그러질 유 道:인도할 도(導通) 綏:편안할 수 甄:질그릇 견(진) 補:때울 보 塞:막을 색 罅:틈 하 漏:샐 루

충할 뿐인 것과는 같지 않다. 이는 王道가 위대함이 되는 것이니, 배우는 자가 마땅히 마음을 다해야 할 것이다.

譯註 1. 器不苦窳 : 苦窳는 찌그러지고 망가진 不良品을 이른다.
2. 如孔子之立斯立……動斯和 : 子貢이 孔子의 神妙한 德을 표현한 것으로, ≪論語≫〈子張〉25章에 자세히 보인다.

14. 孟子曰 仁言이 不如仁聲之入人深也니라

孟子께서 말씀하셨다. "仁言은 仁聲이 사람에게 깊이 들어가는 것만 못하다.

程子曰 仁言은 謂以仁厚之言으로 加於民이라 仁聲은 謂仁聞이니 謂有仁之實하여 而爲衆所稱道者也라 此는 尤見仁德之昭著라 故로 其感人이 尤深也니라

程子(伊川)가 말씀하였다. "仁言은 仁厚한 말로 백성에게 加함을 이른다. 仁聲은 仁聞을 이르니, 仁한 실제가 있어서 여러 사람에게 칭송을 받음을 이른다. 이(仁聲)는 더욱 仁德이 밝게 드러남을 볼 수 있다. 그러므로 사람을 감동시킴이 더욱 깊은 것이다."

善政이 不如善教之得民也니라

善政은 善教가 民心을 얻는 것만 못하다.

政은 謂法度禁令이니 所以制其外也요 教는 謂道德齊禮[1]니 所以格其心也라

政은 法度(制度)와 禁令을 이르니 그 밖을 제재하는 것이요, 教는 道德과 齊禮를 이르니 그 마음을 바로잡는 것이다.

譯註 1. 道德齊禮 : '道之以德 齊之以禮'를 줄여 쓴 것으로, 爲政者가 德으로 백성을 인도하고 禮로 통일시킴을 뜻하는 바, 이 내용은 ≪論語≫〈爲政〉3章에 보인다.

善政은 民이 畏之하고 善教는 民이 愛之하나니 善政은 得民財하고 善教는 得民心이니라

善政은 백성들이 두려워하고 善教는 백성들이 사랑하니, 善政은 백성의 재물을 얻고 善教는 백성의 마음을 얻는다."

得民財者는 百姓足而君無不足也요 得民心者는 不遺其親, 不後其君也라

백성의 재물을 얻는다는 것은 백성이 풍족함에 군주가 풍족하지 않음이 없는 것이요, 백성의 마음을 얻는다는 것은 그 어버이를 버리지 않고 그 군주를 뒤로 하지 않는 것이다.

15. 孟子曰 人之所不學而能者는 其良能也요 所不慮而知者는 其良知也니라

孟子께서 말씀하셨다. "사람들이 배우지 않고도 능한 것은 良能이요, 생각하지 않고도 아는 것은 良知이다.

良者는 本然之善也라 程子曰 良知, 良能은 皆無所由하니 乃出於天이요 不繫於人이니라

良은 本然의 善이다.
程子(伊川)가 말씀하였다. "良知와 良能은 모두 말미암는 바가 없으니, 이는 바로 天然에서 나온 것이요 人爲에 매어 있지 않다."

孩提之童이 無不知愛其親也며 及其長也하여는 無不知敬其兄也니라

어려서 손을 잡는 아이가 그 어버이를 사랑할 줄 모르는 이가 없으며, 그 장성함에 미쳐서는 그 兄을 공경할 줄 모르는 이가 없다.

孩提는 二三歲之間에 知孩笑可提抱者也라 愛親, 敬長은 所謂良知良能者也라

孩提는 2, 3세 사이에 어려서 웃을 줄을 알아 손을 잡아주고 안아줄 만한 자이다. 어버이를 사랑하고 어른을 공경함이 이른바 良知·良能이란 것이다.

親親은 仁也요 敬長은 義也니 無他라 達之天下也니라

어버이를 친애함은 仁이요 어른을 공경함은 義이니, 이는 다름이 아니라 온 천하에 공통되기 때문이다."

良:어질 량　孩:어릴 해, 웃을 해　提:끌 제　抱:안을 포

言 親親, 敬長이 雖一人之私나 然이나 達之天下하여 無不同者는 所以爲仁義也니라

어버이를 친애하고 어른을 공경함이 비록 한 개인의 사사로운 일이나 이것이 온 천하에 공통되어 같지 않음이 없음은 仁義가 되는 所以임을 말씀한 것이다.

16. 孟子曰 舜之居深山之中에 與木石居하시며 與鹿豕遊하시니 其所以異於深山之野人者 幾希러시니 及其聞一善言하시며 見一善行하사는 若決江河라 沛然莫之能禦也러시다

孟子께서 말씀하셨다. "舜임금이 깊은 산중에 거처하실 적에 나무와 돌과 함께 거처하시며 사슴과 멧돼지와 함께 노시니, 깊은 산 속의 野人과 다른 것이 별로 없으셨는데, 한 善言을 들으시고 한 善行을 봄에 미쳐서는 마치 江河를 터놓은 듯해서 沛然하여 막을 수가 없으셨다."

居深山은 謂耕歷山時也라 蓋聖人之心이 至虛至明하여 渾然之中에 萬理畢具하니 一有感觸이면 則其應甚速而無所不通하나니 非孟子造道之深이면 不能形容至此也니라

깊은 산 속에 거처했다는 것은 歷山에서 밭 갈 때를 이른다. 聖人의 마음은 지극히 虛하고 지극히 밝아서 渾然한 가운데에 온갖 이치가 모두 갖추어져 있으니, 한번 感觸이 있으면 그 應함이 매우 신속하여 통하지 않는 바가 없다. 道에 나아가기를 깊이 한 孟子가 아니라면 형용함이 이에 이르지 못하였을 것이다.

17. 孟子曰 無爲其所不爲하며 無欲其所不欲이니 如此而已矣니라

孟子께서 말씀하셨다. "하지 않아야 할 것을 하지 않으며 하고자 하지 말아야 할 것을 하고자 하지 않아야 하니, 이와 같을 뿐이다."

李氏曰 有所不爲不欲은 人皆有是心也언마는 至於私意一萌而不能以禮義制之면 則爲所不爲하고 欲所不欲者 多矣니 能反是心이면 則所謂擴充其羞惡之心者而義不可勝用矣라 故로 曰如此而已矣라하시니라

豕:멧돼지 시 希:드물 희 決:터놓을 결 沛:성할 패 渾:온전할 혼 觸:닿을 촉

李氏(李郁)가 말하였다. "하지 않아야 하고 하고자 하지 말아야 할 바를 가지고 있음은 사람마다 모두 이러한 마음을 가지고 있으나 私意가 한번 싹터서 禮義로써 제재하지 못함에 이르면 하지 않아야 할 것을 하고 하고자 하지 말아야 할 것을 하고자 하는 경우가 많다. 능히 이 마음을 돌이킨다면 이른바 그 羞惡之心을 확충한다는 것이어서 義를 이루 다 쓸 수 없다. 그러므로 이와 같을 뿐이라고 말씀한 것이다."

18. 孟子曰 人之有德慧術知(智)者는 恒存乎疢疾이니라

孟子께서 말씀하셨다. "사람 중에 德의 지혜와 기술의 지혜를 가지고 있는 자는 항상 어려움 속에 있다.

德慧者는 德之慧요 術知者는 術之知라 疢疾은 猶災患也라 言 人必有疢疾이면 則能動心忍性하여 增益其所不能也니라

德慧는 德의 지혜요, 術知는 기술의 지혜이다. 疢疾은 災患과 같다. 사람들이 반드시 疢疾이 있으면 능히 마음을 분발하고 성질을 참아서 능하지 못한 것을 더 增益함을 말한 것이다.

獨孤臣孽子는 其操心也危하며 其慮患也深이라 故로 達이니라

오직 외로운 신하와 庶子들은 그 마음을 잡음이 위태로우며 患(禍)을 염려함이 깊다. 이 때문에 통달하는 것이다."

孤臣은 遠臣[1]이요 孽子는 庶子니 皆不得於君親而常有疢疾者也라 達은 謂達於事理니 卽所謂德慧術知也라

孤臣은 먼 신하요 孽子는 庶子이니, 모두 군주와 어버이에게 사랑을 얻지 못하여 항상 疢疾이 있는 자이다. 達은 事理에 통달함을 이르니, 곧 이른바 德慧·術智라는 것이다.

譯註 1. 遠臣 : 군주가 소원히 대하여 다른 나라로 쫓겨난 신하를 이른다.

19. 孟子曰 有事君人者하니 事是君이면 則爲容悅者也니라

慧:슬기로울 혜 疢:열병 진 孽:서자 얼 操:잡을 조 容:용납할 용

孟子께서 말씀하셨다. "人君을 섬기는 자가 있으니, 人君을 섬기면 용납되고 기쁘게 하는 자이다.

阿徇以爲容하고 逢迎以爲悅이니 此는 鄙夫之事요 妾婦之道也라

아첨하고 따라서 용납되며 군주의 비위에 영합하여 기쁘게 하는 것이니, 이는 鄙夫의 일이요 妾婦의 道이다.

有安社稷臣者하니 以安社稷爲悅者也니라

社稷을 편안히 하려는 신하가 있으니, 社稷을 편안히 함을 기쁨으로 삼는 자이다.

言 大臣之計安社稷이 如小人之務悅其君하여 眷眷於此而不忘也라

大臣이 社稷을 편안히 하기를 계획함이 小人이 군주를 기쁘게 하기를 힘쓰는 것과 같아서 이에 眷眷(戀戀)하여 잊지 못함을 말씀한 것이다.

有天民者하니 達可行於天下而後에 行之者也니라

天民인 자가 있으니, 榮達하여 온 천하에 행할 수 있은 뒤에야 행하는 자이다.

民者는 無位之稱이니 以其全盡天理하여 乃天之民이라 故로 謂之天民이라 必其道可行於天下然後에 行之요 不然이면 則寧沒世不見知而不悔하여 不肯小用其道以徇於人也라 張子曰 必功覆(부)斯民然後에 出이니 如伊呂之徒니라

民은 지위가 없는 자의 칭호이니, 天理를 온전히 다하여 하늘의 백성이기 때문에 天民이라고 이른 것이다. 반드시 그 道가 온 천하에 행해질 만한 뒤에야 행하고 그렇지 않으면 차라리 종신토록 알아줌을 받지 못해도 후회하지 않아서 그 道를 조금 사용하여 남을 따르기를 즐거워하지 않는 것이다.

張子가 말씀하였다. "반드시 功이 백성에게 덮여질 만한 뒤에야 나가는 것이니, 伊尹·呂尙과 같은 무리이다."

阿:아첨할 아 徇:따를 순 眷:돌아볼 권 寧:차라리 녕 沒:다할 몰 肯:즐길 긍 覆:덮을 부

有大人者하니 正己而物正者也니라

大人인 자가 있으니, 자기 몸을 바르게 함에 남이 바루어지는 자이다."

大人은 德盛而上下化之니 所謂見(현)龍在田天下文明[1]者라

○ 此章은 言人品不同이 略有四等하니 容悅佞臣은 不足言이요 安社稷則忠矣라 然이나 猶一國之士也요 天民則非一國之士矣라 然이나 猶有意也니 無意無必하여 唯其所在而物無不化는 惟聖者能之니라

大人은 德이 盛하여 上下가 교화되는 것이니, 이른바 '나타난 龍이 밭에 있음에 天下가 文明해진다.'는 것이다.

○ 이 章은 人品의 같지 않음이 대략 네 등급이 있음을 말씀하였으니, 용납되고 기쁘게 하는 佞臣(姦臣)은 족히 말할 것이 못되고, 社稷을 편안히 하는 신하는 충성스러우나 아직도 一國의 선비요, 天民은 一國의 선비는 아니나 아직도 의식함이 있으니, 의식함도 없고 기필함도 없어서 오직 그 있는 바에 사람이 교화되지 않음이 없는 것은 오직 聖人만이 능하다.

譯註 1. 見龍在田 天下文明 : 이 내용은 ≪周易≫ 〈乾卦 文言傳〉에 보인다.

20. 孟子曰 君子有三樂而王天下不與(예)存焉이니라

孟子께서 말씀하셨다. "君子가 세 가지 즐거움이 있는데, 천하에 왕 노릇 함은 여기에 들어있지 않다.

父母俱存하며 兄弟無故 一樂也요

父母가 모두 생존해 계시고 兄弟가 無故한 것이 첫 번째 즐거움이요,

此는 人所深願이나 而不可必得者어늘 今旣得之면 其樂을 可知니라

이는 사람들이 깊이 원하는 바이나 반드시 얻을 수는 없는 것인데, 이제 이미 얻었으면 그 즐거움을 알 만하다.

仰不愧於天하며 俯不怍於人이 二樂也요

우러러 하늘에 부끄럽지 않고 굽어보아 인간에 부끄럽지 않은 것이 두 번째 즐거움이요,

程子曰 人能克己면 則仰不愧, 俯不怍하여 心廣體胖[1]이라 其樂을 可知니 有息則餒矣니라

程子(明道)가 말씀하였다. "사람이 능히 자신의 사욕을 이기면 우러러 부끄럽지 않고 굽어보아 부끄럽지 않아서 마음이 태연하고 몸이 펴진다. 그 즐거움을 알 수 있으니, 쉼(중단함)이 있으면 굶주리게(부족하게) 된다."

譯註 1. 心廣體胖 : 마음에 여유가 있고 몸이 위축됨이 없이 펴지는 것으로 ≪大學≫ 傳6章에 보인다.

得天下英才而敎育之 三樂也니

천하의 英才를 얻어 교육하는 것이 세 번째 즐거움이니,

盡得一世明睿之才하여 而以所樂乎己者로 敎而養之면 則斯道之傳을 得之者衆하여 而天下後世將無不被其澤矣리라 聖人之心所願欲者가 莫大於此어늘 今旣得之면 其樂이 爲何如哉[1]오

온 세상의 밝고 지혜로운 人才를 모두 얻어서 자신이 즐거워하는 것을 가지고 그를 가르쳐 기른다면 이 道의 전함을 얻은 자가 많아서 天下와 後世가 장차 그 혜택을 입지 않는 이가 없을 것이다. 聖人의 마음에 원하고 하고자 함이 이보다 더 큰 것이 없는데, 이제 이미 얻었다면 그 즐거움이 어떠하겠는가.

譯註 1. 爲何如哉 : 內閣本에는 '何如'가 '如何'로 되어 있다.

君子有三樂而王天下不與存焉이니라

君子가 세 가지 즐거움이 있는데, 천하에 왕 노릇 함은 여기에 들어있지 않다."

愧:부끄러울 괴 俯:구부릴 부 怍:부끄러울 작 胖:몸펴질 반 餒:굶주릴 뇌 睿:밝을 예

林氏曰 此三樂者는 **一係於天**하고 **一係於人**[1)]이요 **其可以自致者**는 **惟不愧不怍而已**니 **學者可不勉哉**아

林氏(林之奇)가 말하였다. "이 세 가지 즐거움은 하나는 하늘에 달려 있고 하나는 남에게 달려 있고, 스스로 다할 수 있는 것은 오직 하늘에 부끄럽지 않고 인간에게 부끄럽지 않은 것 뿐이니, 배우는 자가 힘쓰지 않을 수 있겠는가."

譯註 1. 一係於天 一係於人 : 父母가 모두 생존하고 兄弟가 無故한 것은 하늘에 달려 있고, 天下의 英才를 얻어 교육함은 남에게 달려 있는 것이다.

21. 孟子曰 廣土衆民을 君子欲之나 所樂은 不存焉이니라

孟子께서 말씀하셨다. "토지를 넓히고 백성을 많게 함을 君子가 하고자 하나 즐거워함은 여기에 있지 않다.

地闢民聚하여 **澤可遠施**라 **故**로 **君子欲之**라 **然**이나 **未足以爲樂也**라

땅(영토)이 개척되고 백성이 모여서 혜택이 멀리 베풀어질 수 있다. 그러므로 君子가 이를 하고자 한다. 그러나 樂이 될 수는 없다.

中天下而立하여 定四海之民을 君子樂之나 所性[1)]은 不存焉이니라

천하의 한 가운데에 서서 〈王者가 되어〉 四海의 백성을 안정시킴을 君子가 즐거워하나 本性은 여기에 있지 않다.

譯註 1. 所性 : 앞의 所樂에 맞추어 쓴 것으로, 所는 큰 뜻이 없으며 굳이 해석한다면 '性으로 삼은 것'으로 해석해야 할 듯하다.

其道大行하여 **無一夫不被其澤**이라 **故**로 **君子樂之**라 **然**이나 **其所得於天者**는 **則不在是也**니라

그 道가 크게 행해져 한 지아비라도 그 혜택을 입지 못하는 이가 없다. 그러므로 君子가 이를 즐거워한다. 그러나 하늘에서 얻은 바의 本性은 여기에 있지 않다.

係:맬 계 致:다할 치 衆:많을 중 闢:개간할 벽 聚:모을 취

君子所性은 **雖大行**이나 **不加焉**이며 **雖窮居**나 **不損焉**이니 **分定故也**니라

君子의 本性은 비록 크게 행해지더라도 더 보태지지 않으며 비록 窮하게 살더라도 줄어들지 않으니, 분수가 정해져 있기 때문이다.

分者는 所得於天之全體라 故로 不以窮達而有異니라

分은 하늘에서 얻은 바의 全體이다. 그러므로 窮하거나 榮達함에 따라 다름이 있는 것이 아니다.

君子所性은 **仁義禮智根於心**이라 **其生色也 睟然見**(현)**於面**하며 **盎於背**하며 **施於四體**하여 **四體不言而喩**니라

君子의 本性은 仁義禮智가 마음속에 뿌리하여 그 얼굴빛에 나타남이 睟然히 얼굴에 드러나며 등에 가득하며 四體에 베풀어져서 四體가 굳이 말하지 않아도 저절로 깨달아 올바르게 되는 것이다."

上言所性之分이 與所欲所樂不同하고 此乃言其蘊也라 仁義禮智는 性之四德也라 根은 本也라 生은 發見(현)也라 睟然은 清和潤澤之貌요 盎은 豐厚盈溢之意라 施於四體는 謂見(현)於動作威儀之間也라 喩는 曉也니 四體不言而喩는 言四體不待吾言而自能曉吾意也라 蓋氣稟清明하여 無物欲之累하면 則性之四德이 根本於心하니 其積之盛이면 則發而著見於外者 不待言而無不順也니라 程子曰 睟面盎背는 皆積盛致然이니 四體不言而喩는 惟有德者能之니라
○ 此章은 言 君子固欲其道之大行이나 然이나 其所得於天者는 則不以是而有所加損也니라

위에서는 所性의 분수가 所欲・所樂과 같지 않음을 말씀하였고, 여기서는 마침내 그 깊은 뜻을 말씀한 것이다. 仁義禮智는 性의 네 가지 德이다. 根은 뿌리이다. 生은 發見

睟:깨끗할 수 盎:가득할 앙 喩:깨달을 유 蘊:쌓일 온 溢:넘칠 일

되는 것이다. 睟然은 淸和하고 윤택한 모양이요, 盎은 豐厚하고 가득 차 넘치는 뜻이다. 四體에 베풀어진다는 것은 動作과 威儀의 사이에 나타남을 이른다. 喩는 깨달음이니, 四體가 말하지 않아도 깨닫는다는 것은 四體가 내 말을 기다리지 않고도 저절로 내 뜻을 깨달음을 말한다. 氣稟이 淸明하여 物欲의 累가 없으면 性의 네 가지 德이 마음속에 뿌리하니, 그 쌓임이 盛하면 發하여 밖에 드러남이 말하기를 기다리지 않아도 順하지 않음이 없는 것이다.

程子(伊川)가 말씀하였다. "睟面盎背는 모두 쌓고 많이 하여 이룩되는 것이니, 四體가 말하지 않아도 깨닫는 것은 오직 德이 있는 자만이 능하다."

○ 이 章은 君子가 진실로 道가 크게 행해지기를 바라나 그 하늘에서 얻은 것(本性)은 이 때문에 증가되거나 감손되는 바가 있지 않음을 말씀한 것이다.

22. 孟子曰 伯夷辟(避)紂하여 居北海之濱이러니 聞文王作하고 興曰 盍歸乎來리오 吾聞西伯은 善養老者라하고 大(太)公이 辟紂하여 居東海之濱이러니 聞文王作하고 興曰 盍歸乎來리오 吾聞西伯은 善養老者라하니 天下에 有善養老면 則仁人이 以爲己歸矣리라

孟子께서 말씀하셨다. "伯夷가 紂王을 피하여 北海의 가에 살더니, 文王이 일어났다는 말을 듣고 분발하여 말씀하기를 '어찌 돌아가지 않겠는가. 내 들으니 西伯(文王)은 늙은이를 잘 봉양한다.' 하였으며, 太公이 紂王을 피하여 東海의 가에 살더니, 文王이 일어났다는 말을 듣고 분발하여 말씀하기를 '어찌 돌아가지 않겠는가. 내 들으니 西伯은 늙은이를 잘 봉양한다.' 하였으니, 천하에 늙은이를 잘 봉양하는 자가 있으면 仁人들이 자기의 돌아갈 곳으로 삼을 것이다.

己歸는 謂己之所歸라 餘見前篇하니라

己歸는 자기의 돌아갈 곳을 이른다. 나머지는 前篇(離婁 上)에 보인다.

五畝之宅에 樹墻下以桑하여 匹婦蠶之면 則老者足以衣帛矣며 五母雞와 二母彘를 無失其時면 老者足以無失肉矣며 百畝之田을

濱:물가 빈 作:일어날 작 盍:어찌아니 합 樹:심을 수 彘:돼지 체

匹夫耕之면 **八口之家 可以無飢矣**리라

5畝의 집에 담장 아래에 뽕나무를 심어 匹婦가 누에를 치면 늙은이가 충분히 비단옷을 입을 수 있으며, 다섯 마리의 암탉과 두 마리의 암퇘지를 새끼칠 때를 놓치지 않게 하면 늙은이가 충분히 고기를 잃음이 없을 것이며, 100畝의 토지를 匹夫가 경작한다면 여덟 식구의 집안이 굶주림이 없을 수 있을 것이다.

此는 **文王之政也**라 **一家養母雞五, 母彘二也**라 **餘見前篇**하니라

이는 文王의 정사이다. 한 집에서 암탉 다섯 마리와 암퇘지 두 마리를 기르는 것이다. 나머지는 前篇(梁惠王 上)에 보인다.

所謂西伯이 **善養老者**는 **制其田里**하여 **敎之樹畜**(휵)하고 **導其妻子**하여 **使養其老**니 **五十**에 **非帛不煖**하고 **七十**에 **非肉不飽**하나니 **不煖不飽**를 **謂之凍餒**니 **文王之民**이 **無凍餒之老者**는 **此之謂也**니라

이른바 '西伯이 늙은이를 잘 봉양했다'는 것은 그 田里를 제정해 주어 심고 기름을 가르치며, 그 妻子를 인도하여 그들로 하여금 老人을 봉양하게 한 것이다. 50세에는 비단이 아니면 따뜻하지 못하며 70세에는 고기가 아니면 배부르지 못하니, 따뜻하지 못하고 배부르지 못함을 凍餒라 이른다. 文王의 백성이 凍餒의 늙은이가 없다는 것은 이를 이른다."

田은 **謂百畝之田**이요 **里**는 **謂五畝之宅**이라 **樹**는 **謂耕桑**이요 **畜**은 **謂雞彘也**라 **趙氏曰 善養老者**는 **敎導之**하여 **使可以養其老耳**요 **非家賜而人益之也**니라

田은 100畝의 토지를 이르고, 里는 5畝의 집을 이른다. 樹는 밭 갈고 뽕나무를 심음을 이르고, 畜은 닭과 돼지를 기름을 이른다.

趙氏(趙岐)가 말하였다 "늙은이를 잘 봉양한다는 것은 妻子를 가르치고 인도하여 그 늙은이를 봉양하게 하는 것일 뿐이요, 집집마다 물건을 하사해 주고 사람마다 물건을 보태주는 것은 아니다."

23. 孟子曰 易(이)**其田疇**하며 **薄其稅斂**이면 **民可使富也**니라

孟子께서 말씀하셨다. "田疇(농지)를 잘 다스리고 세금을 적게 거둔다면 백성들을 부유하게 할 수 있다.

易는 治也라 疇는 耕治之田也라

易는 다스림이다. 疇는 갈고 다스리는 밭이다.

食之以時하며 用之以禮면 財不可勝用也니라

먹기를 제때에 하고 쓰기를 禮대로 하면 재물을 이루 다 쓸 수 없을 것이다.

教民節儉이면 則財用足矣[1)]리라

백성들에게 절약과 검소함을 가르치면 財用이 풍족할 것이다.

譯註 1. 財用足矣 : 內閣本에는 '矣'가 '也'로 되어 있다.

民非水火면 不生活이로되 昏暮에 叩人之門戶하여 求水火어든 無弗與者는 至足矣일새니 聖人이 治天下에 使有菽粟을 如水火니 菽粟이 如水火면 而民이 焉有不仁者乎리오

사람(백성)은 물과 불이 아니면 생활할 수가 없으나 어두운 저녁에 남의 門戶를 두드리면서 물과 불을 구하면 주지 않는 자가 없는 것은 지극히 풍족하기 때문이다. 聖人이 천하를 다스림에 백성들로 하여금 콩과 곡식을 물과 불처럼 흔하게 소유하게 하니, 콩과 곡식이 물과 불처럼 흔하다면 사람들이 어찌 仁하지 못한 자가 있겠는가."

水火는 民之所急이니 宜其愛之로되 而反不愛者는 多故也라 尹氏曰 言 禮義生於富足이니 民無常產이면 則無常心矣니라

물과 불은 사람에게 시급한 것이니 마땅히 아껴야 할 터인데 도리어 아끼지 않는 것은 많기 때문이다.

尹氏(尹焞)가 말하였다 "禮義가 부유하고 풍족한 데서 생겨나니, 백성들이 떳떳이

易:다스릴 이 疇:밭두둑 주 叩:두드릴 고 菽:콩 숙 粟:곡식 속

살 수 있는 재산이 없으면 떳떳한 마음이 없어짐을 말씀한 것이다."

24. 孟子曰 孔子登東山而小魯하시고 登太山而小天下하시니 故로 觀於海者엔 難爲水요 遊於聖人之門者엔 難爲言이니라

孟子께서 말씀하셨다. "孔子께서 魯나라 東山에 올라가시어 魯나라를 작게 여기셨고, 太山에 올라가시어 天下를 작게 여기셨다. 그러므로 바다를 구경한 자에게는 큰 물이 되기가 어렵고, 聖人의 門下에서 遊學한 자에게는 훌륭한 말이 되기가 어려운 것이다.

此는 言聖人之道大也라 東山은 蓋魯城東之高山이요 而太山則又高矣라 此는 言 所處益高면 則其視下益小요 所見旣大면 則其小者不足觀也라 難爲水, 難爲言은 猶仁不可爲衆[1]之意라

이는 聖人의 道가 큼을 말씀한 것이다. 東山은 魯나라 都城 동쪽에 있는 높은 山이요, 太山은 이보다 더 높다. 이는 處한 곳이 더욱 높으면 그 아래를 봄에 더욱 작아지고, 본 것이 이미 크면 작은 것은 족히 볼 것이 못됨을 말씀한 것이다. 물이 되기가 어렵고 말이 되기가 어렵다는 것은 '仁者 앞에서는 많은 무리(적수)가 될 수 없다.'는 뜻과 같다.

譯註 1. 仁不可爲衆 : 이는 孔子의 말씀으로 爲를 '되다'의 뜻으로 해석하는 바, 자세한 내용은 앞의 〈離婁 上〉 7章 譯註에 보인다.

觀水有術하니 必觀其瀾이니라 日月이 有明하니 容光에 必照焉이니라

물을 구경하는 데에 방법이 있으니, 반드시 그 여울목을 보아야 한다. 해와 달이 밝음이 있으니, 빛을 용납하는 곳에는 반드시 비추는 것이다.

此는 言道之有本也라 瀾은 水之湍急處也라 明者는 光之體요 光者는 明之用也라 觀水之瀾이면 則知其源之有本矣요 觀日月於容光之隙에 無不照면 則知其明之有本矣니라

이는 道에 근본이 있음을 말씀한 것이다. 瀾은 물의 여울이 급한 곳이다. 밝음은 빛

瀾:여울 란 照:비출 조 湍:여울 단 隙:틈 극

의 體요, 빛은 밝음의 用이다. 물의 여울목을 보면 그 水源에 근본이 있음을 알 수 있고, 해와 달이 빛을 용납하는 틈에 비추지 않음이 없음을 보면 그 밝음에 근본이 있음을 알 수 있다.

流水之爲物也 不盈科면 不行하나니 君子之志於道也에도 不成章이면 不達이니라

흐르는 물의 물건됨이 웅덩이가 차지 않으면 흘러가지 않으니, 君子가 道를 뜻함에도 文章을 이루지 않으면 통달하지 않는다."

言 學當以漸이라야 乃能至也라 成章은 所積者厚而文章外見(현)也라 達者는 足於此而通於彼也라

○ 此章은 言 聖人之道 大而有本하니 學之者必以其漸이라야 乃能至也니라

학문은 마땅히 漸進的으로 하여야 이를 수 있음을 말씀한 것이다. 文章을 이룬다는 것은 쌓인 것이 후하여 文章이 밖으로 드러나는 것이다. 達은 여기에 충족하여 저기에 통하는 것이다.

○ 이 章은 聖人의 道가 크면서도 근본이 있으니, 이것을 배우는 자는 반드시 점진적으로 하여야 비로소 이를 수 있음을 말씀한 것이다.

25. 孟子曰 鷄鳴而起하여 孶孶爲善者는 舜之徒也요

孟子께서 말씀하셨다. "닭이 울면 일어나서 부지런히 부지런히 善行을 하는 자는 舜임금의 무리요,

孶孶는 勤勉之意라 言 雖未至於聖人이나 亦是聖人之徒也라

孶孶는 부지런히 힘쓰는 뜻이다. 비록 聖人의 경지에 이르지 못하더라도 또한 聖人의 무리임을 말씀한 것이다.

鷄鳴而起하여 孶孶爲利者는 蹠之徒也니

盈:가득찰 영　科:구덩이 과　漸:점점 점　孶:부지런할 자　蹠:밟을 척

닭이 울면 일어나서 부지런히 부지런히 이익을 위하는 자는 盜蹠의 무리이니,

蹠은 盜蹠也라

蹠은 盜蹠이다.

欲知舜與蹠之分인댄 無他라 利與善之間也니라

舜임금과 盜蹠의 구분을 알고자 한다면 다른 것이 없다. 利와 善의 사이인 것이다."

程子曰 言間者는 謂相去不遠하여 所爭이 毫末耳라 善與利는 公私而已矣니 才(纔)出於善이면 便以利言也니라
○ 楊氏曰 舜蹠之相去遠矣나 而其分은 乃在利善之間而已니 是豈可以不謹이리오 然이나 講之不熟하고 見之不明이면 未有不以利爲義者니 又學者所當深察也니라 或問 鷄鳴而起하여 若未接物이면 如何爲善이닛고 程子曰 只主於敬이 便是爲善이니라

程子(明道)가 말씀하였다. "사이라고 말한 것은 서로의 거리가 멀지 않아 다투는 바가 털끝 만할 뿐임을 말한 것이다. 善과 利는 公과 私일 뿐이니, 조금만 善에서 벗어나면 곧 利라고 말할 수 있다."

○ 楊氏(楊時)가 말하였다. "舜임금과 盜蹠의 相去가 멀지만 그 구분은 바로 利와 善의 사이에 있을 뿐이니, 이 어찌 삼가지 않을 수 있겠는가. 그러나 講論하기를 익숙히 하지 않고 보기를 분명히 하지 않으면 利를 義라고 여기지 않을 자가 없으니, 이는 또 배우는 자들이 마땅히 깊이 살펴야 할 것이다."

혹자가 묻기를 "닭이 울면 일어나서 만일 아직 사물을 접하지 않았으면 어떻게 해야 善이 됩니까?" 하자, 程子(明道)가 말씀하였다. "다만 敬을 주장하는 것이 곧 善을 하는 것이다."

26. 孟子曰 楊子는 取爲我하니 拔一毛而利天下라도 不爲也하니라

孟子께서 말씀하셨다. "楊子는 자신을 위함을 취하였으니, 한 털을 뽑아서 天下가 이롭더라도 하지 않았다.

楊子는 名朱라 取者는 僅足之意니 取爲我者는 僅足於爲我而已요 不及爲人也라 列子稱其言曰 伯成子高不以一毫利物이라하니 是也라

楊子는 이름이 朱이다. 취한다는 것은 겨우 족하다는 뜻이니, 자신을 위함을 취한다는 것은 爲我에 겨우 족할 뿐이요, 爲人에 미치지 않는 것이다. 列子가 그의 말을 칭하기를 "伯成子高는 一毫라도 남을 이롭게 하지 않았다." 하였으니, 바로 이것이다.

墨子는 兼愛하니 摩頂放踵이라도 利天下인댄 爲之하니라

墨子는 兼愛를 하였으니, 이마(정수리)를 갈아 발꿈치에 이르더라도 天下에 이로우면 하였다.

墨子는 名翟이라 兼愛는 無所不愛也라 摩頂은 摩突其頂也라 放은 至也라

墨子는 이름이 翟이다. 兼愛는 사랑하지 않는 바가 없는 것이다. 摩頂은 그 이마를 갈고 부딪치는 것이다. 放은 이름이다.

子莫은 執中하니 執中이 爲近之나 執中無權이 猶執一也니라

子莫은 중간을 잡았으니, 중간을 잡는 것이 〈道에〉 가까우나 중간을 잡고 저울질함이 없는 것은 한쪽을 잡는 것과 같다.

子莫은 魯之賢者也니 知楊墨之失中也라 故로 度(탁)於二者之間하여 而執其中하니라 近은 近道也라 權은 稱錘也니 所以稱物之輕重而取中也라 執中而無權이면 則膠於一定之中하여 而不知變이니 是亦執一而已矣니라 程子曰 中字最難識이니 須是默識心通이니라 且試言 一廳則中央爲中이요 一家則廳非中而堂爲中이며 一國則堂非中而國之中爲中이니 推此類면 可見矣니라 又曰 中不可執也니 識得則事事物物에 皆有自然之中하여 不待安排하니 安排著(착)이면 則不中矣니라

子莫은 魯나라의 賢者이니, 楊朱와 墨翟이 中道를 잃었음을 알았다. 그러므로 두 가지의 사이를 헤아려서 그 중간을 잡은 것이다. 近은 道에 가까움이다. 權은 저울의 추

才:겨우 재, 잠시 재(纔通) 拔:뽑을 발 僅:겨우 근 摩:갈 마 頂:이마 정 放:이를 방 踵:발꿈치 종 突:부딪칠 돌 權:저울 권 稱:저울 칭 錘:저울추 추 膠:붙일 교

이니, 물건의 輕重을 달아서 맞음을 취하는 것이다. 중간을 잡고 저울질함(權道)이 없다면 일정한 中에 교착되어 변화를 알지 못하니, 이 또한 한쪽을 잡는 것일 뿐이다.

程子(伊川)가 말씀하였다. "'中'字가 가장 알기 어려우니, 모름지기 묵묵히 알고 마음으로 통달하여야 한다. 우선 시험삼아 말한다면 한 대청에는 대청 중앙이 中(중앙)이 되고, 한 집안에는 대청이 中이 아니라 堂이 中이 되며, 한 나라에는 堂이 中이 아니라 나라의 한 가운데가 中이 되니, 이러한 類를 미루어 보면 알 수 있다."

또 말씀하였다. "中은 잡을 수가 없으니, 이것을 안다면 事事物物에 모두 自然의 中이 있어서 安排하기를 기다리지 않을 것이니, 安排한다면 中이 되지 못한다."

所惡執一者는 爲其賊道也니 擧一而廢百也니라

한쪽을 잡는 것을 미워하는 까닭은 道를 해치기 때문이니, 하나를 들고 백 가지를 폐하는 것이다."

賊은 害也라 爲我는 害仁이요 兼愛는 害義요 執中者는 害於時中이니 皆擧一而廢百者也라

○ 此章은 言 道之所貴者中이요 中之所貴者權이니라 楊氏曰 禹稷이 三過其門而不入하시니 苟不當其可면 則與墨子無異요 顔子在陋巷하여 不改其樂하시니 苟不當其可면 則與楊氏無異라 子莫은 執爲我兼愛之中而無權하니 鄕鄰有鬪而不知閉戶하고 同室有鬪而不知救之리니 是亦猶執一耳라 故로 孟子以爲賊道라하시니라 禹稷顔回易地則皆然은 以其有權也니 不然이면 則是亦楊墨而已矣니라

賊은 해침이다. 爲我는 仁을 해치고 兼愛는 義를 해치며 중간을 잡는 것은 時中을 해치니, 모두 하나를 들고 백 가지를 폐하는 것이다.

○ 이 章은 道의 귀한 것은 中이요, 中의 귀한 것은 權道임을 말씀하였다.

楊氏(楊時)가 말하였다. "禹와 稷이 〈홍수를 다스리느라 8년 동안〉 세 번 자기 집을 지나면서도 들어가지 않았으니, 만일 그 옳음에 맞지 않았다면 墨子와 다를 것이 없고, 顔子가 누추한 골목에 있으면서 그 즐거움을 변치 않았으니, 만일 그 옳음에 맞지 않았다면 楊氏와 다를 것이 없다. 子莫은 爲我와 兼愛의 중간을 잡아 저울질함(변통함)이 없었으니, 鄕里와 이웃에 싸우는 사람이 있어도 문을 닫을 줄 모르고 한 방에 같이 있는 사람이 싸우더라도 말릴 줄을 모를 것이니, 이 또한 한쪽을 잡은 것

과 같을 뿐이다. 그러므로 孟子께서 "道를 해친다."고 말씀한 것이다. 禹·稷과 顔回가 처지를 바꾸면 모두 그렇게 함은 權道가 있기 때문이니, 그렇지 않다면 이 또한 楊朱와 墨翟일 뿐이다."

27. 孟子曰 饑者甘食하고 渴者甘飮하나니 是未得飮食之正也라 饑渴이 害之也니 豈惟口腹이 有饑渴之害리오 人心이 亦皆有害하니라

孟子께서 말씀하셨다. "굶주린 자는 달게 먹고 목마른 자는 달게 마시니, 이는 음식의 올바른 맛을 알지 못하는 것이다. 굶주림과 목마름이 해치기 때문이니, 어찌 다만 口腹만이 굶주림과 목마름의 해로움이 있겠는가. 마음까지도 또한 모두 해로움이 있는 것이다.

口腹이 爲饑渴所害라 故로 於飮食에 不暇擇而失其正味요 人心이 爲貧賤所害라 故로 於富貴에 不暇擇而失其正理니라

口腹이 굶주림과 목마름에 해로움을 받기 때문에 음식에 대하여 가릴 겨를이 없어 그 올바른 맛을 잃는 것이요, 人心이 貧賤에 해로움을 받기 때문에 富貴에 대하여 가릴 겨를이 없어 그 올바른 이치를 잃는 것이다.

人能無以饑渴之害로 爲心害면 則不及人을 不爲憂矣리라

사람이 능히 饑渴의 해로움으로써 마음의 해로움을 받지 않는다면 남에게 미치지 못함을 걱정할 것이 없을 것이다."

人能不以貧賤之故而動其心이면 則過人이 遠矣니라

사람이 貧賤의 이유 때문에 그 마음을 동요하지 않는다면 남보다 뛰어남이 먼 것이다.

28. 孟子曰 柳下惠는 不以三公易其介하니라

孟子께서 말씀하였다. "柳下惠는 三公으로 그 절개를 바꾸지 않았다."

介는 有分辨之意[1)]라 柳下惠는 進不隱賢하여 必以其道하며 遺佚不怨하고 阨窮不憫하

며 直道事人하여 至於三黜하니 是其介也니라

○ 此章은 言柳下惠和而不流하니 與孔子論夷齊不念舊惡[2]으로 意正相類하니 皆聖賢微顯闡幽[3]之意也니라

介는 분별함이 있는 뜻이다. 柳下惠는 나가서는 어짊을 숨기지 않아 반드시 그 道로써 하며, 벼슬길에서 버림을 받아도 원망하지 않고 곤궁해도 고민하지 않으며, 道를 곧게 하여 남(군주)을 섬겨서 세 번 내쳐짐에 이르렀으니, 이것이 그의 절개이다.

○ 이 章은 柳下惠가 和하면서도 흐르지 않았음을 말씀하였으니, 孔子가 伯夷와 叔齊를 논하면서 "옛날에 저지른 惡行을 생각하지 않았다."라고 한 것과 뜻이 서로 유사하다. 이는 모두 聖賢이 드러난 것은 隱微하게 하고 그윽한 것은 밝혀주는 뜻이다.

譯註 1. 介有分辨之意 : 介는 글자획이 左와 右로 분명히 나누어지기 때문에 義와 不義를 분명히 하여 취사선택하는 뜻이 된다.

2. 夷齊不念舊惡 : 伯夷와 叔齊는 사람들이 옛날에 저지른 惡行을 생각하지 않았다는 뜻으로, ≪論語≫〈公冶長〉 22章에 보인다.

3. 微顯闡幽 : 사람들이 잘 알고 있는 사실은 굳이 말하지 않고, 사람들이 잘 모르고 있는 사실을 밝혀줌을 뜻한다.

29. 孟子曰 有爲者 辟(譬)若掘井하니 掘井九軔이라도 而不及泉이면 猶爲棄井也니라

孟子께서 말씀하셨다. "함이 있는 자는 비유하면 우물을 파는 것과 같으니, 우물을 아홉 길을 팠더라도 샘물에 미치지 못하면 오히려 우물을 버림이 되는 것이다."

八尺曰仞(軔)이라 言 鑿井雖深이나 然이나 未及泉而止면 猶爲自棄其井也니라

○ 呂侍講曰 仁不如堯하고 孝不如舜하고 學不如孔子하면 終未入於聖人之域이요 終未至於天道니 未免爲半塗而廢하여 自棄前功也니라

八尺을 仞이라 한다. 우물을 파기를 비록 깊이 했더라도 샘물에 미치지 못하고 중지

介:지조 개 佚:빠질 일 阨:곤궁할 액 黜:내쫓을 출 闡:밝을 천 幽:그윽할 유 辟:비유할 비(譬通) 軔:길 인(仞同) 鑿:뚫을 착 塗:길 도(途通)

하면 오히려 스스로 그 우물을 버림이 됨을 말씀한 것이다.

○ 呂侍講(呂希哲)이 말하였다. "仁이 堯임금과 같지 못하고 孝가 舜임금과 같지 못하고 學問이 孔子와 같지 못하면 끝내 聖人의 경지에 들어갈 수 없고 마침내 天道에 이르지 못할 것이니, 半塗(中道)에 폐하여 스스로 前功을 버림이 됨을 면치 못하는 것이다."

30. 孟子曰 堯舜은 性之也요 湯武는 身之也요 五霸는 假之也니라

孟子께서 말씀하셨다. "堯·舜은 本性대로 하신 것이요, 湯·武는 몸으로 실천하신 것이요, 五霸는 빌린 것이다.

堯舜은 天性渾全하여 不假修習이요 湯武는 修身體道하여 以復其性이요 五霸則假借仁義之名하여 以求濟其貪欲之私耳니라

堯·舜은 天性이 渾全하여 닦고 익힘을 빌리지 않았고, 湯·武는 몸을 닦고 道를 體行하여 그 本性을 회복하였고, 五霸는 仁義의 이름을 빌려 그 貪慾의 私를 이루기를 구했을 뿐이다.

久假而不歸하니 惡(오)知其非有也리오

오래도록 빌리고 돌아가지 않았으니, 어찌 그 소유한 것이 아님을 알겠는가."

歸는 還也라 有는 實有也라 言 竊其名以終身하여 而不自知其非眞有라 或曰 蓋歎世人莫覺其僞者라하니 亦通이라 舊說에 久假不歸면 卽爲眞有라하니 則誤矣니라
○ 尹氏曰 性之者는 與道一也요 身之者는 履之也니 及其成功則一也라 五霸則假之而已니 是以로 功烈이 如彼其卑也니라

歸는 돌아감이다. 有는 실제로 소유한 것이다. 그 이름을 훔치고 일생을 마쳐서 참으로 소유하고 있는 것이 아님을 스스로 알지 못하였음을 말씀한 것이다. 혹자는 말하기를 "세상 사람들이 그 거짓을 깨달은 자가 없음을 탄식하신 것이다."라고 하니, 또한 통한다. 舊說에 "오래도록 빌리고 돌려주지 않으면 참으로 소유한 것이 된다." 하였는데, 이는 잘못된 해석이다.

○ 尹氏(尹焞)가 말하였다. "性之는 道와 더불어 하나가 되는 것이요 身之는 道를 실천하는 것이니, 그 成功에 이르러서는 똑같다. 五霸는 빌렸을 뿐이니, 이 때문에 功烈

이 저와 같이 낮은 것이다."

31. 公孫丑曰 伊尹曰 予不狎于不順이라하고 放太甲于桐한대 民이 大悅하고 太甲이 賢커늘 又反之한대 民이 大悅하니

公孫丑가 말하였다. "伊尹이 이르기를 '나는 의리에 順하지 못한 것을 익히 보지 못한다.' 하고 太甲을 桐땅으로 추방하자 백성들이 크게 기뻐하였고, 太甲이 어질어지거늘 다시 그를 돌아오게 하자 백성들이 크게 기뻐하였으니,

予不狎于不順은 太甲篇文이라 狎은 習見也라 不順은 言太甲所爲 不順義理也라 餘見前篇하니라

'나는 의리에 順하지 못한 것을 익히 보지 못한다.'는 것은 ≪書經≫ 〈太甲篇〉의 글이다. 狎은 익히 봄이다. 不順은 太甲의 소행이 義理에 順하지 못함을 말한 것이다. 나머지는 前篇(萬章 上)에 보인다.

賢者之爲人臣也에 其君이 不賢이면 則固可放與잇가

賢者가 남의 신하가 되어 그 군주가 어질지 못하면 진실로 추방할 수 있습니까?"

孟子曰 有伊尹之志則可커니와 無伊尹之志則簒也니라

孟子께서 말씀하셨다. "伊尹의 뜻이 있으면 가하거니와 伊尹의 뜻이 없으면 찬탈인 것이다."

伊尹之志는 公天下以爲心하여 而無一毫之私者也라

伊尹의 뜻은 천하를 공정히 함으로써 마음을 삼아서 一毫의 사욕이 없는 것이다.

32. 公孫丑曰 詩曰 不素餐兮라하니 君子之不耕而食은 何也잇고

狎:익숙할 압 放:내칠 방 簒:빼앗을 찬 素:휠 소 餐:밥 찬

孟子曰 君子居是國也에 **其君**이 **用之**면 **則安富尊榮**하고 **其子弟從之**면 **則孝弟忠信**하나니 **不素餐兮 孰大於是**리오

公孫丑가 말하였다. "≪詩經≫에 이르기를 '공밥을 먹지 않는다.' 하였으니, 君子가 밭을 갈지 않고 먹는 것은 어째서입니까?" 孟子께서 말씀하셨다. "君子가 이 나라에 거함에 그 군주가 등용하면 나라가 편안하고 부유해지고 〈권위가〉 높아지고 영화로우며 子弟들이 따르면 子弟들이 孝·弟·忠·信을 하니, 공밥을 먹지 않는 것이 무엇이 이보다 더 크겠는가."

詩는 魏國風伐檀之篇이라 素는 空也니 無功而食祿을 謂之素餐이라 此는 與告陳相彭更之意同이라

詩는 〈魏國風 伐檀篇〉이다. 素는 空이니, 功이 없이 祿만 먹는 것을 素餐이라 이른다. 이는 陳相과 彭更에게 告한 뜻과 같다.

33. 王子墊이 問曰 士는 何事잇고

王子 墊이 물었다. "선비는 무엇을 일삼습니까?"

墊은 齊王之子也라 上則公卿大夫와 下則農工商賈가 皆有所事로되 而士居其間하여 獨無所事라 故로 王子問之也라

墊은 齊王의 아들이다. 위로는 公·卿과 大夫와 아래로는 農·工과 商賈가 모두 종사하는 바가 있는데, 士는 그 중간에 거하여 홀로 일삼는 것이 없다. 그러므로 王子가 물은 것이다.

孟子曰 尙志니라

孟子께서 말씀하셨다. "뜻을 고상히 한다."

尙은 高尙也라 志者는 心之所之也라 士旣未得行公卿大夫之道하고 又不當爲農工商賈之業이면 則高尙其志而已니라

檀:박달나무 단 彭:성 팽 墊:빠질 점

尙은 고상히 하는 것이다. 志는 마음이 가는 바이다. 선비는 이미 公·卿·大夫의 道를 행할 수 없고 또 農·工·商賈의 業을 해서도 안되니, 그렇다면 그 뜻을 고상히 할 뿐인 것이다.

曰 何謂尙志닛고 **曰 仁義而已矣**니 **殺一無罪 非仁也**며 **非其有而取之 非義也**라 **居惡**(오)**在**오 **仁**이 **是也**요 **路惡在**오 **義是也**니 **居仁由義**면 **大人之事 備矣**니라

王子 墊이 물었다. "무엇을 뜻을 고상히 한다고 이릅니까?" 孟子께서 말씀하셨다. "仁義일 뿐이니, 한 사람이라도 無罪한 사람을 죽임은 仁이 아니며, 자신의 소유가 아닌데 취하는 것은 義가 아니다. 거하는 것은 어디에 있어야 하는가? 仁이 이것이요, 길은 어디에 있어야 하는가? 義가 이것이다. 仁에 거하고 義를 따른다면 大人의 일이 구비된 것이다."

非仁非義之事를 雖小나 不爲하고 而所居所由가 無不在於仁義하니 此는 士所以尙其志也라 大人은 謂公卿大夫라 言 士雖未得大人之位나 而其志如此면 則大人之事가 體用已全하니 若小人之事는 則固非所當爲也니라

仁이 아니고 義가 아닌 일은 비록 작더라도 하지 않으며, 거하는 바와 따르는 바가 仁義에 있지 않음이 없으니, 이는 선비가 그 뜻을 고상히 하는 것이다. 大人은 公·卿·大夫를 이른다. 선비가 비록 大人의 지위를 얻지 못했으나 그 뜻이 이와 같다면 大人의 일이 體·用이 이미 완전하니, 小人의 일로 말하면 진실로 마땅히 할 바가 아님을 말씀한 것이다.

34. 孟子曰 仲子 不義로 **與之齊國而弗受**를 **人皆信之**어니와 **是**는 **舍簞食**(사)**豆羹之義也**라 **人莫大焉**이어늘 **亡**(無)**親戚君臣上下**하니 **以其小者**로 **信其大者**가 **奚可哉**리오

孟子께서 말씀하셨다. "陳仲子는 不義로 齊나라를 주더라도 받지 않을 것을 사람들이 모두 믿고 있거니와 이것은 한 대그릇의 밥과 한 그릇의 국을 버리는

義이다. 사람에게는 人倫보다 더 큰 것이 없거늘 〈陳仲子는〉 親戚과 君臣과 上下가 없으니, 그 작은 것을 가지고 큰 것이라 믿는 것이 어찌 가하겠는가."

仲子는 陳仲子也라 言 仲子設若非義而與之齊國이라도 必不肯受리니 齊人이 皆信其賢이라 然이나 此但小廉耳라 其辟(避)兄離母하고 不食君祿하여 無人道之大倫하니 罪莫大焉이라 豈可以小廉으로 信其大節하여 而遂以爲賢哉리오

仲子는 陳仲子이다. '仲子는 설령 義가 아니면서 齊나라를 주더라도 반드시 즐겨 받지 않을 것이니, 齊나라 사람들이 모두 그의 어짊을 믿고 있다. 그러나 이것은 단지 작은 청렴일 뿐이다. 그는 형을 피하고 어머니를 떠나며 人君의 祿을 먹지 않아 人道의 큰 윤리가 없으니, 죄가 이보다 더 큰 것이 없다. 어찌 작은 청렴을 가지고 큰 절개라고 믿어서 마침내 어질다고 할 수 있겠는가.'라고 말씀한 것이다.

35. 桃應이 問曰 舜爲天子요 皐陶(요)爲士어든 瞽瞍殺人이면 則如之何잇고

桃應이 물었다. "舜임금이 天子가 되시고 皐陶가 士가 되었는데, 瞽瞍가 사람을 죽였다면 어떻게 하겠습니까?"

桃應은 孟子弟子也라 其意以爲 舜雖愛父나 而不可以私害公이요 皐陶雖執法이나 而不可以刑天子之父라 故로 設此問하여 以觀聖賢用心之所極이요 非以爲眞有此事也라

桃應은 孟子의 弟子이다. 그의 뜻은 생각하기를 '舜임금이 비록 아버지를 사랑하나 사사로운 情으로 公義를 해칠 수 없고, 皐陶는 비록 법을 집행하고 있으나 天子의 아버지를 형벌할 수 없다.' 고 여겼다. 그러므로 이러한 질문을 가설하여 聖賢의 마음씀의 지극함을 보려 한 것이요, 참으로 이러한 일이 있다고 한 것은 아니다.

孟子曰 執之而已矣니라

孟子께서 말씀하셨다. "〈皐陶는〉 法을 집행할 뿐이다."

簞:소쿠리 단 豆:그릇 두 羹:국 갱 辟:피할 피(避同) 皐:언덕 고 陶:즐길 요

言 皐陶之心이 知有法而已요 不知有天子之父也라

皐陶의 마음은 법이 있음을 알 뿐이요 天子의 아버지가 있음을 알지 못한다고 말씀한 것이다.

然則舜은 不禁與잇가

〈桃應이 말하였다.〉 "그렇다면 舜임금은 금지하지 않습니까?"

桃應問也라

桃應이 물은 것이다.

曰 夫舜이 惡得而禁之시리오 夫有所受之也니라

孟子께서 말씀하셨다. "舜임금이 어떻게 금지할 수 있겠는가. 〈皐陶는〉 전수받은 바가 있는 것이다."

言 皐陶之法이 有所傳受하니 非所敢私라 雖天子之命이라도 亦不得而廢之也니라

皐陶의 법은 전수받은 바가 있으니, 감히 사사로이 할 수 있는 것이 아니다. 비록 天子의 명령이라도 또한 법을 폐할 수 없음을 말씀한 것이다.

然則舜은 如之何잇고

〈桃應이 말하였다.〉 "그렇다면 舜임금은 어떻게 하시겠습니까?"

桃應問也라

桃應이 물은 것이다.

曰 舜이 視棄天下하사되 猶棄敝蹝也하사 竊負而逃하사 遵海濱而處하사 終身訢然樂而忘天下하시리라

敝:해질 폐 蹝:신 사 竊:몰래 절 負:업을 부 訢:기쁠 흔

孟子께서 말씀하셨다. "舜임금은 천하를 버리는 것을 보시되 마치 헌신짝을 버리듯이 하사 몰래 업고 도망하여 바닷가를 따라 거처하면서 종신토록 흔쾌히 즐거워하면서 천하를 잊으셨을 것이다."

蹝는 草履也라 遵은 循也라 言 舜之心이 知有父而已요 不知有天下也라 孟子嘗言 舜視天下를 猶草芥하시고 而惟順於父母라야 可以解憂라하시니 與此意로 互相發이니라
○ 此章은 言 爲士者는 但知有法而不知天子父之爲尊이요 爲子者는 但知有父而不知天下之爲大니 蓋其所以爲心者 莫非天理之極, 人倫之至라 學者察此而有得焉이면 則不待較計論量이라도 而天下에 無難處之事矣리라

蹝는 짚신이다. 遵은 따름이다. 舜임금의 마음은 아버지가 있음을 알 뿐이요, 천하가 있음을 알지 못함을 말씀한 것이다. 孟子께서 일찍이 말씀하시기를 "舜임금은 천하 보기를 草芥와 같이 하였고, 오직 父母에게 順하여야 근심을 풀 수 있었다." 하셨으니, 이 뜻과 서로 發明된다.

○ 이 章은 士師가 된 자는 다만 법이 있음만 알고 天子의 아버지가 높음을 알지 못하며, 자식이 된 자는 다만 아버지가 있음만 알고 천하가 큼을 알지 못함을 말씀한 것이니, 그 마음을 삼은 것이 天理의 지극함과 人倫의 지극함 아님이 없다. 배우는 자가 이것을 살펴서 터득함이 있으면 計較하고 의논하고 헤아리기를 기다리지 않아도 천하에 처리하기 어려운 일이 없을 것이다.

36. 孟子自范之齊러시니 望見齊王之子하시고 喟然歎曰 居移氣하며 養移體하나니 大哉라 居乎여 夫非盡人之子與아

孟子께서 范땅으로부터 齊나라에 가시어 齊王의 아들을 바라보시고는 喟然히 감탄하셨다. "거처가 기운을 옮겨놓으며 봉양이 몸을 바꿔놓으니, 크구나 거처함이여. 모두(똑같이) 사람의 자식이 아니겠는가.

范은 齊邑이라 居는 謂所處之位라 養은 奉養也라 言 人之居處가 所繫甚大하니 王子亦人子耳로되 特以所居不同이라 故로 所養不同하여 而其氣體有異也라

履:신 리 循:따를 순 較:비교할 교 范:성 범 喟:한숨쉴 위

范은 齊나라 고을이다. 居는 처하는 바의 자리를 이른다. 養은 奉養함이다. 사람의 거처는 관계된 바가 매우 크니, 王子도 또한 사람의 자식일 뿐인데 다만 거처하는 바가 같지 않기 때문에 봉양하는 바가 같지 않아서 그 氣와 體가 다름이 있음을 말씀한 것이다.

(孟子曰)

(孟子께서 말씀하셨다.)

張鄒皆云羨文也라

張氏(張栻)와 鄒氏(鄒浩)가 모두 羨文(衍文)이라고 하였다.

王子宮室車馬衣服이 多與人同이로되 而王子若彼者는 其居使之然也니 況居天下之廣居者乎아

王子의 宮室과 車馬와 衣服이 남들과 같은 것이 많으나 王子가 저와 같은 것은 그 거처가 그렇게 만든 것이니, 하물며 天下의 廣居(仁)에 거하는 자에 있어서랴.

廣居는 見前篇하니라 尹氏曰 睟然見(현)於面, 盎於背는 居天下之廣居者 然也니라

廣居는 前篇(滕文公 下)에 보인다.
尹氏(尹焞)가 말하였다. "睟然히 얼굴에 나타나고 등에 가득함은 天下의 廣居에 거하는 자만이 그러한 것이다."

魯君이 之宋하여 呼於垤澤之門이어늘 守者曰 此非吾君也로되 何其聲之似我君也오하니 此는 無他라 居相似也일새니라

魯나라 君主가 宋나라에 가서 垤澤의 문에서 고함을 치자, 문을 지키는 자가 말하기를 '이는 우리 군주가 아닌데, 어쩌면 그리도 음성이 우리 군주와 같은가.' 하였으니, 이는 다름이 아니라 거처가 서로 유사하기 때문이다."

羨:남을 연(衍通)　睟:윤택할 수　盎:넘칠 앙　垤:개미뚝 질

垤澤은 宋城門名也라 孟子又引此事爲證하시니라

垤澤은 宋나라 성문의 이름이다. 孟子께서 또 이 일을 인용하여 증명하신 것이다.

37. 孟子曰 食(사)而弗愛면 豕交之也요 愛而不敬이면 獸畜(휵)之也니라

孟子께서 말씀하셨다. "먹이기만 하고 사랑하지 않으면 돼지로 사귀는 것이요, 사랑하기만 하고 공경하지 않으면 짐승(애완동물)으로 기르는 것이다.

交는 接也요 畜은 養也라 獸는 謂犬馬之屬이라

交는 접함이요, 畜은 기름이다. 獸는 개와 말의 등속을 이른다.

恭敬者는 幣之未將者也니라

恭敬은 폐백을 받들기 이전에 이미 있는 것이다.

將은 猶奉也니 詩曰 承筐是將이라하니라 程子曰 恭敬이 雖因威儀幣帛而後發見(현)이나 然이나 幣之未將時에 已有此恭敬之心이요 非因幣帛而後有也니라

將은 奉(받듦)과 같으니, ≪詩經≫ 〈小雅 鹿鳴〉에 이르기를 "광주리로 받아 받든다." 하였다.

程子(伊川)가 말씀하였다. "恭敬은 비록 威儀와 幣帛을 인한 뒤에 나타나나 幣帛을 아직 받들지 않았을 때에 이미 이 恭敬의 마음이 있는 것이요, 幣帛을 인한 뒤에 있는 것이 아니다."

恭敬而無實이면 君子不可虛拘니라

恭敬을 하되 실제가 없으면 君子가 헛되이 얽매이지 않는다."

此는 言 當時諸侯之待賢者 特以幣帛爲恭敬而無其實也라 拘는 留也라

食:먹일 사 豕:돼지 시 獸:짐승 수 將:받들 장 筐:광주리 광

이는 당시 諸侯들이 賢者를 대함에 다만 幣帛으로써 恭敬을 삼고 그 실제가 없음을 말씀한 것이다. 拘는 얽매임이다.

38. 孟子曰 形色은 天性也니 惟聖人然後에 可以踐形이니라

孟子께서 말씀하셨다. "形色은 天性이니, 오직 聖人인 뒤에야 形色을 실천할 수 있는 것이다."

人之有形有色이 無不各有自然之理하니 所謂天性也라 踐은 如踐言[1]之踐이라 蓋衆人은 有是形而不能盡其理라 故로 無以踐其形이요 惟聖人은 有是形而又能盡其理하니 然後에 可以踐其形而無歉也니라

○ 程子曰 此는 言 聖人이 盡得人道而能充其形也라 蓋人得天地之正氣而生하여 與萬物不同하니 既爲人인댄 須盡得人理然後에 稱其名이라 衆人은 有之而不知하고 賢人은 踐之而未盡하니 能充其形은 惟聖人也니라 楊氏曰 天生烝民에 有物有則(칙)하니 物者는 形色也요 則者는 性也라 各盡其則이면 則可以踐形矣니라

사람이 가지고 있는 形體와 色은 각각 自然의 이치가 있지 않음이 없으니, 이것이 이른바 天性이란 것이다. 踐은 踐言(말을 실천함)의 踐과 같다. 衆人들은 이 형체를 가지고 있으나 그 이치를 다하지 못하므로 그 형체를 실천할 수 없고, 오직 聖人은 이 형체를 가지고 있고 또 그 이치를 다하니 그러한 뒤에야 그 형체를 실천하여 부족함이 없는 것이다.

○ 程子(伊川)가 말씀하였다. "이는 聖人이 人道를 다하여 능히 그 형체를 충만하게 함을 말씀한 것이다. 사람은 天地의 正氣를 얻고 태어나 萬物과 같지 않으니, 이미 사람이 되었다면 모름지기 사람의 도리를 다한 뒤에야 그 명칭에 걸맞는 것이다. 衆人은 이것을 가지고 있으나 알지 못하고 賢人은 실천하나 다하지 못하니, 능히 그 형체를 채우는 것은 오직 聖人 뿐이다."

楊氏(楊時)가 말하였다. "하늘이 여러 백성을 냄에 物(사물)이 있으면 則(법)이 있으니, 物은 形色이고 則은 性이다. 각각 그 법을 다한다면 형체를 실천할 수 있을 것이다."

譯註 1. 踐言 : ≪禮記≫ 〈曲禮 上〉에 "修身踐言"이라고 보인다.

踐:밟을 천　歉:부족할 겸　充:채울 충　烝:무리 증

39. 齊宣王이 欲短喪이어늘 公孫丑曰 爲朞之喪이 猶愈於已乎인저

齊宣王이 喪期를 단축하고자 하자, 公孫丑가 말하였다. "朞年喪을 하는 것이 그만두는 것보다는 나을 것이다."

已는 猶止也라

已는 止와 같다.

孟子曰 是猶或이 紾其兄之臂어든 子謂之姑徐徐云爾로다 亦敎之孝弟而已矣니라

孟子께서 말씀하셨다. "이는 혹자가 그 형의 팔뚝을 비틀거든 그대가 그에게 이르기를 '우선 천천히 하라.'고 하는 것과 같다. 또한 그에게 孝弟를 가르칠 뿐이다."

紾은 戾也라 敎之以孝弟之道면 則彼當自知兄之不可戾而喪之不可短矣리라 孔子曰 子生三年然後에 免於父母之懷하나니 予也有三年之愛於其父母乎[1]아하시니 所謂敎之以孝弟者 如此하니 蓋示之以至情之不能已者요 非强之也니라

紾은 어그러지게 하는 것이다. 孝弟의 도리를 가르치면 저가 마땅히 형을 비틀어서는 안되고 喪期를 단축해서는 안됨을 스스로 알게 될 것이다. 孔子께서 말씀하시기를 "자식이 태어난 지 3년이 된 뒤에 父母의 품에서 면하나니, 宰予는 3년의 사랑이 그 父母에게 있었는가." 하셨으니, 이른바 孝弟를 가르친다는 것은 이와 같은 것이다. 이는 지극한 情이 그칠 수 없음을 보여준 것이요, 억지로 하는 것이 아니다.

譯註 1. 孔子曰……予也有三年之愛於其父母乎 : 予는 孔子의 弟子인 宰予로, 이 내용은 ≪論語≫〈陽貨〉21章에 자세히 보인다.

王子有其母死者어늘 其傅爲之請數月之喪이러니 公孫丑曰 若此者는 何如也잇고

朞:기년 기 愈:나을 유 已:그만둘 이 紾:비틀 진 臂:팔뚝 비 姑:우선 고 戾:어그러질 려

王子 중에 그 어머니가 죽은 자가 있거늘 그 師傅가 그를 위하여 수개월의 喪을 청하였는데, 公孫丑가 말하였다 "이와 같은 경우는 어떻습니까?"

陳氏曰 王子所生之母死에 厭(壓)於嫡母하여 而不敢終喪[1]이어늘 其傅爲請於王하여 欲使得行數月之喪也라 時又適有此事하니 丑問如此者는 是非何如오하니라 按儀禮컨대 公子爲其母하여 練冠, 麻衣, 縓(전)緣하고 旣葬에 除之라하니 疑當時에 此禮已廢어나 或旣葬而未忍卽除라 故로 請之也라

陳氏(陳暘)가 말하였다. "王子를 낳은 어머니가 죽자, 嫡母에게 壓尊되어 喪期를 마칠 수가 없었다. 그리하여 그 師傅가 王에게 청하여 그로 하여금 수개월의 喪期를 행할 수 있게 하고자 한 것이다. 이때에 마침 이러한 일이 있자, 公孫丑가 묻기를 '이와 같은 경우는 是非가 어떻습니까?'라고 한 것이다. ≪儀禮≫를 상고해 보면 '公子는 자기를 낳아준 어머니를 위해서 練冠을 쓰고 삼베옷을 입고 붉은 동정을 달았다가 이미 葬禮한 뒤에는 벗는다.' 하였으니, 당시에 이러한 禮가 이미 폐지되었거나 또는 이미 장사지냈는데도 차마 곧바로 喪服을 벗을 수 없기 때문에 청한 듯하다."

譯註 1. 厭於嫡母而不敢終喪 : 厭은 壓과 통하는 바, 높은 분에게 눌림을 당함을 이르니, 王子의 所生母가 後宮이어서 嫡母에게 壓尊되어 齊衰 三年服을 입지 못함을 말한 것이다. 父在母喪의 경우에 아버지에게 壓尊되어 齊衰 朞年服을 입는 것과 같다.

曰 是欲終之而不可得也라 雖加一日이나 愈於已하니 謂夫莫之禁而弗爲者也니라

孟子께서 말씀하셨다. "이는 喪期를 마치고자 해도 될 수 없는 경우이니, 비록 하루를 더하더라도 그만두는 것보다 낫다. 〈앞에서 말한 것은〉 禁함이 없는데도 하지 않는 경우를 말한 것이다."

言 王子欲終喪而不可得이어늘 其傅爲請하니 雖止得加一日이라도 猶勝不加하니 我前所譏는 乃謂夫莫之禁而自不爲者耳니라
○ 此章은 言 三年通喪[1]은 天經地義라 不容私意有所短長이니 示之至情이면 則不肖

强:억지로 강 厭:눌릴 압(壓通) 嫡:정실 적 適:마침 적 練:마전할 련 縓:붉을 전 緣:선두를 연 止:다만 지 譏:기롱할 기 經:법 경

者 有以企而及之矣리라

王子가 喪期를 마치고자 해도 될 수 없자 그 師傅가 요청하였으니, 비록 다만 하루를 더하더라도 오히려 더하지 않는 것보다 나은 것이다. 내가 앞에서 〈齊宣王의 喪期 단축을〉 비판한 것은 禁함이 없는데도 스스로 하지 않는 자를 말했을 뿐이다.

○ 이 章은 3년의 通喪은 하늘의 法이요 땅의 義이다. 사사로운 뜻으로 단축하고 연장할 수 있는 것이 아님을 말씀하였으니, 지극한 情을 보여주면 不肖한 자가 그를 바라보고 미칠 수 있을 것이다.

譯註 1. 三年通喪 : 通喪은 天子로부터 庶人에 이르기까지 똑같이 입는 상복으로 父母喪을 가리키는 바, ≪論語≫ 〈陽貨〉 21章에 "父母에 대한 3년 喪은 天下의 공통된 喪이다.〔夫三年之喪 天下之通喪也〕"라고 보인다.

40. 孟子曰 君子之所以教者 五니

孟子께서 말씀하셨다. "君子가 가르치는 것이 다섯 가지이니,

下文五者는 蓋因人品高下와 或相去遠近先後之不同이라

아랫글의 다섯 가지는 人品의 高下와 혹은 거리의 遠近과 先後의 같지 않음으로 인한 것이다.

有如時雨化之者하며

時雨(단비)가 化(변화)하듯이 하는 경우가 있으며,

時雨는 及時之雨也라 草木之生에 播種封植하여 人力已至로되 而未能自化하니 所少者는 雨露之滋耳라 及此時而雨之면 則其化速矣니 教人之妙 亦猶是也니 若孔子之於顔曾이 是已라

時雨는 때에 알맞은 비이다. 草木이 자랄 때에 파종하고 잘 북돋아 주어 사람의 힘이 이미 지극하나 스스로 변화하지 못하니, 이때 부족한 것은 雨露의 滋養일 뿐이다. 이때에 미쳐서 비가 내리면 그 변화함이 빠르다. 사람을 교화시키는 妙함도 또한 이와 같으

企:바랄 기　播:뿌릴 파　封:북돋을 봉　滋:적실 자

니, 예를 들면 孔子가 顔子와 曾子에 대해서와 같은 것이 이런 경우이다.

有成德者하며 有達財(材)者하며

德을 이루게 한 경우가 있으며, 재질을 통달하게 한 경우가 있으며,

財는 與材同이라 此는 各因其所長而教之者也라 成德은 如孔子之於冉閔이요 達財는 如孔子之於由賜라

財는 材와 같다. 이는 각각 그 所長을 인하여 가르친 것이다. 德을 이룬다는 것은 孔子가 冉伯牛와 閔子騫에 대해서와 같은 것이요, 達財는 孔子가 由(子路)와 賜(子貢)에 대해서와 같은 경우이다.

有答問者하며

물음에 답한 경우가 있으며,

就所問而答之니 若孔孟之於樊遲萬章也라

그의 물음에 나아가 답한 것이니, 孔子와 孟子가 樊遲와 萬章에 대해서와 같은 경우이다.

有私淑艾(예)者하니

사사로이 善으로 다스린 경우가 있으니,

私는 竊也요 淑은 善이요 艾는 治也라 人或不能及門受業하고 但聞君子之道於人하여 而竊以善治其身이면 是亦君子教誨之所及이니 若孔孟之於陳亢夷之가 是也라 孟子亦曰 予未得爲孔子徒也나 予는 私淑諸人也라하시니라

私는 竊이요, 淑은 善이요, 艾는 다스림이다. 사람이 혹 門下에 이르러 受業하지 못하고 다만 君子의 道를 남에게 들어서 적이 善으로써 그 몸을 다스리면 이 또한 君子의 가르침이 미친 것이니, 예를 들면 孔子와 孟子가 陳亢과 夷之에 대해서와 같은 경우가

冉:나아갈 염 樊:울타리 번 淑:착할 숙 艾:다스릴 예 竊:사사로울 절 亢:높을 강(항)

이것이다. 孟子 또한 말씀하시기를 "나는 孔子의 門徒가 되지는 못하였으나 나는 적이 남에게서 얻어들어 몸을 善하게 하였다." 하셨다.

此五者는 **君子之所以敎也**니라

이 다섯 가지는 君子가 가르치는 것이다."

聖賢施敎 各因其材하여 小以成小하고 大以成大하여 無棄人也니라

聖賢이 가르침을 베풂은 각기 그 재질에 따라서 작은 사람은 작게 이루어주고 큰 사람은 크게 이루어주어, 버리는 사람이 없는 것이다.

41. 公孫丑曰 道則高矣美矣나 宜若登天然[1]이라 似不可及也니 何不使彼로 爲可幾及而日孶孶也잇고

公孫丑가 말하였다. "道가 높고 아름다우나 마땅히(의심컨내) 하늘에 오르는 것과 같아서 따라갈 수 없을 듯하니, 어찌하여 저들로 하여금 거의 미칠 수 있다고 여기게 해서 날마다 부지런히 부지런히 힘쓰게 하지 않습니까?"

譯註 1. 宜若登天然 : 宜若은 疑若과 같으며 然은 若에 붙는 것으로, 의심컨대 하늘에 오르는 것처럼 어려움을 말한 것이다.

孟子曰 大匠이 **不爲拙工**하여 **改廢繩墨**하며 **羿不爲拙射**하여 **變其彀率**(구율)이니라

孟子께서 말씀하셨다. "큰 목수가 졸렬한 木工을 위하여 먹줄과 먹통을 고치거나 폐하지 않으며, 羿가 졸렬한 射手를 위하여 활 시위를 당기는 率(기준)을 변경하지 않는다.

彀率은 彎弓之限也라 言 敎人者 皆有不可易之法하니 不容自貶以徇學者之不能也니라

幾:거의 기 孶:부지런할 자 繩:먹줄 승 羿:사람이름 예 彀:활당길 구 率:비율 률

彀率은 활 시위를 당기는 한계이다. 사람을 가르치는 자는 모두 바꿀 수 없는 法(원칙)이 있으니, 스스로 폄하하여 배우는 자의 능하지 못함을 따를 수 없음을 말씀한 것이다.

君子引而不發[1)]하나 躍如也하여 中道而立이어든 能者從之니라

君子는 활 시위를 당기고 쏘지 않으나 躍如하여 中道에 서 있거든 능한 자가 따르는 것이다."

譯註 1. 君子引而不發 : 官本諺解에는 '引而不發하야'로 懸吐되어 있으나 栗谷本을 따라 수정하였다.

引은 引弓也요 發은 發矢也라 躍如는 如踊躍而出也라 因上文彀率而言 君子教人에 但授以學之之法이요 而不告以得之之妙니 如射者之引弓而不發矢라 然이나 其所不告者 已如踊躍而見於前矣니라 中者는 無過不及之謂니 中道而立은 言其非難非易요 能者從之는 言學者當自勉也라

○ 此章은 言 道有定體하고 教有成法하니 卑不可抗이요 高不可貶이요 語不能顯이요 默不能藏이니라

引은 활 시위를 당김이요, 發은 화살을 발사함이다. 躍如는 踊躍하여 나옴과 같은 것이다. 윗글의 彀率을 인하여 말씀하시기를 "君子가 사람을 가르침에 다만 그것을 배우는 法(원칙)을 전수해 주고 그것을 터득하는 妙는 말해 주지 않으니, 이는 마치 활 쏘는 자가 활 시위를 당기기만 하고 화살을 발사하지 않는 것과 같다. 그러나 말해 주지 않은 것이 이미 踊躍하여 앞에 나타난 것과 같다." 하였다. 中은 過와 不及이 없음을 이르니, 中道而立은 어렵지도 않고 쉽지도 않음을 말한 것이요, 능한 자가 따른다는 것은 배우는 자가 마땅히 스스로 힘써야 함을 말한 것이다.

○ 이 章은 道는 일정한 體가 있으며 가르침은 이루어진 法이 있으니, 낮은 것을 높여서는 안되고 높은 것을 폄하해서는 안되며, 말해도 능히 드러낼 수 없고 침묵해도 감출 수 없음을 말씀한 것이다.

率:비율 율 彎:당길 만 貶:낮출 폄 躍:뛸 약 踊:뛸 용 卑:낮을 비 抗:높을 항(亢通)

42. 孟子曰 天下有道엔 以道殉身하고 天下無道엔 以身殉道하나니

孟子께서 말씀하셨다. "천하에 道가 있을 때에는 道로써 몸을 따르고, 천하에 道가 없을 때에는 몸으로써 道를 따르는 것이니,

殉은 如殉葬之殉이니 以死隨物之名也라 身出則道在必行이요 道屈則身在必退하여 以死相從而不離也라

殉은 殉葬의 殉과 같으니, 죽음으로 물건을 따름의 명칭이다. 몸이 나가면 道가 반드시 행해져야 할 입장에 있고 道가 굽혀지면 몸이 반드시 물러나야 할 입장에 있어서 죽음으로써 서로 따르고 떨어지지 말아야 한다.

未聞以道殉乎人者也로라

道를 가지고 남을 따른다는 것은 내 듣지 못하였다."

以道從人은 妾婦之道니라

道를 가지고 남을 따름은 妾婦의 道이다.

43. 公都子曰 滕更(경)之在門也에 若在所禮而不答은 何也잇고

公都子가 말하였다. "滕更이 門下에 있을 적에 예우할 바에 있을 듯한데도 〈선생께서〉 그의 물음에 대답하지 않으심은 어째서입니까?"

趙氏曰 滕更은 滕君之弟로 來學者也라

趙氏(趙岐)가 말하였다. "滕更은 滕나라 군주의 아우로 와서 배운 자이다."

孟子曰 挾貴而問하며 挾賢而問하며 挾長而問하며 挾有勳勞而問하며 挾故而問이 皆所不答也니 滕更이 有二焉하니라

殉:따를 순 挾:낄 협, 자세할 협 勳:공 훈 勞:공 로

孟子께서 말씀하셨다. "귀한 신분을 믿고 물으며 어짊을 믿고 물으며 나이 많음을 믿고 물으며 공로가 있음을 믿고 물으며 故(底意)를 가지고 묻는 경우에는 모두 대답하지 않는 것이니, 滕更이 이 가운데 두 가지를 가지고 있었다."

趙氏曰 二는 謂挾貴, 挾賢也라 尹氏曰 有所挾이면 則受道之心이 不專하니 所以不答也니라

○ 此는 言 君子雖誨人不倦이나 又惡(오)夫意之不誠者니라

趙氏(趙岐)가 말하였다. "두 가지는 挾貴와 挾賢을 이른다."

尹氏(尹焞)가 말하였다. "믿는 바가 있으면 道를 받는 마음이 전일하지 못하니, 이 때문에 대답해 주지 않으신 것이다."

○ 이는 君子가 비록 사람을 가르치기를 게을리 하지 않으나 또 뜻이 정성스럽지 못한 자를 미워함을 말씀한 것이다.

44. 孟子曰 於不可已而已者는 無所不已요 於所厚者에 薄이면 無所不薄也니라

孟子께서 말씀하셨다. "그만두어서는 안될 경우에 그만두는 자는 그만두지 않는 것이 없고, 후하게 해야 할 경우에 박하게 한다면 박하지 않은 것이 없을 것이다.

已는 止也니 不可止는 謂所不得不爲者也라 所厚는 所當厚者也라 此는 言不及者之弊라

已는 止(그만둠)이니, 不可止는 하지 않을 수 없는 것을 이른다. 所厚는 마땅히 후하게 해야 할 경우이다. 이는 不及한 자의 폐단을 말씀한 것이다.

其進이 銳者는 其退速이니라

그 나아감이 빠른 자는 그 후퇴가 속하다."

進銳者는 用心太過하여 其氣易衰라 故로 退速이니라

已:그만둘 이　銳:빠를 예　太:심할 태

○ 三者之弊는 理勢必然이니 雖過不及之不同이나 然이나 卒同歸於廢弛니라

나아감이 빠른 자는 마음을 씀이 너무 지나쳐서 그 기운이 쇠진하기 쉽다. 그러므로 후퇴가 속한 것이다.

○ 세 가지의 병폐는 이치와 형세의 필연적인 것이니, 비록 過와 不及이 똑같지 않으나 마침내 폐하고 해이한 데로 똑같이 돌아가고 만다.

45. 孟子曰 君子之於物也에 愛之而弗仁하고 於民也에 仁之而弗親[1)]하나니 親親而仁民하고 仁民而愛物이니라

孟子께서 말씀하셨다. "君子가 물건에 대해서는 사랑하기만(아끼기만) 하고 仁하지 않으며 백성(사람)에 대해서는 仁하기만 하고 親하지 않으니, 친척을 친히 하고서 백성을 仁하게 하고 백성을 仁하게 하고서 물건을 사랑하는 것이다."

譯註 1. 愛之而弗仁……仁之而弗親 : 愛·仁·親은 모두 사랑하는 것으로 仁에 해당하나 이것을 구분하여 말하면 愛는 아껴주는 것이고, 仁은 人道로 대우하는 것이고, 親은 친척으로 대하여 부모에게 효도하고 형제간에 우애하며 처자식을 사랑하는 따위를 이른다. 그리하여 愛보다 仁이 더 간절하고 仁보다 親이 더 간절하므로 親親을 하고서 仁民을 하고 仁民을 하고서 愛物을 하는 것이다. 齊宣王이 벌벌 떨며 죽으러 가는 소를 차마 보지 못하여 羊으로 바꾸게 한 것 같은 것이 바로 愛物이다.

物은 謂禽獸草木이라 愛는 謂取之有時하고 用之有節이라 程子曰 仁은 推己及人이니 如老吾老하여 以及人之老니 於民則可나 於物則不可라 統而言之하면 則皆仁이요 分而言之하면 則有序니라 楊氏曰 其分이 不同이라 故로 所施에 不能無差等하니 所謂理一而分殊者也니라 尹氏曰 何以有是差等고 一本故也니 無僞也니라

物은 禽獸와 草木을 이른다. 사랑한다는 것은 취함이 때가 있고 씀이 절도가 있음을 이른다.

程子(伊川)가 말씀하였다. "仁은 내 마음을 미루어 남에게 미치는 것이니, 내 노인을 노인으로 섬겨서 남의 노인에게 미치는 것과 같은 것이니, 이를 사람에게 하는 것은 가하나 물건에게 하는 것은 불가하다. 통틀어 말하면 이 세 가지가 모두 仁이고 나누어 말하면 차례가 있는 것이다."

楊氏(楊時)가 말하였다. "그 分(신분 또는 분수)이 같지 않기 때문에 베푸는 바에 차

등이 없을 수 없으니, 이른바 '이치는 하나이지만 나뉨이 다르다.'는 것이다."

尹氏(尹焞)가 말하였다. "어째서 이러한 차등이 있는가? 근본이 하나이기 때문이니, 거짓이 없다."

46. 孟子曰 知(智)者無不知也나 當務之爲急이요 仁者無不愛也나 急親賢之爲務니 堯舜之知로 而不徧物은 急先務也요 堯舜之仁으로 不徧愛人은 急親賢也니라

孟子께서 말씀하셨다. "지혜로운 자는 알지 않음이 없으나 마땅히 힘써야 할 일을 급선무로 여기고, 仁者는 사랑하지 않음이 없으나 어진이를 친히 함을 급선무로 여기니, 堯舜의 지혜로 물건을 두루 알지 않음은 먼저 해야 할 일을 급히 여겼기 때문이요, 堯舜의 仁으로 사람을 두루 사랑하지 않음은 어진이를 친히 함을 급히 여겼기 때문이다.

知者는 固無不知나 然이나 常以所當務者爲急이면 則事無不治하여 而其爲知也大矣요 仁者는 固無不愛나 然이나 常急於親賢이면 則恩無不洽하여 而其爲仁也博矣니라

지혜로운 자는 진실로 알지 않음이 없으나 항상 마땅히 힘써야 할 일을 급하게 여긴다면 일이 다스려지지 않음이 없어서 그 지혜로움이 클 것이요, 仁者는 진실로 사랑하지 않음이 없으나 항상 어진이를 친히 하는 것을 급하게 여긴다면 은혜가 흡족하지 않음이 없어서 그 仁이 넓을 것이다.

不能三年之喪而緦小功之察하며 放飯流歠而問無齒決[1)]이 是之謂不知務니라

3년상은 잘하지 못하면서 緦麻服과 小功服은 살피며 밥순갈을 크게 뜨고 국을 길게 마시면서 마른 고기를 이빨로 끊지 말아야 함을 따지는 것, 이것을 급선무를 모른다고 이르는 것이다."

譯註 1. 放飯流歠而問無齒決 : ≪禮記≫ 〈曲禮 下〉에 "밥순갈을 크게 뜨지 말고 국을 길게

徧:두루미칠 변(편) 緦:시마복 시 放:클 방 飯:밥 반 歠:마실 철 決:끊을 결

마시지 말라.〔毋放飯 毋流歠〕"라고 보이며 또 "젖은 고기는 이빨로 끊고 마른 고기는 이빨로 끊지 말라.〔濡肉齒決 乾肉不齒決〕"라고 보인다.

三年之喪은 服之重者也라 緦麻는 三月이요 小功은 五月이니 服之輕者也라 察은 致詳也라 放飯은 大飯이요 流歠은 長歠이니 不敬之大者也라 齒決은 齧斷乾肉이니 不敬之小者也라 問은 講求之意라

○ 此章은 言 君子之於道에 識其全體면 則心不狹하고 知所先後면 則事有序니라 豐氏曰 智不急於先務면 雖徧知人之所知하고 徧能人之所能이라도 徒弊精神而無益於天下之治矣요 仁不急於親賢이면 雖有仁民愛物之心이라도 小人在位하여 無由下達하여 聰明이 日蔽於上하고 而惡政이 日加於下하리니 此는 孟子所謂不知務也니라

3년의 상은 服의 중한 것이다. 緦麻는 3개월 服이요 小功은 5개월 服이니, 服의 가벼운 것이다. 察은 자세함을 지극히 하는 것이다. 放飯은 밥을 크게 뜨는 것이요 流歠은 길게 마시는 것이니, 不敬의 큰 것이다. 齒決은 이빨로 물어서 마른 고기를 끊는 것이니, 不敬의 작은 것이다. 問은 講求의 뜻이다.

○ 이 章은 君子가 道에 대해서 그 全體를 알면 마음이 좁아지지 않고, 먼저 하고 뒤에 할 것을 알면 일에 순서가 있음을 말씀한 것이다.

豐氏(豐稷)가 말하였다. "지혜를 씀에 있어 먼저 해야 할 일을 급히 여기지 않는다면 비록 남이 아는 바를 두루 알고 남이 능한 바에 두루 능하다 하더라도 다만 정신을 피폐하게 할 뿐이요 天下의 다스림에는 유익함이 없을 것이다. 仁을 함에 있어 어진이를 친히 함을 급하게 여기지 않는다면 비록 백성을 사랑하고 물건을 사랑하는 마음이 있더라도 小人들이 지위에 있어 德이 아래로 도달할 수가 없어서 聰明이 날로 위에 가리워지고 惡政이 날로 아래에 가해질 것이니, 이는 孟子의 이른바 '급선무를 알지 못한다.'는 것이다."

齧:깨물 설 徒:한갓 도 弊:피폐할 폐

盡心章句 下

凡三十八章이라

모두 38章이다.

1. 孟子曰 不仁哉라 梁惠王也여 仁者는 以其所愛로 及其所不愛하고 不仁者는 以其所不愛로 及其所愛니라

孟子께서 말씀하셨다. "仁하지 못하다, 梁惠王이여. 仁者는 그 사랑하는 바로써 사랑하지 않는 바에 미치고, 仁하지 못한 자는 사랑하지 않는 바로써 사랑하는 바에 미친다."

親親而仁民하고 仁民而愛物이 所謂以其所愛로 及其所不愛也라

친척을 親愛하고서 백성(사람)을 사랑하고, 백성을 사랑하고서 물건을 사랑함이 이른바 사랑하는 바로써 사랑하지 않는 바에 미친다는 것이다.

公孫丑曰 何謂也잇고 梁惠王이 以土地之故로 糜爛其民而戰之하여 大敗하고 將復(부)之호되 恐不能勝이라 故로 驅其所愛子弟하여 以殉之하니 是之謂以其所不愛로 及其所愛也니라

公孫丑가 말하였다. "무슨 말씀입니까?" 〈孟子께서 말씀하셨다.〉 "梁惠王이 토지의 연고 때문에 그 백성을 糜爛(피와 살이 깨지고 터짐)시켜 싸우게 하여 大敗하고는 장차 다시 싸우려 하되 이기지 못할까 두려우므로 그 사랑하는 바의 子弟를 내몰아서 희생시켰으니, 이를 일러 사랑하지 않는 바로써 사랑하는 바에 미친

糜:깨질 미 爛:터질 란 復:다시 부 驅:몰 구

다고 하는 것이다."

梁惠王以下는 孟子答辭也라 糜爛其民은 使之戰鬪하여 糜爛其血肉也라 復之는 復戰也라 子弟는 謂太子申也라 以土地之故로 及其民하고 以民之故로 及其子하니 皆以其所不愛로 及其所愛也니라
○ 此는 承前篇之末三章之意하여 言 仁人之恩은 自內及外하고 不仁之禍는 由疏逮親이니라

梁惠王 이하는 孟子께서 대답하신 말씀이다. 그 백성을 糜爛시켰다는 것은 백성들을 싸우게 하여 그 피와 살을 糜爛시킨 것이다. 復之는 다시 싸우는 것이다. 子弟는 太子申을 이른다. 토지의 연고 때문에 그 백성에게 미치고, 백성의 연고 때문에 그 아들에게 미쳤으니, 이것은 모두 사랑하지 않는 바로써 사랑하는 바에 미친 것이다.
○ 이는 前篇의 끝 세 章의 뜻을 이어서 仁人의 은혜는 안으로부터 밖에 미치고, 不仁한 자의 禍는 소원함으로부터 친척에게 미침을 말씀한 것이다.

2. 孟子曰 春秋에 無義戰하니 彼善於此는 則有之矣니라

孟子께서 말씀하셨다. "≪春秋≫에 의로운 전쟁이 없으니, 그 중에 저것이 이것보다 나은 것은 있다.

春秋에 每書諸侯戰伐之事에 必加譏貶하여 以著其擅興之罪하고 無有以爲合於義而許之者라 但就中에 彼善於此者則有之하니 如召陵之師[1]之類가 是也니라

≪春秋≫에는 諸侯들이 戰伐한 일을 쓸 때마다 반드시 비판과 폄하를 가하여 멋대로 군대를 일으킨 죄를 드러내었고 義에 합한다고 여겨 허여한 것이 없다. 다만 그 중에 저것이 이것보다 나은 것은 있으니, 예를 들면 召陵의 군대와 같은 類가 이것이다.

譯註 1. 召陵之師 : 魯僖公 4년에 楚나라가 天子國인 周나라에 貢物을 바치지 않는다 하여 齊桓公이 諸侯의 군대를 거느리고 楚나라를 정벌해서 승리한 다음, 楚將 屈完과 召陵에서 會盟한 사실을 가리킨다.

征者는 上伐下也니 敵國은 不相征也니라

逮:미칠 체 譏:기롱할 기 貶:낮출 폄 擅:마음대로할 천 師:군대 사 敵:대등할 적

征은 윗사람이 아랫사람을 정벌하는 것이니, 대등한 나라끼리는 서로 정벌하지 못한다."

征은 所以正人也라 諸侯有罪면 則天子討而正之하나니 此春秋所以無義戰也라

征은 사람을 바로잡는 것이다. 諸侯가 죄가 있으면 天子가 그를 토벌하여 바로잡는 것이니, 이 때문에 ≪春秋≫에 義로운 전쟁이 없는 것이다.

3. 孟子曰 盡信書면 則不如無書니라

孟子께서 말씀하셨다. "≪書經≫의 내용을 모두 믿는다면 ≪書經≫이 없는 것만 못하다.

程子曰 載事之辭에 容有重稱而過其實者하니 學者當識其義而已라 苟執於辭하면 則時或有害於義하니 不如無書之愈也니라

程子(伊川)가 말씀하였다. "일을 기재한 내용에는 혹 지나치게 칭하여 그 실제보다 넘은 것이 있으니, 배우는 자들이 마땅히 그 義를 알 뿐이다. 만일 그 내용에 집착한다면 때로는 혹 의리에 해로움이 있으니, ≪書經≫이 없는 것이 나음만 못하다."

吾於武成에 取二三策而已矣로라

내가 〈武成〉에 대해서 두세 쪽을 취할 뿐이다.

武成은 周書篇名이니 武王伐紂하고 歸而記事之書也라 策은 竹簡也니 取其二三策之言이요 其餘는 不可盡信也라 程子曰 取其奉天伐暴之意와 反政施仁之法而已니라

〈武成〉은 〈周書〉의 篇名이니, 武王이 紂王을 정벌하고 돌아와 그 사실을 기재한 글이다. 策은 竹簡이니, 그 중에 두세 쪽의 말을 취하고 그 나머지는 다 믿을 수 없는 것이다.

程子(伊川)가 말씀하였다. "하늘을 받들어 포악한 사람을 정벌한 뜻과 정사를 돌이켜 仁을 베푼 법을 취할 뿐이다."

容:혹시 용 愈:나을 유 策:죽간 책 簡:죽간 간

仁人은 無敵於天下니 以至仁으로 伐至不仁이어니 而何其血之流杵也리오

仁人은 천하에 대적할 사람이 없다. 지극히 仁함으로 지극히 不仁한 사람을 정벌하였으니, 어찌 그 피가 흘러 절구공이를 표류하게 하는 일이 있었겠는가."

杵는 舂杵也라 或作鹵하니 楯也라 武成에 言 武王伐紂에 紂之前徒倒戈하여 攻于後以北(배)하여 血流漂杵라하니 孟子言 此則其不可信者라 然이나 書本意는 乃謂商人自相殺이요 非謂武王殺之也라 孟子之設是言은 懼後世之惑이요 且長不仁之心耳시니라

杵는 방아찧는 절구공이이다. 혹은 鹵로도 쓰니, 방패이다. ≪書經≫ 〈武成〉에 이르기를 "武王이 紂를 정벌함에 紂의 군대의 선두에 있던 무리들이 창을 거꾸로 들고서 뒤를 공격하여 패배시켜 피가 흘러 절구공이가 표류하게 했다." 하였으니, 孟子께서 이것은 믿을 수 없는 것이라고 말씀한 것이다. 그러나 ≪書經≫의 본래 뜻은 바로 商나라 사람들이 자기들끼리 서로 죽였음을 말했을 뿐이요, 武王이 그들을 죽였다고 말한 것은 아니다. 孟子께서 이러한 말씀을 하신 것은 後世 사람들이 의혹할까 두려워하였고 또 不仁한 마음을 助長할까 해서였다.

4. 孟子曰 有人曰 我善爲陳(陣)하며 我善爲戰이라하면 大罪也니라

孟子께서 말씀하셨다. "어떤 사람이 말하기를 '내가 陳을 잘 치며 내가 전쟁을 잘한다.'고 하면 그는 큰 죄인이다.

制行伍(항오)曰陳이요 交兵曰戰이라

行伍를 통제하는 것을 陳이라 하고, 병기를 가하는 것은 戰이라 한다.

國君이 好仁이면 天下에 無敵焉이니 南面而征에 北狄怨하며 東面而征에 西夷怨하여 曰 奚爲後我오하니라

杵:절구공이 저 舂:방아 용 鹵:방패 로(櫓通) 楯:방패 순 北:달아날 배 漂:표류할 표

國君이 仁을 좋아하면 천하에 대적할 자가 없으니, 〈湯王이〉 남쪽을 향하여 정벌함에 북쪽에 있는 오랑캐가 원망하며 동쪽을 향하여 정벌함에 서쪽에 있는 오랑캐가 원망하여 '어찌하여 우리 나라를 뒤에 정벌하는가.' 하였다.

此는 引湯之事以明之하니 解見前篇하니라

이것은 湯王의 일을 인용하여 밝힌 것이니, 해석이 前篇(梁惠王 下)에 보인다.

武王之伐殷也에 **革車三百兩(輛)**이요 **虎賁**이 **三千人**이러니라

武王이 殷나라를 정벌할 때에 革車가 3백 輛이었고, 虎賁(호랑이처럼 용감한 군사)이 3천 명이었다.

又以武王之事明之也라 兩은 車數니 一車兩輪也라 千은 書序에 作百하니라

이는 다시 武王의 일을 가지고 밝힌 것이다. 兩은 수레의 數이니, 한 수레에는 바퀴가 둘이다. 千은 ≪書經≫ 〈牧誓〉의 序에는 百으로 되어 있다.

王曰 無畏하라 **寧爾也**라 **非敵百姓也**라하신대 **若崩厥角**하여 **稽首**하니라

王이 말씀하기를 '두려워하지 말라. 너희들을 편안히 하려는 것이요 백성들을 대적하려는 것이 아니다.' 하시자, 〈商나라 사람들이〉 마치 짐승이 뿔을 땅에 대듯이 머리를 조아렸다.

書泰誓文은 與此小異하니 孟子之意는 當云 王謂商人曰 無畏我也하라 我來伐紂는 本爲安寧汝요 非敵商之百姓也라하신대 於是에 商人이 稽首至地 如角之崩也니라

≪書經≫ 〈泰誓〉의 글은 이와 조금 다르다. 孟子의 뜻은 마땅히 말씀하기를 "王이 商나라 사람들에게 이르시기를 '나를 두려워하지 말라. 내가 와서 紂王을 정벌함은 본래 너희들을 安寧히 해주기 위한 것이요, 商나라 백성들을 대적하려는 것이 아니다.'라고 하시자, 이에 商나라 사람들이 머리를 조아려 땅에 이름이 마치 짐승들이 뿔을 땅에 대듯이 하였다."고 하신 것이다.

伍:대오 오 賁:클 분 崩:무너질 붕 厥:그 궐 稽:조아릴 계

征之爲言은 **正也**라 **各欲正己也**니 **焉用戰**이리오

征이라는 말은 바로잡는다는 뜻이다. 각기 자기 나라를 바로잡아주기를 바라니, 어찌 전쟁을 쓰겠는가."

民爲暴君所虐하여 皆欲仁者來正己之國也라

백성이 포악한 군주에게 학대를 받아 모두 仁者가 와서 자기 나라를 바로잡아주기를 바라는 것이다.

5. 孟子曰 梓匠輪輿 能與人規矩언정 不能使人巧니라

孟子께서 말씀하셨다. "梓匠과 輪輿가 남에게 規矩를 가르쳐 줄 수는 있을지언정 남으로 하여금 공교하게 할 수는 없다."

尹氏曰 規矩는 法度니 可告者也요 巧則在其人하니 雖大匠이라도 亦末如之何也已라 蓋下學은 可以言傳이요 上達은 必由心悟니 莊周所論斲輪之意[1]가 蓋如此하니라

尹氏(尹焞)가 말하였다. "規矩는 법도이니 남에게 일러줄 수 있는 것이요, 공교함은 그 사람에게 달려 있으니 비록 큰 匠人이라 하더라도 어찌할 수가 없는 것이다. 아래로 〈인간의 일을〉 배움은 말로 전해 줄 수 있고 위로 〈天理를〉 통달함은 반드시 마음으로 깨달아야 하니, 莊周가 논한 '수레바퀴를 깎는다.'는 뜻도 이와 같은 것이다."

譯註 1. 莊周所論斲輪之意 : ≪莊子≫ 〈天道〉에 "齊桓公이 聖人의 책을 읽고 있었는데, 수레바퀴를 만드는 늙은 木手가 이것을 보고 말하기를 '책은 옛 사람의 糟粕(찌꺼기)에 불과합니다. 臣이 수레바퀴를 깎는데 이것을 너무 빡빡하지도 않고 너무 헐겁지도 않게 만드는 것은 손에 익고 마음으로 터득하는 것이어서 입으로 말해 줄 수가 없습니다. 이와 마찬가지로 眞理 역시 말로 전해 줄 수 있는 것이 아니니, 聖人의 글은 糟粕에 지나지 않습니다.' 했다." 하였다.

6. 孟子曰 舜之飯糗茹草也에 若將終身焉이러시니 及其爲天子也하사는 被袗衣鼓琴하시며 二女果를 若固有之러시다

梓:오동나무 재 輿:줄 여 斲:깎을 착 飯:먹을 반 糗:말린밥 구 茹:먹을 여

孟子께서 말씀하셨다. "舜임금이 마른 밥을 먹고 채소를 먹을 때에는 장차 그대로 終身할 듯이 하시더니, 天子가 됨에 미쳐서는 袗衣를 입고 거문고를 타시며 두 여자가 모시는 것을 固有한 것처럼 여기셨다."

飯은 食也라 糗는 乾糒也라 茹는 亦食也라 袗은 畫衣也라 二女는 堯二女也라 果는 女侍也라 言 聖人之心이 不以貧賤而有慕於外하고 不以富貴而有動於中하여 隨遇而安하고 無預於己하니 所性이 分定故也니라

飯은 먹음이다. 糗는 마른밥이다. 茹도 먹는 것이다. 袗은 그림을 그린 옷이다. 二女는 堯임금의 두 딸이다. 果는 여자가 모시는 것이다. 聖人의 마음은 貧賤하다고 하여 밖에 사모함이 있지 않고 富貴하다고 하여 마음속에 동요함이 있지 않아 만나는 환경에 따라 편안하고 자신에게 관여됨이 없음을 말씀하였으니, 天性이 분수에 정해져 있기 때문이다.

7. 孟子曰 吾今而後에 知殺人親之重也로라 殺人之父면 人亦殺其父하고 殺人之兄이면 人亦殺其兄하나니 然則非自殺之也언정 一間耳니라

孟子께서 말씀하셨다. "나는 이제서야 남의 어버이를 죽임이 매우 중대한 일임을 알았노라. 내가 남의 아버지를 죽이면 남도 또한 내 아버지를 죽이고, 남의 형을 죽이면 남도 또한 내 형을 죽인다. 그렇다면 자신이 직접 父兄을 죽인 것은 아니지만 한 사이일 뿐이다."

言吾今而後知者는 必有所爲而感發也라 一間者는 我往彼來하여 間一人耳니 其實은 與自害其親으로 無異也라 范氏曰 知此면 則愛敬人之親이니 人亦愛敬其親矣리라

나는 이제서야 알았다고 말씀한 것은 반드시 이유가 있어서 感發하신 것이다. 一間은 내가 가고 저가 와서 한 사람을 사이하였을 뿐이니, 실제는 자신이 그 어버이를 살해한 것과 다름이 없는 것이다.

范氏(范祖禹)가 말하였다. "이것을 알면 남의 어버이를 사랑하고 공경할 것이니, 그

袗:채색옷 진 果:모실 과 糒:말린밥 비 預:간섭할 예

리하면 남들 또한 내 어버이를 사랑하고 공경할 것이다."

8. 孟子曰 古之爲關也는 將以禦暴러니

孟子께서 말씀하셨다. "옛날에 關門을 만든 것은 장차 포악한 자를 막고자 해서였는데,

譏察非常이라

수상한 사람을 譏察하는 것이다.

今之爲關也는 將以爲暴로다

지금에 關門을 만든 것은 장차 포악한 짓을 하려 함이로다."

征稅出入이라

○ 范氏曰 古之耕者는 什一이러니 後世엔 或收太半之稅하니 此는 以賦斂爲暴也요 文王之囿는 與民同之러니 齊宣王之囿는 爲阱國中하니 此는 以園囿爲暴也니 後世爲暴 不止於關이라 若使孟子用於諸侯면 必行文王之政이니 凡此之類를 皆不終日而改也시리라

출입하는 자에게 세금을 거두는 것이다.

○ 范氏(范祖禹)가 말하였다. "옛날에는 농사짓는 자들에게 10분의 1 稅를 받았는데 후세에는 혹 절반 이상의 稅를 징수하니, 이것은 세금을 거둠으로써 포악한 짓을 한 것이요, 文王의 동산은 백성과 더불어 함께 이용하였는데 齊宣王의 동산은 國中에 함정을 만들었으니, 이것은 園囿로써 포악한 짓을 한 것이다. 後世에 포악한 짓을 함은 關門에 그치지 않았다. 만일 孟子께서 諸侯에게 등용되었다면 반드시 文王의 정사를 행하셨을 것이니, 무릇 이러한 따위를 모두 하루가 못되어 고치셨을 것이다."

9. 孟子曰 身不行道면 不行於妻子요 使人不以道면 不能行於妻子니라

孟子께서 말씀하셨다. "자신이 道를 행하지 않으면 〈道가〉 妻子에게 행해지

禦:막을 어　譏:살필 기　斂:거둘 렴　囿:동산 유　阱:함정 정

지 않고, 사람을 부리기를 道로써 하지 않으면 〈명령이〉 妻子에게 행해지지 않는다."

身不行道者는 以行言之니 不行者는 道不行也요 使人不以道者는 以事言之니 不能行者는 令不行也라

자신이 道를 행하지 않는다는 것은 행실로써 말한 것이니, 행해지지 않는다는 것은 道가 행해지지 않는 것이요, 사람을 부리기를 道로써 하지 않는다는 것은 일로써 말한 것이니, 행해지지 않는다는 것은 명령이 행해지지 않는 것이다.

10. 孟子曰 周于利者는 凶年이 不能殺하고 周于德者는 邪世不能亂이니라

孟子께서 말씀하셨다. "利에 완벽한 자는 凶年이 그를 죽이지 못하고, 德에 완벽한 자는 나쁜 세상이 그를 어지럽히지 못한다."

周는 足也니 言積之厚則用有餘라

周는 족함이니, 쌓음이 厚하면 씀이 有餘함을 말씀한 것이다.

11. 孟子曰 好名之人은 能讓千乘之國하나니 苟非其人이면 簞食豆羹에 見(현)於色하나니라

孟子께서 말씀하셨다. "명예를 좋아하는 사람은 千乘의 나라를 사양할 수 있으니, 만일 그럴 만한 사람이 아니면 한 그릇 밥과 한 그릇 국에도 얼굴빛에 〈眞情이〉 나타난다."

好名之人은 矯情干譽라 是以로 能讓千乘之國이라 然이나 若本非能輕富貴之人이면 則於得失之小者에 反不覺其眞情之發見(현)矣라 蓋觀人을 不於其所勉이요 而於其所忽이니 然後에 可以見其所安之實也니라

명예를 좋아하는 사람은 실정을 속이고 명예를 요구한다. 이 때문에 千乘의 나라를

周:완벽할 주 簞:소쿠리 단 羹:국 갱 矯:속일 교 干:구할 간

사양할 수 있다. 그러나 만일 본래 富貴를 가볍게 여기는 사람이 아니면 得失의 작은 것에 도리어 그 眞情이 나타남을 깨닫지 못한다. 사람을 관찰함을 그 힘쓰는 바에 하지 말고 그 경홀히 하는 바에 하여야 하니, 그런 뒤에야 그 편안히 여기는 바의 실제를 볼 수 있는 것이다.

12. 孟子曰 不信仁賢則國空虛하고

孟子께서 말씀하셨다. "仁賢을 믿지 않으면 나라가 텅 비고,

空虛는 言若無人然이라

空虛는 사람이 없는 것과 같음을 말한다.

無禮義則上下亂하고

禮義가 없으면 上下가 혼란하고,

禮義는 所以辨上下, 定民志라

禮義는 上下를 구분하여 백성의 마음을 안정시키는 것이다.

無政事則財用不足이니라

政事가 없으면 財用이 넉넉하지 못하다."

生之無道하고 取之無度하고 用之無節故也라
○ 尹氏曰 三者는 以仁賢爲本이니 無仁賢이면 則禮義政事가 處之皆不以其道矣리라

생산함에 방법이 없고 취함에 일정한 제한이 없고 씀에 절도가 없기 때문이다.

○ 尹氏(尹焞)가 말하였다. "세 가지는 仁賢을 근본으로 삼으니, 仁賢이 없으면 禮義와 政事가 처리함에 모두 道로써 하지 못할 것이다."

13. 孟子曰 不仁而得國者는 有之矣어니와 不仁而得天下는 未之有也니라

孟子께서 말씀하셨다. "仁하지 않고서 나라를 얻은 자는 있거니와 仁하지 않고서 천하를 얻은 자는 있지 않다."

言 不仁之人이 騁其私智하여 可以盜千乘之國이나 而不可以得丘民之心이니라 鄒氏曰 自秦以來로 不仁而得天下者 有矣라 然이나 皆一再傳而失之하니 猶不得也라 所謂得天下者는 必如三代而後에 可니라

不仁한 사람이 사사로운 지혜를 구사하여 千乘의 나라를 훔칠 수는 있으나 丘民의 마음을 얻을 수는 없음을 말씀한 것이다.

鄒氏(鄒浩)가 말하였다. "秦나라로부터 이후로 不仁하면서 天下를 얻은 자가 있다. 그러나 이들은 모두 한두 代를 전하고 잃었으니, 이는 얻지 못한 것과 같다. 이른바 천하를 얻는다는 것은 반드시 三代時代와 같은 뒤에야 가능한 것이다."

14. 孟子曰 民이 爲貴하고 社稷이 次之하고 君이 爲輕이니라

孟子께서 말씀하셨다. "백성이 가장 귀중하고 社稷이 그 다음이고 君主는 가벼움이 된다.

社는 土神이요 稷은 穀神이니 建國則立壇壝[1]以祀之라 蓋國은 以民爲本이요 社稷도 亦爲民而立이며 而君之尊은 又係於二者之存亡이라 故로 其輕重이 如此하니라

社는 土神이요 稷은 穀神이니, 나라를 세우면 壇과 壝(담장)를 세우고 제사한다. 나라는 백성을 근본으로 삼고 社稷도 역시 백성을 위하여 세우며, 군주의 존귀함은 또 두 가지의 存亡에 달려 있다. 그러므로 그 輕重이 이와 같은 것이다.

譯註 1. 壇壝 : 흙을 높이 쌓은 것을 壇이라 하며, 壇 밖에 둘러 친 낮은 담장을 壝라 한다.

是故로 得乎丘民이 而爲天子요 得乎天子 爲諸侯요 得乎諸侯 爲大夫니라

그러므로 丘民의 마음을 얻은 것이 天子가 되고, 天子에게 신임을 얻은 것이 諸侯가 되고, 諸侯에게 신임을 얻은 것이 大夫가 된다.

騁:달릴 빙 壇:단 단 壝:담 유 係:맬 계

丘民[1]은 田野之民이니 至微賤也라 然이나 得其心이면 則天下歸之요 天子는 至尊貴也나 而得其心者는 不過爲諸侯耳니 是는 民爲重也라

丘民은 田野의 백성이니, 지극히 미천하다. 그러나 그 마음을 얻으면 天下가 돌아오고 天子는 지극히 존귀하나 그 마음을 얻은 자는 諸侯가 됨에 불과할 뿐이니, 이는 백성이 귀중함이 되는 것이다.

譯註 1. 丘民：朱子는 田野의 백성이라 하여 자세히 해석하지 않았으나 趙岐의 註에 "丘는 16井이다." 하였다. ≪司馬法≫을 살펴보면 "6尺을 1步라 하고 사방 100步를 1畝라 하고 100畝를 1夫라 하고 3夫를 1屋이라 하고 3屋을 1井이라 하고 10井을 1通이라 하고 10通을 1成이라 하니, 1成은 바로 1丘이다." 하였다.

諸侯危社稷이면 則變置하나니라

諸侯가 社稷을 위태롭게 하면 바꾸어 둔다.

諸侯無道하여 將使社稷爲人所滅이면 則當更(경)立賢君이니 是는 君輕於社稷也라

諸侯가 無道하여 장차 社稷이 남에게 멸망을 당하게 되면 마땅히 賢君으로 바꾸어 세워야 하니, 이는 군주가 社稷보다 가벼운 것이다.

犧牲이 旣成하며 粢盛이 旣潔하여 祭祀以時호되 然而旱乾(간)水溢이면 則變置社稷하나니라

犧牲이 이미 이루어지며 粢盛이 이미 정결하여 제사를 제때에 지내되 그런데도 가뭄이 들고 홍수가 넘치면 社稷을 바꾸어 설치한다."

祭祀不失禮로되 而土穀之神이 不能爲民禦災捍患이면 則毁其壇壝而更置之하나니 亦年不順成八蜡(사)不通[1]之意니 是는 社稷이 雖重於君이나 而輕於民也라

제사가 禮를 잃지 않았는데도 土神과 穀神이 백성을 위하여 재앙을 막아주고 患難을 막아주지 못하면 그 壇과 壝를 허물고 바꾸어 설치한다. 이는 또한 '年事가 잘 이루어지지 못하면 八蜡를 통하지 않는다.'는 뜻이다. 이는 社稷이 비록 군주보다 重하나 백

更:바꿀 경 粢:곡식 자 盛:담을 성 溢:넘칠 일 捍:막을 한 蜡:臘享(납향)제사 사

성보다는 가벼운 것이다.

譯註 1. 年不順成 八蜡不通 : 年不順成은 곡식이 잘 成熟하지 못하는 것이며, 八蜡는 섣달에 지내는 여덟 가지 神에 대한 제사로, 곧 神農인 先嗇, 옛 后稷인 司嗇, 옛 勸農官인 農, 勸農官이 머무는 郵亭의 神인 郵表畷, 농작물을 해치는 멧돼지와 쥐를 제거해 주는 虎神과 貓神, 堤防의 神인 坊, 溝渠의 神인 水庸, 蟲害를 제거하는 神인 昆蟲을 이르며, 通은 여러 神과 함께 제사하는 것으로, 凶年이 들면 이들 八蜡의 神을 여러 方位의 神과 함께 제사하지 않는 바, ≪禮記≫ 〈郊特牲〉에 자세히 보인다.

15. 孟子曰 聖人은 百世之師也니 伯夷柳下惠 是也라 故로 聞伯夷之風者는 頑夫廉하고 懦夫有立志하며 聞柳下惠之風者는 薄夫敦하고 鄙夫寬하나니 奮乎百世之上이어든 百世之下에 聞者 莫不興起也하니 非聖人而能若是乎아 而況於親炙(자)之者乎아

孟子께서 말씀하셨다. "聖人은 百世의 스승이니, 伯夷와 柳下惠가 이것이다. 그러므로 伯夷의 風度를 들은 자는 완악한 지아비가 청렴해지고 나약한 지아비가 立志하게 되며, 柳下惠의 풍도를 들은 자는 경박한 지아비가 敦厚해지고 鄙陋한 지아비가 너그러워진다. 百世의 위에서 분발하거든 百世의 아래에서 풍도를 들은 자가 興起하지 않는 이가 없으니, 聖人이 아니고서 이와 같을 수 있겠는가. 더구나 그들을 직접 가까이 하여 감화받은 자에 있어서랴."

興起는 感動奮發也라 親炙는 親近而薰炙[1]之也라 餘見前篇하니라

興起는 감동하고 분발함이다. 親炙는 친근히 하여 薰炙함이다. 나머지는 前篇(萬章下)에 보인다.

譯註 1. 薰炙 : 불을 지펴 태우고 굽는 것으로 직접 가르침을 받아 감화됨을 이른다.

16. 孟子曰 仁也者는 人也니 合而言之하면 道也니라

孟子께서 말씀하셨다. "仁은 사람이라는 뜻이니, 합하여 말하면 道이다."

頑:완고할 완 懦:나약할 나 奮:뽐낼 분 炙:친근할 자, 고기구울 자 薰:향기쐴 훈

仁者는 人之所以爲人之理也라 然이나 仁은 理也요 人은 物也니 以仁之理로 合於人之身而言之하면 乃所謂道者也라

○ 程子曰 中庸所謂率性之謂道가 是也니라 或曰 外國本에 人也之下에 有義也者宜也, 禮也者履也, 智也者知也, 信也者實也 凡二十字라하니 今按如此면 則理極分明이라 然이나 未詳其是否也로라

仁은 사람이 사람된 所以의 이치이다. 그러나 仁은 이치요 사람은 물건이니, 仁의 이치로써 사람의 몸에 합하여 말하면 이것이 바로 이른바 道라는 것이다.

○ 程子(明道)가 말씀하였다. "≪中庸≫에 이른바 '性을 따름을 道라 이른다.' 한 것이 이것이다."

혹자는 말하기를 "外國本에는 人也의 아래에 '義는 마땅하다는 뜻이요 禮는 이행한다는 뜻이요 智는 안다는 뜻이요 信은 신실하다는 뜻이다.〔義也者宜也 禮也者履也 智也者知也 信也者實也〕'라는 모두 20字가 있다." 한다. 지금 살펴보건대 이와 같다면 이치가 지극히 분명해진다. 그러나 그것이 옳은 지는 자세하지 않다.

17. 孟子曰 孔子之去魯에 曰 遲遲라 吾行也여하시니 去父母國之道也요 去齊에 接淅而行하시니 去他國之道也니라

孟子께서 말씀하셨다. "孔子께서 魯나라를 떠나실 적에는 '더디고 더디다, 내 걸음이여.' 하셨으니 이는 父母의 나라를 떠나는 도리요, 齊나라를 떠나실 적에는 밥을 지으려고 담갔던 쌀을 건져 가지고 떠나가셨으니 이는 他國을 떠나는 도리이다."

重出[1]이라

거듭 나왔다.

譯註 1. 重出 : 이 내용은 앞의 〈萬章 下〉 1章에 자세히 보인다.

18. 孟子曰 君子之戹於陳蔡之間은 無上下之交也니라

率:따를 솔　履:밟을 리　遲:더딜 지　接:받을 접　淅:쌀일 석　戹:곤궁할 액

孟子께서 말씀하셨다. "君子(孔子)가 陳·蔡의 사이에서 곤액을 당하신 것은 上下의 사귐이 없었기 때문이었다."

君子는 孔子也라 戹은 與厄同이라 君臣皆惡하여 無所與交也라

君子는 孔子이다. 戹은 厄과 같다. 군주와 신하가 모두 악하여 더불어 사귈 사람이 없는 것이다.

19. 貉稽曰 稽大不理於口[1)]호이다

貉稽가 말하였다. "저(稽)는 크게 입에 덕을 보지 못합니다."

譯註 1. 稽大不理於口 : 孔安國의 疏에는 理를 治의 뜻으로 보아 벼슬하는 자가 백성들의 비방하는 말을 다스리지 못하는 것으로 해석하였다.

趙氏曰 貉은 姓이요 稽는 名이니 爲衆口所訕하니라 理는 賴也라하니라 今按漢書컨대 無俚를 方言에 亦訓賴[1)]하니라

趙氏(趙岐)가 말하기를 "貉은 姓이요 稽는 이름이니, 여러 사람들의 입에 비방을 받았다. 理는 賴(의뢰함)이다." 하였다. 지금 ≪漢書≫를 살펴보면 無俚를 ≪方言≫에 또한 賴라고 訓하였다.

譯註 1. 今按漢書……亦訓賴 : ≪漢書≫ 〈季布傳〉의 贊에 "婢妾과 賤人들이 감개하여 자살하는 것은 용기가 있어서가 아니요, 지극히 의뢰할 데가 없다고 생각하기 때문이다.〔婢妾賤人 感慨而自殺 非能勇也 其盡無俚之至耳〕" 하였는데, 晉灼의 註에 "揚雄의 ≪方言≫에 '俚 聊也'라 하였고, 許愼의 ≪說文解字≫에 '俚 賴也'라 했다." 하였다. 段玉裁의 ≪說文解字注≫에 "賴는 各本에 聊로 되어 있으니, ≪方言≫을 따라 許愼의 本文을 고친 것이다." 하였는 바, 朱子의 註에 ≪方言≫이라 한 것은 ≪說文解字≫의 오류로 보아야 할 것이다.

孟子曰 無傷也라 士憎(增)茲多口하니라

孟子께서 말씀하셨다. "나쁠 것이 없다. 선비는 더욱 口舌이 많은 것이다.

趙氏曰 爲士者 益多爲衆口所訕이라하니라 按此則憎當從土어늘 今本에 皆從心하니 蓋

貉:오랑캐 맥 稽:조아릴 계 理:의뢰할 리 訕:꾸짖을 산 賴:의뢰할 뢰 俚:힘입을 리

傳寫之誤니라

趙氏(趙岐)가 말하기를 "선비가 된 자는 더욱 여러 사람들의 입에 비방을 받는다." 하였다. 이를 상고해 보면 憎字는 마땅히 土를 따라야 할 것인데, 지금 本(冊)에는 모두 心을 따랐으니, 이는 傳寫의 잘못일 것이다.

詩云 憂心悄悄어늘 慍于群小라하니 孔子也시고 肆不殄厥慍하시나 亦不隕厥問(聞)이라하니 文王也시니라

≪詩經≫에 이르기를 '마음에 걱정하기를 悄悄히 하거늘 여러 小人들에게 노여움을 받는다.' 하였으니 이는 孔子이시고, '그들의 노여움을 없애지는 못했으나 또한 그 명성을 잃지 않았다.' 하였으니 이는 文王이시다."

詩는 邶風柏舟及大雅緜之篇也라 悄悄는 憂貌요 慍은 怒也라 本言 衛之仁人이 見怒於群小어늘 孟子以爲孔子之事可以當之라하시니라 肆는 發語辭라 隕은 墜也요 問은 聲問也라 本言 大(太)王事昆夷에 雖不能殄絶其慍怒나 亦不自墜其聲問之美어늘 孟子以爲文王之事可以當之라하시니라
○ 尹氏曰 言 人顧自處如何니 盡其在我者而已니라

詩는 〈邶風 柏舟篇〉과 〈大雅 緜篇〉이다. 悄悄는 걱정하는 모양이요, 慍은 노함이다. 이는 본래 衛나라의 仁人이 여러 小人들에게 노여움을 받은 것을 말한 것인데, 孟子께서 孔子의 일이 여기에 해당된다고 말씀한 것이다. 肆는 發語辭이다. 隕은 실추함이요, 問은 聲問(聲聞, 名聲)이다. 이는 본래 太王이 昆夷를 섬길 적에 비록 그들의 성냄을 없애지는 못했으나 또한 스스로 그 명성의 아름다움을 실추하지 않았음을 말한 것인데, 孟子께서 文王의 일이 여기에 해당된다고 말씀한 것이다.

○ 尹氏(尹焞)가 말하였다. "사람은 自處하기를 어떻게 하는가를 돌아보아야 하니, 자신에게 있는 것을 다할 뿐임을 말씀한 것이다."

20. 孟子曰 賢者는 以其昭昭로 使人昭昭어늘 今엔 以其昏昏으로

悄:근심할 초 慍:성낼 온 肆:마침내 사 殄:끊을 진 隕:떨어질 운 問:명예 문 邶:나라이름 패 緜:이을 면 見:당할 견 墜:떨어질 추 昆:종족이름 곤 昭:밝을 소

使人昭昭로다

孟子께서 말씀하셨다. "賢者는 그 밝음으로써 남을 밝게 하는데, 지금에는 그 어둠으로써 남을 밝게 하려 하는구나."

昭昭는 明也요 昏昏은 闇也라 尹氏曰 大學之道는 在自昭明德而施於天下國家하니 其有不順者寡矣니라

昭昭는 밝음이요 昏昏은 어둠이다.
尹氏(尹焞)가 말하였다. "大學의 道는 스스로 明德을 밝혀서 天下와 國·家에 베풂에 있으니, 그 순종하지 않는 자가 적은 것이다."

21. 孟子謂高子曰 山徑之蹊間이 介然用之而成路하고 爲間不用則茅塞之矣나니 今에 茅塞子之心矣로다

孟子께서 高子에게 이르셨다. "山길에 사람들이 다니는 곳이 삽시간만 사용하면 길을 이루고 한동안 사용하지 않으면 띠풀이 자라서 길을 막나니, 지금에 띠풀이 그대의 마음을 꽉 막고 있구나."

徑은 小路也요 蹊는 人行處也라 介然은 倏然之頃也라 用은 由也라 路는 大路也라 爲間은 少頃也라 茅塞은 茅草生而塞之也라 言 理義之心이 不可少有間斷也라

徑은 작은 길이요, 蹊는 사람들이 다니는 곳이다. 介然은 倏然(삽시간)의 시간이다. 用은 행함이다. 路는 큰길이다. 爲間은 적은 시간이다. 茅塞은 띠풀이 자라서 길을 막는 것이다. 義理의 마음이 조금이라도 間斷함이 있어서는 안됨을 말씀한 것이다.

22. 高子曰 禹之聲이 尙文王之聲이로소이다

高子가 말하였다. "禹王의 음악이 文王의 음악보다 낫습니다."

尙은 加尙也라 豐氏曰 言 禹之樂이 過於文王之樂이라

尙은 더 나음이다.

徑:지름길 경 蹊:길 혜 介:잠깐 개 茅:띠풀 모 塞:막을 색 倏:잠깐 숙 頃:잠깐 경

豐氏(豐稷)가 말하였다. "禹王의 음악이 文王의 음악보다 나음을 말한 것이다."

孟子曰 何以言之오 曰 以追蠡(퇴려)니이다

孟子께서 말씀하셨다. "무엇을 가지고 그렇게 말하는가?" 高子가 말하였다. "追蠡 때문입니다."

豐氏曰 追는 鐘紐也니 周禮所謂旋蟲이 是也라 蠡者는 齧木蟲也라 言 禹時鐘在者는 鐘紐如蟲齧而欲絶하니 蓋用之者多요 而文王之鐘은 不然이라 是以로 知禹之樂이 過於文王之樂也라

豐氏(豐稷)가 말하였다. "追는 鐘의 끈이니, ≪周禮≫에 이른바 '旋蟲'이 이것이다. 蠡는 나무를 좀먹는 벌레이다. 禹王 당시의 鐘으로 현재 남아 있는 것은 종의 끈이 벌레가 파먹은 것과 같아서 끊어지려고 하니, 이는 음악을 사용한 자가 많은 것이요, 文王의 鐘은 그렇지 않다. 이 때문에 禹王의 음악이 文王의 음악보다 나음을 안다고 말한 것이다."

曰 是奚足哉리오 城門之軌가 兩馬之力與아

孟子께서 말씀하셨다. "이 어찌 충분히 알 수 있겠는가. 城門의 수레바퀴 자국이 두 말의 힘으로 이루어진 것이겠는가."

豐氏曰 奚足은 言 此何足以知之也라 軌는 車轍迹也라 兩馬는 一車所駕也라 城中之涂(途)는 容九軌하니 車可散行이라 故로 其轍迹淺하고 城門은 惟容一車하니 車皆由之라 故로 其轍迹深하니 蓋日久車多所致요 非一車兩馬之力이 能使之然也라 言 禹在文王前千餘年이라 故로 鐘久而紐絶이요 文王之鐘은 則未久而紐全이니 不可以此而議優劣也니라

○ 此章文義는 本不可曉라 舊說이 相承如此하고 而豐氏差明白이라 故로 今存之어니와 亦未知其是否也로라

追:종끈 퇴 蠡:좀먹을 려 紐:끈 뉴 旋:돌 선 齧:씹을 설 軌:바퀴자국 궤 轍:바퀴자국 철 駕:멍에할 가 涂:길 도(塗,途同) 差:조금 차

豐氏(豐稷)가 말하였다. "奚足은 이것을 가지고 어찌 충분히 알 수 있겠느냐고 말한 것이다. 軌는 수레바퀴 자국이다. 두 말은 한 수레에 멍에하는 것이다. 城中의 길은 아홉 대의 수레바퀴를 용납하니 수레가 흩어져 다닐 수 있기 때문에 수레바퀴 자국이 얕은 것이요, 城門은 오직 한 대의 수레만을 용납하니 수레가 모두 한 길을 따르기 때문에 수레바퀴 자국이 깊은 것이다. 날짜가 오래되고 수레가 많아 이렇게 된 것이요, 한 수레의 두 마리 말의 힘이 이렇게 만든 것이 아니다. 禹王은 文王보다 천여 년 전에 있었기 때문에 鐘이 오래되어 끈이 끊어지려 한 것이고 文王의 鐘은 오래되지 않아 끈이 온전한 것이니, 이것을 가지고 優劣을 의논해서는 안됨을 말씀한 것이다."

○ 이 章의 글 뜻은 본래 이해할 수 없다. 옛 해설이 서로 이어오는 것이 이와 같고 豐氏의 말이 다소 明白하므로 지금 여기에 두었으나 또한 이것이 옳은지는 알지 못하겠다.

23. 齊饑어늘 陳臻曰 國人이 皆以夫子로 將復爲發棠이라하니 殆不可復로소이다

齊나라가 흉년이 들자, 陳臻이 말하였다. "나라 사람들이 모두 夫子께서 장차 다시 棠邑의 창고를 열어 주게 하실 것이라고 기대하는데, 이는 다시 할 수 없을 듯합니다."

先時에 **齊國嘗饑**어늘 **孟子勸王發棠邑之倉**하여 **以賑貧窮**이러니 **至此又饑**한대 **陳臻**이 **問言 齊人**이 **望孟子復勸王發棠**이라하고 **而又自言恐其不可也**라하니라

이보다 먼저 齊나라에 일찍이 흉년이 들었었는데, 孟子께서 王에게 권하여 棠邑의 창고를 열어서 貧窮한 자들을 구휼했었다. 이 때에 이르러 다시 흉년이 들자, 陳臻이 묻기를 "齊나라 사람들이 孟子께서 다시 王에게 권하여 棠邑의 창고를 열어 주게 하실 것을 바랍니다." 하고, 또 스스로 그 不可할까 두렵다고 말한 것이다.

孟子曰 是爲馮婦也로다 晉人有馮婦者 善搏虎하더니 卒爲善士하여 則之野할새 有衆逐虎[1]하니 虎負嵎어늘 莫之敢攖하여 望見馮婦

饑:흉년들 기 臻:이를 진 棠:아가위 당 殆:자못 태 賑:구휼할 진 馮:성 풍 搏:잡을 박 負:의지할 부 嵎:산모퉁이 우 攖:달려들 영

하고 **趨而迎之**한대 **馮婦攘臂下車**하니 **衆皆悅之**하고 **其爲士者**는 **笑之**하니라

孟子께서 말씀하셨다. "이것은 바로 나를 馮婦로 만들려는 것이다. 晉나라 사람 중에 馮婦라는 자가 범을 잘 잡았는데, 마침내 善士가 되어 들에 갈 적에 여러 사람들이 범을 쫓고 있었다. 범이 산모퉁이를 의지하고 있자, 사람들이 감히 달려들지 못하다가 馮婦를 멀리 바라보고는 달려가서 맞이하였다. 馮婦가 팔뚝을 걷어붙이고 수레에서 내려오니, 여러 사람들은 모두 이를 좋아하였고 선비들은 이를 비웃었다."

譯註 1. 卒爲善士 則之野 有衆逐虎 : 周密의 ≪志雅堂雜抄≫에는 '卒爲善 士則之 野有衆逐虎'로 句讀를 떼어 '마침내 善한 행동을 하니 선비들이 본받고 있었는데, 들에 여러 사람들이 범을 쫓고 있었다.'로 해석하였으며, 閻若璩의 ≪四書釋地≫도 이를 따랐다. 壺山은 朱註를 따르되 "則은 忽(갑자기)과 같다." 하였다.

手執曰搏이라 卒爲善士는 後能改行爲善也라 之는 適也라 負는 依也라 山曲曰嵎라 攖은 觸也라 笑之는 笑其不知止也라 疑此時에 齊王이 已不能用孟子하고 而孟子亦將去矣라 故로 其言이 如此하시니라

손으로 잡는 것을 搏이라 한다. 마침내 善士가 되었다는 것은 뒤에 행실을 고쳐 善한 사람이 된 것이다. 之는 감이다. 負는 의지함이다. 산굽이를 嵎라 한다. 攖은 달려듦이다. 笑之는 그칠 줄 모름을 비웃은 것이다. 의심컨대 이 때에 齊王이 이미 孟子를 등용하지 못하였고 孟子 또한 장차 떠나려 하신 듯하다. 그러므로 그 말씀이 이와 같으신 것이다.

24. **孟子曰 口之於味也**와 **目之於色也**와 **耳之於聲也**와 **鼻之於臭也**와 **四肢之於安佚也**에 **性也**나 **有命焉**이라 **君子不謂性也**니라

孟子께서 말씀하셨다. "입이 맛에 있어서와 눈이 색깔에 있어서와 귀가 음악에 있어서와 코가 냄새에 있어서와 四肢가 安佚함에 있어서는 本性이나 命에

趨:달릴 추 攘:걷어붙일 양 臂:팔뚝 비 適:갈 적 觸:달려들 촉 臭:냄새 취 佚:편안 일

달려 있다. 그러므로 君子가 이것을 性이라 이르지 않는다.

程子曰 五者之欲은 性也라 然이나 有分하여 不能皆如其願하니 則是命也니 不可謂我性之所有而求必得之也니라 愚按 不能皆如其願은 不止爲貧賤이요 蓋雖富貴之極이라도 亦有品節限制하니 則是亦有命也니라

程子(伊川)가 말씀하였다. "다섯 가지의 하고자 함은 本性이나 분수가 있어서 그 소원과 같이 할 수가 없으니, 그렇다면 이는 命인 것이다. 이것을 내 本性에 있는 것이라고 일러서 구하여 반드시 얻으려고 해서는 안 된다."

내(朱子)가 상고해 보건대 다 그 소원과 같이 할 수 없음은 다만 貧賤만이 아니요, 비록 富貴가 지극하더라도 또한 品節과 制限이 있으니, 이 또한 命에 달려 있는 것이다.

仁之於父子也와 義之於君臣也와 禮之於賓主也와 智之於賢者也와 聖人之於天道也에 命也나 有性焉이라 君子不謂命也니라

仁이 父子間에 있어서와 義가 君臣間에 있어서와 禮가 賓主間에 있어서와 智가 賢者에 있어서와 聖人이 天道에 있어서는 命이나 本性에 있다. 그러므로 君子가 이것을 命이라 이르지 않는다."

程子曰 仁義禮智天道 在人이면 則賦於命者니 所稟이 有厚薄淸濁이라 然而性善하여 可學而盡이라 故로 不謂之命也니라 張子曰 晏嬰이 智矣로되 而不知仲尼하니 是非命邪아 愚按 所稟者厚而淸이면 則其仁之於父子也에 至하고 義之於君臣也에 盡하고 禮之於賓主也에 恭하고 智之於賢否也에 哲하고 聖人之於天道也에 無不脗合而純亦不已焉이요 薄而濁이면 則反是하니 是皆所謂命也니라 或曰 者는 當作否요 人은 衍字라하니 更詳之니라

○ 愚聞之師하니 曰 此二條者는 皆性之所有而命於天者也라 然이나 世之人이 以前五者로 爲性이라하여 雖有不得이라도 而必欲求之하고 以後五者로 爲命이라하여 一有不至하면 則不復致力이라 故로 孟子各就其重處言之하사 以伸此而抑彼也시니 張子所謂養則付命於天이요 道則責成於己니 其言이 約而盡矣로다

賦:받을 부 晏:늦을 안 嬰:어릴 영 脗:합할 문 伸:펼 신 抑:누를 억

程子(伊川)가 말씀하였다. "仁·義·禮·智와 天道가 사람에게 있으면 命에서 부여받은 것이니, 받은 것(氣質)이 厚薄과 淸濁이 있다. 그러나 本性이 善하여 배워서 다할 수 있으므로 命이라 이르지 않는 것이다."

張子가 말씀하였다. "晏嬰은 지혜로웠으나 仲尼를 알지 못하였으니, 이는 命이 아니겠는가."

내가 상고해 보건대 받은 것이 厚하고 淸하면 그 仁이 父子間에 있어서 지극하고 義가 君臣間에 있어서 극진하고 禮가 賓主間에 있어서 공손하고 智가 賢否에 대해서 밝고 聖人이 天道에 대해서 부합되지 않음이 없어 순수함이 또한 그치지 않는 것이요, 〈받은 것이〉 薄하고 濁하면 이와 반대이니, 이는 모두 이른바 命이라는 것이다. 혹자가 말하기를 "者는 마땅히 否가 되어야 하고, 人은 衍字이다." 하니, 다시 살펴보아야 할 것이다.

○ 내 스승께 들으니, 말씀하시기를 "이 두 조항은 다 本性에 있는 것으로서 하늘에서 命해 받은 것이다. 그러나 세상 사람들은 앞의 다섯 가지를 本性이라고 여겨서 비록 얻지 못함이 있더라도 반드시 구하고자 하고, 뒤의 다섯 가지를 命이라고 여겨서 한 번(조금)이라도 이르지 못함이 있으면 다시는 힘을 다하지 않는다. 그러므로 孟子께서 각각 그 중요한 부분을 가지고 말씀하시어 이것을 펴고 저것을 억제하려 하신 것이다. 張子의 이른바 '봉양은 하늘에 命을 맡기고, 道는 자신에게 이룸을 責한다.'는 것이니, 그 말씀이 요약하고도 극진하다." 하셨다.

25. 浩生不害問曰 樂正子는 何人也잇고 孟子曰 善人也며 信人也니라

浩生不害가 물었다. "樂正子는 어떠한 사람입니까?" 孟子께서 말씀하셨다. "善人이며 信人이다."

趙氏曰 浩生은 姓이요 不害는 名이니 齊人也라

趙氏(趙岐)가 말하였다. "浩生은 姓이요 不害는 이름이니, 齊나라 사람이다."

何謂善이며 何謂信이닛고

〈浩生不害가 말하였다.〉 "무엇을 善人이라 이르며, 무엇을 信人이라 이릅니까?"

不害問也라

不害가 물은 것이다.

曰 可欲之謂善[1]이요

孟子께서 말씀하셨다. "可欲스러움을 善人이라 이르고,

譯註 1. 可欲之謂善 : 可欲은 可憎의 반대로 누구나 좋아하고 따를 만한 사람을 가리킨다.

天下之理 其善者는 必可欲이요 其惡者는 必可惡(오)니 其爲人也 可欲而不可惡면 則可謂善人矣니라

천하의 이치가 善한 자는 반드시 可欲스럽고 惡한 자는 반드시 可憎스러우니, 그 사람됨이 可欲스럽고 可憎스럽지 않다면 善人이라고 이를 만하다.

有諸己之謂信이요

善을 자기 몸에 소유함을 信人이라 이르고,

凡所謂善을 皆實有之하여 如惡惡臭하고 如好好色이면 是則可謂信人矣니라 張子曰 志仁無惡之謂善이요 誠善於身之謂信이니라

무릇 이른바 善을 모두 실제로 소유하여 惡臭를 미워하고 好色을 좋아하듯이 한다면 이는 信人이라고 이를 만하다.

張子가 말씀하였다. "仁에 뜻하고 악함이 없음을 善人이라 이르고, 진실로 자기 몸을 善하게 함을 信人이라 이른다."

充實之謂美요

充實함을 美人이라 이르고,

力行其善하여 至於充滿而積實이면 則美在其中而無待於外矣니라

그 善을 힘써 행해서 충만하여 쌓이고 꽉 참에 이르면 아름다움이 그 가운데에 있어

서 밖에 기다릴 것이 없는 것이다.

充實而有光輝之謂大요

充實하여 빛남이 있음을 大人이라 이르고,

和順積中而英華發外하여 美在其中而暢於四支하고 發於事業이면 則德業至盛而不可加矣니라

和順이 마음속에 쌓여 英華(외형의 아름다움)가 밖에 드러나서 아름다움이 그 가운데에 있어 四肢에 드러나고 事業에 발로된다면 德業이 지극히 성하여 더할 수 없는 것이다.

大而化之之謂聖이요

大人이면서 저절로 化함을 聖人이라 이르고,

大而能化하여 使其大者로 泯然無復可見之迹이면 則不思, 不勉하여 從容中道[1]하여 而非人力之所能爲矣니라 張子曰 大는 可爲也어니와 化는 不可爲也니 在熟之而已矣니라

大人이면서 능히 化하여 그 큰 것으로 하여금 泯然히 다시는 볼 만한 자취가 없게 한다면 생각하지 않고 힘쓰지 않아도 從容히 道에 맞아서 人力으로 할 수 있는 바가 아닌 것이다.

張子가 말씀하였다. "大人은 억지로 할 수가 있거니와 化는 억지로 할 수가 없으니, 익숙히 함에 달려 있을 뿐이다."

譯註 1. 不思不勉 從容中道 : ≪中庸≫ 20章의 "不思而得 不勉而中 從容中道 聖人也"를 축약하여 인용한 것이다.

聖而不可知之之謂神이니

聖스러워 알 수 없는 것을 神人이라 이르니,

程子曰 聖不可知는 謂聖之至妙하여 人所不能測이니 非聖人之上에 又有一等神人也니라

輝:빛날 휘 暢:통할 창 支:사지 지 泯:빠질 민

程子(伊川)가 말씀하였다. "聖스러워 알 수 없다는 것은 聖人이 지극히 妙하여 사람들이 측량할 수 없음을 이르니, 聖人의 위에 다시 한 등급의 神人이 있다고 말씀한 것은 아니다."

樂正子는 二之中이요 四之下也니라

樂正子는 두 가지의 중간이요 네 가지의 아래이다."

蓋在善信之間이니 觀其從於子敖하면 則其有諸己者 或未實也니라 張子曰 顔淵, 樂正子皆知好仁矣로되 樂正子는 志仁無惡而不致於學이라 所以但爲善人信人而已요 顔子는 好學不倦하여 合仁與智하여 具體聖人하니 獨未至聖人之止耳시니라
○ 程子曰 士之所難者는 在有諸己而已니 能有諸己면 則居之安하고 資之深하여 而美且大를 可以馴致矣어니와 徒知可欲之善而若存若亡而已면 則能不受變於俗者 鮮矣니라 尹氏曰 自可欲之善으로 至於聖而不可知之神이 上下一理니 擴充而至於神이면 則不可得而名矣니라

善人과 信人의 사이에 있었을 것이니, 그가 子敖(王驩)를 따른 것을 본다면 자기 몸에 소유한 것이 혹 성실하지 못한 듯하다.

張子가 말씀하였다. "顔淵과 樂正子가 모두 仁을 좋아할 줄 알았으나 樂正子는 仁에 뜻하여 惡함이 없었을 뿐이요, 學問에 힘을 다하지 않았다. 이 때문에 다만 善人과 信人이 되었을 뿐이요, 顔子는 學問을 좋아하고 게을리하지 않아서 仁과 智를 합하여 聖人의 體를 갖추었으니, 다만 聖人이 그침에 이르지 못했을 뿐이시다."

○ 程子(伊川)가 말씀하였다. "선비가 하기 어려운 것은 善을 자기 몸에 소유함에 있을 뿐이다. 능히 善을 자기 몸에 소유하면 居함이 편안하고 이용함이 깊어서 美人과 大人에 점점 이를 수 있거니와 다만 可欲의 善만을 알아서 있는 듯 없는 듯 할 뿐이라면 세속에 변화를 받지 않을 자가 드물 것이다."

尹氏(尹焞)가 말하였다. "可欲之善으로부터 聖而不可知之神에 이르기까지 上下가 한 이치이다. 이를 擴充하여 神에 이른다면 〈그 神妙함을〉 명칭할 수 없는 것이다."

26. 孟子曰 逃墨이면 必歸於楊이요 逃楊이면 必歸於儒니 歸어든 斯

倦:게으를 권 馴:길들일 순 致:이를 치 鮮:드물 선 逃:달아날 도

受之而已矣니라

孟子께서 말씀하셨다. "墨翟에서 도피하면 반드시 楊朱로 돌아가고, 楊朱에서 도피하면 반드시 儒學으로 돌아오니, 돌아오면 받아줄 뿐이다.

墨氏는 務外而不情하고 楊氏는 太簡而近實이라 故로 其反正之漸이 大略如此하니라 歸斯受之者는 憫其陷溺之久而取其悔悟之新也니라

墨氏는 외면에 힘써 진실되지 못하고, 楊氏는 너무 간략하여 실제에 가깝다. 이 때문에 正道로 돌아옴의 점점함이 대략 이와 같은 것이다. 돌아오면 받아준다는 것은 그 빠짐이 오래됨을 민망히 여기고 뉘우쳐 깨달아서 새사람이 됨을 취한 것이다.

今之與楊墨辯者는 如追放豚하니 旣入其苙이어든 又從而招之로다

지금에 楊朱·墨翟의 학자들과 변론하는 것은 마치 뛰쳐나간 돼지를 좇는 것과 같으니, 이미 그 우리로 돌아왔거든 또 따라서 발을 묶어놓는구나."

放豚은 放逸之豕豚也라 苙은 闌也라 招는 罥也니 羈其足也라 言 彼旣來歸어든 而又追咎其旣往之失也라
○ 此章은 見聖賢之於異端에 距之甚嚴이나 而於其來歸에 待之甚恕하니 距之嚴故로 人知彼說之爲邪하고 待之恕故로 人知此道之可反이니 仁之至요 義之盡也니라

放豚은 뛰쳐나간 돼지이다. 苙은 우리이다. 招는 얽어맴이니, 그 발을 얽어매는 것이다. 저들이 이미 儒學으로 돌아왔는데 또 既往의 잘못을 허물함을 말씀한 것이다.
○ 이 章은 聖賢이 異端에 대하여 막기를 매우 엄하게 하나 그 돌아옴에 대하기를 매우 恕(관대)하게 함을 볼 수 있다. 막기를 엄히 하기 때문에 사람들이 저 학설이 부정함을 알고, 대하기를 恕하게 하기 때문에 사람들이 이 道로 돌아올 줄을 아는 것이니, 仁의 지극함이요 義의 극진함이다.

27. 孟子曰 有布縷之征과 粟米之征과 力役之征하니 君子 用其

憫:불쌍할 민 苙:우리 립 招:얽매일 초 逸:뛰쳐나갈 일 闌:우리 란 罥:걸 견, 덫 견
羈:얽을 기 咎:허물 구 距:막을 거 縷:실오라기 루 征:세금 정

一이요 緩其二니 用其二면 而民有殍하고 用其三이면 而父子離니라

孟子께서 말씀하셨다. "삼베와 실에 대한 稅와 곡식에 대한 稅와 힘으로 부역하는 稅가 있으니, 君子는 이 중에 한 가지만 쓰고 두 가지는 늦춘다. 두 가지를 함께 쓰면 백성들이 굶어 죽고, 세 가지를 함께 쓰면 父子間이 離散할 것이다."

征賦之法이 歲有常數라 然이나 布縷는 取之於夏하고 粟米는 取之於秋하고 力役은 取之於冬하여 當各以其時[1]하니 若并取之면 則民力이 有所不堪矣라 今兩稅三限之法[2]이 亦此意也니라 尹氏曰 言 民爲邦本이니 取之無度면 則其國危矣니라

賦稅를 징수하는 법은 해마다 일정한 數가 있다. 그러나 베와 실은 여름에 취하고 곡식은 가을에 취하고 힘으로 부역함은 겨울에 취하여 각각 때에 맞게 하여야 하니, 만일 한꺼번에 아울러 취한다면 백성들의 힘이 감당해 내지 못하는 바가 있을 것이다. 지금 兩稅三限의 법도 또한 이러한 뜻이다.

尹氏(尹焞)가 말하였다. "백성은 나라의 근본이 되니, 취하기를 限度가 없이 하면 그 나라가 위태로워짐을 말씀한 것이다."

譯註 1. 當各以其時 : 內閣本에는 '其'가 빠져 있다.
2. 兩稅三限之法 : 兩稅는 夏稅와 秋稅를 이르며, 三限은 兩稅를 夏·秋·冬의 세 철에 거둠을 이른다. 一說에는 夏稅는 지역에 따라 수확기가 다르므로 납부기한이 두 번이며 여기에 한 번 기한인 秋稅를 합하여 三限이라 한다 하는데, 이 법은 唐나라 德宗 이래로 시행되었다.

28. 孟子曰 諸侯之寶三이니 土地와 人民과 政事니 寶珠玉者는 殃必及身이니라

孟子께서 말씀하셨다. "諸侯의 보배가 세 가지이니, 土地와 人民과 政事이니, 珠玉을 보배로 여기는 자는 殃禍가 반드시 몸에 미친다."

尹氏曰 言 寶得其寶者는 安하고 寶失其寶者는 危니라

尹氏(尹焞)가 말하였다. "보배로 여김이 보배로 여길 만한 것을 얻은 자는 편안하고,

殍:굶어죽을 표　堪:견딜 감　殃:재앙 앙

보배로 여김이 보배로 여길 만한 것을 잃은 자는 위태로움을 말씀한 것이다."

29. 盆成括이 仕於齊러니 孟子曰 死矣로다 盆成括이여 盆成括이 見殺이어늘 門人이 問曰 夫子何以知其將見殺이시니잇고 曰 其爲人也 小有才요 未聞君子之大道也하니 則足以殺其軀而已矣니라

盆成括이 齊나라에 벼슬하였는데 孟子께서 "죽겠구나, 盆成括이여." 하셨다. 盆成括이 죽임을 당하자, 門人이 물었다. "夫子께서는 어찌하여 그가 장차 죽임을 당할 것을 아셨습니까?" 孟子께서 대답하셨다. "그의 사람됨이 조금 재주가 있고 君子의 大道를 듣지 못했으니, 족히 그 몸을 죽일 뿐인 것이다."

盆成은 姓이요 括은 名也라 恃才妄作은 所以取禍니라 徐氏曰 君子 道其常而已라 括有死之道焉하니 設使幸而獲免이라도 孟子之言이 猶信也니라

盆成은 姓이요, 括은 이름이다. 재주를 믿고 함부로 행동함은 禍를 취하는 것이다. 徐氏(徐度)가 말하였다. "君子는 그 常道를 말할 뿐이다. 盆成括이 죽을 道가 있었으니, 설사 요행으로 면함을 얻는다 하더라도 孟子의 말씀이 오히려 맞는 것이다."

30. 孟子之滕하사 館於上宮이러시니 有業屨於牖上이러니 館人이 求之弗得하다

孟子께서 등나라에 가서 上宮에 머무르고 계셨다. 작업하던 신이 창문 위에 있었는데, 旅館 주인이 찾아도 얻지 못하였다.

館은 舍也라 上宮은 別宮名이라 業屨는 織之有次業而未成者라 蓋館人所作을 置之牖上而失之也라

館은 머무름이다. 上宮은 別宮의 이름이다. 業屨는 신을 짬에 다음 작업이 있어 아직 완성되지 않은 것이다. 여관 주인이 만들던 것을 창 위에 놓아두었다가 잃어버린 것이다.

盆:동이 분 括:맺을 괄 軀:몸 구 恃:믿을 시 館:머물 관 業:일할 업 屨:신 구

或이 **問之曰 若是乎從者之廋也**여 **曰 子以是爲竊屨來與**아 **曰 殆非也**라 **夫子之設科也**는 **往者**를 **不追**하며 **來者**를 **不拒**하사 **苟以是心**으로 **至**어든 **斯受之而已矣**니이다

혹자가 물었다. "이와 같이 從者들이 숨기고 있습니다." 孟子께서 "그대는 이 때문에 〈우리가〉 신을 훔치러 왔다고 여기는가?" 하시자, 혹자가 대답하기를 "아닙니다. 夫子께서 教科를 설치함은 가는 자를 붙잡지 않고 오는 자를 막지 않으시어 만일 이 배우려는 마음을 가지고 오면 받아줄 뿐입니다." 하였다.

或問之者는 問於孟子也라 廋는 匿也니 言 子之從者乃匿人之物이 如此乎인저하니라 孟子答之에 而或人이 自悟其失하고 因言 此從者固不爲竊屨而來라 但夫子設置科條하여 以待學者하시니 苟以向道之心而來면 則受之耳라 雖夫子라도 亦不能保其往也라하니 門人이 取其言이 有合於聖賢之指라 故로 記之하니라

혹자가 물었다는 것은 孟子에게 물은 것이다. 廋는 숨김이니, 夫子의 從者가 마침내 사람의 물건을 훔침이 이와 같다고 말한 것이다. 孟子께서 이에 답하시자, 혹자가 스스로 그 失言한 것을 깨닫고 인하여 말하기를 "이 從者가 진실로 신을 훔치기 위하여 온 것은 아닙니다. 다만 夫子께서 科條를 설치하여 배우는 자들을 대하시니, 〈배우는 자가〉 만일 道를 향하는 마음으로 찾아오면 받아줄 뿐입니다. 비록 夫子라도 또한 그의 過去를 보장할 수는 없습니다."라고 하니, 門人이 그의 말이 聖賢의 뜻에 부합됨이 있음을 취하였다. 그러므로 기록한 것이다.

31. 孟子曰 人皆有所不忍하니 達之於其所忍이면 仁也요 人皆有所不爲하니 達之於其所爲[1)]면 義也니라

孟子께서 말씀하셨다. "사람들은 모두 차마 못하는 마음을 가지고 있으니 차마 할 수 있는 바에까지 도달한다면 仁이요, 사람들은 모두 하지 않는 바(지조)가 있으니 할 수 있는 바에까지 도달한다면 義이다.

牖:창문 유　舍:머물 사　廋:숨길 수　殆:거의 태　科:과정 과　追:쫓을 추　拒:막을 거

譯註 1. 人皆有所不爲 達之於其所爲 : '하지 않는 바〔所不爲〕'란 크게 의롭지 못한 일이어서 죽어도 하지 않는 양심과 지조를 이르며, '할 수 있는 바〔其所爲〕'란 작은 비리로 큰 잘못이 아니어서 때로 할 수 있는 일을 가리킨다.

惻隱羞惡之心을 人皆有之라 故로 莫不有所不忍不爲하니 此는 仁義之端也라 然이나 以氣質之偏과 物欲之蔽로 則於他事엔 或有不能者하니 但推所能하여 達之於所不能이면 則無非仁義矣니라

惻隱之心과 羞惡之心을 사람들이 다 가지고 있다. 그러므로 차마 못하는 바와 하지 않는 바를 가지고 있지 않음이 없으니, 이는 仁·義의 단서이다. 그러나 氣質의 편벽됨과 物慾의 가리움 때문에 다른 일에는 혹 능하지 못한 것이 있으니, 다만 능한 바를 미루어서 능하지 못한 바에까지 도달한다면 仁·義가 아님이 없을 것이다.

人能充無欲害人之心이면 而仁을 不可勝用也며 人能充無穿踰之心이면 而義를 不可勝用也니라

사람이 남을 해치려고 하지 않는 마음을 채운다면 仁을 이루 다 쓰지 못할 것이며, 사람이 담을 뚫거나 넘어가서 도둑질하지 않으려는 마음을 채운다면 義를 이루 다 쓰지 못할 것이다.

充은 滿也라 穿은 穿穴이요 踰는 踰牆이니 皆爲盜之事也라 能推〈其〉所不忍하여 以達於所忍이면 則能滿其無欲害人之心하여 而無不仁矣요 能推其所不爲하여 以達於所爲면 則能滿其無穿踰之心하여 而無不義矣니라

充은 가득함(충만함)이다. 穿은 구멍을 뚫는 것이요 踰는 담을 넘는 것이니, 모두 도둑질하는 일이다. 차마 못하는 바를 미루어서 차마 할 수 있는 바에까지 도달한다면 남을 해치고자 하지 않는 마음을 가득 채워서 仁하지 않음이 없을 것이요, 하지 않는 바를 미루어서 할 수 있는 바에까지 도달한다면 담을 뚫거나 넘어가서 도둑질하지 않으려는 마음을 가득 채워서 義롭지 않음이 없을 것이다.

人能充無受爾汝之實이면 無所往而不爲義也니라

隱:불쌍할 은 忍:차마할 인 充:채울 충 穿:뚫을 천 踰:넘을 유

사람이 爾汝(너)를 받지 않으려는 실제를 채운다면 가는 곳마다 義가 아님이 없을 것이다.

此는 申說上文充無穿踰之心之意也라 蓋爾汝는 人所輕賤之稱이니 人雖或有所貪昧隱忍而甘受之者라 然이나 其中心에 必有慚忿而不肯受之之實하니 人能卽此而推之하여 使其充滿하여 無所虧缺이면 則無適而非義矣니라

이것은 上文에 '담을 뚫거나 넘어가서 도둑질하지 않으려는 마음을 채운다.'는 뜻을 거듭 말씀한 것이다. 爾汝는 사람들이 경시하고 천시하는 칭호이다. 사람이 비록 혹 탐욕스럽고 어두워 속으로 참으면서 이러한 칭호를 달게 받는 자가 있다. 그러나 그 中心에는 반드시 부끄럽고 분하게 여겨서 즐겨 받지 않으려는 실제가 있을 것이니, 사람이 이것을 가지고 미루어 가득 채워서 이지러진 바가 없게 한다면 가는 곳마다 義가 아님이 없을 것이다.

士未可以言而言이면 是는 以言餂之也요 可以言而不言이면 是는 以不言餂之也니 是皆穿踰之類也니라

선비가 말해서는 안될 때에 말한다면 이는 말로써 물건을 핥아먹는 것이요, 말을 해야 할 때에 말하지 않는다면 이는 말하지 않음으로써 물건을 핥아먹는 것이니, 이는 모두 담을 뚫거나 넘어가서 도둑질하는 종류이다."

餂은 探取之也라 今人이 以舌取物曰餂이라하니 卽此意也라 便佞, 隱默은 皆有意探取於人이니 是亦穿踰之類라 然이나 其事隱微하여 人所易忽이라 故로 特擧以見例하여 明必推無穿踰之心하여 達於此而悉去之然後에 爲能充其無穿踰之心也니라

餂은 더듬어 취함이다. 지금 사람들이 혓바닥으로 물건을 취하는 것을 餂이라 하니, 바로 이러한 뜻이다. 아첨하는 말을 함과 침묵을 지킴은 모두 남에게서 물건을 探取하려는 데에 뜻이 있는 것이니, 이 또한 담을 뚫거나 넘어가서 도둑질하는 종류이다. 그러나 그 일이 은미하여 사람들이 소홀히 하기 쉽다. 그러므로 특별히 들어서 例를 나타내어 반드시 穿踰하지 않으려는 마음을 미루어 여기에까지 도달시켜서 모두 제거한 뒤에야 穿踰하지 않으려는 마음을 채움이 됨을 밝히신 것이다.

隱:몰래 은　餂:핥아먹을 첨　探:더듬을 탐　便:잘할 편　佞:말잘할 녕

32. 孟子曰 言近而指遠者는 善言也요 守約而施博者는 善道也니 君子之言也는 不下帶而道存焉이니라

孟子께서 말씀하셨다. "말이 천근하면서도 뜻이 먼 것은 善한 말이요, 지킴이 요약하면서도 베풂이 넓은 것은 善한 道이니, 君子의 말은 〈멀리〉 띠를 내려가지 않고 道가 있는 것이다.

古人은 視不下於帶하니 則帶之上은 乃目前常見至近之處也라 擧目前之近事에 而至理存焉하니 所以爲言近而指遠也니라

옛사람들은 시선이 띠를 내려가지 않았으니, 그렇다면 띠 위는 바로 目前에 항상 볼 수 있는 지극히 가까운 곳이다. 목전의 가까운 일을 듦에 지극한 이치가 여기에 있으니, 이 때문에 말이 천근하면서도 뜻이 먼 것이다.

君子之守는 修其身而天下平이니라

君子의 지킴은 그 몸을 닦음에 天下가 平해지는 것이다.

此所謂守約而施博也라

이것은 이른바 지킴이 要約하면서도 베풂이 넓다는 것이다.

人病은 舍其田而芸人之田이니 所求於人者 重이요 而所以自任者 輕이니라

사람들의 병통은 자기 밭을 버려두고 남의 밭을 김매는 것이니, 남에게 요구하는 것은 重하고 스스로 책임지는 것은 가볍다."

此는 言不守約而務博施之病이니라

이는 지킴이 요약하지 않으면서 널리 베풀기를 힘쓰는 병통을 말씀한 것이다.

33. 孟子曰 堯舜은 性者也요 湯武는 反之也[1)]시니라

孟子께서 말씀하셨다. "堯·舜은 性대로 하셨고 湯·武는 性을 회복하셨다.

譯註 1. 堯舜性者也 湯武反之也 : 이 글은 원래 '堯舜性之者也 湯武反之者也'라고 써야 하는데, 윗구에서는 '之'字를 빼고 아랫구에서는 '者'字를 뺀 것으로, 이러한 문체를 互文이라 한다.

性者는 得全於天하고 無所汚壞하여 不假修爲하니 聖之至也요 反之者는 修爲以復其性하여 而至於聖人也라 程子曰 性之, 反之는 古未有此語러니 蓋自孟子發之하시니라 呂氏曰 無意而安行은 性者也요 有意利行而至於無意는 復性者也라 堯舜은 不失其性이요 湯武는 善反其性이니 及其成功則一也니라

性대로 하였다는 것은 온전함을 하늘에서 얻고 더럽히거나 파괴한 바가 없어서 修爲를 빌리지 않는 것이니 聖人의 지극함이요, 反之는 修爲하여 그 性을 회복해서 聖人에 이르는 것이다.

程子(明道)가 말씀하였다. "性之와 反之는 옛날에는 이러한 말씀이 있지 않았는데, 孟子로부터 발명된 것이다."

呂氏(呂大臨)가 말하였다. "뜻(의식)이 없이 편안히 행함은 性대로 하는 것이요, 뜻이 있어 이롭게 여겨서 행하여 의식이 없는 데에 이르는 것은 性을 회복한 것이다. 堯·舜은 그 性을 잃지 않았고 湯·武는 그 性을 잘 회복하였으니, 成功에 이르면 똑같은 것이다."

動容周旋이 中禮者는 盛德之至也니 哭死而哀가 非爲生者也며 經德不回가 非以干祿也며 言語必信이 非以正行也니라

動容하고 周旋함이 禮에 맞는 것은 盛德이 지극한 것이니, 죽은 자를 哭하여 슬퍼함이 산 자를 위해서가 아니요, 떳떳한 德을 지키고 간사하지 않음이 祿을 요구해서가 아니요, 言語를 반드시 미덥게 하는 것이 행실을 바르게 하려고 해서가 아니다.

細微曲折이 無不中禮는 乃其盛德之至니 自然而中이요 而非有意於中也라 經은 常也요 回는 曲也라 三者 亦皆自然而然이니 非有意而爲之也라 皆聖人之事니 性之

反:돌아올 반　經:떳떳할 경　回:간사할 회　干:구할 간

之德也라

細微하고 周旋(曲折)함이 禮에 맞지 않음이 없는 것은 바로 盛德의 지극함이니, 자연스럽게 맞는 것이요 맞게 하려는 데에 뜻을 둔 것이 아니다. 經은 떳떳함이요 回는 굽음이다. 세 가지 역시 모두 자연히 그러한 것이니, 뜻이 있어 하는 것이 아니다. 이는 모두 聖人의 일이니, 性之의 德이다.

君子는 行法하여 以俟命而已矣니라

君子는 法을 행하여 命을 기다릴 뿐이다."

法者는 天理之當然者也라 君子行之而吉凶禍福을 有所不計하니 蓋雖未至於自然이나 而已非有所爲而爲[1]矣라 此는 反之之事니 董子所謂正其義不謀其利하며 明其道不計其功이 正此意也니라
○ 程子曰 動容周旋이 中禮者는 盛德之至요 行法以俟命者는 朝聞道夕死可矣[2]之意也니라 呂氏曰 法由此立하고 命由此出은 聖人也요 行法以俟命은 君子也니 聖人은 性之요 君子는 所以復其性也니라

法은 天理의 당연함이다. 君子는 이를 행하고 吉凶禍福을 계산하지 않는 바가 있으니, 이는 비록 자연스러움에 이르지는 못했으나 이미 위함이 있어서 하는 것은 아니다. 이는 反之의 일이니, 董子(董仲舒)의 이른바 '그 義를 바르게 하고 이익을 도모하지 않으며, 그 道를 밝히고 功을 계산하지 않는다.'는 것이 바로 이러한 뜻이다.

○ 程子(明道)가 말씀하였다. "動容하고 周旋함이 禮에 맞음은 盛德의 지극함이요, 法을 행하고 命을 기다림은 '아침에 道를 들으면 저녁에 죽어도 可하다.'는 뜻이다."

呂氏(呂大臨)가 말하였다. "法이 이로 말미암아 확립되고 命이 이로 말미암아 나옴은 聖人이요 法을 행하고 命을 기다림은 君子이니, 聖人은 性대로 하고 君子는 그 性을 회복한 것이다."

譯註 1. 有所爲而爲 : 위한 바가 있어 하는 것으로 명예나 이익을 얻기 위하여 善行을 함을 이른다. 南軒 張栻은 "위한 바가 없이 하는 것을 義라 하고, 위한 바가 있어 하는 것을 利라 한다.〔無所爲而爲之 謂之義 有所爲而爲之 謂之利〕" 하였다.

2. 朝聞道夕死可矣 : 孔子의 말씀으로 ≪論語≫ 〈里仁〉 8章에 보인다.

董:성 동　俟:기다릴 사

34. 孟子曰 說(세)大人則藐之하여 勿視其巍巍然이니라

孟子께서 말씀하셨다. "大人을 설득할 때에는 하찮게 여겨서 그의 드높음을 보지 말아야 한다.

趙氏曰 大人은 當時尊貴者也라 藐는 輕之也라 巍巍는 富貴高顯之貌라 藐焉而不畏之하면 則志意舒展하여 言語得盡也라

趙氏(趙岐)가 말하기를 "大人은 당시의 尊貴한 자이다." 하였다. 藐는 가벼이 여김이다. 巍巍는 富貴가 높고 드러난 모양이다. 하찮게 여겨서 두려워하지 않는다면 뜻이 펴져서 말을 다할 수 있을 것이다.

堂高數仞과 榱題數尺을 我得志[1]라도 弗爲也하며 食前方丈과 侍妾數百人을 我得志라도 弗爲也하며 般樂(락)飮酒와 驅騁田獵과 後車千乘을 我得志라도 弗爲也니 在彼者는 皆我所不爲也요 在我者는 皆古之制也니 吾何畏彼哉리오

堂의 높이가 몇 길이 되는 것과 서까래 머리가 몇 자가 되는 것을 나는 뜻을 얻더라도 하지 않으며, 밥상 앞에 음식이 한 길이 진열됨과 侍妾이 수백 명인 것을 나는 뜻을 얻더라도 하지 않으며, 즐기고 술을 마시며 말을 달리고 사냥하며 뒤에 따르는 수레가 천 대인 것을 나는 뜻을 얻더라도 하지 않을 것이니, 저에게 있는 것은 모두 내가 하지 않는 바요 나에게 있는 것은 모두 옛 법이니, 내 어찌 저들을 두려워하겠는가."

譯註 1. 我得志 : 내 마음대로 얻을 수 있음을 이른다.

榱는 桷也요 題는 頭也라 食前方丈은 饌食列於前者 方一丈也라 此는 皆其所謂巍巍然者니 我雖得志나 有所不爲요 而所守者는 皆古聖賢之法이니 則彼之巍巍者[1]를 何

藐:작을 묘 巍:높을 외 舒:펼 서 仞:길 인 榱:서까래 최 題:머리 제 般:즐길 반 騁:달릴 빙 桷:서까래 각 饌:음식 찬 丈:길 장 方:비교할 방

足道哉리오

○ 楊氏曰 孟子此章은 以己之長으로 方人之短하니 猶有此等氣象이요 在孔子則無此矣니라

榱는 서까래요, 題는 머리이다. 食前方丈은 음식이 앞에 진열된 것이 한 길인 것이다. 이는 모두 이른바 巍巍하다는 것이니, 내가 비록 뜻을 얻더라도 이를 하지 않을 것이요, 내가 지키고 있는 것은 다 옛 聖賢의 법이다. 그렇다면 저 巍巍한 것을 어찌 족히 말할 것이 있겠는가.

○ 楊氏(楊時)가 말하였다. "≪孟子≫의 이 章은 자신의 장점으로 남의 단점을 비교하였으니, 〈孟子는〉 아직도 이러한 氣象이 있고, 孔子에 있어서라면 이러한 것이 없다."

譯註 1. 彼之巍巍者 : 內閣本에는 '之'가 빠져 있다.

35. 孟子曰 養心이 莫善於寡欲하니 其爲人也寡欲이면 雖有不存焉者라도 寡矣요 其爲人也多欲이면 雖有存焉者라도 寡矣니라

孟子께서 말씀하셨다. "마음을 수양함은 욕심을 적게 하는 것보다 더 좋은 것이 없으니, 그 사람됨이 욕심이 적으면 비록 보존되지 못함이 있더라도 〈보존되지 못한 것이〉 적을 것이요, 사람됨이 욕심이 많으면 비록 보존됨이 있더라도 〈보존된 것이〉 적을 것이다."

欲은 如口鼻耳目四支(肢)之欲이니 雖人之所不能無나 然이나 多而不節이면 未有不失其本心者니 學者所當深戒也니라 程子曰 所欲은 不必沈溺이요 只有所向이면 便是欲이니라

欲은 입과 코와 귀와 눈과 四肢의 욕망 같은 것이니, 비록 사람이 없을 수 없는 것이나 〈욕심이〉 많고 절제하지 않는다면 그 本心을 잃지 않을 자가 없으니, 배우는 자가 마땅히 경계하여야 할 것이다.

程子(伊川)가 말씀하였다. "所欲은 굳이 여기에 빠지는 것만이 아니요, 다만 향하는 바가 있으면 바로 欲이다."

36. 曾晳이 嗜羊棗러니 而曾子不忍食羊棗하시니라

曾晳이 羊棗를 좋아했었는데, 曾子께서 차마 羊棗를 먹지 못하셨다.

羊棗는 實小하고 黑而圓하니 又謂之羊矢棗[1)]라 曾子以父嗜之하니 父沒之後에 食必思親이라 故로 不忍食也시니라

羊棗는 열매가 작고 색깔이 검으며 둥그니, 또 羊矢棗라고도 이른다. 曾子는 아버지가 羊棗를 좋아하셨기 때문에 아버지가 별세한 뒤에 먹을 때마다 반드시 어버이가 생각났으므로 차마 먹지 못하신 것이다.

譯註 1. 羊矢棗 : 矢는 똥으로, 곧 염소똥 모양의 작은 대추라는 뜻이다.

公孫丑問曰 膾炙(자)與羊棗孰美니잇고 **孟子曰 膾炙哉**인저 **公孫丑曰 然則曾子**는 **何爲食膾炙而不食羊棗**시니잇고 **曰 膾炙**는 **所同也**요 **羊棗**는 **所獨也**니 **諱名不諱姓**하나니 **姓**은 **所同也**요 **名**은 **所獨也**일새니라

公孫丑가 물었다. "膾炙와 羊棗는 어느 것이 더 맛있습니까?" 孟子께서 말씀하셨다. "膾炙일 것이다." 公孫丑가 말하였다. "그렇다면 曾子는 어찌하여 膾炙는 잡수시면서 羊棗는 잡수시지 않았습니까?" 孟子께서 말씀하셨다. "膾炙는 누구나 똑같이 좋아하는 것이요 羊棗는 독특하게 좋아하는 것이니, 이름은 諱하고 姓은 諱하지 않는다. 이는 姓은 똑같고 이름은 독특하기 때문이다."

肉을 聶而切之爲膾라 炙(자)는 炙(적)肉也라

고기를 저며 썬 것을 膾라고 한다. 炙는 구운 고기이다.

37. 萬章이 **問曰 孔子在陳**하사 **曰 盍歸乎來**리오 **吾黨之士狂簡**하여 **進取**호되 **不忘其初**라하시니 **孔子在陳**하사 **何思魯之狂士**시니잇고

萬章이 물었다. "孔子께서 陳나라에 계시면서 말씀하시기를 '어찌 돌아가지 않겠는가. 吾黨의 선비가 狂簡하여 진취적이나 그 처음을 버리지 못한다.' 하셨으

晳:밝을 석 棗:대추 조 矢:똥 시 膾:회 회 炙:불고기 자, 고기구울 적 諱:꺼릴 휘

니, 孔子께서 陳나라에 계시면서 어찌하여 魯나라의 狂士들을 생각하셨습니까?"

盍은 何不也라 狂簡은 謂志大而略於事라 進取는 謂求望高遠이요 不忘其初는 謂不能改其舊也라 此語는 與論語小異[1)]하니라

盍은 어찌 아니이다. 狂簡은 뜻은 크나 일에 소략함을 이른다. 進取는 高遠한 것을 구하고 바람을 이르고, 그 처음을 버리지 못한다는 것은 그 옛 잘못을 고치지 못함을 이른다. 이 말씀은 ≪論語≫와 조금 다르다.

譯註 1. 與論語小異 : 이 내용은 ≪論語≫ 〈公冶長〉 21章에 보이는 바, ≪論語≫에는 "돌아가야겠다. 돌아가야겠다. 吾黨의 小子들이 뜻은 크나 일에는 소략하여 찬란하게 文章을 이루었을 뿐이요, 그것을 마름질할 줄을 알지 못하는구나.〔歸與歸與 吾黨之小子狂簡 斐然成章 不知所以裁之〕"라고 되어 있다.

孟子曰 孔子不得中道而與之인댄 必也狂獧乎인저 狂者는 進取요 獧者는 有所不爲也라하시니 孔子豈不欲中道哉시리오마는 不可必得이라 故로 思其次也시니라

孟子께서 말씀하셨다. "孔子는 '中道(中庸)의 인물을 얻어 더불지(가르치지) 못할진댄 반드시 狂獧者일 것이다. 狂者는 진취적이요 獧者는 하지 않는 바가 있다.' 하셨으니, 孔子께서 어찌 中道의 인물을 얻기를 원하지 않으셨겠는가마는 반드시 얻을 수가 없었다. 이 때문에 그 다음을 생각하신 것이다."

不得中道로 至有所不爲는 據論語[1)]컨대 亦孔子之言이니 然則 孔子字下에 當有曰字라 論語에 道作行하고 獧作狷하니라 有所不爲者는 知恥自好[2)]하여 不爲不善之人也라 孔子豈不欲中道以下는 孟子言也라

不得中道로부터 有所不爲까지는 ≪論語≫를 근거해 보면 또한 孔子의 말씀이니, 그렇다면 '孔子'라는 글자 아래에 마땅히 '曰'字가 있어야 할 것이다. ≪論語≫에 '道'는 '行'으로 되어 있고 '獧'은 '狷'으로 되어 있다. 하지 않는 바가 있다는 것은 부끄러움을 알고 스스로 지조를 아껴서 不善을 하지 않는 사람이다. 孔子豈不欲中道 이하는 孟子

聶:저밀 섭 簡:간략할 간 獧:고집스러울 견 狷:견개할 견 好:아낄 호

의 말씀이다.

譯註 1. 據論語 : 이 내용은 ≪論語≫ 〈子路〉 21章에 보인다.
2. 知恥自好 : 知恥는 不義를 부끄러워할 줄을 아는 것이며, 自好는 자신의 지조와 명예를 스스로 아끼는 것으로 앞의 〈萬章 上〉 9章에 '鄕黨自好者'라고 보이는 바, 集註에 "自好는 스스로 그 몸을 아끼는 사람이다.〔自好 自愛其身之人也〕" 하였다.

敢問何如라야 斯可謂狂矣니잇고

〈萬章이 말하였다.〉 "감히 묻겠습니다. 어떠하여야 狂이라 이를 수 있습니까?"

萬章問이라

萬章이 물은 것이다.

曰 如琴張, 曾晳, 牧皮者 孔子之所謂狂矣니라

孟子께서 말씀하셨다. "琴張·曾晳·牧皮와 같은 자가 孔子의 이른바 '狂'이라는 것이다."

琴張은 名牢요 字子張이라 子桑戶死에 琴張이 臨其喪而歌하니 事見(현)莊子하니 雖未必盡然이나 要必有近似者라 曾晳은 見前篇하니라 季武子死에 曾晳이 倚其門而歌하니 事見檀弓이요 又言志異乎三子者之撰(선)이라하니 事見論語하니라 牧皮는 未詳이라

琴張은 이름이 牢요 字는 子張이니, 子桑戶가 죽자 琴張이 그 喪에 임하여 노래를 불렀으니, 이 사실이 ≪莊子≫ 〈大宗師〉에 보인다. 비록 반드시 다 그렇지는 않더라도 요컨대 반드시 이와 近似한 점이 있었을 것이다. 曾晳은 前篇(離婁 上)에 보인다. 季武子가 죽자 曾晳이 그 門에 기대어 노래하였으니 이 사실이 ≪禮記≫ 〈檀弓 下〉에 보이며, 또 자신의 뜻은 세 사람이 가지고 있는 것과 다르다고 말하였으니, 이 사실이 ≪論語≫ 〈先進〉에 보인다. 牧皮는 자세하지 않다.

何以謂之狂也니잇고

牢:굳을 뢰 倚:기댈 의 撰:가질 선

〈萬章이 말하였다.〉 "어찌하여 狂이라 일렀습니까?"

萬章問이라

萬章이 물은 것이다.

曰 其志嘐嘐(효효)然曰 古之人, 古之人이여호되 夷考其行而不掩[1) 焉者也니라

孟子께서 말씀하셨다. "그 뜻이 높고 커서 말하기를 '옛사람이여, 옛사람이여.' 하나 평소에 그의 행실을 살펴보면 행실이 말을 가리지 못하는 자이기 때문이다.

譯註 1. 夷考其行而不掩 : 가리지 못한다는 것은 言行이 일치하지 못하여 말은 비록 큰 소리를 치나 행실이 거기에 미치지 못함을 이른다.

嘐嘐는 志大言大也라 重言古之人은 見(현)其動輒稱之[1)요 不一稱而已也라 夷는 平也라 掩은 覆(부)也라 言 平考其行이면 則不能覆其言也라 程子曰 曾晳言志而夫子與之하시니 蓋與聖人之志同하니 便是堯舜氣象也라 特行有不掩焉耳니 此所謂狂也니라

嘐嘐는 뜻이 크고 말이 큰 것이다. 古之人이라고 거듭 말한 것은 말할 때마다 곧 칭하고 한 번만 칭할 뿐이 아님을 나타낸 것이다. 夷는 평소이다. 掩은 덮음이다. 평소에 그 행실을 살펴보면 행실이 그 말을 가리지 못함을 말한 것이다.

程子(明道)가 말씀하였다. "曾晳이 뜻을 말함에 夫子께서 허여하셨으니, 이는 聖人의 뜻과 같은 것이니, 곧 堯舜의 氣象이었다. 다만 행실에 가리지 못함이 있었을 뿐이니, 이것이 이른바 狂이라는 것이다."

譯註 1. 動輒稱之 : 動輒이 한 단어로 번번이, 언제나의 뜻인 바, 무슨 일을 하거나 말을 할 때에 그때마다 번번이 함을 이른다.

狂者를 又不可得이어든 欲得不屑不潔之士而與之하시니 是獧也니 是又其次也니라

狂者를 또 얻지 못하거든 不潔한 것을 좋게 여기지 않는 선비를 얻어서 더불

嘐:큰소리칠 효 夷:평소 이 掩:가릴 엄 輒:문득 첩 覆:덮을 부 屑:달갑게여길 설

고자 하셨으니, 이것이 獧이니, 이는 또 그 다음인 것이다."

此는 因上文所引하여 遂解所以思得獧者之意라 狂은 有志者也요 獧은 有守者也니 有志者는 能進於道하고 有守者는 不失其身이라 屑은 潔也라

이는 윗글에 인용한 것을 인하여 마침내 獧者를 얻을 것을 생각하신 바의 뜻을 해석한 것이다. 狂은 뜻이 있는 자요 獧은 지킴이 있는 자이니, 뜻이 있는 자는 道에 나아갈 수 있고 지킴이 있는 자는 자신의 지조를 잃지 않는다. 屑은 깨끗이 여김이다.

孔子曰 過我門而不入我室이라도 我不憾焉者는 其惟鄕原乎인저 鄕原은 德之賊也라하시니 曰 何如면 斯可謂之鄕原矣니잇고

〈萬章이 말하였다.〉"孔子께서 말씀하시기를 '내 문 앞을 지나면서 내 집에 들어오지 않더라도 내 서운해하지 않는 자는 오직 鄕原일 것이다. 鄕原은 德의 賊이다.' 하셨으니, 어떠하면 鄕原이라 이를 수 있습니까?"

鄕原은 非有識者라 原은 與愿同이라 荀子原慤字를 皆讀作愿하니 謂謹愿之人也라 故로 鄕里所謂愿人을 謂之鄕原이라 孔子以其似德而非德이라 故로 以爲德之賊이라하시니라 過門不入而不恨之는 以其不見親就[1]로 爲幸이니 深惡(오)而痛絶之也라 萬章이 又引孔子之言而問也라

鄕原은 有識한 자가 아니다. 原은 愿과 같다. ≪荀子≫에 原慤이라는 글자를 모두 愿으로 읽으니, 삼가는 사람을 이른다. 그러므로 鄕里의 이른바 愿人을 鄕原이라 이른다. 孔子는〈鄕原이〉德 같으면서도 德이 아니기 때문에 德의 賊이라고 하신 것이다. 문 앞을 지나면서 들어오지 않더라도 恨하지 않는다는 것은 그가 친히 찾아오지 않는 것을 다행으로 여긴 것이니, 깊이 미워하고 통렬히 끊으신 것이다. 萬章이 또다시 孔子의 말씀을 인용하고 물은 것이다.

譯註 1. 以其不見親就 : 見은 被(입다)의 뜻이므로 不見을 자신이 입지 못하는 것으로 해석하는 것이 원칙이나 상대방이 가하지 않는 것으로 보아도 무방하다. 親就는 직접 찾아오는 것이다.

憾:한할 감　原:공손할 원(愿同)　慤:공손할 각　見:당할 견

曰 何以是嘐嘐也하여 **言不顧行**하며 **行不顧言**이요 **則曰 古之人, 古之人**이여하며 **行何爲踽踽涼涼**이리오 **生斯世也**라 **爲斯世也**하여 **善斯可矣**라하여 **閹然媚於世也者 是鄕原也**니라

孟子께서 말씀하셨다. "〈鄕愿이 狂者를 비난하기를〉 '어찌하여 이처럼 말과 뜻이 커서 말은 행실을 돌아보지 않으며 행실은 말을 돌아보지 않고 말하기를 「옛 사람이여, 옛 사람이여.」 하는가' 하며, 〈鄕愿이 狷者를 비난하기를〉 '행실을 어찌하여 이처럼 외롭고 쓸쓸하게 하는고. 이 세상에 태어났으면 이 세상 사람들을 위하여 남들이 善하다고 하면 可하다.'라고 하여 閹然히 세상에 아첨하는 자가 鄕原이다."

踽踽는 獨行不進之貌라 涼涼은 薄也니 不見親厚於人也라 鄕原이 譏狂者曰 何用如此嘐嘐然行不掩其言하고 而徒每事必稱古人邪아하며 又譏狷者曰 何必如此踽踽涼涼하여 無所親厚哉아 人旣生於此世면 則但當爲此世之人하여 使當世之人으로 皆以爲善則可矣라하니 此鄕原之志也라 閹은 如奄人之奄이니 閉藏之意也라 媚는 求悅於人也라 孟子言 此深自閉藏하여 以求親媚於世하니 是鄕原之行也라하시니라

踽踽는 혼자서 길을 가 나아가지 못하는 모양이다. 涼涼은 薄함이니, 남에게 親厚함을 받지 못하는 것이다. 鄕原이 狂者를 비난하기를 '어찌하여 이와 같이 말과 뜻이 커서 행실이 말을 가리지 못하면서 한갓 매사에 반드시 古人을 칭하는가.' 하며, 또 狷者를 비난하기를 '어찌 반드시 이와 같이 외롭고 쓸쓸하여 親厚한 바가 없는가. 사람이 이미 이 세상에 태어났으면 다만 마땅히 이 세상 사람들을 위하여 當世의 사람들로 하여금 모두 善하다고 하게 하면 可하다.' 하니, 이것이 鄕原의 뜻이다. 閹은 奄人(內侍)의 奄과 같으니, 닫고 감추는 뜻이다. 媚는 남에게 기쁨을 구하는 것이다. 孟子께서 말씀하시기를 "이는 깊이 스스로 닫고 감추어서 세상에 친하고 기뻐하기를 구하니, 鄕原의 행실이다." 하신 것이다.

萬章曰 一鄕이 **皆稱原人焉**이면 **無所往而不爲原人**이어늘 **孔子以**

踽:홀로걸을 우　涼:엷을 량　閹:가릴 엄　媚:아첨할 미　奄:내시 엄

爲德之賊은 **何哉**잇고

萬章이 말하였다. "한 지방이 모두 原人이라고 이른다면 가는 곳마다 原人이 되지 않음이 없거늘 孔子께서 '德의 賊'이라고 하심은 어째서입니까?"

原은 亦謹厚之稱이어늘 而孔子以爲德之賊이라 故로 萬章疑之하니라

原 또한 謹厚함의 칭호인데, 孔子께서 '德의 賊'이라고 하셨으므로 萬章이 의심한 것이다.

曰 非之無擧也하며 **刺**(자)**之無刺也**하고 **同乎流俗**하며 **合乎汚世**하여 **居之似忠信**하며 **行之似廉潔**하여 **衆皆悅之**어든 **自以爲是而不可與入堯舜之道**라 **故**로 **曰 德之賊也**라하시니라

孟子께서 말씀하셨다. "비난하려 해도 들 것이 없으며 풍자하려 해도 풍자할 것이 없어서 流俗과 동화하며 더러운 세상에 영합하여, 居함에 忠信과 같으며 행함에 淸廉潔白과 같아서 여러 사람들이 다 좋아하거든 스스로 옳다고 여기나 堯舜의 道에 들어갈 수 없다. 그러므로 '德의 賊'이라고 하신 것이다.

呂侍講曰 言 此等之人은 欲非之則無可擧요 欲刺之則無可刺也라 流俗者는 風俗頹靡가 如水之下流하여 衆莫不然也라 汚는 濁也라 非忠信而似忠信하고 非廉潔而似廉潔이라

呂侍講(呂希哲)이 말하기를 "이러한 사람은 비난하고자 하면 들 것이 없고 풍자하고자 하면 풍자할 만한 것이 없음을 말씀한 것이다. 流俗은 풍속이 무너지는 것이 물이 아래로 흐르는 것과 같아서 모든 사람이 그렇지 않음이 없는 것이다." 하였다. 汚는 濁함이다. 忠信이 아니면서 忠信과 같고, 廉潔이 아니면서 廉潔과 같은 것이다.

孔子曰 惡似而非者하노니 **惡莠**는 **恐其亂苗也**요 **惡佞**은 **恐其亂義也**요 **惡利口**는 **恐其亂信也**요 **惡鄭聲**은 **恐其亂樂也**요 **惡紫**는 **恐其**

刺:찌를 자 頹:무너질 퇴 靡:쓰러질 미 莠:가라지 유 苗:싹 묘 佞:말잘할 녕 紫:자줏빛 자

亂朱也요 **惡鄕原**은 **恐其亂德也**라하시니라

孔子께서 말씀하시기를 '같으면서 아닌 것〔似而非〕을 미워하노니, 가라지(피)를 미워함은 벼싹을 어지럽힐까 두려워해서요, 말재주가 있는 자를 미워함은 義를 어지럽힐까 두려워해서요, 말 잘하는 입을 가진 자를 미워함은 信을 어지럽힐까 두려워해서요, 鄭나라 音樂을 미워함은 正樂을 어지럽힐까 두려워해서요, 자주색을 미워함은 붉은 색을 어지럽힐까 두려워해서요, 鄕原을 미워함은 德을 어지럽힐까 두려워해서이다.' 하셨다.

孟子又引孔子之言以明之하시니라 莠는 似苗之草也라 佞은 才智之稱이니 其言이 似義而非義也라 利口는 多言而不實者也라 鄭聲은 淫樂也요 樂은 正樂也라 紫는 間色이요 朱는 正色[1]也라 鄕原은 不狂不獧하여 人皆以爲善하니 有似乎中道而實非也라 故로 恐其亂德이라

孟子께서 또 孔子의 말씀을 인용하여 밝히셨다. 莠는 苗와 같은 풀이다. 佞은 재주와 지혜가 있는 자의 칭호이니, 그 말이 의로운 것 같으나 義가 아니다. 利口는 말이 많으나 성실하지 못한 자이다. 鄭聲은 음탕한 음악이요 樂은 正樂이다. 紫는 중간색이요 朱는 바른 색이다. 鄕原은 狂하지도 않고 獧하지도 않아서 사람들이 모두 善하다 하니, 中道와 유사하나 실제는 아니다. 그러므로 그 德을 어지럽힐까 두려워하신 것이다.

譯註 1. 紫間色 朱正色 : 靑·黃·朱(赤)·白·黑의 五色을 正色이라 하여 좋게 여기고, 紫色은 黑色과 朱色의 中間色이라 하여 좋지 않게 여기기 때문에 말한 것이다.

君子는 **反經而已矣**니 **經正則庶民興**하고 **庶民興**이면 **斯無邪慝矣**리라

君子는 經道(떳떳한 道)를 회복할 뿐이니, 經道가 바루어지면 庶民이 〈善에〉 흥기하고, 庶民이 흥기하면 邪慝함이 없어질 것이다."

反은 復(복)也라 經은 常也니 萬世不易之常道也라 興은 興起於善也라 邪慝은 如鄕原之屬이 是也라 世衰道微하여 大經不正이라 故로 人人得爲異說하여 以濟其私하여 而邪慝並起하니 不可勝正이라 君子於此에 亦復其常道而已니 常道旣復이면 則民興於善하

反:돌아올 반 經:법 경 慝:간악할 특 回:돌 회 互:서로 호

여 而是非明白하여 無所回互하여 雖有邪慝이나 不足以惑之矣니라
○ 尹氏曰 君子取夫狂獧者는 蓋以狂者는 志大而可與進道요 獧者는 有所不爲而可與有爲也라 所惡於鄕原而欲痛絶之者는 爲其似是而非하여 惑人之深也니 絶之之術은 無他焉이라 亦曰反經而已矣니라

反은 회복함이다. 經은 常道이니, 萬世에 변하지 않는 常道이다. 興은 善에 興起함이다. 邪慝은 鄕原과 같은 등속이 이것이다. 세상이 쇠하고 道가 쇠미해져서 큰 經道가 바루어지지 못하였다. 그러므로 사람마다 異說을 하여 그 사욕을 이루려 해서 사특함이 함께 일어나니, 이루 다 바로잡을 수가 없다. 君子가 이에 대하여 또한 그 常道를 회복할 뿐이니, 常道가 이미 회복되면 백성들이 善에 흥기하여 是非가 명백해져서 回互(감추고 숨김)하는 바가 없어 비록 사특한 자가 있더라도 혹하게 할 수 없는 것이다.
○ 尹氏(尹焞)가 말하였다 "君子가 狂者와 獧者를 취하는 까닭은 狂者는 뜻이 커서 더불어 道에 나아갈 수 있고 獧者는 하지 않는 바가 있어서 더불어 훌륭한 일을 할 수 있기 때문이다. 鄕原을 미워하여 통렬히 끊고자 하는 까닭은 옳은 것 같으면서 글러서(아니어서) 사람을 혹하게 함이 깊기 때문이다. 이를 끊는 방법은 다른 것이 없다. 또한 經道를 회복하는 것일 뿐이다."

38. 孟子曰 由堯舜으로 至於湯이 五百有餘歲니 若禹皐陶則見而知之하시고 若湯則聞而知之하시니라

孟子께서 말씀하셨다. "堯舜으로부터 湯王에 이르기까지가 5백여 년이니, 禹王과 皐陶는 직접 보고서 알았고 湯王은 들어서 아셨다.

趙氏曰 五百歲而聖人出은 天道之常이라 然이나 亦有遲速하여 不能正五百年이라 故로 言有餘也라 尹氏曰 知는 謂知其道也라

趙氏(趙岐)가 말하였다. "5백 년만에 聖人이 나옴은 天道의 떳떳함이다. 그러나 또한 더디고 빠름이 있어서 바로 5백 년이 될 수는 없다. 그러므로 有餘라고 말씀한 것이다."
尹氏(尹焞)가 말하였다. "안다는 것은 그 道를 앎을 이른다."

由湯으로 至於文王이 五百有餘歲니 若伊尹萊朱則見而知之하고

若文王則聞而知之하시니라

湯王으로부터 文王에 이르기까지가 5백여 년이니, 伊尹과 萊朱는 직접 보고서 알았고 文王은 들어서 아셨다.

趙氏曰 萊朱는 湯賢臣이라 或曰 卽仲虺也라하니 爲湯左相하니라

趙氏(趙岐)가 말하였다. "萊朱는 湯王의 賢臣이다."
혹자가 말하기를 "바로 仲虺이다." 하니, 湯王의 左相이 되었었다.

由文王으로 至於孔子 五百有餘歲니 若太公望散宜生則見而知之하고 若孔子則聞而知之하시니라

文王으로부터 孔子에 이르기까지가 5백여 년이니, 太公望과 散宜生은 직접 보고서 알았고 孔子는 들어서 아셨다.

散은 氏요 宜生은 名이니 文王賢臣也라 子貢曰 文武之道 未墜於地하여 在人이라 賢者는 識(지)其大者하고 不賢者는 識其小者하여 莫不有文武之道焉하니 夫子焉不學[1]이시리오하니 此所謂聞而知之也니라

散은 氏요 宜生은 이름이니, 文王의 賢臣이다. 子貢이 말하기를 "文王·武王의 道가 아직 땅에 떨어지지 않아 인간에게 있으니, 어진 자는 그 큰 것을 기억하고 어질지 못한 자는 그 작은 것을 알고 있어 文王·武王의 道가 있지 않음이 없으니, 夫子께서 어찌 배우지 않았겠는가." 하였으니, 이것이 이른바 '들어서 아셨다'는 것이다.

譯註 1. 子貢曰……夫子焉不學 : 이 내용은 ≪論語≫〈子張〉22章에 보인다.

由孔子而來로 至於今이 百有餘歲니 去聖人之世 若此其未遠也며 近聖人之居 若此其甚也로되 然而無有乎爾하니 則亦無有乎爾로다

孔子로부터 이래로 오늘에 이르기까지가 백여 년이니, 聖人의 세대와의 거리가 이와 같이 멀지 않으며 聖人이 거주하신 곳과 가까움이 이와 같이 심하나 그

萊:쑥 래 虺:뱀 훼 墜:떨어질 추 識:기억할 지

런데도 아무 것도 없으니, 그렇다면 또한 아무 것도 없겠구나."

林氏曰 孟子言 孔子至今時未遠하고 鄒魯相去又近이라 然而已無有見而知之者矣하니 則五百餘歲之後에 又豈復有聞而知之者乎리오 愚按 此言은 雖若不敢自謂已得其傳하여 而憂後世遂失其傳이라 然[1]이나 乃所以自見其有不得辭者요 而又以見夫天理民彝不可泯滅하니 百世之下에 必將有神會而心得之者耳라 故로 於篇終에 歷序群聖之統하시고 而終之以此하시니 所以明其傳之有在요 而又以俟後聖於無窮也시니 其旨深哉로다

○ 有宋元豐八年에 河南程顥伯淳이 卒한대 潞公文彦博이 題其墓曰 明道先生이라하니 而其弟頤正叔이 序之曰 周公沒에 聖人之道不行하고 孟軻死에 聖人之學不傳하니 道不行이라 百世無善治하고 學不傳이라 千載無眞儒하니 無善治라도 士猶得以明夫善治之道하여 以淑諸人하여 以傳諸後어니와 無眞儒면 則天下貿貿焉莫知所之하여 人欲肆而天理滅矣라 先生이 生乎千四百年之後하여 得不傳之學於遺經하여 以興起斯文으로 爲己任하사 辨異端하고 闢邪說하여 使聖人之道로 煥然復明於世하시니 蓋自孟子之後로 一人而已라 然이나 學者於道에 不知所向이면 則孰知斯人之爲功이며 不知所至면 則孰知斯名之稱情也哉리오

林氏(林之奇)가 말하였다. "孟子께서 '孔子로부터 지금에 이르기까지가 멀지 않고 鄒나라와 魯나라의 거리가 또 가깝다. 그러나 이미 보고서 안 자가 없으니, 그렇다면 5백년 뒤에 어찌 다시 들어서 아는 자가 있겠는가.' 하신 것이다."

내가 살펴보건대 이 말씀은 비록 감히 스스로 자기가 그 전통을 얻었다고 이르지 못하여 後世에 마침내 그 傳함을 잃을까 근심한 말씀인 듯하다. 그러나 바로 사양할 수 없는 것이 있음을 스스로 나타내신 것이요, 또 天理와 民彝가 없어질 수 없으니 百世의 뒤에 반드시 장차 정신으로 이해하고 마음으로 터득하는 자가 있을 것임을 나타내신 것이다. 그러므로 篇의 끝에 여러 聖人의 전통을 차례로 서술하고 이로써 마쳤으니, 그 전통이 있는 데가 있음을 밝힌 것이요 또 聖人을 無窮한 후세에 기다리신 것이니, 그 뜻이 깊다.

○ 宋나라 元豐 8년에 河南 程顥 伯淳이 죽자, 潞公 文彦博이 그 墓에 쓰기를 '明道

彝:떳떳할 이 泯:없어질 민 會:알 회 程:길 정 顥:흴 호 潞:물이름 로 彦:클 언 題:쓸 제 頤:기를 이 載:해 재 淑:착할 숙 貿:어두울 무 肆:방사할 사 闢:물리칠 벽

先生'이라 하였다. 이에 그의 아우인 頤 正叔이 다음과 같이 序하였다. "周公이 별세함에 聖人의 道가 행해지지 못하였고, 孟軻가 죽음에 聖人의 學問이 전해지지 못하였다. 道가 행해지지 못하여 百世에 善한 정치가 없었고 學問이 전해지지 못하여 千年에 眞儒가 없었으니, 善한 정치가 없더라도 선비는 오히려 善治의 道를 밝혀서 남에게 私淑하여 後世에 전할 수 있거니와 眞儒가 없으면 천하가 貿貿(어두움)하여 갈 곳을 알지 못해서 人慾이 함부로 펴지고 天理가 멸한다. 先生은 천 4백 년 뒤에 태어나서 전해지지 않던 학문을 遺經에서 얻어 斯文(道學)을 흥기시킴을 자신의 책임으로 삼으시어 異端을 분별하고 邪說을 막아서 聖人의 道로 하여금 환하게 세상에 다시 밝아지게 하셨으니, 孟子 이후로 한 사람일 뿐이다. 그러나 배우는 자가 道에 대해서 향할 바를 알지 못한다면 어찌 이 분의 공로를 알며, 그의 경지를 알지 못한다면 어찌 〈明道라는〉 이 명칭이 실정에 걸맞음을 알겠는가."

譯註 1. 雖若不敢自謂己得其傳 而憂後世遂失其傳 然 : 全體를 한 句로 보고 若과 然을 연계시켜 '雖若不敢自謂其傳하여 而憂後世遂失其傳然이나'로 懸吐하는 것이 옳을 듯하나 諸本이 대부분 傳에서 句를 떼었고 艮齋 역시 '傳이나'로 懸吐하였으므로 위와 같이 懸吐하였음을 밝혀 둔다.

〔附 錄〕

1. 孟子年譜

孟子의 年譜는 정확한 기록이 없으므로 자세히 알 수 없고, 다만 淸代사람 狄子奇의 저술인 ≪孟子編年≫에 의하여 그 개략을 추려보았다.

B.C.372년	4월 2일	鄒나라(지금의 山東省 兗州府 鄒縣)에서 태어나다.
358년	(15세)	魯나라에서 배우다.
332년	(41세)	처음 鄒나라 穆公을 만나다.
331년	(42세)	齊나라 平陸에서 머무르다.
330년	(43세)	鄒나라에서 任나라로 가다.
329년	(44세)	齊나라 平陸에서 齊나라 서울로 가다.
328년	(45세)	齊나라에서 賓師가 되다.
326년	(47세)	齊나라를 떠나 宋나라로 가다
325년	(48세)	宋나라에서 鄒나라로 돌아오다.
324년	(49세)	鄒나라에서 滕나라로 가다.
322년	(51세)	滕나라를 떠나 鄒나라로 돌아오다.
320년	(53세)	梁나라 惠王의 초빙을 받고 梁나라로 가다.
319년	(54세)	梁나라 왕 罃이 죽자, 梁나라를 떠나 齊나라로 가다.
318년	(55세)	齊나라에서 卿이 되다.
317년	(56세)	母親의 喪을 당하여 齊나라에서 魯나라로 돌아와 장례를 모시다.
315년	(58세)	魯나라에서 齊나라로 돌아오다.
314년	(59세)	齊나라가 燕나라를 정벌하여 횡포하자, 齊나라를 떠나 宋나라로 가다.
313년	(60세)	宋牼을 石丘에서 만나 仁義로 秦·楚의 王을 설득할 것을 권하다.
312년	(61세)	宋나라에서 薛나라로 가다.
311년	(62세)	薛나라에서 魯나라로 갔다가 뜻을 이루지 못하고 다시 鄒나라로 돌아오다.
289년	(84세)	1월 15일, 세상을 떠나다.

2. 戰國七雄圖

※ QR코드를 스캔하면 더 선명한 지도를 볼 수 있습니다.

(≪中國歷史地圖≫ 上冊 (程光裕·徐聖謨 主編, 中國文化大學出版部, 1980)에서 轉載)

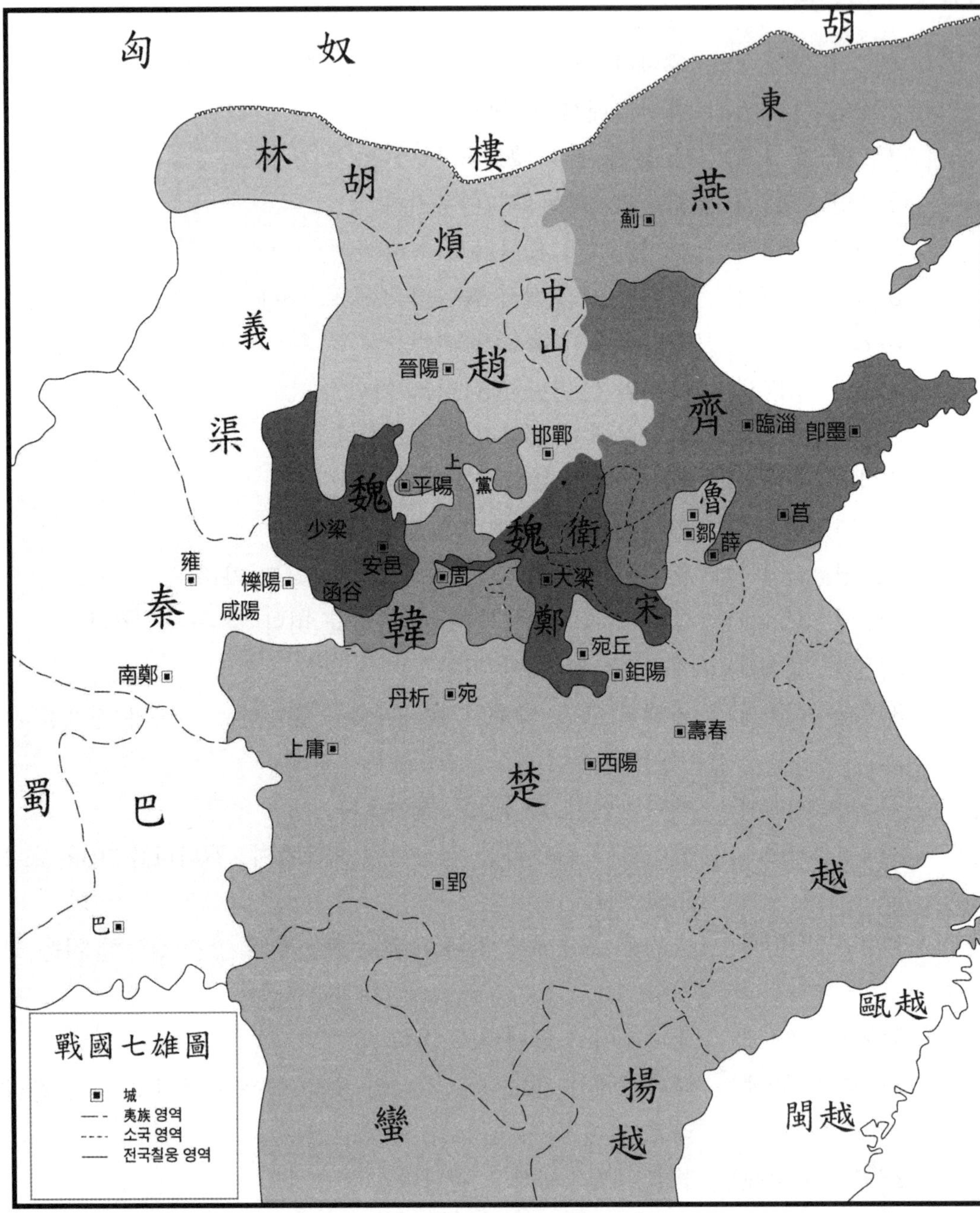

東洋古典國譯叢書 2

개정증보판
懸吐完譯 孟子集註 정가 30,000원

1991년 03월 31일 초판 발행
2005년 03월 20일 초판 20쇄
2024년 12월 10일 개정증보판 22쇄

역 주 成百曉

편집겸
발행인 金 炫

발행처 社團法人 傳統文化硏究會

서울 종로구 삼봉로 81 두산위브파빌리온 1332호
전화 : (02)762-8401 전송 : (02)747-0083
전자우편 : juntong@juntong.or.kr
홈페이지 : juntong.or.kr
사이버書堂 : Cyberseodang.or.kr
온라인서점 : book.cyberseodang.or.kr
등록 : 1989. 7. 3. 제1-936호
총판 : 한국출판협동조합(070-7119-1750)

※ 역자와의 협의에 따라 인지는 생략합니다.

ISBN 978-89-91720-51-0 04140
978-89-85395-48-9 (세트)

전통문화연구회 도서목록

新編 基礎漢文教材·漢文讀解捷徑

- 新編 四字小學·推句 고전교육연구실 編譯 11,000원
- 新編 啓蒙篇·童蒙先習 고전교육연구실 編譯 11,000원
- 新編 明心寶鑑 李祉坤·元周用 譯註 15,000원
- 新編 擊蒙要訣 咸賢贊 譯註 12,000원
- 新編 註解千字文 李忠九 譯註 13,000원
- 新編 原文으로 읽는 故事成語 元周用 編譯 15,000원
- 新編 唐音註解選 權卿相 譯註 22,000원
- 漢文독해 기본패턴 고전교육연구실 著 15,000원
- 四書독해첩경 고전교육연구실 著 20,000원
- 한문독해첩경 文學篇 朴相水 李和春 李祉坤 元周用 著 17,000원
- 한문독해첩경 史學篇 朴相水 李和春 李祉坤 元周用 著 17,000원
- 한문독해첩경 哲學篇 朴相水 李和春 李祉坤 元周用 著 17,000원

東洋古典國譯叢書

- 大學·中庸集註 -개정증보판 成百曉 譯註 10,000원
- 論語集註 -개정증보판 成百曉 譯註 27,000원
- 孟子集註 -개정증보판 成百曉 譯註 30,000원
- 詩經集傳 上·下 成百曉 譯註 各 35,000원
- 書經集傳 上·下 成百曉 譯註 各 35,000원
- 周易傳義 上·下 成百曉 譯註 各 40,000원
- 小學集註 成百曉 譯註 30,000원
- 古文眞寶 後集 成百曉 譯註 32,000원

五書五經讀本

- 論語集註 上·下 鄭太鉉 譯註 各 25,000원
- 孟子集註 上·下 田炳秀·金東柱 譯註 各 30,000원
- 大學·中庸集註 李光虎·田炳秀 譯註 15,000원
- 小學集註 上·下 李忠九 外 譯註 各 25,000원
- 詩經集傳 上·中·下 朴小東 譯註 各 30,000원
- 書經集傳 上·中·下 金東柱 譯註 各 30,000원
- 周易傳義 元·亨·利·貞 崔英辰 外 譯註 各 30,000원
- 詳說古文眞寶大全後集 上·下 李相夏 外 譯註 各 32,000원
- 春秋左氏傳 上·中·下 許鎬九 外 譯註 各 36,000원~38,000원
- 禮記 上·中·下 成百曉 外 譯註 各 30,000원

東洋古典譯註叢書

〈經部〉

- 十三經注疏
  - 周易正義 1~4 成百曉·申相厚 譯註 各 32,000원~44,000원
  - 尙書正義 1~7 金東柱 譯註 各 25,000원~46,000원
  - 毛詩正義 1~8 朴小東 外 譯註 各 32,000원~40,000원
  - 禮記正義 1~3, 中庸·大學 李光虎 外 譯註 各 20,000원~30,000원
  - 論語注疏 1~3 鄭太鉉·李聖敏 譯註 各 35,000원~44,000원
  - 孟子注疏 1~4 崔彩基·梁基正 譯註 各 29,000원~33,000원
  - 孝經注疏 鄭太鉉·姜珉廷 譯註 35,000원
  - 周禮注疏 1~4 金容天·朴禮慶 譯註 各 27,000원~34,000원
  - 春秋左傳正義 1~2 許鎬九 外 譯註 各 27,000원~32,000원
  - 春秋公羊傳注疏 1 宋基采 外 譯註 37,000원
- 春秋左氏傳 1~8 鄭太鉉 譯註 各 28,000원~35,000원
- 禮記集說大全 1~6 辛承云 外 譯註 各 25,000원~40,000원
- 東萊博議 1~5 鄭太鉉·金炳愛 譯註 各 25,000원~38,000원
- 韓詩外傳 1~2 許敬震 外 譯註 各 29,000원~36,000원
- 說文解字注 1~5 李忠九 外 譯註 各 32,000원~38,000원

〈史部〉

- 思政殿訓義 資治通鑑綱目 1~23 辛承云 外 譯註 各 18,000원~37,000원
- 通鑑節要 1~9 成百曉 譯註 各 18,000원~44,000원
- 唐陸宣公奏議 1~2 沈慶昊·金愚政 譯註 各 35,000원~45,000원
- 貞觀政要集論 1~4 李忠九 外 譯註 各 25,000원~32,000원
- 列女傳補注 1~2 崔秉準·孔勤植 譯註 各 30,000원~38,000원
- 歷代君鑑 1~4 洪起殷·全百燦 譯註 各 30,000원~38,000원

〈子部〉

- 孔子家語 1~2 許敬震 外 譯註 各 39,000원/40,000원
- 管子 1~4 李錫明·金帝蘭 譯註 各 29,000원~33,000원
- 近思錄集解 1~3 成百曉 譯註 各 35,000원~36,000원
- 老子道德經注 金是天 譯註 30,000원
- 大學衍義 1~5 辛承云 外 譯註 各 26,000원~30,000원
- 墨子閒詁 1~6 李相夏 外 譯註 各 32,000원~53,000원
- 說苑 1~2 許鎬九 譯註 各 25,000원
- 世說新語補 1~5 金鑛玉 外 譯註 各 29,000원~42,000원
- 荀子集解 1~7 宋基采 譯註 各 30,000원~42,000원
- 心經附註 成百曉 譯註 35,000원
- 顏氏家訓 1~2 鄭在書·盧暻熙 譯註 各 22,000원/25,000원
- 揚子法言 1 朴勝珠 譯註 24,000원
- 列子鬳齋口義 崔秉準·孔勤植·權憲俊 共譯 34,000원
- 二程全書 1~6 崔錫起·姜導顯 譯註 各 32,000원~44,000원
- 莊子 1~4 安炳周·田好根 共譯 各 31,000원~39,000원
- 政經·牧民心鑑 洪起殷·全百燦 譯註 27,000원
- 韓非子集解 1~5 許鎬九 外 譯註 各 32,000원~40,000원
- 武經七書直解
  - 孫武子直解·吳子直解 成百曉·李蘭洙 譯註 45,000원
  - 六韜直解·三略直解 成百曉·李鍾德 譯註 45,000원
  - 尉繚子直解·李衛公問對直解 成百曉·李蘭洙 譯註 45,000원
  - 司馬法直解 成百曉·李蘭洙 譯註 45,000원

〈集部〉

- 古文眞寶 前集 成百曉 譯註 30,000원
- 唐詩三百首 1~3 宋載卲 外 譯註 各 33,000원~39,000원
- 唐宋八大家文抄 韓愈 1~3 鄭太鉉 譯註 各 22,000원/28,000원
  - 〃 歐陽脩 1~7 李相夏 譯註 各 25,000원~35,000원
  - 〃 王安石 1~2 申用浩·許鎬九 共譯 各 20,000원/25,000원
  - 〃 蘇洵 李章佑 外 譯註 25,000원
  - 〃 蘇軾 1~5 成百曉 譯註 各 22,000원
  - 〃 蘇轍 1~3 金東柱 譯註 各 20,000원~22,000원
  - 〃 曾鞏 宋基采 譯註 25,000원
  - 〃 柳宗元 1~2 宋基采 譯註 各 22,000원
- 明清八大家文鈔 1 歸有光·方苞 李相夏 外 譯註 35,000원
  - 〃 2 劉大櫆·姚鼐 李相夏 外 譯註 35,000원
  - 〃 3 梅曾亮·曾國藩 李相夏 外 譯註 38,000원
  - 〃 4 張裕釗·吳汝綸 李相夏 外 譯註 50,000원

東洋古典新譯

- 당시선 송재소·최경렬·김영죽 편역 24,000원
- 손자병법 성백효 역주 14,000원
- 장자 안병주·전호근·김형석 역주 13,000원
- 고문진보 후집 신용호 번역 28,000원
- 노자도덕경 김시천 역주 15,000원
- 고문진보 전집 上·下 신용호 번역 각 22,000원
- 신식 비문척독 박상수 번역 25,000원
- 안씨가훈 김창진 편역 근간

동양문화총서

- 동양사상 해설과 원전 정규훈 外 저 22,000원
- 화합의 길 《중용》 읽기 금장태 저 20,000원
- 호설과 시장 신용호 저 20,000원
- 어느 노학자의 젊은 시절 -《고문진보》 選譯 심재기 저 22,000원

문화문고

- 경전으로 본 세계종교 그리스도교 이정배 편저 10,000원
  - 〃 도교 이강수 편역 10,000원
  - 〃 천도교 윤석산·홍성엽 편저 10,000원
  - 〃 힌두교 길희성 편역 10,000원
  - 〃 유교 이기동 편저 10,000원
  - 〃 불교 김용표 편저 10,000원
  - 〃 이슬람 김영경 편역 10,000원
- 논어·대학·중용 / 맹자 조수익·박승주 공역 각 10,000원
- 소학 박승주·조수익 공역 10,000원
- 십구사략 1~2 정광호 저 각 12,000원
- 무경칠서 손자병법·오자병법 성백효 역 10,000원
  - 〃 육도·삼략 성백효 역 10,000원
  - 〃 사마법·울료자·이위공문대 성백효 역 10,000원
- 당시선 송재소·최경렬·김영죽 편역 10,000원
- 한문문법 이상진 저 13,000원
- 한자한문전통교재 조수익·이성민 공역 13,000원
- 士小節 선비 집안의 작은 예절 이동희 편역 12,000원
- 儒學이란 무엇인가 이동희 저 10,000원
- 동아시아의 유교와 전통문화 이동희 저 13,000원
- 현대인, 동양고전에서 길을 찾다 이동희 저 10,000원
- 100자에 담긴 한자문화 이야기 김경수 저 12,000원
- 우리 설화 1~2 김동주 편역 각 10,000원
- 대한민국 국무총리 이재원 저 10,000원
- 백운거사 이규보의 문학인생 신용호 저 14,000원